Torsten Linke

Sexuelle Bildung in der Kinder- und Jugendhilfe

Die Reihe »Angewandte Sexualwissenschaft« sucht den Dialog: Sie ist interdisziplinär angelegt und zielt insbesondere auf die Verbindung von Theorie und Praxis. Vertreter_innen aus wissenschaftlichen Institutionen und aus Praxisprojekten wie Beratungsstellen und Selbstorganisationen kommen auf Augenhöhe miteinander ins Gespräch. Auf diese Weise sollen die bisher oft langwierigen Transferprozesse verringert werden, durch die praktische Erfahrungen erst spät in wissenschaftlichen Institutionen Eingang finden. Gleichzeitig kann die Wissenschaft so zur Fundierung und Kontextualisierung neuer Konzepte beitragen.

Der Reihe liegt ein positives Verständnis von Sexualität zugrunde. Der Fokus liegt auf der Frage, wie ein selbstbestimmter und wertschätzender Umgang mit Geschlecht und Sexualität in der Gesellschaft gefördert werden kann. Sexualität wird dabei in ihrer Eingebundenheit in gesellschaftliche Zusammenhänge betrachtet: In der modernen bürgerlichen Gesellschaft ist sie ein Lebensbereich, in dem sich Geschlechter-, Klassen- und rassistische Verhältnisse sowie weltanschauliche Vorgaben – oft konflikthaft – verschränken. Zugleich erfolgen hier Aushandlungen über die offene und Vielfalt akzeptierende Fortentwicklung der Gesellschaft.

BAND 22
ANGEWANDTE SEXUALWISSENSCHAFT
Herausgegeben von Ulrike Busch, Harald Stumpe,
Heinz-Jürgen Voß und Konrad Weller
Institut für Angewandte Sexualwissenschaft
an der Hochschule Merseburg

Torsten Linke

Sexuelle Bildung in der Kinder- und Jugendhilfe

Die Bedeutung von Vertrauenskonzepten Jugendlicher für das Sprechen über Sexualität in pädagogischen Kontexten

Psychosozial-Verlag

Dissertation zur Erlangung des akademischen Grades
eines Doktors der Philosophie (Dr. phil.),
Fachbereich Humanwissenschaften der Universität Kassel (03. Juli 2019).

Bibliografische Information der Deutschen Nationalbibliothek
Die Deutsche Nationalbibliothek verzeichnet diese Publikation
in der Deutschen Nationalbibliografie; detaillierte bibliografische Daten
sind im Internet über http://dnb.d-nb.de abrufbar.
Originalausgabe

E-Mail: info@psychosozial-verlag.de
www.psychosozial-verlag.de

Umschlagabbildung: Robert Delaunay, *Kreisformen, Sonne*, 1912/13
Umschlaggestaltung und Innenlayout nach Entwürfen von Hanspeter Ludwig, Wetzlar
Satz: Andrea Deines, Berlin
ISBN 978-3-8379-2944-7 (Print)
ISBN 978-3-8379-7681-6 (E-Book-PDF)
ISSN 2367-2420

Inhalt

Teil V

Danksagung

An erster Stelle möchte ich den Jugendlichen und den Fachkräften in der Jugendhilfe danken, die bereit waren meine Arbeit zu unterstützen und mir Vertrauen entgegenbrachten. Ohne diese Offenheit und Bereitschaft wäre die Durchführung meines Forschungsprojektes nicht möglich gewesen.

Für die Betreuung, Beratung und Unterstützung während meiner Arbeit danke ich insbesondere meinen zwei Betreuer_innen Prof.’in Dr.’in Alexandra Retkowski und Prof. Dr. Heinz-Jürgen Voß.

Mein Dank gilt auch meinen Kolleg_innen im Forschungsprojekt »Schutz von Kindern und Jugendlichen vor sexueller Traumatisierung« an der Hochschule Merseburg für die Diskussionen und Anmerkungen sowie ihre Unterstützung. Ebenso danke ich den Teilnehmer_innen der beiden Promotionskolloquien an der Universität Kassel und der Hochschule Merseburg, die meine Arbeit unterstützt haben, indem sie Datenmaterial und Ergebnisse mit mir diskutierten und ihre Ideen einbrachten. Danken möchte ich auch allen weiteren Personen, die mich zu unterschiedlichen Zeitpunkten der Arbeitsphase unterstützt, motiviert und kritisiert haben.

Für die finanzielle Unterstützung im Rahmen der Landesgraduiertenförderung Sachsen-Anhalt danke ich der Hochschule Merseburg.

Mein großer Dank gilt auch dem Psychosozial-Verlag und seinen Mitarbeiter_innen für die Unterstützung und die Zusammenarbeit.

Meiner Familie danke ich für ihr Verständnis, die Bestärkung und die Unterstützung in dieser Lebensphase.

Torsten Linke

Teil I

1 Einleitung

1.1 Einführende Überlegungen und Ausgangslage zum Untersuchungsanliegen

In der vorliegenden qualitativen Forschungsarbeit werden die Erfahrungen von Jugendlichen mit sexueller Bildung und ihre möglichen Bedarfe in Bezug auf dementsprechende Bildungsangebote untersucht. Das Untersuchungsanliegen richtet sich dabei auf das Feld der Kinder- und Jugendhilfe als Sozialisationsort. Die Bedeutung der Kinder- und Jugendhilfe unterstreichen die Herausgeber_innen des Bandes *Handbuch Kinder- und Jugendhilfe*: »Fast jedes Kind oder jeder und jede Jugendliche in unserer Gesellschaft hat mit Einrichtungen oder Programmen der Kinder- und Jugendhilfe nicht nur Kontakt gehabt, sondern sie mitunter als selbstverständlich erlebt« (Schröer et al., 2016b, S. 12). In diesem Zusammenhang erfolgt eine Auseinandersetzung mit den Möglichkeiten einer sexuellen Bildung innerhalb der Kinder- und Jugendhilfe. Obwohl ein weitestgehender sozialwissenschaftlicher Konsens dahingehend besteht, dass Sexualität als ein zentraler Bestandteil des Jugendalters angesehen wird (vgl. Baacke, 2007, S. 236ff.; Neubauer, 2010, S. 990ff.; Tuider, 2016), ist Sexualität meist ein Randthema der Forschung und der wissenschaftlichen Auseinandersetzung und wird bei der Betrachtung von Perspektiven und offenen Fragen der Kindheits- und Jugendforschung kaum berücksichtigt (vgl. Krüger & Grunert, 2010; Sielert, 2012, S. 211f.; Retkowski & Thole, 2012, S. 291ff.).

Dabei lassen sich bereits aus grundlegenden Definitionen Ableitungen für die Notwendigkeit einer Beschäftigung mit diesem Thema vornehmen. Aus einer gesundheitspolitischen Perspektive auf Sexualität und sexuelle Gesundheit sind die von der Weltgesundheitsorganisation (WHO) und der Bundeszentrale für gesundheitliche Aufklärung (BZgA) vertretenen

Positionen leitend (vgl. BZgA, 1994, S. 3; WHO, 2013). Sexualität wird als existenzielles Grundbedürfnis und zentraler Bestandteil von Identität, Persönlichkeit und individueller Lebensweise gesehen (vgl. BZgA, 1994, S. 3). In diesem Zusammenhang stehen konzeptionelle Überlegungen und die Ausarbeitung von Standards zur Sexualaufklärung (vgl. WHO-Regionalbüro für Europa & BZgA, 2011). Für die Wissenschaft und die Praxis Sozialer Arbeit kann als Grundlage der Profession die Definition Sozialer Arbeit der International Federation of Social Workers (IFSW) betrachtet werden. Soziale Arbeit versteht sich als Menschenrechtsprofession, die unter anderem eine Förderung der Autonomie und Selbstbestimmung von Menschen, eine Achtung der Vielfalt und eine Verbesserung des Wohlergehens als ihre Aufgaben beschreibt (vgl. DBSH, 2016). Mit Blick auf Kinder und Jugendliche schafft die UN-Kinderrechtskonvention einen internationalen Standard, der einerseits die Entfaltung und Förderung der Persönlichkeit, andererseits auch den Schutz, zum Beispiel vor sexuellem Missbrauch, von Kindern und Jugendlichen fordert (vgl. UNICEF, 1990). Speziell für die Kinder- und Jugendhilfe leiten sich aus der rechtlichen Grundlage des Sozialgesetzbuches (SGB) VIII, dass jeder junge Mensch »ein Recht auf Förderung seiner Entwicklung und auf Erziehung zu einer eigenverantwortlichen und gemeinschaftsfähigen Persönlichkeit« hat (§ 1 Absatz 1 SGB VIII), die Aufträge ab, »junge Menschen in ihrer individuellen und sozialen Entwicklung [zu] fördern und dazu bei[zu] tragen, Benachteiligungen zu vermeiden oder abzubauen« und »Kinder und Jugendliche vor Gefahren für ihr Wohl [zu] schützen« (§ 1 Absatz 3, Satz 1 und 3 SGB VIII). Werden diese Ausführungen zusammen mit denen der WHO und BZgA betrachtet, die sexuelle Gesundheit als »Zustand des körperlichen, emotionalen, mentalen und sozialen Wohlbefindens« (WHO, 2013) definieren, der untrennbar mit Gesundheit insgesamt und Lebensqualität verbunden ist (ebd.), dann wird umso deutlicher, dass eine Auseinandersetzung mit Sexualität in einem Arbeitsfeld wie der Kinder- und Jugendhilfe unumgänglich ist.

Die Entscheidung, dieses Thema in einer umfassenderen Arbeit im Rahmen einer Dissertation zu bearbeiten, beruht auf Erkenntnissen aus eigenen Vorarbeiten des Autors sowie denen anderer Autor_innen. Im Band *Sexualität und Familie. Möglichkeiten sexueller Bildung im Rahmen erzieherischer Hilfen* (Linke, 2015), wurden ausgehend von Erkenntnissen zur psychosexuellen Entwicklung und zur sexuellen Sozialisation und den Aufgaben der Kinder- und Jugendhilfe grundsätzliche Notwendigkeiten und Möglichkeiten für eine sexuelle Bildung in speziellen Arbeitsfeldern in Verbindung mit Ergebnissen aus der quantitativen *PARTNER 4*-Studie zu Jugendsexualität (vgl. Weller & Bathke, 2017; Weller, 2013b, c) erörtert. Deutlich wurde bei dieser Arbeit, dass die Beschäftigung mit Sexualität als Bestandteil menschlicher Entwicklung und des alltäglichen Lebens in Theorie und Praxis der Sozialen Arbeit unzureichend ist und sich dies insbesondere für den Bereich der Kinder- und Jugendhilfe zeigt. Auf dieser Vorarbeit beruht das Forschungsinteresse sich intensiver mit der Thematik zu befassen und die Erkenntnis, dass es einer qualitativen Studie bedarf, um die Erfahrungen Jugendlicher aus ihrer subjektiven Sicht zu erfassen (vgl. Flick, 2010, S. 41).

Hans Thiersch beschreibt das Verhältnis von Erziehungswissenschaft und Sozialer Arbeit zu Sexualität folgendermaßen:

> »Sexualität [...] wurde ins Abseits gedrängt, als für das pädagogische Verhältnis irrelevant verstanden und damit gleichsam abgespalten. [...] Fragen von Sexualität und Triebgeschehen haben [...] in die allgemeine pädagogische Diskussion nur bedingt Eingang gefunden« (Thiersch, 2012, S. 58).

In der wissenschaftlichen Praxis zeigt sich dies in der Ausbildung der grundständigen Studiengänge, in denen die Vermittlung von sexualpädagogischen und sexualwissenschaftlichen Kompetenzen[1] bisher kaum verankert ist, was wiederum Auswirkungen auf die professionelle Arbeit[2] hat (vgl. hierzu Müller, 2013; Retkowski & Thole, 2012; Sielert, 2013a; Weller, 2013a, Winter, 2013). Das gilt auch für die Zahl der Veröffentlichungen, die sich mit Fragen von Sexualität im Kontext der Jugendhilfe beschäftigt haben. Diese waren bisher meist auf die Thematik der sexualisierten

1 Der Kompetenzbegriff in dieser Arbeit bezieht sich auf die Fähigkeit Erlerntes (reflektiert bzw. bewusst) anwenden zu können, steht in einer Wechselbeziehung mit angeeignetem theoretischen Wissen und meint nicht allein die Anhäufung von Wissen (vgl. Bock & Otto, 2007, S. 208f.; zur Aneignung von spezifisch sexuellen Kompetenzen vgl. Beck & Henningsen, 2018; für eine kritische Betrachtung des Kompetenzbegriffs im Kontext von Bildung vgl. Freytag, 2014, S. 91f.).

2 Als professionelles Handeln in der Praxis der Sozialen Arbeit ist vor allem das methodische Handeln der Fachkräfte zu verstehen (vgl. Bolay et al., 2015, S. 9). Methodisches Handeln in der Sozialen Arbeit ist »ein reflektiertes, theorie- und wissensbegründetes, aber auch an der Erfahrung und der jeweiligen (Handlungs-)Situation orientiertes Handeln [...] das i. d. R. auch aushandlungsorientiert gestaltet wird« (ebd., S. 9).

Gewalt[3] begrenzt bzw. richteten sich stärker auf die Durchführung sexualpädagogischer Veranstaltungen im schulischen Kontext (vgl. hierzu Conen, 2002, 2005; Fegert & Wolf, 2006; Hartwig & Hensen, 2008; Sielert & Keil, 1993; Sielert & Valtl, 2000). In den zurückliegenden Jahren erfolgte hier bereits eine intensivere Auseinandersetzung und Publikation, die durch gesellschaftliche Entwicklungen, wie zum Beispiel den Aufdeckungsprozess um die Übergriffe in pädagogischen Einrichtungen 2010, noch einmal stärker befördert wurden (vgl. hierzu Retkowski et al., 2018a; Schmidt & Sielert, 2013; Thole et al., 2012; Wazlawik et al., 2018).[4] Die Fokussierung auf Themen der sexualisierten Gewalt in der Kinder- und Jugendhilfe ist durch den gesetzlichen Schutzauftrag, das sogenannte Wächteramt, im Rahmen der Sicherung des Kindeswohls begründet und somit ein wichtiger Teil der Praxis Sozialer Arbeit, der auch die wissenschaftliche Auseinandersetzung braucht. Dabei ist eine fehlende interdisziplinäre Auseinandersetzung sowohl aufseiten der Erziehungswissenschaft und der Sozialen Arbeit wie aufseiten der Sexualwissenschaft vorhanden. So bindet die Sexualwissenschaft bei der Beschäftigung mit Sexualität pädagogische und erziehungswissenschaftliche Ansätze noch nicht stark genug ein (vgl. Sielert, 2012, S. 208ff.).

Es ist, so Uwe Sielert, »vor allem der Dialog zwischen Erziehungs- und Sexualwissenschaft im Allgemeinen als integraler Bestandteil zentraler Fragestellungen, die über den Kern der Sexualerziehung hinausgehen [zu entwickeln]« (ebd., S. 215f.). Da »Sexualität sich zu einer zentralen

3 In der Regel wird in dieser Arbeit der Begriff der sexualisierten Gewalt verwendet. Da jedoch juristisch, medizinisch und auch im Kontext der Jugendhilfe von sexuellem Missbrauch, Kindesmisshandlung oder sexueller Gewalt gesprochen wird, finden auch diese Begriffe Verwendung, wenn sie in der zitierten Literatur oder von den interviewten Jugendlichen benutzt werden. Aufgrund der Komplexität und Verwobenheit möglicher Gewaltformen werden diese Bezeichnungen in der Literatur teils auch synonym angewandt. Durch den Begriff *sexualisierte Gewalt* sollen die unterschiedlichen Dimensionen zusammengefasst und auch die Perspektive einbezogen werden, dass sexualisierte Gewalt zur Durchsetzung von Machtansprüchen erfolgen kann und nicht nur auf einer sexuellen Motivation der übergriffigen Person beruhen muss (vgl. Linke, 2018b, S. 398f.).

4 Während des Forschungsprozesses entstanden mehrere Arbeiten, die sich mit Sexualität und/oder sexualisierter Gewalt in der Kinder- und Jugendhilfe und der Sichtweise der Adressat_innen auseinandersetzten (vgl. dazu auch: Busche et al., 2016; Domann & Rusack, 2016; Mantey, 2017; Rusack, 2015).

Komponente des Jugendstatus emanzipiert hat« (Baacke, 2007, S. 238) und »[a]ngesichts der großen Bedeutung, die sexuelle Identität in den Lebenswelten der meisten Menschen einnimmt« (Sielert, 2014, S. 45), sollte die Kinder- und Jugendhilfe die Perspektive erweitern und Sexualität umfassend in den Blick nehmen. In Ergänzung oder als Ersatz der beiden Sozialisationsinstanzen Familie und Schule, ist die Kinder- und Jugendhilfe für viele Heranwachsende eine weitere wichtige Sozialisationsinstanz (vgl. Winter, 2013). Dies ist vor allem dann gegeben, wenn die Familie ihre Aufgaben nicht optimal wahrnehmen kann. Es können »diverse familienunterstützende und -ergänzende, manchmal auch familienersetzende Maßnahmen erforderlich werden« (Sielert, 2013b, S. 120). In diesem Fall kommt der Kinder- und Jugendhilfe ein Erziehungsauftrag zu, dem sie sich auch im Kontext der sexuellen Entwicklung von Heranwachsenden verantwortungsvoll stellen muss. Dafür braucht es Konzepte sexueller Bildung, die für die Arbeitsfelder der Kinder- und Jugendhilfe und ihre Adressat_innen[5] entwickelt werden müssen.

Reinhard Winter sieht jedoch eine unzureichende Auseinandersetzung mit Sexualität und eine ebensolche Umsetzung sexualpädagogischer Angebote in der Kinder- und Jugendhilfe gegeben (Winter, 2013, S. 623ff.). Für die Arbeit mit den Adressat_innen benötigt es laut Uwe Sielert »[e]ine ihren besonderen Interessen und Bedürfnissen sowie Ressourcen angemessene sexuelle Bildung [, die] gemeinsam mit den Menschen entwickelt werden [muss]« (Sielert, 2014, S. 41). Es geht Sielert um eine Begleitung der Jugendlichen hin zu mehr individueller Selbstbestimmung, ohne Durchsetzung der Dominanzkultur (ebd., S. 41f.). Diese Auffassung vertreten auch Mart Busche und Jacek Marjanski, die speziell mit dem

5 In dieser Arbeit wird der Begriff Adressat_innen verwendet, um darauf hinzuweisen, dass Angebote der Kinder- und Jugendhilfe an Kinder und Jugendliche adressiert werden. In Publikationen zur Sozialen Arbeit wird dieser Begriff mehrheitlich verwendet. Insbesondere in Publikationen zur offenen Jugendarbeit wird auch der Akteursbegriff genutzt, um darauf hinzuweisen, dass Kinder und Jugendliche als Akteur_innen die Arbeitsbeziehungen aktiv mitgestalten. Da sich das Untersuchungsanliegen auf sexuelle Bildung als Angebot an Jugendliche bezieht, ist jedoch der Adressat_innenbegriff besser geeignet, um deutlich zu machen, dass diese Angebote von der Institution/den Fachkräften an Jugendliche adressiert werden. Dies schließt nicht aus, dass Jugendliche hier als handelnde Personen betrachtet werden, bei der Planung und Umsetzung einbezogen werden und diese Angebote aktiv mitgestalten können (vgl. Bitzan & Bolay, 2015; Deinet & Sturzenhecker, 2013; Thole, 2000).

Blick auf Migrant_innen darauf hinweisen: »Wir können nicht etwas für Migrant_innen ohne diese tun« (Busche & Marjanski, S. 59). Die Soziale Arbeit sollte nicht nur für Themen spezifischer Zielgruppen offen sein, sondern die betreffenden Menschen einbeziehen – als Expert_innen und ebenso bei der Besetzung bezahlter Positionen (ebd., 2014, S. 59). Die bisher unzureichende Auseinandersetzung im wissenschaftlichen und im fachpraktischen Kontext scheint in der Praxis Sozialer Arbeit zu einem konzeptionellen und fachlichen Mangel zu führen. Es zeigt sich, dass vorhandene Bildungs- und Beratungsangebote zu sexuellen Themen die Adressat_innen oft nicht erreichen. Dies wird unter anderem bei Angeboten für Migrant_innen deutlich (vgl. Voß, 2014, S. 5ff.; Yılmaz-Günay, 2009, S. 2).

Hinweise auf unterschiedliche Bedarfe bei Adressat_innen zeigen sich in den quantitativen Studien zu Jugendsexualität. In diesen wird neben dem Geschlecht auch nach Bildungsstand und Migrationshintergrund differenziert. So scheinen bildungsbenachteiligten Jugendlichen weniger Kommunikationsmöglichkeiten über Sexualität zur Verfügung zu stehen: Haupt- und Sonderschüler_innen haben überdurchschnittlich oft keine Vertrauensperson, mit der sie über Sexualität reden können, besonders häufig gilt dies für Mädchen (vgl. BZgA, 2010a, S. 16). In Familien, in denen Jugendliche aufwachsen, die eine Einrichtung des Berufsvorbereitungsjahres (BVJ) besuchen oder in denen ein Migrationshintergrund angegeben wurde, gibt es ein deutlich größeres Nacktheitstabu in der Familie und die Kommunikation über sexuelle Themen ist bedeutend geringer (vgl. Linke, 2015, S. 76ff.; Weller, 2013b, c).

Auch bei den Ergebnissen zu den sexuellen Einstellungen und Verhaltensweisen zeigen sich deutliche Unterschiede: Beim *ersten Mal* nutzen Jugendliche im Berufsvorbereitungsjahr und mit Migrationshintergrund häufiger unsichere Verhütungsmethoden, zum Beispiel unterbrochenen Geschlechtsverkehr (vgl. BZgA, 2010a, S. 110, 149; Linke, 2015, S. 81f.; Weller, 2013b). Jugendliche aus dem BVJ lehnen Freundschaften zu männlichen Homosexuellen oder die Möglichkeit des Schwangerschaftsabbruchs überdurchschnittlich häufig ab (vgl. Linke, 2015, S. 79ff.; Weller, 2013b). Aus diesen Ergebnissen lassen sich für die Kinder- und Jugendhilfe grundsätzliche Überlegungen ableiten, die einerseits eine Unterstützung anderer Sozialisationsinstanzen in Bezug auf sexuelle Bildung und andererseits die bedarfsgerechte Begleitung unterschiedlicher Adressat_innen in den Arbeitsfeldern der Kinder- und Jugendhilfe betreffen.

1.2 Fragestellung, Vorgehen und Gliederung der Arbeit

Durch eine theoretische Befassung speziell mit den Bereichen Jugendsexualität, Kinder- und Jugendhilfe sowie Bildung, die zu den Ergebnissen der qualitativen Untersuchung in Bezug gesetzt wird, sollen die bisher vorliegenden Erkenntnisse ergänzt und ein Beitrag zur Verkleinerung vorhandener Leerstellen im Bereich sexueller Bildung in der Kinder- und Jugendhilfe geleistet werden. Für die Arbeit sind folgende Fragen leitend:

1. Welche Erfahrungen haben Jugendliche in Bezug auf sexuelle Bildung und welche Bedarfe lassen sich beschreiben?
2. Wie wirken sich Gegebenheiten in Bezug auf die Sozialisation und die Lebenswelt Jugendlicher auf sexuelle Bildung aus?
3. Welche sozialen Beziehungen lassen sich für Jugendliche als Adressat_innen beschreiben und wie wirken sich diese auf die sexuelle Bildung aus?
4. Wie kann sexuelle Bildung in die Kinder- und Jugendhilfe integriert werden?
5. Wie müsste sexuelle Bildung in Institutionen der Kinder- und Jugendhilfe erfolgen, um die Adressat_innen zu erreichen und zu fördern?
6. Wie lassen sich die für die Kinder- und Jugendhilfe zentralen gesetzlich verankerten Komponenten der Förderung der Selbstbestimmung und des Schutzes von Jugendlichen in einer sexuellen Bildung abbilden?

Diese Fragen umkreisen das Forschungsinteresse, das sich in drei zentralen Punkten zusammenfassen lässt:

1. die Wahrnehmung von Angeboten sexueller Bildung aus der Sicht von Jugendlichen (z. B. Erfahrungen, Erwartungen, Themen)
2. die Möglichkeiten und Formen von sexueller Bildung in der Kinder- und Jugendhilfe (z. B. formale, non-formale, informelle Angebote)
3. die fördernde und die präventive Komponente von sexueller Bildung im Rahmen der Kinder- und Jugendhilfe (z. B. in Bezug auf Selbstbestimmung oder den Schutz vor bzw. den Umgang mit sexualisierter Gewalt)

Das Forschungsinteresse und die Fragen der Arbeit schließen an aktuelle Erkenntnisinteressen einer Sozialen Arbeit zum Thema Sexualität und Jugendhilfe an. Gerd Stecklina nennt vier Punkte, die, mit Blick auf den Umgang mit Sexualität in der Kinder- und Jugendhilfe, für eine Forschung zu berücksichtigen sind und bei denen Forschungslücken bestehen: die institutionellen Strukturen, die Fachkräfte, die Adressat_innen und die stattfindenden Interaktionen, woraus sich verschiedene Fragestellungen ableiten lassen (Stecklina, 2017, S. 194f.).

Die oben genannten Fragestellungen werden nicht als abschließende Fragen betrachtet, sondern als grundsätzliche Leitfragen, die das Untersuchungsanliegen beschreiben, das Forschungsinteresse eingrenzen und im Forschungsprozess je nach erarbeitetem Erkenntnisstand angepasst und verändert werden können. Das heißt, es erfolgt keine beliebige Veränderung, sondern diese ist abhängig vom jeweiligen Kenntnisstand und muss durch das Vorgehen und die Erkenntnisse bergründet sein. Das Vorgehen im Prozess, der Aufbau der Stichprobe und die Beendigung der Erhebung und Auswertung folgen den Theorien des theoretischen Sampling und der theoretischen Sättigung sowie den zur Verfügung stehenden Ressourcen (vgl. Flick, 2017, S. 258f.; 2016, S. 28, 124; Merkens, 2008, S. 291ff.; Strauss, 1994, S. 70).

Die Datenerhebung erfolgt anhand qualitativer teilstrukturierter Interviews (vgl. Hopf, 2008, 2016). Durch diese sollen die Lebenswirklichkeit, die Interessen und die spezifischen Bedarfe der Jugendlichen erfasst werden (vgl. Flick et al., 2017; Reinders, 2005), um darauf aufbauend Überlegungen für Angebote sexueller Bildung zu entwickeln (vgl. Sielert, 2014, S. 41).

Methodologisch ist die Arbeit in der Grounded-Theory-Methodologie (GTM) verortet. Die Grounded Theory bietet als Forschungsstil sowohl den Rahmen für das Vorgehen im Forschungsprozess als auch die entsprechenden Auswertungstechniken für das Datenmaterial. Das Vorgehen nach der GTM deckt sich mit den oben genannten Überlegungen des offenen Herangehens, der Anpassungen im Forschungsprozess und den Überlegungen zur Datenerhebung und Auswertung. Ziel der Grounded Theory ist es, im Rahmen einer kreativen Offenheit einen Erkenntnisgewinn zu initiieren, der zu einer Theorie über das untersuchte Feld führt. Das offene Herangehen und die methodisch basierte Kreativität können als Strategien betrachtet werden, die den Versuch, *mehr zu sehen, als bereits bekannt ist*[6], unterstützen und so zu einem Erkenntnisgewinn und der Entwicklung

6 Diese Formulierung geht auf ein Zitat von Paul Eisewicht zurück, das er in seinem Vortrag »Qualitative Forschung – (k)ein Kinderspiel!? Kompetenzen und (extra-)methodologische Anforderungen ›guter‹ Interpretationsarbeit« beim *Berliner Methodentreffen Qualitative Forschung* am 28.07.2018 verwendete.

einer Theorie beitragen sollen (vgl. Glaser & Strauss, 1967; Strauss, 1994; Strauss & Corbin, 1996). Das Vorgehen im Forschungsprozess ist zusammengefasst in Abbildung 1 dargestellt und wird in der Arbeit im Kapitel zur Forschungsmethodik (Kapitel 4) ausführlicher vorgestellt und diskutiert.

In diesem Kontext ergeben sich Fragen zur Subjektivität des Forschenden und zur Selbsttreflexivität im Forschungsprozess, die innerhalb der Vielfalt an Theorien zur GTM im deutschsprachigen Raum zur Entwicklung einer reflexiven Grounded Theory geführt haben und in dieser Arbeit eingebunden werden (vgl. Breuer et al., 2018). In der reflexiven Grounded Theory wird von der Annahme ausgegangen, dass Ergebnisse nicht selbstaktiv aus den Daten entstehen, sondern durch die forschende Person, zum Beispiel durch ihre Anwesenheit im Feld und bei der Datenauswertung, zustande kommen (ebd., S. 10). In diesem Zusammenhang stehen auch die Reflexion des Vorwissens und der Vorerfahrungen der forschenden Personen (ebd., S. 90ff.).

Aufgrund des Untersuchungsanliegens und des daraus folgenden Vorgehens, einer Befragung minderjähriger Personen zu einem intimen persönlichen Thema, der Sexualität eines Menschen, stellen sich neben allgemeinen auch spezielle forschungsethische Fragen. Deren Bearbeitung steht wiederum in engem Zusammenhang mit der Subjektivität und der Selbstreflexivität des Forschenden, was in der Arbeit aufgegriffen wird (vgl. Miethe, 2013; Unger et al., 2014; Werner, 2016).

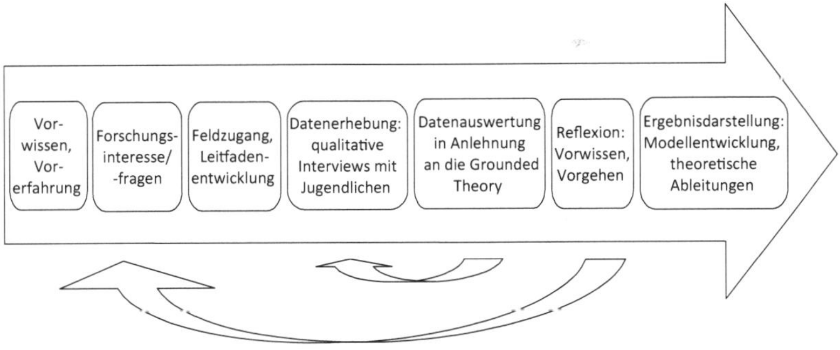

Abbildung 1: Vorgehen im Forschungsprozess

Die Arbeit gliedert sich in fünf thematische Hauptteile und acht Kapitel:

Nach der Einleitung und der grundsätzlichen Vorstellung des Untersuchungsanliegens (Teil I) werden im zweiten Teil die theoretische Grundlegung vorgenommen und der aktuelle Forschungsstand betrachtet.

Im zweiten Kapitel wird dementsprechend das Erkenntnisinteresse der Arbeit mit Blick auf die Jugendhilfe und die Jugendsexualität ausführlicher dargelegt. Es erfolgen Überlegungen zu diesen zwei thematischen Hauptsträngen der Arbeit, auf die sich das Forschungsinteresse bezieht. Zuerst wird das Forschungsfeld der Kinder- und Jugendhilfe betrachtet. Es werden Differenzierungen hinsichtlich dieses komplexen Arbeitsfeldes und Betrachtungen in Bezug auf den Bildungsauftrag in der Kinder- und Jugendhilfe vorgenommen. Ausgehend von der historischen Entwicklung und der in diesem Zusammenhang stehenden rechtlichen Einordnung der Kinder- und Jugendhilfe in der Bundesrepublik Deutschland, werden grundlegende strukturelle Rahmenbedingungen und inhaltliche Ausrichtungen betrachtet. Anhand dieser Basis erfolgen Überlegungen dazu, welche Berücksichtigung die Sexualität Jugendlicher und in diesem Kontext Angebote sexueller Bildung in der Kinder- und Jugendhilfe finden sollten. Dies wird für zwei Bereiche, die Jugendarbeit und die Hilfen zur Erziehung, herausgestellt und es werden spezielle und aktuelle Anforderungen an die Kinder- und Jugendhilfe in den Blick genommen, die eine Befassung mit Sexualität und Konzepten sexueller Bildung nötig machen. Im zweiten Teil des Kapitels wird der Forschungsstand zu Jugendsexualität dargelegt. Ausgehend von einer grundlegenden Einordnung der Jugendphase und der sexuellen Entwicklung werden ausgewählte Ergebnisse – hier sind Studien zu Jugendsexualität der BZgA (2010a; Bode & Heßling, 2015) zentral – angeführt. Die aktuellen Befunde werden auf Fragen der sexuellen Entwicklung, der sexuellen Aktivität Jugendlicher, der Wissensvermittlung und vorhandener Ansprechpersonen zu sexuellen Themen fokussiert. In einem weiteren Abschnitt wird auf die Prävalenz zu sexualisierter Gewalt gegen Kinder und Jugendliche und diesbezügliche Risikofaktoren für Kinder und Jugendliche eingegangen. Die vorliegenden Forschungsergebnisse werden hinsichtlich ihrer Relevanz für die Kinder- und Jugendhilfe untersucht und es wird eine Verbindung dieser beiden thematischen Stränge vorgenommen, um eine Notwendigkeit sexueller Bildung in der Kinder- und Jugendhilfe zu prüfen.

Im dritten Kapitel der Arbeit erfolgt eine Auseinandersetzung mit dem Bildungsbegriff und eine Einordnung des Bildungsbegriffs für die Soziale Arbeit, speziell die Kinder- und Jugendhilfe. Unter Einbezug historischer Grundlagen werden die Entwicklung von Bildung und das Verständnis eines Bildungsbegriffs in Deutschland herausgearbeitet. Dabei wird auf das Spannungsverhältnis zwischen einem schulisch orientierten und traditionell geprägten Bildungsbegriff und dem aus emanzipativen Bestrebungen entwickelten Bildungsverständnis, wie es sich in der Sozialen Arbeit und speziell der Jugendarbeit heute zu großen Teilen findet, eingegangen. Ein weiteres Spannungsverhältnis ergibt sich daraus für die Kinder- und Jugendhilfe, die Aufträge in Bezug auf schulische Bildung und das Erreichen von Bildungsabschlüssen übernehmen soll und gleichzeitig mit der Jugendarbeit ein Arbeitsfeld enthält, das sich mit seinem Bildungskonzept und -verständnis deutlich von dem der Schule unterscheidet. In Bezug auf die oben genannten Erkenntnisse, dass bestimmte Zielgruppen nicht erreicht bzw. deren Bedürfnisse nicht ausreichend berücksichtigt werden, erfolgt die Einbeziehung intersektionaler Überlegungen für Bildungskonzepte. Nach der grundlegenden Auseinandersetzung mit dem Bildungsbegriff und dem Fokus auf Bildungsmöglichkeiten in der Kinder- und Jugendhilfe wird eine Klärung des Begriffes der sexuellen Bildung vorgenommen. Dafür ist es notwendig, sich mit den Definitionen daran anlehnender Begriffe und Arbeitsbereiche wie der Sexualaufklärung, der Sexualerziehung oder der Sexualpädagogik zu befassen. Im weiteren Verlauf wird Fragen der Notwendigkeit einer sexuellen Bildung nachgegangen. Dies geschieht aus der Perspektive, sexuelle Bildung als Querschnittsaufgabe in der Sozialen Arbeit und speziell für die Kinder- und Jugendhilfe zu sehen. Daran schließen sich Überlegungen zur Professionalität von Fachkräften sowie zum präventiven Potenzial sexueller Bildung in der Kinder- und Jugendhilfe an.

In Teil III wird die Anlage und Durchführung der empirischen Untersuchung beschrieben und diskutiert und dementsprechend eine ausführliche Darlegung und Diskussion des forschungsmethodischen Vorgehens im vierten Kapitel der Arbeit vorgenommen. Ausgehend von grundlegenden Überlegungen zur Einordnung der Arbeit als ein qualitatives Forschungsprojekt wird die Grounded-Theory-Methodologie vorgestellt. Diese ist Grundlage sowohl für das Forschungsdesign und die Vorgehensweise im Forschungsprozess als auch für die Auswertung der Daten. Es erfolgen Ausführungen zum Feldzugang, zur Datenerhebung und zu forschungsethischen Überlegungen. Im Anschluss an Ausführungen zu einer reflexiven Grounded Theory werden Reflexionen zu Feldzugang und Interviewführung sowie zur Anonymisierung und Pseudonymisierung vorgenommen. Anhand von Interviewsequenzen werden der Prozess bei der Auswertung und die Bildung von Codes und Kategorien exemplarisch dargestellt. Damit soll eine transparente Nachvollziehbarkeit für die Leser_innen der Arbeit möglich werden. Durch die Erkenntnisse der Reflexionen und der exemplarischen Auswertung werden bereits erste empirisch gewonnene Ergebnisse der Arbeit deutlich.

In Teil IV werden die Ergebnisse der empirischen Untersuchung dargelegt. Das fünfte Kapitel, in dem die empirische Auswertung vorgestellt wird, ist das quantitativ umfassendste Kapitel der Arbeit. Die zentralen Kategorien und deren Beziehungen zueinander werden anhand eines Modells, welches an das Codierparadigma der Grounded-Theory-Methodologie angelehnt ist, verdeutlicht. Das zentrale Phänomen, das betrachtet wird, ist die Kommunikation über sexuelle Themen der Jugendlichen mit Personen aus ihrer Lebenswelt. Fokussiert wird dabei auf die verbale Kommunikation, das Sprechen über sexuelle Themen.[7] Ausgehend von diesem Gesamtmodell werden Differenzierungen in verschiedene Modellkomponenten vorgenommen. In diesen werden die Zusammenhänge der gebildeten Codes und Kategorien dargelegt. Dies erfolgt jeweils in einer bildlichen Darstellung, an die sich eine schriftliche Ausführung anschließt. Abschließend soll durch zusammenfassende Fallbeschreibungen ausgewählter Interviews die Logik des Modells in kompakter Form nachvollziehbar verdeutlicht werden (vgl. Breuer et al., 2018, S. 214).

Teil V der Arbeit umfasst die Einordnung der Ergebnisse, Schlussfolgerungen sowie eine Zusammenfassung. Im sechsten Kapitel werden empirische Ergebnisse zu Befunden aus wissenschaftlichen Arbeiten in Bezug gesetzt. Dabei wird auf das als zentrales Ergebnis herausgearbeitete Vertrauenskonzept Jugendlicher beim Sprechen über Sexualität fokussiert. Einer theoretischen Begriffsklärung von Vertrauen und der Betrachtung von Studien, die sich auf Vertrauen beziehen, folgt ein Vergleich mit den eigenen Daten zu Vertrauen, um anschließend das Vertrauenskonzept theoretisch zusammenzufassen. Daran schließt im siebenten Kapitel eine Betrachtung zur Professionalität in sozialpädagogischen und erzieherischen Beziehungen im Kontext mit den Ergebnissen der Arbeit an. Die Arbeit endet mit einer Zusammenfassung, in der eine Schlussbetrachtung zu einem Konzept sexueller Bildung vorgenommen wird, und einem Fazit im achten Kapitel.

7 Kommunikation »schließt im weiten Sinne Prozesse von Mitteilung, Austausch, Verkehr, Gemeinschaft, Interaktion ein« (Böhm, 1994, S. 397). In dieser Arbeit wird Kommunikation auf Mikrosituationen (Austausch zwischen zwei Personen oder kleinen Gruppen) reduziert betrachtet und auf verbale Kommunikation zwischen diesen fokussiert. Für das Zustandekommen von Kommunikation braucht es einen Sender und einen Empfänger sowie die Voraussetzung, dass beide den verwendeten Code (sowohl die benutzten Signale als auch die Regeln ihrer Verknüpfung) beherrschen und es im Falle von Störungen zu korrigierenden Rückkopplungen (Feedback) kommt (vgl. ebd.).

1.3 Einfluss des persönlichen Vorverständnisses und Vorwissens auf das Untersuchungsanliegen

Das Interesse an dem Untersuchungsanliegen ist durch das Vorverständnis und Vorwissen des Autors geprägt und unterliegt somit einer subjektiv beeinflussten Auswahl. Insbesondere für Arbeiten im Rahmen der Grounded-Theory-Methodologie sehen Breuer, Muckel und Dieris, dass die Forschungsanliegen oft von den Forschenden selbst gewählt werden und einen persönlich-individuellen Zuschnitt haben (Breuer et al., 2018, S. 140). Die Wahl eines Forschungsanliegens zu einem Handlungs- oder Problemfeld, mit dem die Forscher_in verbunden ist oder an dem sie selbst teilhat und zu dem wahrscheinlich eine persönliche Affinität und Nähe bestehen, bedeutet auch, dass die forschende Person selbst über einen großen Fundus von Erkenntnissen und Wissen zum Feld verfügen kann (ebd., S. 140). Hier kann es zu einer Verknüpfung und/oder Überlagerung mit persönlichen Erfahrungen aus der eigenen Lebensgeschichte, beruflichen Vorerfahrungen und bekannten fachlich-wissenschaftlichen Konzepten und Theorien kommen (ebd., S. 141). Diese Mischung bezeichnen Breuer, Muckel und Dieris (2018) als persönliches Präkonzept, welches Forscher_innen mitbringen. Dieses Präkonzept wird nicht als problematisch betrachtet, sondern als Fundus, als Erfahrungsschatz, der für die Forschung nutzbar gemacht werden sollte und für die Betrachtung des Einflusses auf die Forschung bewusst gemacht werden muss. Dafür bedarf es der Selbstreflexion des Vorverständnisses, der Vorerfahrungen und des Vorwissens (ebd., S. 140).

Das Forschungsinteresse und die Wahl des Untersuchungsanliegens der vorliegenden Arbeit gehen mit Blick auf das Präkonzept des Autors auf die Qualifikation und praktische Betätigung als Sozialarbeiter zurück. Durch die Tätigkeit in Einrichtungen der Sozialen Arbeit, die geschlechtsspezifisch auf Männer und Jungen bezogen waren, wurden ein Interesse und eine Motivation befördert, sich mit Geschlecht als Kategorie in der Sozialen Arbeit zu befassen und Soziale Arbeit zu studieren. Im Diplomstudium der Sozialpädagogik/Sozialarbeit an der Hochschule Merseburg war es möglich, eine sexualpädagogische Schwerpunktausbildung zu erhalten, die durch ein einjähriges Praktikum in einer sexualpädagogischen Bildungs- und Beratungseinrichtung untersetzt wurde. Aufbauend darauf wurden anschließend nebenberuflich verschiedene Bildungsveranstaltungen für Jugendliche und pädagogische Fachkräfte durchgeführt. Im Rahmen der

Beschäftigung in einer stationären Einrichtung der Jugendhilfe und der sich daran anschließenden Tätigkeit in der ambulanten Erziehungshilfe und der Arbeit als Teamleiter in diesem Bereich entstanden vielfältige Erfahrungen auf dem Gebiet der Jugendhilfe. Durch das bestehende Interesse und die thematische Ausrichtung des Diplomstudiums lag auch während der Tätigkeit in der Jugendhilfe ein Fokus auf Sexualität. In der Arbeit zeigte sich immer wieder, dass sexualitätsbezogene Themen eine Rolle spielen und auch von den Adressat_innen eingebracht werden. Dies betraf einerseits Themen der sexualisierten Gewalt sowohl von Erwachsenen gegenüber Kindern als auch unter Kindern und innerhalb der elterlichen Paarbeziehung; andererseits wurden auch alltägliche Themen mit Bezug zu Sexualität wie Fragen der kindlichen Sexualität, der Pubertät, von Verhütung, Schwangerschaft und Familienplanung, der sexuellen Gesundheit bis zur Gestaltung von Partnerschaft und Familienformen in den Arbeitsbeziehungen besprochen. Aufgrund dieser praktischen Relevanz in den Familien und der Erkenntnis, dass es dafür kaum einen professionellen Diskursraum gibt, fiel die Entscheidung berufsbegleitend ein Masterstudium zu Angewandter Sexualwissenschaft zu absolvieren, um den professionellen Umgang mit Sexualität in der Sozialen Arbeit zu stärken. In diesem Zusammenhang entstand eine wichtige Vorarbeit für den Kontext der Dissertation, die unter dem Titel *Sexualität und Familie – Möglichkeiten sexueller Bildung im Rahmen erzieherischer Hilfen* als Monografie publiziert wurde. Nach dem beruflichen Wechsel von der Praxis Sozialer Arbeit in den akademischen Bereich, zuerst als Lehrkraft für Soziale Arbeit und anschließend als wissenschaftlicher Mitarbeiter, fiel die Entscheidung, dieses Interesse im Rahmen einer Dissertation aufzugreifen und umfassender als vorher möglich zu bearbeiten. Die Arbeit an der Dissertation fand parallel zu der Beschäftigung als wissenschaftlicher Mitarbeiter im Forschungsprojekt zum Schutz von Kindern und Jugendlichen vor sexueller Traumatisierung an der Hochschule Merseburg statt. Durch diese Tätigkeit wurden der Blick und die Sensibilität für Fragen des Schutzes von Kindern und Jugendlichen, aber auch für spezielle forschungsethische Fragen in diesem Kontext zusätzlich geschärft. Auch standen durch die Eingebundenheit in ein Forschungsteam, die Betreuung durch die Professor_innen mit ihren thematischen Vertiefungen und die angebotenen Kolloquien Gelegenheiten zur Verfügung, die eine Reflexion ermöglichten und die Selbstreflexion unterstützten (vgl. Breuer et al., 2018, S. 320ff.).

Teil II

2 Jugendhilfe und Jugendsexualität

2.1 Kinder- und Jugendhilfe

Die Kinder- und Jugendhilfe ist in Deutschland in einen gesetzlichen Rahmen eingebettet. Die aktuelle rechtliche Grundlage für die Kinder- und Jugendhilfe bildet das Kinder- und Jugendhilfegesetz (KJHG) von 1990, welches als sogenanntes Artikelgesetz in Artikel 1 das Sozialgesetzbuch VIII – Kinder- und Jugendhilfe – (SGB VIII) beinhaltet. Durch die Integration der Kinder- und Jugendhilfe in das Sozialgesetzbuch als Teil des Sozialrechts haben auch Bestimmungen anderer Sozialgesetzbücher Auswirkungen auf die Kinder- und Jugendhilfe. Dies betrifft vor allem Fragen der Leistungsgewährung, des Datenschutzes und des Verwaltungsablaufes, die in den SGB I und X geregelt sind (vgl. Struck, 2016, S. 666ff.). Diese Einordnung wurde durchaus kritisch diskutiert, da durch eine zu große Nähe zur Sozialversicherung eine Reduzierung auf fürsorgerische Aufgaben zu Lasten von Förder- und Bildungsangeboten befürchtet wurde (ebd., S. 531). Das SGB VIII regelt die Leistungen und Angebote an Kinder, Jugendliche und deren Familien, deren Gewährung durch die öffentlichen Träger und die Arbeit der öffentlichen und freien Träger (ebd., S. 532ff.; Wiesner, 2014). Im ersten Kapitel werden in den allgemeinen Bestimmungen in § 1 Absatz 1 SGB VIII die Grundlagen für ein Recht auf Förderung der Persönlichkeit junger Menschen und in Absatz 3 für die Pflicht der Kinder- und Jugendhilfe zu dessen Umsetzung gelegt. Daraus leitet sich der grundsätzliche gesetzliche Anspruch auf Erziehung und Förderung junger Menschen ab. Dieser wird inhaltlich und strukturell in den folgenden Kapiteln des SGB VIII, die sich mit den Leistungen der Kinder- und Jugendhilfe beschäftigen (zweites und drittes Kapitel SGB VIII), ausdifferenziert.[8]

8 Auf die Leistungen wird in Punkt 2.1.5 zu den Aufgaben der Kinder- und Jugendhilfe eingegangen.

Inhaltlich und strukturell baut die Kinder- und Jugendhilfe in der Bundesrepublik Deutschland auf die historische Entwicklung von Jugendfürsorge und Jugendpflege in den Vorgängerstaaten der BRD auf. Die Kinder- und Jugendhilfe war über lange Zeiträume auf Fürsorge vor allem in Form von Heimunterbringung beschränkt (vgl. Knab, 2014; Kuhlmann, 2014). Der Schutz vor Verwahrlosung von Kindern und Jugendlichen ist, ebenso wie andere Formen der Armenfürsorge, Teil der historischen Wurzeln der Sozialarbeit (vgl. Hammerschmidt & Tennstedt, 2012, S. 74; Niemeyer, 2012, S. 146). Ab dem 19. Jahrhundert entwickelten sich Jugendbewegungen, die sich in Jugendverbänden organisierten, und Formen außerschulischer Bildung. Diese wurden Anfang des 20. Jahrhunderts in die Jugendpflege integriert und können der Sozialpädagogik zugerechnet werden (vgl. Giesecke, 1981; Hafeneger, 2015; Wendt, 2017). Für eine Auseinandersetzung mit der Frage, wie sexuelle Bildung als ein außerschulisches Bildungsangebot innerhalb der Kinder- und Jugendhilfe erfolgen kann, ist es zunächst notwendig, über eine Betrachtung der historischen Zugänge ein mögliches Begriffsverständnis der Kinder- und Jugendhilfe zu erlangen, da sich an dieses die aktuellen inhaltlichen, strukturellen und rechtlichen Bedingungen anschließen.

2.1.1 Historischer Zugang I: Von der Jugendfürsorge zur Jugendhilfe

Die Kinder- und Jugendhilfe in Deutschland hat sich in einem langen historischen Prozess unter dem Einfluss der jeweiligen gesellschaftlichen Verhältnisse und verschiedener erzieherischer bzw. pädagogischer Ansätze entwickelt (vgl. Knab, 2014; Kuhlmann, 2014). Eckhardt Knab (2014) datiert die Anfänge der Kinder- und Jugendhilfe in die Zeit des 11. und 12. Jahrhunderts. In dieser Zeit entstanden erste Waisenhäuser in kirchlicher Trägerschaft (ebd., S. 21). Die Heimunterbringung wurde für Jahrhunderte zur wichtigsten Form der Kinder- und Jugendhilfe, die sich bis ins 20. Jahrhundert hinein überwiegend in christlichen (zuerst katholischen und später zunehmend auch protestantischen) Einrichtungen organisierte. Die Zahl der bedürftigen Kinder und die Anzahl der gegründeten Waisenhäuser standen in einem direkten Zusammenhang mit gesellschaftlichen Ereignissen wie Kriegen oder der Verschlechterung der Lebensverhältnisse aufgrund von Veränderungen der ökonomischen Verhältnisse.

Die Unterstützung der Kinder in den Einrichtungen beschränkte sich in der Regel auf eine Grundversorgung und eine religiöse Erziehung (ebd., S. 21f.). Aufbauend auf einem christlichen Erziehungsgedanken entwickelten sich erste pädagogische Konzepte, die auch die Bildung der Kinder und deren weitere berufliche Entwicklung berücksichtigten. Die Bildungsbestrebungen wurden jedoch in vielen Einrichtungen nicht umgesetzt. Sowohl Waisenhäuser als auch Familien, die Kinder aufnahmen, nutzten diese oft als günstige Arbeitskräfte und vernachlässigten Erziehungs- und Bildungsaufgaben. Die Versorgung und Erziehung der Kinder in den Einrichtungen war von großer Strenge und körperlicher Züchtigung geprägt (ebd., S. 21; Kuhlmann & Schrapper, 2001, S. 302ff.). Beispielgebend für die Entwicklung eines christlich ausgerichteten Erziehungskonzeptes innerhalb einer Erziehungsinstitution ist August Hermann Francke (1663–1727), der im 17. Jahrhundert in Halle/Saale die Franckeschen Stiftungen gründete. Francke verband seine christlichen Reformideen (Pietismus) mit einem pädagogischen Konzept (vgl. Knab, 2014, S. 22).[9] Die Heimerziehung erhielt in der Folge durch Johann Heinrich Pestalozzi (1746–1827) und Johann Heinrich Wichern (1808–1881) neue Impulse und beide gelten heute als wichtige Vordenker der Heimpädagogik im deutschsprachigen Raum (vgl. Niemeyer, 2012, S. 136ff.). Insbesondere das von Wichern 1833 gegründete *Rauhe Haus* bei Hamburg kann, hinsichtlich einer familienorientierten Heimerziehung in kleineren Gruppen, als Vorläufer der heutigen Heimerziehung in Form von Wohngemeinschaften gelten.[10]

Die Einführung des Reichsstrafgesetzbuches 1871 ermöglichte eine Zäsur in der Heimerziehung. Durch die Ausdifferenzierung des Gesetzes in den Ländern des Deutschen Kaiserreiches wurde erstmals die rechtliche Grundlage geschaffen, Kinder und Jugendliche gegen den Willen der Eltern aus den Familien zu nehmen und Maßnahmen der Zwangserziehung zuzuführen. Diese Maßnahmen umfassten sowohl Kinder und Jugendliche, die als verwahrlost galten, als auch Jugendliche, die ab dem zwölften Lebensjahr straffällig wurden und ab dieser Zeit als bedingt strafmündig galten (vgl. Knab, 2014, S. 23). 1922 wurde mit dem Reichsjugendwohlfahrtsgesetz erstmals ein eigens die Jugendfürsorge regelndes

9 Vgl. zu den Frankeschen Stiftungen auch: https://www.francke-halle.de/einrichtungen-a-7345.html (03.12.2019).

10 Vgl. auch: https://www.rauheshaus.de/home.html (03.12.2019).

Gesetz erlassen, das auch das Recht von Kindern auf Erziehung festhielt und die Jugendpflege integrierte (ebd., S. 24; Wendt, 2017, S. 34). Ab dem 19. Jahrhundert hatten sich reformpädagogische Ideen und Jugendbewegungen entwickelt, die Anfang des 20. Jahrhunderts zunehmend die Erziehung in der Jugendfürsorge kritisierten und Einfluss auf die Entwicklung pädagogischer bzw. erzieherischer Konzepte nahmen (vgl. Wendt, 2017, S. 34f.; Jörns, 1997, S. 35f.). Ihr Einfluss auf die Jugendfürsorge endete jedoch mit dem Beginn der nationalsozialistischen Diktatur 1933. Bildung und Erziehung in Einrichtungen der Jugendfürsorge mussten im nationalsozialistischen Sinn erfolgen. Es kam zum Verbot von Wohlfahrtsverbänden, zur Schließung von Einrichtungen oder ökonomischer Benachteiligung. Jugendfürsorge wurde nur für bestimmte Jugendliche gewährt. Jugendliche, die nach Ansicht der Nationalsozialisten nicht in die Gesellschaft integrierbar waren oder aus rassistischen Gründen nicht integriert werden sollten, wurden in Jugendschutz- oder Jugendverwahrlagern untergebracht und von dort in der Regel mit Eintritt der Volljährigkeit in Konzentrationslager überführt (vgl. Knab, 2014, S. 25f.; Kuhlmann, 2012, S. 93ff.). Auch nach dem Zweiten Weltkrieg fand die Jugendfürsorge bis in die 1960er Jahre hauptsächlich im Rahmen von Heimerziehung und zum Teil unter gewaltvollen und kindeswohlgefährdenden Zuständen statt (vgl. Kuhlmann, 2014, S. 27f., 31; vgl. zur Heimerziehung in der DDR: Amthor, 2012, S. 216ff.; Geißler et al., 1997). In beiden deutschen Staaten fand eine rechtliche Neureglung der Jugendhilfe statt. In der BRD wurde das Reichsjugendwohlfahrtsgesetz übernommen, überarbeitet und als Gesetz für Jugendwohlfahrt weitergeführt. In der DDR gab es ein Jugendgesetz, das die Fragen der Jugendhilfe regelte. Der Begriff der Jugendfürsorge wurde zunehmend vom Begriff der Jugendhilfe abgelöst, auch wenn in der DDR nach wie vor der Fürsorgegedanke prägend war (vgl. Jörns, 1997, S. 33ff.). Aufgrund eines Umdenkens begannen ab den 1960er Jahren in der BRD ein inhaltlicher und struktureller Wandel und ein Ausbau der ambulanten Hilfen (vgl. Kuhlmann, 2014, S. 29f.). Somit kam es vor allem ab den 1960er und -70er Jahren zu unterschiedlichen Entwicklungen: Während in der BRD ambulante und teilstationäre Maßnahmen stärker berücksichtigt wurden, lag der Fokus in der DDR weiter auf der Heimerziehung (vgl.Amthor, 2012; Bohler & Franzheld, 2010; Jörns, 1997). Die rechtliche Basis der heutigen Kinder- und Jugendhilfe wurde 1990/1991 mit dem Kinder- und Jugendhilfegesetz (Sozialgesetzbuch VIII) geschaffen (vgl.Kuhlmann, 2014, S. 30f.).[11] Die Hilfen zur Erziehung, als ein zentraler Bestandteil des SGB VIII, differenzieren die historische Idee der Jugendfürsorge weiter aus und haben sich zu einem vielfältigen Arbeitsfeld in der Kinder- und Jugendhilfe entwickelt (vgl. Birtsch et al., 2001b, S. 9ff.; Macsenaere et al., 2014).

2.1.2 Historischer Zugang II: Von der Jugendpflege zur Jugendarbeit

Neben der Jugendfürsorge entwickelte sich aus den Jugendbewegungen ab dem 19. Jahrhundert die sogenannte Jugendpflege, aus der später die Jugendarbeit hervorging.[12] Hermann Giesecke nennt vier zentrale Bereiche der Jugendpflege im Deutschen Kaiserreich: kirchliche, bürgerliche, militärische und proletarische Jugendverbände (Giesecke, 1981, S. 59f.). Die Jugendpflege war von Beginn an mit einem Bildungskonzept verknüpft. So versuchte die Regierung des Deutschen Kaiserreiches, über die Etablierung von außerschulischen Bildungsangeboten in Einrichtungen der Jugendpflege Einfluss auf die Jugendlichen zu nehmen (ebd., S. 62ff.). Preußen verabschiedete 1901 einen ersten Erlass, dann 1911 für männliche und 1913 für weibliche Jugendliche weitere Erlässe, die die Jugendpflege strukturell und inhaltlich sowie die finanzielle Unterstützung der nicht-staatlichen Träger regelten (ebd., S. 63f.; Thole, 2000, S. 44; Wendt, 2017, S. 33). Im Gegensatz zur Jugendfürsorge, die sich auf die Bedürftig-

11 In den neuen Bundesländern trat das Gesetz bereits am 3. Oktober 1990 in Kraft, in den alten Bundesländern am 1. Januar 1991 (vgl. Struck, 2002, S. 529). Diesem Zeitpunkt ging ein über 20-jähriger Diskussionsprozess voraus. Die Reformdiskussion wurde durch inhaltlich-ideologische und finanzielle Vorbehalte beeinflusst und immer wieder verzögert. Nach einer fast zehnjährigen Erarbeitungszeit lehnte 1980 der Bundesrat das vom Bundestag beschlossene Gesetz ab und es folgte eine weitere zehnjährige Überarbeitung und Diskussion, die zu der gesetzlichen Regelung von 1990 führte (vgl. Jordan, 2005, S. 62ff.).

12 Werner Thole (2000) beschreibt erste (nicht bewusst pädagogisch initiierte) Wurzeln einer Jugendarbeit bereits für die Zeit der Vormoderne ab dem 17. Jahrhundert, in Form von Orten, die sich als Treffpunkte Jugendlicher und junger Erwachsener etablierten (ebd., S. 33ff.). Als erste autonome und sich bewusst politisch verstehende aktive und abgrenzende Jugendbewegung gilt die Wandervogelbewegung des 19. Jahrhunderts (ebd., S. 40).

keit einzelner Personen und deren Unterstützung bezog, wurde mit dem Angebot der Jugendpflege der Fokus auf Gruppen gerichtet und eine präventive und fördernde Arbeit mit diesen angestrebt (vgl. Wendt, 2017, S. 33f.). Die Jugendpflege wurde, wie bereits erwähnt, mit der Jugendfürsorge durch das Reichsjugendwohlfahrtsgesetz 1922 in einen gemeinsamen rechtlichen Rahmen integriert. Mit Beginn des 20. Jahrhunderts entstanden verschiedene neue pädagogische und erzieherische Ideen, die in den 1920er Jahren zu einer »Sozialpädagogischen Bewegung« (Wendt, 2017, S. 35) führten. Bildung spielte dabei eine zentrale Rolle. Im außerschulischen Bildungsbereich kam es in dieser Zeit ebenso zur Gründung der Volkshochschule (ebd., S. 36f.). In der Zeit des Nationalsozialismus wurde die Jugendpflege direkt in das staatliche System integriert. Beispielgebend ist die Organisation der Hitler-Jugend, in der teilweise über 90 Prozent der 10- bis 18-Jährigen organisiert waren und deren Aufgabe es war, Kinder und Jugendliche im Sinne des Nationalsozialismus zu erziehen. Der nationalsozialistischen Jugendpflege wurden weitreichende Aufgaben in den Bereichen der Bildung und Erziehung übertragen, sodass diese einen entsprechenden Einfluss auf Kinder und Jugendliche nehmen konnte (vgl. Jordan, 2005, S. 49ff.; Giesecke, 1981, S. 169ff.). Nach dem Zweiten Weltkrieg kam es zu unterschiedlichen Entwicklungen in den Nachfolgestaaten. In der DDR hielt die streng ideologische Ausrichtung der Jugendpflege bis 1989 an. Jugendarbeit wurde in erster Linie über die staatliche Jugendorganisation der Freien Deutschen Jugend (FDJ) organisiert (vgl. Amthor, 2012, S. 224f.; Hafeneger, 2013, S. 39). In der US-amerikanischen Besatzungszone entwickelten sich nach dem Zweiten Weltkrieg unter Leitung der US-amerikanischen Streitkräfte erste offene Einrichtungen der Jugendarbeit (vgl. Hafeneger, 2013, S. 38f.). Diese wurden nach der Übergabe an die BRD jedoch geschlossen oder inhaltlich neu ausgerichtet. Gesetzliche Grundlagen waren der 1950 verabschiedete Bundesjugendplan und die Überarbeitung des Reichsjugendwohlfahrtsgesetzes zum Jugendwohlfahrtsgesetz ab 1953 (vgl. Jordan, 2005, S. 55ff.). Der überwiegende Teil der Jugendarbeit in der BRD fand in der Tradition der staatlichen Jugendpflege Preußens und der Weimarer Republik statt. Die Jugendarbeit sollte präventive Aufgaben übernehmen und die weltanschauliche und politische Einstellung der Jugendlichen beeinflussen (ebd., S. 54f.). »Dabei dominierten vor allem jugendschützerische und fürsorgerische Leitmotive, in der Tradition der deutschen Jugendarbeit sollten Jugendliche von der Straße ferngehalten und sinnvoll beschäftigt, vor Verwahrlosung bewahrt und vor

Gefährdungen geschützt werden« (Hafeneger, 2013, S. 40). Bezeichnend für die historische Anknüpfung und die politische Beeinflussung sind die in den 1950er Jahren staatlich geplante Einbindung der Jugendarbeit in die militärische Wiederaufrüstung und die Einführung der Wehrpflicht in der BRD (vgl. Jordan, 2005, S. 54f.). Aufgrund der gesellschaftlichen Entwicklungen veränderte sich ab den 1960er Jahren auch die Jugendarbeit, es etablierten sich zunehmend Jugendclubs und in diesem Zusammenhang neue Konzepte einer offenen Jugendarbeit (vgl. Hafeneger, 2013, S. 41f.).

2.1.3 Grundlegende strukturelle Bedingungen

Die Entwicklungen Anfang des 20. Jahrhunderts beeinflussen neben der inhaltlichen auch die strukturelle Ausrichtung der Kinder- und Jugendhilfe bis heute. Die Trennung in öffentliche und freie Träger, das bis heute im SGB VIII verankerte Subsidiaritätsprinzip, geht auf diese Zeit zurück. Die Kinder- und Jugendhilfe (Jugendfürsorge/Jugendpflege) fand zu einem großen Teil, mit Ausnahme von Einrichtungen in der DDR und des NS-Staates, durch freie Träger statt. Diese Entwicklung geht historisch auf die Trägerschaft der Fürsorge und Wohlfahrt in kirchlichen Einrichtungen zurück, aus denen sich die großen kirchlichen Wohlfahrtsverbände der Caritas und der Diakonie entwickelten. Nach dem Ersten Weltkrieg kam es zur Gründung der Arbeiterwohlfahrt und des Paritätischen Wohlfahrtsverbandes, die ebenfalls Aufgaben der Jugendfürsorge übernahmen. Zusammen mit dem Deutschen Roten Kreuz und dem Jüdischen Wohlfahrtsverband bilden diese Verbände heute die Bundesarbeitsgemeinschaft der Freien Wohlfahrtspflege e.V. und agieren als Dachverbände der meisten freien Träger der Kinder- und Jugendhilfe. Neben den genannten Wohlfahrtsverbänden und den ihnen angeschlossenen freien Trägern der Kinder- und Jugendhilfe agieren im Bereich der Jugendarbeit und Jugendverbandsarbeit weitere Jugendverbände in einer großen Trägervielfalt, die ihre Konzepte in der Regel auf spezifische Gruppenangebote fokussieren (vgl. Jordan, 2005, S. 126ff.; Deinet et al., 2002). Neben diesen gibt es zwei weitere Bereiche freier Trägerschaft. In der BRD entwickelten sich in den 1970er Jahren Selbsthilfeorganisationen und -bewegungen die auch Aufgaben im Bereich des heutigen SGB VIII übernahmen (z.B. Kinderläden) und sich mittlerweile zum größten Teil in den oben genannten Wohlfahrtsverbänden, vor allem dem Paritätischen Wohlfahrtsverband, organisiert haben (vgl. Beher,

2002, S. 567f.; 2016, S. 708). Ein weiterer Bereich der freien Trägerschaft in der Kinder- und Jugendhilfe sind privatwirtschaftliche Träger (vgl. Beher, 2002, S. 568; 2016, S. 715f.; Jordan, 2005, S. 13). Diese können in privatgewerbliche und privat-gemeinnützige Träger unterschieden werden, die sich außerhalb der Zugehörigkeit zu den etablierten Wohlfahrts- und Dachverbänden entwickelt haben (vgl. Schipmann, 2014, S. 279). Neben wirtschaftlichen Interessen sieht Werner Schipmann hier auch die Motivation, neue und innovative Ideen außerhalb der großen Verbände und deren Strukturen umzusetzen (Schipmann, 2014, S. 279f.). Zur Organisation dieser Träger wurde bereits 1953 ein eigener Bundesverband, der VPK – Bundesverband privater Träger der freien Kinder-, Jugend- und Sozialhilfe e. V. – gegründet (ebd., S. 281). Eine weitere strukturelle Besonderheit der Kinder- und Jugendhilfe in Deutschland ist deren kommunale Zuständigkeit. Bund und Länder sind für die gesetzlichen Rahmenbedingungen zuständig und verantwortlich. Die Ausführung liegt jedoch im Zuständigkeitsbereich der kommunalen Selbstverwaltung bei den Jugendämtern der kreisfreien Städte und Landkreise als öffentliche Träger der Jugendhilfe. Es ergeben sich somit eine große inhaltliche und strukturelle Vielfalt bei der Umsetzung der Leistungen und Aufgaben der Kinder- und Jugendhilfe sowie eine Abhängigkeit von den kommunal zur Verfügung stehenden Finanzen (vgl. Bauer et al., 2012; Bettmer, 2012; Schilling, 2012).

2.1.4 Begriffsbestimmung

Nach Norbert Schröer, Wolfgang Struck und Mechthild Wolff kann die Kinder- und Jugendhilfe folgendermaßen beschrieben werden:

> »Heute umfasst die Kinder- und Jugendhilfe ausdifferenzierte Programme, Angebote, Interventionsstrategien und soziale Unterstützungspolitiken, die sich nicht nur auf Kinder und Jugendliche in Krisensituationen oder sozial vernachlässigten Lebenslagen sowie ihr ›Wächteramt‹ beziehen. Sie ist ebenso eine elementare Sozialisationsinstanz, die Kindheit und Jugend in unserer Gesellschaft sozialpädagogisch mitgestaltet« (Schröer et al., 2016b, S. 12).

Erwin Jordan (2005) hebt ebenfalls den sozialpädagogischen Charakter der Kinder- und Jugendhilfe hervor und sieht diese als einen Ausschnitt der Sozialpädagogik. Trotz Elementen von Sozialarbeit in der Kinder-

und Jugendhilfe, zum Beispiel beim Abbau von Benachteiligungen oder bei der wirtschaftlichen Absicherung von Familien, steht für Jordan im Mittelpunkt der Bemühungen der Erziehungsgedanke (ebd., S. 12). Jordan formuliert drei grundlegende Aufgabenbereiche:

> »Für die Jugendhilfe gilt es, junge Menschen in ihrer individuellen und sozialen Entwicklung zu fördern, durch soziale Arbeit Benachteiligungen zu vermeiden und abzubauen, sowie Sorge zu tragen für positive Lebensbedingungen und eine kinder- und familienfreundliche Umwelt. Jugendhilfe umfasst demnach allgemein fördernde, direkt helfende und politische Aufgabenbereiche« (ebd., S. 12).

Da sich das Forschungsinteresse dieser Arbeit auf Jugendliche bezieht, wird im weiteren Verlauf hauptsächlich die vereinfachte Bezeichnung *Jugendhilfe* statt des Begriffes *Kinder- und Jugendhilfe* benutzt. Unter Jugendhilfe werden im Folgenden Leistungen und Angebote an Jugendliche im Rahmen des SGB VIII sowie die sich aus dem SGB VIII ergebende Struktur öffentlicher und freier Träger verstanden.

2.1.5 Aufgaben der Kinder- und Jugendhilfe

Die Aufgaben der Kinder- und Jugendhilfe ergeben sich aus dem SGB VIII (vgl. auch 2.1). Reinhard Wiesner sieht als grundlegende Aufgabe, »die Entwicklung junger Menschen und ihre Erziehung zu einer eigenverantwortlichen und gemeinschaftsfähigen Persönlichkeit zu fördern« (Wiesner, 2014, S. 46), die in § 1 Absatz 1 SGB VIII definiert ist. Dieser Auftrag muss in Abwägung mit den im Grundgesetz stehenden verfassungsrechtlichen Rechten und Pflichten der Eltern und des Staates geschehen. So haben die Eltern das natürliche Recht auf Erziehung ihrer Kinder, die zugleich deren Pflicht ist (Artikel 6 Absatz 2 GG). Daraus ergibt sich »die primäre Erziehungsverantwortung« (Wiesner, 2014, S. 46) der Eltern. Der Kinder- und Jugendhilfe kommt hier die Aufgabe zu, die elterliche Erziehungsverantwortung zu unterstützen, zu stärken und zu ergänzen (ebd., S. 46). Für den Staat ergibt sich aus dem Grundgesetz das staatliche Wächteramt und damit die Verpflichtung, über die Pflege und Erziehung der Eltern im Sinne des Kindeswohls zu wachen und, wenn nötig, zu intervenieren (Artikel 6 Absatz 2 u. 3 GG).

Im SGB VIII werden als Adressat_innen junge Menschen benannt. Dies stellt eine Erweiterung der historischen Sichtweise des Adressat_innenkreises dar. Auch wenn sich ein Großteil der Angebote und Leistungen auf minderjährige Kinder und Jugendliche und deren Familien bezieht, ist damit auch die Förderung junger volljähriger Erwachsener möglich. Das SGB VIII sieht hier Leistungen bis zum 27. Lebensjahr vor, die sich vor allem im Bereich der Jugendarbeit und individueller Angebote bewegen (vgl. Wiesner, 2014, S. 46f.). Das SGB VIII definiert in §6 einen weitreichenden Geltungsbereich. Demnach sind die Leistungen der Kinder- und Jugendhilfe nicht an eine Staatsangehörigkeit gebunden und können von allen Kindern und Jugendlichen in Anspruch genommen werden, »wenn sie rechtmäßig oder auf Grund einer ausländerrechtlichen Duldung ihren gewöhnlichen Aufenthalt im Inland haben« (§6 Absatz 2 SGB VIII; vgl. Wiesner, 2014, S. 47). Kinder und Jugendliche mit deutscher Staatsangehörigkeit können Leistungen auch im Ausland in Anspruch nehmen, wenn sie in ihrem Aufenthaltsland keine Leistungen erhalten (§6 Absatz 3 SGB VIII). Wiesner fasst den Auftrag der Kinder- und Jugendhilfe wie folgt zusammen:

> »Die Kinder- und Jugendhilfe hat deshalb einen komplexen Auftrag, dessen Zielrichtung im Einzelfall von der Erziehungsfähigkeit und den Ressourcen der Eltern und der Lebenssituation des Kindes oder Jugendlichen abhängt« (Wiesner, 2014, S. 46).

Die Komplexität des Tätigkeitsfeldes der Kinder- und Jugendhilfe wird daran deutlich, da sich dieses nicht auf die Gewährung reiner Sozialleistungen beschränkt, sondern durch sogenannte andere Aufgaben erweitert ist (ebd., S. 49). In §2 SGB VIII werden diese für die Jugendhilfe wie folgt genannt:

> »(1) Die Jugendhilfe umfasst Leistungen und andere Aufgaben zugunsten junger Menschen und Familien.
> (2) Leistungen der Jugendhilfe sind:
> 1. Angebote der Jugendarbeit, der Jugendsozialarbeit und des erzieherischen Kinder- und Jugendschutzes (§§ 11 bis 14),
> 2. Angebote zur Förderung der Erziehung in der Familie (§§ 16 bis 21),
> 3. Angebote zur Förderung von Kindern in Tageseinrichtungen und in Tagespflege (§§ 22 bis 25),

4. Hilfe zur Erziehung und ergänzende Leistungen (§§ 27 bis 35, 36, 37, 39, 40),
5. Hilfe für seelisch behinderte Kinder und Jugendliche und ergänzende Leistungen (§§ 35a bis 37, 39, 40),
6. Hilfe für junge Volljährige und Nachbetreuung (§ 41).

(3) Andere Aufgaben der Jugendhilfe sind
1. die Inobhutnahme von Kindern und Jugendlichen (§ 42),
2. die vorläufige Inobhutnahme von ausländischen Kindern und Jugendlichen nach unbegleiteter Einreise (§ 42a),
3. die Erteilung, der Widerruf und die Zurücknahme der Pflegeerlaubnis (§§ 43, 44),
4. die Erteilung, der Widerruf und die Zurücknahme der Erlaubnis für den Betrieb einer Einrichtung sowie die Erteilung nachträglicher Auflagen und die damit verbundenen Aufgaben (§§ 45 bis 47, 48a),
5. die Tätigkeitsuntersagung (§§ 48, 48a),
6. die Mitwirkung in Verfahren vor den Familiengerichten (§ 50),
7. die Beratung und Belehrung in Verfahren zur Annahme als Kind (§ 51),
8. die Mitwirkung in Verfahren nach dem Jugendgerichtsgesetz (§ 52),
9. die Beratung und Unterstützung von Müttern bei Vaterschaftsfeststellung und Geltendmachung von Unterhaltsansprüchen sowie von Pflegern und Vormündern (§§ 52a, 53),
10. die Erteilung, der Widerruf und die Zurücknahme der Erlaubnis zur Übernahme von Vereinsvormundschaften (§ 54),
11. Beistandschaft, Amtspflegschaft, Amtsvormundschaft und Gegenvormundschaft des Jugendamts (§§ 55 bis 58),
12. Beurkundung (§ 59),
13. die Aufnahme von vollstreckbaren Urkunden (§ 60)«

Im weiteren Verlauf der Arbeit ist aufgrund dieser Komplexität eine Einschränkung in Bezug auf die Bereiche der Kinder- und Jugendhilfe nötig, wobei eine Betrachtung der Angebote sexueller Bildung in diesem Kontext vorgenommen werden soll. Da sich das Erkenntnisinteresse auf Jugendliche als Adressat_innen von Angeboten bezieht, werden Leistungen, die sich auf Eltern bzw. Familie und Kinder beziehen nicht berücksichtigt (§§ 16 bis 25 SGB VIII). Ebenso werden die Leistungen für junge Volljährige nicht in den Blick genommen (§ 41 SGB VIII). Von den Leistungen und Aufgaben sind für die Betrachtung von Angeboten sexueller Bildung diejenigen für das Forschungsinteresse von Belang, bei denen sich aus den gesetzlichen Grundlagen Aufträge für Bildung und Erziehung von Jugendlichen im Rahmen der Sozialisationsinstanz Kinder- und Jugendhilfe ergeben. Dies betrifft die Bereiche der allgemeinen Leistungen zur Förderung junger Menschen (§§ 11–14 SGB VIII) und die Hilfen zur Erziehung (§§ 27–35 SGB VIII). Jugendliche, die Eingliederungshilfe für seelisch behinderte Kinder und Jugendliche nach § 35a SGB VIII erhalten, werden aufgrund des sich daraus ergebenden spezifischen Hilfe- und Förderbedarfs nicht berücksichtigt (vgl. Wiesner, 2014, S. 53).[13]

2.1.5.1 Kinder- und Jugendarbeit

Von den allgemeinen Leistungen der Jugendhilfe zur Förderung junger Menschen (§§ 11–14 SGB VIII) wird im weiteren Verlauf auf die Jugendarbeit (§ 11 SGB VIII) fokussiert. Dies begründet sich einerseits darin, dass sich innerhalb der Jugendarbeit ein breit angelegter Bildungsanspruch findet, der die Förderung von Jugendlichen und ihre Selbstbestimmung in den Blick nimmt und unter dem das Forschungsinteresse betrachtet werden kann:

> »Jungen Menschen sind die zur Förderung ihrer Entwicklung erforderlichen Angebote der Jugendarbeit zur Verfügung zu stellen. Sie sollen an den Interessen junger Menschen anknüpfen und von ihnen mitbestimmt und mitgestaltet werden, sie zur Selbstbestimmung befähigen und zu gesellschaftlicher Mitverantwortung und zu sozialem Engagement anregen und hinführen« (§ 11 Absatz 1 SGB VIII).

Andererseits unterscheiden sich die weiteren Leistungen wie die Jugendverbandsarbeit (§ 12 SGB VIII), die Jugendsozialarbeit (§ 13 SGB VIII) und der erzieherische Kinder- und Jugendschutz (§ 14 SGB VIII) inhaltlich und strukturell sehr deutlich. So stellt die Jugendverbandsarbeit ein eigenes und in sich vielfältiges Arbeitsfeld dar (vgl. Deinet et al., 2016).

---

13 Vgl. hierzu für eine weitere Auseinandersetzung: Lache (2015), BZgA (2010b) und die Ausarbeitungen des Projektes TRASE – Training in Sexual Education for People with Disabilities (https://www.traseproject.com).

Die Jugendverbandsarbeit ist zudem durch einen hohen Grad ehrenamtlicher Arbeit in wertorientierten Verbänden gekennzeichnet (ebd., S. 919ff.). Bei der Jugendsozialarbeit liegt der Fokus sehr deutlich auf einer schulischen und beruflichen Eingliederung. Der erzieherische Kinder- und Jugendschutz ist darauf fokussiert, Jugendliche vor schädigenden Einflüssen zu schützen (vgl. Wiesner, 2014, S. 50). Für eine offene Betrachtung und Herangehensweise, wie sexuelle Bildung für Jugendliche als Adressat_innen erfolgen kann, ist, ausgehend von den gesetzlichen Grundlagen, die Jugendarbeit das inhaltlich und strukturell geeignetste Leistungsangebot. Insbesondere für die offene Jugendarbeit liegen ein Bildungsverständnis und Bildungskonzepte vor, die für eine über präventive Ziele hinausgehende Auseinandersetzung mit Sexualität innerhalb eines pädagogischen Auftrags anschlussfähig scheinen (vgl. Sielert, 2013c; Sting & Sturzenhecker, 2013).[14]

Die Form der Jugendarbeit, auf die in der Folge nach § 11 SGB VIII fokussiert wird, ist eine offene Jugendarbeit, die, im Gegensatz zur Jugendverbandsarbeit, durch »nichtmitgliedsorientierte freiwillige Teilnahme, hauptamtliches Personal und einen Ausgang von Räumen, der sich aber auch zunehmend mobilisiert und Jugendszenen und Cliquen in ihrer Lebenswelt aufsucht«, definiert ist (Deinet et al., 2002, S. 693). Ulrich Deinet, Martin Nörber und Benedikt Sturzenhecker sehen die Jugendarbeit durch die gesetzliche Regelung als drittes Sozialisationsfeld neben Elternhaus (Familie) und Schule definiert und damit als Pflichtaufgabe der öffentlichen Jugendhilfe, eigenständiges Arbeitsfeld und gleichwertige Leistung innerhalb der Jugendhilfe bestätigt (Deinet et al., 2016, S. 914). Die offene Jugendarbeit ist durch bestimmte Arbeitsprinzipien gekennzeichnet. Jugendarbeit findet in der Freizeit der Jugendlichen statt. Aus der gesetzlichen Grundlage des § 11 Absatz 1 SGB VIII leitet sich das Prinzip der Freiwilligkeit ab. Jugendlichen sollen Angebote zur Verfügung gestellt werden und es liegt in der Entscheidung der Jugendlichen, ob sie diese nutzen. Damit wird ein wesentlicher Unterschied zu anderen erzieherischen bzw. pädagogischen Institutionen wie der Schule oder den Hilfen zur Erziehung (siehe unten) deutlich. Für die offene Jugendarbeit ergibt sich daraus aber auch die Aufgabe, Angebote entsprechend den Interessen

14 Auf das Bildungsverständnis und die Bildungsmöglichkeiten der offenen Jugendarbeit wird, ebenso wie auf eine gründliche Auseinandersetzung mit sexueller Bildung, in Kapitel 3 eingegangen.

und Bedürfnissen der Jugendlichen auszurichten, um diese attraktiv zu machen. Offene Jugendarbeit muss für sich, ihre Angebote und um Adressat_innen werben (ebd., S. 914f.). Die Mitbestimmung und Mitgestaltung von Jugendlichen in der offenen Jugendarbeit ist, wie das Prinzip der Freiwilligkeit, in §11 SGB VIII gesetzlich festgelegt. Diesen beiden Prinzipien, Freiwilligkeit und Partizipation, schließt sich das Prinzip der Offenheit an. Jugendarbeit muss sowohl offen für alle Jugendlichen sein als auch für deren Themen und Interessen sowie in Bezug auf die zu erreichenden Ziele (ebd., S. 915; Alt et al., 2018, S. 14). Diese Offenheit betrifft auch die Entwicklungen der Angebote. Jugendarbeit muss offen für neue Konzepte sein und so zeigt sich heute neben der klassischen Einrichtung des Offenen Freizeittreffs (OFT) ein vielfältiges und nicht abgeschlossenes Angebot, das stationäre und mobile Formen umfasst (vgl. Alt et al., 2018, S. 9ff.; Deinet et al., 2002, S. 705f.; 2016, S. 915). Ein weiteres Prinzip der Jugendarbeit ist Bildung. Offene Jugendarbeit will unter Berücksichtigung der genannten drei Prinzipien Bildungsprozesse bei Jugendlichen fördern. Dieser Arbeitsauftrag leitet sich ebenfalls aus den gesetzlichen Grundlagen ab. Jugendarbeit soll Jugendliche »zur Selbstbestimmung befähigen und zu gesellschaftlicher Mitverantwortung und zu sozialem Engagement anregen und hinführen« (§11 SGB VIII Absatz 1). Damit kommt der Jugendarbeit ein wichtiger Auftrag für politische Bildung und die Einübung demokratischen Handelns zu (vgl. Deinet et al., 2016, S. 915). Jugendarbeit verfolgt außerdem das Prinzip einer Geschlechtergerechtigkeit (vgl. Alt et al., 2018, S. 17). Diese hat ihre gesetzliche Grundlage in §9 Absatz 3 SGB VIII. Der sich daraus ergebende Auftrag, Benachteiligungen abzubauen und Gleichberechtigung der Geschlechter zu fördern, erfordert im Zusammenhang mit den oben genannten Prinzipien eine Auseinandersetzung mit Geschlecht und Sexualität, womit sich in Verbindung mit dem Bildungsanspruch ein Anschluss für sexuelle Bildung in der offenen Jugendarbeit ergibt. Offene Jugendarbeit ist lebenswelt- und sozialraumorientiert. Mit diesem Prinzip ergibt sich für die offene Jugendarbeit, an den realen Lebensverhältnissen und Lebenserfahrungen der Jugendlichen anzuknüpfen und diese wahr- und ernst zu nehmen, um deren Interessen und Bedürfnisse berücksichtigen zu können. In diesem Kontext stehen die Einbindung des Sozialraums und eine Berücksichtigung der Orte und Institutionen, die für Jugendliche in diesem von Bedeutung sind, und die Nutzung der Ressourcen, die sich im Sozialraum bieten (vgl. Alt et al., 2018, S. 16; Deinet et al., 2002, S. 708ff.; 2016, S. 925ff.; Deinet, 1999).

Die Umsetzung einer offenen Jugendarbeit unter Berücksichtigung ihrer Ansprüche und Prinzipien unterliegt jedoch den Grenzen der finanziellen Mittel. Die Jugendarbeit kann zwar nach § 2 als eine grundsätzliche Pflichtaufgabe des SGB VIII benannt werden, jedoch ergibt sich daraus kein Leistungsanspruch für Jugendliche. Vielmehr besteht bei der Entscheidung über die Finanzierung von Jugendarbeit ein Ermessensspielraum für die öffentliche Jugendhilfe nach §§ 74 und 79 SGB VIII. Dies führt in der Praxis dazu, dass aufgrund der hohen finanziellen Belastungen der Kommunen durch Pflichtaufgaben, die mit einem Leistungsanspruch im SGB VIII verbunden sind, wie der Kindertagesbetreuung und den Hilfen zur Erziehung, die Höhe der finanziellen Förderung von offener Jugendarbeit regelmäßig zur Diskussion steht (vgl. Spiegel, 2010). Die Jugendarbeit steht hier in einem Spannungs- und Abhängigkeitsverhältnis. Auf der einen Seite steht ein eigenes Selbst- bzw. Professionsverständnis der offenen Jugendarbeit, das sich auch in den gesetzlichen Ausführungen (§ 11 SGB VIII) findet, auf der anderen Seite stehen politische Forderungen, dass die Jugendarbeit stärker sozialpolitisch in die Pflicht genommen werden solle. Dies betrifft unter anderem eine enge Kooperation mit Schule zur Umsetzung schulischer Ziele hinsichtlich des Erreichens von Abschlüssen, eine präventivere Ausrichtung von Angeboten, die zu Lasten der offenen Arbeit geht, oder auch eine zu starke an erzieherischen Belangen der Hilfen zur Erziehung orientierte Sozialraumorientierung des Jugendamtes (vgl. Deinet et al., 2016, S. 916, 926). Es besteht die Herausforderung für die Jugendarbeit, ihre Konzepte fachlich weiterzuentwickeln, transparent darzustellen, zu rechtfertigen und sich gegen zu starke politische Einflussnahme zu wehren und eine dauerhafte und ausreichende Finanzierung zu erreichen (vgl. Deinet et al., 2002, S. 711; 2016, S. 916f.; Thole, 2000, S. 290f.).

Mit Blick auf die Adressat_innen »sollte Jugendarbeit sich als variantenreiches, bildungsorientiertes, aber auch Freude und Spaß vermittelndes Dienstleistungsangebot präsentieren« (Thole, 2000, S. 290). In diesem Sinne sollte eine Sozialraumorientierung eine Kooperation und Vernetzung mit anderen Trägern und Einrichtungen in den Blick nehmen, die an den Bedarfen und Interessen der Adressat_innen orientiert ist, die gesetzlichen Grundlagen beachtet und die spezifische inhaltliche und strukturelle Ausrichtung des Arbeitsfeldes Jugendarbeit gegenüber anderen Arbeitsfeldern innerhalb der Jugendhilfe bewahrt (ebd., S. 291f.).

2.1.5.2 Hilfen zur Erziehung

Die Hilfen zur Erziehung (HzE, §§ 27–35 SGB VIII) haben sich aus der Jugendfürsorge entwickelt und umfassen ein vielfältiges Leistungsangebot, das sich strukturell in drei grundlegende Formen gliedern lässt: ambulante, teilstationäre und stationäre Angebote. Inhaltlich lassen sich erzieherische bzw. pädagogische und therapeutische Maßnahmen differenzieren (vgl. Wiesner, 2014, S. 52f.). Ein grundlegender Unterschied zu den Angeboten der allgemeinen Leistungen nach §§ 11–13 und § 14 Absatz 2 Satz 1 SGB VIII, die sich direkt an Jugendliche richten und ihre Förderung in den Blick nehmen, ist, dass hier die Personensorgeberechtigten die anspruchsberechtigten Personen sind, wenn ein erzieherischer Bedarf bei Kindern oder Jugendlichen vorliegt und dieser durch die Eltern nicht gewährleistet werden kann (ebd., S. 52):

> »Ein Personensorgeberechtigter hat bei der Erziehung eines Kindes oder eines Jugendlichen Anspruch auf Hilfe (Hilfe zur Erziehung), wenn eine dem Wohl des Kindes oder des Jugendlichen entsprechende Erziehung nicht gewährleistet ist und die Hilfe für seine Entwicklung geeignet und notwendig ist« (§ 27 Absatz 1 SGB VIII).

Zur Gewährleistung dieses Bedarfes werden insbesondere Leistungen nach §§ 28–35 SGB VIII durch das Jugendamt bewilligt. Jedoch sollen sich Art und Umfang der Hilfe nach dem erzieherischen Bedarf im Einzelfall richten (§ 27 Absatz 2 SGB VIII), sodass diese keine abschließenden Leistungen darstellen und weitere Angebote möglich sind (vgl. Wiesner, 2014, S. 53). So werden nach § 27 SGB VIII weitere Hilfen gewährt. Dies sind zum Beispiel nach Absatz 2 *Flexible Erziehungshilfen* oder *Integrierte Erziehungshilfen* (vgl. Plankensteiner, 2014; Wolff, 2001) oder im therapeutischen Bereich nach Absatz 3 die *Aufsuchende Familientherapie* (AFT). Die oben genannte strukturelle Unterscheidungsmöglichkeit der Hilfen lässt sich hier unter dem Blickpunkt der Gewährleistung einer entsprechenden Erziehung durch die Familie bzw. die Sorgeberechtigten ergänzen. Die Hilfen zur Erziehung sollen »ein zur Familienerziehung komplementäres kompensatorisches Sozialisationsfeld« darstellen (Birtsch et al., 2001b, S. 11). Daraus leitet sich die klassische Unterteilung in *familienunterstützende, familienergänzende* und *familienersetzende* Maßnahmen ab, wobei kritisiert wird, dass der Begriff *familienersetzend* nur durch eine verbindliche Lebensgemeinschaft wie in Pflegefamilien oder Erziehungsstellen eingelöst werden kann und nicht generell für Fremdplatzierungen wie die Heimerziehung verwendet werden sollte (ebd., S. 11). Kritisch wird von den Autor_innen auch die Verwendung des Begriffs der *Hilfen zur Erziehung* gesehen und stattdessen werden die Begriffe *Erziehungshilfen* oder *erzieherische Hilfen* genutzt. Es wird erstens angeführt, dass das Konzept der Erziehungshilfe ein sozialpädagogisches Konzept darstellt, was über die Standardhilfen von §§ 28–35 SGB VIII hinausgeht; zweitens, dass die Hilfen zur Erziehung einen rechtlichen Anspruch der Personensorgeberechtigten darstellen und sich vor allem an diese als Adressat_innen wenden, während das Konzept der Erziehungshilfen stärker an Kinder und Jugendliche adressiert ist (ebd., S. 11).

Flexible Erziehungshilfen haben das Ziel, passgenaue Unterstützung anzubieten und die durch eine zunehmende Spezialisierung entstandene Nichtzuständigkeit der Hilfen zur Erziehung zu überwinden (vgl. Plankensteiner, 2014, S. 85). Durch die zunehmende Professionalisierung und Spezialisierung kam es in den Hilfen zur Erziehung dazu, dass diese den in den Familien vorhandenen komplexen Anforderungen und Bedarfslagen teilweise nicht mehr gerecht werden konnten. Erziehungshilfen sollten sich daher an den individuell wechselnden Bedarfen und Lebensumständen der Familien ausrichten und nicht an den standardisierten und getrennt bewilligten Hilfen zur Erziehung (ebd., S. 86; Wolff, 2001). Eine subjektorientierte Hilfe, die an den Bedürfnissen und am Willen der Adressat_innen ausgerichtet ist, bedingt eine Umstrukturierung der bisherigen Jugendhilfe- und Trägerlandschaft, da diese eine Integration verschiedener Hilfeangebote verlangt, die nicht auf eine Einrichtung oder einen Träger beschränkt sein sollte (ebd., S. 90). Das Konzept der Sozialraumorientierung lässt sich direkt an diese Überlegungen des Konzepts der Erziehungshilfe anschließen. Hier stehen ebenso die Interessen und der Wille der betreffenden Menschen im Mittelpunkt (vgl. Hinte, 2014, S. 339) und darüber hinaus eine konsequente Nutzung der Ressourcen des Sozialraums und eine Kooperation und Koordination von Einrichtungen und Angeboten (ebd., S. 340). Wolfgang Hinte schlägt in Bezug auf die Erziehungshilfen sozialräumlich organisierte Teams zur Entwicklung passgenauer Angebote, »die konsequente Entsäulung der bislang standardisiert vorgehaltenen Maßnahmen nach § 27ff. SGB VIII«, die Einrichtung von Jugendstationen und sozialräumlich flexible Finanzbudgets zur Umsetzung bedarfsgerechter Hilfen vor (ebd., S. 342f.).

Klaus Wolf sieht hier die Gefahr, dass im Zusammenhang mit dem Kostenaspekt eine zu starke Sozialraumorientierung zu einer Erosion des individuellen Rechtsanspruches auf Erziehungshilfe und damit zu einem Abbau einzelfallbezogener Hilfen führen könnte (Wolf, 2002, S. 634). Kritisch mit Blick auf eine Sozialraumorientierung sieht er auch die Möglichkeit der Entstehung kleiner regionaler Monopole bei der Trägerzuständigkeit und damit verbunden eine Einschränkung des Wunsch- und Wahlrechts der Adressat_innen (ebd., S. 635). Grundlegend kann die Idee einer flexiblen, adressat_innen- und sozialraumorientierten Erziehungshilfe an das Konzept der Lebensweltorientierung Sozialer Arbeit von Hans Thiersch angeschlossen werden, der dieses auch als Konzept einer lebensweltorientierten Erziehungshilfe spezifiziert (Thiersch, 2001, S. 222). Thiersch (2001) führt aus, dass sich eine lebensweltorientierte Erziehungshilfe nur über eine angemessene Entwicklung flexibler Hilfen umsetzen lässt, sich jedoch nicht darin erschöpft und nicht auf die Erziehungshilfe beschränkt werden darf. Vielmehr sind Angebote der Kinder- und Jugendhilfe wie Kindertagesstätten oder die Jugendarbeit und darüber hinaus weitere soziale Hilfen und Angebote bis hin zur »Kultur des Sozialen« einzubeziehen (ebd., S. 229ff.). Damit meint Thiersch sowohl professionelle wie zivilgesellschaftliche bzw. ehrenamtliche Orte und Institutionen im Sozialraum (ebd., S. 231).

Statistisch gesehen sind Formen flexibler Erziehungshilfen, die nach § 27 Absatz 2 SGB VIII gewährt werden, jedoch zu vernachlässigen: Sie machen nur ca. 6,5 Prozent aller Erziehungshilfen aus. In der Praxis entfällt der größte Teil der von jungen Menschen unter 21 Jahren in Anspruch genommenen (und gewährten) Erziehungshilfen auf die Hilfen zur Erziehung nach §§ 28–35 SGB VIII. Diese lassen sich weiter differenzieren. So entfallen ca. 25 Prozent auf stationäre und teilstationäre Angebote, darunter umfasst die Heimerziehung ca. 13 Prozent aller Hilfen. Die ambulanten Hilfen haben einen Anteil von über 31 Prozent, wobei den größten Teil die Sozialpädagogische Familienhilfe mit ca. 21 Prozent aller Hilfen ausmacht. Statistisch gesehen am bedeutendsten ist die Erziehungsberatung mit über 40 Prozent aller Erziehungshilfen. Insgesamt erhalten über 1,1 Millionen junge Menschen in Deutschland eine Erziehungshilfe (vgl. Fendrich et al., 2016, S. 13; 2017a). Für den weiteren Verlauf der Arbeit wird nicht eine Erziehungshilfe speziell in den Blick genommen, vielmehr sind die Erfahrungen der Jugendlichen, die diese im Zusammenhang mit Kommunikation und eventuell erzieherischen bzw. pädagogischen Angeboten zu

Sexualität in den Erziehungshilfen gemacht haben, für eine Diskussion eines Bildungskonzeptes zu Sexualität in der Jugendhilfe von Bedeutung. Eine spezifische Auseinandersetzung mit Sexualität in den erzieherischen Hilfen hat in der Wissenschaft bisher nur bedingt stattgefunden und ist in der Regel auf stationäre Angebote fokussiert (vgl. Mantey, 2017, 2018; Helfferich & Kavemann, 2016; Rusack, 2015).

2.1.5.3 Konzepte der Jugendhilfe unter einer sozialräumlichen und adressat_innenorientierten Perspektive

Aus einer sozialräumlichen und adressat_innenorientierten Perspektive speziell in der Erziehungshilfe und ebenso allgemein in der Jugendhilfe sind Angebote der Jugendarbeit von zentraler Bedeutung. Wie bereits erwähnt können diese einen weiteren wichtigen Sozialisationsort im Sozialraum der Jugendlichen darstellen. Zudem kann die Jugendarbeit anders als die auf Hilfe, Erziehung und Kontrolle orientierten Erziehungshilfen stärker an den Interessen, Bedürfnissen und der Freiwilligkeit der Jugendlichen ansetzen und diese berücksichtigen. Diese Punkte sind, wie die Förderung von Selbstbestimmung, für die Jugendarbeit gesetzlich verankert und in diesem Zusammenhang steht der Auftrag, entsprechende Bildungsangebote bereitzustellen (vgl. Deinet et al., 2002, S. 694ff.). Für eine weitere Beschäftigung mit sexueller Bildung in der Jugendhilfe sind die Möglichkeiten der offenen Jugendarbeit zentral für diese Arbeit. Diese sind jedoch aus Sicht eines sozialraumorientierten Konzepts unter Einbeziehung der Lebenswelt Jugendlicher und unter der Berücksichtigung von und der Kooperation mit anderen wichtigen Sozialisationsinstanzen zu betrachten (vgl. Deinet et al., 2002, S. 706ff.). In diesem Sinne ergeben sich für die Jugendarbeit und die Erziehungshilfen einerseits Möglichkeiten und Notwendigkeiten der Kooperation im Sinne Jugendlicher, andererseits sind die Erfahrungen Jugendlicher in anderen Sozialisationsinstanzen wie der Schule, der Familie, der Peergroup und auch speziell in Institutionen der Jugendhilfe zu berücksichtigen.

Ein sozialräumliches und adressat_innenorientiertes Konzept der Jugendarbeit lässt sich nur erfolgreich umsetzen, wenn es den aktuellen Lebenslagen und Bedürfnissen der Jugendlichen angepasst wird. Das heißt, um bedarfsgerechte Angebote zu erarbeiten, ist ein solches Konzept jeweils für einen Ort bzw. einen Sozialraum *von unten* zu entwickeln. Dies kann dazu führen, dass unterschiedliche Angebote an verschiedene

Adressat_innen nötig werden und damit ein differenziertes Konzept erforderlich ist (vgl. Deinet et al., 2002, S. 708ff.). Es ist möglich hier zeitlich, inhaltlich und räumlich getrennte Angebote in stationären offenen Freizeiteinrichtungen und zusätzlich mobile Angebote für die Adressat_innen in einem Sozialraum zu schaffen (ebd., S. 710). An die obigen Ausführungen lässt sich die Überlegung anschließen, dass es ausgehend von einer konzeptionellen und fachlichen Basis in Bezug auf sexuelle Bildung keine standardisierten formalen Angebote geben kann, sondern diese jeweils adressat_innen- und lebensweltorientiert gestaltet werden müssen. Da sich die Jugendarbeit nicht nur als zentraler Sozialisationsort versteht, sondern auch als wichtiger Bildungsort, und sich im Gegensatz zur Schule ein differenziertes Verständnis von Bildung zeigt (vgl. Sting & Sturzenhecker, 2013, S. 375f.), ergibt sich notwendigerweise eine Auseinandersetzung mit dem Bildungsbegriff und daraus folgenden Konzepten für die offene Jugendarbeit und die sexuelle Bildung. Dies erfolgt ausführlich in Kapitel 3 dieser Arbeit.

2.1.6 Spezielle und aktuelle Herausforderungen an Jugendhilfe

Für die Jugendhilfe zeigen sich zwei sowohl zeitlich aktuelle wie inhaltlich spezielle Herausforderungen, vor denen die Institutionen und die Fachkräfte der Jugendhilfe stehen. Beide Herausforderungen sind in Bezug auf das Forschungsinteresse, Möglichkeiten sexueller Bildung in der Jugendhilfe zu betrachten, relevant und werden aus diesem Grund angeführt, wobei die Reihenfolge der Darstellung keine Wertung darstellt, sondern dem zeitlichen Kontext des Auftretens bzw. Bekanntwerdens folgt.

Die erste Herausforderung stellt die Auseinandersetzung mit sexualisierter Gewalt gegenüber Kindern und Jugendlichen in pädagogischen Einrichtungen dar und daraus folgend die Herausforderung der Umsetzung des Schutzes von Kindern und Jugendlichen in ebendiesen. Die Dimension erlebter Übergriffe, die zu dieser Herausforderung und zu einem Handlungsdruck für Politik, Wissenschaft und Praxis führte, wurde nach den Aufdeckungen von sexualisierter Gewalt in pädagogischen Einrichtungen im Jahr 2010 deutlich. Obwohl die mediale *Skandalisierung*, die für eine erste Sensibilisierung durchaus sinnvoll war, nach einem Jahr nachließ – und damit auch die gesellschaftliche Anteilnahme daran –, kam es auf wissenschaftlicher und fachlicher Ebene zu einer intensiven Beschäftigung und Auseinandersetzung mit diesem Thema, die bis heute anhält (vgl. Bange, 2018, S. 32ff.; Retkowski et al., 2018b, S. 15ff.; Wazlawik et al., 2018).[15] Für die Jugendhilfe ergibt sich neben der oben genannten Thematik der Übergriffe in pädagogischen Kontexten von Erwachsenen auf Kinder und Jugendliche eine weitere, die sich auf sexualisierte Gewalt unter Kindern und Jugendlichen bezieht. So erfährt ein Teil der Jugendlichen sexualisierte Gewalt in stationären Einrichtungen innerhalb der Peergroup (vgl. Wolff, 2018, S. 464). Insgesamt sind Forschungsergebnisse zu sexualisierter Gewalt innerhalb der Peergroup noch rar, doch zeigen erste Befunde, dass bis zu ein Drittel der Fälle sexualisierter Gewalt an Jugendlichen von anderen Jugendlichen ausgeübt wird (vgl. Rusack, 2018, S. 317f.). Insbesondere für die stationären Einrichtungen ist laut Mechthild Wolff sexualisierte Gewalt im Zusammenhang mit möglichen (Re-)Viktimisierungen und Reinszenierungen Jugendlicher aufgrund der biografischen Erfahrungen selbst erlebter sexualisierter Gewalt zu bedenken (Wolff, 2018, S. 463f.) und ebenso Folgen eines sexuellen Missbrauchs, die sich in Form von auffälligem sexualisierten Verhalten zeigen und eine angemessene Intervention der Fachkräfte erfordern (vgl. Helfferich & Kavemann, 2016, S. 56). Eine besondere Herausforderung ist, dass sich sowohl Fachkräfte wie Jugendliche aufgrund des Hilfesettings sehr nah kommen. Neben den alltäglichen Arbeitsthemen ist es in den stationären Hilfen unvermeidlich, dass Fachkräfte auch sehr private und persönliche Themen mit Jugendlichen besprechen bzw. dass Fachkräfte mit diesen konfrontiert werden (ebd., S. 54f.). Im Umgang mit Sexualität zeigt sich, dass Verbote aufgrund des Schutzaspektes überwiegen, diese jedoch zu einer Geheimhaltung der Jugendlichen gegenüber den Fachkräften führen sowie zu einer Verlagerung nach außen und so einer sozialpädagogischen bzw. erzieherischen Einflussnahme entzogen werden (ebd., S. 54, 57). Für die stationären Erziehungshilfen sollte daher ein sexualpädagogisches Konzept Teil eines umfassenden Schutzkonzeptes

15 Auf die Einzelheiten der Ereignisse wird hier nicht weiter eingegangen. Zentral für die Diskussion und die mediale Berichterstattung waren die Vorfälle in der Odenwaldschule und am Canisius-Kolleg, vgl. dazu die Presseberichte von Spiegel-Online vom 19.03.2010 (http://www.spiegel.de/panorama/missbrauchskandal-ex-chef-der-odenwaldschule-gibt-sexuelle-uebergriffe-zu-a-684680.html) und vom 01.02.2010 (http://www.spiegel.de/panorama/justiz/berliner-canisius-kolleg-schulleitung-wusste-frueh-von-missbrauch-a-675288.html).

sein, damit neben der Gewaltproblematik auch andere Seiten von Sexualität thematisiert werden können, sodass eine Kommunikation über sexuelle Themen in der Einrichtung ermöglicht wird (ebd., S. 58). Für die Jugendarbeit und die Jugendverbandsarbeit zeigen Untersuchungen ebenfalls, dass Jugendliche Erfahrungen mit unterschiedlichen Formen sexualisierter Gewalt angeben (vgl. Eßer et al., 2018, S. 455; Krollpfeiffer, 2016). Damit ergibt sich sowohl für die Erziehungshilfen als auch für die Jugendarbeit ein Auftrag. Mechthild Wolff und Tobias Norys sehen, wie oben auch für die stationäre Erziehungshilfe beschrieben, aufseiten der Fachkräfte in der Jugendarbeit eine Unsicherheit im Umgang mit Sexualität und sexualisierter Gewalt, die zu Hilflosigkeit und Unbeholfenheit führt (Wolff & Norys, 2016). So reagieren auch hier die Fachkräfte eher mit Verboten und lagern damit die als problematisch wahrgenommenen Aktivitäten aus der Einrichtung aus, als dass eine konstruktive und sachliche Auseinandersetzung mit den Jugendlichen erfolgt (ebd., S. 42). Die Autor_innen fordern daher: »Es scheint ein sexualpädagogisches Bildungskonzept für die Jugendarbeit notwendig, in dem Betreuungspersonen und Jugendliche gleichermaßen einbezogen werden« (ebd., S. 43). Inhalte eines solchen Konzeptes müssen die Förderung von Selbstbestimmung und Selbstwirksamkeit im Sinne einer Befähigung des Treffens von Entscheidungen, eine Sensibilität für die eigenen Grenzen und die anderer aufseiten der Jugendlichen, aber auch Kompetenz- und Wissensvermittlung aufseiten der Fachkräfte sowie Handlungsanweisungen in Bezug auf nötige Interventionen sein (ebd., S. 43).[16]

Die zweite Herausforderung, die beschrieben werden kann, ergibt sich durch die Migration nach Deutschland. Insbesondere durch die Flucht vor Bürgerkrieg bzw. kriegerischen Konflikten in Syrien, Afghanistan und dem Irak kam es zu ansteigenden Zahlen bei der Aufnahme von minderjährigen unbegleiteten Geflüchteten in Einrichtungen der stationären Erziehungshilfen ab 2015 und zur Aufnahme von Familien mit minderjährigen Kindern in zentralen und dezentralen Einrichtungen der Länder und Kommunen. Je nach Anerkennung der Fluchtgründe und dem daraus folgenden Aufenthaltsstatus sowie der Bleibeperspektive ergeben sich nach den kurzfristigen entstehenden Aufgaben der stationären Unterbringung

16 In diesem Abschnitt liegt der Fokus auf sexualisierter Gewalt im Kontext der Jugendhilfe. In Punkt 2.2 wird auf die allgemeine Prävalenz zu sexualisierter Gewalt bei minderjährigen Personen eingegangen.

auch mittel- und langfristig vielfältige Aufgaben für die Jugendhilfe.[17] Die Herausforderung durch Migration und Flucht für die Jugendhilfe zeigt sich statistisch in den Daten der Inanspruchnahme von Erziehungshilfen. Ab 2015 kam es zu einem sehr deutlichen Anstieg in den Hilfen zur Erziehung. Die stationären Hilfen wie die Heimerziehung (+25 Prozent) oder die Vollzeitpflege (+15 Prozent) verzeichneten einen starken Anstieg. Bei den im Jahr 2016 neu begonnenen Hilfen kamen 62 Prozent der Jugendlichen aus einer Familie mit mindestens einem Elternteil ausländischer Herkunft, in 52 Prozent der Fälle wurde in der Herkunftsfamilie kein Deutsch gesprochen. Eine sehr deutliche Zunahme ist auch bei der Intensiven Sozialpädagogischen Einzelbetreuung (+40 Prozent) und der Erziehungsbeistandschaft (+11 Prozent) zu verzeichnen (vgl. Fendrich et al., 2017b). Insgesamt waren 2016 über 60.000 unbegleitete minderjährige Jugendliche in der Zuständigkeit der Jugendhilfe, von denen über 90 Prozent zwischen 14 und 17 Jahren alt und männlichen Geschlechts waren (vgl. Die Bundesregierung, 2017). Eine Aufgabe, die eine Herausforderung an sich darstellt, ist hier der Umgang mit der Sexualität der Jugendlichen mit Fluchterfahrung in der Jugendhilfe. Zum einen sind hier die Auseinandersetzung mit erlebter sexualisierter Gewalt im Herkunftsland oder auf der Flucht, daraus möglicherweise folgende Traumatisierungen und der Schutz vor Übergriffen in Einrichtungen der Jugendhilfe von Bedeutung (vgl. Linke et al., 2018). Zum anderen ergeben sich aufgrund von kulturellen und religiösen Sichtweisen, zum Beispiel auf Familie, Partnerschaft, sexuelle Identität und Orientierung, Bedarfe hinsichtlich einer sexualpädagogischen Arbeit (vgl. Haase, 2017, S. 336ff.; vgl. ebenso Jannink & Witz, 2017; Müller, 2017). Die Fachkräfte in den Einrichtungen der Jugendhilfe werden damit in ihrer täglichen Arbeit konfrontiert und müssen folglich auch sexualpädagogisch bzw. -erzieherisch handeln (vgl. Haase, 2017, S. 339ff.). In diesem Kontext müssen für die Jugendhilfe auch Fragen der gesellschaftlichen Verhandlung von Sexualität und Geschlecht von Geflüchteten in Bezug auf radikalisierte, negative und kriminalisierende Zuschreibungen durch fremdenfeindliche,

17 Zu berücksichtigen sind hier zum Beispiel Aufgaben der schulischen und beruflichen Integration, der Verselbstständigung nach Fremdunterbringung, der Erziehungsberatung, der Begleitung junger Familien in ambulanten Hilfen, der Betreuung in Kindertagesstätten sowie die Berücksichtigung *neuer* Adressat_innen in der Jugendarbeit, die aufgrund der Berücksichtigung des kulturellen und/oder religiösen Hintergrundes, aber auch im Kontext der durch Kriegserlebnisse und Verluste stehenden Biografie angegangen werden müssen.

nationalistische und rassistische Gruppen aufgegriffen werden, die Eingang in den gesellschaftlichen Mainstream finden. Ausgehend von der Bewertung erfolgter sexueller Übergriffe zeigt sich eine zunehmende Verallgemeinerung und Stigmatisierung, dass von (männlichen) Geflüchteten grundsätzlich eine sexuelle Gefahr ausgehe und ihre Sexualität problematisch sei (vgl. Christmann, 2017, S. 83ff.). Diese Sichtweise beruht auf historisch entstandenen nationalistischen und rassistischen Ideologien, die aktuell rechtspopulistisch genutzt werden (ebd., S. 85ff.; vgl. auch Tuider, 2017).

Aus diesen Herausforderungen, die sich aktuell gesellschaftlich und ebenso für die Jugendhilfe stellen, ergeben sich Aufträge aufgrund der grundlegenden gesetzlichen Bestimmungen zum Schutz und der Förderung von Jugendlichen für die Jugendhilfe. Einerseits sind der Schutz und das Wohl von Jugendlichen zentral in Bezug auf die Thematik sexualisierter Gewalt, andererseits bedarf es eines angemessenen Umgangs mit Sexualität in den Einrichtungen, woraus sich die Notwendigkeit sexualerzieherischer und sexualpädagogischer Kompetenzen bei den Fachkräften ergibt. Sexuelle (und in Bezug auf fremdenfeindliche bzw. rassistische Diskriminierungen auch politische) Bildung als Angebot an Jugendliche kann hier als ein Auftrag im Sinne einer präventiv wie sozialpädagogisch-fördernden und einer am Wohl der Jugendlichen sowie der Gemeinschaft orientierten Jugendhilfe formuliert werden.

2.2 Jugendsexualität

2.2.1 Studien zu Jugendsexualität – ein Überblick

Studien zu Jugendsexualität werden in Deutschland in quantitativen und qualitativen Forschungen durchgeführt. Vor allem die von der Bundeszentrale für gesundheitliche Aufklärung (BZgA) vorgenommenen und in Auftrag gegebenen Befragungen geben aufgrund regelmäßig wiederholter Studien einen guten Überblick über die allgemeinen Entwicklungen in den letzten Jahrzehnten.[18] Zentral ist hier die Studie *Jugendsexualität*, die als Wiederholungsbefragung angelegt ist und auf die im weiteren Verlauf

18 Ein Überblick der durchgeführten und publizierten Studien der BZgA zu Jugendsexualität findet sich unter: https://publikationen.sexualaufklaerung.de/index.php?docid=395 (03.12.2019).

zu Fragen der sexuellen Entwicklung und Aktivität Jugendlicher fokussiert wird. Seit 1980 untersucht die BZgA Einstellungen und Verhaltensweisen in Bezug auf Sexualität von Jugendlichen in Deutschland. Dabei bilden Fragen zu Aufklärung und Kontrazeption einen wichtigen Schwerpunkt (vgl. Bode & Heßling, 2015; BZgA, 2010a).[19] Ähnlich wie von der BZgA in der Bundesrepublik Deutschland wurden in der DDR vom Zentralinstitut für Jugendforschung Studien zur Sexualität Jugendlicher und junger Erwachsener umgesetzt. Diesen drei sogenannten Partner-Studien I bis III im Zeitraum von 1972 bis 1990 folgte 2013 eine weitere Studie, *PARTNER 4: Sexualität und Partnerschaft 16- bis 18jähriger Jugendlicher*, die einen historischen Vergleich der Entwicklungen in den Bereichen Sexualität und Partnerschaft bei ostdeutschen Jugendlichen ab 1990 ermöglicht (vgl. Weller & Bathke, 2017; Weller, 2013b, 2013c). Ebenfalls aktuelle Ergebnisse zu Jugendsexualität, Liebe, Partnerschaft und der Phase der Pubertät liefern die *BRAVO Dr. Sommer-Studie* (vgl. Bauer Media Group, 2009), die *Shell-Jugendstudie* (vgl. Albert et al., 2015) und die *Sinus-Jugendstudie* (vgl. Calmbach et al., 2016). Nennenswerte Studien zu Jugendsexualität im Bereich qualitativer Forschung sind *Sexuelle Erfahrungen im Jugendalter* von Clemens Dannenbeck und Jutta Stich (2005) und *Jugendsexualität im Internetzeitalter* von Silja Matthiesen (2013).

In den letzten Jahren sind verschiedene Arbeiten zu spezifischen Phänomenen und Adressat_innen durchgeführt worden, die mit Blick auf das für diese Dissertation eingegrenzte Forschungsfeld der Jugendhilfe von Interesse sind. Damit kommen die eingangs benannten Leerstellen in Wissenschaft und Praxis stärker in den Blick und es wird eine Bearbeitung dieser angegangen (vgl. Thiersch, 2012; Winter, 2013). Mit Bezug auf den Schutz vor sexualisierter Gewalt sind zahlreiche Veröffentlichungen erschienen, die auf quantitativen und qualitativen Studien basieren und zum Teil speziell pädagogische Kontexte fokussieren (vgl. Fegert et al., 2013; Klees & Kettritz, 2018; Retkowski et al., 2018a; Stadler et al., 2012).[20] Auf weitere

19 Die BZgA fokussierte ursprünglich nur auf minderjährige Jugendliche (14 bis 17 Jahre), erweiterte die Altersstreuung ab 2014 jedoch und bezog auch 18- bis 25-jährige junge Erwachsene ein.

20 Einen Überblick zu durchgeführten Forschungsprojekten und einem Teil der daraus entstandenen Publikationen bietet die Internetseite des Forschungsnetzwerkes *Sexualisierte Gewalt gegen Kinder und Jugendliche in pädagogischen Kontexten:* https://www.forschungsnetzwerk-gegen-sexualisierte-gewalt.de (03.12.2019).

Studien, die Ergebnisse zu sexualisierter Gewalt an Kindern und Jugendlichen enthalten, wird im Abschnitt zur Prävalenz sexualisierter Gewalt eingegangen (vgl. 2.2.3). Im Bereich der Sexualpädagogik und Sexualerziehung liefern die qualitativen Arbeiten *Scham in der schulischen Sexualerziehung* (Blumenthal, 2014), *Sexualerziehung in Wohngruppen der stationären Erziehungshilfe aus Sicht der Jugendlichen* (Mantey, 2017), *Arbeit an und mit Widersprüchen – zur Herstellung und Aufrechterhaltung einer sexualpädagogischen Situation* (Langer, 2017) und *Sexualität lernen? Eine Annäherung aus der Perspektive Jugendlicher und pädagogischer Fachkräfte* (Beck & Henningsen, 2018) wichtige Erkenntnisse, die in diese Arbeit einfließen. Fragen der sexuellen Orientierung und geschlechtlichen Identität werden in den Studien *... nicht so greifbar und doch real* (LesMigraS, 2012), *Coming-out und dann ...?!* (Krell, 2015; Krell & Oldemeier, 2015) und in den Beiträgen »Geschlechtliche und sexuelle Vielfalt als Themen der Kinder- und Jugendhilfe« (Kugler & Nordt, 2015) und »Sexuelle Orientierung« (Timmermanns, 2013) aufgegriffen, die deren Bedeutung für die Jugendhilfe zeigen.

2.2.2 Jugendsexualität – Einordnung und aktuelle Entwicklungen

Die Jugendphase stellt einen eigenständigen Lebensabschnitt innerhalb des gesamten Lebenszyklus dar. Als Übergangsperiode von der Phase der Kindheit in das Erwachsenenalter ist sie durch eine verwobene Komplexität körperlich-biologischer, entwicklungspsychologischer, intellektueller und sozialer Veränderungen gekennzeichnet (vgl. Oerter & Dreher, 2002, S. 258). Das Eintreten der biologischen Geschlechtsreife und die entwicklungspsychologische Veränderung grenzt die Jugend von der Phase der Kindheit ab (ebd., S. 259). Die sich anschließende jugendliche Entwicklungsphase, die Adoleszenz, wird von der Jugendforschung auf einen Zeitraum von ca. zehn Jahren und die Alterspanne zwischen elf und 21 Jahren eingegrenzt (ebd., S. 259). Mit Eintritt der Pubertät haben die Jugendlichen verschiedene Entwicklungsaufgaben zu bewältigen, die in einem »Spannungsverhältnis zwischen individuellen Bedürfnissen und gesellschaftlichen Anforderungen« stehen (ebd., S. 268). In diesem Kontext stehen die Auseinandersetzung mit der physischen Reifung und die Akzeptanz der körperlichen Wandlung. Dies betrifft neben den Körperveränderungen in Bezug auf Größe, Gewicht und Muskelkraft vor allem die

sexuelle Entwicklung, die mit einer hormonellen Umstellung verbunden ist bzw. durch diese ausgelöst wird (ebd., S. 276f.). Die pubertäre Entwicklung ist individuell, was innerhalb der Peergroup zu großen Unterschieden hinsichtlich der sexuellen Entwicklung (z. B. durch sogenannte Früh- oder Spätstarter_innen) sowie in Bezug auf den körperlichen, emotionalen und sozialen Reifegrad der jungen Menschen führt (ebd., S. 280f.). Gesamtgesellschaftlich ist aus historischer Perspektive eine Akzeleration bei der Geschlechtsreife zu beobachten. Diese hat sich in den letzten 150 Jahren deutlich nach vorn verlagert, sodass Jugendliche früher geschlechtsreif werden (ebd., S. 280f.; Bode & Heßling, 2015, S. 91). Die Verkürzung der Kindheit und ein früherer Beginn der Jugendphase aufgrund der früheren Geschlechtsreife führen im Zusammenhang mit längeren Schul- und Ausbildungsphasen und einer heute längeren sozioökonomischen Abhängigkeit Jugendlicher von den Eltern bzw. der Familie bis in das Erwachsenenleben hinein insgesamt zu einer sich ausdehnenden Jugendphase. Diese wird mit dem Begriff der Postadoleszenz bezeichnet und die Jugendphase damit auf das dritte Lebensjahrzehnt erweitert. Das Ende der Jugend als Lebensphase, deren Beginn durch die körperlich-biologische Entwicklung mit dem Eintreten der Geschlechtsreife gekennzeichnet ist, wird durch soziale und ökonomische Eigenständigkeit bestimmt (vgl. Linke, 2015, S. 57f.). In der Studie *Jugendsexualität 2015* der BZgA (vgl. Bode & Heßling, 2015)[21] belegen die Daten diese Entwicklung einer früher einsetzenden Geschlechtsreife am Beispiel der ersten Menstruation. Seit den 1980er Jahren hat sich die Zahl der weiblichen Befragten zwischen 14 und 17 Jahren, die ihre erste Menstruation mit 11 Jahren oder früher hatten, von acht auf 15 Prozent nahezu verdoppelt. Heute haben knapp die Hälfte der Befragten (46 Prozent) im Alter unter 13 Jahren ihre erste Menstruation. Dies trifft im Alter von 14 Jahren auf über 90 Prozent der Befragten zu (ebd., S. 91). Bei den männlichen Befragten zeigt sich eine größere Altersstreuung beim Zeitpunkt des ersten Samenergusses, der in der Regel in der Spanne zwischen elf und 17 Jahren liegt. Der Anteil der Befragten, die mit elf und zwölf Jahren ihre Ejakularche hatten, ist geringer als bei den

21 Die Stichprobe der Studie umfasst 6.065 Personen zwischen 14 und 25 Jahren, wobei in der Auswertung die Daten der 14- bis 17-jährigen Jugendlichen und der 18- bis 25-jährigen jungen Erwachsenen differenziert betrachtet werden. In der Studie erfolgen weitere Differenzierungen nach der Herkunft (deutsche Herkunft/Migrationshintergrund) und Geschlecht (weiblich/männlich) (vgl. Bode & Heßling, 2015, S. 212).

weiblichen Befragten, die in diesem Alter ihre Menarche hatten, jedoch sind auch hier die meisten Befragten im Alter von 14 Jahren geschlechtsreif (ebd., S. 90). In Bezug auf Sexualität ist damit ein wichtiger Punkt für die Jugendhilfe markiert. Der überwiegende Teil der Jugendlichen ist in dem Zeitkontext, in dem Jugendliche mit Institutionen und Fachkräften in Kontakt kommen, entweder bereits geschlechtsreif oder wird die Geschlechtsreife erreichen.

In diesem Zusammenhang stellt sich die Frage, nach der sexuellen Aktivität Jugendlicher. Hier zeigt sich, dass ca. die Hälfte der unter 14-jährigen Jugendlichen noch keinerlei körperliche Kontakte zum anderen Geschlecht hatte.[22] Zwischen dem 14. und 18. Lebensjahr nehmen die sexuellen Aktivitäten jedoch deutlich zu und ein Großteil der Jugendlichen mit 17 Jahren (90 Prozent) hat Kuss- und über zwei Drittel Pettingerfahrungen (ebd., S. 97). Neben den partnerschaftlichen Aktivitäten sammeln Jugendliche auch Erfahrungen mit Selbstbefriedigung. Im Alter von 14 Jahren haben über 50 Prozent der männlichen Befragten bereits masturbiert, mit 17 Jahren sind es über 80 Prozent. Bei den weiblichen Befragten sind es deutlich weniger Jugendliche, die Selbstbefriedigung nutzen, 19 Prozent im Alter von 14 und 44 Prozent im Alter von 17 Jahren sind hier aktiv (ebd., S. 119f.). Dass diese Zeitspanne von Bedeutung für die Zunahme sexueller Aktivität und das Sammeln von Erfahrungen ist, zeigt auch der Umgang mit Geschlechtsverkehr. Bei den 14-jährigen Jugendlichen haben nur sechs Prozent Koituserfahrung, bei den 17-Jährigen sind es 58 Prozent (ebd., S. 107). Im Langzeittrend zeigt sich eine Zunahme bei sexuellen Aktivitäten seit den 1980er Jahren bis 2005, seitdem stagnieren die Zahlen bzw. sind bei den unter 14-Jährigen mit Geschlechtsverkehr Erfahrenen die Zahlen rückläufig (ebd., S. 112f.). In Bezug auf die Häufigkeit von Geschlechtsverkehr bei den 14- bis 17-Jährigen zeigt sich, dass die Mehrheit bereits mehr als einmal Geschlechtsverkehr hatte. Ein Drittel der weiblichen Befragten und ein Viertel der männlichen Befragten haben angegeben, mehr als 50 Mal Geschlechtsverkehr gehabt zu haben (ebd., S. 142). Bei den 14- bis 17-Jährigen gibt eine_r von zehn Jugendlichen an, in den letzten zwölf Monaten engen körperlichen Kon-

22 Die BZgA-Studie ist eine auf präventive Fragestellungen orientierte Studie hinsichtlich Einschätzung und Verbesserung des Verhütungsverhaltens vor allem in Bezug auf Kontrazeption. Daher werden bei den meisten Fragestellungen nur heterosexuelle Kontakte berücksichtigt (vgl. Bode & Heßling, 2015, S. 97).

takt zu einer Person gleichen Geschlechts gehabt zu haben (ebd., S. 117).[23] Gleichgeschlechtliche sexuelle Erfahrungen stehen jedoch nicht in einem direkten Bezug zu einer bestimmten sexuellen Orientierung. In Bezug auf eine homo- oder bisexuelle Orientierung geben jeweils zwei Prozent der 16- und 17-Jährigen an homosexuell zu sein, drei Prozent der weiblichen Befragten und ein Prozent der männlichen Befragten ordnen sich als bisexuell ein und ein weiterer kleiner Teil (drei bzw. zwei Prozent) ist hinsichtlich der Orientierung noch unentschieden (ebd., S. 118). Mit zunehmendem Alter bis 25 Jahre steigen diese Zahlen an und bleiben hinsichtlich der Gewichtung der Geschlechtsdifferenzierung etwa gleich, sieben Prozent aller weiblichen Befragten und sech Prozent aller männlichen Befragten geben eine homo- oder bisexuelle Orientierung an (ebd., S. 118).[24] Damit wird deutlich, dass gleichgeschlechtliche sexuelle Kontakte unabhängig von der sexuellen Orientierung im Rahmen des jugendlichen Erfahrungslernens stattfinden. Mit der Zunahme der sexuellen Aktivität Jugendlicher, die mit Fragen wie der Gestaltung partnerschaftlicher Sexualität und der sexuellen Orientierung verbunden ist, wird ein weiterer Punkt markiert, der Bedeutung für die Jugendhilfe hat. Jugendliche sind sexuell reif und in der Regel auch sexuell aktiv, was eine Auseinandersetzung mit dem Umgang jugendlicher Sexualität im Lebensalltag in den Institutionen und durch die Fachkräfte nötig macht. Diese Aufgabe stellt sich für die stationären Erziehungshilfen in einer besonders komplexen Form, da hier Schutzaspekte, die Bedürfnisse der Jugendlichen und die sozialpädagogische bzw. erzieherische Anerkennung und Ermöglichung eines jugendlichen Lern- und Erfahrungsraums berücksichtigt und abgewogen werden müssen (vgl. Linke, 2017, S. 45f.; Mantey, 2017, S. 351ff.). Auch wenn die Zahl der Jugendlichen, die in der BZgA-Studie eine homo- oder bisexuelle Orientierung angeben, im Vergleich zur Gesamtpopulation nicht hoch ist, ist die Berücksichtigung dieser Jugendlichen in der Jugendhilfe von großer Bedeutung, da sie besonders vulnerabel sind (vgl. Krell & Oldemeier, 2015; Kugler & Nordt, 2015).

Im Kontext mit der sexuellen Entwicklung und der Aktivität Jugendlicher steht die Frage der Sexualaufklärung und Wissensvermittlung. Jugend-

23 Die Formulierung »enger körperlicher Kontakt« bezieht sich auf die in der Studie verwendete Fragestellung (ebd., S. 117).

24 14- und 15-jährige Jugendliche wurden nicht nach ihrer sexuellen Orientierung befragt (ebd., S. 118).

liche nutzen hier laut der BZgA-Studie unterschiedliche Möglichkeiten, die sich grob in persönliche und mediale Quellen unterteilen lassen. Trotz einer Zunahme der medialen Nutzung, vor allem durch das Internet, sind persönliche Kontakte weiter von großer Bedeutung (vgl. Bode & Heßling, 2015, S. 13f.). An erster Stelle stehen hier Personen aus dem alltäglichen Umfeld. So sind für die 14- bis 17-Jährigen die eigenen Eltern, beste Freund_innen und Lehrer_innen die wichtigsten Personen für die Sexualaufklärung. Hinsichtlich einer rollen- und geschlechterdifferenzierten Betrachtungsweise zeigt sich, dass für die weiblichen Befragten die Mutter (53 Prozent) und für die männlichen Befragten die Lehrer_innen (43 Prozent) die wichtigsten Personen hinsichtlich der Wissensvermittlung darstellen. Als Vertrauenspersonen für sexuelle Fragen nehmen auch die Eltern eine wichtige Position ein, stärkste Gruppe sind jedoch die besten Freund_innen, die für über 60 Prozent der Jugendlichen wichtigste Vertrauenspersonen sind. Mit den Eltern können ca. 50 Prozent aller Jugendlichen über Sexualität und Partnerschaft sprechen. Hier zeigen sich in der BZgA-Studie Unterschiede in Hinblick auf Geschlecht und Herkunft. Der Anteil der Jugendlichen, die mit den Eltern kommunizieren können, ist bei Jugendlichen deutscher Herkunft deutlich höher als bei Jugendlichen mit Migrationshintergrund und der Anteil der weiblichen Befragten ist jeweils höher als der der männlichen Befragten (ebd., S. 26). Lehrer_innen, die ebenfalls als wichtige Personen der Sexualaufklärung und Wissensvermittlung benannt werden, kommen dagegen als Vertrauenspersonen kaum in Betracht (ebd., S. 23). Die Schule ist vor allem für grundlegende Fragen der Wissensvermittlung wichtig. Über 80 Prozent der Jugendlichen geben an, das Wissen über Sexualität und Empfängnisverhütung überwiegend durch die schulische Sexualaufklärung erhalten zu haben. Die Verbreitung schulischer Sexualerziehung ist sehr groß, über 90 Prozent der Jugendlichen haben hier Angebote erlebt (ebd., S. 34). Die Themen der schulischen Sexualaufklärung sind fokussiert auf die Vermittlung biologischer Kenntnisse zu Körperentwicklung, Empfängnis, Schwangerschaft und Geburt, Geschlechtskrankheiten sowie auf präventive Themen der Verhütung. Die Thematisierung von anderen Bereichen wie Schwangerschaftsabbruch, Homosexualität, Zärtlichkeit und Liebe oder sexuelle Gewalt und Missbrauch fand bei jeweils über der Hälfte der Jugendlichen nicht statt (ebd., S. 36f.). Weitere Themen wie Selbstbefriedigung (29 Prozent), Pornografie (22 Prozent), Prostitution (20 Prozent) oder Beschneidung von Männern (25 Prozent) werden deutlich weniger besprochen (ebd., S. 27). Für die Jugendhilfe wird anhand der Bedeutung dieser beiden Sozialisationsinstanzen, Eltern und Schule, für die Sexualaufklärung und die Kommunikation über sexuelle Themen ein weiterer Punkt markiert, der eine Befassung mit jugendlicher Sexualität nötig macht. Die Jugendhilfe, die, wie oben beschrieben, selbst eine wichtige Sozialisationsinstanz darstellt und entweder ergänzende Angebote zu Familie und Schule schafft, diese unterstützt oder diese auch (vorübergehend) ersetzen muss, ist in diesen Fällen auch gefordert Aufgaben der Sexualerziehung, -aufklärung und Wissensvermittlung zu übernehmen (vgl. Linke, 2015, S. 40). Dies ist bezüglich der hier angeführten quantitativen Ergebnisse vor allem hinsichtlich der Rolle der Eltern als wichtige Vertrauenspersonen zu Sexualität und bei Nicht-Vorhandensein von Vertrauenspersonen zu reflektieren.

2.2.3 Prävalenz und Risikofaktoren zu sexualisierter Gewalt bei Jugendlichen

Neben der bereits erwähnten Notwendigkeit einer Auseinandersetzung mit sexualisierter Gewalt in pädagogischen Kontexten stellt sexualisierte Gewalt gegen Kinder und Jugendliche insgesamt ein für die Jugendhilfe relevantes Thema dar. Dies ergibt sich aus der gesetzlichen Grundlage des SGB VIII. In § 1 Absatz 3 Satz 3 wird der grundlegende Auftrag, Kinder und Jugendliche vor Gefahren für ihr Wohl zu schützen, und in § 8a SGB VIII der Schutzauftrag bei Kindeswohlgefährdung formuliert. Mit Blick auf die Betroffenen zeigt sich, dass sexualisierte Gewalt zu einer hohen psychischen Belastung und psychosozialen Beeinträchtigung führen kann, die zum Teil auch noch lange nach der Tat wirken (vgl. Fegert et al., 2013, S. 136). Ausgehend von dem gesetzlichen Schutzauftrag ist ein Wissen über die gesellschaftlich vorliegende Prävalenz sexualisierter Gewalt gegen Minderjährige, über Orte und Personen, die in diesem Kontext von Bedeutung sind, über mögliche Risikofaktoren und die Faktoren, die eine Aufdeckung und Bewältigung begünstigen, nötig. In diesem Zusammenhang ist die Familie als Ort, an dem Kinder und Jugendliche sexualisierte Gewalt erleben können, von besonderer Bedeutung. Dies schließt wieder an die gesetzliche Grundlage im SGB VIII an, einerseits ist hier das Wächteramt in Bezug auf das Kindeswohl, was auch die Pflege, Betreuung und Erziehung in der Familie durch die leiblichen Eltern betrifft (§ 1 SGB VIII), zu berücksichtigen und andererseits werden verschiedene Angebote und Hilfen (Leistungen) direkt an die Eltern bzw. Sorgeberechtigten und die Familie als Lebensort adressiert (vgl. z. B. §§ 14, 16–19, 27–31 SGB VIII).

Daten zur Prävalenz sexualisierter Gewalt bilden das Hellfeld und Dunkelfeldstudien ab. Das Hellfeld ist, was den Strafverfolgungsbehörden bekannt ist und zur Anzeige gebracht wird. Somit gibt die Polizeiliche Kriminalstatistik (PKS) einen Überblick der angezeigten Straftaten und das Statistische Bundesamt einen Überblick zu den Verurteilungen. Diese Daten sind abhängig vom Anzeigeverhalten der Bevölkerung und damit nur bedingt aussagekräftig. Das Anzeigeverhalten kann durch unterschiedliche Faktoren beeinflusst werden. Dazu gehören zum Beispiel individuelle Faktoren wie Scham davor von dem Erlebten zu berichten, gesellschaftliche wie die Angst vor Stigmatisierung oder strukturelle Faktoren wie das Nicht-Vorhandensein von geeigneten Ansprechpartner_innen bei der Polizei oder der Möglichkeit der Begleitung durch entsprechende Beratungsstellen (vgl. Fegert et al., 2013, S. 38f.; Lamnek et al., 2012, S. 147; Kavemann et al., 2016). Straftaten im Bereich des sexuellen Missbrauchs von Kindern (§§ 176, 176a und 176b StGB) wurden 2016 in 12.019 Fällen registriert (vgl. Bundeskriminalamt, 2016, S. 13). Im Langzeittrend ist seit 2002 mit ca. 16.000 Straftaten ein Rückgang zu beobachten, wobei sich die Zahlen in den letzten Jahren in etwa auf einem Niveau bewegen (ebd., S. 14). Weitere erfasste Straftaten gegen die sexuelle Selbstbestimmung Minderjähriger sind Besitz und Beschaffung von Kinderpornografie (5.687 Fälle) und sexueller Missbrauch von Schutzbefohlenen (654 Fälle) (ebd., S. 13). Die Daten aus dem Hellfeld zeigen ebenfalls, dass die meisten Straftaten (62,5 Prozent) gegen die sexuelle Selbstbestimmung unter Gewaltanwendung oder Ausnutzung eines Abhängigkeitsverhältnisses im familiären und sozialen Umfeld verübt wurden (vgl. Bundeskriminalamt, 2014, S. 52). Aufgrund von Ergebnissen aus Dunkelfeldstudien wird von zehn bis zwanzigmal so vielen Fällen ausgegangen, wie in der polizeilichen Kriminalstatistik erfasst werden (vgl. Bange & Deegener, 1996; Finkelhor, 2005; Wetzels, 1997).

In Deutschland wurden diese Dimension und die Bedeutung des familiären und näheren sozialen Umfeldes als Ort für Übergriffe durch Studien in den 1990er Jahren deutlich (vgl. Bange & Deegener, 1996; Wetzels, 1997). Demnach ist jedes vierte bis fünfte Mädchen und jeder zwölfte Junge von sexualisierter Gewalt betroffen (vgl. Bange & Deegener, 1996, S. 49). Die Ergebnisse zeigen, dass ca. 70 Prozent der Täter_innen Personen aus dem sogenannten Nahfeld (familiäres und näheres soziales Umfeld) sind (vgl. Bange & Deegener, 1996, S. 129ff.). Diese können differenziert werden in ca. 42 Prozent Bekannte und 27 Prozent Familienangehörige (vgl. Wetzels, 1997, S. 16). Im Rahmen einer aktuelleren Studie im Auftrag der Unabhängigen Beauftragten der Bundesregierung zur Aufarbeitung des sexuellen Kindesmissbrauchs (UBSKM) wurden 6.754 Datensätze von den über 20.000 Anrufen, Briefen und E-Mails, die bei der Beauftragten eingegangen waren, ausgewertet (vgl. Fegert et al., 2013, S. 114). In den 1.853 Fällen von Missbrauch in Familien gaben 45 Prozent der Personen den leiblichen Vater als Täter an. Als weitere Täter_innen wurden die Mutter und der Stiefvater in jeweils 9 Prozent der Fälle, Onkel und Bruder in jeweils 8 Prozent und Großväter in 7 Prozent der Fälle genannt (vgl. Fegert et al., 2013, S. 157f.). In einer weiteren Studie geben knapp über 6 Prozent der befragten Personen an, bis zu ihrem 16. Lebensjahr mindestens eine Missbrauchserfahrung gemacht zu haben (vgl. Stadler et al., 2012, S. 53f.). Der Großteil der (überwiegend männlichen) Täter_innen kam in diesen Fällen ebenfalls aus dem engen Familienkreis (ebd., S. 37, 56). Werden die hier zusammengetragenen Erkenntnisse für eine Einschätzung zugrunde gelegt, so muss von mindestens 100.000 bis 200.000 Kindern und Jugendlichen pro Jahr in Deutschland ausgegangen werden, die von sexualisierter Gewalt betroffen sind, ein Großteil davon in der Familie oder im familiennahen Umfeld. Es wird allerdings angenommen, dass sowohl die Befunde der Hell- wie der Dunkelfeldstudien die vorkommende sexualisierte Gewalt an Kindern unterschätzen (vgl. Zimmermann et al., 2010, S. 15).

In Bezug auf mögliche Risikofaktoren führen mehrere Studien die familiären Verhältnisse als einen entscheidenden Faktor an. Kinder, die von sexualisierter Gewalt betroffen waren, geben deutlich häufiger als andere schlechte Elternpaar- und Eltern-Kind-Beziehungen an und kommen häufiger aus soziostrukturell und emotional beeinträchtigten Familienverhältnissen. In Familien, in denen es zu sexualisierter Gewalt kommt, finden sich häufiger autoritäre Familien- und Erziehungsmodelle, in denen der Mann das uneingeschränkte Familienoberhaupt darstellt. Als weitere Faktoren werden rigide Sexualnormen und eine Tabuisierung von Sexualität in der Familie benannt (vgl. Ballantine, 2012, S. 57; Bange & Deegener, 1996, S. 51ff.). In Familien, in denen es zu sexualisierter Gewalt kommt, besteht ein hohes Risiko für Kinder und Jugendliche, selbst sexuell auffälliges Verhalten zu entwickeln und in diesem Kontext auch gegenüber anderen Minderjährigen übergriffig zu werden (vgl. Klees, 2008; Mosser, 2012).

Studien gehen davon aus, dass ca. 20 Prozent bis ein Drittel der sexuellen Übergriffe von noch nicht erwachsenen jugendlichen Personen verübt werden (vgl. Rusack, 2018, S. 317f.; Tidefors et al., 2010, S. 350; vgl. auch Schmid, 2012; Maschke & Stecher, 2017). In der Polizeilichen Kriminalstatistik stellen die Tatverdächtigen unter 18 Jahren ca. ein Drittel aller Tatverdächtigen bei sexuellem Missbrauch von Kindern dar und 8 Prozent von allen Tatverdächtigen sind unter 14 Jahren (vgl. Bundeskriminalamt, 2016, S. 15). Kinder und Jugendliche, die übergriffig werden, würden ihre ersten Übergriffe meist im familiären Kontext begehen, ca. 69 Prozent davon gegenüber Geschwistern, die weiteren würden gegenüber Cousinen, Cousins, Nichten und Neffen übergriffig (vgl. Tidefors et al., 2010, S. 350). Im Zusammenhang mit sexuellen Übergriffen unter Kindern und Jugendlichen in Familien werden drei Punkte genannt, die relevante Risikofaktoren darstellen:

1. die familiäre Organisationsstruktur, geprägt durch einen dominanten Vater und eine passive Mutter,
2. die physische und emotionale Abwesenheit der Eltern und
3. das sexuelle Klima in der Familie (vgl. Phillips-Green, 2002, S. 197; Ballantine, 2012, S. 57f.).

Das familiäre sexuelle Klima kann in folgende Formen differenziert werden, die jeweils einen Risikofaktor darstellen:

1. sehr offenes Sexualverhalten und sexuelle Kommunikation mit fehlenden Grenzen,
2. rigide Sexualnormen und mangelnde Kommunikation über sexuelle Themen und
3. unklare, unbeständige Regeln zum Sexualverhalten in der Familie (vgl. Ballantine, 2012, S. 58; Mosser, 2012, S. 36, 41f.; Phillips-Green, 2002, S. 198).

In Bezug auf die Familienkonstellation bergen bestimmte Familienformen ein höheres Risiko dafür, dass es zu Übergriffen unter Geschwistern kommt. Dies sind einmal Patchworkfamilien, in denen Kinder und Jugendliche mit ihren nicht leiblichen Geschwistern zusammenleben (vgl. Mosser, 2012, S. 63). Kinder aus Patchworkfamilien (Stieffamilien) berichten deutlich häufiger, von Gewalt und sexualisierter Gewalt durch Geschwister betroffen zu sein (vgl. Turner et al., 2007, S. 286). Eine weitere Familienform sind Ein-Eltern-Familien, bei denen häufig das unsichere Wohn-

oder Schulumfeld das Risiko erhöht, von sexualisierter Gewalt betroffen zu werden (ebd., S. 288). Dies hängt mit den schwierigen sozioökonomischen Bedingungen von Ein-Eltern-Familien zusammen, die sich auf den Lebensort auswirken. Aufgrund von Abwesenheit des einen Elternteils in der Familie, zum Beispiel durch berufliche Verpflichtungen, kann es auch dazu kommen, dass ältere Geschwister ihre Machtstellung aufgrund der Abwesenheit des Elternteils gegenüber jüngeren Geschwistern ausnutzen (vgl. Phillips-Green, 2002, S. 197).

Ebenso wie ein Wissen über die möglichen Risikofaktoren ist eines über die Faktoren wichtig, die eine Aufdeckung begünstigen. Hier zeigen verschiedene Studien die Bedeutung von Vertrauenspersonen auf, denn etwa die Hälfte der von sexualisierter Gewalt betroffenen Kinder versucht, sich an eine Person ihres Vertrauens zu wenden (vgl. Bergmann, 2012, S. 257). Es zeigt sich jedoch, dass Betroffene von Übergriffen im familiären Kontext davon berichten, dass ihnen oft nicht geglaubt wurde, wenn sie sich Personen inner- und außerhalb der Familie anvertrauten (vgl. Fegert et al., 2013, S. 163ff.). Je mehr Familienmitglieder am Missbrauch beteiligt waren (z.B. generationsübergreifend oder in der Form, dass dieser durch die Familie organisiert wurde, indem Eltern ihre Kinder verkauften), desto schwieriger wurde es für die Betroffenen sich an eine Vertrauensperson zu wenden (ebd., S. 161ff.). In diesem Kontext werden sogenannte Push- und Pull-Faktoren benannt (vgl. Kavemann et al., 2016, S. 95). Als Push-Faktoren können diejenigen betrachtet werden, die das Sprechen und die Aufdeckung im Zusammenhang mit anderen Personen fördern, zum Beispiel keine bestehende Abhängigkeit mehr von der übergriffigen Person, Vorhandensein einer Vertrauensperson, Aufdeckung durch eine andere Person oder die Kenntnis von der Offenlegung anderer betroffener Personen (ebd., S. 97f.). Pull-Faktoren motivieren zu einer Aufdeckung, da dadurch eine Verbesserung der Lebensqualität möglich oder erhofft wird, zum Beispiel weitere Übergriffe zu verhindern, Zuwendung und Anteilnahme zu erhalten oder die Anerkennung des erfahrenen Unrechts zu erreichen (ebd., S. 107). Das Sprechen über erfahrene sexualisierte Gewalt ist neben den oben genannten Faktoren, wie dem Vorhandensein von Vertrauenspersonen, auch von den kommunikativen Kompetenzen der Person abhängig (vgl. Zimmermann et al., 2010, S. 24). Diese werden ebenfalls als ein wichtiger Resilienzfaktor betrachtet (vgl. Wagenblass, 2012, S. 75f.; Rendtorff, 2012, S. 149). Die vorangegangenen Punkte verweisen auf Möglichkeiten und Notwendigkeiten sexueller Bildung und eine nötige

Sensibilität bei Fachkräften, zum Beispiel in Bezug auf das Ernstnehmen von berichteter sexualisierter Gewalt. Durch sexuelle Bildung könnten die kommunikativen Kompetenzen über Sexualität zu sprechen gefördert werden und damit sowohl präventiv ein Beitrag zum Schutz vor sexualisierter Gewalt geleistet als auch die Offenlegung und Bewältigung unterstützt werden. Für die Jugendhilfe ist in diesem Zusammenhang das Vorhandensein von Fachkräften als Vertrauenspersonen für Jugendliche in den jeweiligen Institutionen ein wichtiger und zu reflektierender Punkt.

2.3 Zusammenfassung

Nach der erfolgten Einführung in die Arbeit und einem Umriss des Untersuchungsanliegens in Kapitel 1 folgte in diesem Kapitel eine Untersetzung des Erkenntnisinteresses zum Untersuchungsanliegen *Sexuelle Bildung in der Kinder- und Jugendhilfe*. In diesem Zusammenhang wurden die beiden Bereiche Jugendhilfe und Jugendsexualität betrachtet, um das Forschungsfeld zu beschreiben und einzugrenzen sowie die thematische Setzung innerhalb des Feldes zu begründen. Die gesetzlichen Aufträge und Leistungen der Jugendhilfe sind dargelegt und wurden hinsichtlich ihrer sozialpädagogischen bzw. erzieherischen Ziele betrachtet. Dabei konnte deutlich gemacht werden, dass Bildung sowohl Auftrag wie Ziel der Jugendhilfe ist und insbesondere durch die Jugendarbeit Bildungsprojekte realisiert werden sollen und können. Das geschah unter Einbezug der historischen Wurzeln der Jugendhilfe. Diese Herleitung ist für ein Verständnis der heutigen Jugendhilfe in Deutschland unumgänglich, da sie nur unter Kenntnis der geschichtlichen Entwicklung zu verstehen ist. Jugendhilfe umfasst den Schutz wie die Förderung von Jugendlichen. Mit den ausgewählten speziellen und aktuellen Herausforderungen, mit denen Jugendhilfe unter anderem heute befasst ist, wird bereits deutlich, dass Jugendhilfe sich mit Sexualität auseinandersetzen muss. Dabei stellt sexualisierte Gewalt in pädagogischen Kontexten eine Facette dar, aus der sich ergibt, dass es sowohl Schutzkonzepte wie sexualpädagogische Konzepte braucht. Die andere Herausforderung infolge von Migration durch Flucht macht dies ebenso nötig. Durch die Verschiedenheit kultureller, traditioneller und religiöser Aspekte in Bezug auf Sexualität, Partnerschaft und Familienplanung ergeben sich auch hier sexualpädagogische Herausforderungen für die Jugendhilfe. Bei der Betrachtung zu Jugendsexualität

wird deutlich, dass Jugend durch das Erlangen der Geschlechtsreife eine wichtige Phase in Bezug auf die sexuelle Entwicklung und den Beginn erster partnerschaftlicher sexueller Kontakte ist. Es zeigt sich, dass die meisten Jugendlichen in der Zeit zwischen 14 und 17 Jahren sexuell aktiv werden. In Bezug auf die Wissensvermittlung und das Vorhandensein von Vertrauenspersonen, mit denen über sexuelle Themen gesprochen werden kann, sind die Eltern und die Schule neben der Peergroup die wichtigsten Personen bzw. Orte. Dies ist für die Jugendhilfe vor allem dann von Bedeutung, wenn diese Sozialisationsinstanzen ihre Aufgaben und ihre Rolle (vor allem die Eltern bzw. die Familie) nicht (mehr) angemessen ausführen können. Grundsätzlich kommt der Jugendhilfe als eigenständige und professionell erzieherisch bzw. pädagogisch agierende Sozialisationsinstanz hier die Aufgabe zu, sich mit Sexualität als Thema in Bezug auf die körperliche und psychosexuelle Entwicklung und die sexuelle Sozialisation zu beschäftigen, was wiederum auf die Notwendigkeit eines sexualpädagogischen Konzepts oder zumindest auf eine ebensolche vorhandene Kompetenz bei den Fachkräften verweist. Die Prävalenz vorhandener sexualisierter Gewalt insgesamt und im Besonderen im familiären Rahmen markiert einen weiteren Punkt, an dem sich Jugendhilfe mit Sexualität beschäftigen muss. Einerseits steht hier der Schutz von Kindern und Jugendlichen im Vordergrund und daran schließen sich Fragen der Prävention, der Aufdeckung bzw. Offenlegung und des Schutzes vor erneuten Übergriffen im Kontext sexualisierter Gewalt an. Andererseits muss hier eine Aufarbeitung des Erlebten erfolgen und unterstützt werden, Fragen der möglicherweise stationären oder ambulanten Arbeit mit übergriffigen und betroffenen Kindern und Jugendlichen sind zu klären und schließlich muss berücksichtigt werden, dass auch diese Heranwachsenden den Prozess der sexuellen Reife durchlaufen, Bedürfnisse nach (angemessenen) sexuellen Aktivitäten entwickeln können und ein Recht auf sexuelle Selbstbestimmung haben und dabei Unterstützung und Begleitung benötigen. Eine sexuelle Bildung in der Kinder- und Jugendhilfe schließt sowohl an die rechtlichen und inhaltlichen Grundlagen des SGB VIII wie an die realen Erfordernisse und Herausforderungen Jugendlicher im Kontext von Sexualität an.

Zusammenfassend lässt sich aus den unterschiedlichen Perspektiven, aus denen das Untersuchungsanliegen in den beiden ersten Kapiteln betrachtet wurde, die Bedeutung der Beschäftigung mit sexuellen Themen für die Jugendhilfe unterstreichen. Die hier aus rechtlicher und inhaltlicher Sicht der Jugendhilfe, in Bezug auf Leistungen und Aufgaben, aus sexualwissenschaftlicher Sicht, mit Blick auf biologische, entwicklungspsychologische und soziologische Faktoren, unter Einbezug des aktuellen Forschungsstandes vorgenommenen Betrachtungen verweisen nicht nur auf diese Bedeutung, sondern auch auf Möglichkeiten einer sexuellen Bildung im Kontext der Jugendhilfe. Dazu ist es zunächst notwendig, den Bildungsbegriff und das Bildungsverständnis für die Jugendhilfe zu klären.

3 Bildung und Jugendhilfe

Dieses Kapitel schließt an die vorangegangenen Überlegungen an und geht dem Verständnis von Bildung innerhalb der Jugendhilfe detaillierter nach.

Aufgrund der Begriffsvielfalt und der Verwendung des Bildungsbegriffes in verschiedenen Professionsbereichen ist es nötig, eine ausführlichere Begriffsklärung vorzunehmen. Es wird der Frage nachgegangen, mit welchem Begriffsverständnis von Bildung in der Sozialen Arbeit, speziell der Jugendhilfe und der sexuellen Bildung, gearbeitet werden kann. Der Bildungsbegriff wird, ausgehend von seiner historischen Formung speziell für die Entwicklung in Deutschland, in Bezug auf eine Verwendung in Pädagogik und Sozialer Arbeit betrachtet (3.1). Anschließend erfolgt eine Ausarbeitung von Bildungszugängen und -perspektiven in der Jugendhilfe, die zum Beispiel emanzipatorische Sichtweisen der Selbstbestimmung und Beteiligung ermöglichen können (3.2). In Punkt 3.3 erfolgt eine Einbeziehung des Intersektionalitätsansatzes als Möglichkeit für eine Erweiterung der Perspektive in der sozialpädagogischen bzw. erzieherischen Arbeit. Nach einer historischen und begrifflichen Einführung werden Modelle, Konzepte und Möglichkeiten für die Auseinandersetzung mit intersektionalen Perspektiven und deren Einbindung angeführt. Es schließt sich die Beschäftigung mit sexueller Bildung als speziellem Bildungsangebot für Kinder und Jugendliche an (3.4). Neben einer begrifflichen Einordnung wird die Notwendigkeit sexualpädagogischer Angebote für Kinder und Jugendliche ebenso wie die Bildung der Fachkräfte in den Blick genommen. Dabei werden insbesondere professionelle Kompetenzen der Fachkräfte (3.4.1) und die präventiven Möglichkeiten einer Sexuellen Bildung (3.4.2) betrachtet. Das heißt, es erfolgen Eingrenzungen und Auslassungen bei der Betrachtung und Diskussion zum Bildungsbegriff. Fokussiert wird dabei auf die deutschsprachige Debatte und die Begriffsverwendung im Kontext der Sozialen Arbeit.

3.1 Ausführungen zum Bildungsbegriff

3.1.1 Bildung, Erziehung und Sozialisation – begriffliche Einordnungen und Abgrenzungen

Bildung und Erziehung bilden keine abgeschlossenen Bereiche, die getrennt voneinander existieren. Je nach Definition gibt es Überschneidungen bei Inhalten und Zielen. Historisch wurde Bildung als Teilaspekt der Erziehung betrachtet und Erziehung als etwas Unumgängliches gesehen, so schreibt Immanuel Kant (1724–1804):

> »Der Mensch ist das einzige Geschöpf, das erzogen werden muß. Unter der Erziehung nämlich verstehen wir die Wartung (Verpflegung, Unterhaltung), Disciplin (Zucht) und Unterweisung nebst der Bildung. Demzufolge ist der Mensch Säugling, – Zögling, – und Lehrling« (Kant, 1803, S. 7).

Heinz-Joachim Heydorn (1916–1974) benennt in seinen Ausführungen zum Verständnis von Bildung und Erziehung die Schwierigkeit einer klaren Trennung, aber auch deren Notwendigkeit (Heydorn, 1980). So ist Bildung nach Heydorn auf Erziehung angewiesen und trägt erzieherische Elemente in sich. Die Abgrenzung des Bildungsbegriffs vom Erziehungsbegriff ist nach Heydorn nötig, da Bildung sich durch Reflexion und Bewusstseinsveränderung von Erziehung unterscheidet. Verfolgt Erziehung das Ziel der Anpassung des Menschen an vorgegebene Muster, geht es bei Bildung um die Erweiterung des Selbst und dies schließt die Emanzipation von vorgegebenen Mustern ein (ebd., S. 9f.).

Norbert Kluge (2013) verdeutlicht, dass die begriffliche Unterscheidung von Bildung und Erziehung eine deutsche Besonderheit ist, so vereine der englischsprachige Begriff *education* beides und erübrige eine Unterscheidungsdiskussion. Die Diskussion über die Abgrenzung der Begriffe ist für Kluge aber durchaus nützlich und könnte zu Arbeitsdefinitionen führen, die zur Beschreibung kultureller Phänomene dienen können. Dies bedeutet, dass die erarbeiteten Begriffe immer nur vorläufig gültig sind und dem historischen Wandel unterliegen (ebd., S. 116f.). Grundsätzlich beschreiben Begriffe wie Bildung, Erziehung oder Sozialisation »den Vorgang wie auch das Resultat der Eingliederung des Individuums in die menschliche Gesellschaft, deren Gruppen und Institutionen« (ebd., S. 119). Erziehung ist, so Kluge, im heutigen Begriffsverständnis meist intentionale Erziehung, die versucht, bewusst Einfluss auf die individuelle Entwicklung zu nehmen. Dabei werden, abhängig von gesellschaftlichen Normen und Werten, erzieherische Ziele (Fürsorge, Unterstützung, Einfluss auf unerwünschtes Verhalten, Förderung gewünschter Kompetenzen) formuliert und es wird beabsichtigt erzieherisch auf Menschen eingewirkt. Dies lässt jedoch die unbewusste und unbeabsichtigte Form der funktionalen (immanenten) Erziehung und deren Wirkung außer Acht. Ein auf die intentionalen Aspekte von Erziehung eingeschränkter Begriff bedarf der Ergänzung durch weitere Begriffe, wie den der Sozialisation (ebd., S. 117f.). Bildung hat sich zu einem Fundamental- und Leitbegriff der Erziehungswissenschaften entwickelt, da die Vermittlung von Kultur- und Bildungsgütern zu einer der wichtigsten Aufgaben geplanten und ungeplanten erzieherischen Handelns geworden ist. Eine zu fokussierte Definition, die Komponenten wie Selbstbestimmung und Selbstformung nur unzureichend berücksichtigt, kann den humanen Charakter von Bildung nicht erfassen (ebd., S. 118). Sozialisation kann als soziologischer Begriff die erziehungswissenschaftlichen Begriffe der Erziehung und Bildung (vor allem, wenn diese sehr fokussiert bestimmt sind) ergänzen, indem er alle »jenseits bewusst verfolgter Intentionen und Zielsetzungen« vorliegenden Einflussfaktoren erfasst (vgl. Kluge, 2013, S. 116).

Sozialisation beschränkt sich nicht auf einen Bereich oder eine Institution, sie bezieht den gesamten Lebenskontext ein, unterscheidet jedoch den Einfluss und die Wirkung der einzelnen Sozialisationsinstanzen wie zum Beispiel Familie, Schule oder Peergroup. Neben dieser räumlichen Offenheit ist auch die zeitliche Dimension auf den gesamten Lebensprozess eines Individuums gerichtet. Sozialisation beginnt mit der Geburt und endet mit dem Tod. Wird sie geplant und gesteuert, wird sie zur Erziehung (vgl. Veith, 2008, S. 11ff.). Peter Zimmermann beschreibt Sozialisation folgendermaßen:

> »Sozialisation ist – und dies ist Konsens in der gegenwärtigen Sozialisationsdebatte – zu verstehen als Prozess der Entstehung und Entwicklung der Persönlichkeit in wechselseitiger Abhängigkeit von der gesellschaftlich vermittelten sozialen und materiellen Umwelt. Die Akzentuierung bei sozialisationstheoretischen Fragestellungen liegt im Mitglied-Werden in einer Gesellschaft« (Zimmermann, 2006, S. 16).

Hermann Veith (2008) betont, dass angemessene erzieherische Einflussnahme und günstige Sozialisationsbedingungen keine Garantien für eine risikofreie individuelle Entwicklung sind. So könne es trotz günstiger Bedingungen zu individuellen Risikoentwicklungen kommen. Andererseits können Menschen auch in ungünstigen und unsicheren Bedingungen Handlungsfähigkeit und Subjektautonomie entwickeln. Beides sei durch die aktive Mitgestaltung des Menschen im Sozialisationsprozess möglich (ebd., S. 11).

Insbesondere für die Jugendhilfe zeigt sich die Verwobenheit von Bildung, Erziehung und Sozialisation. Die Jugendhilfe gilt als eigenständiger und wichtiger Sozialisationsort, der eng mit einem Erziehungs- und Bildungsauftrag verknüpft ist und Jugendliche in ihren Bildungsprozessen begleitet (vgl. Birtsch et al., 2001a; Bock, 2008; Deinet et al., 2016; Schröer et al., 2016a; Sting, 2016).

3.1.2 Bildung – Annäherung an einen Begriff

Heinz-Elmar Tenorth (2000) führt vier Verwendungsweisen eines Bildungsbegriffes an. Der erste ist der *objekttheoretische*, der als zentralen Inhalt den individuellen Prozess der Eigenentwicklung des Menschen in Auseinandersetzung mit seiner Umwelt beschreibt und dabei auf die Spannungsverhältnisse und Widersprüchlichkeiten zwischen Mensch und kulturellen und gesellschaftlichen Verhältnissen verweist. Dieser Begriff ist für Tenorth Ausgangspunkt und Leitkategorie für Forschungen, die an der Wirklichkeit der Sozialisation interessiert sind. Den zweiten Verwendungsnachweis bezeichnet er als *metatheoretische Thematisierungsweise*, die sich auf die theoretische Verwendung und Funktion des Begriffes und seine wissenschaftlich-disziplinäre Verortung und Definition bezieht. Den Bildungsbegriff der sich an klassische Theorien und Thesen anlehnt und diese als gesetzte Wahrheit für Argumentationen nutzt, ohne dass diese in eine kritische Reflexion einbezogen würden, beschreibt Heinz-Elmar Tenorth als *exegetische* Verwendungsweise. Als vierter Begriff wird die *historisch-funktionale* Analyse benannt, die sich kritisch distanziert mit der Verwendung des Bildungsbegriffs auseinandersetzt (vgl. Tenorth, 2000, S. 89ff.). Die vielfältigen Dimensionen des Bildungsbegriffes, die sich durch die vier möglichen Verwendungsweisen und weitere Differenzierungen ergeben, können nicht getrennt voneinander betrachtet werden, sie verweisen vielmehr auf dessen Komplexität und damit zusammenhängende Verknüpfungen (ebd., S. 97f.). Die Auseinandersetzung mit dem Bildungsbegriff

kann, zum Beispiel in Forschungskontexten, Differenzen deutlich machen, sie fixieren und dadurch einen reflexiven Blick auf die Bildungsprozesse ermöglichen. Dabei trägt, so Tenorth, der Begriff zwar überlieferte Ideen in sich, ist aber nicht abgeschlossen, was eine kritische Auseinandersetzung ermöglicht (ebd., S. 100f.). In Bezug auf diese Logik der Gliederung zur Bestimmung des Bildungsbegriffes lassen sich die folgenden Ausführungen an die *objekttheoretische* Verwendungsweise anschließen.

Bildung präsentiert sich als ein sehr komplexes Feld, was eine Begriffsbestimmung schwierig macht. So wird Bildung oft im Kontext mit Lernen, Qualifikation, Erziehung oder Sozialisation betrachtet. Für Hans Thiersch ist Bildung im Kontext der öffentlichen und fachlichen Diskussion ein Containerbegriff, wobei im Zentrum der aktuellen Diskussion die institutionalisierte schulische Bildung und die Vermittlung eines bestimmten Wissenskanons stehen (Thiersch, 2015, S. 207). Allgemein bezieht sich Bildung nach Thiersch »auf das Subjekt, das sich bildet und gebildet wird und auf die Gestaltung der Welt, in der es sich bildet« (ebd., S. 207).

Ausgehend von dieser Überlegung ist das menschliche Leben eine Bildungsbiografie, da der Mensch sich ständig mit seiner Umwelt auseinandersetzen und die sich stellenden Herausforderungen bewältigen muss. Dabei ist die Gestaltung eines gelingenden Lebens – wie auch immer dieses individuell definiert wird – abhängig von den gesellschaftlichen Bedingungen und Normen. Die Selbstbestimmung des Menschen ist eingebettet in ein Gefüge gesellschaftlicher Zwänge. Dies macht mehrere Dimensionen sichtbar. Kompetenzen und Wissen sind nötig, um in der Lebenswelt zu bestehen, um Anerkennung zu bekommen und einen sozialen Status zu erreichen und zu sichern. Erstrebenswert für Menschen ist dabei eine höchstmögliche Selbstbestimmung. Andererseits hat eine Gesellschaft Bildungsaufträge, die auf eine möglichst konfliktarme Integration des Individuums in das soziale System abzielen und so einer persönlichen Entfaltung entgegenwirken können. Dies verweist auf die Herausforderung einer Aushandlung zwischen angestrebter Selbstbestimmung des Menschen und bestehenden Machtverhältnissen (vgl. ebd., S. 207).

Aufbauend auf dieser Basis haben sich verschiedene Formen von Bildung entwickelt. Neben dem informellen Lernen, zum Beispiel als Teil der familiären Sozialisation, sind institutionalisierte Formen mit formellen und non-formellen Konzepten entstanden. Bildung dieser Art findet heute, eng verbunden mit pädagogischer Begleitung, in verschiedenen Bildungsinstitutionen statt und nimmt einen großen Teil kindlicher und jugendlicher Tageszeit ein – ein Resultat der immer komplexer werdenden gesellschaftlichen Herausforderungen (vgl. Thiersch, 2008, S. 239f.). Hans Thiersch (2008) bezeichnet das heute vorhandene Konzept, das mit klaren Zielvorgaben verbunden ist, um die gestiegenen Arbeitsanforderungen und komplexen Lebenswelten zu bewältigen, als *Projekt Bildung*. Um diese Ziele zu erreichen, kam und kommt es zu einer Ausdifferenzierung der Bildungsangebote und -institutionen, da in den historisch gewachsenen Einrichtungen die erforderlichen Kompetenzen nicht abgedeckt werden konnten und können und diese auch nicht den heutigen Ansprüchen an eine soziale Gerechtigkeit und Teilhabe entsprechen (vgl. Thiersch, 2008, S. 241ff.).

Dirk Michel und Heinz Sünker beschreiben ebenfalls die Schwierigkeit den Bildungsbegriff zu fassen. So gibt es die oben genannten zwei Bezugspunkte von Bildung, einen individuellen und einen gesellschaftlichen (Michel & Sünker, 2010). Hieraus ergibt sich für Michel und Sünker die Herausforderung, eine angemessene Balance zu finden, da die Überbetonung eines der beiden Punkte zu Problemen führen kann. Die Gewichtung der beiden Pole hängt mit einer weiteren Dichotomie zusammen. So kann der Bildungsbegriff grob in eine traditionelle und eine kritische Perspektive auf Bildung unterschieden werden (ebd., S. 132f.). Die unterschiedlichen Perspektiven gehen auf eine Auseinandersetzung mit dem Bildungsbegriff zurück, die sich auf die historische Entwicklung eines bürgerlich geprägten Bildungsbegriffs und Bildungsverständnisses bezieht. Diese wurden den gesellschaftlichen Verhältnissen nicht gerecht, da sie einen Teil der Gesellschaft aufgrund von Geschlecht oder ethnischer Zugehörigkeit von Bildung ausschlossen bzw. jene nicht für bildungsfähig hielten (z. B. Mädchen und Frauen oder Schwarze). Dies führte vor allem durch die radikalen gesellschaftlichen Veränderungen in den letzten 100 bis 150 Jahren zu einer zunehmenden Kritik (ebd., S. 132ff.). Bildung hat, aus dieser Perspektive, auch ein politisches Moment und bewegt sich im Spannungsverhältnis zwischen individueller Freiheit und dem bestehenden Herrschaftssystem (ebd., S. 134ff.).

Im Sinne der oben genannten Definition des Bildungsbegriffs »der Auseinandersetzung des werdenden Subjekts mit der Welt« (Tenorth, 2000, S. 90) fasst Johannes Merkel Ziele von Bildung zusammen: die Ausbildung einer selbstsicheren und handlungsfähigen wie auch einer ausgeglichenen und verantwortungsvollen Persönlichkeit im Einklang mit dem Ideal, dass alle Fähigkeiten und Anlagen gleichmäßig ausgebildet und miteinander verbunden werden (Merkel, 2005, S. 15, 20). Den Erwerb von Fähigkeiten und Kompetenzen sowie die Wissensvermittlung sieht Merkel als Teilziele von Bildung. Doch was jeder Mensch letztlich für Kompetenzen braucht, und wie er diese mit seinem Vorwissen und Erfahrungen in Bezug setzt, ist höchst individuell. Ein weiterer Punkt ist, dass durch die globale wirtschaftliche, soziale und kulturelle Dynamik keine Generation planen kann, was die nächste wirklich an Fertigkeiten und Wissen braucht. Eine grundlegende Kompetenz wäre daher, mit den Herausforderungen des Lebens umgehen zu können, was bedeutet zu reflektieren, zu lernen und sich ein Leben lang zu bilden. Das heißt für Merkel, zukünftig in der Lage zu sein, Lösungen für Fragen zu finden, die bisher außerhalb unseres Wissens- und Erkenntnishorizonts liegen (ebd., S. 20f.; vgl. auch Preissing, 2003).

Für Tatjana Freytag trägt der Bildungsbegriff, vor allem in seiner Verwendung in Deutschland, von Anbeginn »eine gewisse Ambivalenz in sich« und »[v]on Bildung zu reden« hat in der Regel etwas »Überladenes, um nicht zu sagen Überspanntes an sich« (Freytag, 2014, S. 86). So war Bildung, nach Freytag, historisch ein Begriff, der im Kontext eines »fortschrittsgläubigen Aufklärungspathos« verwendet wurde und gleichzeitig »probates Medium der Verfestigung herrschaftlicher Ansprüche und klassen- und milieubedingter Divergenzen« war (ebd.). Diese Ambivalenz und Aufgeladenheit zieht sich bis in die Gegenwart, in der Bildung als Schlüssel der Zukunftsfähigkeit eines Landes im globalen Wettbewerb und als kulturelles Kapital betrachtet, aber auch mit emanzipatorischen Möglichkeiten verknüpft und aufgeladen wird. Bildung, so Freytag, ist zu einem Wunschkonzert unterschiedlichster Interessen geworden (ebd.).

3.1.3 Die Einbindung des Emanzipationsgedankens in Bildungskonzepte

Eine Idee, die mit der Etablierung des Bildungsbegriffs in der Zeit der Aufklärung verbunden war, ist die der Emanzipation. Diese Zeit war geprägt durch eine kritische Haltung gegenüber bestehenden Strukturen und Moralvorstellungen, durch die Berufung auf die Vernunft und die Förderung des Individualismus (vgl. Merkel, 2005, S. 14; Preissing, 2003). Dem Bürgertum ging es ab dem 17. Jahrhundert in der Zeit der Aufklärung um eine Abgrenzung vom Adel und eine Überwindung der feudalen Verhältnisse (vgl. Michel & Sünker, 2010, S. 134ff.). Daraus entstand ein neues bürgerliches Bildungsideal. Bildung sollte dem Fortschritt der Menschheit dienen. Das Ideal war, den Menschen als Ganzes in den Blick zu nehmen und so zu fördern, dass alle Eigenschaften gleich gut entwickelt sind und eine Erziehung zu gebildeten Persönlichkeiten gelingt, die sich in den Dienst der Allgemeinheit stellen und die Gesellschaft positiv beeinflussen (vgl. Merkel, 2005, S. 14). Immanuel Kant formulierte dies folgendermaßen:

> »Die Pädagogik oder Erziehungslehre ist entweder physisch oder praktisch. Die physische Erziehung ist diejenige, die der Mensch mit den Thieren gemein hat, oder die Verpflegung. Die praktische oder moralische ist diejenige, durch die der Mensch soll gebildet werden, damit er wie ein freihandelndes Wesen leben könne. (Praktisch nennt man alles dasjenige, was Beziehung auf Freyheit hat.) Sie ist Erziehung zur Persönlichkeit, Erziehung eines frey handelnden Wesens, das sich selbst erhalten, und in der Gesellschaft ein Glied ausmachen, für sich selbst aber einen innern Werth haben kann« (Kant, 1803, S. 29).

Die Ideen Immanuel Kants beeinflussten zum Beispiel auch Friedrich Schiller (1759–1805), der mit Blick auf die ästhetische Erziehung des Menschen (Schiller, 2013) die Konzepte zur kulturellen Bildung beeinflusste und davon ausging, dass durch ästhetisch-kulturelle Bildung ein Prozess erfolgen kann, der schließlich zu Freiheit und Unabhängigkeit führt. Von allen heute als bedeutend geltenden Vertreter_innen der Aufklärung wurde Bildung als wichtiger Teil der kulturellen Entwicklung gesehen, für Wilhelm von Humboldt (1767–1835) und Johann Heinrich Pestalozzi war Bildung unabdingbar, um eine höhere Kulturstufe zu erreichen (vgl. Klein, 2008, S. 238f.). Bildung wurde als Weg aus der Unmündigkeit angenommen und hatte in dieser Zeit auch ein besonderes politisches Momentum, weil der angestrebte gesellschaftliche Fortschritt mit demokratischen Ideen eines deutschen Nationalstaates verbunden war und die politische Entwicklung zu einer Einigung der deutschen Territorialstaaten führen sollte (vgl. Merkel, 2005, S. 14). Ausgehend von dem idealistischen Bildungsideal in Bezug auf eine angestrebte Freiheit des Menschen ohne ethnische und/oder nationale Einschränkungen zeigt sich in der historischen Entwicklung die zunehmende Fokussierung von Bildung auf nationalstaatliche Überlegungen und Interessen, wie sie Jean-Jaques Rousseau (1712–1778) oder Johann-Gottlieb Fichte (1762–1814) vornahmen (vgl. Brumlik, 2014, S. 70). Dieses angeführte Bildungsideal war in der Realität von Widersprüchen geprägt. Bildung zielte für die Mehrzahl der Menschen nicht auf eine Bildung im Sinne der idealistischen Vervollkommnung und Mündigkeit ab, sondern wurde auf Ausbildung begrenzt. Bildung fand unter dem Aspekt des Nutzens für die herrschende Klasse statt. Die mit der Ausweitung der kapitalistischen Produktionsweise entstehende Arbeiterklasse sollte vor allem Kenntnisse für die auszuführenden Tätigkeiten in den entstehenden Fabriken erhalten (vgl. Freytag, 2014, S. 87). Das Bürgertum selbst war um eine klassenspezifische Bildung bemüht und erzeugte damit den Widerspruch zu einem idealistischen emanzipatorischen Bildungsideal. Die Aufrechterhaltung des Klassenunterschiedes war grundlegend für die Existenzsicherung des Bürgertums (ebd., S. 87). Dies verweist auf die oben angeführte Ambivalenz des Bildungsbegriffs, die sich hier mit Blick auf die Pole Befreiung und Unterdrückung zeigt (ebd., S. 87).

Emanzipation entwickelte sich ab dem 19. Jahrhundert verstärkt zu einem politischen Begriff, der sich auf die Befreiung aus Fremdherrschaft, Fremdbestimmung und Unterdrückung bezog und so unter anderem für die Arbeiterbewegung, die Frauenbewegung und den Befreiungskampf der Sklaven von Bedeutung war. In den modernen demokratischen Staaten wurde Emanzipation zu einem Begriff, der die Befreiung aus neuen gesellschaftlichen Zwängen und Abhängigkeiten beschreibt, die subtiler und weniger direkt sind als zum Beispiel im 19. Jahrhundert. Emanzipation wird heute als ein wichtiger Bestandteil eines modernen demokratischen Verständnisses gesehen, das neben strukturellen Maßnahmen der Gleichberechtigung durch individuelle Emanzipation gesellschaftliche Benachteiligungen aufheben und Selbstbestimmung fördern will (vgl. Eugster et al., 1997, S. 42ff.). Im Zusammenhang damit steht die Sicht, dass ein emanzipatorischer Prozess immer ein Bildungsprozess ist (vgl. Freire, 1993; Thiersch, 2008). Bildung, so Dirk Michel und Heinz Sünker, ist eingebettet in den gesellschaftlichen Prozess und kein »selbstständiges revolutionäres Element« (Michel & Sünker, 2010, S. 136). In einer Gesellschaft ist sie für eine emanzipatorische Entwicklung jedoch unersetzlich, denn Selbstbestimmung ist auf die Vermittlung von Mündigkeit und Bewusstseinsbildung angewiesen (vgl. ebd., S. 136f.). Beeinflusst durch die Kritik an der Pädagogik nach dem Zweiten Weltkrieg in der BRD und mit Bezug auf die Ideale der bürgerlich-humanistischen Bildung kam es seit den 1960er Jahren zur Einbindung des Emanzipationsgedankens in Bildungskonzepte in der Bundesrepublik Deutschland (vgl. Adam, 2014; Adorno, 1970[25]; Eugster et al., 1997). Jedoch scheint der Emanzipationsbegriff im Kontext des Bildungsbegriffs dann überstrapaziert, wenn Emanzipation als Möglichkeit einer neuen Aufklärung und als »neuer Ausgang aus der selbst verschuldeten Unmündigkeit der Menschen hin zu einer besseren Welt« betrachtet wird (Freytag, 2014, S. 86). Emanzipativer Bildung komme vor allem die Aufgabe zu, die bestehenden gesellschaftlichen Verhältnisse zu reflektieren und Strategien zu entwickeln, um der eindimensionalen Vereinnahmung und Ausrichtung von Bildung im Sinne einer effizienten Marktökonomie im flexibilisierten Kapitalismus entgegenzuwirken (ebd., S. 96).

Impulse aus nicht-westlichen Ländern fanden nur bedingt Eingang in die pädagogische Diskussion, was dadurch begründet scheint, dass Bildung und Erziehung in hohem Maße kulturabhängig sind und es im globalen Maßstab eine dominante westliche Kultur gibt. Emanzipation als zentrale Idee von Bildung findet sich zum Beispiel auch bei Paulo Freire (1921–1997) in der *Pädagogik der Unterdrückten* (vgl. Freire, 1993), die er aus seiner Erfahrung mit einer Alphabetisierungsmaßnahme in Brasilien aufbaute, oder im Bereich der künstlerisch-ästhetischen Erziehung bei Augusto Boal, einem brasilianischen Theaterwissenschaftler, der das *Theater der Unterdrückten* entwickelte (vgl. Boal, 1985). Emanzipation und die Idee der Befreiung des Menschen aus Abhängigkeit und Unterdrückung sind hier eng an die Bearbeitung der kolonialen und postkolonialen Geschichte der brasilianischen Bevölkerung geknüpft. Paulo Freires Theorie bietet bis heute Impulse zum Weiterdenken und Übertragen an. Er analysiert das Lehrer_innen-Schüler_innen-Verhältnis und unterscheidet zwischen zwei grundlegenden Konzepten. Das sogenannte Bankierskonzept sei depositäre Erziehung, bei der die Schüler_innen als mit Inhalt zu füllende Container (Behälter) betrachtet werden. Die individuelle Kreativität komme hierbei nicht zur Geltung und sei auch nicht gewollt. Es gehe bei dieser Art der Bildung darum, Menschen zu bilden und zu erziehen, die das vorgegebene System unreflektiert akzeptierten,

25 Allerdings sieht Adorno die Potenziale von Bildung in Bezug auf Emanzipation mit Einschränkungen. So führt er aus, dass bestimmte Menschen, und dies bezieht er auf ihre ethnische und soziale Herkunft, die nicht weißer und bürgerlicher Herkunft seien, nur bedingt bildungsfähig seien bzw. sich durch Bildung emanzipieren könnten (vgl. Adorno, 2001, S. 60f.).

sich ihrer Lage nicht bewusst seien und nicht selbst tätig würden (vgl. Freire, 1993, S. 57ff.). Als Gegenentwurf führt Paulo Freire eine Bildung an, in der der Dialog zwischen Lehrenden und Lernenden zentral ist. Als echten Dialog sieht er ein offenes, gleichberechtigtes Verhältnis, das Reflexion (Bewusstwerdung) und Aktion (Veränderung) und damit Lehren und Lernen für beide Seiten ermöglicht. Daraus ließen sich Kennzeichen pädagogischer Verhältnisse ableiten. Dazu gehöre unter anderem Demut, die sich auch als »empathisch-reflexive soziale Kompetenz« beschreiben lasse, kritisches Denken und die Berücksichtigung der Lebenswirklichkeit der am Dialog beteiligten Personen sowie die Benutzung einer Sprache, die eine Verständigung ermögliche (vgl. Freire, 1993, S. 71ff.; vgl. auch Lange, 1993, S. 15). Ernst Lange (1927–1974) bemerkt, dass Erziehung niemals neutral ist. In Bezug auf die Theorie Paulo Freires sieht Lange Erziehung entweder als Instrument, das die Unterdrückung unterstützt, oder als Instrument der Befreiung des Menschen. Die Idee von Bildung sei in der Regel immer mit dem Ziel der Anpassung des Lernenden an bestehende gesellschaftliche Verhältnisse verbunden und wirke der Emanzipation entgegen. Dies sei selbst bei liberalen und revolutionären Ideen so, da auch dort der Erziehungsvorgang zu einer Fremdbestimmung führe. Paulo Freires Ansatz der dialogischen Erziehung, der die Bedürfnisse und Ressourcen der Adressat_innen berücksichtigt und eine neue Form von Bildung ermögliche, lasse sich nur bedingt auf andere Systeme übertragen. Der praktische Grundgedanke sei sehr stark mit der Alphabetisierung verbunden und die Motivation der Menschen, Lesen und Schreiben zu lernen, erleichtere die Umsetzung des theoretischen Konzepts in Verbindung mit den strukturellen und politischen Bedingungen (vgl. Lange, 1993, S. 13ff.). In westlichen Ländern sei dieses praktische Konzept so nicht anschlussfähig, da ein Großteil der Menschen lesen und schreiben könne, was wiederum ihre erhöhte Manipulierbarkeit und Abhängigkeit bewirke. Für die westliche Bildungsarbeit sieht Lange daher die Entscheidung darüber als grundlegend, was mit der Erziehung bezweckt werden soll, da nur eine der Emanzipation verpflichtete Erziehung eine Bewusstwerdung unterstützen könne (ebd., S. 16f.).

Heinz-Joachim Heydorn (1980) sieht ebenso das Bewusstwerden und das Bewusstsein als zentrale Komponenten von Bildung. Diese Überlegungen bezieht er auf die historische Entwicklung des Bildungsbegriffs von der Antike an und speziell auf die Zeit der Aufklärung. Dabei ist, nach Heydorn, eine klare Abgrenzung vom Erziehungsbegriff unbedingt nötig.

Erziehung schließe, obwohl sie ein beabsichtigtes Handeln sei, nicht notwendigerweise ein reflektiertes Verhalten ein und ebenso wenig eine Bewusstseinsveränderung. Sie verfolge das Ziel der Anpassung des Menschen an vorgegebene und unabänderliche Muster (ebd., 1980, S. 8). Dennoch sei Bildung auf Erziehung verwiesen und trage erzieherische Elemente in sich. Die Unterscheidung macht Heydorn im Verhältnis zum Politischen deutlich. Erziehung habe einen exekutiven Charakter, über den sie nicht hinauskomme, erst Bildung ermögliche ein dialektisches Verhältnis, könne politisch wirken und Einfluss auf das Politische nehmen (ebd., S. 10). Bildung ist für Heydorn ein Prozess der Bewusstwerdung, sie ist »Emanzipation des Menschen aus einem unbewußten Drang nach Fortsetzung und Selbsterhaltung zu einem gewußten Verhältnis« (Heydorn, 1980, S. 10). Damit schließt er grundlegend an den in der Aufklärung geprägten Begriff an. Bildung kann sich jedoch, so Heydorn, nicht nur auf den Menschen beziehen. Sie muss die gesellschaftlichen Umstände und damit die realen Lebenswelten der Menschen berücksichtigen (ebd., S. 8ff.). Die Reflexion der Arbeits- und Lebensverhältnisse, die sich auf das Selbst- und Weltverständnis der Menschen auswirken und dieses bestimmen, ist, nach Armin Bernhard (2014), grundlegend für eine Auseinandersetzung mit dem Bildungsbegriff. Diese führt zwangsläufig zur Thematisierung gesellschaftlicher Verwerfungen, wie sie in der heutigen neoliberalen Welt zu finden sind (ebd., S. 86).

Für das sogenannte Projekt Bildung sieht Hans Thiersch drei gegenwärtig relevante Aspekte: »[D]as ungeheure Wachstum der rationaltechnischen und wissenschaftlichen Gestaltungsmöglichkeiten und Wissensbestände, die Pluralisierung und Unübersichtlichkeit gewachsener Wissens- und Lebensordnungen im Zeichen von Entgrenzung und die damit einhergehenden neuen Verteilungen von Lebenschancen«, wobei es durch die ökonomischen Bedingungen Gewinner wie Verlierer gibt (Thiersch, 2015, S. 209). Dadurch ist das klassische Bildungsverständnis überholt. Bildung muss nach wie vor Kompetenzen für die Lebensgestaltung und -bewältigung vermitteln, kann aber nicht mehr auf ein bestimmtes festgelegtes und starres Weltbild bezogen werden. Bildung an sich muss, so Thiersch, offen sein und ebenso Offenheit als individuelle Lebenskompetenz vermitteln, die es dem Menschen möglich macht, diese auszuhalten, zu reflektieren und sich in Bezug auf die zunehmende globalisierte Vielfalt zu verorten. Ebenso muss das im klassischen Bildungsverständnis vorhandene Menschenrecht auf Bildung auf die Strukturen der Ungerechtigkeit bezogen werden und Ausschlüsse im Bildungssystem, zum Beispiel durch eingeschränkte Ressourcen, müssen in den Blick genommen werden. Bildung ist für Thiersch heute zudem unabdingbar für die Gestaltung und Erhaltung der Demokratie. Diese ist auf mündige Bürger, eine informierte Partizipation und damit auf Bildung, die diese ermögliche, angewiesen (ebd., S. 210).

Nach Tatjana Freytag »hat Bildung heute vor allem etwas mit der Fähigkeit zu tun, Zusammenhänge zu verstehen, zu differenzieren und Differenzen ohne Angst begegnen zu können« (Freytag, 2014, S. 94). Nach Freytag sollte die theoretische Diskussion über eine abschließende Definition des Bildungsbegriffs nicht im Vordergrund der fachlichen Auseinandersetzung stehen. Primär von Bedeutung sind dagegen inhaltliche Punkte, die sich direkt auf die Lebenswelt der Menschen beziehen. Dabei geht es um folgende Fragen: Welche Inhalte werden vermittelt, wie wird der Zugang zu diesen Inhalten geregelt und wer erhält einen solchen Zugang? (ebd., S. 94; Adam, 2014, S. 82). Bildung dabei auf die eindimensionale Ausrichtung als zukunftswichtigen Standortfaktor zu beschränken und mit Blick auf marktökonomische Entwicklungen effizient und standardisiert auszurichten, verstärkt über den Wettbewerb auf dem Bildungsmarkt auch soziale Ausgrenzung und die Spaltung der Gesellschaft (vgl. Freytag, 2014, S. 96f.). Emanzipatorisch ausgerichtete Bildung muss daher diese Entwicklungen reflektieren und Strategien entwickeln, um diesen Tendenzen entgegenzuwirken (ebd., S. 97; Adam, 2014, S. 82).

3.1.4 Bildung als Prozess – Herausforderung für Jugendliche und die Jugendhilfe

Karin Bock entwickelt einen Bildungsbegriff, der einen Prozess beschreibt, in dem über das Medium Sprache »eine Erweiterung der subjektiven Selbst- und Welt(an)sicht« erlangt werden kann (Bock, 2008, S. 99). Diese mögliche Erweiterung ist immer in einem historischen und aktuellen Kontext zu sehen, der die jeweiligen gesellschaftlichen und individuellen Umstände berücksichtigt und darüber aufklärt. Bildungsprozesse sind an Wandlungsprozesse gebunden und lassen sich als Weg des Menschen beschreiben, den dieser »zur Perspektivenerweiterung seiner Weltsicht beschreitet« (ebd., S. 100). Bock sieht hierin einen qualitativen Sprung, der zu einer veränderten Welt- und Selbstsicht führen kann (ebd.).

Daraus folgende Veränderungen seien jedoch mit einer Krise vergleichbar, da die bisherige Ordnungs- und Sinnstruktur, die das alltägliche Leben und Handeln bestimmt, infrage gestellt werde. Diese Erschütterung könne zu sogenannten chaotischen Momenten im Bildungsprozess führen, bevor es, zum Beispiel durch Reflexion, zu einer Neuordnung und zur Herausbildung neuer Strukturen und Eigenschaften komme. Die Herausforderung für die Jugendhilfe sieht Karin Bock – neben der Forschung zu derlei chaotischen Momenten im Bildungsprozess – in der Begleitung von Heranwachsenden in diesen Phasen und in den Fragen, wie Bildung und Lernen gestaltet werden können, um die Jugendlichen in solchen chaotischen Momenten zu erreichen (ebd., S. 100ff.). Dieses Verständnis von Bildung geht nicht nur über den allgemeinen Bildungsbegriff (siehe oben: »sich ein Bild von der Welt und sich selbst machen«) hinaus, indem es die Erweiterung bis zur Veränderung der ursprünglichen Welt- und Selbstsicht zentral setzt. Bock verknüpft ihren Bildungsbegriff mit drei weiteren Punkten: (1) Die Sprache ist als Medium für Bildung, die zu einer Erweiterung der Weltsicht führen soll, unerlässlich. Dabei geht es sowohl um den sprachlichen Zugang zu Bildungsinhalten, das Erlernen der Sprache –eingebettet in einen Sozialisationsprozess – sowie um den kulturellen Kontext, da sich kulturelle Sichtweisen einer Gesellschaft auch in der Bezeichnung von Dingen zeigen (vgl. Bock, 2008, 94f.). (2) Bildung ist Aufklärung über die gesellschaftlichen Verhältnisse und Ort für die Reflexion dieser und soll motivieren, zu einer neuen Erkenntnis zu kommen. (3) Dabei kann es im Bildungsprozess zu chaotischen Momenten oder zu Krisen kommen, wenn die bisherigen Ordnungen und Strukturen infrage gestellt werden und keine Orientierung mehr geben können (ebd.).

Nach Walter Hornstein sollten Bildungsprozesse sich auf die Person als Ganzes richten und somit Veränderungen ermöglichen (Hornstein, 2004, S. 18). Es sei ein Unterschied, ob jemand gelernt habe, sich in bestimmten Situationen entsprechend angepasst zu verhalten, oder ob Haltung und Handeln Teil des persönlichen Welt- und Selbstverständnisses seien (ebd., S. 27). Für die (sexuelle) Bildung würde das bedeuten, Einstellungen von Jugendlichen dahingehend zu reflektieren, ob Jugendliche mehr und besser (sexuell) gebildet sind oder sich sozial angepasster verhalten. Letzteres könnte zum Beispiel bei bestimmten gesellschaftlich kontrovers diskutierten Themen wie Homosexualität, Schwangerschaftsabbruch oder sexueller Vielfalt zutreffen, bei denen sich heute unter Jugendlichen eine tolerante Mehrheit zeigt. Aufgrund liberaler gesellschaftlicher Setzungen könnte es sich um sozial angepasstes Verhalten handeln, das als *gewünscht* erlernt wurde und demzufolge gegenüber Vertreter_innen aus Institutionen, wie es auch Fachkräfte Sozialer Arbeit sind, gezeigt wird.[26] Anforderungen an Bildung und die Bildungsprozesse sind, nach Walter Hornstein (2004), verbunden mit konkreten Lernaufgaben in verschiedenen Lebensbereichen, die Jugendliche bewältigen und gestalten müssen und die für ein Erwachsenwerden unumgänglich sind. Einer der zentralen Bereiche ist dabei der Umgang mit (der eigenen) Sexualität. Als Bildungsaufgaben innerhalb der Persönlichkeitsentwicklung können hier zum Beispiel die Integration der Sexualität in die Person oder die Auseinandersetzung mit der Geschlechterrolle stehen (ebd., S. 24f.).

In Bezug auf die Entwicklung der Sexualität beschreiben Mirja Beck und Anja Henningsen sexuelles Lernen als einen selbstaktiven Bildungsprozess (Beck & Henningsen, 2018, S. 136f.). Das sexuelle Lernen der Jugendlichen findet im Rahmen eines sexualmoralischen Orientierungsrahmens auf kognitiver, sozialer und emotionaler Ebene statt (ebd.). Durch sexuelle Bildung kann es dabei zu einer kritischen Auseinandersetzung mit dem bestehenden und vermittelten Selbst- und Weltbild kommen. Die sexuellen Bildungsprozesse der Jugendlichen sind mit ihrem sexuellen Erfahrungslernen verknüpft und schließen an individuelle Denk- und Handlungsmuster an. Sie sind daher selten geradlinig, vielmehr sind für die Bewältigung der Entwicklungsaufgaben die individuellen Lernhintergründe und Erfahrungen von Bedeutung (ebd., S. 137). In diesem Kontext stehen auch Krisen, zum Beispiel in Form von erlebten gewaltvollen oder diskriminierenden Erfahrungen, die sich positiv auf die sexuellen Bildungsprozesse auswirken, aber auch zu destruktivem Verhalten führen und Bildungsprozesse verhindern können (ebd., S. 137f.). Sexueller Bildung kommt die Aufgabe zu, Jugendliche in ihrem sexuellen Bildungsprozess zu begleiten und mit Blick auf Gefährdungen ein reflektiertes Risikomanagement zu betreiben (ebd., S. 138).

---

26 Ergebnisse in der *PARTNER 4*-Studie zu Jugendsexualität (vgl. Weller & Bathke, 2017; Weller, 2013b, c) zeigen bei den genannten Punkten insgesamt eine Zunahme an Toleranz unter Jugendlichen. Es zeigen sich auch Unterschiede hinsichtlich der Bildungsinstitutionen. Je höher der angestrebte Bildungsabschluss, desto mehr Toleranz zeigt sich bezüglich der Einstellungen und Verhaltensweisen (vgl. Linke, 2015, S. 79ff.). Inwieweit diese erfasste Toleranz auch auf sozial angepasstem und erwünschtem Antwortverhalten beruht, kann anhand der quantitativen Studie nicht beantwortet werden.

3.2 Bildungszugänge und -perspektiven in der Jugendhilfe

3.2.1 Bildung und Soziale Arbeit

Die Bewältigung sozialer Problemlagen und die Unterstützung von Menschen in solchen ist – wird dies als historischer Auftrag Sozialer Arbeit angenommen – bis in die Gegenwart nicht von Bildung zu trennen, wenn Bildung nicht nur als Ansammlung von abrufbereitem Wissen, sondern auch als individueller Lernprozess gesehen wird (vgl. Thiersch, 2008, S. 239ff., 245ff.).

Die Verankerung eines Erziehungs- und Bildungsgedankens in Bezug auf soziales Lernen in der Wohlfahrtspflege findet sich nach Werner Thole (2010) bereits bei Johann Heinrich Pestalozzi. Ausgehend von dessen Überlegungen bildete sich im 19. Jahrhundert der Begriff der Sozialpädagogik heraus (vgl. Thole, 2010, S. 32f.). Dadurch entwickelte sich eine Profession, die den pädagogischen Gedanken mit dem der Hilfe verknüpfte und als ein Handlungsfeld betrachtete. Die andere historisch sich herausbildende Professionslinie war die Sozialarbeit, die stärker auf die Fürsorge bezogen war. Heute sind beide Professionen unter dem Begriff Soziale Arbeit vereint.

In der heutigen sogenannten Bildungsgesellschaft hat die Bedeutung von Bildung auch in der Sozialen Arbeit zugenommen. Die postmoderne Gesellschaft des 21. Jahrhunderts versteht sich als eine Bildungs- und Lerngesellschaft, die Bildung und Lernen als grundlegende Bestandteile gesellschaftlicher Entwicklung und Gestaltung betrachtet (vgl. Thiersch, 2015, S. 206). Somit ist Bildung für das Individuum ein wichtiger Faktor der sozialen Teilhabe und damit zusammenhängend auch zu einem Faktor der sozioökonomischen Möglichkeiten geworden.

Die Institutionen der Sozialen Arbeit wirken in verschiedenen Handlungsfeldern als Bildungsinstitutionen, informell zum Beispiel als Sozialisationsinstanz in der stationären Jugendhilfe, non-formell zum Beispiel in der Erwachsenenbildung und in Kindertagesstätten oder in der formalen Bildung als unterstützende Komponente in Form von Schulsozialarbeit in Schulen. Die Aufspaltung in diese drei Bildungsorte ergibt sich durch das historisch gewachsene Bildungsverständnis und die Institutionalisierung der Bildung. Traditionell wurde Bildung als etwas auf Schule Verortetes gesehen und speziell die Sozialpädagogik grenzte sich auch in ihrer historischen Tradition gegenüber schulischen Belangen klar ab (vgl. Sting & Sturzenhecker, 2013, S. 376).

Die Ausweitung dieses formalen Bildungsverständnisses wurde durch die gesellschaftlichen Anforderungen an Kinder- und Jugendbildung und die damit zusammenhängenden Voraussetzungen nötig, die Schule inhaltlich wie organisatorisch nicht bieten konnte, aber auch durch die im Erwachsenenleben nötigen Bildungsmaßnahmen aufgrund der Entwicklungen des Arbeitsmarktes (vgl. Thiersch, 2015, S. 211ff.). Dies ist für die Jugendhilfe insofern von Bedeutung, als sie konzeptionell stark auf Hilfe zur Erziehung ausgerichtet war und in weiten Teilen noch immer ist. Für das Selbstverständnis der Jugendarbeit, die formell Teil der Jugendhilfe ist, sich aber traditionell aus der Jugendbewegung entwickelte und sich den Autonomiebestrebungen Jugendlicher verpflichtet sieht, ist eine Vereinnahmung für Aufgaben im Bereich Bildung problematisch (vgl. Sting & Sturzenhecker, 2013, S. 375f., 378). Die Erweiterung um einen Bildungsauftrag ist somit eine Chance der Weiterentwicklung, aber sie ist auch nicht unproblematisch hinsichtlich der damit zusammenhängenden politischen und gesellschaftlichen Forderungen. Diese sehr auf die ökonomischen Bedingungen fixierten und auf die Erreichung von formalen Bildungszielen ausgerichteten Ansprüche an Bildung gehen von einem eng gefassten (schulischen) Bildungsverständnis aus (ebd., S. 375f.). Im Verständnis der Jugendhilfe als Bildungsort wären das demnach Institutionen, die schulische Bildung entsprechend vorbereiten (z. B. Kindertagesstätten), flankieren (z. B. Schulsozialarbeit) oder Ersatzmaßnahmen schaffen (z. B. Schulverweigerungsprojekte), um diese erfolgreich (z. B. Erreichen von Bildungsabschlüssen) zu gestalten. Das heißt, dass im Bereich der Jugendhilfe den Einrichtungen (auch den Einrichtungen der Erziehungshilfe) der Auftrag zukommt, an der Erreichung der Bildungsziele mitzuwirken, wenn dies aufgrund der Lebenssituation gefährdet scheint. Damit sind sie angehalten, gemeinsam mit den Adressat_innen der Hilfe an einem deren Ressourcen angemessenen Bildungsweg zu arbeiten. Aufgrund des hohen Stellenwertes von Bildung in der Gesellschaft und der sozioökonomischen Möglichkeiten, die mit den Bildungsabschlüssen verknüpft sind, kann sich die Jugendhilfe diesem Auftrag nicht entziehen (vgl. ebd., S. 376). Ein emanzipatorischer Aspekt in Bezug auf kritische Reflexivität, Selbstbewusstsein und Selbstbestimmung kann jedoch durch eine auf ökonomische Konkurrenz- und Leistungsbedingungen begrenzte Bildung nicht geleistet werden.

3.2.2 Strukturelle Benachteiligungen: Zusammenhänge zwischen Bildung, familiären Bedingungen und sozioökonomischer Situation

Die Bildungsmöglichkeiten stehen in der Bundesrepublik Deutschland in einem engen Zusammenhang mit den familiären Bedingungen (vgl. Bock, 2008, S. 92). Bildung ist abhängig von der sozialen Lebenslage, das heißt, je schwieriger die soziale und/oder ökonomische familiäre Situation ist, desto niedriger ist in der Regel der erreichte Bildungsabschluss bzw. das Bildungsniveau (vgl. Merten, 2008, S. 50ff.; vgl. weiter zur Verknüpfung der vorhandenen Bildungssituation mit schwierigen sozioökonomischen Bedingungen und sozialen Problemlagen: Bruckner & Meinhold-Henschel, 2002, S. 4ff.; Deutscher Gewerkschaftsbund, 2008, S. 2f.; Institut Arbeit und Qualifikation, 2017a, b). In den Ergebnissen der PISA- und der IGLU-Studie[27] zeigte sich ebenfalls deutlich, dass die vorhandenen Bildungskompetenzen stark mit der sozialen Herkunft und den sozialen Rahmenbedingungen zusammenhängen (vgl. Otto & Rauschenbach, 2008, S. 12ff., 23). Andererseits begünstigt die Struktur des Bildungssystems die systematische Ausgrenzung (vgl. Bock, 2008, S. 92; Merten, 2008, S. 50ff.). Das Bildungssystem bietet zum Beispiel für Jugendliche in Haupt- und Förderschulen und dem Berufsvorbereitungsjahr geringe Chancen und ist wenig oder gar nicht nach oben durchlässig, was sich auch auf die weiteren beruflichen Perspektiven auswirkt (vgl. Schroeder & Thielen, 2009; Stuckstätte, 2011; Wellgraf, 2012). Die Ergebnisse der PISA- und der IGLU-Studie haben nicht nur die Bildungsdiskussion in der Bundesrepublik Deutschland insgesamt angeregt, sondern auch die Frage nach der Rolle der Jugendhilfe bezüglich des Erreichens von bildungsbenachteiligten Kindern und Jugendlichen und deren Unterstützung beim Erreichen von Bildungsabschlüssen.

Aufgrund des Förderanspruches für Kinder und Jugendliche im SGB VIII ergibt sich die Notwendigkeit von Bildungsangeboten in der Jugendhilfe. Ein klarer gesetzlicher Auftrag Benachteiligungen auszugleichen liegt nach § 16 SGB VIII ebenfalls vor. Der Bildungsaspekt ist demnach von der gesetzlichen Beauftragung zentral gesetzt. Die Anforde-

27 PISA: Internationale Schulleistungsstudie der Organisation für wirtschaftliche Zusammenarbeit und Entwicklung (OECD; http://www.oecd.org/berlin/themen/pisa-studie/) (03.12.2019); IGLU: Internationale Grundschul-Lese-Untersuchung (https://www.bmbf.de/de/iglu-internationale-grundschul-lese-untersuchung-82.html) (03.12.2019).

rungen an Bildung in der Jugendhilfe würden, aufgrund der gesellschaftlichen Entwicklungen, steigen (vgl. Sting & Sturzenhecker, 2013, S. 375). Die Jugendhilfe dient unter anderem als Regulativ eines ausgrenzenden Bildungssystems und soll soziale Problemlagen abfangen, die ein Erreichen von Abschlüssen gefährden. Als ein wichtiger Bereich wird die Arbeitsmarktintegration betrachtet, bei der die schulische Bildung der Jugendlichen eine entscheidende Rolle spielt (vgl. Bieker & Floerecke, 2011). In einigen Arbeitsfeldern der Jugendhilfe ist das Bildungsthema in bestimmten Formen bereits selbstverständlicher Bestandteil: In den stationären Bereichen ersetzen Fachkräfte die Familie und übernehmen nicht nur Aufgaben im schulisch-formellen Bildungsbereich, sondern auch informell zum Beispiel bei der alltäglichen Wissens- und Kompetenzvermittlung. Im Bereich der offenen Kinder- und Jugendarbeit gibt es kontinuierliche und temporäre Angebote, in der Jugendberufshilfe werden gezielte Fördermaßnahmen für benachteiligte Jugendliche angeboten und die Schulsozialarbeit arbeitet aktiv in der Bildungsinstitution Schule (vgl. Rauschenbach & Otto, 2008, S. 18f.; Thiersch, 2008, S. 249f.). Wenn die in den Studien festgestellten Bildungsunterschiede weniger auf kognitiven Möglichkeiten, sondern, neben den strukturellen Benachteiligungen, auf den sozialen und persönlichen Möglichkeiten beruhen, ergibt sich auch ein klarer Auftrag für Soziale Arbeit: die Förderung von sozialer und personaler Kompetenz in der Arbeit mit Familien, Kindern und Jugendlichen, um diese unter anderem für die Teilnahme an Bildungsangeboten zu ermächtigen (vgl. Rauschenbach & Otto, 2008, S. 22f.). Soziale Arbeit müsste grundsätzlich den Anspruch haben, die Teilhabe am Bildungssystem für Bildungsbenachteiligte zu ermöglichen und darüber hinaus strukturelle Veränderungen des Bildungssystems mitzugestalten (vgl. Thiersch, 2008, S. 237).

Besonders bei Menschen mit sogenanntem Migrationshintergrund werden niedrige Schulabschlüsse immer wieder (politisch und medial) thematisiert und daraus Zusammenhänge abgeleitet, die einen Migrationshintergrund per se als problematisch beschreiben. Zum einen fehlt hier der ressourcenorientierte Blick auf die Persönlichkeit, zum anderen der auf die kulturelle Vielfalt und damit möglicherweise vorhandene Kompetenzen wie Mehrsprachigkeit sowie ein selbstkritischer Blick auf das eigene Handeln und die Einstellungen der Fachkräfte und auf das institutionelle und gesellschaftliche System selbst, das familiär bedingte Bildungsbiografien über Generationen befördert und Ausschlüsse produziert (vgl. Baban, 2011, S. 39ff.). Für den sozialen Integrationsprozess sind schulische und berufliche Abschlüsse in unserer Gesellschaft zentral. Für Kinder und Jugendliche mit Migrationshintergrund haben sie, ebenso wie für andere bildungsbenachteiligte Kinder und Jugendliche, eine Schlüsselrolle in Bezug auf eine langfristige gesellschaftliche Anerkennung. Im Bildungssystem zeigen sich jedoch herkunftsbedingte Ungleichheiten und Benachteiligungen (vgl. Freytag, 2014, S. 95). So haben zum Beispiel nur ca. 50 Prozent der in die BRD eingewanderten Italiener_innen eine in der BRD abgeschlossene Berufsausbildung, über 70 Prozent keinen bis geringe Bildungsabschlüsse und ungefähr 40 Prozent der Kinder und Jugendlichen mit italienischem Migrationshintergrund besuchen die Hauptschule (vgl. Kolb, 2013, S. 55f.).[28] Diese Situation entstand aus der Politik der deutschen Bundesregierung, die – wie mit anderen europäischen Ländern und der Türkei in den 1950er Jahren – mit Italien 1955 ein Abkommen über das Anwerben von Arbeitskräften schloss. Die angeworbenen Arbeitskräfte (in der Regel Männer) kamen meist aus wirtschaftlich unterentwickelten Regionen Italiens, verfügten über einen niedrigen Ausbildungsstand und waren arbeitslos. Sie erhielten kaum Informationen über das Leben in der BRD und die Arbeits- und Lebensbedingungen, die sie erwarteten (ebd., S. 55f.). Dieses Anwerbeverfahren stand im Zusammenhang mit der geplanten und umgesetzten vorrangigen Beschäftigung im Niedriglohnsektor, die auch keine Qualifizierungen der italienischen Beschäftigten vorsah und erforderte (ebd., S. 56f.). Diese Situation übertrug sich auf die nachfolgenden Generationen. So sind Menschen mit italienischem Migrationshintergrund meist in unterprivilegierten Bereichen des Arbeitsmarktes beschäftigt bzw. versuchen prekäre Beschäftigungssituationen durch eigene privatwirtschaftliche Initiativen im Dienstleistungsbereich zu bewältigen (ebd., S. 56f.). Aufgrund dieser *Integrationsleistungen* der meisten Italiener_innen werden sie im Gegensatz zu anderen Migrant_innen eher positiv wahrgenommen, was jedoch den Blick auf die strukturell problematische Situation verdeckt (ebd., S. 58).[29]

28 Die Bildungssituation in Bezug auf die Zuwanderung von Menschen aus Italien in die BRD wird hier beispielgebend angeführt und kann weder der Geschichte der Migration aus Italien nach Deutschland noch der vielfältigen Zuwanderung von Menschen aus anderen Ländern und der komplexen Situation dieser in Deutschland gerecht werden, vgl. dazu für einen Überblick: Bade (1993); Kröhnert (2008); Meier-Braun & Weber (2013); Sippel (2008); Treibel (2003).

29 Vgl. zum Zusammenhang und den Auswirkungen von Migration und sozioökonomischen Bedingungen auf die (sexuelle) Gesundheit: Linke & Voß (2018).

In der Jugendhilfe zeichnen sich in Bezug auf Migrant_innen zwei unterschiedliche Tendenzen ab: Jugendliche mit Migrationshintergrund sind in einigen Bereichen der Jugendhilfe überrepräsentiert, dies vor allem in intervenierend-kontrollierenden Diensten. In den – in der Regel freiwilligen – Angeboten der Beratung und Bildung sind sie hingegen unterrepräsentiert (vgl. Gaitanides, 2009, S. 35ff.). In allen Bereichen fehlt es an adressat_innengerechten Angeboten für Jugendliche mit Migrationshintergrund, die diese auch in ihren Bedürfnissen und Interessen ansprechen, was sich sowohl in den Konzepten bei den Trägern Sozialer Arbeit als auch bei den Kompetenzen von Fachkräften zeigt (vgl. hierzu Baban, 2011; Bisarani, 2011; Gaitanides, 2009; speziell zu Beratungsangeboten bei sexuellen Themen: Voß, 2014; Yılmaz-Günay, 2009).

In der Gesamtbevölkerung der BRD im erwerbsfähigen Alter (15–64 Jahre) sind die Bildungsabschlüsse wie folgt verteilt: ca. 14 Prozent Akademiker_innen, 9 Techniker_innen und Meister_innen; 58 Prozent Personen mit Berufsausbildung und 19 Prozent Personen ohne Abschluss (vgl. Gehrke & Frietsch, 2007, S. 16). In der *PARTNER 4*-Studie (vgl. Weller, 2013b, c) zeigen sich – differenziert nach Bildungsabschlüssen der Jugendlichen und der Eltern – folgende Ergebnisse: 18 Prozent der Eltern von Jugendlichen mit geringerem Bildungsabschluss haben einen Hochschulabschluss, drei Viertel haben eine Ausbildung absolviert, aber keinen Hochschulabschluss. Demgegenüber verfügen die Hälfte der Eltern der Jugendlichen mit höheren Bildungsabschlüssen über einen Hochschulabschluss und ein Drittel über Ausbildungsabschlüsse (ebd.; Linke, 2015, S. 73).

Eine andere Studie, bezogen auf die Altersgruppe der 27- bis 59-Jährigen und differenziert nach Elternschaft, verdeutlicht, dass Mütter zu 73 Prozent eine Lehrausbildung, zu acht Prozent eine Meister-/Fachschulausbildung und zu 19 Prozent einen Hochschulabschluss hatten, Väter dagegen jeweils zu 62 Prozent, 12 Prozent und 25 Prozent. Obwohl deutlich mehr Frauen dieser Alterskohorte als vor 20 bis 30 Jahren über einen Hochschulabschluss verfügen, liegen sie im bundesdeutschen Durchschnitt noch hinter den Männern zurück. Jeder vierte Mann und jede fünfte Frau verfügt über einen Hochschulabschluss. In Ostdeutschland ist der Wert insgesamt, aber auch der Unterschied zwischen den Geschlechtern, geringer: 19 Prozent der Frauen und 20 Prozent der Männer haben einen akademischen Abschluss. Der Anteil von Frauen, die Abitur machen und ein Hochschulstudium abschließen, nimmt in der jüngeren Generation der unter 27-Jährigen weiter zu (vgl. Weinmann, 2010, S. 26ff.). Neben dem Bildungsabschluss sind die Berufstätigkeit und das Einkommen heute wichtige gesellschaftliche Parameter. Vor allem Mütter haben hier deutliche Nachteile bei der Ausübung einer Tätigkeit. So gehen nur 45 Prozent der Mütter (27 bis 59 Jahre) mit Kindern unter 14 Jahren einer Berufstätigkeit nach (ebd., S. 30). Von den erwerbstätigen Müttern mit Kindern unter 14 Jahren sind 73 Prozent teilzeitbeschäftigt. In Ostdeutschland liegt der Wert mit 47 Prozent deutlich niedriger als in Westdeutschland mit 79 Prozent (ebd., S. 32f.). Frauen verdienen im bundesdeutschen Durchschnitt weniger als Männer, wobei das Verdienstniveau von Frauen in Ostdeutschland am niedrigsten ist (ebd., S. 38f.).

Es zeigen sich Zusammenhänge zwischen dem Familienstand, der Tätigkeit und den sozioökonomischen Bedingungen, die wiederum zum Erhalt staatlicher Transferleistungen und/oder Leistungen der Jugendhilfe führen. Der Anteil von alleinerziehenden Personen und Alleinerziehenden-Haushalten mit ALG-II-Bezug ist deutlich höher als in Paarhaushalten. Dementsprechend verfügen sie über weniger Einkommen. Eine Familie mit alleinerziehendem Elternteil und zwei Kindern verfügt pro Kopf im Schnitt über 50 Prozent weniger finanzielle Mittel als ein Elternpaar mit zwei Kindern (vgl. FaFo, 2008, S. 12f.). 40 Prozent aller Alleinerziehenden-Haushalte beziehen ALG II, das ist viermal mehr als in Paarhaushalten (vgl. Achatz et al., 2013, S. 11f.). In verschiedenen Studien wurde in den letzten Jahren der Zusammenhang zwischen sozioökonomischen Faktoren und Leistungen der Jugendhilfe dargestellt. Demnach scheinen sich prekäre finanzielle Verhältnisse auf die Möglichkeiten der Erziehung und Betreuung der Kinder auszuwirken, 60 Prozent der Familien, die eine erzieherische Hilfe erhalten, beziehen staatliche Transferleistungen (vgl. Fendrich et al., 2012, S. 17). Familien mit alleinerziehenden Eltern nehmen neben den Leistungen zur Grundsicherung auch deutlich mehr Leistungen der Jugendhilfe im ambulanten und stationären Bereich der Erziehungshilfen in Anspruch (ohne Familienberatung) als andere Familienformen. Jede zweite von Jugendämtern vergebene Hilfe erhalten alleinerziehende Eltern und/oder deren Kinder, davon sind über 70 Prozent auf weitere staatliche finanzielle Unterstützung angewiesen (ebd., S. 15ff.). Damit sind sie insgesamt in diesen Bereichen im Vergleich zur Gesamtpopulation deutlich überrepräsentiert. Diese sozioökonomischen Bedingungen wirken sich, wie eingangs beschrieben, ungünstig auf die Bildungsabschlüsse der Jugendlichen aus.

3.2.3 Bildung in der Jugendarbeit

Konzepte einer emanzipatorischen Jugendarbeit entwickelten sich in der BRD ab den 1960er Jahren. Albert Scherr (1997) stellte in den 1990er Jahren die Frage, inwiefern die theoretischen Überlegungen dieser pädagogischen Konzepte noch zeitgemäß sind. So gingen einige Arbeiten der 1970er und -80er Jahre, die sich an marxistische Theorien anschlossen, von einer Überwindung der kapitalistischen Verhältnisse aus: »Theorien der Jugendarbeit waren entsprechend bezogen auf umfassende Entwürfe einer gesellschaftsverändernden Praxis. Der Sinn und die Legitimität des jugendpädagogischen Handelns wurden wesentlich an ihrem erwarteten Beitrag hierzu bemessen« (Scherr, 1997, S. 20). Die Gründe für eine Neuausrichtung sieht Albert Scherr zum einen in dem Umstand, dass umfassende, die Jugend und Fragen des Heranwachsens einschließende Gesellschaftstheorien fehlten, wie dies bei den marxistischen und sozialistischen Theorien der Fall war. Zum anderen konstatiert er, dass die veränderten gesellschaftlichen Bedingungen der Globalisierung mit ihrer hohen Dynamik der Veränderung und ihrer Komplexität es Theoretiker_innen kaum möglich machten, umfassende Theorien zu erarbeiten. Dies bedeute für die Jugendarbeit, dass sie sich nicht mehr an »umfassenden Entwürfen einer emanzipatorischen Gesellschaftsveränderung orientieren [könne]« (vgl. ebd., S. 21f.). Das macht weder die politische noch die pädagogische Idee von Emanzipation überflüssig. In den Fokus der pädagogischen Arbeit kommt, so Scherr, mehr das Subjekt selbst. Es geht darum, eine selbstbewusste und selbstbestimmte kritische Handlungsfähigkeit zu fördern und Kompetenzen zu vermitteln, die für eine selbst verantwortete Lebenspraxis förderlich sind. Bildung in der Jugendarbeit bedeutet in diesem Sinne, nach Albert Scherr, die Unterstützung und Förderung mündiger und selbstbewusster Individuen und schließt an die Lebenspraxis und den -alltag der Jugendlichen an (ebd., S. 22f.). Bildung in der Jugendarbeit soll dazu beitragen, die Wirklichkeit begreifbar zu machen, Erfahrungen selbstbestimmten Handelns zu sowie Anerkennung und Formen der Kooperation und Kommunikation zu ermöglichen und Prozesse anzuregen, durch die eine Distanzierung von alltäglichen, selbstverständlichen Ritualen und Gewohnheiten erfolgen kann. Damit ist Bildung in der Jugendarbeit keine Ergänzung oder Ersetzung von Familie und Schule als Sozialisationsinstanz, sondern muss sich gerade von hierarchischen Formen mit einem Leistungs- und Konkurrenzcharakter unterscheiden (ebd., S. 23f.).

Albert Scherr (1997) nimmt eine Fokussierung der Jugendarbeit auf eine subjektorientierte Praxis vor. Im Zentrum der Arbeit steht die Unterstützung der Subjektwerdung. Unrealistisch ist hierbei, durch Bildungsprozesse vollständiges Selbstbewusstsein und umfassende Selbstbestimmung zu erreichen. Durch kritische Auseinandersetzung, Selbstreflexion und Lernen ist es jedoch möglich, sich mit Teilen der eigenen Persönlichkeit, der Haltung und Handlungen auseinanderzusetzen und dadurch einen Prozess der Bewusstseinsbildung und -veränderung anzuregen. Für die Jugendarbeit bedeutet dies, Möglichkeiten der Wissensvermittlung und der Reflexion zu schaffen (ebd., S. 59f.). Schwierig ist hierbei die Verortung der Jugendarbeit in der Jugendhilfe und mit ihr die davon beeinflusste sozialpädagogische Professionalisierung, da dadurch ein vor allem problemorientierter Zugang gegeben ist. Durch diese Entwicklung ist Jugendarbeit zu einer Instanz geworden, die die Bildung und Erziehung der Schule und Familie ergänzt und sich vorrangig an sozial benachteiligte Jugendliche wendet, deren Anteil in der Jugendarbeit überproportional ist. Jugendarbeit muss daher den eigenen Bildungsanspruch wahren und sich gegen eine zu starke Vereinnahmung für die Ziele anderer Institutionen wehren, aber auch sozialpädagogische Hilfe zur Lebensbewältigung als ihren Auftrag umsetzen (ebd., S. 68ff.). Dabei sind die Eigensinnigkeit der Jugendlichen und die Entwürfe der damit verbundenen selbstbestimmten Lebenspraxis ernst zu nehmen und ebenso die subjektiv erfahrenen Beschädigungen, Begrenzungen und Diskriminierungen. Es geht um eine Unterstützung in diesen Prozessen, vor allem dann, wenn den Adressat_innen die nötigen Ressourcen nicht zur Verfügung stehen. Dies muss, so führt Scherr aus, das pädagogische Handeln und nicht vorgegebene pädagogische Ziele leiten, die auf eine Normalisierungsarbeit hinsichtlich gesellschaftlicher Vorgaben abzielen und mit Maßnahmen der Kontrolle und Disziplinierung arbeiten (ebd., S. 74f.).

Für Stephan Sting und Benedikt Sturzenhecker sind Autonomie und Selbstbestimmung Kernbegriffe einer bildenden Jugendarbeit (Sting & Sturzenhecker, 2013, S. 382). Sie sehen diese Punkte sowohl historisch wie aktuell in einer emanzipatorisch wirkenden Jugendarbeit vertreten. Gesetzlich ist das Ziel der Selbstbestimmung für die Jugendarbeit in § 11 SGB VIII verankert. Dabei gebe es historisch bedingte Veränderungen, die unter anderem zu Fokussierungen auf bestimmte Bereiche geführt haben. Als Beispiele führen sie die Bereiche Geschlecht und

Geschlechterverhältnisse an, zum Beispiel mit dem Ziel der Selbstbestimmung im Rahmen einer parteilichen Mädchenarbeit (ebd., S. 383). Eine emanzipatorische Praxis in der Jugendarbeit muss als eine Arbeit der unterschiedlichen Konzepte verstanden werden. Bildung kann, je nach den Möglichkeiten der Praxis, in die Arbeit einfließen und Themen von Selbstbestimmung und Ermöglichung von Eigensinn aufgreifen. Dabei kann es aufgrund der unterschiedlichen Erwartungen zu Konflikten mit Jugendlichen kommen, die konstruktiv als »Kampf um Anerkennung« für Bildungsprozesse genutzt werden sollten (ebd., S. 382). Bildung in der Jugendarbeit ist ebenso wie in anderen Bereichen nicht von den sozialen Lebenslagen der Jugendlichen zu trennen. Eine große Bedeutung hat hier die soziale (informelle) Praxis der Peergroups. In Cliquen existieren bestimmte Codes, spezifische kollektive Besonderheiten wie Rituale oder Regeln und zum Beispiel die Akzeptanz oder Ablehnung sozialer, gesellschaftlicher Werte und Normen. Darüber werden auch der Zugang und die Teilhabe zu/an der Peergroup geregelt. Als zentralen Ausgangspunkt für eine bildungsorientierte Jugendarbeit sehen daher Stephan Sting und Benedikt Sturzenhecker den Umgang mit Cliquen (ebd., S. 383). Jugendarbeit kann nur unter Berücksichtigung dieser informellen Praktiken einen Zugang zu den Jugendlichen finden und hat dann die Aufgabe, Bildungsanlässe bereitzustellen und die Jugendlichen mit neuen Erfahrungsmöglichkeiten zu konfrontieren (ebd., S. 384). Dies ist durch ein professionelles, bildungsassistierendes Handeln möglich. Der Fachkraft kommt hier die Rolle einer Bildungsbegleitung oder -assistenz zu (siehe unten; vgl. zum Bildungspotenzial von Peergroups: Nörber, 2013). Am Beginn steht die Aufgabe, die Bildungsthemen und -anlässe zu entdecken, also die professionelle Beobachtung der Gruppe sowie der einzelnen Personen. Anschließend müssen die Themen angeregt und mit den Jugendlichen besprochen werden. Dafür ist eine gemeinsame Sprache nötig, um eine Kommunikation und Reflexion überhaupt möglich zu machen. Ein wichtiger Bestandteil des Prozesses ist dabei auch die Selbstreflexion der Fachkräfte. Die Berücksichtigung der Themen und Interessen sowie die Förderung von Selbstbestimmung in diesem Prozess sind mit der Einbindung der Jugendlichen in Entscheidungsprozesse verbunden. Dies betrifft inhaltliche Fragen ebenso wie strukturelle. Um eine mitverantwortliche Selbstbestimmung und eine (Selbst-)Bildung zu erreichen, braucht es die Möglichkeit der angemessenen Partizipation (vgl. Sting & Sturzenhecker, 2013, S. 384f.).

3.2.4 Partizipation – Möglichkeiten der (offenen) Kinder- und Jugendarbeit

Marc Schulz beschreibt Jugend als eine Phase der aktiven Gestaltung und als Praxis der Kulturerzeugung und des ästhetischen Wirkens, um sich von der Welt der Erwachsenen zu unterscheiden. Dabei geht es unter anderem um die Ausprägung von Identitäten (Schulz, 2013, S. 52). Jugendliche bestimmen in einem hohen Maß selbst, wie sie Angebote der offenen Jugendarbeit nutzen. Schulz beschreibt vier Gruppen: (1) Jugendliche, die als Nutzer_innen Angebote in Anspruch nehmen, (2) die als Adressat_innen verbindlich Arbeitsbeziehungen mit Fachkräften eingehen, (3) die als Mitwirkende und Mitgestalter_innen eigene Ideen umsetzen und (4) Akteur_innen, die den Rahmen für ihre Inszenierungen nutzen. Dabei sind Jugendliche nicht auf eine Gruppe festgelegt, sondern es gibt je nach Situation Wechsel, mehrere Zugehörigkeiten oder Überschneidungen (ebd., S. 54f.). Innerhalb der Einrichtungen zeigen Jugendliche einen hohen Grad an körperlicher Aktivität und nutzen die Freiräume für zum Beispiel ästhetisierte Adhoc-Aufführungen, indem sie zum Beispiel mit Bewegung, Tanz oder Musik performen. Die hier durch die Jugendlichen genutzte Bühne der offenen Arbeit kann durch entsprechende Angebote ergänzt – und die (Bildungs-)Interessen angeregt – werden, die Jugendliche dann unter anderem als Mitgestalter_innen oder Nutzer_innen in Anspruch nehmen. Dies verweist auch auf den situativen Charakter der Arbeit, die Notwendigkeit des professionellen Beobachtens und des Nutzens von Gelegenheiten und Zeitfenstern (ebd., S. 56f.). Schulz sieht die Aktivitäten der Jugendlichen auch als Möglichkeit der Abgrenzung gegenüber der pädagogischen Welt der Erwachsenen. Über die Performances können Jugendliche ihre soziale Gemeinschaft bilden und stärken und als Gegenpol (Gegenkultur) zu den pädagogischen Interessen etablieren. Als angemessene Reaktionen kommen entweder ein großzügiges Gewährenlassen oder ein präventives Intervenieren infrage. Daher ist die Reflexion des pädagogischen Handelns und der Frage, was die Jugendlichen konkret machen, nötig. Einerseits geht es um ein Verständnis für die Sinngehalte der jugendlichen Handlungen, andererseits darum, wie die Fachkräfte zu diesem Verhalten beitragen (ebd., S. 59).

Martin Nörber (2013) sieht einen hohen Bildungsgehalt für die offene Kinder- und Jugendarbeit in Konzepten der Peer Education. Diese kann in Hinblick auf zwei Ziele wirken, einmal bei der Aneignung von Wissen und Kenntnissen und zweitens, bei der Aneignung von Fähigkeiten und Kompetenzen. Die Verbindung der beiden Ziele ist besonders geeignet, das selbstverantwortliche Handeln der Jugendlichen zu fördern und zur Erweiterung der Handlungsoptionen und des Verhaltensrepertoires beizutragen. In Bezug auf die PISA-Diskussionen bemerkt Martin Nörber, dass die Empfehlung eines Wandels von einer theoretischen, lebensfernen Bildung hin zu einer handlungs- und anwendungsbezogenen Kompetenz in der Peer Education umgesetzt wird (ebd., S. 344f.). Dies erfordert jedoch auch ein neues Rollenverständnis der pädagogischen Fachkräfte und die Anerkennung von Kindern und Jugendlichen als Expert_innen (siehe oben: Die Fachkraft übernimmt die Aufgabe der Bildungsassistenz). Es bedeutet auch eine fachliche Aufwertung von Kindern und Jugendlichen, sodass sich die Fachkräfte – zumindest themenspezifisch und temporär – mit ihnen auf einer Ebene bewegen. Dadurch entsteht Raum für die Entfaltung von Selbstorganisation und -bestimmung und des Potenzials von Kindern und Jugendlichen. Die Fachkräfte müssen neben dem neuen Rollenverständnis in diesen Situationen auch neue Aufgaben übernehmen und sich als qualifizierte Begleiter_innen zur Verfügung stellen.[30] Jugendliche, die Peer Education erlebt haben, agieren, so Nörber, zum Beispiel später selbstsicherer und sozial kompetenter und bewältigen Problemlagen besser als andere Gleichaltrige (ebd., S. 343f.). Hinsichtlich des Umgangs und des Lösens von Problemen und der Wahl von Bewältigungsstrategien spielen die Peergroup und die von ihr vorgeschlagenen Lösungen eine wichtige Rolle für Jugendliche. Das Nutzen der Bildungs- und Erziehungspotenziale der Peergroups ist hinsichtlich der anstehenden Entwicklungs- und Bewältigungsaufgaben im Jugendalter von großer Bedeutung (ebd., S. 339f.).

Uwe Sielert knüpft an die Möglichkeiten offener Kinder- und Jugendarbeit in Bezug auf die sexuelle Bildung an. Für ihn ist die offene Jugendarbeit »ein von Jugendlichen genutzter Ort intimer Kommunikation mit der Möglichkeit der beratenden, parteilichen und schützenden Begleitung durch Erwachsene wie auch andere, zu diesem Zweck durch Peer-Programme gebildete Jugendliche« (Sielert, 2013c, S. 162). Es ist eine Sexualpädagogik der Vielfalt erforderlich, die interkulturell, genderorientiert und medienkompetent ist und dabei die Möglichkeiten der Vernetzung zum Beispiel mit Beratungsstellen oder Initiativen, aber auch Schulen nutzt.

30 Die Funktion der Fachkräfte im Rahmen von Kinder- und Jugendschutz und damit auch das sozialpolitische Spannungsfeld bleiben jedoch bestehen.

Grundlegend ist jedoch die Rolle der Fachkräfte, die – und das sei, so Sielert, in der Praxis unzureichend umgesetzt – sexuell gebildet sein müssen (ebd., S. 162).

3.3 Intersektionale Bildungsarbeit

Die bisher unter dem Bildungsaspekt vorgenommenen Betrachtungen verweisen auf Herausforderungen für Jugendliche und die Jugendhilfe. So entstehen aufgrund der gesellschaftlichen neoliberal-kapitalistischen Verhältnisse Benachteiligungen von Jugendlichen, die sich auf ihre Bildungsmöglichkeiten und Lebensperspektiven auswirken. Für die Jugendhilfe bedeutet dies die grundlegende Herausforderung, allgemein zur Umsetzung von Bildungskonzepten und speziell zu den oben genannten Kriterien einer offenen Jugendarbeit, bestehende Diskriminierungen wahrzunehmen, dafür sensibel zu sein und entsprechende Angebote an Jugendliche zu erarbeiten. Dafür sind Wissen und Kompetenzen zur Analyse und Reflexion nötig. Im Folgenden wird mit dem Intersektionalitätsansatz eine Möglichkeit betrachtet, die zu einer Sensibilität beitragen und eine Reflexion ermöglichen kann (vgl. zu Intersektionalität und Bildung: Coster et al., 2014).

3.3.1 Intersektionalität – Entstehung und Begriff

Angestoßen durch die Arbeit von People of Color (PoC) in der BRD und entsprechender Selbstorganisationen findet seit einigen Jahren die Auseinandersetzung mit intersektionalen Perspektiven und deren Übernahme und Adaption im wissenschaftlichen und praktischen Kontext statt.[31] Historisch lässt sich der Ansatz auf die US-amerikanische Bewegung schwarzer Frauen zurückführen, die sich gegen diskriminierende Strukturen zur Wehr setzten. Dabei wurde deutlich, dass Diskriminierungen auf verschiedenen Zugehörigkeiten wie Class, Race und Gender beruhen, die miteinander verflochten sein können. Wenn eine Person mehrere Zugehörigkeiten hat,

31 Vgl. hierzu Coster et al. (2014); Voß & Wolter (2013); Walgenbach (2014) oder für die Praxisanwendung in der Pädagogik die Handreichung »Intersektionale Pädagogik« des Projektes i-PÄD (2015).

die diskriminiert werden, zum Beispiel aufgrund ethnischer Zugehörigkeit, Geschlecht oder/und Klassenzugehörigkeit, kommt es zu Überschneidungen, wodurch die Benachteiligung dieser Person gegenüber anderen Personen mit weniger Zugehörigkeiten oder mehr Privilegien zunimmt (vgl. Combahee River Collective, 1977; Davis, 1982). Der Begriff *Intersectionality* wurde von Kimberlé Crenshaw (1989), einer US-amerikanischen Juristin eingeführt, die mit ihrer Arbeit an diese Ideen und Konzepte anknüpfte. Ausgehend vom englischen Wort *intersection* für Kreuzung wollte sie damit die Überschneidung und Überlagerung verschiedener Diskriminierungsformen deutlich machen. Sie arbeitete dies bildlich anhand einer Straßenkreuzung heraus, an der ein Unfall geschieht. Dieser kann durch ein Fahrzeug aus allen auf dieser Kreuzung mündenden Straßen verursacht werden oder auch von mehreren Fahrzeugen gleichzeitig und es sei nicht immer klar, wer den Unfall verursacht habe. Auch Diskriminierungsformen könnten sich auf diese Weise überschneiden. Warum eine Person durch Diskriminierung geschädigt werde, sei nicht immer klar nachvollziehbar, es könne aufgrund ihres Geschlechts passieren oder auch aus rassistischen Gründen. In ihrer Arbeit wies Crenshaw nach, dass gerade schwarze Frauen aus der Arbeiterschicht nicht nur aufgrund ihrer Hautfarbe, sondern auch aufgrund ihres Geschlechts und ihrer Schichtzugehörigkeit Diskriminierungen ausgesetzt sind (vgl. Crenshaw, 1989, S. 149). Kimberlé Crenshaw analysierte Gerichtsverfahren, in denen schwarze Arbeiterinnen gegen ihre Entlassung klagten und unterlagen, da laut Gericht keine Diskriminierung aufgrund des Geschlechts oder aus rassistischen Gründen vorgelegen habe. In den Fällen waren schwarze männliche Arbeiter und weiße Arbeiterinnen nicht von den Entlassungen betroffen, was die Gerichte als Begründung ihrer Haltung anführten, dass keine Diskriminierung in einer der beiden Formen vorgelegen haben könne. An diesen Beispielen konnte Crenshaw deutlich machen, dass hier eine Überschneidung von Diskriminierungsformen vorlag, die für die Benachteiligung verantwortlich war (vgl. ebd., S. 141ff.). Aufgrund der schlechten Lebensbedingungen von People of Color, vor allem von Frauen, sei es ab den 1980er Jahren auch in der BRD zu einer zunehmenden Auseinandersetzung von Selbstorganisationen und einzelnen Personen of Color mit deren Lebenssituation, den Diskriminierungserfahrungen und den Konzepten der schwarzen US-amerikanischen Frauenbewegung gekommen (vgl. Voß & Wolter, 2013, S. 125f., 130ff.). Im Gegensatz zu den nordamerikanischen und britischen Hochschulen hätten sich deutsche Hochschulen nur zögernd dem Thema zugewandt und sich für den Diskurs geöffnet, was sich auch auf den geringeren gesellschaftlichen Status und damit auf den geringeren Einfluss von People of Color in Deutschland zurückführen lasse (ebd., S. 59ff.).

Intersektionalität kann zusammenfassend nach Katharina Walgenbach folgendermaßen definiert werden:

> »Unter Intersektionalität wird verstanden, dass historisch gewordene Macht- und Herrschaftsverhältnisse, Subjektivierungsprozesse sowie soziale Ungleichheiten wie Geschlecht, Sexualität/Heteronormativität, Race/Ethnizität/Nation, Behinderung oder soziales Milieu nicht isoliert voneinander konzeptualisiert werden können, sondern in ihren ›Verwobenheiten‹ oder ›Überkreuzungen‹ (intersections) analysiert werden müssen« (Walgenbach, 2014, S. 54f.).

Mit dieser Definition werden ein deutlicher Unterschied und eine Erweiterung im Vergleich zu anderen Konzepten wie dem Diversity-Ansatz benannt, die Kategorien sozialer Benachteiligung oder Diskriminierung berücksichtigen. Ausgehend von den klassischen Konzepten Sozialer Arbeit, die den Klassenunterschied bzw. die Schichtzugehörigkeit als Kategorie sozialer Benachteiligung zentral sahen, hat sich die Perspektive erweitert. Andere Diskriminierungsformen, wie zum Beispiel Rassismus als eine Kategorie, kamen in den Blick. Die Auseinandersetzung damit und mit den daraus entstehenden individuellen Benachteiligungen führte auch zur fortschreitenden Erkenntnis des wechselseitigen Zusammenhangs von Kategorien wie Geschlecht, Rasse oder Ethnie (vgl. Scherr, 2011, S. 268f., 273f.). Damit entstand ein Bewusstsein dafür, dass nicht nur Klassenverhältnisse für soziale Ungleichheiten verantwortlich sind. Dies bedeutet, dass in die Analyse sozialer Ungleichheiten mehrere Kategorien einbezogen werden müssen und ebenso, dass sich die komplexe Lebenswelt der Adressat_innen nur beschreiben lässt und anerkannt wird, wenn die sich vorfindende Vielfalt und Differenz berücksichtigt wird und sich in den Angeboten wiederfindet.[32] Die Einbeziehung des Intersektionalitätsansatzes

32 Neben Intersektionalität gibt es weitere Konzepte, die sich mit Vielfalt und Differenz beschäftigen und diese in ihrer theoretischen Analyse und bei der Umsetzung praktischer Konzepte berücksichtigen. So bezieht der Diversity-Ansatz mehrere Kategorien ein, betrachtet jedoch weniger die Verwobenheiten und zeigt sich weniger machtkritisch (vgl. Mecheril & Plöser, 2011).

macht deutlich, dass nur die Analyse und Addition von Kategorien, die zu Benachteiligungen führen, unzureichend ist. Ihre Beziehungen zueinander, ihre sogenannte Verwobenheit und die Wechselwirkungen müssen ebenfalls betrachtet werden (ebd., S. 282). Für die Soziale Arbeit, so Mechthild Bereswill,

> »öffnet die Auseinandersetzung mit Intersektionalität den Blick für die Vielschichtigkeit und die Widersprüchlichkeit von Ungleichheitsverhältnissen, Benachteiligungsdynamiken und multiplen Zugehörigkeiten. Eine große Herausforderung ist dabei, verfestigte Strukturen der Ungleichheit zu erkennen und zugleich auf starre Gruppen- und Identitätszuschreibungen zu verzichten« (Bereswill, 2011, S. 212).

Auch in anderen Disziplinen, wie zum Beispiel in Teilen der Erziehungswissenschaft (Migrationspädagogik, interkulturelle Pädagogik) oder der Geschlechterforschung wurde Intersektionalität in Deutschland im akademischen Bereich in den letzten Jahren in die theoretischen Überlegungen einbezogen (vgl. Emmerich & Hormel, 2013, S. 214f.). Die Auseinandersetzung führte zu erweiterten Sichtweisen. So wird in der Geschlechterforschung die Kategorie Geschlecht nicht mehr generell in allen wissenschaftlichen Arbeiten übergeordnet und zentral gesetzt, sondern steht neben anderen (sozialen) Kategorien und wird in einer Wechselbeziehung mit diesen betrachtet (vgl. Walgenbach, 2014, S. 65, 81). Ausgehend von der oben genannten allgemeinen Definition gibt es verschiedene theoretische Modelle, die diskutiert werden.

3.3.2 Intersektionalität – Modelle und Konzepte

Grundsätzlich besteht ein Diskurs darüber, wie Intersektionalität wissenschaftstheoretisch verortet werden kann. So wird sie unter anderem als neue (Gesellschafts-)Theorie, als Konzept, Analysekriterium oder neues Paradigma angeführt (vgl. Walgenbach, 2014, S. 60f.). Methodologisch lassen sich drei grundlegende Konzepte bzw. Modelle nennen. Coster, Wolter und Yılmaz-Günay führen (1) den intrakategorialen (der auf die Methode von Kimberlé Crenshaw zurückgeht), (2) den anti- und (3) den interkategorialen Ansatz an (Coster et al., 2014, S. 121f.). Diese werden in der BRD durch einen vierten, den Mehrebenen-Ansatz von Gabriele

Winker und Nina Degele (Winker & Degele, 2009; vgl. auch Degele & Winker, 2007; Winker, 2012) ergänzt (vgl. Coster et al., 2014, S. 121ff.). In dieser Arbeit liegt der Fokus auf einer Betrachtung von Intersektionalität als Möglichkeit der Perspektivenerweiterung, insbesondere um die Sicht der Adressat_innen besser zu berücksichtigen und dadurch die Praxis Sozialer Arbeit und die Forschung zu bereichern.

Katharina Walgenbach (2014) beschreibt, dass – ausgehend von der historischen Triade der drei Kategorien Class, Race und Gender – unter der Perspektive auf soziale Ungleichheiten, Macht- und Herrschaftsstrukturen weitere Kategorien wie zum Beispiel Geschlecht, Alter, Sexualität oder Nation in eine intersektionale Analyse einbezogen werden können. Es ist jedoch generell offen, welche sozialen Kategorien in die jeweilige Analyse einbezogen werden müssen und wie diese zu gewichten sind. In diesem Zusammenhang stellt sich die Frage und die Aufgabe der Reflexion im Forschungsprozess, wie viele Kategorien generell einbezogen werden müssen und welche Kategorien gegenüber anderen stärker gewichtet werden sollen, um eine intersektionale Analyse zu ermöglichen (vgl. Walgenbach, 2014, S. 67ff.). Für die Erziehungswissenschaft können mit einem intersektionalen Ansatz über die Analyse und die Beschreibung von Wechselbeziehungen sozialer Kategorien hinaus auch deren Bedeutung und Funktion sowie die zugrunde liegenden materiellen und sozioökonomischen Strukturen herausgearbeitet werden (vgl. ebd., S. 81ff.). Für die pädagogische Praxis sieht Katharina Walgenbach die Möglichkeit intersektionale Perspektiven einzubinden. So könnten Fragen von sozialer Ungleichheit in Bezug auf strukturelle Benachteiligungen und in diesem Zusammenhang die Wirkung von Macht- und Herrschaftsverhältnissen in die Arbeit eingebunden werden. Dies könnte zum Beispiel im Rahmen von Biografiearbeit oder auch in Reflexionsgesprächen stattfinden und unter der Berücksichtigung der individuellen Eigendynamik und der Subjektautonomie thematisiert werden (ebd., S. 87f.).

In der Auswertung einer quantitativen und qualitativen Studie zu Gewalt- und (Mehrfach-)Diskriminierungserfahrungen von lesbischen und bisexuellen Frauen sowie Trans*-Personen in Deutschland (vgl. LesMigraS, 2012) trifft Maria do Mar Castro Varela (2012) eine Unterscheidung für die wissenschaftliche Arbeit zwischen den oft synonym gebrauchten Begriffen Intersektionalität und Mehrfachdiskriminierung. Das Konzept der Mehrfachdiskriminierung sehe die Kategorien getrennt und betrachte sie hinsichtlich ihrer Wirkung gemeinsam, was dazu führen könne, dass die bestehenden Dynamiken zwischen den Kategorien hinsichtlich der unterschiedlichen Diskriminierungsgründe nicht erfasst würden. Bei Intersektionalität würden mehr die Verschränkung und das Zusammenspiel von Kategorien betrachtet. Die Perspektive auf die Verflechtungen zwischen den Kategorien könne dazu führen, dass die Klarheit über die Struktur und die Benennung der einzelnen Diskriminierungsformen sowie deren Wirkungen verloren gehe (vgl. Castro Varela, 2012, S. 13f.). Dies zeige sich auch in den Erfahrungen und Lebensrealitäten. So sei es für diskriminierte Personen oft schwierig, einzelne Formen der Diskriminierung auseinanderzuhalten und zu benennen. Auch würde oft nur die momentan dominante und für sie prägnanteste Diskriminierungsform wahrgenommen, die Dominanz einer Diskriminierung schiebe sich vor die anderen. Es sei abhängig von den jeweiligen biografischen Erfahrungen und dem aktuellen Lebenskontext, welche Form dominant sei und wie weitere Formen wahrgenommen würden, und diese Wahrnehmung könne sich folglich ändern. Dies wirke sich wiederum auf die Handlungsfähigkeit von Personen aus. Für Forschung und Praxis, zum Beispiel Beratungsangebote, sei es demnach wichtig, vorhandene Diskriminierungsformen herauszuarbeiten, zu benennen und gleichwertig zu betrachten (ebd., S. 14f.).

Mit Blick auf die praktische Bedeutung in pädagogischen Kontexten bezeichnen Marcus Emmerich und Ulrike Hormel (2013) Intersektionalität für die Erziehungswissenschaft als Reflexionsangebot. Im Zentrum stünden nicht konkrete Fragen der pädagogischen Praxis, sondern sie lasse sich eher als eine wissenschaftliche Beobachtungsperspektive beschreiben, mit der eine Analyse und Reflexion von Klassifikationssystemen und damit verbundener Praxen in pädagogischen Einrichtungen und Institutionen gelingen könne (ebd., S. 237, 243).

Für die pädagogische Praxis, sowohl für die Arbeit mit Kindern und Jugendlichen wie auch die Fortbildung von Fachkräften, kamen und kommen die zentralen Ideen und Konzepte aus Selbstorganisationen von PoC bzw. von gemeinnützigen Trägern, die diese Ideen aufgegriffen haben oder die aus den Selbstorganisationen entstanden sind.[33] Der akademische Diskurs und damit die *Vereinnahmung* von Intersektionalität für die wissenschaftliche Auseinandersetzung haben, neben dem positiven Aspekt, dass diese Perspektive Eingang in Wissenschaft und Forschung in

33 Träger, die grundlegende Materialien erarbeitet oder Studien durchgeführt haben sind z.B. LesMigraS (2012); GLADT e.V. (2010); Dissens e.V. (2012) und i-PÄD (2015).

Deutschland fand, auch dazu geführt, »dass zunehmend der Bezug und die Anschlussfähigkeit an soziale Bewegungen und die jeweiligen Subjekte verlorengingen« (Coster et al., 2014, S. 126). Claudia de Coster, Salih Wolter und Koray Yılmaz-Günay sehen als Herausforderung einer emanzipatorischen Bildungsarbeit im 21. Jahrhundert die Komplexität der gesellschaftlichen Situation (Coster et al., 2014). Bildung müsse den gesellschaftlichen Zuständen unter Berücksichtigung der Subjektivität gerecht werden und dabei Vielfalt thematisieren, eine kritische Haltung, autonome Entscheidungen und Handlungsorientierung fördern und ermöglichen, aber auch die Ausschlüsse im Bildungssystem und die damit verbundenen gesellschaftlichen Ungleichheiten in den Blick nehmen. Sie sehen Bildung als einen der Orte, »an denen gesellschaftliche Ungleichheit produziert und reproduziert wird« (ebd., S. 129).

3.3.3 Intersektionalität in der (Bildungs-)Arbeit mit Jugendlichen

Von den oben genannten Projekten und Institutionen, die Konzepte für die Praxis erarbeitet haben, wurden grundlegende Anforderungen und Prinzipien an eine intersektionale pädagogische Arbeit formuliert. Die Initiative intersektionale Pädagogik (i-PÄD) fasst ihren pädagogischen Ansatz folgendermaßen zusammen:

> »Bei intersektionaler Pädagogik geht es darum, Menschen in ihren verschiedenen Identitäten zu sehen, also eine Mehrfachzugehörigkeit anzuerkennen. Sie hilft auch zu verstehen, dass wir auf verschiedenen Ebenen diskriminiert werden, auf einer individuellen, einer institutionellen und einer strukturellen, und dass diese oft zusammenwirken können, genauso wie die Mehrfachzugehörigkeiten in einer Situation von Diskriminierung« (i-PÄD, 2015, S. 7).

Im Projekt »Intersektionale Gewaltprävention« von Dissens e. V. werden folgende Punkte als Mindeststandards einer intersektionalen Sozial- und Bildungsarbeit benannt:

> »Soziale Differenzachsen entlang von Geschlecht, sozialer Klasse, Ethnizität, Sexualität, Nationalität und weiteren Kategorien werden als Ergebnisse sozialer Konstruktionsprozesse verstanden.

> In einer intersektionalen Arbeit wird auf jegliche Formen naturalisierender Zuschreibungen verzichtet.
>
> Ebenso verzichtet ein intersektionaler Ansatz auf Formen kulturalisierender Zuschreibungen.
>
> Eine intersektionale Sozial- und Bildungsarbeit ist auf den Abbau und die Auflösung von Dominanzstrukturen ausgerichtet. Zu diesem Zweck bedient sie sich der Dekonstruktion. Dekonstruktion heißt in diesem Zusammenhang für jene gesellschaftlichen und politischen Herstellungsprozesse von Identitäten zu sensibilisieren, anhand derer Zugehörigkeiten und damit verbundene Ein- und Ausschlüsse reguliert werden« (Dissens e.V., 2012).

Olaf Stuve und Mart Busche präzisieren diese Standards bezüglich des Projektes »Intersektionale Gewaltprävention« und führen unter anderem weiter aus:

> »Die Arbeit kann als intersektional bezeichnet werden, wenn mindestens zwei verschiedene gesellschaftliche Kategorien berücksichtigt werden.
>
> Gewaltprävention kann dann als intersektional bezeichnet werden, wenn sie herausarbeitet, dass verschiedene Differenzierungslinien nicht nur in negativen Begriffen der Benachteiligung oder der Gewalt gefasst werden, sondern ebenso als Möglichkeiten begriffen werden, mit denen Jugendliche mit ihrem besonderen Hintergrund ein positives Selbstwertgefühl entwickeln können.
>
> Intersektionale Gewaltprävention entwickelt somit Strategien des Empowerments für diskriminierte Gruppen (z.B. Jugendliche mit Migrationshintergrund).
>
> Intersektionale Gewaltprävention nimmt eine biographische Perspektive ein.
>
> Intersektionale Gewaltprävention verbindet diese biographische Perspektive mit der Sichtbarmachung gesellschaftlicher Verhältnisse (z.B. anhand Migrationsbiographien mit Geschichte des Kolonialismus, globale Migrationen)« (Stuve & Busche, 2007, S. 23f.).

Für die konkrete praktische Arbeit nennen Olaf Stuve und Mart Busche (2007) unter anderem folgende Punkte: Es bedarf der Räume, »die von Jugendlichen für Auseinandersetzungen und Aushandlungen genutzt werden können«; die Ressourcen und Interessen der Teilnehmenden müssen berücksichtigt werden und es muss ein Verständnis für deren

Lebenswirklichkeit vorhanden sein (ebd., S. 23f.; vgl. auch Busche & Stuve, 2012). In Bezug auf das Grundverständnis, dass »[e]ine Pädagogik, die der Komplexität unserer Gesellschaft gerecht werden will, [...] die Überschneidungen/Überlappungen der Phänomene in sich aufnehmen [sollte]« (vgl. GLADT e. V., 2010), stellen sich für die Praxis Herausforderungen für die Fachkräfte. Es müssten Ansätze für eine Pädagogik erarbeitet werden, »die nicht daran scheitert, dass in vielen Schulen, Jugendeinrichtungen und pädagogischen Projekten Kinder und Jugendliche mit den unterschiedlichsten Hintergründen hauptsächlich weißen, deutschen, christlich sozialisierten (Sozial-)Pädagog_innen entgegenstehen« (ebd.).

In dieser Aussage wird die Forderung deutlich, dass die personelle Struktur hinsichtlich der Zusammensetzung der Mitarbeiter_innen in den Einrichtungen der Sozialen Arbeit den Bedürfnissen der Jugendlichen entsprechen sollte. Neben der Forderung, dass es mehr Pädagog_innen und Sozialarbeiter_innen mit sogenanntem Migrationshintergrund und entsprechend sprachlichen und kulturellen Kompetenzen in den Einrichtungen geben sollte, lässt sich aus dem Zitat auch die Notwendigkeit der Reflexion und Kompetenzerweiterung in Bezug auf die mehrheitsdeutschen und entsprechend sozialisierten Mitarbeiter_innen und eine notwendige Teamarbeit ableiten (vgl. hierzu unter anderem hinsichtlich der Schwierigkeiten bei der Öffnung und Umgestaltung eines Teams: Rommelspacher, 2012). Die genannten Ausführungen machen deutlich, dass eine Pädagogik oder Soziale Arbeit, die eine intersektionale Perspektive in ihre Arbeit einbeziehen will, sich nicht durch den Einbau von Methoden oder Techniken oder die Durchführung eines einmaligen Workshops erreichen lässt, sondern der kritischen Reflexion der eigenen Haltung, der Einstellungen und des Verhaltens und Handelns bedarf. Das heißt, eine in diesem Sinne authentische Arbeit mit Kindern und Jugendlichen kann nur stattfinden, wenn auch die Fachkräfte und die Institutionen bereit sind, sich (selbst-)kritisch mit Diskriminierung auseinanderzusetzen, und dazu in der Lage sind, Mehrfachzugehörigkeiten und daraus entstehende Benachteiligungen wahrzunehmen, anzuerkennen und zum Beispiel Verhalten und Strukturen zu verändern: »Die zentrale Methode ist die Fachkraft« (Pohlkamp, 2012, S. 14). Dies verweist auf den bereits oben angeführten Ansatz, dass die Einbindung von Intersektionalität in der praktischen Arbeit immer die Reflexion und die Auseinandersetzung mit der eigenen Biografie beinhalten muss. Eine intersektionale Bildungs- oder Beratungsarbeit müsste also immer zuerst bei den Professionellen oder spätestens gemeinsam mit den als Adressat_innen gesehenen Personen beginnen (vgl. hierzu auch die Handreichung von i-PÄD, 2015, S. 6f.). Coster, Wolter und Yılmaz-Günay sehen als zentralen Aspekt für intersektionale Ansätze die Orientierung an der eigenen Lebenswelt für alle Jugendlichen in Bildungsprozessen, also sowohl für die durchführenden wie für die teilnehmenden Personen (Coster et al., 2014). Die Reflexion der eigenen Erfahrungen, zum Beispiel mit Macht und Ohnmacht, sowie des eigenen Anteils am Bildungsprozess sind ebenso wichtig wie eine entsprechende Fehlerkultur (vgl. ebd., S. 131; Pohlkamp, 2012, S. 16). Diese muss berücksichtigen, dass es aufgrund der vorliegenden gesellschaftlichen Vielfalt und Komplexität auf der einen und individueller Bewältigung auf der anderen Seite durchaus zu Fehlern und Verletzungen in der pädagogischen Arbeit kommen kann. Daher ist vor allem eine versöhnliche Grundhaltung mit sich selbst und der Umwelt nötig (vgl. Pohlkamp, 2012, S. 16).

In Bezug auf die Umsetzung intersektionaler Konzepte in der Praxis liefert auch das Forschungsprojekt »Schutz von Kindern und Jugendlichen vor sexueller Traumatisierung« an der Hochschule Merseburg Erkenntnisse.[34] Im Gegensatz zu den theoretischen Konzepten, in denen die Begriffe unterschiedlich eingeordnet werden (siehe oben), geht es in der Praxis darum, eine Sprache zu finden, mit der die wichtigen inhaltlichen Punkte verständlich kommuniziert werden können. Ein zentraler Punkt, der genannt wurde, war, dass es wichtig sei, verstanden zu werden. Daher wurden von den Praktiker_innen (teilweise bewusst) eher die Begriffe Mehrfachdiskriminierung und Mehrfachzugehörigkeit verwendet als Intersektionalität. In den Interviews zeigte sich auch, dass der Theorie-Praxis-Dialog in beide Richtungen schwierig ist, was auf die oben genannte unzureichende Anschlussfähigkeit und Praxispassung des theoretisch-wissenschaftlichen Diskurses an die aus der Praxis kommenden Ideen und Notwendigkeiten verweist. Dies hängt wiederum mit der eigenen Biografie, dem theoretischen Wissen, der Praxiserfahrung und der Reflexion dieser zusammen. Das Erlernen von Theorien und Konzepten in pädagogisch grundständigen Aus-, Fort- und Weiterbildungen sollte an die kritische Reflexion der eigenen Biografie (das bezieht die Betrachtung der erlebten Benachteiligungen ebenso ein wie die möglicher Privilegien) gekoppelt sein (vgl. Krolzik-Matthei et al., 2019; Linke, i. Vorb.).

34 Im Forschungsprojekt »Schutz von Kindern und Jugendlichen vor sexueller Traumatisierung« an der Hochschule Merseburg wurden unter anderem Interviews mit Expert_innen aus der Sozialen Arbeit geführt, die ihre Arbeit intersektional ausrichten.

Die Wahrnehmung sozialer Differenzen und die Offenheit für intersektionale Perspektiven sind, so Ines Pohlkamp (2012), im pädagogischen Alltag nur unzureichend zu finden. Konzepte bleiben meist bei der Thematisierung von Vielfalt stehen, ohne diese ausreichend zu reflektieren. Denn die Anerkennung einer sozialen Gruppe kann auch immer mit der Abgrenzung der Mehrheit gegenüber *den Anderen* und dementsprechenden Benachteiligungen verbunden sein (ebd., S. 5f.). Für Pohlkamp, die als zentrales Ziel der Bildungsarbeit sieht, »Räume zu schaffen, in denen diskriminierungsarme Begegnungen möglich werden«, spielt eine differenzsensible Haltung der Fachkräfte die entscheidende Rolle (ebd., S. 10). Aufbauend darauf braucht es sowohl theoretische wie methodische und didaktische Kompetenzen und eine Orientierung an den Bedürfnissen der Adressat_innen (ebd., S. 10, 14f.). Diese Forderungen sind jedoch auch mit Blick auf die Möglichkeiten der Fachkräfte zu sehen. Starre Strukturen in der Praxis und ökonomische Zwänge können diese begrenzen, was dazu führen kann, dass ein Ungleichgewicht zwischen theoretischen Überlegungen und der pädagogischen Bildungsarbeit entsteht. Dies bewirkt, dass eine differenzsensible bzw. intersektionale Pädagogik nur an ausgewählten Orten stattfindet (ebd., S. 18). Birgit Rommelspacher (2012) verweist im Zusammenhang mit der Offenheit und Motivation der Mitarbeiter_innen bei der Entwicklung eines Teams auch auf die Frage von Macht. Es geht auch darum, welches Wissen, zum Beispiel an Hochschulen, gelehrt oder was an Themen in Supervisionen eingebracht wird und eingebracht werden kann. Dies sind letztlich auch die Themen, die in der Arbeit mit den Adressat_innen zugelassen werden (ebd.).

Für Konzepte der sexuellen Bildung bietet sich eine intersektionale Perspektive hinsichtlich der Betrachtung verschiedener Kategorien, ihrer Verschränkungen und damit zusammenhängender Benachteiligungen als eine Erweiterung an. Fragen von Sexualität können zusammen mit möglichen Diskriminierungen – die mit Lebensentwürfen, Familien- und Rollenbildern, sexuellen Orientierungen und Identitäten zusammenhängen – bearbeitet werden und es kann dafür sensibilisiert werden. Dies müsste ein Hinterfragen von gesellschaftlichen Benachteiligungen einerseits und Privilegien andererseits einschließen und ein Sprechen über soziale Ungleichheiten möglich machen. Sexuelle Bildung könnte so für Kinder und Jugendliche einen Raum öffnen, in einem geschützten Rahmen über diese Themen zu sprechen, Möglichkeiten der Veränderung zu diskutieren, und sie ermutigen, auch außerhalb davon zu einem sensibleren und diskriminierungsärmeren Umfeld beizutragen. Die Arbeit mit und an den Einstellungen und Verhaltensweisen der Jugendlichen setzt jedoch eine Arbeit an der Haltung der Fachkräfte voraus.

3.4 Sexuelle Bildung als spezielles Bildungsangebot

3.4.1 Sexuelle Bildung

Die Verwendung der Begriffe *sexuelle Bildung* und *Sexualpädagogik* geschieht in der Praxis oft gleichwertig, jedoch werden Angebote, die sich an Jugendliche richten, häufiger als *sexualpädagogische* bezeichnet. Beide legen Wert auf eine ganzheitliche Sichtweise auf Sexualität (vgl. Schmauch, 2016, S. 40). Sexuelle Bildung umfasst alle Altersgruppen und hat den Anspruch zu einer Selbstbildung und zur Förderung von Selbstbestimmung beizutragen und emanzipativ zu wirken (vgl. Sielert & Schmidt, 2008, S. 12; Sielert, 2014, S. 40f.; Sielert, 2004, S. 4ff.; Valtl, 2013). Für diese Arbeit wird daher der Begriff der *sexuellen Bildung* vor allem mit Blick auf die inhaltliche Ausrichtung als zentral gesehen. Dabei werden sexualpädagogische (Bildungs-)Konzepte grundsätzlich auch als Teil sexueller Bildung verstanden. Obwohl inhaltliche Überschneidungen vorliegen, zeigen sich auch mögliche Grenzen. So ist sexuelle Bildung eher als offenes Angebot gedacht (vgl. die unten im Text folgenden Ausführungen), Teile der Sexualpädagogik hingegen sind als konkret ausgerichtete, präventive Angebote konzipiert, die gezielt einen bestimmten Zweck verfolgen (Sielert, 2016a, S. 82f.).

Sexuelle Bildung wirkt – mit ihrem Ziel der Förderung von mehr *Selbst*, im Sinne von Selbsterkenntnis, Selbstreflexion und Selbstbestimmung – emanzipatorisch (vgl. Sielert, 2014, S. 40f.; Sielert, 2004, S. 4ff.). Ausgehend von den emanzipatorischen Konzepten der Sexualpädagogik in den 1960er Jahren, die vor allem durch eine Abgrenzung zur traditionellen christlich-konservativ orientierten Sexualerziehung gekennzeichnet waren, beschreibt Uwe Sielert (2004) ein sexualfreundliches (neo-)emanzipatorisches Konzept sexueller Bildung.[35] In diesem geht es weniger darum, sexuelle Tabus und gesellschaftliche Grenzen zu überwinden, sondern mehr um die indivi-

35 Vgl. zur historischen Entwicklung der Sexualpädagogik in der Bundesrepublik Deutschland: Sager (2015).

duelle Ebene. In einer globalen, vielfältigen, medialen Welt, in der Sexualität oft künstlich aufgeladen und kommerziell instrumentalisiert werde, bestehe eine wichtige individuelle Entwicklungsaufgabe darin, ein reales Selbst zu finden und sich einer sexuellen Identität sicher zu sein (ebd., S. 4f.).

3.4.2 Sexualerziehung, Sexualaufklärung, Sexualpädagogik, sexuelle Bildung – begriffliche Einordnung

Die Auseinandersetzung mit und die Entwicklung zu Begriffen wie *Sexualpädagogik* oder *sexuelle Bildung* haben in den letzten Jahrzehnten vor allem im erziehungswissenschaftlichen Bereich stattgefunden. Demzufolge verorten einige Autoren wie Uwe Sielert (2013a) oder Norbert Kluge (2013) die Sexualpädagogik und die sexuelle Bildung als Teildisziplinen in der Erziehungswissenschaft, während andere, wie Konrad Weller (2013a), sie als Teil der Sexualwissenschaft betrachten. Bezogen auf die Ausbildung und die praktische Anwendung sind sie auch Teil der Sozialen Arbeit (z. B. an der Hochschule Merseburg)[36] und unterscheiden sich hier noch einmal deutlich in den Anforderungen an formale Bildungsangebote im schulischen Bereich von der non-formalen und informellen Bildung sowie Erziehungsaufgaben in Bereichen der Sozialen Arbeit (ebd., S. 770ff.).

Norbert Kluge (2013) trifft folgende begriffliche Einordnung und Unterscheidung: *Sexualerziehung* ist heute Teilaspekt des gesamten Erziehungsbereiches, sowohl innerhalb wie außerhalb der Familie; dabei geht es unter anderem um Einstellungen, Haltungen, Verhaltensweisen und Gefühle. Sexualerziehung ist die bewusste und geplante Förderung der Sexualität und auf reale Vorgänge bezogen. In Abgrenzung zur *Sexualaufklärung* geht es nicht nur um einseitige und meist biologische Wissensvermittlung, sondern um eine kontinuierliche und ganzheitliche Einflussnahme auf die zu Erziehenden. Die *Sexualpädagogik* bezieht sich als Teil der Erziehungswissenschaft auf die Theorie der Sexualerziehung und die entsprechende Lehre und Forschung (vgl. Kluge, 2013, S. 119f.). *Sexuelle Bildung* ist weiter gefasst als Sexualerziehung und bezieht sich neben den von außen (erzieherisch/pädagogisch) initiierten Prozessen auch auf die Selbstbildung und -formung. Diese ist abhängig von den kulturellen Bezügen und kann über

36 Vgl. zu den Angeboten in den Studiengängen: https://www.ifas-home.de/studium/ (03.12.2019).

das ganze Leben verteilt sein. Der Bildungsprozess kann sich funktional wie intentional ereignen (ebd., S. 120). Bei Angeboten sexueller Bildung sind kulturelle Normen und Werte zentral, damit ist ihre Ausrichtung von zwei Grundkategorien abhängig: dem jeweiligen Menschenbild und der Auffassung von menschlicher Sexualität. Mit ihrer Perspektive auf die Selbstformung des Menschen und einer ganzheitlichen Ausrichtung ist sexuelle Bildung für Kluge eine Ergänzung zur Sexualerziehung (ebd., S. 122f.).

Für Karlheinz Valtl ist *sexuelle Bildung* als Begriff geeignet, um die gegenwärtige Form von Sexualpädagogik zu bezeichnen (Valtl, 2013, S. 125). Diese hat seit den 1960er Jahren ihren zweiten Gestaltwandel vollzogen. Der erste ist der Wandel von einer sehr einseitigen kognitiven Sexualaufklärung, mit dem Hintergrund gesellschaftlicher Tabuisierung von Sexualität, zur Sexualpädagogik gewesen. Sexualaufklärung war weiterhin Bestandteil der Sexualpädagogik, die aber, mit Blick auf die Herausforderungen der 1980er und 1990er Jahre, wie zum Beispiel dem Wandel des Geschlechterverhältnisses, der zunehmenden Anerkennung sexueller Vielfalt, HIV/Aids oder sexueller Gewalt, stärker die Förderung von Kompetenzen und die sexuelle Selbstbestimmung in den Blick nahm (ebd., S. 126). Für die sogenannte postmoderne Gesellschaft ergeben sich neue Herausforderungen. Theoretisch ist die Lebensgestaltung individuell frei wähl- und gestaltbar. Diese freie Selbstgestaltung ist aber einerseits von materiellen, ideellen und persönlichen Faktoren abhängig und andererseits auch eine große Herausforderung, da sie vom Individuum allein bewältigt werden muss und neue und subtilere Formen der Manipulation bestehen. Für Fragen der sexuellen Selbstbestimmung und Selbstgestaltung im erzieherischen bzw. pädagogischen Rahmen bietet der Begriff der Bildung nicht nur eine gesellschaftlich aktuell eingängigere Form, sondern auch inhaltlich neue Perspektiven (ebd., S. 126f.). Grundlegend ist für Valtl hier die Frage, wer als handelndes Subjekt betrachtet wird. Bildung ist für ihn ein parteiischer Begriff; sie unterstützt das selbstbestimmte Handeln von Menschen und fördert die Autonomie. Menschen eignen sich aktiv die Inhalte der Welt an. Dies ist bei Sexualität nicht anders. Sexuelle Bildung muss die Bedürfnisse der jeweiligen Zielgruppe erkennen, Menschen als handelnde Subjekte wahrnehmen und Angebote entwickeln, die für sie einen Sinn haben (vgl. Valtl, 2013, S. 128). Eine wichtige Erkenntnis der Sexualpädagogik ist laut Valtl die Bedeutung des Erfahrungslernens, das Lebens- und Lernerfahrungen einschließt und damit verbunden die Wirkung von Gesprächen, Feedback und Reflexion in den Angeboten. Diese sollen die Möglichkeit der aktiven Mitgestaltung bieten. Nur dadurch kann Selbstbestimmung entstehen und gefördert werden. Hier liegt ein wichtiger pädagogischer Aspekt, Vertrauen aufzubringen und die Gelegenheiten zu schaffen, sodass eine Entwicklung möglich wird (ebd., S. 130). Sexuelle Bildung stellt eine Erweiterung gegenüber der bisherigen Sexualpädagogik dar und befasst sich mit der Vermittlung von Wissen und Kompetenzen im Sinne einer gesellschaftlichen Allgemeinbildung, die nicht auf eine bestimmte Lebensphase beschränkt ist. Zudem erweitert sie das Spektrum präventiver Angebote, bei denen eine Fokussierung auf als schwierig bzw. problematisch wahrgenommene Zielgruppen vorrangig ist. Sexuelle Bildung bietet die Möglichkeit, der Vielfalt der Gesellschaft besser in Angeboten gerecht zu werden: Es gibt nicht mehr eine, sondern viele *Sexualitäten*. Angebote müssen demzufolge nicht zwangsläufig mehrheitsfähig sein, sie können und sollten sich vielmehr an den Bedürfnissen und Interessen der Zielgruppen orientieren (vgl. ebd., S. 132). Sexuelle Bildung wendet sich an alle Lebensalter und ist nicht auf die Pädagogik oder auf Kinder und Jugendliche beschränkt. Dies folgt der Erkenntnis, dass sich die Sexualität im Lebensverlauf ändert und sexuelle Entwicklung als lebenslanges Lernen betrachtet wird. Grundsätzlich wird Sexualität als Wert an sich aufgefasst und ihre Förderung als Teil des Rechts auf freie Entfaltung der Persönlichkeit. Dabei ist eine ganzheitliche Sicht wichtig: Es geht nicht nur um körperliche und/oder psychologische Aspekte, sondern auch um die emotionale Ebene, Fragen von Haltungen und Einstellungen oder ganz reale praktische Dinge in Bezug auf Sexualität und Partnerschaft. Sexuelle Bildung kann dabei nicht unpolitisch sein, da gesellschaftlich und politisch relevante Themen wie sexualisierte Gewalt, der Umgang mit sexueller Vielfalt oder Gleichstellungsfragen auch im Sinne einer demokratischen Bildung Bestandteil sexueller Bildung sein müssen (ebd., S. 135ff.).

In der historischen Entwicklung und der inhaltlichen Ausdifferenzierung professioneller Sexualpädagogik und -erziehung zwischen repressiv, liberal-(schein)affirmativ und emanzipatorisch ausgerichteten Konzepten ist *sexuelle Bildung* eine Weiterentwicklung einer emanzipatorisch ausgerichteten Sexualpädagogik und einer kritisch-reflexiven Sexualerziehung, die die Herausforderungen einer postmodernen Gesellschaft – sowohl mit ihren Möglichkeiten als auch mit ihren Risiken in Bezug auf Sexualität – thematisiert (vgl. hierzu Henningsen et al., 2016; Sielert, 2004; Tuider, 2016; Valtl, 2013). An dieses neo-emanzipatorische Konzept sexueller Bildung (vgl. Sielert, 2004, S. 4f.) schließt sich zum Beispiel die *Sexual-*

pädagogik der Vielfalt an (Tuider et al., 2012, S. 15f.; Timmermanns, 2016, S. 17f., 20f.). Dieses sexualpädagogische Konzept wendet sich der gesellschaftlichen und sexuellen Vielfalt anerkennend zu. Kinder und Jugendliche sollen befähigt und unterstützt werden, mit dieser Vielfalt umzugehen und selbstbestimmt zwischen den Möglichkeiten und Entwürfen von Sexualität, Partnerschaft und Familie zu wählen (vgl. Timmermanns, 2016, S. 17f.; Tuider, 2014, S. 54). Die kritische Auseinandersetzung mit Vielfalt und Differenz ist nötig, denn »[i]n jeder sexualpädagogischen Situation kann davon ausgegangen werden, dass eine oder mehrere der Dimensionen von Vielfalt vorzufinden sind« (Tuider et al., 2012, S. 19). Mit dem Konzept ist ein Anschluss der Sexualpädagogik an Intersektionalitätskonzepte vorhanden. Es werden verschiedene Kategorien (Kerndimensionen von Vielfalt) in den Blick genommen und bezüglich ihrer Verschränkungen betrachtet (ebd., S. 18). Dieser Blick richtet sich auch auf vorhandene Diskriminierungen und Benachteiligungen, denn »eine kritische Betrachtung von Vielfalt [kommt] nicht ohne eine Reflexion bestehender Herrschaftsverhältnisse aus« (ebd., S. 18).

3.4.3 Sexuelle Bildung als Querschnittsaufgabe

Sexuelle Bildung im Bereich der Jugendhilfe ordnet sich in das Angebot non-formaler Bildung in der Sozialen Arbeit ein und hat zum Ziel, zur Unterstützung und Hilfe bei der Lebensbildung beizutragen (vgl. Thiersch, 2015, S. 213). In diesem Sinne unterliegen die Bildungsangebote dem Anspruch der Freiwilligkeit bei den Adressat_innen, was besonders im Bereich der offenen Kinder- und Jugendarbeit gilt. Daraus ergeben sich für die praktische Arbeit spezielle Fragen, wie bestimmte Verbindlichkeiten und eine Struktur innerhalb von Bildungsangeboten gewährleistet werden können. Dies sind zum Beispiel Fragen der Mitbestimmung der Adressat_innen oder der Reflexion der Angebote durch die Fachkräfte (ebd., S. 213f.).

Neben den Angeboten der non-formalen Bildung findet Bildung in der Sozialen Arbeit vor allem im informellen Bereich statt. Informelle Bildung ist Teil des Alltags und der Lebenswelt und Fachkräfte in der Jugendhilfe übernehmen einen wichtigen Teil im Bildungsprozess. Sie handeln zum Beispiel Regeln aus oder reflektieren Erlebtes mit den Adressat_innen in ihrem Arbeitsfeld (vgl. Thiersch, 2015, S. 210f.). Das heißt, es zeichnen sich zwei Stränge von sexueller Bildung ab: einer, der sich als non-formelles

Bildungsangebot eher sexualpädagogisch an Gruppen oder auch Einzelne und Paare wendet, und ein weiterer, der eher sexualerzieherisch auf der Ebene informeller Bildung wirkt, indem er alltägliche Erlebnisse und Fragen aufgreift. Ulrike Schmauch (2016) bezeichnet diese Form auch als wichtige »Nebenbei-Pädagogik« (ebd., S. 41f.). Können die non-formellen Angebote geplant und zum Beispiel durch das Hinzuziehen externer Expert_innen abgesichert werden, müssen die Fachkräfte im informellen Bereich eher situativ reagieren, wodurch sich Anforderungen an ein sexualpädagogisches Einrichtungskonzept und ebensolche Kompetenzen ergeben.

Sexualpädagogik und -erziehung werden demnach auch als Querschnittsaufgabe in der Sozialen Arbeit wahrgenommen und verstanden (vgl. Henningsen, 2016a, S. 61f.; Linke, 2017; Sielert, 2015, S. 1369; Thömmes & Brand, 2013, S. 801). In der Praxis werden sexualpädagogische Angebote jedoch meist von externen Expert_innen durchgeführt und richten sich überwiegend an Gruppen (vgl. Henningsen, 2016a, S. 61f.; Thömmes & Brand, 2013, S. 798f.; vgl. auch die im Band von Schmidt & Sielert, 2013, vorgestellten Konzepte und Methoden). Werden diese beiden Stränge sexueller Bildung aus der Sicht der Jugendlichen betrachtet, so stellt sich die Frage nach deren Einbindung. Werden die Jugendlichen nicht einbezogen, wird dies einem offenen, freiwilligen und partizipativen Prinzip non-formaler Angebote nur unzureichend gerecht. Jugendliche treten zum Beispiel in der offenen Arbeit eher als Akteur_innen auf, die über das Stattfinden und die Inhalte von Angeboten mitentscheiden, zum Beispiel auch, indem sie diesen fernbleiben und nicht teilnehmen. Im Bereich der informellen Bildung erhöht sich der akteursspezifische Teil. Was, wem und wann Jugendliche (etwas) mitteilen, entscheiden sie zu einem großen Teil selbst bzw. es sollte ihnen überlassen werden. Auch wenn Fachkräfte Themen einbringen und damit Gesprächsbereitschaft signalisieren, sind es die Jugendlichen als Akteur_innen, die den weiteren Verlauf bestimmen (sollten). Ein weiterer wichtiger Teil informeller Bildung geschieht innerhalb der Peergroup und ist für Fachkräfte nicht oder nur teilweise zugänglich. Auch daraus ergeben sich konkrete Anforderungen an Bildung in der Sozialen Arbeit. Es bestehen keine – wie im Bereich der formalen (meist schulischen) Bildung – Pflichten und damit zusammenhängende Sanktionsmöglichkeiten. Das heißt, die Durchführung und letztlich der Erfolg, im Sinne des Erreichens der Akteur_innen, hängen davon ab, wie Fachkräfte Themen gemeinsam mit ihnen erarbeiten. Es stellen sich also Fragen: nach den Interessengebieten der Jugendlichen; grundsätzlich danach, was für Jugendliche eigentlich Sexualität ist; nach ihren Bedürfnissen hinsichtlich der Struktur und Organisation von Angeboten; aber auch danach, welche Angebote oder Themen eher für Gruppen oder im Einzelkontext sinnvoll sind (vgl. Langer, 2017; Nörber, 2013; Schulz, 2013; Sting & Sturzenhecker, 2013).

3.4.4 Sexuelle Bildung als Bestandteil der Jugendhilfe

Für den Bereich der Jugendhilfe lässt sich aus § 1 SGB VIII ein Auftrag für sexuelle Bildung ableiten, wonach jeder junge Mensch ein »Recht auf Förderung der Entwicklung und Erziehung zu einer eigenverantwortlichen und gemeinschaftsfähigen Persönlichkeit« hat (siehe oben), aber de facto finden sich keine flächendeckenden Angebote (vgl. Winter, 2013). Sexualpädagogische Angebote in Einrichtungen der Jugendhilfe seien oft stark präventiv orientiert und werden erst nach Auftreten von sexualisierten Übergriffen initiiert. Sexualpädagogische Angebote von Trägern der Jugendhilfe werden zudem überwiegend in Schulen, in Form externer Unterstützung des Unterrichts zu Sexualaufklärung und nicht in Jugendhilfeeinrichtungen angeboten (Winter, 2013, S. 623f.). Reinhard Winter sieht »weite Teile der Jugendhilfe [als] sexualpädagogikfreie Zonen« (ebd., S. 623). Die beiden beschriebenen Formen sind problematisch im Sinne einer sexuellen Bildung, die Sexualität als Teil des Lebens begreift, die Interessen von Heranwachsenden berücksichtigt und Angebote mit diesen gemeinsam ausrichten will. Ein Aktivwerden nach erfolgtem Übergriff birgt immer die Gefahr, dass spontan und aktionistisch aus einem Handlungsdruck heraus agiert wird und somit ein professioneller Umgang mit der Situation fraglich ist, sowie diese Situation als Legitimation der Notwendigkeit rein präventiven Handelns dient (ebd., S. 623f.). Eine Verortung im schulischen Kontext bedeutet für sexuelle Bildung, sich auch den dortigen Vorgaben und Möglichkeiten anpassen zu müssen. Damit sind zum Beispiel eine generelle Freiwilligkeit der Teilnahme, eine interessengeleitete Teilnahme oder die zeitliche und räumliche Flexibilität stark eingeschränkt und eine Vorgabe inhaltlicher, am Lehrplan ausgerichteter Themen möglich (ebd., S. 623). Einrichtungen der Jugendhilfe, die sexualpädagogisch arbeiten, organisieren dies oft in Form punktueller Veranstaltungen mit externen Expert_innen. Dies führt dazu, dass kaum sexualpädagogische Kompetenzen bei den in der Einrichtung arbeitenden Fachkräften vorhanden sind bzw. entwickelt werden (ebd., S. 625). Die Möglichkeit, Ansprechpartner_in für das Lebensthema

Sexualität zu sein, wird damit an externe Personen delegiert, die aber einerseits nur punktuell oder zeitlich temporär als Gesprächspartner_innen zur Verfügung stehen, andererseits aufgrund dieser Situation über eine weniger vertrauensvolle Arbeitsbeziehung verfügen dürften. Inhaltlich orientieren sich diese Veranstaltungen meist an den problematischen Bereichen der Sexualität bzw. problematisieren sie diese durch ihre thematischen Ausrichtungen. Der präventive Charakter überwiegt mit Themen wie sexualisierte Gewalt, Verhütung, Schwangerschaft oder sexuell übertragbare Krankheiten, wodurch auch (wie oben beschrieben) sexualpädagogische Angebote inner- und außerhalb der Institutionen legitimiert werden. Reinhard Winter betont die Bedeutung dieser Angebote, fordert aber eine stärkere Einbeziehung anderer Aspekte von Sexualität (ebd., S. 626). Elisabeth Tuider sieht allein eine kritisch-reflexive Sexualerziehung als eine geeignete Form, die dazu in der Lage ist, Kinder und Jugendliche als eigenständige Subjekte zu sehen und diese durch Auseinandersetzung zu befähigen, selbstbestimmt ihr Leben und auch ihre Sexualität zu gestalten (Tuider, 2016, S. 553). Dieser Aspekt ist aufgrund des starken präventiven Charakters oder des gänzlichen Fehlens von sexualpädagogischen Angeboten in der Jugendhilfe nicht oder nur unzureichend umsetzbar (ebd., S. 552f.; vgl. auch Linke, 2015, S. 37ff.; zum Verhältnis von sexueller Bildung und präventiven Angeboten (vgl. 3.4.6). Barbara Kavemann sieht für die Jugendhilfe die Herausforderung, dass in den stationären Einrichtungen überproportional viele Kinder und Jugendliche leben, die von sexualisierter Gewalt betroffen waren und/oder sind. Eine Enttabuisierung des Sprechens über Sexualität und damit verbunden über sexualisierte Gewalt ist für diese Kinder und Jugendlichen von Bedeutung (Kavemann, 2016, S. 6). Für die Jugendhilfe ist eine Verknüpfung von emanzipativer Sexualpädagogik und Prävention nötig, damit diese ihren Aufgaben und ihrem Auftrag gerecht werden kann (ebd., S. 9).

3.4.5 Anforderungen an die Professionalität in pädagogischen Beziehungen

Die Frage der Möglichkeiten auf der Ebene Pädagog_innen/Sozialarbeiter_innen und Adressat_innen spielt in Bezug auf sexuelle Bildung noch eine untergeordnete Rolle. Dabei ist die interpersonale Ebene in pädagogischen Beziehungen immer vorhanden und ihr wird als Basis einer gelingenden Arbeitsbeziehung eine große Bedeutung zuteil. So besteht beispielsweise zwischen Fachkräften und Adressat_innen oft eine vertrauensvolle Arbeitsbeziehung bzw. wird diese angestrebt (vgl. Spiegel, 2018, S. 252; Wagenblass, 2015, S. 1833f.). Hinsichtlich der Sexualerziehung, zum Beispiel in stationären Einrichtungen, oder sexualpädagogischer Angebote wird die interpersonale Ebene aber, sowohl bezüglich der Möglichkeiten als auch der Grenzen, unzureichend reflektiert. Die Frage einer ausgewogenen Balance von Nähe und Distanz ist eine Herausforderung für die berufliche Praxis und muss in den Beziehungen ständig neu beantwortet werden. Sie ist Teil der Beziehungsarbeit. Vor allem in den Bereichen der Sozialen Arbeit, bei denen körperliche Interaktionen[37] Teil der Arbeit sind, ist die Reflexion von Nähe und Distanz wichtig (vgl. Schmauch, 2016, S. 33f.). Die interpersonale Ebene scheint vor allem dann von Bedeutung, wenn es um intime Themen wie Sexualität geht, aber auch beim Sprechen über Krisensituationen oder dramatische Erfahrungen wie sexuellem Missbrauch. Vertrauen in pädagogischen Beziehungen ist abhängig von der bestehenden Macht gegenüber Adressat_innen, die oft Teil pädagogischer Beziehungen ist. Vor allem im Bereich der Jugendhilfe ist das Nähe-Distanz-Verhältnis auch vom staatlichen Auftrag der Hilfe und Kontrolle geprägt, was die Machtstellung gegenüber Adressat_innen beeinflussen kann (ebd., S. 33).

Sollen Jugendliche im Rahmen ihrer psychosexuellen Entwicklung und ihrer sexuellen Sozialisation angemessen und professionell begleitet werden, ergeben sich daraus vielfältige Anforderungen an eine grundlegende Haltung zu Sexualität in den Einrichtungen (vgl. Schmauch, 2016, S. 41f.; Timmermanns, 2013, S. 261f.), an grundlegende sexualpädagogische Kompetenzen (vgl. Henningsen, 2016a, S. 54ff.) und hinsichtlich der Reflexion der eigenen beruflichen Rolle (vgl. Sielert, 2016a, S. 80). Letzteres betrifft zum Beispiel das Nähe-Distanz-Verhalten und die (sexuelle) Biografie, die auf Haltungen und Einstellungen in der Berufspraxis wirken können. Dabei sind neben allgemeinen Fragen zu Partnerschaft, Verhütung und körperlicher Aufklärung auch Fragen zu spezifischen Themen wie sexueller Vielfalt und Orientierung zu bedenken. Hier bedarf es einer sogenannten »Regenbogenkompetenz« bei den Professionellen (vgl. Schmauch, 2015, S. 172). Diese ist, so Ulrike Schmauch, jedoch nur in wenigen Einrichtungen vorhanden, demgegenüber fänden sich Formen von aktiver und (weiter

37 In einigen Bereichen der Sozialen Arbeit sind Körperkontakte unvermeidlicher Teil der alltäglichen Praxis, z. B. in Kindertagesstätten, in stationären Einrichtungen oder in Einrichtungen der Arbeit mit beeinträchtigten Menschen.

verbreitet) passiver Diskriminierung (ebd., S. 172ff.; Timmermanns, 2013, S. 260ff.). Ulrike Schmauch sieht die hier vorhandene Kompetenz bei Professionellen auf dem Stand der interkulturellen Kompetenz oder der Genderkompetenz von vor 20 Jahren (Schmauch, 2015, S. 177).[38] Uwe Sielert stellt zudem die Frage, wie sexuell sexuelle Bildung sein darf und sieht in diesem Zusammenhang den Schutz der menschlichen Integrität als zentralen Teil der (sexualpädagogischen) Interaktion, dessen Gewährleistung wiederum einen verantwortungsvollen Umgang mit Vertrauen und eine ständige Reflexion der Beziehung nötig macht (Sielert, 2016a, S. 80f.).

Es stellt sich für die Jugendhilfe die Herausforderung, wie Jugendliche selbstbestimmt sexualpädagogische Konzepte und Angebote einfordern, wie diese an den Bedürfnissen der Jugendlichen orientiert und wie Jugendliche nach Möglichkeit eingebunden werden können. Ebenso stellt sich die Frage, wie präventive Angebote integrierbar sind und wie der Schutz der sexuellen Selbstbestimmung gewährleistet werden kann. Diese Konzepte müssen im Kontext der Lebenswelt der Jugendlichen betrachtet werden und an diese anschlussfähig sein. Die Jugendhilfe muss auch die Rolle der Eltern bzw. der Sorgeberechtigten sowie die der Schule beachten und deren Wünsche und Forderungen berücksichtigen. Dies ist einerseits der rechtlichen Stellung dieser beiden Bildungs- und Sozialisationsinstanzen geschuldet, da ihnen per Grundgesetz das Recht und die Pflicht auf Bildung und Erziehung zustehen. Andererseits kann Bildung und Erziehung im Bereich der Sozialen Arbeit nicht losgelöst vom System, in dem Jugendliche leben, und von ihrer Biografie sein, da sie die Lebenskompetenz und die Bewältigung von Lebensaufgaben unterstützen will. Die für diese Aufgabe notwendigen sexualpädagogischen Kompetenzen werden in Deutschland bisher nur unzureichend in der Hochschulausbildung Sozialer Arbeit vermittelt (vgl. Henningsen, 2016a, S. 53f.; Schmauch, 2016, S. 43f.). Für den Bereich der außeruniversitären Fort- und Weiterbildung zeichnet

38 Für eine vertiefende Auseinandersetzung in Bezug auf die Bedeutung eines Konzepts zu sexueller Vielfalt und konkreten Vorschlägen zu dessen praktischer Umsetzung in der Jugendhilfe wird auf den Beitrag *Geschlechtliche und sexuelle Vielfalt als Themen der Kinder- und Jugendhilfe* von Thomas Kugler und Stephanie Nordt (Kugler & Nordt, 2015) und speziell mit Blick auf die Gestaltung diskriminierungsärmerer Einrichtungen auf die Handreichung »Jugendfreizeiteinrichtungen gegen Diskriminierung« (Eltze, 2013) verwiesen.

sich laut Anja Henningsen (2016a) eine positive Entwicklung bezüglich der sexualpädagogischen Expertise von Fachkräften ab, vor allem wenn diese nach Standards wie dem Qualitätssiegel der Gesellschaft für Sexualpädagogik arbeiten (ebd., S. 54). Für die sexualpädagogische Arbeit in der Praxis stehen entsprechende Materialien, die sich an Fachkräfte wenden, zur Verfügung, die sich sowohl in Bezug auf die didaktische und methodische Durchführung wie auch auf die Vermittlung von Fachwissen beziehen.[39] Für Anja Henningsen ist »Professionalität ein bedingungsreiches Gefüge: fachliches Wissen, methodisches Können, berufsethische Haltung und biografisch gewachsenes Selbst- und Weltverständnis prägen den professionellen Habitus von Pädagog_innen« (ebd., S. 54). Die Vermittlung von allgemein pädagogischem und speziell sexualpädagogischem Fachwissen reiche nicht aus, um Handlungskompetenz und Handlungssicherheit für die Praxis auszubilden. Es brauche ebenso praktisches Erfahrungswissen und somit eine entsprechende Verknüpfung von Theorie und Praxis. Handlungssicherheit dürfe nicht bedeuten, dass der (selbst-)kritische Blick verlorengehe, was wiederum auf die oben erwähnte Bedeutung der Reflexion der eigenen Person und der pädagogischen Situation verweist (ebd., S. 54f.).

In einer Studie zu Scham in der schulischen Sexualaufklärung von Sara-Friedericke Blumenthal (2014) wird die Bedeutung einer kritischen (Selbst-)Reflexion ebenfalls deutlich. Blumenthal verweist darauf, dass die Arbeit mit Lob zwar das vorherrschende (bewusste) Erziehungsmittel in westlichen Kulturen sei, aber auch Scham und Beschämung würden (meist unreflektiert) eine wichtige Rolle im Erziehungsprozess einnehmen und von Lehrenden als (unbewusstes) Erziehungsmittel genutzt (ebd., S. 14). Dadurch gelinge die Vermittlung von Wissen bei sexuellen Themen oft nicht. Als zentrales Ergebnis der Studie zeigt sich, neben der fehlenden Reflexion von sexueller Beschämung als Erziehungsmittel, dass einige Lehrende sich mit ihrer eigenen Sexualität zurücknehmen und vermeiden, dass diese thematisiert wird. Eine Haltung, die, so Blumenthal, auch einen Raum für sexualisierte »Gegenangriffe« von Schüler_innen eröffnet. Sie wirft die

39 Vgl. hierzu die Standardwerke: *Sexualpädagogische Materialien für die Arbeit mit Jugendlichen in Freizeit und Schule* (Sielert & Keil, 1993), *Sexualpädagogik lehren* (Sielert & Valtl, 2000), *Sexualpädagogik in beruflichen Handlungsfeldern* (Schmidt & Sielert, 2012), *Sexualerziehung konkret. Unterrichtsmaterialien für die Klassen 4–10* (Staeck, 2016) und das *Handbuch Sexualpädagogik und sexuelle Bildung* (Schmidt & Sielert, 2013).

Frage auf, ob eine restriktive Sexualaufklärung durch Lehrende von diesen auch als Schutzmöglichkeit gesehen wird, um zu vermeiden, »sexualisiert zu werden oder als sexuell an Schüler_innen interessiert wahrgenommen zu werden« (ebd., S. 165). Es zeigt sich in der Studie, dass bei Lehrkräften teils eine stark heteronormative Sicht und eine Abwertung weiblicher Sexualität vorhanden sind und im Unterricht deutlich werden. Auch Beschämung vonseiten der Schüler_innen gegenüber Lehrenden zeigt sich in der Abwertung weiblicher Sexualität (ebd., S. 162). In einem Fallbeispiel werden die Beschämung und die ablehnende bzw. nicht wertschätzende Haltung der Lehrkraft gegenüber weiblicher Sexualität und sexueller Vielfalt, die zu einer Vermeidung der Thematisierung dieser Themen durch die Schüler_innen führen, sehr deutlich herausgearbeitet (ebd., S. 85ff.).

Eine besonders sensible Thematik in pädagogischen Beziehungen ist der Umgang mit kindlicher Sexualität. Ergebnisse aus einer qualitativen Studie zu berufsbiografischen Erzählungen pädagogischer Fachkräfte zeigen unterschiedliche Haltungen und ein unterschiedliches Verständnis sowie einen daraus folgenden Umgang pädagogischer Fachkräfte in Bezug auf kindliche Sexualität (vgl. Hess et al., 2016, S. 1f., 7). Der Einbezug weiterer quantitativer Daten verweist auf eine Vielfalt in Verständnis und Umgang mit Sexualität sowie auf die daraus folgenden Auswirkungen auf die Handlungssicherheit in pädagogischen Einrichtungen. Dabei ist der Umgang mit kindlicher Sexualität maßgeblich von der Berufserfahrung der Fachkräfte abhängig. Dies führt dazu, dass Handlungsunsicherheiten mit steigender Berufserfahrung abnehmen, aber es ist fraglich (mit Blick auf die qualitativen Aussagen), ob dies auch auf eine Professionalisierung pädagogischen Handelns zurückzuführen ist (ebd., S. 10). Für eine Professionalisierung braucht es grundlegend die Anerkennung der Vielfalt dieser unterschiedlichen Sichtweisen und neben anderen Faktoren (z. B. Fachwissen) eine professionelle Reflexion der eigenen Person und des Verständnisses von kindlicher Sexualität, um einen kontinuierlichen und (selbst-)kritischen Auseinandersetzungsprozess anzuregen und zu ermöglichen (ebd., S. 10).

Ulrike Schmauch (2016), die sich auf die interpersonale Ebene im Alltag der Sozialen Arbeit bezieht, beschreibt eine nötige situationsspezifische sexualpädagogische Handlungskompetenz für Fachkräfte (ebd., S. 39). Mit Blick auf ein gelungenes berufliches Handeln sieht Schmauch Professionalität als einfühlendes Verstehen, das ermöglicht, die individuellen (z. B. körperlichen oder sexuellen) Bedürfnisse wahrzunehmen und anzuerkennen und in einem angemessenen pädagogischen Rahmen entsprechende Hilfestellungen anzubieten. Sexualität zeige sich teils als direktes Bedürfnis bei Kindern und Jugendlichen sowie als Verhalten, das auf andere (nicht direkt sexuelle) Bedürfnisse hinweisen könne. Dies könne zum Beispiel ein Bedürfnis nach Nähe und Kontakt sein, das durch ein Kind über sexualisiertes Verhalten geäußert wird. Hier kann Handeln durch nicht-sexuelle Angebote wie gemeinsame Freizeitaktivitäten geschehen oder durch Rituale bei denen Körperkontakt im Rahmen klar definierter Grenzen, zum Beispiel im Rahmen einer Umarmung, möglich ist (ebd., S. 37ff.). Dadurch kann, im Gegensatz zu Formen wie Übergehen, Zurückweisung, Verbot oder Bestrafung von sexuellen Äußerungen, die Wahrnehmung der dahinterliegenden Bedürfnisse erfolgen (ebd., S. 39). Professionelles sexualpädagogisches Handeln erfordert, in Einrichtungen »eine körper- und sexualfreundliche Atmosphäre herzustellen, Ängste zu nehmen und den guten Umgang mit Grenzen zu vermitteln sowie Menschen in ihrer individuellen psychosexuellen Entwicklung zu bestärken« (ebd., S. 39).

In der sexualpädagogischen Praxis zeigt sich in einer Studie mit sexualpädagogischen Expert_innen, dass der überwiegende Teil von ihnen die eigene Persönlichkeit als eine Schlüsselkompetenz der professionellen Tätigkeit betrachtet (vgl. Beck & Henningsen, 2018, S. 145f.). Die Autor_innen fassen die Begründungen der Expert_innen zu vier Argumenten zusammen:

> »(1) Durch den Aufbau einer (persönlichen) Beziehung können Fachkräfte einen Zugang zu Jugendlichen finden. Vertrauen, Sympathie und Respekt sind konstitutiv für eine Arbeitsbeziehung, während Misstrauen oder Scham sie zerstören. Sexualität wird als schützenswerter und verletzlicher Persönlichkeitsbereich verstanden, deren Achtung von Pädagog*innen gefordert ist. (2) Viele Sexualpädagog*innen schreiben der eigenen Person eine Vorbildfunktion zu. Sie sehen sich als Reflexionsfläche und vorbildhafte Rollenmodelle für vielfältige Lebensentwürfe. (3) Damit geht bei vielen Befragten einher, dass sie als positive Vorbilder wirken und durch ihre Haltung eine vielfaltsoffene Weltsicht sowie ein emanzipatorisches Menschenbild transportieren wollen. (4) Letztendlich sorgt auch Authentizität nach Aussagen der Sexualpädagog*innen dafür, dass Jugendliche ihr Angebot annehmen, weil sie ein glaubhaftes Unterstützungsinteresse feststellen. Es zeigt sich eine sowohl menschen- als auch sexualfreundliche Grundhaltung« (ebd., S. 146f.).

Die Bedeutung, die der eigenen Persönlichkeit von Fachkräften in der sexualpädagogischen Arbeit beigemessen wird, verweist auf die Notwendigkeit der Reflexion der eigenen Persönlichkeit und der Sexualbiografie. Eigene biografische Erfahrungen können, sofern sie unreflektiert bleiben, unbewusst den professionellen Zugang zu Jugendlichen gefährden. Aus einer reflektierten Sicht können diese Erfahrungen das empathische Verständnis erhöhen, die emotionale Selbstregulation stärken, eine realistische Selbsteinschätzung ermöglichen und somit für die professionelle Tätigkeit nutzbar gemacht werden und ein sachliches und kompetentes Handeln fördern (ebd., S. 146). Im Kontext mit diesen persönlichen Eigenschaften und Kompetenzen bedarf es für eine angemessene Begleitung Jugendlicher eines entsprechenden Wissens, das über das der klassischen Aufklärungsthemen hinausgeht. Dafür braucht es eine zielgruppenspezifische Kenntnis seitens der Fachkräfte über die Bedarfe der Jugendlichen, um sich entsprechendes Wissen aneignen zu können (ebd., S. 148). Mit Blick auf die Jugendhilfe ist dies sowohl für non-formale wie für informelle Settings von Bedeutung. Neben offenen sexuellen Bildungsangeboten, die die Persönlichkeitsentwicklung und -entfaltung der Jugendlichen in den Blick nehmen, sind für die sexualpädagogische Arbeit auch präventive Themen, wie der Schutz vor sexualisierter Gewalt, von Bedeutung (ebd., S. 148).

3.4.6 Sexuelle Bildung und Prävention sexualisierter Gewalt

Den Stellenwert der präventiven Arbeit macht eine Umfrage unter den Mitglieder_innen der Gesellschaft für Sexualpädagogik e. V., die als sexualpädagogische Expert_innen arbeiten, deutlich: Mit 39 Prozent gaben diese Prävention sexualisierter Gewalt als häufigsten Themenschwerpunkt ihrer Arbeit an, Themen wie Aufklärung (22 Prozent) oder jugendliche Sexualität (15 Prozent) lagen deutlich dahinter (vgl. Henningsen, 2016a, S. 60). Dies ist aus fachlicher Sicht interessant, denn »[o]b Didaktik der Sexualpädagogik überhaupt mit einem Präventionsinteresse zusammenpasst, wird gegenwärtig noch kontrovers diskutiert« (Sielert, 2016a, S. 82). Uwe Sielert stellt die Frage, ob die Konzentration auf Risiken, Probleme und Gefahren nicht den Zugang zu den positiven Seiten von Sexualität verstelle, vor allem, wenn beispielsweise im Grundschulbereich Kinder als erstes mit diesen negativ belegten Themen konfrontiert würden. Sexualerziehung werde so unterschwellig zu Sexualprävention und wichtige Aspekte würden so ausgespart. Daher gebe es Argumente, anlassbezogene Prävention und sexuelle Bildung getrennt anzubieten (ebd., S. 82).

Dass (sexuelle) Bildung auch präventive Komponenten haben kann, zeigt sich bei einer emanzipatorischen Haltung, die die Selbstbestimmung von Kindern und Jugendlichen im Blick hat und fördert. Bildung ist immer auch Kommunikation (verbal und nonverbal) und somit mehr als reine Wissensvermittlung. Vor allem im Bereich sexueller Themen bedeutet Bildung auch die Förderung kommunikativer Kompetenzen und die Vermittlung von sprachlichen Begriffen, um Sexualität sprachlich zu fassen und zu zeigen, dass ein Sprechen darüber möglich ist. Kommunikation ist zudem immer ein Beziehungsangebot. Dies ist sowohl für die Kommunikation und die Bindungen in Sozialisationsinstanzen wie der Familie und der Schule wichtig als auch für Jugendliche in der Peergroup beim Sprechen über sexuelle Erfahrungen und der Weitergabe von Wissen (vgl. Dannenbeck & Stich, 2005, S. 199). Auch für die Prävention sexualisierter Gewalt scheint die kommunikative Kompetenz ein wichtiger Faktor zu sein. Zimmermann et al. (2010) benennen niedrige verbale Kompetenz als Risikofaktor für Kinder, Opfer sexualisierter Gewalt zu werden (ebd., S. 23). Auch die Möglichkeiten, sich nach einem Missbrauchsereignis anderen Personen anzuvertrauen, ist von kommunikativen Kompetenzen und vertrauensvollen Bindungen abhängig (ebd., S. 24). Kein Präventionskonzept kann einen umfassenden Schutz vor sexualisierter Gewalt garantieren, aber die Förderung individueller »resilienzstärkender Aspekte« (Rendtorff, 2012, S. 148) kann diesen erhöhen sowie die Bewältigung erlebter Übergriffe, im Sinne der Vermeidung oder Bearbeitung einer Traumatisierung, positiv unterstützen. Zu diesen wichtigen persönlichen Resilienzfaktoren zählt neben den sprachlichen Kompetenzen auch Selbstwirksamkeit (vgl. Wagenblass, 2012, S. 75f.). Denn, so Barbara Rendtorff, »der beste Schutz gegen Übergriffe ist der Eigensinn« (Rendtorff, 2012, S. 149). Sexuelle Bildung, die eine Förderung individueller Kompetenzen in den Blick nimmt, in diesem Zusammenhang Wissen und Sprache zu Sexualität vermittelt und die Selbstbestimmung von Heranwachsenden unterstützt, ist eine wichtige präventive Komponente zum Schutz vor sexualisierter Gewalt. Barbara Kavemann (2016) führt speziell mit Blick auf stationäre Einrichtungen der Jugendhilfe und die Stärkung von Resilienzfaktoren an, dass die Enttabuisierung von

Sexualität; das Sprechen darüber; stabile Beziehungen und ein Gefühl der Zugehörigkeit den Selbstwert und die Resilienz positiv fördern (ebd., S. 6f.). Neben präventiven Angeboten braucht es daher auch emanzipativ arbeitende Sexualpädagogik, um dies umzusetzen (ebd., S. 9).

In der Resilienzforschung werden Herausforderungen und Krisen als sogenannte Stressoren betrachtet und als Resilienz einer Person wird die Widerstandsfähigkeit gegenüber solchen Stressoren bezeichnet (vgl. Fröhlich-Gildhoff & Rönnau-Böse, 2009, S. 9f.; Lindenberger, 2002, S. 389). Sexualisierte Gewalt stellt somit einen Stressor dar, dem die Widerstandsfähigkeit einer Person gegenübersteht. Eine Stärkung dieser Widerstandsfähigkeit unterstützt demzufolge die Bewältigung sexualisierter Gewalt. Harald Stumpe führt in Bezug auf die Prävention sexualisierter Gewalt und die damit verbundene Stärkung der Resilienz das salutogenetische Modell von Aaron Antonovsky an (vgl. Stumpe, 2018, S. 161ff.). Stumpe sieht, ausgehend von der historischen Entwicklung in Deutschland seit der Weimarer Republik, in der Ausrichtung präventiver Programme eine Einschränkung in der Tradition der Gefahrenabwehr (ebd., S. 158f., 166). Die Fokussierung auf solch präventive Strategien die als »das Nonplusultra für störungsfreie individuelle und gesellschaftliche Entwicklungsprozesse« (ebd., S. 158) gesehen werden, übersehe, dass damit neben erreichten Erfolgen auch eine starke staatliche Einflussnahme, Bevormundung und eine Einschränkung der persönlichen Interessen bis hin zu einer kapitalistisch-neoliberal orientierten Ausrichtung, die die individuelle wie die demokratische Freiheit bedrohen könne, verbunden seien (ebd., S. 159). In diesem Zusammenhang ist ein kritischer Blick auf das Resilienz-Konzept nötig. Die Forderung nach Selbstoptimierung und Gesunderhaltung im Kontext dieser neoliberalen Interessen ist mit der Erwartung verbunden, dass jeder einzelne Mensch dafür grundsätzlich selbst verantwortlich ist und sich den Anforderungen eines freien flexiblen Marktes anpasst. Zur Unterstützung dessen hat sich ein eigener Markt für Selbstoptimierungswünsche etabliert. Die Popularität des Resilienzbegriffs geht laut Stumpe einher mit der Frage und der Suche nach Risiko- und Schutzfaktoren zu Gesundheit und die Sicht auf Resilienz in den Sozialwissenschaften ist oft durch die »unternehmerische Resilienz« aus den Wirtschaftswissenschaften beeinflusst (ebd., S. 159f.). Aus einer salutogenetischen Sichtweise sind das Individuum und die Förderung der Gesundheit des Einzelnen zentral. Mit Blick auf Herausforderungen (sogenannte Stimuli oder Stressoren) bestimmt das jeweilige Kohärenzgefühl[40] den Umgang mit diesen Stressoren, was zum einen die Einordnung als positiv oder negativ empfundene Stressoren betrifft, zum anderen auch den sich anschließenden individuellen Umgang damit (ebd., S. 164). Neben der Ausbildung des Kohärenzgefühls entwickeln sich individuelle Widerstandsressourcen, die den Umgang und die Bewältigung unterstützen (ebd., S. 165). Für die Prävention sexualisierter Gewalt »ergibt sich aus salutogenetischer Sicht die Aufgabe der Stärkung des Kohärenzgefühls von Heranwachsenden, um sie ›widerstandsfähiger‹ und selbstbestimmter gegenüber von Übergriffen zu machen« (ebd., S. 165, Hervorh. i. O.). Für die Sexualpädagogik sieht Stumpe aus salutogenetischer Sicht auch eine Chance für einen anderen Umgang mit auftretenden Risiken und Krisen, um diese für die Entwicklung der Jugendlichen produktiv nutzbar zu machen, die Jugendlichen zu stärken und konkrete Handlungsstrategien zu entwickeln (ebd., S. 165f.).[41] Stumpe sieht aufgrund der Annahme, dass »gerade im Kontext von sexualisierter Gewalt und deren Prävention alle Akteure begreifen [müssen], dass die entsprechenden Gefahren und Risiken nie gänzlich ausgeschlossen werden können«, die Notwendigkeit für eine »reflektierte Verbindung der unterschiedlichen Ansätze und Strategien von präventivem und salutogenetischem Denken« in der Arbeit zum Schutz von Kindern und Jugendlichen vor sexualisierter Gewalt (ebd., S. 166). Die Entwicklung von Resilienz als Widerstandsfähigkeit gegenüber Stressoren kann somit als Teil einer umfassenderen salutogenetischen Sichtweise betrachtet werden, die die Entwicklung von Widerstandsressourcen im Blick hat, aber mit dem Konzept der Gesundheitsförderung unter Einbezug der Ebenen der individuellen Selbstbestimmung und der gesellschaftlichen Bedingungen für Gesundheit auch darüber hinausgeht.

Uwe Sielert bezieht die gewaltpräventive Wirkung von Sexualpädagogik auch auf ihre Ausrichtung auf die positiven, lustvollen und lebensbejahenden Inhalte von Sexualität (Sielert, 2016a, S. 82). Ohne Freiheit,

40 Mit dem Begriff Kohärenzgefühl wird das von Aaron Antonovsky entwickelte Konzept des Sense of Coherence (SOC) bezeichnet, welches aus drei Komponenten besteht: Verstehbarkeit, Handhabbarkeit/Machbarkeit und Bedeutsamkeit/Sinnhaftigkeit. Je stärker das Kohärenzgefühl ausgeprägt ist, desto besser können Menschen Herausforderungen (Stressoren) annehmen und bewältigen (vgl. Stumpe, 2018, S. 163f.).

41 Vgl. in Bezug auf den Umgang mit Krisen als Entwicklungschance bei Jugendlichen aus sexualpädagogischer Sicht: Beck und Henningsen (2018).

Abenteuer und Regression seien für Menschen sexuell befriedigende Erfahrungen kaum zu haben (ebd., S. 82). Kinder und Jugendliche lernen ihre Grenzen durch Erfahrungslernen kennen und können diese dadurch erweitern, was auch für die Sexualität gelte. Lernen bedeutet immer, die Erweiterung des bisher Bekannten, des Erfahrenen. Durch Feedback (Reflexion) können dabei das Bewusstsein und die Selbstwirksamkeit gestärkt, aber auch Grenzen deutlich werden. Positiv erlebte Zuneigung und Sinneserfahrungen, emotionale Zufriedenheit oder Verliebtheit sensibilisieren auch für Gewalt und Diskriminierung oder wirken sich positiv auf Lebensenergie und -mut aus (ebd., S. 83). Das Wissen und die Erfahrung, wann Kontrolle abgegeben werden kann, um positive emotionale Erfahrungen zu machen und zu empfinden oder auch selbst Zuneigung zu geben, und wann es gut ist, Grenzen nicht zu überschreiten, um sich zu schützen, kann nicht allein durch Informationen, Gebote und Verbote in präventiven Angeboten vermittelt werden (ebd., S. 83). Darüber hinaus sollte, so Uwe Sielert, früh (im Kleinkindalter) mit sexueller Bildung begonnen werden, die im Sinne einer Ich-Stärkung Körpererfahrung, Gefühlsbildung und Bindungssicherheit fördert. Sexuelle Bildung muss zielgruppenspezifische Angebote entwickeln, die sich an der Lebenswelt und dem Lebensgefühl ihrer Adressat_innen orientieren, und es muss kontinuierliche statt punktuelle Angebote geben. Dabei sind Fragen über Gefährdungen der sexuellen Selbstbestimmung und der sexuellen Gesundheit als Teil einer sexualfreundlichen Grundhaltung mit einzubeziehen. Zu einer gelingenden Präventionsarbeit gehören ebenfalls (als sexualpädagogisches Grundkonzept) eine entsprechende sexualfreundliche Einrichtungskultur und eine Netzwerkarbeit (ebd., S. 83f.).

Ein Großteil der Präventionsprogramme zu sexualisierter Gewalt für Kinder und Jugendliche beinhaltet, so Anja Henningsen (2016b), den Ansatz des Empowerments. Die Förderung der Selbstbestimmung und des Selbstbewusstseins von Kindern und Jugendlichen kann die Widerstandsfähigkeit und die Selbstschutzfertigkeiten erhöhen. Zentrale Kompetenzen, die dabei ebenfalls angestrebt werden, sind: Wissen über sexuellen Missbrauch, gefährliche Situationen bzw. Übergriffe erkennen und nach Möglichkeit beenden und das Sprechen über erlebte Missbrauchserfahrungen mit Vertrauenspersonen (ebd., S. 121f.) Deutlich ist jedoch eine Vermeidung der Thematisierung von Sexualität in diesen Angeboten. Fachkräfte scheinen gehemmt zu sein, sexuelle Themen anzusprechen. Dadurch entsteht eine Situation, die Wissen und Wertevermittlung zu sexuellen Themen und ein offenes Sprechen über Sexualität ignoriert. Diese Atmosphäre der Dethematisierung könne dazu führen, dass Fachkräfte, die ausschließlich (gewalt-)präventiv arbeiten, nicht als Ansprechpersonen von Kindern und Jugendlichen zu anderen Fragen von Sexualität wahrgenommen würden (ebd., S. 122f.). Insgesamt ist die Wirkung präventiver Ansätze unzureichend empirisch belegt (was ebenso für die gewaltpräventive Wirkung sexualpädagogischer Angebote gilt), aber laut Henningsen ist theoretisch ableitbar, dass die Wirkung bei den meist punktuellen präventiven Programmen eher gering sein dürfte, da sich Lerneffekte und Verhaltensänderungen nur langfristig einstellen. Die Förderung von Selbstbestimmung ist zudem keine Besonderheit von präventiven Programmen, sondern Teil einer humanistisch orientierten Bildung (siehe oben). Präventive Arbeit kann daher nicht allein, sondern nur als ergänzende Maßnahme und Teil eines Gesamtkonzepts wirken. Darin müssen sexualpädagogische und gewaltpräventive Ansätze die sexuelle Selbstwirksamkeit von Kindern und Jugendlichen fördern (vgl. Henningsen, 2016b, S. 123f.).

Ein entscheidender Faktor bei der Prävention von sexualisierter Gewalt ist die Professionalisierung der Fachkräfte. Anja Henningsen (2016b) sieht eine mangelnde sexualpädagogische Qualifizierung von Fachkräften als mögliche Ursache dafür, dass diese Kinder und Jugendliche mit ihrer Sexualität alleinlassen. Eine ignorante oder zu laissez faire Erziehungshaltung kann Übergriffe begünstigen. Wenn Pädagog_innen grenzüberschreitende Situationen nicht wahrnehmen oder sie bagatellisieren, kann dies als stillschweigende Zustimmung zu grenzverletzendem Verhalten interpretiert werden (vgl. ebd., S. 128). Andererseits können eine unreflektierte Haltung zu Sexualität und fehlendes Fachwissen auch zu Formen der Unterdrückung oder Kontrolle von Sexualität in der Einrichtung führen. Professionelles sexualpädagogisches Verhalten erfordert die Balance zwischen Nähe und Distanz und zwischen Kontrolle und Freiraum, um ein Einrichtungsklima zu schaffen, in dem das Recht auf sexuelle Entwicklung ebenso wie der Schutz vor Grenzüberschreitungen beachtet und umgesetzt werden. Dafür bedarf es grundlegend einer vertrauensvollen, emotional stabilen Arbeitsbeziehung und einer verständnisvollen wohlwollenden Haltung der Fachkräfte, um als Ansprechpartner_innen für sexualpädagogische Themen, aber auch im Falle von Übergriffen, wahrgenommen zu werden (ebd., S. 129). Sexualpädagogische Kompetenzen können die pädagogische Haltung und das Handeln unterstützen und zu einer Qualifizierung von Fachkräften beitragen. Zentraler Punkt ist dabei die Erhöhung der Reflexionsbereitschaft und -kompetenz der Fachkräfte. Diese muss sich genauso auf die eigene Person wie auf die pädagogische Situation oder die Einrichtungskultur beziehen. Das angesprochene Vertrauensverhältnis in der pädagogischen Beziehung muss ebenso für die kollegialen Beziehungen in der Einrichtung gelten. Es braucht eine Kommunikationskultur, die ein offenes Sprechen über Sexualität, deren Enttabuisierung und eine Thematisierung von Grenzüberschreitungen möglich macht, und dafür auch Orte, an denen dies stattfinden und entsprechend reflektiert werden kann. Die oben angesprochene Fehlerfreundlichkeit im Zusammenhang mit Intersektionalität gilt auch hier. Nur wenn es möglich ist, auch über Fehler zu sprechen, können diese bearbeitet und kann eine Kultur weiterentwickelt werden, die diskriminierungsärmer und sensibler für Grenzüberschreitungen ist und damit den Schutz vor Übergriffen erhöht (vgl. ebd., S. 133ff.). Dabei das Recht von Kindern und Jugendlichen auf Förderung ihrer Entwicklung zu individuellen Persönlichkeiten zu wahren und ihnen Möglichkeiten zur freien Lebensgestaltung und einer selbstbestimmten sexuellen Entwicklung zu schaffen, muss ebenso Teil professionellen pädagogischen Handelns sein (ebd., S. 136f.; vgl. auch Linke, 2017, S. 45f.).[42]

3.5 Zusammenfassung: Sexuelle Bildung als Herausforderung für die Jugendhilfe

In diesem Kapitel wurde an Ausführungen in den vorangegangenen Kapiteln angeschlossen und diesbezüglich neben allgemeinen Betrachtungen zu Bildung in der Sozialen Arbeit und speziell der Jugendhilfe insbesondere der Definition, Inhalten und der rechtlichen Einordnung sexueller Bildung nachgegangen. Dadurch sind Antworten auf die einleitend genannten Fragen zum Erkenntnisinteresse erarbeitet worden:

42 Rechte von Kindern sind durch unterschiedliche Grundlagen definiert. Für die Bundesrepublik Deutschland sind hier internationale Abkommen wie die UN-Kinderrechtskonvention und das Haager Minderjährigenschutzabkommen bindend. National sind Kinderrechte z.B. im Bürgerlichen Gesetzbuch (BGB) und im SGB VIII verankert und bei der Wahl der Religion berücksichtigt (Gesetz über die religiöse Kindererziehung – KerzG). Diese sind nachrangig gegenüber dem Grundgesetz (GG). In diesem sind spezielle Kinderrechte nicht berücksichtigt und per Verfassung garantiert.

1. Wie kann sexuelle Bildung in die Kinder- und Jugendhilfe integriert werden?
2. Wie müsste sexuelle Bildung in Institutionen der Kinder- und Jugendhilfe erfolgen, um die Adressat_innen zu erreichen und (emanzipatorisch) zu fördern?
3. Wie lassen sich die für die Kinder- und Jugendhilfe zentralen gesetzlich verankerten Komponenten der Förderung der Selbstbestimmung und des Schutzes von Jugendlichen in einer sexuellen Bildung abbilden?

Sexuelle Bildung verortet sich in einem humanistischen Weltbild und schließt an emanzipatorische Bildungskonzepte an (vgl. Heydorn, 1980; Freire, 1993; Thiersch, 2015). Mit ihrer Perspektive auf die individuelle Förderung der Entwicklung einer selbstbestimmten Persönlichkeit und der Haltung, die jeweiligen Adressat_innen der Bildungsangebote als aktive Akteur_innen sowie deren Bedürfnisse wahrzunehmen, hat sie das Ziel, Kompetenzen und Wissensinhalte zu sexuellen Themen zu vermitteln, mit denen diese ihren Lebensalltag gestalten und bewältigen können. Sexuelle Bildung ist ebenso direkt an aktuelle Konzepte und die grundlegende Haltung der Sozialen Arbeit als Menschenrechtsprofession anschlussfähig (vgl. DBSH, 2009, 2016; Thiersch, 2008, 2015). Sexuelle Bildung kann dabei als eine erweiterte Form einer humanistisch-kritischen und emanzipatorischen Sexualpädagogik verstanden werden, was sich sowohl auf das Alter möglicher Zielgruppen (Sexualität als Lebens- und Lernthema von der Geburt bis zum Tod) als auch auf die erweiterten inhaltlichen Punkte bezieht (vgl. Sielert & Schmidt, 2008; Valtl, 2013). Sexuelle Bildung ist mit der vorhandenen gesellschaftlichen Vielfalt und Komplexität konfrontiert, die große Herausforderungen an die Professionalisierung der Fachkräfte stellt (vgl. Schmauch, 2015, 2016; Henningsen, 2016a, b). Es gibt nicht nur die *eine* Sexualität, sondern *Sexualitäten* (vgl. Tuider, 2016), was auf die oben angesprochene notwendige »Regenbogenkompetenz« der Fachkräfte verweist (vgl. Schmauch, 2015).

Mirja Beck und Anja Henningsen fassen für die sexuelle Bildung mit Jugendlichen folgende Impulse zusammen:

> »– sie in ihren Interessen ernst nehmen und ihr Recht auf selbstbestimmte sexuelle Erfahrungen anerkennen;
> – ihnen Experimentierräume für ganzheitliche Lernerfahrungen ermöglichen, die sexuelles Lernen nicht ausschließlich kognitiv gestalten und

in diesem Zusammenhang non-formale Bildung als wichtige Ressource installieren;
- lernen denzentriert an den konkreten Erfahrungen und Handlungskompetenzen anknüpfen und nicht ausschließlich curricularen und präventiven Vorgaben folgen;
- Fachkräften eine Bereitschaft abverlangen, über sich selbst zu lernen und sich in Bedarfe Jugendlicher einzudenken;
- im Sinne eines lebenslangen Lernens auch die wechselseitigen Lernmöglichkeiten in der Interaktion von Fachkräften und Jugendlichen sehen« (Beck & Henningsen, 2018, S. 149).

Für die Jugendhilfe stellt sexuelle Bildung eine Herausforderung dar. Dies zeigt sich bereits darin, dass sie als non-formales Angebot flächendeckend kaum verankert ist, wenn angeboten, sie oft nur punktuell und zu speziell präventiven Themen auftritt und Fachkräfte eine Thematisierung eher vermeiden oder auf präventive Themen begrenzen (vgl. Henningsen, 2016b; Krolzik-Matthei et al., 2019; Winter, 2013). Eine Herausforderung ist sie auch, weil die Angebote der Jugendhilfe sich sowohl strukturell wie inhaltlich voneinander unterscheiden. Die Kinder- und Jugendarbeit, die rechtlich zur Jugendhilfe gehört, verfolgt andere Ansätze (z. B. ein hohes Maß an Freiwilligkeit, Partizipation und offene Strukturen) als Einrichtungen im Bereich der Erziehungshilfen (vgl. Scherr, 1997; Sting & Sturzenhecker, 2013). Diese unterscheiden sich wiederum deutlich in ihren Aufträgen und Strukturen zum Beispiel zwischen stationären Angeboten (Heimunterbringung) und ambulanten Angeboten (Sozialpädagogische Familienhilfe) oder zwischen freiwilligen und anonymen Beratungsangeboten und Erziehungshilfen, die ein Hilfeplanverfahren im Jugendamt benötigen (vgl. Kapitel 2). Sexualpädagogische Konzepte, wie sie für die Sexualaufklärung im schulischen Kontext entwickelt wurden, die in der Regel von externen Expert_innen durchgeführt werden, sich an Lehrplaninhalten orientieren und auf eine überwiegend altershomogene Gruppe treffen, die der Teilnahmepflicht unterliegt, sind für die Jugendhilfe nur bedingt anschlussfähig. In den offenen Angeboten der Jugendarbeit müssen die Interessen der Kinder und Jugendlichen berücksichtigt und diese eingebunden werden, ansonsten wird die Motivation zur freiwilligen Teilnahme und Mitarbeit gering sein und sexuelle Bildung würde pädagogische Grundprinzipien von Jugendarbeit außer Acht lassen (vgl. Schulz, 2013; Nörber, 2013). In Einrichtungen der Heimerziehung sind Gruppenangebote möglich und sinnvoll, müssen aber zum Beispiel die in der Regel bestehende größere Altersstreuung und damit den Entwicklungsstand der Kinder und Jugendlichen berücksichtigen. Auch muss sexuelle Bildung in der Jugendhilfe dem gesetzlichen Auftrag in Bezug auf Förderung und Entwicklung nachkommen und darf sich nicht auf rein präventive und punktuelle Angebote zurückziehen, um kindlicher und jugendlicher Entwicklung gerecht zu werden (vgl. Linke, 2015, 2017; Tuider, 2016). Sexuelle Bildung wird somit zu einem komplexen Konzept, das sich inhaltlich auf die Bedürfnisse der Zielgruppe und die vorhandenen Strukturen ausrichten und sich diesen anpassen muss. Zu diesem Gesamtkonzept sexueller Bildung in der Jugendhilfe gehören externe und auch punktuelle Angebote der Sexualpädagogik und der Prävention, die jedoch in ein sexualfreundliches Einrichtungskonzept eingebettet sein und begleitet werden müssen (vgl. Henningsen, 2016b; Kavemann, 2016).

Sexuelle Bildung in der Jugendhilfe findet zu einem Großteil im nonformellen und informellen Bereich statt (vgl. Schmauch, 2016; Thiersch, 2015). Die Fachkräfte nehmen hier eine zentrale und entscheidende Rolle ein. Sie entscheiden, in welchem Rahmen und zu welchen Themen Kommunikation möglich ist, legen Freiräume und Grenzen fest, schaffen die Basis, wie mit Übergriffen und Grenzverletzungen umgegangen wird, welche Möglichkeiten der Beschwerde bestehen, und sind mit ihrer Persönlichkeit und ihrem kollegialen Umgang untereinander Vorbilder. Das heißt auch, dass die Machtverhältnisse, die in den (sozial-)pädagogischen Beziehungen und den Einrichtungen bestehen, reflektiert werden müssen. Fachkräfte, Teams und Leitungen verfügen über Macht gegenüber den Adressat_innen und entscheiden so, welche Themen offen besprochen oder vermieden und damit tabuisiert werden, oder welche Konsequenzen bei Grenzüberschreitungen drohen (vgl. Krolzik-Matthei et al., 2019; Rommelspacher, 2012; Schmauch, 2016; Thiersch, 2015). Kinder und Jugendliche als aktive Akteur_innen schaffen innerhalb ihrer Peergroup auch ohne Zutun der Erwachsenen Strukturen des Umgangs und Formen der Kommunikation (vgl. Schulz, 2013; Nörber, 2013). Ob die Möglichkeit besteht und genutzt wird, sich bei Bedarf an eine Fachkraft zu wenden, hängt vom Bestehen vertrauensvoller, belastbarer und von Verständnis geprägter Arbeitsbeziehungen ab (vgl. Mantey, 2017, 2018). Ob Fachkräfte bei Grenzverletzungen oder Übergriffen intervenieren und wie sie dies tun, ist ebenfalls von einem Verständnis der Lebenswelt der Jugendlichen, aber auch vom Fachwissen sowie einer reflektierten Haltung abhängig (vgl. Linke, 2017). Die wohl größte Herausforderung für die Jugendhilfe ist, den Schutzaspekt zu gewährleisten und den gesetzlichen Schutzauftrag umzusetzen und dabei die Notwendigkeit zu beachten, dass kindliche und jugendliche Entwicklung auch Freiräume braucht, Grenzerfahrungen Teil einer individuellen Entwicklung sind und Kinder und Jugendliche ein Recht auf freie Persönlichkeitsentfaltung haben. Speziell beim Thema der Sexualität sind dafür eine reflektierte und wohlwollende professionelle Haltung und Fachwissen bei den Fachkräften in der Einrichtung nötig (vgl. Schmauch, 2016; Sielert, 2016a; Valtl, 2013). Insbesondere die Kompetenzen in Bezug auf ein situatives Handeln scheinen für das informelle Lernen und Interventionen von Bedeutung zu sein.

Sexuelle Bildung muss dabei einem realistischen fachlichen Verständnis folgen, wonach dem Ziel der Unterstützung und Förderung von Jugendlichen im Sinne der möglichen Selbstbestimmung persönliche und gesellschaftliche Grenzen gesetzt sind (vgl. Scherr, 1997). Sie muss ebenso berücksichtigen, dass es zu Krisen und chaotischen Momenten kommen kann, die die Arbeit beeinflussen oder geplante Bildung (zumindest zeitweise) unmöglich machen, und nach Möglichkeiten suchen, wie Jugendliche in solchen Phasen erreicht werden können (vgl. Bock, 2008). Sexuelle Bildung kann nicht unpolitisch sein. Die Sensibilität für Benachteiligungen und die kritische Reflexion der bestehenden Machtverhältnisse im Bereich der Pädagogik und der Sozialen Arbeit braucht eine politische Grundhaltung (vgl. Freire, 1993; Thiersch, 2015). Bildung als Konzept zu verstehen, das die Bedürfnisse von Jugendlichen, eine individuelle Förderung, Selbstbestimmung und Mitgestaltung zentral setzt und sich damit von ökonomisch-neoliberalen Konzepten abgrenzt, ist politisch (vgl. Merkel, 2005; Michel & Sünker, 2010; Preissing, 2003; Scherr, 1997). Die Bedürfnisse der Adressat_innen aufzugreifen, deren Lebenswelt und -themen ernst zu nehmen und sich dadurch mit Konzepten einer gesellschaftlichen und sexuellen Vielfalt zuzuwenden und diese in einen fachlichen, wissenschaftlichen und/oder öffentlichen Diskurs zu bringen, folgt ebenfalls einem politischem Verständnis (vgl. i-PÄD, 2015; Timmermanns, 2016). Dazu kommt, dass Sexualität immer wieder für politische Zwecke genutzt wird (vgl. Herzog & Binswanger, 2017; Sielert, 2016b) und die gesellschaftlichen Vorstellungen über und der Umgang mit Sexualität das pädagogische Handeln beeinflussen (vgl. Hess et al., 2016). Bildung ist abhängig von der Kultur und unterliegt historischen Veränderungen. Wie am Beispiel der Bildung allgemein und speziell der sexuellen Bildung deutlich wurde, haben sich die Konzepte deutlich verändert und mehr den Bedürfnissen und der Lebenswelt der Adressat_innen angenähert. Diese Entwicklung gilt es durch die Erweiterung der Perspektive auf intersektionale Konzepte weiter zu verfolgen. Gesellschaftliche Herausforderungen, wie die Arbeit mit Geflüchteten, machen dies deutlich und erzeugen zugleich aufgrund ihrer Dringlichkeit einen Handlungsdruck innerhalb der Jugendhilfe (vgl. 2.1.6).

Sexuelle Bildung, die an eine (neo-)emanzipatorische Sexualpädagogik und eine reflexiv-kritische Sexualerziehung anschließt, kann keine präventiven Konzepte ersetzen, beinhaltet aber in ihrer Ausrichtung wichtige präventive Elemente. Wird sexuelle Bildung komplexer gedacht, so geht sie über die direkte Bildungsarbeit mit den Jugendlichen hinaus und bezieht weitere Punkte wie die Professionalisierung der Fachkräfte und die Organisations- und Einrichtungsstruktur und -kultur ein. In solch einem Konzept sexueller Bildung müssen emanzipatorisch auf die Selbstbestimmung ausgerichtete Angebote wie auch präventive Angebote innerhalb einer sexualfreundlich ausgerichteten Einrichtungskultur berücksichtigt werden.

4 Anlage und Durchführung der empirischen Untersuchung

In diesem Kapitel wird die Anlage und Durchführung der durchgeführten Grounded-Theory-Studie dargestellt. Ausgehend vom vorliegenden Forschungsinteresse und den Fragestellungen, die mit Blick auf die bisherigen Erkenntnisse betrachtet werden, folgt die forschungsmethodische Einordnung. Grundlegenden Überlegungen zur qualitativen Forschung und Fragen von Reflexivität in der Forschung schließen sich forschungsethische Überlegungen und die Einordnung in die Grounded-Theory-Methodologie an. Im zweiten Abschnitt werden die Erhebungsmethode und der Feldzugang betrachtet sowie ein Überblick über die Interviews gegeben. Im dritten Teil erfolgt die Darlegung des forschungsmethodischen Vorgehens nach der Grounded-Theory-Methodologie. Einer theoretischen Beschreibung der Auswertungstechniken schließt sich eine Darlegung des praktischen Vorgehens an. Die Diskussion der Bedeutung von Subjektivität und (Selbst-)Reflexivität in einem Forschungsprozess ist ein zentraler Aspekt in diesem Kapitel und wird daher im vierten Abschnitt gesondert aufgegriffen. Neben theoretischen Betrachtungen erfolgen beispielhaft Reflexionen zu ausgewählten Situationen im Forschungsprozess.

4.1 Theoretische Grundlegung

4.1.1 Erkenntnisinteresse und Forschungsfragen im Kontext forschungsmethodischer Überlegungen

Das Erkenntnisinteresse der Arbeit bezieht sich auf die Erfahrungen und Bedarfe von Jugendlichen mit sexueller Bildung in Einrichtungen der Jugendhilfe. Aus diesem Grund erfolgte in dem vorangegangenen Kapitel eine theoretische Auseinandersetzung mit dem Bildungsbegriff und dem

Konzept von Bildung mit Blick auf die Jugendhilfe. Nach Albert Scherr beinhaltet Bildung in der Jugendarbeit die Unterstützung und Förderung der Adressat_innen zu mündigen und selbstbewussten Individuen (Scherr, 1997, S. 22f.). Im Mittelpunkt der Bildung stehen die Jugendlichen und ihre Persönlichkeitsförderung sowie eine Lebensweltorientierung. Die Eigensinnigkeit und die individuellen Lebensentwürfe und -praxen sind, so Scherr, dementsprechend ernst zu nehmen (ebd., S. 74f.). Dies schließt an die rechtliche Verankerung der Förderung in § 1 des SGB VIII an. Marc Schulz beschreibt unterschiedliche Nutzer_innentypen von Angeboten in der offenen Jugendarbeit: Adressat_innen, die verbindliche Arbeitsbeziehungen mit Fachkräften eingehen; Mitwirkende und Mitgestalter_innen, die eigene Ideen umsetzen, und Akteur_innen, die den Rahmen für ihre Inszenierungen nutzen (Schulz, 2013, S. 54f.). Unter Berücksichtigung dessen, dass Bildung in der Jugendarbeit auf die Jugendlichen als Persönlichkeiten gerichtet ist, dabei grundlegende Prinzipien einer offenen Jugendarbeit wie Freiwilligkeit oder Partizipation beachtet werden und diese mit verschiedenen Nutzer_innentypen konfrontiert ist, sollte die Sicht der Adressat_innen eingebunden sein, um die Angebote daran auszurichten. Der Anspruch, die Sichtweisen von Menschen zu erfassen, wird grundlegend für die qualitative Forschung formuliert, deren Ziel es ist, »Lebenswelten ›von innen heraus‹ aus der Sicht der handelnden Menschen zu beschreiben« (Flick et al., 2017, S. 14). Ein weiterer wichtiger Aspekt ist, neben der Berücksichtigung der subjektiven Sicht, die Interaktion zwischen den Personen im Forschungsfeld. Grundlegend schließt dies an die Ideen des Pragmatismus und des symbolischen Interaktionismus an. Interaktion wird als Handeln in einer wechselseitigen Beziehung zwischen Subjekten gesehen (vgl. Denzin, 2017, S. 137). Daraus folgt die Überlegung, dass es keinen neutralen Status beteiligter Personen geben kann (vgl. Equit & Hohage, 2016b, S. 17). Dies lässt sich auf Fachkräfte in der Sozialen Arbeit beziehen, die als Subjekte handeln und das Handeln der Adressat_innen beeinflussen können, und ebenso auf Forschende. Diese sind, so Equit und Hohage (2016b), nicht neutral und unbeteiligt. Sie könnten durch Interaktion Einfluss nehmen bzw. sind in Bezug auf die Erfassung und Beurteilung der Daten subjektiv beeinflusst, was auf die Notwendigkeit einer Reflexivität im Forschungsprozess hinweist (ebd., S. 17).

Von den in der Einleitung genannten Fragen, die zu Beginn des Arbeitsprozesses formuliert wurden, bieten sich vor allem die folgenden Fragen für eine qualitative Studie an:

1. Welche Erfahrungen haben Jugendliche in Bezug auf sexuelle Bildung und welche Bedarfe lassen sich beschreiben?
2. Wie wirken sich Gegebenheiten in Bezug auf die Sozialisation und die Lebenswelt Jugendlicher auf sexuelle Bildung aus?
3. Welche sozialen Beziehungen lassen sich für Jugendliche als Adressat_innen beschreiben und wie wirken sich diese auf die sexuelle Bildung aus?
4. Wie müsste sexuelle Bildung in Institutionen der Kinder- und Jugendhilfe erfolgen, um die Adressat_innen zu erreichen und zu fördern?

Damit sind die Aufgaben einer forschungsmethodischen Einordnung der Studie verbunden sowie die Wahl einer geeigneten Datenerhebungsmethode und eines entsprechenden Auswertungsverfahrens. Zum grundlegenden Umgang mit sozialen Daten schreiben Peter Atteslander (2006):

> »Wie sich für den Historiker Quellen nie aus sich selbst verstehen, gibt es für den Sozialwissenschaftler keine sozialen Daten an und für sich: Sie bedürfen der Analyse und Interpretation. Gerade weil es für Menschen durch eigenes Erleben verschiedene soziale Wahrheiten gibt, ist es Aufgabe von Theorie und Methodik, höchstmögliche Wahrhaftigkeit bei der Erhebung sozialer Daten zu erreichen und systematische und kontrollierbare Interpretation der Befunde zu ermöglichen« (Atteslander, 2006, S. 1).

Daraus lassen sich Anforderungen an die Forschungsarbeit ableiten. Der Forschungsprozess muss transparent und nachvollziehbar sein und die Analyse und Interpretation der Daten verlangen ein methodisches Vorgehen. Für die Arbeit mit sozialen Daten ergeben sich folgende Fragen: Wie erhalte (erhebe) ich soziale Daten? Wie werte ich diese aus? Wie wird dabei Subjektivität berücksichtigt? Wie wird mit unterschiedlichen Wahrheiten umgegangen? Welche Erfordernisse ergeben sich durch die Arbeit mit sozialen Daten? Diese Anforderungen und Fragen beziehen sich auf zentrale Punkte des methodischen Vorgehens in dieser Arbeit und werden in den folgenden Abschnitten dargelegt: die methodische Einordnung, die Form der Datenerhebung, die Auswertungsmethode und die Forschungsethik.

Die oben genannten Forschungsfragen sind, wie eingangs benannt, dabei als Leitfragen zu verstehen, die das Erkenntnisinteresse rahmen und die theoretische wie empirische Herangehensweise bestimmen. Forschungsfragen können unter Einbezug der Erkenntnisse im Forschungsprozess verändert werden (vgl. Flick, 2017, S. 258). Uwe Flick sieht die Fragestellung als entscheidenden Faktor, die über Erfolg oder Scheitern bestimmt und das Forschungsdesign entscheidend beeinflusst (ebd., S. 258). Forschungsfragen müssen einerseits sehr klar und eindeutig, andererseits so offen sein, dass sie im Forschungsprozess weiterentwickelt werden können (ebd., S. 258). Fragestellung und Forschungsinteresse sollen mit den zur Verfügung stehenden Ressourcen abgeglichen werden und müssen unter den gegebenen Voraussetzungen zu beantworten sein (ebd., S. 259). Für die Beantwortung der Fragestellung wurde die Grounded-Theory-Methodologie als ein qualitatives Verfahren gewählt, was in den folgenden Abschnitten näher begründet wird. Die individuelle Sichtweise der Subjekte, ihre Erfahrungen und Reflexionen, sollen dadurch besser in den Blick kommen. Auch die oben vorgenommenen Ausarbeitungen mit Blick auf eine intersektionale Perspektive in der Jugendarbeit stärken ein qualitatives Vorgehen. Eine Erfassung von Diskriminierungserfahrungen und eine mögliche Überschneidung von Diskriminierungsformen und deren Wirkungen scheinen dem Autor qualitativ besser erfassbar.

4.1.2 Überlegungen zu einem qualitativen Forschungsansatz

In einer sozial- und humanwissenschaftlich orientierten Forschung stehen Menschen als zu untersuchende Individuen und/oder Gruppen im Zentrum der wissenschaftlichen Arbeit. Sie sind der Gegenstand, auf den die Forschung orientiert sein sollte (vgl. Mayring, 2002, S. 20). Insbesondere für die Untersuchung und Beschreibung subjektiven Erlebens (vgl. Flick, 2016, S. 41) und der Lebenswelt von Menschen aus ihrer Sicht und ihrer Innenperspektive ist ein qualitativer Zugang nötig (vgl. Flick et al., 2017, S. 14; Reinders, 2005, S. 19, 97). Qualitativer Forschung kommt aufgrund der zunehmenden Lebensvielfalt und der Dynamik in den postmodernen Gesellschaften, die in der Regel mit einer stärkeren Individualisierung verbunden ist, eine besondere Aufgabe zu. Sie ist aufgrund ihrer methodischen Vielfalt und der induktiven Vorgehensweise gut geeignet, diese Lebenswelten zu untersuchen (vgl. Flick, 2016, S. 22f.). In der Erfassung und Rekonstruktion bzw. Interpretation dieser subjektiven Perspektiven liegt ihre Abgrenzung zu quantitativen Verfahren: »Ihr Forschungsauftrag ist [das] *Verstehen*« (Helfferich, 2011, S. 21, Hervorh. i. O.). Dafür bedarf es einer grundsätzlichen Offenheit für die zu untersuchende Lebenswelt und die

Perspektive der Adressat_innen: Es gibt zu Beginn des Forschungsprozesses noch keine feste Vorstellung, sondern die Bereitschaft Neues zu entdecken (vgl. Flick et al., 2017, S. 17). Die Entscheidung für einen qualitativen Zugang macht aufgrund der unterschiedlichen theoretischen Zugänge und der methodischen Vielfalt eine weitere Eingrenzung und Einordnung nötig. Je nach Forschungsperspektive ergeben sich unterschiedliche theoretische Positionen und Methoden, die ein Forschungsdesign leiten (ebd., S. 18f.). Mit einem Fokus auf die subjektiven Sichtweisen von Adressat_innen ergibt sich ein theoretischer Bezug zur Theorie des symbolischen Interaktionismus, für die Datenerhebung kommt die Form des Interviews als geeignete Methode infrage und für die Auswertung können Codierverfahren genutzt werden (ebd., S. 18f.).

Der symbolische Interaktionismus bildet eine theoretische Grundlage für die Berücksichtigung von Subjektivität in der qualitativen Forschung. Die Adressat_innen werden als Handelnde innerhalb ihrer Lebenswelt betrachtet (vgl. Denzin, 2017, S. 138). Die Interaktionen zwischen den Adressat_innen werden als Handlungen in einer wechselseitig beeinflussten Beziehung zwischen diesen gesehen (ebd., S. 137). Die Handlungen stehen in einer Abhängigkeit zu bestehenden Strukturen und zur Verfügung stehenden Ressourcen, die unter anderem im Zusammenhang mit sozialen Faktoren wie Class, Race und Gender zu betrachten sind (ebd., S. 138). Kennzeichnend für den symbolischen Interaktionismus ist, dass der Nutzen von umfassenden allgemeinen Theorien abgelehnt wird. Er setzt die biografischen Erfahrungen der Adressat_innen zentral und zielt darauf ab, Theorien eng an diesen zu entwickeln (ebd., S. 141). Norman K. Denzin schreibt, zur Einordnung des Interaktionismus, es gehe um »verschiedene Geschichten über die soziale Welt, Geschichten, die sich Menschen über ihr Leben und die Welten, in denen sie sich bewegen, erzählen, Geschichten die gelingen, aber auch scheitern können« (Denzin, 2017, S. 145).

Um den Erfahrungsgehalt der Geschichten herauszuarbeiten, müssen diese narrativen Konstruktionen, die Wahrheit und Fakten individuell unterschiedlich verbinden, rekonstruiert und interpretiert werden (ebd., S. 145f.). Dabei ist zu beachten, dass es nicht *die* eine gültige Version einer Wahrheit gibt und somit auch die Ergebnisse als das Werk der Forschenden eine begrenzte Gültigkeit haben. Eine Garantie auf Wahrheit und Objektivität kann es nicht geben (ebd., S. 146f.). Ein wesentlicher Punkt, der daraus abgeleitet werden kann, ist die Rolle der forschenden Person. Die Ergebnisse wären aus dieser Sicht immer mit Blick auf ihr Zustandekommen durch die forschende Person zu betrachten. Andererseits bezieht sich dies auf die Interaktionen im Forschungsprozess. Wenn ein Interview als Interaktion (als gemeinsame Handlung der Beteiligten) verstanden wird und die Daten als eine Konstruktion betrachtet werden, die unter diesen Umständen zustande kommen, ist folglich auch die Rolle der forschenden Person in dieser Interaktion von Bedeutung. Auch für anschließende Arbeiten wie das Auswerten und Interpretieren ist es somit von Bedeutung, ob dies allein oder mit mehreren Personen geschieht (vgl. Breuer & Muckel, 2016; Denzin, 2017).

Die grundsätzlich geforderte Offenheit der qualitativen Forschung gegenüber dem Gegenstand scheint in einem Widerspruch zum Vorwissen, der subjektiven Sicht und den Erfahrungen von Forschenden zu stehen. Die verlangte unvoreingenommene, offene Haltung gegenüber dem Forschungsgegenstand kann theoretisches Vorwissen und biografische Erfahrungen nicht ausschließen (vgl. Straus, 1994, S. 36f.). Forschende verfügen in gewissem Maße immer über bestimmtes Wissen und Erfahrungen bezüglich des Feldes.[43] Es könne sogar nötig sein, so Hans Oswald, dass Vorwissen zu bestimmten Themen vorhanden ist, damit eine offene Haltung für den Forschungsprozess und gegenüber dem Forschungsgegenstand entwickelt werden kann (Oswald, 2013, S. 198). Dieses Vorwissen muss mit Blick auf ein weitestmögliches offenes und reflexives Herangehen an den Forschungsgegenstand betrachtet werden. Die Herangehensweise, sich dem Forschungsgegenstand unter einer offenen Fragestellung zu nähern, soll ermöglichen, die soziale Wirklichkeit in dem für die Forschung ausgewählten Bereich zu erfassen. Das Ziel ist nicht eine vorherige Hypothesenbildung und eine sich anschließende Prüfung dieser Hypothesen (vgl. Flick, 2016, S. 124; Reinders, 2005, S. 42f.). Franz Breuer und Petra Muckel sprechen von einer nötigen theoretischen Offenheit gegenüber dem Gegenstand, die über eine reflektierte Offenheit erlangt werden müsse (Breuer & Muckel, 2016, S. 71). Dies kann so verstanden werden, dass eine Theorie über den Gegenstand zurückgestellt werden muss, bis sich diese im Auswertungsprozess aus den Daten ergibt, wobei eine Reflexion des Forschungsprozesses und der forschenden Personen erfolgen muss (vgl. auch Hoffmann-Riem, 1980).

Für qualitative Forschung ist die Reflexivität der forschenden Personen ein wichtiger Aspekt (vgl. Flick, 2016, S. 29). Dies beruht auf der An-

43 Vgl. zum Vorwissen des Autors in Bezug auf das Forschungsfeld Gliederungspunkt 1.3.

Teil III

nahme, dass die Wahrnehmung der sozialen Welt immer aus einer subjektiven Perspektive geschieht, die von Vorurteilen und Vorannahmen geprägt ist (vgl. Bourdieu, 1993, S. 366). Uwe Flick betont, dass dies zum Forschungsprozess gehört, die Reflexionen der Forschenden daher in die Ergebnisse einfließen sollten und deren Subjektivität nicht als Störfaktor zu betrachten ist (Flick, 2016, S. 29). Eine qualitative Vorgehensweise kann aus dieser Sicht nicht ohne einen (wissenschaftlichen und persönlichen) Erkenntnisprozess gelingen. Damit stellt sich für eine forschende Person die Aufgabe, sich eine reflektierte Offenheit zu erarbeiten (Breuer & Muckel, 2016, S. 73). Dieser Begriff erweitert die Offenheit gegenüber dem Forschungsgegenstand um die Offenheit gegenüber der forschenden Person selbst. Sie verweist damit auf eine Haltung der Offenheit und Sensibilität für Selbstreflexion und die Entwicklung einer entsprechenden Kultur der Reflexion im Forschungsprozess (ebd., S. 73). Die Entscheidung für qualitative Forschung und eine Forschungsperspektive, die die subjektive Sicht von Adressat_innen erfassen will, verlangt von Beginn an die Bereitschaft zur (Selbst-)Reflexion.[44] Die Reflexivität im Forschungsprozess gilt als ein wichtiges Güte- und Evaluationskriterium qualitativer Forschung (vgl. Hülst, 2013, S. 296). Die Reflexion der eigenen Subjektivität und des Vorgehens sowie der kritische Blick der Forschenden auf sich selbst sind zentrale Bestandteile des gesamten Forschungsprozesses. Dass Forschende eine Reflexionskompetenz entwickeln müssen, ergibt sich nicht nur aus diesen eher forschungsmethodisch orientierten Überlegungen. Auch die Umsetzung forschungsethischer Grundsätze bedarf einer (selbst-)reflexiven Kompetenz und grundlegend braucht die Anerkennung der Notwendigkeit von (Selbst-)Reflexion die Verinnerlichung ethischer Werte (vgl. Miethe, 2013, S. 933f.).

4.1.3 Forschungsethische Abwägungen

Die Berücksichtigung und die Einbindung grundlegender ethischer Prinzipien in der sozialwissenschaftlichen Forschung sollte zum einen Standard

44 Für das Untersuchungsanliegen war die Reflexion des Vorwissens und der Vorerfahrungen des Autors nötig, um eine Offenheit in Bezug auf den Gegenstand und das induktive Vorgehen zu schaffen. Beispiele für Reflexionen während des Forschungsprozesses werden im Gliederungspunkt 4.4 angeführt.

einer guten wissenschaftlichen Praxis und eines professionellen Verständnisses sein, zum anderen für bestimmte Themen und Zielgruppen spezifisch angereichert werden. Bei einem Forschungsthema im Bereich der Sexualität, das sich mit sehr persönlichen und intimen Bereichen beschäftigt, ist dies ebenso geboten wie bei der Forschung mit minderjährigen Personen als Zielgruppe (vgl. Helfferich, 2011; Poelchau et al., 2015; Thole & Grosse, 2015). Christel Hopf nennt vier wesentliche Punkte, die forschungsethisch zu berücksichtigen sind:

> »Typische, auch in der qualitativen Sozialforschung immer wieder gestellte Fragen sind dabei u. a.: die Frage nach der Freiwilligkeit der Teilnahme an Untersuchungen, die Frage nach der Absicherung von Anonymitäts- und Vertraulichkeitszusagen, die Frage nach der Vermeidung von Schädigung derer, die in Untersuchungen einbezogen werden, oder auch die Frage nach der Zulässigkeit verdeckter Formen der Beobachtung« (Hopf, 2016, S. 195).

Ingrid Miethe (2013) verweist, ebenso wie Hopf (2016), auf die oben genannten Punkte (vgl. Miethe, 2013, S. 928) und betont, dass es neben diesen formalen Kriterien der Verinnerlichung ethischer Grundwerte der Entwicklung einer selbstreflexiven Haltung bei den Forschenden bedarf, um eine forschungsethische Sensibilität zu entwickeln (ebd., S. 934).

Für die Erhebung ist grundsätzlich zu beachten, dass die Teilnahme am Interview immer freiwillig erfolgen und eine informierte Einwilligung schriftlich vorliegen muss (vgl. Helfferich, 2011, S. 190ff.). Die Einschätzung, ob die Interviewteilnehmer_innen in der Lage sind, diese zu geben, richtet sich nach bestimmten Kriterien, bedarf aber auch der ethischen Kompetenz der Forschenden. Bei Jugendlichen ab 14 Jahren und der Einschätzung, dass eine entsprechende Reife vorliegt, um die Tragweite der Einwilligung einschätzen zu können, war die zusätzliche Einwilligung der Sorgeberechtigten bis 2018 nicht erforderlich (vgl. Poelchau et al., 2015, S. 2; vgl. hierzu ab 2018: EU-DSVGO). Es liegt in der Verantwortung der Forschenden, die zur Einwilligung nötigen Informationen adressat_innengerecht zu kommunizieren:

> »Besondere Anstrengungen zur Gewährleistung einer angemessenen Information sind erforderlich, wenn davon auszugehen ist, dass die in die Untersuchung einbezogenen Personen aufgrund ihres Bildungskapitals, ihrer Milieu- oder Schichtzugehörigkeit, ihrer sozialen Lage oder ihrer Sprachkompetenzen nicht ohne spezifische Informationen die Intentionen und

Modalitäten des Forschungsvorhabens durchdringen können« (DGfE, 2016, S. 3; vgl. auch DGS, 2017).

Bei der Arbeit mit persönlichen Daten sind bestimmte gesetzliche Grundlagen zu beachten. Das Grundgesetz der BRD schafft die Basis des Persönlichkeitsrechts. In der weiteren gesetzlichen Ausführung zum Datenschutz sind das Bundesdatenschutzgesetz (BDSG) und die Gesetze der Länder bindend.[45] Durch die Neuregelung auf europäischer Ebene und die Einführung der Datenschutzgrundverordnung (EU-DSGVO) ergeben sich ab 2018 neue gesetzliche Regelungen mit Auswirkungen auf das Bundesdatenschutzgesetz.[46] Grundsätzlich besteht für Forschende wie für beruflich Tätige im Feld der Sozialen Arbeit Schweigepflicht. In einen ethischen Konflikt können Forschende allerdings dann geraten, wenn sie durch ein Gericht zur Offenlegung aufgefordert werden, da für sie kein Zeugnisverweigerungsrecht besteht (vgl. Hopf, 2016, S. 200).

Bei Forschungsvorhaben zu sensiblen Themen, wie im Bereich der Sexualität, kann es ebenfalls zu ethisch schwierigen Situationen kommen. Das Bekanntwerden oder das Aufdecken eines sexuellen Missbrauchs stellt eine solche Situation dar. In der *Bonner Ethik-Erklärung – Empfehlungen für die Forschung zu sexueller Gewalt in pädagogischen Kontexten* wurden Hinweise zum Umgang erarbeitet und die rechtlichen Bestimmungen dargelegt (vgl. Poelchau et al., 2015, S. 3, 5).

Für die Auswahl der Interviewpartner_innen sollte, mit Blick auf die Kompetenz zur narrativen Erzählung und die ethischen Aspekte, ebenfalls der Zusammenhang zwischen Alter und zu erwartender Reife, Sprachvermögen und Problemverständnis berücksichtigt werden (vgl. Lucius-Hoene & Deppermann, 2004). Neben diesen Kriterien sollten Forschende auch die durch eine narrative Erzählung stattfindenden Erinnerungen, die zu möglichen Retraumatisierungen führen können, bedenken und sich fragen, ob dies den Erzählenden zumutbar ist und wie sie dies begleiten könnten. Weitere Punkte, die zu berücksichtigen sind, sind der Bekannt-

45 Das Vorgehen der Erhebung und der Umgang mit den Daten wurden mit dem Datenschutzbeauftragten der Hochschule Merseburg abgestimmt.

46 Die Interviewerhebungen wurden vor Einführung der neuen Regelung abgeschlossen. Vor allem hinsichtlich der Einwilligungsfähigkeit ergeben sich mit der Neuregelung in Bezug auf die Befragung von Jugendlichen neue Altersgrenzen. So brauchen Jugendliche nach der EU-DSVGO bis zur Vollendung des sechzehnten Lebensjahres auch die Einwilligung der Sorgeberechtigten.

heitsgrad zwischen Interviewenden und Befragten sowie der öffentliche Status der erzählenden Person, die zu Befangenheit oder zu Problemen bei der Gewährleistung des Datenschutzes führen können (ebd., S. 297f.).

Eine Anonymisierung der persönlichen Daten dient dem Schutz der interviewten Personen. Dies muss von den Forschenden zugesichert werden, ebenso wie der Datenschutz und die Datensicherheit. Daten sollten aus diesen Gründen immer anonymisiert werden. Von diesem Vorgehen kann nur dann abgesehen werden, wenn dies bedingt durch ein spezielles Forschungsinteresse und -feld begründet und mit den Persönlichkeitsrechten vereinbar ist oder es von den interviewten Personen ausdrücklich gefordert wird. Hier kann dem Wunsch entsprochen werden, wenn dadurch keine anderen Personen oder Institutionen betroffen sind, die diesen Wunsch nicht äußern oder eine Anonymisierung fordern (vgl. Miethe, 2013, S. 931f.). Die Publikation von Forschungsergebnissen ist für die wissenschaftliche Arbeit unausweichlich. Neben dem Schutz der Persönlichkeit durch eine Anonymisierung ist hier eine verantwortungsvolle Auswahl der zu publizierenden Daten, insbesondere bei Zitaten, zu treffen. Über die Rückmeldung der Ergebnisse an die interviewten Personen wird ein fachlicher Diskurs geführt, in dem Uneinigkeit herrscht. Dies ist darin begründet, dass sozialwissenschaftliche Forschung sehr vielfältig ist. Forschende müssen hier im jeweiligen Einzelfall entscheiden, welches Vorgehen angemessen ist (ebd., S. 932f.).

Für die durchgeführten Interviews im Rahmen der Dissertation wurde von Beginn an die Entscheidung gefasst, eine durchgehende und vollständige Anonymisierung vorzunehmen. Dies ist vor allem in der Absicht begründet, die interviewten (und zum Zeitpunkt der Erhebung teilweise noch minderjährigen) Personen zu schützen. Ebenso ist die Anonymisierung wichtig, um eine mögliche Schädigung weiterer Beteiligter, wie Fachkräfte oder Einrichtungen, auszuschließen. Im Vorfeld der Erhebung erfolgte eine Information der Einrichtungen und der interviewten Personen, bei der das Forschungsinteresse und der Umgang mit den Daten offengelegt wurden. Dies geschah immer in einem persönlichen Gespräch (teils direkt im persönlichen Kontakt, teils in einem telefonischen Vorgespräch). Vor dem Interview wurden die Jugendlichen über die Einwilligung zum Interview, den Datenschutz und die Schweigepflicht informiert und es wurde ein Informationsblatt ausgehändigt.[47] Die Verwendung von Daten, die ohne Wissen

47 Die für die Interviews verwendeten Formulare zur Information der interviewten Personen und zur informierten Einwilligung befinden sich im Anhang der Arbeit, vgl. A1–3.

und Einwilligung der betreffenden Personen erhoben wurden, ist aus rechtlichen und forschungsethischen Gründen nicht zulässig (vgl. Hopf, 2016, S. 197f.; Werner, 2016, S. 381f.). Dies gilt auch für Daten, die nicht gezielt erhoben werden, sondern durch die Arbeit im Feld zustande kommen, zum Beispiel durch Informationen, die Dritte an Forschende herantragen (vgl. Werner, 2016, S. 382f.). Generell ist die Nutzung von Sekundärdaten, die sich in der Forschungsarbeit ergeben können, aber nicht gezielt für die Auswertung erhoben wurden, kritisch zu sehen (ebd., S. 391). Aus diesen Gründen erfolgt keine gezielte Auswertung der Daten, die bei der Arbeit im Feld entstanden sind. Gänzlich ausgeschlossen werden können diese Daten nicht, da sie zum Kontextwissen der forschenden Person beitragen, das für die Arbeit mit der Grounded Theory von Bedeutung ist (vgl. Strauss, 1994, S. 36f.). Die größte forschungsethische Herausforderung stellt sich nach Sven Werner nicht bei der Arbeit im Feld, sondern am Arbeitsplatz der Forschenden (Werner, 2016, S. 389). Bei der Auswertung der Daten werden subjektive Entscheidungen getroffen, die zu einer Idealisierung, Dramatisierung oder Romantisierung bei der Ergebnisdarstellung führen können. Dies ist vor allem dann zu beachten und zu reflektieren, wenn Forschung zu bestimmten Themen und/oder mit Personen erfolgt, die als Angehörige einer Subkultur oder gesellschaftlichen *Rand- oder Problemgruppen* gesehen werden (ebd., S. 389f.).

Durch das Forschungsinteresse und die Forschungsbedingungen kann bei den forschenden Personen ein Druck bei der Erhebung von Daten entstehen. Dieser kann durch Vorgaben oder Ziele von außen, zum Beispiel durch eine Institution, die die Forschung finanziell fördert oder zeitliche Befristungen, erhöht werden. In diesem Zusammenhang sind das Selbstbestimmungsrecht der Interviewpartner_innen, ihr Schutz, Bestimmungen zum Datenschutz und forschungsethische Grundsätze zu beachten. Auch im Dissertationsprojekt gab es den beschriebenen zeitlichen Druck, der sich aus dem vorgegebenen formalen Zeitfenster, den für die Dissertation zeitlich begrenzten finanziellen Mitteln und weiteren beruflichen und familiären Verpflichtungen ergab. Das heißt, es ist erforderlich, trotz dieser Situation ein angemessenes Forschungssetting zu gestalten. Für den Feldzugang und die Interviewsituation bedeutet dies, ausreichend Zeit einzuplanen, diesen Druck nicht auf die Interaktionen, im Rahmen dieser

Auf das Vorgehen beim Feldzugang wird in den Gliederungspunkten 4.2.4 und 4.4.2 näher eingegangen.

Dissertation auf die Fachkräfte und die Jugendlichen, zu übertragen, eine Interviewsituation zu schaffen, die einen Zugang zu den Jugendlichen ermöglicht, und dieses Vorgehen beständig zu reflektieren.

4.1.4 Die Grounded Theory: Forschungsstil und Methode

Die Grounded Theory wurde in den 1960er Jahren von Anselm Strauss und Barney Glaser entwickelt. In ihrem Buch *The Discovery of Grounded Theory* legen Glaser und Strauss 1967 eine erste umfassende Beschreibung vor (vgl. Glaser & Strauss, 1967, 2010). Neben einer methodologischen Fundierung qualitativer Forschung verfolgten sie das Ziel, aus Daten systematisch Theorien zu entwickeln und die Verankerung der Forschung im Feld zu fördern (vgl. Hülst, 2013, S. 282). In den folgenden Jahrzehnten wurde die Grounded Theory weiter theoretisch ausgearbeitet und das systematische Verfahren der Datenauswertung weiterentwickelt. Nicht nur Glaser und Strauss bauten das Konzept weiter aus, sondern auch andere Forscher_innen – zum Beispiel Anselm Strauss und Juliet Corbin (Srauss & Corbin, 1996), Kathy Charmaz (2014) und Adele E. Clarke (2012) – legten Weiterentwicklungen der Grounded Theory vor, wodurch verschiedene Varianten entstanden (vgl. Hildenbrand, 2010, S. 10f.; Reichertz & Wilz, 2016, S. 50f.). Grundsätzlich steht mit der Grounded Theory eine Methode der qualitativen Analyse zur Verfügung, die es ermöglicht, Theorien aus dem Datenmaterial heraus zu entwickeln und für einen bestimmten sozialen Bereich aufzustellen. Der Forschungsstil und das methodische Verfahren folgen einer induktiven Vorgehensweise. Aus dem Material heraus werden Kategorien gebildet, in mehreren Durchläufen ergänzt und weiterentwickelt, um eine Theoriebildung vorzunehmen (vgl. Strauss & Corbin, 1996, S. 39ff.). Die Grounded Theory bietet, neben dem methodischen Handwerkszeug für dieses Vorgehen, als ganzes Forschungskonzept eine Basis zur Auseinandersetzung mit der sozialen Wirklichkeit (ebd., 1996, S. 8f.). Historisch betrachtet erfolgte Sozialforschung mit hypothetisch-deduktiven Verfahren, die methodisch dem Ansatz folgten, aufgestellte Theorien zu überprüfen. Dies führte zur Kritik und dem sich daraus ergebenden Ansatz von Forschenden, Methoden zur Aufstellung von Theorien zu entwickeln. Ein weiterer Punkt der Kritik an den traditionellen Modellen und Methoden war die fehlende oder ungenügende Theorie-Praxis-Passung. Anselm Strauss und Barney Glaser

griffen diese kritisierten Punkte in ihrer Arbeit auf und entwickelten das Modell der Grounded Theory: eine Forschungsmethode für eine gegenstandsverankerte *(grounded)* Theorie, die der Erklärung und dem Verstehen sozialer Phänomene näherkommen und ermöglichen soll, diese aus dem zu untersuchenden Forschungsgegenstand heraus zu entwickeln (vgl. Glaser & Strauss, 1967; Strauss, 1994, S. 26ff.; Strauss & Corbin, 1996, S. 4ff.) – oder wie es Strauss und Corbin beschreiben:

> »Grounded Theory ist ein wissenschaftstheoretisch begründeter Forschungsstil und gleichzeitig ein abgestimmtes Arsenal von Einzeltechniken, mit deren Hilfe […] schrittweise eine in den Daten begründete Theorie (eine ›grounded theory‹) entwickelt werden kann« (Strauss & Corbin, 1996, S. VI).

Die Grounded Theory ist heute ein verbreitetes Konzept der qualitativen Sozialforschung, das einen besonderen Forschungsstil mit einem systematischen Verfahrensablauf verknüpft. Jo Reichertz und Sylvia Wilz beschreiben die Grounded Theory als Forschungsstrategie, die mit einem entsprechenden Werkzeugkasten und einem klaren Orientierungsrahmen ausgestattet ist (Reichertz &Wilz, 2016, S. 56). Sie beziehen sich dabei auf die von ihnen als klassische Grounded Theory bezeichnete Variante nach Anselm Strauss. In Bezug auf den Begriff wird im Deutschen meist von einer *in den Daten begründeten Theorie* oder einer *gegenstandsbezogenen Theorie* gesprochen (vgl. Equit & Hohage, 2016b, S. 11).

Jörg Strübing sieht bereits bei der Übertragung des Begriffs ins Deutsche eine unzureichende Beschreibung. Er erweitert diese auf folgende Begriffsbestimmung, nach der Grounded Theory ein »Forschungsstil zur Erarbeitung von in Daten gegründeten Theorien« ist (Strübing, 2014, S. 10). Der Einbezug der Sichtweise, dass die Grounded Theory mit einem Prozess der Erarbeitung verbunden ist, weist auf den Zusammenhang hin, dass die Ergebnisse, die aus den Daten gewonnen werden mit einem sozialen Prozess verbunden sind. Damit wird deutlich, dass eine Theorie ein Forschungsergebnis ist, das durch die (subjektiv geprägten) Entscheidungen in diesem Prozess entsteht. Dieser Prozess folgt keiner zwingenden Schrittfolge, sondern ist durch ein ständiges Wechseln von Handeln und Reflexion geprägt. Dies wiederum begründet sich, wie oben beschrieben, darin, dass die beteiligten Adressat_innen in einer Beziehung stehen und den Forschungsprozess beeinflussen (ebd., S. 11).

Dirk Hülst bezeichnet die Grounded Theory als Forschungskonzept »mit dem Ziel, Theorien über die soziale Wirklichkeit zu entwickeln, die den Kontakt zur Datenbasis nicht verlieren« (Hülst, 2013, S. 281). Hülst sieht die Einordnung als Methode der qualitativen Sozialforschung kritisch, denn es handele sich eher um einen »besonderen, relativ freizügigen Forschungs*stil*« (ebd., S. 281, Hervorh. i. O.). Er trifft folgende Entscheidung hinsichtlich der Bezeichnung und des Umgangs mit dem Begriff: In Bezug auf das Ergebnis dieses Forschungsstils, eine sogenannte gegenstandsverankerte Theorie, nutzt er die Bezeichnung Grounded Theory (GT), in Bezug auf das Forschungsverfahren den Begriff Grounded-Theory-Methodologie (GTM) (ebd., S. 281). Dabei fokussiert Hülst in seiner Arbeit vor allem auf das von Strauss und Corbin entwickelte Verfahren (ebd., S. 284ff.). Die einheitliche Bezeichnung einer Grounded-Theory-Methodologie für die verschiedenen Varianten ist umstritten. Strübing (2014) sieht die auf der Basis des gemeinsam entwickelten Konzepts folgenden und getrennt entwickelten Varianten von Glaser und Strauss als »zwei in wichtigen Punkten gravierend voneinander verschiedene Verfahrensvorschläge auf der Basis weitgehend divergenter methodologischer und sozialtheoretischer Positionen« (ebd., S. 66). Forschende kommen nicht umhin, sich aufgrund der unterschiedlichen Positionen für eine Variante zu entscheiden, was aber die Übernahme von Verfahrenselementen nicht ausschließt (ebd., S. 66).

Auch Reichertz und Wilz greifen diese Diskussion auf und beziehen sie auf das von Strauss entwickelte klassische Verfahren der Grounded Theory. Dieses sei – im Sinne des deutschen Wissenschaftsverständnisses – keine Methodologie, »welche die Methoden der Datensammlung, der Datenfixierung und der Datenanalyse schlüssig und restlos [begründe], sondern vielmehr im Wesentlichen eine Sammlung von Praktiken und Techniken (mit dem Charakter von Faustregeln) für die angemessene Sammlung und Auswertung von Daten« (Reichertz & Wilz, 2016, S. 56).

In Teilen der deutschen Forschungslandschaft wird unterschiedlich mit diesen Begriffen umgegangen. Einige Autor_innen verwenden die Bezeichnung Grounded-Theory-Methodologie (GTM) als übergreifenden Begriff (vgl. Blumenthal, 2014; Breuer & Muckel, 2016; Equit & Hohage, 2016a), andere vermeiden die Bezeichnung und nutzen allgemein den Begriff Grounded Theory (GT) (vgl. Reichertz & Wilz, 2016; Strübing, 2014). Ohne weiter auf diese Diskussion einzugehen, ergibt sich daraus, dass zur Nachvollziehbarkeit des Forschungsprozesses die Transparenz über die verwendete GT-Variante und die einzelnen Verfahrenselemente

gegeben sein muss. Strauss und Corbin verwenden den Begriff Grounded Theory einerseits für die Bezeichnung des Ergebnisses: eine aus den Daten entwickelte Grounded Theory (Strauss & Corbin, 1996, S. 7); andererseits beschreiben sie damit auch ihren Forschungsansatz als »eine qualitative Forschungsmethode bzw. Methodologie, die eine systematische Reihe von Verfahren benutzt, um eine induktiv abgeleitete, gegenstandsverankerte Theorie über ein Phänomen zu entwickeln« (ebd., S. 8) und unterstreichen somit auch die Stellung der Grounded Theory als eigenständige Methodologie. Für die Einordnung und Bezeichnung des methodischen Vorgehens nach der Grounded Theory wird in dieser Arbeit an den Begriff der Grounded-Theory-Methodologie (GTM) angeschlossen und in der Arbeit im Folgenden auch die dafür gebräuchliche Abkürzung GTM genutzt.

4.2 Die Datenerhebung

4.2.1 Interviews als Form der Datenerhebung

Für die Datenerhebung in der qualitativen Forschung stehen unterschiedliche Methoden zur Verfügung. Die Entscheidung für eine bestimmte Form ist abhängig von verschiedenen Kriterien. Neben der Forschungsfrage und dem Forschungsfeld sind auch die nötigen Ressourcen des Forschenden ein wichtiger Punkt. Dies ist ebenfalls bei der Entscheidung für die Datenauswertung zu beachten. Bereits bei der Wahl einer Erhebungsform sollte auch die mögliche Auswertung mitgedacht werden, um zu gewährleisten, dass die erhobenen Daten dem Forschungsgegenstand entsprechend ausgewertet werden können (vgl. Steinke, 2017, S. 326ff.). Für die Erhebung in dieser Arbeit wurde bereits sehr früh entschieden, Interviews als Form der Datenerhebung zu nutzen. Dies folgte der Überlegung und Vorannahme, dass Sexualität ein intimes und sensibles Thema ist. Da als Zielgruppe Jugendliche befragt werden sollten (siehe unten), die sich in der entwicklungspsychologisch bedeutenden Phase der Pubertät befinden, wurde diesem Aspekt zusätzliche Bedeutung beigemessen. Es wurden folgende Vorüberlegungen in Bezug auf die Datenerhebung einbezogen und reflektiert. Es sollte

1. einen geschützten Rahmen für die Erhebung geben,
2. die Möglichkeit für die Befragten bestehen, die Erhebungssituation zu unterbrechen und zu verlassen,

3. ein gewisses Vertrauensverhältnis basierend auf Freiwilligkeit und der Einhaltung von Zusagen wie Anonymität bestehen oder mindestens einen Vertrauensvorschuss, um über das Thema zu sprechen und
4. eine Form der Erhebung gewählt werden, die sowohl Raum für die Befragten lässt als auch das Forschungsinteresse im Blick hat.

Die Erhebung mittels quantitativer Verfahren wie einem Fragebogen schloss sich aufgrund der oben genannten Überlegungen, einen Zugang zu den subjektiven Erfahrungen zu bekommen, aus. Eine andere Möglichkeit, die in Betracht gezogen wurde, war die Form der Gruppendiskussion. Diese Idee wurde jedoch verworfen. Hier wurde kritisch gesehen, dass es für die forschende Person nicht abschätzbar ist, ob die betreffende Gruppe einen geschützten Rahmen für die beteiligten Individuen darstellen könne. In diesem Zusammenhang steht auch, dass aufgrund einer möglichen Gruppendynamik angenommen wurde, dass ein Ausstieg aus der Erhebungssituation für einzelne Personen schwierig und mit Verletzungen verbunden sein könnte. Auch in Bezug auf das als nötig erachtete Vertrauensverhältnis (siehe unten) bestanden Zweifel. Hier wurde angenommen, dass dies in einer Gruppensituation schwerer herstellbar ist, da der Fokus nicht auf allen Beteiligten liegen kann. Für den Feldzugang wurden teilweise Workshop-Gruppenangebote in offenen Jugendtreffs genutzt. Diese hätten durchaus als Gruppendiskussionen angelegt werden können, sollten aber einen Zugang ins Feld ermöglichen, indem die forschende Person ihr Wissen als Experte den Jugendlichen zur Verfügung stellte, bevor diese als Expert_innen ihrer Lebenswelt berichteten. Gleichzeitig sollte dies als Chance zum Aufbau eines Vertrauensverhältnisses genutzt werden (siehe unten).

Aus traditioneller Sicht kann eine Einteilung qualitativer Interviews in zwei Gruppen vorgenommen werden. Zu den strukturierten bzw. standardisierten Interviews kann zum Beispiel das Leitfadeninterview, zu den offenen Formen der unstrukturierten Interviews das narrative Interview gezählt werden. Durch einen Leitfaden ergibt sich eine grundlegende Struktur des Interviews. Strukturierte Interviews haben ihre Stärken zum Beispiel in der Erfassung einer größeren Stichprobe und der Vergleichbarkeit der Daten. Je stärker die Fragen standardisiert werden, umso stärker werden jedoch auch die Antwortmöglichkeiten begrenzt und damit die Möglichkeit, subjektive Sichtweisen zu erfassen (vgl. Flick, 2010, S. 194ff.; Hopf, 2008, S. 349ff.). Dieses Ziel steht in offenen Interviewformen im

Zentrum. Barbara Friebertshäuser und Antje Langer bezeichnen diese Form der Interviews wie folgt: »Als erzählgenerierende Interviews wird ein Typus von Interviewformen bezeichnet, die die Interviewten zu Erzählungen (ihres Alltags, ihrer Biographie oder spezieller Erfahrungen) anregen wollen« (Friebertshäuser & Langer, 2013, S. 440).

Das narrative Interview geht auf Fritz Schütze zurück. Dieser strebte ausgehend von der Kritik an den etablierten standardisierten Forschungsmethoden die Entwicklung neuer qualitativer Methoden an (vgl. Schütze, 1977, 1983). Um narrative Interviews führen zu können, bedarf es eines Untersuchungsgegenstandes und einer Fragestellung die sich auf soziale Phänomene beziehen. Es geht um Erfahrungssituationen, Geschehnisse und Erlebnisse, die die Befragten selbst gemacht haben und dadurch als eigene lebensgeschichtliche Vorgänge erzählen können. Zudem muss ein Prozesscharakter vorhanden sein, durch den es möglich ist, über eine Entwicklung zu berichten. Von den Befürworter_innen des narrativen Interviews wird von einer vorhandenen narrativen Kompetenz bei allen Menschen ausgegangen (vgl. Küsters, 2009, S. 30f.). Die Methodenkritik an der Form des narrativen Interviews bezieht sich folglich auf die Fähigkeit und die Motivation der Erzählpersonen zu einer narrativen Erzählung. Diese Punkte werden unter anderem in Bezug auf die Schichtzugehörigkeit und das Vorhandensein gesellschaftlicher Tabus diskutiert. Auch bei der Befragung bestimmter Gruppen seien Zweifel angebracht. Dies betreffe zum Beispiel Menschen mit psychotherapeutischer Erfahrung, deren Erzählungen oft mit Deutungsmodellen und Argumentationen zu ihrer Lebensgeschichte durchsetzt seien. Problematisch könne auch die Befragung von gebildeten Personen und solchen in höheren Positionen sein, die es gewohnt sind ihre Biografie darzustellen und an die gegebene Situation anzupassen (ebd., S. 31f.).

In der Forschungspraxis wurden Mischformen entwickelt, die der Diversität der gesellschaftlichen Entwicklung und den Erfordernissen spezieller Fachrichtungen gerechter werden sollten. Die Vorzüge beider Formen sollen dadurch verbunden werden. Interviews können zum Beispiel durch eine offene Handhabung von Leitfäden und der Interviewsituation gestaltet sein. Durch die Entwicklung und den erfolgreichen Einsatz von teilstrukturierten (auch als teilstandardisiert und teilnarrativ bezeichneten) Interviews steht somit eine breite Palette an Interviewverfahren zur Verfügung (vgl. Flick, 2010, S. 194ff.; Friebertshäuser & Langer, 2013, S. 437ff.; Hopf, 2008, S. 349ff.).

4.2.2 Das teilstrukturierte Interview

In Bezug auf das Forschungsinteresse und das Feld wurde ein teilstrukturiertes Vorgehen bei der Interviewführung gewählt. Durch eine erzählgenerierende Aufforderung zum Beginn des Interviews bietet sich die Möglichkeit für eine narrative Einstiegserzählung der zu Interviewenden. Mit der Eröffnung des Raumes für narrative Erzählsequenzen, sowohl am Beginn als auch im weiteren Verlauf des Interviews, können die Interessen, Bedürfnisse und Perspektiven der Jugendlichen aus ihrer subjektiven Sicht berücksichtigt werden (vgl. Lucius-Hoene & Deppermann, 2004, S. 295ff.). Ein Leitfaden mit Nachfragepunkten stellt sicher, dass alle für die Arbeit wichtigen Themen erfasst werden. Zum Umgang mit einem Leitfaden bemerkt Christel Hopf: Der Leitfaden und die Nachfragen sollten flexibel und der jeweiligen Situation angemessen eingesetzt werden; der Frageleitfaden soll als Orientierung und nicht als starres verbindliches Instrument genutzt werden (Hopf, 2008, S. 351). Wenn keine narrative Erzählung zustande kommt, kann die interviewende Person anhand des Leitfadens das Gespräch lenken. Für solch eine Situation sind verschiedene Gründe denkbar. Neben Fehlern auf der Seite des Forschenden, die in der Formulierung der Erzählaufforderung, aber auch in der Gestaltung der Interviewsituation oder bereits bei der Kontaktaufnahme zu Interviewpartner_innen liegen können, sind auch persönliche Merkmale der zu Interviewenden mögliche Gründe für eine andere Kommunikationsform als eine narrative Erzählung (ebd., S. 358ff.; vgl. zur Nutzung von Leitfäden und zur Diskussion einer *Leitfadenbürokratie*: Hopf, 2016, S. 53ff.).

Für die Arbeit wurde vorab festgelegt, dass als Interviewpartner_innen Jugendliche im Alter zwischen 15 und 19 Jahren angesprochen werden sollen. Die Entscheidung, kein narrativ-biografisches Interview zu führen, schließt sich auch an die Erkenntnisse zur Entwicklung des biografischen Verstehens und der Erzählkompetenz von Tilmann Habermas und Christine Paha (2001a, b) und Dan P. McAdams (2001) an. Die Fähigkeiten der Reflexion der eigenen Biografie und zur autobiografischen Erzählung müssen ausreichend vorhanden sein, um ein narratives Interview zu führen. Habermas und Paha (2001a) stellten in ihrer Studie bei Heranwachsenden im Alter von zwölf, 15 und 18 Jahren mit zunehmendem Alter fest eine deutliche Steigerung dieser Kompetenzen. Die Darstellung eines lebensgeschichtlichen Selbstentwurfs sei zwar bereits im Grundschulalter grundsätzlich vorhanden, aber eine umfassende Darstellung sei erst später möglich (ebd., S. 35ff.; 2001b, S. 84ff.). Nach McAdams ist dies erst ab der Entwicklungsphase der Adoleszenz in einem größeren Rahmen möglich (McAdams, 2001, S. 117). Aufgrund der genannten Altersspanne für die Untersuchung zwischen 15 und 19 Jahren scheint ein teilnarratives Vorgehen aus dieser Sicht sinnvoll. Einerseits ist anzunehmen, dass die Jugendlichen in der Lage sind, biografische Erzählstränge zu bestimmten Bereichen wiederzugeben, andererseits kann die Struktur des Interviews durch gezielte Nachfragen gestützt werden.

Für die Struktur eines teilnarrativen Interviews bietet sich eine grundsätzliche Orientierung an der für narrative Interviews empfohlenen Vorgehensweise an: Neben der Eröffnungs- und der Endphase gliedert sich das narrative Interview in drei weitere Phasen (vgl. Lucius-Hoene & Deppermann, 2004, S. 295f.). Einer Erzählaufforderung und einer ersten Erzählphase folgt ein Nachfrageteil, der sich an dem Erzählten orientiert. Dadurch können bestimmte Bereiche, die von der Erzählperson nicht vertiefend wiedergegeben wurden, nochmals aufgegriffen werden. Auch Lücken und Verständnisprobleme können in diesem Teil durch Nachfragen gezielt angesprochen werden. Es folgt als dritte Phase ein thematischer Nachfrageteil, in dem für das Forschungsinteresse wichtige Themen nachgefragt werden können, die noch nicht im Interview benannt wurden (ebd., S. 296f., 300ff.; vgl. auch Hopf, 2008, S. 355ff.). Für die Erhebung in dieser Arbeit wurde ein Leitfaden anhand dieser Struktur erstellt.[48]

4.2.3 Auswahl der Stichprobe und theoretisches Sampling

Für die zu wählende Stichprobentechnik und die Auswahl hinsichtlich der Zusammensetzung der Stichprobe stehen verschiedene Möglichkeiten zur Verfügung. Grundsätzlich gibt es zwei unterschiedliche Vorgehensweisen, eine Festlegung der Stichprobe vor Beginn der Erhebung und eine sich auf Basis des Erkenntnisstands im Forschungsprozess entwickelnde Stichprobe (vgl. Merkens, 2008, S. 291f.). Faktoren, die bedacht und in die Entscheidung einbezogen werden sollten, sind die grundsätzliche Zugänglichkeit des Feldes (vgl. 4.4.2 zum Feldzugang), also die Frage, ob und wie ein Kontakt zu Interviewpartner_innen hergestellt werden kann, und spezifische persönliche Merkmale der zu untersuchenden Gruppe. Speziell bei einer

48 Der verwendete Interviewleitfaden befindet sich im Anhang, vgl. A 4.

Datenerhebung durch Interviews sind dies die Fähigkeit zur Reflexion und Artikulation, vorhandenes Wissen und Erfahrungen zur Forschungsfrage aufseiten der zu Interviewenden und die Bereitschaft und die Zeit am Interview teilzunehmen (ebd., S. 294). Für die Interviewerhebung in dieser Arbeit wurde ein Vorgehen nach dem theoretischen Sampling gewählt. Diese Vorgehensweise orientiert sich an dem Vorgehen der Grounded Theory (vgl. Strauss, 1994, S. 70). Es erfolgt ein sich bedingender Prozess zwischen Erhebung und Auswertung der Daten. Die Datenerhebung und das Verfahren sollen theoretisch so lange durchgeführt werden, bis zu den zentralen Kategorien, die im Rahmen der Analyse der Grounded Theory gebildet wurden, keine neuen Daten eingebracht werden können. Die gezielte Erhebung von zusätzlichen Daten soll Lücken schließen und zu einer Vervollkommnung der Theorie beitragen (ebd., S. 49; Merkens, 2008, S. 296; Strauss & Corbin, 1996, S. 148ff.). Die Stichprobe kann somit während des Forschungsprozesses »auf der Basis des jeweils erreichten Erkenntnisstandes erweiter[t] und ergänz[t]« werden (Merkens, 2008, S. 292). Die Stichprobenauswahl ist für den Erkenntnisgewinn entscheidender als eine bestimmte Anzahl geführter Interviews (Reinders, 2005, S. 134ff.). Hier wird ein Unterschied zu anderen Verfahren, die nach einem statistischen Sampling vorgehen, deutlich. Daten können im Prozess laufend erhoben werden und den Datenpool weiter anreichern, während bei anderen Verfahren dieser am Beginn geschaffen, die Datenerhebung abgeschlossen und anschließend ausgewertet wird (vgl. Flick, 2016, S. 160ff.). Die Untersuchung endet, wenn eine theoretische Sättigung erreicht ist. Das heißt, wenn sich durch weitere Interviews keine neuen Informationen in Bezug auf die Forschungsfragen mehr gewinnen lassen, kann die Datenerhebung abgeschlossen werden (vgl. Merkens, 2008, S. 294). Es wird also vorab weder eine Festlegung zur Stichprobenanzahl getroffen noch benannt, wie sich die Stichprobe im Verlauf der Forschung entwickelt. Ausgehend vom Stand der Forschung zu Beginn der Arbeit bzw. dem Stand des Erkenntnisprozesses während der Arbeit müssen demnach laufend Entscheidungen dazu getroffen werden, wie die Stichprobe sich zusammensetzt und anhand welcher Kriterien Interviewpartner_innen einbezogen werden.[49]

---

49 Es findet also trotz aller Offenheit im Forschungsprozess eine Selektion statt, die aber begründet sein muss (vgl. Merkens, 2008, S. 295ff.). Dies trifft vor allem auf die Interviews zu, die zu Beginn der Erhebung geführt werden. Die forschende Person entscheidet mindestens im Interview n = 1 anhand des Vorwissens oder der Möglichkeiten des

In dieser Arbeit wurden zwei grundlegende Entscheidungen zur Zusammensetzung der Stichprobe getroffen: (1) das Alter der zu interviewenden Personen auf 15–19 Jahre einzugrenzen und (2) nur Personen mit Erfahrungen in Einrichtungen und mit Fachkräften in der Kinder- und Jugendhilfe, speziell der offenen Arbeit, zu befragen. Beide Entscheidungen beruhen auf dem Forschungsinteresse, Jugendliche zu ihren Erfahrungen mit sexueller Bildung in einem ausgewählten Bereich der Jugendhilfe zu befragen. Die Eingrenzung des Alters folgte dabei den Überlegungen zur Interviewführung, aber auch ethischen Aspekten hinsichtlich der Einwilligungsfähigkeit (siehe oben). Weitere Überlegungen, die hinsichtlich der Forschungsfrage relevant schienen, führten zu folgenden Faktoren, die berücksichtigt wurden und eine Kontrastierung unterstützen sollten:

1. Es sollen bildungsbenachteiligte Personen einbezogen werden,
2. es findet keine Eingrenzung nach Herkunft oder Nationalität statt, Jugendliche mit sogenanntem Migrationshintergrund sollen nach Möglichkeit ausreichend berücksichtigt sein,[50]
3. Personen unterschiedlichen Geschlechts sollen ausreichend berücksichtigt sein,[51]
4. die interviewten Personen sollen aus unterschiedlichen Sozialräumen kommen.

Feldzugangs über die Auswahl. Die weitere Auswahl kann sich, je nach Fragestellung, an kontrastierenden Merkmalen orientieren. Dies können z.B. Fälle sein, bei denen sich Differenzen hinsichtlich gesellschaftlicher Merkmale wie der geschlechtlichen Zuordnung, des Bildungsgrades oder eines möglichen Migrationshintergrundes ergeben (vgl. Hülst, 2010, S. 16f.).

50 Aufgrund der Bevölkerungsstruktur in den neuen Bundesländern, in denen der Bevölkerungsanteil von Menschen mit sogenanntem Migrationshintergrund deutlich niedriger ist als im Bundesdurchschnitt, wird keine Eingrenzung des Migrationshintergrundes nach territorialer Herkunft oder hinsichtlich kultureller oder religiöser Zugehörigkeiten vorgenommen.

51 Das (biologische und/oder soziale) Geschlecht des Forschenden könnte die grundsätzliche Motivation und Bereitschaft bei Jugendlichen, an einem Interview teilzunehmen, beeinflussen. Dieser Punkt scheint besonders wichtig bei Berücksichtigung des Forschungsinteresses an sexuellen und damit intimen Themen. So ist etwa die Möglichkeit zu bedenken, dass weibliche Jugendliche nicht mit einem männlichen Interviewer zusammenarbeiten wollen. Auch bei der Zusammenarbeit mit Jugendlichen mit Migrationshintergrund kann die Herkunft als Mehrheitsdeutscher diese beeinflussen.

Neben diesen Überlegungen wurde die Zusammensetzung vor allem durch den gewählten Feldzugang beeinflusst (siehe unten). Die Erhebung wurde mit Jugendlichen in den Bundesländern Sachsen und Sachsen-Anhalt durchgeführt. Die Entscheidung der regionalen Eingrenzung wurde vor allem mit Blick auf die zur Verfügung stehenden Ressourcen (Zeit und Finanzen) getroffen. Insgesamt wurden n = 8 Interviews geführt. Drei der Jugendlichen, zu denen der Zugang über die offene Jugendarbeit zustande kam, nahmen an einem Workshopangebot teil (siehe unten). Dies bedeutete einen offenen Zugang zur Stichprobe, da die Teilnahme an den Workshops für alle Jugendlichen in den Einrichtungen offen und freiwillig war. Am Ende des Workshops wurde über das Dissertationsvorhaben und die Suche nach Interviewpartner_innen informiert. Der Zugang zu den Interviews sollte für die Jugendlichen, ebenso wie die zum Workshop, offen und freiwillig sein. Das heißt, es wurde mit allen Jugendlichen, die sich zu einem Interview bereit erklärten, dieses geführt und nicht nach oben genannten Kriterien selektiert. Die grundlegenden Faktoren der Altersspanne sowie die Erfahrung mit Jugendarbeit waren gegeben. Da nur drei der insgesamt acht geführten Interviews auf diesem Weg zustande kamen und diese zu Beginn der Erhebung geführt wurden, ergab sich an dieser Stelle noch keine Notwendigkeit einer Auswahl nach weiteren Faktoren bezüglich der Kontrastierung oder der Datenlage. Dies wurde bei den anschließend geführten Interviews ohne Zugang über einen Workshop berücksichtigt. Die ersten beiden Interviews wurden mit Jugendlichen, die an einem Workshop teilgenommen hatten, geführt. Nach einer ersten Einschätzung der erhobenen Interviews erfolgte anschließend ein drittes Interview, das der Kontrastierung hinsichtlich der oben genannten Kriterien folgte. Das vierte Interview wurde ebenfalls über einen Workshopzugang geführt. Im Anschluss an das fünfte Interview, das sich wiederum an den Kriterien der Kontrastierung orientierte, erfolgte eine intensivere und längere Auswertungsphase, an die sich dann die weiteren drei Interviews anschlossen. Die Auswahl dieser Interviews folgte dem Grundsatz der Vervollständigung der Datenbasis und orientierte sich an dem parallel stattfindenden Auswertungsprozess. Nach einer ersten Auswertung dieser drei Interviews wurde entschieden, die Erhebung abzuschließen.

Die Entscheidung, eine Erhebung zu beenden, kann als ein kritischer und sensibler Prozess gesehen werden (vgl. Strübing, 2014, S. 33). Die Aussage, dass eine theoretische Sättigung vorliege, kann diesen Anspruch nur für den Moment der Erhebung haben. Einerseits könnten die Daten unter anderen Perspektiven weiter ausgewertet werden bzw. die Ergebnisse anders interpretiert werden, andererseits kommen im Lebensalltag der Menschen immer neue Daten hinzu bzw. es könnten sich bei einer Erhebung mit anderen Methoden und/oder anderen Personen auch andere Daten ergeben. Davon ist auszugehen, wenn die Handlung zwischen Forschenden und Beforschten auch in einer Forschungssituation als etwas gesehen wird, das die narrativen Konstruktionen, die in einem Interview wiedergegeben werden, beeinflusst und wenn auch der gesamte Auswertungsprozess mit der Subjektivität der forschenden Person verbunden ist. Dies verweist wiederum auf bestimmte geforderte Gütekriterien, wie die Codierung durch mehrere Personen oder die gemeinsame Interpretation oder Rekonstruktion von Daten (vgl. Steinke, 2017, S. 326).[52]

Tabelle 1: Übersicht zur Datenerhebung

Stichprobe:	n = 8
Region:	Sachsen, Sachsen-Anhalt
Feld:	Jugendliche zwischen 15 und 19 Jahren mit Erfahrungen zu Jugendhilfe und Jugendarbeit
Feldzugang:	Gatekeeper_innen in der Jugendhilfe und -arbeit
Methode:	leitfadengestützte Interviews
Aufzeichnung:	digitale Aufnahme mittels Aufnahmegerät
Dauer:	36 Minuten bis 1 Stunde 34 Minuten
Transkription:	vollständig mit Software f4
Auswertung:	Codierverfahren der Grounded Theory nach Strauss und Corbin (1996)

In dieser Arbeit wurden die zwei zur Verfügung stehenden Kolloquien an der Universität Kassel und der Hochschule Merseburg für grundlegende Diskussionen und Arbeiten am Material genutzt. Neben der Entscheidung, aufgrund einer vorliegenden Sättigung die Erhebung zu beenden, können

52 In Qualifikationsarbeiten wie einer Dissertation scheint dies nur bedingt möglich, da viele Doktorand_innen überwiegend selbstständig und allein an ihren Projekten arbeiten und für Interpretationen, Rekonstruktionen und Reflexionen einerseits auf Personen zurückgreifen müssen, die nicht direkt mit dem Forschungsprojekt verbunden sind, und andererseits der zur Verfügung stehende zeitliche Rahmen für gemeinsame Sitzungen begrenzt sein dürfte.

auch die zur Verfügung stehenden Ressourcen ein Grund für diese Entscheidung sein. In der vorliegenden Arbeit war es eine Abwägung beider Punkte, die dazu geführt hat. Einerseits wurde die Sättigung für zentrale Kategorien als ausreichend betrachtet, andererseits wäre eine weitere Erhebung, vor allem aus zeitlichen Gründen, schwierig zu leisten gewesen (vgl. Flick, 2017, S. 262ff.).[53]

4.2.4 Feldzugang

Der Kontakt zu den Interviewten erfolgte über das Netzwerk des Forschenden in der Kinder- und Jugendhilfe. Sozialarbeiter_innen, die in Einrichtungen der Kinder- und Jugendhilfe oder als Schulsozialarbeiter_innen arbeiten, waren Gatekeeper_innen, über die der Zugang zu den Jugendlichen gewonnen wurde. Über Gatekeeper_innen, die in Offenen Freizeittreffs (OFT) arbeiten, wurden vier Kontakte zu Jugendlichen möglich, über weitere Gatekeeper_innen in der Jugendhilfe (z. B. Jugendberatung, Schulsozialarbeit) die anderen vier Kontakte.

Über die dadurch entstehenden Kontakte zu Jugendlichen besteht, nach dem Schneeballsystem, eine weitere Möglichkeit Interviewpartner_innen zu finden (vgl. Helfferich, 2011, S. 175f.; Merkens, 2008, S. 288, 293; 1997, S. 101f.). Hans Merkens gibt zu bedenken, dass die Vorgehensweise des Schneeballsystems dazu führen könne, dass sich die Stichprobe auf ein sehr begrenztes Feld von miteinander bekannten Personen bezieht (Merkens, 2008, S. 293). Daher wurde der Zugang über Gatekeeper_innen vorgezogen und die Möglichkeit des Schneeballsystems für den Fall in Erwägung gezogen, dass nicht genügend Interviewpartner_innen gefunden werden. Diese Möglichkeit wurde in der Stichprobe jedoch nicht genutzt. Im Gegensatz zum Schneeballsystem, bei dem sich die nächsten Interviewpartner_innen über die bereits interviewten Personen ergeben, was zur oben genannten Eingrenzung führen kann, ergeben sich auch beim Zugang über Gatekeeper_innen Fragen bezüglich der Stichprobenzusammensetzung. Eine erste Entscheidung, die mit einer Eingrenzung verbunden ist, ergibt sich aus der Zusammenstellung der Gatekeeper_innen.

53 Für die Forschenden ergibt sich die Aufgabe, die Gründe für die Entscheidung, dass eine ausreichende Sättigung vorliege, darzulegen und die Reichweite der daraus abgeleiteten Ergebnisse darzustellen (vgl. Strübing, 2014, S. 33).

Diese können durch ihre Auswahl der Interviewpartner_innen die Stichprobe beeinflussen. Gatekeeper_innen können eine subjektive Wahl treffen, welche Personen sie für die Forschung vorschlagen und zu welchen Personen sie einen Kontakt vermitteln.

Für den ersten Feldzugang erfolgte die Entscheidung, über Gatekeeper_innen in der offenen Kinder- und Jugendarbeit Workshops in offenen Freizeittreffs durchzuführen. Den kooperierenden Einrichtungen und den Jugendlichen wurde angeboten, Workshops (vorgeschlagen wurden jeweils zwei Termine) zu Themen sexueller Bildung durchzuführen. Die Annahmen waren:

1. Für das Forschungsvorhaben bieten Workshops den Vorteil, dass ein Zugang in das Feld erfolgen kann und Kontakte zu möglichen Interviewpartner_innen entstehen können.
2. Das Workshop-Format bietet die Möglichkeiten, sich inhaltlich mit speziellen Themen auseinanderzusetzen, gezielt Wissen zu vermitteln, spontan auf Themen und Wünsche einzugehen, gemeinsam zu diskutieren und über das Forschungsprojekt zu informieren.

Durch den Workshop sollte erreicht werden, dass die Jugendlichen stärker eingebunden werden und so auch die Motivation zur Teilnahme an einem Interview steigt. Durch diese Vorgehensweise sollten ansatzweise Prinzipien partizipativer Forschung berücksichtigt werden.[54] Eine Beteiligung am Forschungsprozess über die Interviewsituation hinaus konnte erfolgen, da neben den Interviews auch die in den Workshops von den Jugendlichen eingebrachten Fragen und Themen wahrgenommen wurden. Die inhaltliche Gestaltung der Workshops wurde von den Teilnehmenden

54 Auch wenn es eine Beteiligung der Jugendlichen gab, wurde damit kein Anspruch verfolgt, im Sinne des partizipativen Forschungsansatzes (vgl. Unger, 2014) in dieser Arbeit partizipativ zu forschen. Dieses Vorgehen erfordert ausreichende Ressourcen für eine längerfristige Zusammenarbeit mit den Akteur_innen und eine starke Einbindung der Community (vgl. ebd., S. 104f.). Dies bedeutet, dass partizipative Forschung deutlich mehr zeitliche und materielle Ressourcen benötigt als andere qualitative Ansätze. Qualitative Forschung kann jedoch durch das Ermöglichen einer stärkeren Beteiligung von Akteur_innen ihrer sozialen Verantwortung besser gerecht werden und die spätere Durchführung von partizipativer Forschung vorbereiten und erleichtern (ebd., S. 105). Für eine ausführliche Auseinandersetzung mit partizipativer Forschung, unter anderem der Umsetzung im deutschsprachigen Raum, wird auf die Arbeiten von Hella von Unger verwiesen (vgl. Unger, 2014, 2012; Unger & Narimani, 2012; Unger & Gangarova, 2011).

mitbestimmt und nicht strikt vorgegeben. Durch die Gruppenarbeit mit den Jugendlichen wurden zusätzliche Reflexionsmomente geschaffen. Dies erhöhte die theoretische Sensibilität aufseiten des Forschenden deutlich. Die Entscheidung für einen Feldzugang über Workshopangebote zu sexueller Bildung wurde aufgrund folgender Überlegungen getroffen:

1. aktivere Einbindung der Jugendlichen, die Themen der Workshops werden von den Jugendlichen eingebracht, die aktive Mitarbeit im Workshop ist möglich;
2. Diskussionen im Workshop können die Sensibilität für die Themen und Bedürfnisse auf beiden Seiten (Forschung, Feld) erhöhen;
3. Erhöhung der theoretischen Sensibilität aufseiten der Forschung aufgrund der Reflexion oben genannter Situationen;
4. Ergänzung und Veränderung des Interviewleitfadens aufgrund dieser Erkenntnisse;
5. Interpretationen der empirischen/theoretischen Ergebnisse können in Bezug gesetzt werden zu den praktischen und reflektierten Erfahrungen des Workshops (Kontextwissen);
6. der Wissenstransfer kann in beide Richtungen erfolgen, die forschende Person stellt ihr Wissen als Experte zur Verfügung, die Jugendlichen ihr Wissen als Expert_innen ihrer Lebenswelt;
7. ein Kennenlernen vor dem Interview ist möglich;
8. das Prinzip der freiwilligen Teilnahme wird eingehalten (Arbeitskonzept offener Kinder- und Jugendarbeit), die Workshopteilnahme setzt nicht die Teilnahme am Interview voraus.

Es wurden sechs Einrichtungen der offenen Jugendarbeit in Sachsen und Sachsen-Anhalt angefragt. Alle Ansprechpersonen in den Einrichtungen reagierten auf die Anfrage offen bezüglich des Themas und sagten, dass die Auseinandersetzung mit Sexualität bei den Jugendlichen ein wichtiges Thema in ihrer Arbeit sei und sie einen Bedarf seitens der Jugendlichen sähen. Drei Einrichtungen sahen allerdings keine Möglichkeit einer Umsetzung. Die Begründung bezog sich auf die offene Angebotsstruktur und die bereits geplanten Veranstaltungen. Aufgrund des offenen Ansatzes und des Prinzips der freiwilligen Teilnahme wollten sie das Angebot nicht überfrachten. Mit den drei anderen Einrichtungen wurde eine Kooperation vereinbart. Es fanden in allen Fällen persönliche Kontakte mit den Mitarbeiter_innen der Einrichtungen statt. Bei der weiteren Planung zeigten sich organisatorische Hürden in Bezug auf die Zeitplanung. Die Monate

Juli und August als Sommer- und Ferienmonate wurden von allen als Zeitraum benannt, in dem es nach ihrer Erfahrung nicht sinnvoll sei, Angebote durchzuführen. Mit einer Einrichtung wurde daher die Durchführung im Juni vor den Sommerferien und mit den anderen beiden danach für September und Oktober vereinbart. Als bester Tag bzw. Zeitpunkt wurde von allen Einrichtungen der Freitagabend genannt, da die Jugendlichen hier längere Ausgehzeiten hätten und dadurch die Planung einfacher sowie die Motivation zur Teilnahme höher sei. Bereits bei der Anfrage wurde die Auswahl der Einrichtungen so getroffen, dass Überschneidungen bezüglich des möglichen Einzugsgebietes berücksichtigt wurden und keine räumlich zu nah beieinanderliegenden OFT angefragt wurden. Dadurch sollte sichergestellt werden, möglichst unterschiedliche Jugendliche anzusprechen. Zwei der Einrichtungen befinden sich in Großstädten und eine in einer Mittelstadt.[55] Es wurden von Beginn an Forschungsnotizen angefertigt und der Kontakt, die Gesprächsinhalte sowie die Durchführung dokumentiert.

Um die Themen der Jugendlichen einzubinden, wurde für die Themenfindung die Möglichkeit vorgeschlagen, eine sogenannte *Blackbox* in der Einrichtung aufzustellen. Dabei handelt es sich um eine Art Briefkasten, zum Beispiel einen schwarzen Karton, in den die Jugendlichen ihre Fragen, Wünsche und Themen für den Workshop einwerfen können. Die *Blackbox* sollte an einem zugänglichen Ort stehen, der ein anonymes Einwerfen ermöglicht. Die Jugendlichen konnten dadurch über die Themen und die inhaltliche Ausrichtung des Workshops mitentscheiden. Dieses methodische Vorgehen wurde vom Forschenden in der sexualpädagogischen Praxis mit guten Erfahrungen mehrfach erprobt. Durch das Aufstellen über einen Zeitraum von ca. ein bis zwei Wochen vor dem Workshop bleibt ausreichend Zeit für die inhaltliche und methodische Vorbereitung. Diese Möglichkeit kam jedoch nicht zum Einsatz. Zwei der Einrichtungen führten regelmäßige Gruppenstunden durch, in denen die Fachkräfte über das Angebot informierten und die Jugendlichen fragten, ob sie daran Interesse hätten. Daraufhin äußerten die Jugendlichen bereits erste Themenwünsche. In einer Einrichtung wurden anschließend Zettel ausgegeben, auf die die Jugendlichen ihre Vorschläge für Themen schrieben (dieser Prozess erfolgte ohne die Teilnahme der forschenden Person und die Schilderung beruht auf der Wiedergabe durch die Fachkräfte). Die Themen waren vielfältig: An erster Stelle standen *klassische* Themen der Sexualpädagogik und der

55 Als Großstädte wurden Gemeinden mit über 250.000 Einwohnern angenommen.

Prävention wie Verhütung, Schwangerschaftsabbruch, sexuell übertragbare Krankheiten, aber auch Fragen zu sexueller Orientierung sowie zum Umgang mit Konflikten und Gefühlen. Zur Durchführung wurden bewährte sexualpädagogische Methoden eingesetzt, die vom Forschenden bereits mehrfach in der Praxis durchgeführt worden waren, sodass eine Handlungssicherheit bestand. So kam zum Beispiel für Fragen der Verhütung die Methode des sogenannten Grabbelsack (vgl. Trapp & Tüffers, o.J., S. 50) zum Einsatz, zur Klärung von Begriffen und zur Anregung einer Diskussion der Normen- und Wertekreis (vgl. Weller & Trapp, o.J.).[56]

4.2.5 Übersicht der Interviews

Die Jugendlichen, mit denen ein Interview durchgeführt wurde, werden kurz vorgestellt. Dies erfolgt in der Reihenfolge, in der die Interviews in die Auswertung einbezogen wurden. Anhand dieser Darstellung soll der Kontext der Erhebung für die einzelnen Interviews deutlich werden. Alle Namen und Orte sind anonymisiert. Wenn es für die Anonymität der Jugendlichen als wichtig erachtet wurde, erfolgte auch die Veränderung weiterer persönlicher Angaben. Die Jugendlichen wurden vor Beginn des Interviews über die Anonymisierung informiert und gefragt, ob sie sich einen selbst gewählten Aliasnamen als Pseudonym geben möchten. Davon machte nur eine jugendliche Person Gebrauch, andere sagten, dass der Interviewer einen Namen zuweisen solle. Die zugewiesenen Namen wurden zufällig ausgewählt und zugeteilt. Dafür wurde eine Liste mit Unisex-Namen angelegt.[57]

Die Jugendlichen wurden bei der Wahl des Interviewortes einbezogen. Vorgeschlagen wurden ihnen mindestens zwei Optionen, ein Raum in einer Einrichtung der Jugendhilfe oder ein neutraler Ort im öffentlichen Raum, zum Beispiel ein Café. Die meisten Jugendlichen entschieden sich für die Durchführung des Interviews in einer ihnen bekannten Jugendhilfeeinrichtung. Die kooperierenden Gatekeeper_innen stellten dafür einen

56 Vgl. zu den Methoden im Anhang A 8 und als Beispiel der Anwendung in Praxisprojekten: Arbeiterwohlfahrt Bezirksverband Niederrhein e.V. (2017).

57 Vgl. zum Umgang mit Namen bei der Anonymisierung und zu einer ausführlichen Reflexion Gliederungspunkte 4.4.5 und 4.4.6.; zum Umgang mit Namen und Geschlecht die Publikation von Nübling und Hirschauer (2018); zu in Deutschland verwendeten Unisex-Namen: www.beliebte-vornamen.de.

Raum in ihrer Einrichtung zur Verfügung. Zwei Interviews wurden im Außenbereich (Garten) von Einrichtungen durchgeführt. Ein Interview wurde in einem Café geführt und ein Interview in der Wohnung der interviewten Person, was ausdrücklich auf deren Wunsch geschah.

Die Angaben in den kurzen Portraits beruhen hauptsächlich auf den Eindrücken und Informationen aus der Interviewsituation. Weitere Quellen waren die Workshops, Vorgespräche zu den Interviews oder Informationen von Dritten (Gatekeeper_innen), die die Kontakte zu Jugendlichen vermittelt hatten. Die vorgenommene Zusammenfassung ist eine Wiedergabe des subjektiven Eindrucks des Interviewers.

Ein Punkt, der bezüglich der Erfassung der Sozialdaten beim Interview reflektiert wurde, war die Frage nach der Erfassung des Geschlechts.[58] Die biologisch-geschlechtliche Zuordnung der Jugendlichen zu erfragen, schien, aufgrund der Bedeutung die der Entwicklung einer Geschlechtsidentität im Rahmen der Pubertät zugeschrieben wird, wichtig für die Fragestellung der Arbeit (vgl. Oerter & Dreher, 2002; Trautner, 2002). Mit dieser Entscheidung stellte sich die Frage, wie danach gefragt werden sollte. Es wurde die Entscheidung getroffen, diese Frage offen zu formulieren: »Welchem Geschlecht würdest du dich zuordnen?« Diese Frage führte bei einigen Jugendlichen zu Irritationen und Nachfragen. Letztlich nahmen alle Jugendlichen eine Zuordnung vor, die der Dichotomie männlich oder weiblich folgte. Auch wenn in dieser Arbeit von einer vorliegenden gesellschaftlichen sexuellen und geschlechtlichen Vielfalt ausgegangen wird, ist die gesellschaftlich vorherrschende Norm in der Regel die Zweigeschlechtlichkeit und folgt einer heterosexuellen Ordnung. Aufgrund dieser vorgegebenen theoretischen Ordnung scheint es logisch, dass Kinder und Jugendliche sich auf der Suche nach ihrer Identität daran orientieren und sich folglich meist automatisch in der Dichotomie von männlich und weiblich einordnen. Diese gesellschaftliche Norm findet sich als Unterscheidungsmerkmal auch bei Angeboten der Kinder- und Jugendhilfe oder im schulischen Bildungssystem. Dies kann Auswirkungen auf Angebote sexueller Bildung in diesen Institutionen haben.[59] Aus diesem Grund wird

58 Vgl. Protokollbogen im Anhang, A 5.

59 In der Regel findet Unterricht in der Schule koedukativ statt. Bei bestimmten Angeboten, z.B. im Sportunterricht oder auch bei sexualpädagogischen Angeboten, werden diese geschlechtergetrennt nach der Dichotomie von männlich und weiblich durchgeführt (vgl. Faulstich-Wieland, 1991; Timmermanns, 2017).

diese Differenzierung als kontrastierendes Merkmal in der Stichprobe berücksichtigt. Die offene Fragestellung bot die Möglichkeit für eine freie Wahl und für andere Zuordnungen, die von Trans- oder Intersexuellen hätten genutzt werden können. Eine Möglichkeit der Zuordnung hinsichtlich einer feineren Differenzierung von männlich oder weiblich bot die Frage nicht. Dies hätte durch eine Skalierungsfrage erreicht werden können oder durch das Angebot, sich auf einem Geschlechterkontinuum einzuordnen (vgl. Wirxel, 2016, S. 25).

Die folgende Tabelle orientiert sich an den Faktoren, die mit Blick auf die Auswahl der Stichprobe vorgenommen wurden (vgl. 4.2.3).[60] Die Zusammenfassungen der Interviews stellen keine Auswertungsergebnisse der Arbeit dar.

Tabelle 2: Übersicht der Interviews

Codename	Sozial-raum	angegebene/r Schulausbildung/-abschluss	angegebene Tätigkeit	angegebene geschlechtliche Zuordnung	angegebener Migrations-hintergrund
Mika	G	ohne Abschluss	Ausbildung	m	nein
Dominique	G	BVJ/Berufsschulreife	Maßnahme Agentur für Arbeit	w	nein
Chris	G	ohne Abschluss	ohne Erwerbstätigkeit	m	ja
Jona	M	Realschule	Schule	w	nein
Conny	M	Realschulabschluss	ohne Erwerbstätigkeit	m	ja
Helge	M	Hauptschulabschluss	ohne Erwerbstätigkeit	m	nein
Luca	K	ohne Abschluss	ohne Erwerbstätigkeit	m	nein
Tomke	G	Realschule	Schule	w	nein

60 Zu den in der Tabelle verwendeten Abkürzungen: Sozialraum Großstadt (G) über 250.000 Einwohner, Mittelstadt (M) über 20.000 Einwohner, Kleinstadt (K) unter 20.000 Einwohner. Angegebene geschlechtliche Zuordnung: weiblich (w), männlich (m).

Mika (m)[61]

Mika ist zum Zeitpunkt des Interviews 16 Jahre alt. Der Kontakt zu ihm entsteht durch einen sexualpädagogischen Workshop in einem Offenen Freizeittreff (OFT). Diesen besucht Mika seit Jahren regelmäßig. Zum Zeitpunkt der beiden Workshoptermine und des Interviews beendet er gerade seine Schule. Mika hat keine der Abschlussprüfungen bestanden. Diese Situation und die Gestaltung der Zukunft nehmen in der Interviewsituation aufgrund der Aktualität einen wichtigen Raum ein. Er lebt mit seinen leiblichen Eltern und zwei jüngeren Geschwistern zusammen. Im Interview wird eine starke Familienbindung an die Kernfamilie und ebenso die restliche Familie deutlich. Mika hat trotz der schulischen Probleme die Möglichkeit, eine Ausbildung bei einem Familienmitglied zu machen. Seine Erfahrungen in der Familie, in der Schule und im OFT, von denen er im Interview berichtet, ordnet er alle positiv ein. Mika war gleich bereit, an einem Interview teilzunehmen. Nach den zwei Workshopterminen führten wir das Interview in einem Beratungsraum im OFT durch. Das Interview wurde teilweise durch Baulärm im Gebäude gestört. Die Bauarbeiten begannen während des Interviews. Dies hat die Gesprächsentwicklung beeinträchtigt, da es zu einigen Unterbrechungen kam. Die Transkription wurde aufgrund der Nebengeräusche in der Audioaufzeichnung erschwert. Mit dem Interview von Mika wurde die Auswertung begonnen. Anhand des Interviews wird in diesem Kapitel die Bildung von Codes und Kategorien erläutert (vgl. 4.3.2).

Dominique (w)

Dominique ist zum Zeitpunkt des Interviews 18 Jahre alt und lebt in einer eigenen Wohnung. Sie verließ als Jugendliche den elterlichen Haushalt und lebte in stationären Jugendhilfeeinrichtungen, bis sie volljährig in eine eigene Wohnung zog. Dominique berichtet im Interview, dass sie als Kind vom leiblichen Vater sexuell missbraucht wurde, später kam es zu körperlicher Gewalt als Erziehungsmittel durch beide Eltern. Diese beschreibt sie auch als Auslöser dafur, dass sie die Familie schließlich verließ. Das Verhältnis zur Familie sei zerrüttet, das Vertrauen, auch in frühere Vertrauenspersonen in der Familie, sei zerstört. Dominique besucht seit vielen Jahren einen

61 Mika war die einzige Interviewperson, die die Möglichkeit einen eigenen Nicknamen zu wählen nutzte. Der von Mika gewählte Nickname wurde jedoch nach Abwägung forschungsethischer Gründe nicht verwendet (vgl. 4.4.5 und 4.4.6). Das von den Jugendlichen angegebene Geschlecht wird bei den Zusammenfassungen hinter dem Namen folgendermaßen angegeben: männlich (m), weiblich (w).

OFT und hat eine starke Bindung zu einigen Fachkräften. Den OFT beschreibt sie als zweite Familie. Zum Zeitpunkt des Interviews befindet sich Dominique in einer Maßnahme der Agentur für Arbeit. Sie nahm an zwei Workshopterminen im OFT teil und erklärte anschließend ihre Bereitschaft ein Interview zu geben. Den ersten Termin sagte sie kurzfristig aus Zeitgründen ab, vereinbarte aber direkt einen neuen. Eine Woche später führten wir das Interview (aufgrund der sommerlichen Hitze in den Räumen) in einer Sitzecke auf dem Außengelände des OFT durch. Es gab keine Störungen. Dominiques Interview wird in diesem Kapitel zur Beschreibung der Bildung von Codes und Kategorien verwendet (vgl. 4.3.2). Im nächsten Kapitel erfolgt eine Falldarstellung in Bezug auf das entwickelte Modell (vgl. 5.6).

Chris (m)

Chris ist 18 Jahre alt und lebt in einer eigenen Wohnung. Vorher wohnte er bei seinem alleinerziehenden Vater, zusammen mit einem Geschwister. Zu seiner leiblichen Mutter hatte er mehrere Jahre keinen Kontakt, da sie aus einem südeuropäischen Land stammt und seit mehreren Jahren wieder dort lebt. Einen Teil seiner Kindheit und frühen Jugend lebte er in einer stationären Jugendhilfeeinrichtung. Er besuchte eine Förderschule und anschließend ein BVJ, welches er abbrach. Zum Zeitpunkt des Interviews ist er ohne Ausbildung und Erwerbsarbeit. Er bezieht ALG II und hat Nebenjobs (Aushilfstätigkeiten). Chris hatte sich kurz vor dem Interviewtermin eine schwerere Verletzung zugezogen und meinte, dass die Heilung einige Wochen dauern würde. Das Interview wollte er trotzdem führen. Er hat ein Kind, lebt aber getrennt von seiner früheren Partnerin. Chris hat in seiner Kindheit und Jugend viele Erfahrungen mit Einrichtungen der Jugendhilfe und -arbeit gemacht, zum Beispiel Heimerziehung, Sozialpädagogische Familienhilfe (SPFH), OFTs und Streetwork. Der Kontakt zu ihm erfolgte über Gatekeeper_innen aus der Jugendhilfe. Nach der Anfrage war Chris sofort bereit zu einem Interview und sagte einen Termin zu. Das Interview wurde in einem Café, in einem Bereich, in dem keine weiteren Besucher_innen waren, durchgeführt. Es war sehr warm an diesem Tag. Durch die offenen Türen drangen Störgeräusche von der Straße, die für die Transkription ungünstig waren. Das Interview wurde davon jedoch nicht negativ beeinflusst.

Jona (w)

Jona, 16 Jahre alt, befindet sich in der Realschulausbildung. Der Kontakt zu ihr erfolgte über zwei Zugänge, einmal fungierte eine Schulsozialarbeiter_in als Gatekeeper_in und zusätzlich nahm Jona an einem Workshop in einem OFT teil. Sie sagte ihre Teilnahme zu einem Interview bereits während des Workshops zu. Das Interview wurde erst ein paar Monate nach dem Workshop geführt. Jona berichtete, dass es zu Konflikten in der Peergroup und zu Unstimmigkeiten zwischen Personen aus der Peergroup und den Mitarbeiter_innen des OFT gekommen sei. Aus diesem Grund sei sie länger nicht in die Einrichtung gekommen. Das Interview wurde in einem Beratungsraum des OFT geführt. Es gab keinerlei Störungen. Obwohl einige Monate Abstand zum Workshop lagen, hatte dies keinen negativen Einfluss auf das Interview. Weitere Ausführungen zum Interview mit Jona erfolgen im nächsten Kapitel in Form einer Falldarstellung (vgl. 5.6).

Conny (m)
Der Kontakt zu Conny, 16 Jahre, kam über Gatekeeper_innen in der Jugendhilfe zustande. Er war sofort bereit an einem Interview teilzunehmen. Nach dem ersten Gespräch führten wir ein paar Tage später das Interview. Conny verfügt über einen durchschnittlichen Schulabschluss mittlerer Reife, fand aber noch keine Ausbildung. Er sagt, er habe sich mehrfach beworben. Diese Situation belastet ihn, da er den Grund für die Ablehnungen nicht nachvollziehen kann und seine Zukunft offen ist. Er beschäftigt sich viel mit Musik und sucht in der Musikszene nach Vorbildern. Conny macht auch selbst Musik und träumt davon, öffentlich aufzutreten und mit der Musik etwas zu verdienen. Sie habe ihm geholfen, verschiedene Lebenssituationen und Krisen zu bewältigen. Er berichtet im Interview viel von seinen Erfahrungen in der Schule. Conny wurde dort nach seiner Aussage lange gemobbt und berichtet, dass er vonseiten der Schule kaum Hilfe erhielt. Er bezieht dies im Interview auch auf die Herkunft seines leiblichen Vaters, der aus einem südeuropäischen Land stammt. Seine Eltern trennten sich, als Conny in der Grundschule war. Seitdem lebt er mit seiner leiblichen Mutter und einem älteren Geschwister zusammen. Zu seinem Vater habe er regelmäßig Kontakt. Das Interview wurde in einer ruhigen Sitzecke in der Gartenanlage einer Einrichtung geführt und verlief ohne Störungen.

Helge (m)
Helge ist 17 Jahre alt und lebt mit seiner alleinerziehenden Mutter und zwei Geschwistern zusammen. Er hat die Schule mit dem Hauptschulabschluss abgeschlossen. Seit dem Schulabschluss, der ungefähr ein Jahr zurückliegt, ist er zu Hause. Helge besucht keine weiterführende Schule

oder eine Ausbildungseinrichtung. Zum Zeitpunkt des Interviews begann Helge ein Praktikum in einer Firma. Er war als Kind für kurze Zeit in einer stationären Unterbringung der Jugendhilfe. Seine Mutter nimmt seit mehreren Jahren Familienhilfe (SPFH) in Anspruch, zu der er aber kaum Kontakt habe. Als Kind sei er in der Schule gemobbt worden, weil er sehr dick gewesen sei. Er habe sich entschlossen, daran etwas zu ändern und dann abgenommen und trainiert. Er ist sehr stolz, dass er das aus eigener Kraft geschafft hat. Der Kontakt zu Helge wurde durch Gatekeeper_innen in der Jugendhilfe hergestellt. Das Interview wurde in einem Beratungsraum einer Jugendhilfeeinrichtung ohne Störungen durchgeführt.

Luca (m)
Der Kontakt zu Luca entstand über Gatekeeper_innen in der Jugendhilfe. Luca ist 18 Jahre alt und lebt seit kurzer Zeit in einer eigenen Wohnung. Zum Zeitpunkt des Interviews ist er in einer sehr schwierigen Situation. Er berichtet von finanziellen und persönlichen Problemen. Luca beschäftigt sein weiterer Lebensweg. Im Interview berichtet er auch von sehr schwierigen familiären Verhältnissen. Das Verhältnis zur Mutter und dem Stiefvater sei zerrüttet gewesen. Seit Kurzem habe er wieder Kontakt und hofft darauf, dass es sich bessert. Luca hat mehrere Jahre in Einrichtungen der stationären Jugendhilfe gelebt und auch Erfahrungen mit ambulanter Hilfe. Das Interview wurde in seiner Wohnung geführt. Zu Beginn des Interviews schaute Luca auf sein Telefon und sagte, er warte auf eine wichtige Nachricht von einem seiner Geschwister. Ansonsten gab es keine Störungen. Das Interview mit Luca wurde als einziges im Privatbereich der interviewten Personen durchgeführt. Dies geschah auf seinen Wunsch. Eine zusammenfassende Falldarstellung in Bezug auf das Modell nach der GTM erfolgt im nächsten Kapitel (vgl. 5.6).

Tomke (w)
Der Kontakt zu Tomke kam über Gatekeeper_innen in der offenen Jugendarbeit zustande. Tomke ist 16 Jahre alt und besucht eine Realschule. Sie lebt mit ihrer leiblichen Mutter, dem Freund der Mutter und zwei Geschwistern zusammen. Tomke berichtet im Interview von der Trennung ihrer leiblichen Eltern, dem Umzug in eine neue Stadt in einem anderen Bundesland und den damit zusammenhängenden Herausforderungen für sie. Seit dem Umzug habe sie nur noch wenig Kontakt zu ihrem Vater. Früher sei sie aller zwei Wochen bei ihm gewesen, jetzt nur noch ein bis zweimal im Jahr.

Wenn ihre Eltern telefonierten sei sie meist nicht in der Wohnung, weil es dann immer eskaliere. Die finanziellen Verhältnisse der Familie seien schwierig, ihre Mutter gehe mehreren Nebenjobs nach und Tomke verdiene mit kleinen Jobs, wie Zeitung austragen oder Babysitten, selbst etwas Taschengeld. In der Schule, berichtet Tomke, sei sie früher wegen ihrer Meinung, ihres Aussehens und ihrer Kleidung gemobbt worden. Dies bezieht sie auch auf die ökonomischen familiären Verhältnisse, da sie keine *Markenklamotten* gehabt habe. Mit den meisten Jugendlichen ihres Alters und aus ihrer Klasse verstehe sie sich nicht gut. Tomke geht regelmäßig in einen OFT und hilft und engagiert sich dort. Zu den Fachkräften im OFT habe sie ein sehr gutes Verhältnis. Das Interview wurde in einem Beratungsraum des OFT ohne Störungen durchgeführt.

4.3 Forschungsmethodisches Vorgehen bei der Auswertung der Interviews

In diesem Abschnitt werden eingangs die Codierverfahren der Grounded Theory vorgestellt. Es folgt anschließend eine exemplarische Darstellung des forschungsmethodischen Vorgehens in Bezug auf die Arbeit mit den Daten und die Ausarbeitung von Codes und Kategorien. Eine ausführliche Darlegung der im Forschungsprozess getroffenen Entscheidungen und des Vorgehens im Auswertungsprozess wird von Vertreter_innen der reflexiven GTM zur Nachvollziehbarkeit der Arbeit empfohlen (vgl. Breuer et al., 2018, S. 213, 216). Mit Blick auf die Gliederungslogik einer Arbeit wird von den Autor_innen eine Verortung im Methodenteil, vor dem Kapitel zu den Ergebnissen, vorgeschlagen (ebd., S. 214). Die Bildung von Codes und Kategorien, deren Vergleich und das In-Bezug-Setzen werden anhand zentraler Codes und Kategorien beschrieben, die zu wesentlichen Ergebnissen der Arbeit gehören und führen.

4.3.1 Die Codierverfahren der Grounded Theory

Ein zentraler Bestandteil des Forschungskonzeptes der Grounded Theory ist das Herausarbeiten von Kategorien und demzufolge die dafür entwickelten Analyseverfahren und Codiertechniken. Im weiteren Verlauf der Arbeit erfolgt dies anhand der GTM-Variante nach Anselm Strauss und Juliet

Corbin (Strauss & Corbin, 1996; vgl. auch Muckel, 2007). Durch die dort vorgegebene methodische Struktur ist ein stringentes Arbeiten in einem flexiblen Rahmen möglich. Diese Grundstruktur soll trotz aller Strenge im Forschungsprozess den kreativen Umgang mit dem Datenmaterial gewährleisten. Dies scheint nötig, da erst die Verknüpfung von Datenerhebung und -auswertung, die Kombination der Codierverfahren, die Interpretation der Daten und die fortlaufende Reflexion im Prozess die Entwicklung einer sich der zu untersuchenden Realität annähernden Theorie möglich macht (ebd., S. 39ff.). Das Analyseverfahren der Grounded Theory sieht vor, dass dieses Verfahren zirkulär durchlaufen wird. Dirk Hülst beschreibt dies als analytische Triade, deren einzelne Schritte sich, grob skizziert, folgendermaßen gliedern: Analyse und Codieren der Daten, eventuelle Erhebung neuer Daten, fortlaufende Reflexion und Entwicklung einer Theorie (Hülst, 2010, S. 6).

In der Grounded Theory werden drei Codierverfahren unterschieden: das offene Codieren, das axiale Codieren und das selektive Codieren. Diese Codierverfahren stellen »die Vorgehensweisen dar, durch die die Daten aufgebrochen, konzeptualisiert und auf neue Art zusammengesetzt werden« (Strauss & Corbin, 1996, S. 39). Sie sind somit der zentrale Teil des Analyseverfahrens. Der Ablauf der einzelnen Codierphasen folgt keinem stringent zu durchlaufenden Schema. Sie greifen ineinander über und der Forscher kann sich während einer Auswertungsphase in mehreren Codierverfahren bewegen (vgl. Strauss & Corbin, 1996, 39f.). Bevor näher auf die einzelnen Codierphasen eingegangen wird, soll zum Verständnis eine Zusammenfassung der von Strauss und Corbin vorgenommenen Ausführungen folgen:

1. Das offene Codieren ist der erste Schritt in der Auswertung der Daten. Die Phänomene sollen benannt und kategorisiert werden. Dies erfolgt durch eine detaillierte und gründliche Betrachtung der Daten, Vergleichen und gezieltes Stellen von Fragen. Die Daten werden aufgebrochen, strukturiert und entdeckte Phänomene verglichen, die Konzepten zugeordnet werden. Dadurch erfolgt eine erste Gruppierung und Verdichtung des Materials. Aus den Konzepten lassen sich in einer weiteren Abstraktionsstufe Kategorien entwickeln (ebd., S. 43–55).
2. Das axiale Codieren stellt Verknüpfungen und Vergleiche zwischen den aufgestellten Kategorien her. Es geht darum, die Beziehungen zwischen Kategorien zu entdecken und ihre Verbindungen zu Konzepten und Phänomenen aufzuzeigen. Dadurch wird eine Neuordnung möglich, die eine hierarchische Struktur der Kategorien in Haupt- und Subkategorien möglich macht (ebd., S. 75–93).

3. Das selektive Codieren folgt als Analyseschritt den beiden vorangegangenen Codierverfahren. Ziel ist es eine Zusammenfassung vorzunehmen, eine zentrale Kategorie, eine Kern- oder Schlüsselkategorie, herauszuarbeiten. Diese steht mit den anderen Hauptkategorien in Beziehung und verbindet diese. Ziel dieses Arbeitsschrittes ist das Aufstellen einer Theorie. In diesem Arbeitsschritt können sich Lücken in der erarbeiteten Struktur und den bereits aufgestellten Kategorien zeigen, die ein Überarbeiten dieser nötig machen. Dies erfordert die oben genannte Flexibilität und zeigt die Verbindung der einzelnen Codierverfahren während der Auswertungsphase auf (ebd., S. 94–117).

Zentrale Begriffe, mit denen in der GTM im Rahmen der Codierverfahren gearbeitet wird, sind die Begriffe *Code*, *Kategorie* und *Konzept*. Petra Muckel und Franz Breuer nehmen hinsichtlich der unklaren Verwendung der Begriffe innerhalb der Grounded-Theory-Varianten folgende Einordnung vor: Codes sind »erste abstrahierende Sprachbegriffe für die Beschreibung eines in den Daten auftauchenden Phänomens« (Muckel & Breuer, 2016, S. 162). Kategorien sind »diejenigen Kodes (oder deren Zusammenfassungen), die relevant für die Beantwortung der Forschungsfrage sind und Zusammenhänge im Hinblick auf den Forschungsfokus erkennen lassen« (ebd., S. 164). Das heißt, dass ein Code (eine Codebezeichnung) zu einer Kategorie werden und diese so benannt werden kann oder mehrere Codes zu einer Kategorie zusammengefasst werden, für die eine Bezeichnung gewählt wird, die sich auf mehrere sprachliche Kontexte übertragen lässt und so verschiedene Codes integrieren kann (ebd., S. 164). In anderen Publikationen findet sich für die Bezeichnung eines Phänomens bzw. einer Sinneinheit im Datenmaterial statt Code alternativ auch der Begriff Konzept (vgl. Hülst, 2013; Strauss & Corbin, 1996). Zwischen diesen Bezeichnungen wird jedoch in der Forschungspraxis nicht immer klar unterschieden und sie werden oft gleichwertig nebeneinander verwendet (vgl. Hülst, 2013, S. 286f.). Bei der Ausarbeitung in dieser Arbeit werden die von Muckel und Breuer vorgeschlagenen Bezeichnungen berücksichtigt.

In Bezug auf den Umgang mit Codes empfiehlt Strauss (1994), in den ersten beiden von sechs Faustregeln zum Codieren, die Verwendung von natürlichen oder sogenannten In-vivo-Codes, die sich im Material finden, also zum Beispiel Ausdrücke, die in einem Interview von der interviewten Person verwendet werden. Bei der Codebezeichnung, sowohl natürlich wie konstruiert, ist beim offenen Codieren nicht die Angemessenheit des

Begriffs von Bedeutung, sondern es ist wichtig dem Code einen Namen zu geben (ebd., S. 60). Muckel und Breuer beziehen sich auf diese Faustregeln. Sie differenzieren die Codebezeichnungen und sehen bei den konstruierten Codes einen Unterschied zwischen Codebegriffen, die die Forschenden selbst erfinden und die sich häufig an Alltagsbegriffe anlehnen, und denen, die nach vorhandenen theoretischen Begriffen benannt werden (Muckel & Breuer (2016, S. 163). Codieren definieren sie »als intensives Ringen um passende sprachliche Ausdrücke« (ebd., S. 164). Damit wird deutlich, dass Codieren für sie nicht nur ein theoretischer methodischer Prozess ist. Anders als bei Strauss (1994), der in Bezug auf die Angemessenheit der Codebezeichnung empfiehlt: »stellen sie einfach sicher, daß der Kode einen Namen hat« (ebd., S. 60), empfehlen Muckel und Breuer (ebd.) eine grundlegende Reflexion dieser. Dies beziehen sie auf die Verwendung von konstruierten Codes, die auf bestehende theoretische Konzepte zurückgreifen. Dadurch würden bestehende Theorien bereits beim offenen Codieren einbezogen, was sich auf die Entwicklung einer Theorie auswirken könne (vgl. Muckel & Breuer, 2016, S. 163f.). Bei der Verwendung von In-vivo-Codes könne es zu Ungenauigkeiten bei der Beschreibung des codierten Phänomens kommen oder zu einer wertenden Bezeichnung (ebd., S. 164). In Bezug auf den Einstieg in das offene Codieren empfehlen sie, eine erste Stelle im Interview, die für die Forschungsfrage interessant erscheint, auszuwählen und zu beginnen. Welcher Abschnitt gewählt wird, ist für den Einstieg nicht entscheidend (ebd., S. 163). Für das weitere Vorgehen des Codierens sind die weiteren Faustregeln leitend: (1) ein Vorgehen Zeile für Zeile, (2) die Dimensionalisierung von Codes und Kategorien, (3) die Suche nach kontrastierenden Fällen und (4) die Punkte des Codierparadigmas (vgl. Strauss, 1994, S. 60). Muckel und Breuer sehen in Faustregel (3) den Hinweis, dass damit der gesamte Forschungsprozess im Blick bleiben muss und die einzelnen Schritte parallel laufen und verknüpft sind. Dies lasse sich als Hinweis auf die Suche nach kontrastierenden Fällen in den vorhandenen Daten auffassen, aber ebenso als Hinweis darauf, weitere Daten zu erheben (Muckel & Breuer, 2016, S. 163). Damit ist ein wesentlicher Punkt des Vorgehens in der Grounded Theory benannt, der mit dem Codierprozess verbunden ist: das theoretische Sampling (siehe oben). Durch Vergleichen der Codes und Kategorien und deren Dimensionalisierung sollen diese überprüft, Leerstellen in den Daten entdeckt und offene Fragen deutlich werden. Dabei geht es nicht um die alleinige Anreicherung der Ergebnisse, sondern auch um die Sensibilität für die Ausrichtung der weiteren Forschungsschritte und die Erlangung möglicher neuer Perspektiven. Die Erhebung neuer Daten kann in verschiedenen Phasen und auch mehrmals im Forschungsprozess vorgenommen werden (vgl. Hülst, 2014, S. 290).

Die Codierverfahren sind mit weiteren Techniken verknüpft. Eine davon ist die der Dimensionalisierung der Kategorien hinsichtlich ihrer Eigenschaften. Die Eigenschaften einer Kategorie können Codes oder Subkategorien aus dem Material sein. Sie können aber auch theoretisch abgeleitet und auf die Kategorie angewendet werden (vgl. ebd., S. 289f.). Eine weitere Technik, die Strauss und Corbin im Zuge des axialen Codierens empfehlen, ist das Codierparadigma (Strauss & Corbin, 1996, S. 76, 78ff.). Beim axialen Codieren sollen eine Hierarchisierung der Kategorien in den Blick genommen und die Beziehungen unter diesen untersucht werden. Dies soll durch ein Codierparadigma unterstützt werden. Es kann, so Jörg Strübing, als Vorschlag für eine Anleitung und Systematisierung des axialen Codierens gesehen werden (Strübing, 2014, S. 25). Martin Griesbacher sieht das Codierparadigma zudem als »ein mächtiges Werkzeug, um zu einem besseren Verständnis für das Zustandekommen sozialer Phänomene zu kommen« (Griesbacher, 2016, S. 149). Als Phänomen wird dabei die Kategorie bezeichnet, die im Zentrum steht und um die herum codiert wird. Für Strübing (2014) ist ein Phänomen ein Vorkommnis oder Ereignis in den Daten, das aufgearbeitet wird und für das die Zusammenhänge mit anderen Kategorien betrachtet werden. Im Zuge des axialen Codierens ist es wichtig, dass es noch nicht um die Ausarbeitung einer Theorie oder die Beantwortung der Forschungsfrage geht, sondern nur um einzelne Ausschnitte in den Daten (ebd., S. 25f.). Die als Phänomen betrachtete Kategorie wird zu weiteren Kategorien bzw. Codes in Bezug gesetzt. Dafür werden Fragen nach folgenden Merkmalen gestellt: Ursachen des Phänomens; Kontext und Bedingungen; Handlungen, Strategien und Taktiken; intervenierende Bedingungen; Konsequenzen und Veränderungen (vgl. Hülst, 2014, S. 288; Strauss & Corbin, 1996, S. 78ff.; Strübing, 2014, S. 24). Griesbacher (2016) verweist auf die Weiterentwicklung bezüglich des Codierparadigmas und hier vor allem auf die Perspektivenerweiterung bezüglich der Handlungsstrategien. Es sind nicht nur die strategisch in einer bestimmten (problematischen) Situation (zweck- oder zielorientierten) angewendeten Strategien und Taktiken von Bedeutung, sondern auch die Routineabläufe. Ein Großteil der mit einem Phänomen zusammenhängenden Taktiken und Strategien sind in der Regel Routinen und Gewohnheiten. Erst deren Unterbrechung setzt Reflexionsprozesse in Gang, die auf die Bewältigung einer Situation gerichtet sind (ebd., S. 148f.). Strübing (2014) sieht bei der Arbeit mit dem Codierparadigma und der Zuordnung von Kategorien zu den Merkmalen die Unterscheidung zwischen Kontext und intervenierenden Bedingungen als mögliche Ungenauigkeit bei der Analyse. Es bestehe die Neigung, alles, was nicht unter einem der anderen Merkmale des Codierparadigmas zuzuordnen ist, als Kontext des Phänomens zu betrachten (ebd., S. 26). Als Kontext sind jedoch nur die auf das Phänomen bezogenen Eigenschaften und deren Dimensionalisierung zu betrachten, es geht um die »konkreten, eher situationsgebundenen Eigenschaften des Phänomens«, wobei nicht ausgeschlossen ist, dass diese auch einen intervenierenden Charakter haben können (ebd., S. 27). Demgegenüber sind die intervenierenden Bedingungen in einem größeren strukturellen Rahmen zu sehen, der sich nicht direkt auf das Phänomen bezieht, sich aber auf die Handlungsstrategien auswirkt (ebd., S. 27).

4.3.2 *Verlässliche Beziehungen* – Der Weg zu einer Kategorie

4.3.2.1 Exemplarische Beschreibung der Bildung von Codes und Kategorien

Franz Breuer, Petra Muckel und Barbara Dieris empfehlen für Arbeiten im Rahmen der GTM, neben der Darstellung der Methodik und einer Schilderung der Schritte im Forschungsprozess, eine exemplarische Darlegung der Arbeit mit den Daten und der Bildung von Codes und Kategorien vorzunehmen (Breuer et al., 2018, S. 213f.). Damit soll die Nachvollziehbarkeit des Weges zu den Ergebnissen erhöht werden (ebd., S. 216). Die Bildung von Codes und Kategorien wird im Folgenden anhand ausgewählter Stellen aus zwei Interviews dargestellt. Die Interviews wurden alle vollständig transkribiert und codiert. Die Eingangserzählungen und alle Stellen, die für das Forschungsinteresse als wichtig erschienen, wurden beim offenen Codieren *line by line* codiert. In den später geführten Interviews wurde stärker absatzweise codiert. Während der Analyse des Textes wurden Memos verfasst, um Gedanken, Reflexionen und erste Interpretationen festzuhalten. Diese Memos dienten auch dazu, Begriffe für Kategorien zu entwickeln und die Beziehungen zwischen diesen zu finden und zu beschreiben. Es wird im

Folgenden nicht auf alle beim offenen Codieren gebildeten Codes, die an den unten aufgeführten Belegstellen gebildet wurden, eingegangen. Die Darstellung konzentriert sich auf die Codes und Kategorien, die sich im Laufe der Auswertung als wichtig für das Forschungsinteresse erwiesen.

»Wichtige Sachen«: Ich und die Familie

Das Interview mit Mika wurde als erstes ausgewertet. Begonnen wurde mit der Eingangserzählung. Mika beginnt diese wie folgt:

> »B: Ja also, wichtige Sachen waren als ich geboren worden bin. Ist ja klar. Dass ich zwei Geschwister bekommen habe das war mir halt sehr wichtig weil ich kein Einzelkind werden wollte« (Mika_3).[62]

Zu dem Interview wurde folgendes Memo verfasst:

> Memo: Mika scheint Familie für sich sehr wichtig zu finden. Er benennt die Geburt der zwei Geschwister als ein wichtiges Ereignis und tolles Erlebnis. Er möchte nicht allein sein (kein Einzelkind) und wünscht sich jemanden zum Reden. Auch das Haustier war für ihn wichtig und er hat sehr daran gehangen. Mika scheinen soziale Beziehungen und Kommunikation in der Familie sehr wichtig. Eine wichtige Sache ist für ihn, neben den familiären Beziehungen, dass er geboren wurde (die Geburt – der Start in das Leben, erste Abnabelung von der leiblichen Mutter). Für Mika ist das klar. Steht dahinter Selbstachtung: Ich bin da und das ist gut so? Es ist wichtig, dass ich geboren wurde? Für die Entwicklung von Identität ist das eine wichtige Aussage. Mika sieht sich als Subjekt im Zentrum. Um ihn (das Zentrum) spannt sich das familiäre Netz. Die Geburt steht in einem Zusammenhang mit den familiären Beziehungen. In welche Familie, in welche Welt werde ich hineingeboren? »Wichtige Sachen« (In-vivo-Code) sind für ihn seine und die Geburt der Geschwister.

62 Bei der Angabe von Zitaten aus Interviews werden die Aussagen folgendermaßen gekennzeichnet, »I« steht für Interviewer und »B« für Befragte/die befragte Person. Die Belegstelle des jeweiligen Zitats wird mit Angabe des Code-Namens und mit der Absatznummer aus dem Interviewtranskript angegeben. Die Interviewauswertung erfolgte teilweise durch die Nutzung von MaxQDA als Auswertungssoftware. Dabei werden die Interviews absatzweise strukturiert. Die Zitate wurden sprachlich *geglättet* und Dialekt in korrekte Rechtschreibung überführt. Dies geschah auch mit Blick auf die Anonymisierung und den Schutz der interviewten Jugendlichen.

Bereits bei der Erstellung des Interviewleitfadens erfolgte die Überlegung, dass Angebote sexueller Bildung und Beratung im Kontext der Jugendarbeit und Jugendhilfe nicht losgelöst von familiären und biografischen Kontexten betrachtet werden können. Im ersten Moment der Auswertung führte die Bildung von Codes, die sich auf die Familie bezogen, dennoch zu einer Irritation. Einerseits entsprach das einem offenen Herangehen an das Material, andererseits stellte sich die Frage: Was hat das mit dem Forschungsinteresse zu tun? Welche Bedeutung haben die familiären Beziehungen und die Lebenssituationen der Jugendlichen für die Beantwortung der Fragestellung? Das Jugendalter ist von einer Umgestaltung der familiären Beziehungen geprägt. Jugendliche orientieren sich stärker an der Peergroup, aber trotz der Abnabelung von der Familie sind die familiären Beziehungen nach wie vor wichtig (vgl. Lange & Xyländer, 2008, S. 603f.; Oerter & Dreher, 2002, S. 310). Eltern beeinflussen als Vorbilder und (Sexual-)Erzieher die sexuelle Entwicklung mit. Sie können Einfluss auf die Teilnahme an Bildungsangeboten zu Sexualität nehmen (vgl. Blank, 2010; Krell & Oldemeier, 2015). Ebenso ist die Erfahrung der Jugendlichen, die sie mit Angeboten der Jugendarbeit und der Erziehungshilfe machen, auch von den familiären Bedingungen und Beziehungen abhängig (siehe Kapitel 2 und 3). Speziell eine Hilfe zur Erziehung kommt ohne Berücksichtigung der Familiensituation und den Einbezug der Sorgeberechtigten nicht zustande. Bei der Analyse der Interviews einen Auswertungsfokus auf die familiären Beziehungen zu legen erschien unter der Perspektive, dass diese auch einen Einfluss auf die sexuelle Bildung in der Jugendhilfe haben, sinnvoll.

»Sich kümmern«

Auf die Frage, wie Mika die Erziehung durch seine Eltern einschätzt, antwortet er:

> »B: Also meine Eltern kümmern sich wirklich sehr gut um mich. Also das ist wirklich manchmal zu gut. Also ich bin halt 15 Jahre alt und sie haben halt relativ trotzdem Angst dass ich jetzt wenn ich jetzt abends draußen bin dass irgendwas passiert. […] Also sie kümmern sich wirklich relativ also was heißt relativ richtig gut um mich. Und halt auch bei meinen Geschwistern auch so gut« (Mika_14).

Memo: Die Eltern (die Erziehung durch sie) werden von Mika positiv beschrieben. Mika fokussiert dies auf zentrale elterliche Eigenschaften:

Sie kümmern sich, sie sorgen sich. Die Eltern sind nicht nur für Mika da, sie sind für alle ihre Kinder da: Sie kümmern und sorgen sich um Mika, aber auch um die Geschwister. Erziehung hat hier eine subjektive Definition. Mika geht nicht auf erzieherische Situationen oder Interventionen ein, für ihn ist bei der Beurteilung des erzieherischen Verhaltens seiner Eltern wichtig, dass die Eltern »sich kümmern«. Diese Aussage wurde als In-vivo-Code übernommen. Wenn Eltern sich um ihre Kinder kümmern, sorgen sie sich um ihre Kinder (sorgen, für jemanden Sorge tragen, als Synonym für kümmern). Die elterliche Sorge umfasst hier, sich um die Kinder zu sorgen, im Sinne Sorge für die kindliche Entwicklung zu tragen (bezieht sich auf In-vivo-Code »sich kümmern«), aber auch sich Sorgen zu machen, dass diese gut gelingt und den Kindern nichts zustößt. »Sich sorgen« kann als Code, der die Eltern-Kind-Beziehung beschreibt, gebildet werden. Die elterliche Sorge ist ein wesentlicher Punkt bei der Gestaltung eines familiären Lebens. Es kann unterschiedliche rechtliche Situationen geben, was das Sorgerecht von Eltern für ein Kind betrifft. Daraus ergeben sich Rechte und Pflichten für die leiblichen oder die sozialen Eltern. Das Sorgerecht kann durch ein Familiengericht entzogen werden, wenn es zu Gefährdungen kommt. Es ist von großer Bedeutung für Kinder und Jugendliche, wie Eltern sich um sie sorgen und welche Personen das Sorgerecht haben.

Vertrauen

In einem weiteren Textabschnitt wird deutlich, dass *sich kümmern* und *sich sorgen* nicht zu einer Überbehütung oder fehlendem Zutrauen führen. Der Code *sich sorgen* ist mit einem weiteren Code, der mit dem Begriff *Vertrauen* bezeichnet wurde, verbunden:

> »B: Ja und zwar wo ich 15 wurde wurde mir halt mehr erlaubt auch wenn ich jetzt vorher natürlich hier war [im OFT/Jugendklub], ist klar. Aber jetzt darf ich halt länger draußen bleiben und so. Das ist einfach nur das Vertrauen ist halt stärker geworden wirklich dass ich halt nicht mehr so viel Scheiße baue wie ich früher war. Weil ich halt klein war und dass die mir halt jetzt mehr Vertrauen und mir halt (...) dieses Vertrauen mir halt auch geben dass ich halt was machen kann damit« (Mika_16).

Memo: Die benannte Sorge der Eltern und die Wahrnehmung, dass diese sich manchmal zu sehr kümmern und Angst haben, dass etwas passiert, scheint Mikas Abnabelungsprozess nicht im Wege zu stehen. Mit zunehmendem Alter wird mehr erlaubt. Es scheint ein Zutrauen der Eltern in den Reifeprozess, das Erwachsenwerden zu geben. Es wird ein gegenseitiges Vertrauen benannt. Das Vertrauen der Eltern zu spüren und darum zu wissen, wird positiv wahrgenommen, und vor allem der Aspekt, dass damit auch etwas gemacht werden kann. »Vertrauen« kann als ein Code dieses Abschnitts benannt werden. Vertrauen scheint hier ein wesentlicher Punkt für die im Rahmen der pubertären Entwicklung anstehende Umgestaltung der Eltern-Kind-Beziehung zu sein.

Es wird auch ein Verständnis (ein Konzept) von Selbstwirksamkeit deutlich. Mika sieht den zunehmenden Freiraum, der durch die Eltern gewährt wird, als etwas, was er gestalten kann: Er kann damit etwas machen.

Verlässliche Beziehungen

Memo zum Gesamteindruck des Interviews mit Mika: Im Interview werden viele Aussagen zur Familie gemacht, sie scheint einen zentralen und sehr wichtigen Part im Leben zu haben. Mika geht es um die Gestaltung guter familiärer Beziehungen, Vertrauen ist dabei ein wesentlicher Punkt, der benannt wird, auch Hilfe und Unterstützung in der Familie. Als wichtiges Lebensereignis wird die Geburt der beiden Geschwister benannt. Die sei ein tolles Erlebnis gewesen. Alleinsein wird als etwas Negatives empfunden (möchte kein Einzelkind sein) und es besteht der Wunsch, dass jemand zum Reden da sein sollte. Auch das Haustier war wichtig (nicht Alleinsein!). Soziale Beziehungen und Kommunikation scheinen für Mika sehr wichtig zu sein. Es werden starke emotionale Bindungen in der Familie benannt. Dies bezieht sich auf die Eltern, die Geschwister, die Großeltern und weitere Verwandte. Es wird gesagt, die Eltern kümmern sich sehr gut und sorgen sich um die Entwicklung. Dies findet sich auch in der Beschreibung zu anderen Familienmitgliedern (Großeltern, Onkel). Es wird nur von positiven Erfahrungen mit den Erwachsenen in der Familie und den Geschwistern im Interview berichtet. Codes, die in diesem Zusammenhang gebildet wurden, sind: sich kümmern, sich sorgen, Hilfe bekommen, vorhandene Unterstützung, Vertrauen, Verlässlichkeit, stabile emotionale Beziehungen, gute Kommunikation, wichtige Sachen. Verlässliche Beziehungen scheinen auch in anderen (außerfamiliären) Beziehungen wichtig zu sein, z. B. mit der Freundin oder mit Lehrer_innen. Auch hier zeigt sich, dass diese an bestimmte Faktoren geknüpft sind. Ein Gradmesser einer guten Beziehung ist für Mika vor allem Vertrauen. Ein Vertrauensbruch, wie bei der Ex-Freundin, scheint dagegen nicht akzeptabel für ihn. Vertrauen zu Menschen haben können und Vertrauen entgegengebracht zu bekommen, kann als ein wichtiger Teil bei der Entwicklung zu einer selbstbestimmten Individualität gesehen werden. Bei Mika scheint es einen Zusammenhang zwischen den Erfahrungen mit Vertrauen und seinem Selbstbild (seiner Selbstwirksamkeit?) zu geben. In Bezug auf die Kommunikation über sexuelle Themen wird über Gespräche mit den Eltern und Geschwistern berichtet. Die bestehenden familiären Vertrauensverhältnisse scheinen diese positiv zu beeinflussen.

Die Schulzeit wird trotz der eher schlechten Leistungen und dem nicht erreichten Abschluss nicht negativ gesehen. Die Bewertung bezieht sich vor allem auf die sozialen Beziehungen und den baulichen Zustand. Auch in der Schule wird Wert auf entsprechende Lebens- und Lernbedingungen gelegt, so wie es anscheinend in der Familie gegeben ist. Wichtigster Punkt in der Bewertung der Schule sind die sozialen Beziehungen. Die Kommunikation mit den Lehrer_innen wird als wichtiger Punkt genannt. Mika ist wichtig, dass Personen zuhören. Ein Vertrauensverhältnis besteht eher zu älteren Lehrer_innen (vermitteln diese mehr Vertrauen und Verlässlichkeit?). Die familiär gewohnten und als harmonisch wahrgenommenen Beziehungen werden von Mika auch außerhalb der Familie angestrebt. Auch bei der Beurteilung der Ganztagsangebote und des Jugendklubs (in Bezug auf beide wird Kommunikation über sexuelle Themen im Interview benannt) sind die Kommunikation und die Verlässlichkeit (Codes: Zeit haben, zuhören) ein zentraler Punkt. Auch familiär kann Verlässlichkeit als Code öfter benannt werden. Durch die Verlässlichkeit des Onkels ergibt sich trotz der schulischen Probleme eine berufliche Zukunft und die Möglichkeit eine Ausbildung zu absolvieren.

Die oben genannten Codes *sich kümmern*, *sich sorgen* und *Vertrauen* können dimensionalisiert werden. Sie sind bei Mika in einer hohen Ausprägung vorhanden: Die Eltern kümmern sich sehr gut und viel, sie sorgen sich viel und das Vertrauen ist groß. Auch der im Memo benannte Code *Verlässlichkeit* ist in einer hohen dimensionalen Ausprägung vorhanden. Erwachsene werden von Mika als verlässliche Personen wahrgenommen. Durch die Darstellung von Codes in ihren dimensionalen Ausprägungen und deren Zuordnung als sogenannte Eigenschaften oder Subkategorien zu der Kategorie *verlässliche Beziehungen* kann diese Kategorie näher bestimmt und charakterisiert werden.

Tabelle 3: Eigenschaften und dimensionale Ausprägung der Kategorie »verlässliche Beziehungen«

Kategorie	**Eigenschaften (Subkategorien)**	**dimensionale Ausprägung**
verlässliche Beziehungen	Vertrauen	hoch – gering
	Verlässlichkeit	hoch – gering
	sich sorgen	viel – wenig
	sich kümmern	viel – wenig
	stabile soziale Beziehungen	vorhanden – nicht vorhanden

Die Codes stehen bei Mika in einem Zusammenhang mit den sozialen, speziell den familiären, Beziehungen. Diese können bei Mika als *verlässliche Beziehungen* bezeichnet werden. An dieser Stelle wurde eine sogenannte Netzwerkkarte angefertigt. Dabei handelt es sich um eine Technik, die in der Sozialen Arbeit angewendet wird und aus dem systemischen Arbeiten kommt. In der Praxis dient sie im Gespräch mit Adressat_innen dazu, soziale Beziehungen herauszuarbeiten, deutlich zu machen und anhand dieser über Ressourcen zu sprechen (vgl. Herwig-Lempp, 2007, S. 207ff.). Die Anwendung dieser Methode wurde von der Arbeit mit Diagrammen in der GTM inspiriert (vgl. Breuer et al., 2018, S. 189ff.). In der Forschung wird die Netzwerkkarte zur Analyse von sozialen Netzwerken eingesetzt (vgl. Straus et al., 2012, S. 73ff.). Sie wurde an dieser Stelle benutzt, um die Personen aus dem sozialen Umfeld, zu denen *verlässliche Beziehungen* bestehen, zusammenzufassen.[63] Mika steht dabei im Zentrum. Die Familie ist (bezogen auf die Kategorien und Codes) sehr nah bei Mika und bildet ein familiäres Netzwerk in Bezug auf Mikas Unterstützung.

63 Die Netzwerkkarte wurde nicht im Interview verwendet, sondern anschließend bei der Auswertung erstellt. Die Positionen der Personen in der Karte sind somit nicht von den Interviewpartner_innen angegeben, sondern vom Autor aus den Aussagen rekonstruiert.

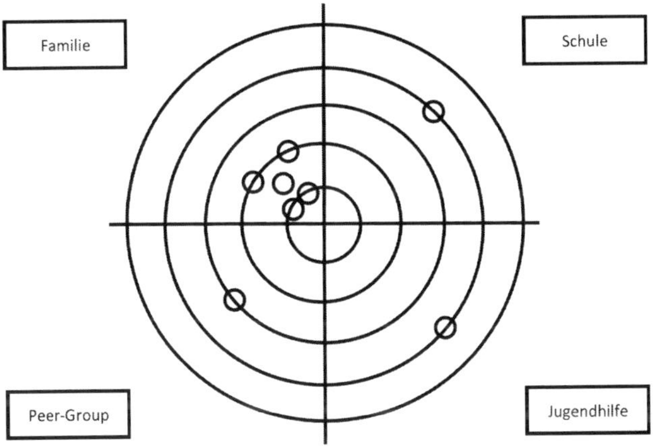

Abbildung 2: Netzwerkkarte Interviewteilnehmer_in

Soziales Umfeld

Mika berichtet aus seinem Leben, er schildert einen Teil seiner Lebensgeschichte, die für ihn einen wichtigen Stellenwert hat, und bringt diese in Zusammenhang mit bestimmten Normen und Werten, die wiederum mit seinen sozialen Beziehungen in Verbindung stehen (z. B. die elterliche Erziehung, die Aufgabe der Schule/der Lehrer_innen, Erwartungen an Erwachsene und das Erwachsenwerden, Vertrauen zu bestimmten Personen). Die Jugendzeit ist bestimmt von verschiedenen Entwicklungsaufgaben. Mika nennt hier die Umgestaltung der Eltern-Kind-Beziehung, den Bildungsübergang von der Schule in eine Ausbildung oder Fragen bezgülich der Gestaltung einer Partnerschaft und des ersten Geschlechtsverkehrs. Den Abschluss der Schule beschreibt Mika als kritisch. Er besteht keine der Abschlussprüfungen. Der Übergang in eine sich anschließende Ausbildung gelingt ihm durch die Unterstützung der Familie. Die Familie agiert hier als Netz, das Mika hält, und arbeitet als Netzwerk zusammen. Mikas Strategie der Bewältigung ist, sich der vorgeschlagenen Lösung anzupassen. Er geht den Weg, der ihm durch die Familie aufgezeigt wird. Mikas Entwicklung und der damit zusammenhängende Bewältigungsprozess sind bei ihm vor allem abhängig von den *verlässlichen Beziehungen* des *sozialen Umfeldes.* Seine Familie ist für ihn eine Ressource. Durch die Kategorie *verlässliche Beziehungen* und die zugeordneten Subkategorien (Codes) werden die Beziehungen in seinem *sozialem Umfeld* charakterisiert.

Soziologisch kann das soziale Umfeld auch als Beziehungsgeflecht betrachtet werden. Norbert Elias hat den Begriff der Figuration geprägt und beschreibt damit die Interdependenzgeflechte, die Abhängigkeiten in einem Beziehungsgeflecht (Elias, 1997, S. 70f.). Durch diese Perspektive kann eine tiefgründigere Analyse des sozialen Umfeldes gelingen. Ein Netz wirkt optisch zweidimensional. Die Arbeit mit dem Begriff kann einen guten Überblick verschaffen (siehe oben: Netzwerkkarte), sie könnte aber auch dazu führen, dass die Komplexität sozialer Beziehungen und Abhängigkeiten in diesen nicht in den Blick geraten.

Die Kategorie *soziales Umfeld* wurde im Laufe der Arbeit nicht beibehalten sondern verändert. In der Auswertung zeigte sich, dass die Jugendlichen in verschiedenen *Lebenswelten* leben und sozialisiert werden und ihr *sozialer Kontext* für ihre Entwicklung und die Bewältigung der Lebensphase Jugend eine entscheidende Rolle spielt.

4.3.2.2 Kontrastierung von Codes und Kategorien

An dieser Stelle wird der Charakter der Grounded Theory als zirkulärer Prozess deutlich. Das offene Codieren in Form des Benennens von Codes verbindet sich mit dem zweiten Schritt, dem axialen Codieren. Es werden, unterstützt durch das Schreiben von Memos, Beziehungen zwischen den Codes hergestellt und diese auf einer Achse angeordnet. Es folgt die Zusammenfassung unter einer Kategorie. Im nächsten Schritt werden weitere Textstellen des Interviews analysiert und gegebenenfalls zugeordnet. Bei der Analyse eines neuen Interviews werden die gefundenen oder die gebildeten Codes und Kategorien überprüft. Es werden dabei wieder die Phasen des offenen und axialen Codierens durchlaufen. Dabei sind die dimensionalen Ausprägungen der gebildeten Codes bzw. Kategorien von Bedeutung. Es wird im weiteren Verlauf gezielt nach Fällen für eine Kontrastierung gesucht. Der Einbezug von Literatur erfolgte an dieser Stelle der Auswertung mit Zurückhaltung. Der Grund dafür war, dass der Einstieg in die Arbeit mit den Daten so offen wie möglich sein und nicht bereits zu Beginn der Auswertungsphase durch Berücksichtigung spezifischer Fachliteratur zu sehr eingeengt werden sollte. Aufgrund des Vorwissens, der bereits erfolgten theoretischen Ausarbeitungen, zum Beispiel im Zuge der Erarbeitung des Exposés, und des während der Datenerhebung entstandenen Kontextwissens gab es bereits Wissen und subjektiv geprägte Erfahrungen und Vorstellungen (vgl. Breuer et al., 2018, S. 148ff.). Die Wahl der Begriffe, mit denen Codes bzw. Kategorien bezeichnet wurden, lehnen sich dementsprechend auch an Begriffe an, die durch das Vorwissen beeinflusst wurden (z. B. *Vertrauen, Verlässlichkeit, sorgen, kümmern*).

Im Rahmen der theoretischen Sättigung wurde die Stichprobe auch hinsichtlich der für die Fragestellung wichtigen Kontrastierung aufgebaut (vgl. Hülst, 2010, S. 16f.). Im Interview mit Dominique, das als zweites Interview ausgewertet wurde, wurden Codes gebildet, die sich den oben genannten Codes bzw. Kategorien zuordnen lassen, eine Kontrastierung dieser darstellen und in Bezug auf das Forschungsinteresse von Bedeutung sind. Das war zum Zeitpunkt des Interviews noch nicht bekannt. Das Interview mit Dominique wurde nicht hinsichtlich der Entscheidung einer vorzunehmenden Kontrastierung geführt, sondern ergab sich durch die Teilnahme an einem Workshop und die Entscheidung Dominiques ein Interview geben zu wollen. Nach dem Führen des Interviews wurde folgendes Memo verfasst, in dem der erste Eindruck festgehalten wurde:

> Memo: Erster Eindruck: völliges Gegenteil zum Interview mit Mika. Dort schien eine sehr behütete Kindheit mit vertrauensvollen und verlässlichen Bindungen in der Familie immer gegeben zu sein. Auf die Familie ist Verlass! Hier scheint das Gegenteil vorzuliegen: Mehrfacher sexueller Missbrauch durch den Vater, körperliche Züchtigung, fehlendes Vertrauen der Familie, keine Unterstützung, Bindungsentzug, Tabuisierung und Bagatellisierung des Geschehenen. Auf die Familie ist kein Verlass!

»Auch Negatives«: Ich und die Familie

Dominique berichtet im Interview von ihren Erfahrungen und Erlebnissen in der Familie und den familiären Beziehungen. Die Kindheit ist durch die Erfahrung des sexuellen Missbrauchs durch den eigenen Vater und die sich anschließenden familiären Entwicklungen geprägt. In der Einstiegserzählung (vgl. 4.4.4) fragt Dominique direkt nach, ob sie auch Negatives erzählen könne (*Auch Negatives* wurde als In-vivo-Code übernommen). Dies ist ein erster sehr deutlicher Kontrast zur Einstiegserzählung von Mika, der seine Geburt und die Geburt der Geschwister als »wichtige Sachen« benennt und am Ende der Einstiegserzählung sagt, dass alles, was er sich wünschte, in Erfüllung gegangen sei. Dominique hingegen sagt, dass ihre Kindheit »für den Arsch« und »total beschissen« gewesen ist. Der Code *sich sorgen*, im Sinne der elterlichen Sorge für das Kindeswohl, zeigt sich bei Dominique in einer entgegengesetzten Dimension.

> Memo: Der leibliche Vater missbraucht Dominique sexuell. Bezogen auf die Vater-Kind-Beziehung wird die Pflicht der elterlichen Sorge für das Kindeswohl nicht erfüllt. Auf den Vater ist kein Verlass: Er wird seiner Rolle nicht gerecht, er verletzt die kindliche Integrität, ihm kann Dominique nicht trauen (Kategorien: Verlässlichkeit, Vertrauen). Dominique berichtet im Interview auch von der Offenlegung des Missbrauchs und der anschließenden familiären Situation. Die leibliche Mutter und der Rest der Familie zeigen nach einer ersten Intervention wenig bis kein Verständnis für Dominiques Situation und ihr Verhalten. Sie unterstützen den Vater und nicht Dominique. Das Ziel ist, die Familie zu erhalten, und nicht, Dominiques individuelle Bedürfnisse ernst zu nehmen.

Dominique beschreibt im Interview ihre Situation in der Familie nach der Rückkehr des Vaters und der Geburt ihrer Schwester. Anhand der unten angeführten Belegstellen aus dem Interview mit Dominique soll deutlich gemacht werden, dass die oben genannten Codes aus dem Interview mit Mika Belegstellen im Interview mit Dominique zugeordnet werden können und dass sie hinsichtlich ihrer dimensionalen Ausprägung, im Vergleich zum Interview mit Mika, verschieden sind. Auch ein Vergleich der Netzwerkkarten zeigt einen deutlichen Unterschied und verweist darauf, dass es sich um kontrastierende Fälle handelt (vgl. Abb. 3, die rechte Netzwerkkarte wurde für das Interview mit Dominique angefertigt).

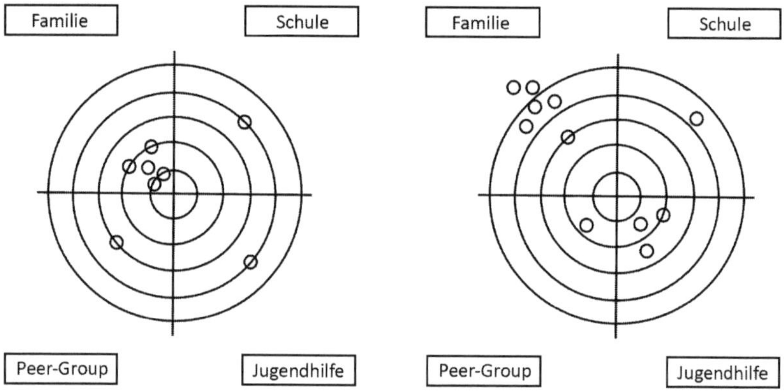

Abbildung 3: Vergleich Netzwerkkarten Interviewteilnehmer_innen

»Sich kümmern«

»B: Na weil meine Eltern mir alles verboten haben und meine Schwester ich hab ja noch eine Schwester die ist [XX] Jahre jünger als ich und die durfte halt viel mehr weil sie ein Wunschkind war und ich nicht. [...] Also wirklich die Unterstützung die man sich eigentlich von den Eltern wünscht die aber nicht vorhanden ist bzw. war« (Dominique_8).

Memo: Bezogen auf die Wahrnehmung und Beschreibung der familiären Beziehung und der Erziehung durch die Eltern kann auch hier das Konzept der elterlichen Erziehung anhand der Sorge und des Kümmerns analysiert werden. Sich sorgen und sich kümmern zeigen sich in anderen Dimensionen: Die Eltern haben alles verboten, die Schwester war Wunschkind, die Schwester durfte viel mehr, die gewünschte Unterstützung war und ist nicht vorhanden. Die Eltern kümmern und sorgen sich in der Wahrnehmung von Dominique mehr um die Schwester als um Dominique. Sie geben Dominique keine bzw. nicht die gewünschte (und benötigte) Unterstützung. Es zeigt sich eine entgegengesetzte Dimension eines familiären Sorge-Konzeptes im Vergleich zum Interview mit Mika. Die Eltern erfüllen die elterliche Sorge für das Kindeswohl nicht oder nur unzureichend. Sie sorgen sich auch nicht um Dominique, indem sie sich um Dominique im Sinne ihrer Bedürfnisse kümmern. Indem ihr alles verboten wird, werden ihr mögliche Entwicklungschancen genommen. Kindern den für ihre Entwicklung nötigen Freiraum zu geben, kann auch als ein Kümmern um die kindliche/jugendliche Entwicklung betrachtet werden. Der Missbrauch wird in der gesamten Familie bagatellisiert und tabuisiert. Der Vater wird rechtlich zur Verantwortung gezogen, muss die Familie vorübergehend verlassen, zieht nach Ablauf des Kontaktverbotes aber wieder ein. Es wird eine heile Familienwelt konstruiert. Dominique wird als Störerin dieser familiären Harmonie betrachtet, da sie sich nicht in dieses Konzept einfügen kann und will. Daraufhin wird sie sanktioniert und erfährt auch körperliche Gewalt durch die Eltern.

Vertrauen

»B: Ja also meine Mutter war eigentlich immer so war so eine Vertrauensperson gewesen. Aber seitdem das mit dem Missbrauch war gar nicht mehr weil meine Mutter sich für ihn entschieden hat und sich sozusagen gegen ihr Kind entschieden hat. Und ja man konnte ihr nichts mehr anvertrauen weil sie hat dann alles weitererzählt« (Dominique_16).

Memo: Das Konzept Vertrauen ist hier zentral. Die Mutter, die immer als wichtige Vertrauensperson wahrgenommen wurde, wird dieser Rolle nicht mehr gerecht. Nach dem Missbrauch macht Dominique die (dramatische) Erfahrung, dass sie nicht mehr als Vertrauensperson zur Verfügung steht. Vertrauen ist hier wenig bis gar nicht mehr vorhanden und steht somit in einer entgegengesetzten Dimension zum Interview mit Mika. Dominique erfährt diese Vertrauensbrüche auch vonseiten der restlichen Familie (Großeltern, Onkel, Tanten und Cousins). Sie ist allein und bekommt keine Unterstützung.

Die Familie ist im Gegensatz zu Mika für Dominique keine Ressource bei der Bewältigung von Entwicklungsaufgaben. Die Familie ist für Dominique ein Risiko. Das familiäre Beziehungsgeflecht, das Dominique umgibt, schützt sie nicht vor den sexuellen und den später folgenden körperlichen Übergriffen in der Familie. Sie erfährt keine Unterstützung bei der Bewältigung. Die Familie hat die Erwartung, dass sie ihrem Vater verzeiht und so zu einem harmonischen Familienleben beiträgt. Obwohl es zu einem Gerichtsverfahren und der Verurteilung des Vaters als Täter kam, gibt es auch außerhalb der Familie keine Unterstützung für Dominique, zum Beispiel durch therapeutische Angebote oder eine Intervention der Jugendhilfe. Dominique entwickelt eigene Bewältigungsstrategien.

Strategien der Bewältigung: »Hab meinen eigenen Kopf«

»B: Seitdem ich [XX, frühes Jugendalter] bin mache ich das was ich für richtig halte. Hab meinen eigenen Kopf. Hör nicht wirklich auf Erwachsene« (Dominique_4).

»B: Und ja dadurch habe ich halt gedacht dass du dein eigenes Ding durchziehst« (Dominique_8).

In den beiden Zitaten wurden mehrere In-vivo-Codes, die auf Handlungsstrategien hindeuten, codiert: »mache, was ich für richtig halte«, »hab meinen eigenen Kopf«, »hör nicht auf Erwachsene«, »dadurch habe ich halt gedacht«, »dein eigenes Ding durchziehen«. Diese verweisen auf eine

Kompetenz zur Bewältigung der Lebenssituation, die Dominique in dieser Situation entwickelte. Dominique zeigt eine Form von Selbstwirksamkeit, die aufgrund der Lebensumstände zu einem aktiven selbstbestimmten Handeln führt (vgl. zur theoretischen Auseinandersetzung mit Salutogenese und Resilienz in Bezug auf Widerstandsfähigkeit und Bewältigung Punkte 3.4.6 und 5.2.4). Dass sich Dominiques Strategien in ihrem individuellen Bewältigungsprozess veränderten und hier ein Zusammenhang mit dem Alter besteht, wird durch ihre Aussage deutlich:

> »I: Und da habt ihr also die Zeit getrennt gelebt und danach hast du gesagt hat sich deine Mutter wieder für deinen Vater entschieden. Ok. Und dann hast du auch wieder mit ihm zusammen gelebt?
> B: Na mir blieb ja irgendwie keine andere Wahl als [XX-]Jährige [Kindesalter]« (Dominique_41–42).

Auch hier zeigt sich eine entgegengesetzte Dimension zu Mikas Bewältigungsstrategie, die durch eine Anpassung an die bestehenden oder ihm angebotenen Verhältnisse gekennzeichnet ist. Dominique passt sich als Kind vorerst an, weil sie keine andere Wahl hat. Mit zunehmendem Alter entwickelt sie andere Strategien: Sie rebelliert, lehnt sich auf, verlässt die Familie, distanziert sich und sucht Unterstützung außerhalb der Familie.

4.3.2.3 Einordnung in ein paradigmatisches Modell

Im Zuge der Kategorienbildung wurden verschiedene Möglichkeiten ausprobiert, die Codes bzw. Kategorien in Beziehung zu setzen. In Bezug auf die zwei ausgewerteten Interviews wurde als ein Phänomen, um das es in beiden Interviews geht, die Kategorie *konstruktive Bewältigung besonderer Herausforderungen* benannt. Beide Erzählpersonen beschreiben Herausforderungen in ihrem Entwicklungsprozess, der zugleich ein Bewältigungsprozess ist. Sie müssen bestimmte Lebenssituationen bewältigen. Diese Bewältigung steht in einem Zusammenhang mit den familiären Bedingungen und den oben genannten Codes bzw. Kategorien. Obwohl sich die Situationen und die Bewältigungsprozesse deutlich unterscheiden, lassen sie sich den gleichen Codes bzw. Kategorien zuordnen und in einem paradigmatischen Modell darstellen. Dafür wurden in einem ersten Schritt weitere Belegstellen in den Interviews gesucht und Codes bzw. Kategorien zugeordnet und diese im zweiten Schritt in ein Codierparadigma eingeordnet.

Tabelle 4: Vergleich von Codes und Belegstellen am Beispiel von zwei Interviews

Phänomen: konstruktive Bewältigung besonderer Heraus-forderungen	**Beschreibung/ Beispiele für Codes bzw. Kategorien**	**Mika**	**Dominique**
Kontext des Phänomens	Eigenschaften und Dimensionen des Kontextes können sein: Bewältigung kann gelingen oder nicht gelingen, ihre Notwendigkeit kann sich zeitlich entwickeln oder plötzlich ausgelöst werden (zeitliche Dimension), sie kann aktiv gestaltet oder passiv begleitet werden (persönliche Dimension).	Mika konnte die schulische Entwicklung aufgrund seiner Leistungen absehen. Die Familie sorgte für diesen Fall vor. Mika verhält sich eher passiv bei der Gestaltung und nimmt das Angebot der Familie an.	Dominique war beim Eintreten des Ereignisses noch ein Kind, es war für sie nicht vorhersehbar. Als Jugendliche verließ sie die Familie, da sie von dieser keine Unterstützung erhielt. Dominique begann eine Therapie, die noch nicht abgeschlossen ist. Der Bewältigungsprozess dauert an und ist von einer aktiven Gestaltung gekennzeichnet.
Ursachen/ Bedingungen für eine nötige Bewältigung	plötzlich eintretendes Lebensereignis, eine Krise, Übergriffe, jugendliche Entwicklungsaufgaben, die Pubertät	»Ich hab sie halt verkackt. Ich hatte auf dem Zeugnis [...] eine Sechs [...] und dann hab ich halt die anderen Prüfungen alle vollkommen verkackt mit Fünf.«	»ich war [Alter] da wurde ich von meinem eigenen Vater missbraucht.«
intervenierende Bedingungen: Kontext der Lebenswelt, familiäres Beziehungs-geflecht	Vorhandensein von Vertrauenspersonen, verlässlichen Beziehungen, Alter der Person, Ort des Geschehens, sozialer Lebenskontext	»Also meine Eltern halt in erster Linie weil sie halt immer für mich da sind«; »da ich ja einen Onkel habe hat der mir halt trotzdem die Ausbildung verschafft«	»ich konnte mit meinem Vater nicht mehr allein zu Hause sein weil ich dann panische Angst gekriegt habe«; »Meine Mutter hat keine eigene Meinung die hat immer die gleiche Meinung wie mein Vater.«

Phänomen: konstruktive Bewältigung besonderer Heraus-forderungen	**Beschreibung/ Beispiele für Codes bzw. Kategorien**	**Mika**	**Dominique**
Handlungs- und Bewältigungs-strategien	anpassen, aushalten, auflehnen, rebellieren, abnabeln, weggehen, dis-tanzieren, an sich glauben, auf sich und/oder andere vertrauen, sich auf andere verlassen	»beweisen dass ich halt wirklich was drauf habe«; »haben meine Eltern ausgesucht weil ich wollte ja erst in die [XX-]Schule.«	»mir blieb ja irgendwie keine andere Wahl als [XX-]Jährige«; »Seitdem ich [XX, frühes Jugendalter] bin mache ich das was ich für richtig halte.«; »ich bin zur Polizei gegan-gen [...] und da hab ich eine Anzeige gemacht [...] und bin dann halt an dem Abend in den Kinder- und Jugendnotdienst.«
Konsequenzen/ Veränderungen	Gestaltung des Lebens-weges, eine Lebenspers-pektive haben, eine neue/ andere Lebenssituation schaffen, in Sicherheit sein, einen sicheren Ort haben, ernst genommen werden	»Also eigentlich alles was ich wünschte was ich wollte ist wahr geworden«; »habe meine Ausbildung jetzt.«	»Also ich bereue es keine Sekunde [...] ich will mir gar nicht vorstellen wie mein Leben sonst gelaufen wäre ...«; »ich konnte so sein wie ich wollte«; »Aber ja ich finds toll. Eigene Wohnung«; »hat mich [...] zu dem Menschen gemacht der ich heute bin.«

Abbildung 4: Codierparadigma – konstruktive Bewältigung besonderer Herausforderungen

4.3.2.4 »Darauf kann man zählen«

An dieser Stelle des Prozesses wurde wieder die Frage gestellt, wie dieses Modell an die Fragestellung anschließt. Allgemein kann die Zeit der Jugend als eine Entwicklungsphase betrachtet werden, in der Jugendliche ganz bestimmte Aufgaben und Herausforderungen zu bewältigen haben, die zum Teil einen großen Einfluss auf ihr weiteres Leben haben können. In dieser Zeit stehen grundlegende Entscheidungen an. Dies betrifft vor allem den schulischen und beruflichen Werdegang (vgl. BMFSFJ, 2017, S. 49f.). In Bezug auf Sexualität ist die Zeit der Pubertät eine Phase, in der Jugendliche biologisch, psychisch und sozial mit Veränderungen konfrontiert werden. Sie werden geschlechtsreif, sind auf der Suche nach einer (geschlechtlichen) Identität, lösen sich von der Herkunftsfamilie und gehen erste sexuelle Partnerschaften ein (vgl. Oerter & Dreher, 2002; Trautner, 2002). Die Bewältigung dieser Aufgaben ist abhängig vom sozialen Kontext der Jugendlichen. Im Interview mit Dominique wird eine spezielle Bedeutung für das Forschungsinteresse deutlich. Ein sexueller Missbrauch ist eine Form von Kindesmisshandlung und eine Kindeswohlgefährdung und insofern relevant für die Kinder- und Jugendhilfe, die für den Schutz von Kindern und Jugendlichen verantwortlich ist (vgl. Engfer, 2015). Wenn sexuelle Bildung auch präventive Komponenten bedenken muss und präventiv wirken kann, wovon in dieser Arbeit ausgegangen wird, hat dieser Fall auch für die Fragestellung eine besondere Relevanz (vgl. Kavemann, 2016). In den beiden Interviews zeigt sich, dass die Familie einen besonderen Stellenwert hat. Wenn, wie im Fall von Dominique, die Familie Schutz und Sicherheit nicht gewährleisten kann und keine Unterstützung bei der Bewältigung gibt, so sind das Erreichen von Schutz und Sicherheit umso mehr von der Selbstwirksamkeit einer Person und der Unterstützung von Personen außerhalb der Familie abhängig. In diesem Zusammenhang zeigen sich bei Dominique eine vorhandene Kompetenz der Selbstwirksamkeit und eine daraus folgende Strategie der Suche nach Hilfe und Unterstützung außerhalb der Familie.

> »B: Na meine beste Freundin der habe ich das damals erzählt, dann noch zwei anderen Klassenkameraden und den einen Nachmittag war ich dann halt bei einer Klassenkameradin gewesen und die hat das dann halt ihren Eltern erzählt« (Dominique_36).

Dominique benennt hier einen wichtigen Punkt der Kommunikation über sexuelle Themen, die Offenlegung sexualisierter Gewalt. Die Bedeutung der Peergroup in Bezug auf Sexualität wird hier sehr deutlich. Die Peergroup kann nicht nur ein Ort der Wissensvermittlung und des Erfahrungslernens sein (vgl. Kapitel 5), sondern auch in Bezug auf die Offenlegung eine sehr wichtige Funktion haben. Über die Peergroup (eine Freundin) wird der sexuelle Missbrauch gegenüber Erwachsenen (Mutter der Freundin) offengelegt und es erfolgt eine Intervention. Die Peergroup bleibt für Dominique einer der wichtigsten Orte ihrer Sozialisation in der Jugend.

> »B: Auf Freunde kann man zählen auf den Jugendklub kann man zählen« (Dominique_8).

Auf die Peergroup (Freunde) und den Jugendklub (Fachkräfte) *kann man zählen*. Vertrauen und verlässliche Beziehungen bestehen zu Personen aus diesen Gruppen. Nachdem Dominique die Familie verlässt, nimmt sie auch die Hilfe und Unterstützung anderer erwachsener Personen in Institutionen an, sie geht zur Polizei, in den Jugendnotdienst und lebt in stationären Wohngruppen der Hilfen zur Erziehung (HzE), bevor sie in eine eigene Wohnung zieht. Sie macht eine Therapie. Da zu diesen Personen kein Vertrauensverhältnis besteht, muss Dominique jeweils einen Vertrauensvorschuss geben, um eine Kommunikation zu ermöglichen. Auch bei der Offenlegung in der Peergroup kann angenommen werden, dass es aufgrund der speziellen Situation trotz bestehender Vertrauensverhältnisse eines zusätzlichen Vertrauensvorschusses bedarf.

Wenn eine Lebenssituation eintritt, die alleine nicht oder nur bedingt bewältigt werden kann und in der Unterstützung und Hilfe benötigt werden, weil die individuellen Bewältigungsstrategien, Kompetenzen und Ressourcen nicht ausreichen, sind verlässliche Beziehungen wichtig. Eine verlässliche Beziehung kommt vor allem dann zum Tragen und wird auf ihre Belastbarkeit geprüft, wenn ein krisenhaftes Lebensereignis eintritt. Eine verlässliche Beziehung ist etwas, *worauf man zählen kann*. Wenn Personen da sind, die Unterstützung geben, auf die Verlass ist und auf die vertraut werden kann, dann *kann man darauf zählen*. Der Code *darauf kann man zählen* kann sich in unterschiedlichen Dimensionen zeigen: Wird von anderen Personen interveniert oder nicht, wird viel Unterstützung gegeben oder wenig/keine oder wird die Unterstützung angenommen oder nicht? *Darauf kann man zählen* kann in das bestehende Kategoriensystem eingeordnet werden und trägt zu einer Sättigung der Kategorie *verlässliche Beziehungen* bei. Dadurch erweitert sich der soziale Kontext dieser Kategorie, der bisher auf der Familie lag. Bei Mika war die positive Bewältigung vor allem von der Familie abhängig, bei Dominique wurde die Bewältigung von der Familie gestört und blockiert. Die verlässlichen Beziehungen, die die Bewältigung bzw. den Bewältigungsprozess positiv unterstützten, wurden außerhalb der Familie gefunden (vgl. Abb. 5).

In Dominiques Fall zeichnet sich im Interview eine positive Entwicklung ihres Bewältigungsprozesses ab, die entscheidend davon geprägt scheint, dass es, neben ihrer Selbstwirksamkeit, an anderen Orten Sicherheit, Verständnis, Vertrauen und Verlässlichkeit gibt. Die Familie ist der zentrale Lebensort für die meisten Kinder und Jugendlichen und eine wichtige Sozialisationsinstanz. Wenn die Familie kein sicherer Ort ist und keine verlässlichen Beziehungen bietet, scheint es von erheblicher Bedeutung, ob dieses Defizit zum Beispiel durch die Jugendhilfe und/oder die Jugend-

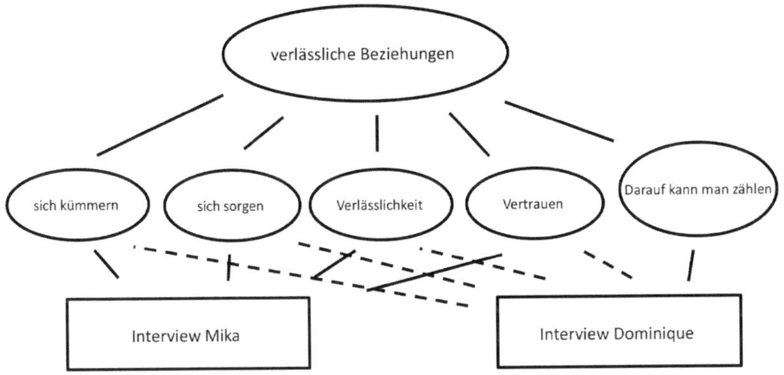

Abbildung 5: Kategorie »verlässliche Beziehungen«

arbeit ausgeglichen werden kann. In Dominiques Fall zeigt sich zudem deutlich die Bedeutung der Peergroup als wichtige Ressource der psychosexuellen Entwicklung, der Sozialisation und in diesem besonderen Fall auch für die Offenlegung sexualisierter Gewalt. Dazu wurde vom Autor in einem Forschungsbericht zur Dissertation folgendes Fazit verfasst:

> »In der Auswertung der Interviews wurde ein Fokus auf die sozialen Beziehungen und die Kommunikationsmöglichkeiten der Jugendlichen gelegt. Beide Punkte werden in der Resilienzforschung als wichtige Faktoren hinsichtlich der Prävention und des Umgangs mit sexualisierter Gewalt beschrieben (Rendtorff 2012: 148; Wagenblass 2012: 75–76; Zimmermann et al., 2010: 23f.). Für die Konzeptentwicklung und die Frage, an welchen Orten (sexuelle) Bildung vermittelt wird und vermittelt werden kann, ist es ebenfalls ein wichtiger Punkt, welche dieser Orte und welche Personen Jugendliche als verlässlich empfinden. Dies wurde in den ausgewerteten Interviews deutlich. Ebenso zeigte sich, dass diese kontrastierende Fälle darstellen und dadurch die Eigenschaften in unterschiedlichen Dimensionen vorhanden sind. Dies ist zum Beispiel in einem Interview bei einem vorliegenden Missbrauchsereignis in der Familie der Fall, wodurch sich Eigenschaften wie Unterstützung, Vertrauen oder Verlässlichkeit in anderen Dimensionen zeigen, als in einer Familie in der ›verlässliche Beziehungen‹ beschrieben werden. Ob es sichere Orte für Jugendliche gibt, sowohl inner- wie außerhalb der Familie, an denen sie verlässliche Beziehungen vorfinden, scheint

> im Fall eines vorliegenden sexuellen Übergriffs für das Sprechen darüber, die Aufarbeitung und die Entwicklung eines positiven Lebenskonzeptes von Bedeutung. Vor allem beim Vorliegen eines krisenhaften Lebensereignisses brauchen demnach Jugendliche Personen, auf die ›man zählen kann‹« (Linke, 2016, S. 111).

Eine weitere theoretische Überlegung, die an dieser Stelle stattfand, galt der Frage, welche der gebildeten Codes den Stellenwert einer Kategorie haben. Wie oben beschrieben, wurde die Kategorie *verlässliche Beziehungen* gebildet, da mehrere Codes zur Bestimmung dieser eingesetzt werden konnten und sich auch weitere neu gebildete Codes zuordnen ließen. Nach Petra Muckel und Franz Breuer können diejenigen Codes als Kategorie bezeichnet werden, »die relevant für die Beantwortung der Forschungsfrage sind und Zusammenhänge im Hinblick auf den Forschungsfokus erkennen lassen« (Muckel & Breuer, 2016, S. 164). Ein Begriff für eine Kategorie sollte ein hohes Integrationspotenzial haben, in verschiedenen Kontexten benutzt werden und als Kategorie in Zusammenhang mit anderen Codes bzw. Kategorien stehen (ebd., S. 164f.). Diese Überlegung wurde auch auf den Code *Vertrauen* angewendet. In den Interviews zeigte sich, dies sei hier bereits vorweggenommen und wird in Kapitel 5 ausführlicher dargelegt, dass Kommunikation über sexuelle Themen mit Personen inner- und außerhalb der Familie vom *Vertrauen* gegenüber diesen Personen abhängig ist.

4.3.2.5 Kommunikation über sexuelle Themen

Im Vergleich der Interviews von Mika und Dominique wird der Einfluss der familiären (verlässlichen und vertrauensvollen) Beziehungen auf die Kommunikation über sexuelle Themen deutlich. Im folgenden Zitat berichtet Mika von einem Gespräch mit seinen Eltern:

> »B: Ja und zwar meine Ex-Freundin wollte halt mit mir in dem Moment mal schlafen und da habe ich mir halt so erst mal meine Gedanken gemacht ob ich das überhaupt möchte. Und dann habe ich meine Eltern gefragt wie das dann halt so ist. Und dann haben sie mir das halt alles so erklärt und dann habe ich mir so im Endeffekt so gedacht ich meine man kann es ja mal probieren. Man wer halt möchte ist ja nicht hier, dass ich jetzt hier gezwungen werde. Aber ja das war wichtig dass sie mir das erklärt haben was da alles passiert« (Mika_51–52).

Mika berichtet im Interview von einer verlässlichen Beziehung zu seinen Eltern, die durch ein hohes Maß an Vertrauen geprägt ist. Bei Dominique zeigen sich diese Kategorien in entgegengesetzten Dimensionen. Auch die Kategorie *Kommunikation über sexuelle Themen* ist im Vergleich der beiden Interviews in unterschiedlichen Dimensionen vorhanden. Bei Dominique findet nach dem sexuellen Missbrauch durch ihren Vater eine Tabuisierung und Bagatellisierung dieses Ereignisses und auch in Bezug auf Sexualität in der Familie statt. Dominique ist auf Personen außerhalb der Familie, aus anderen *Lebenswelten*, angewiesen. Mika nutzt seine Eltern, neben anderen Möglichkeiten, auch als Ansprechpartner_innen zu sexuellen Themen. In der oben angeführten Interviewsequenz berichtet Mika von einer sehr intimen Situation, die er mit seinen Eltern bespricht. Seine Freundin will mit ihm schlafen und er ist sich unsicher. Er hatte noch keinen Geschlechtsverkehr. Mika nutzt seine Eltern als Vertrauenspersonen. Diese erweisen sich auch bei der *Kommunikation über sexuelle Themen* als verlässlich. Sie nehmen Mika ernst und bieten ihm ein Gespräch und eine Erklärung. Aus Mikas Aussage kann geschlossen werden, dass sie dies in einem offenen Rahmen gestalteten und Mika bestärkt haben, hier selbst für sich eine Entscheidung zu treffen. Den Fragen der Gestaltung und der Möglichkeiten der Kommunikation über sexuelle Themen, die Jugendliche nutzen und die sie haben, wird im folgenden Kapitel nachgegangen. Die Kategorie *Kommunikation über sexuelle Themen* wird dabei als zentrale Kategorie in der Auswertung betrachtet.

4.4 Reflexionen zum forschungsmethodischen Vorgehen

4.4.1 Die Bedeutung von (Selbst-)Reflexivität in der Grounded Theory

Die Bedeutung von Reflexivität in der qualitativen Forschung, insbesondere in der Grounded Theory, wird bereits von Anselm Strauss betont. Für Strauss ist Forschung Arbeit und damit ein Prozess, in dem Forschende subjektiv wirken, individuelle Vorgehensweisen nutzen und sich auch als Subjekt verändern (Strauss, 1994, S. 34f.). Er plädiert »für eine in hohem Maße selbst-reflexive Herangehensweise« und dafür, über die eigene Forschungsarbeit nachzudenken (ebd.). Er sieht eine intensive Wechselwirkung zwischen Wissenschaftler_innen und ihrer Arbeit, die sich neben fachlichen Punkten auch auf die Gefühle und den Intellekt beziehe.

Forschende werden, so Strauss, von den Erfahrungen im Forschungsprozess »tief beeinflußt werden« (ebd., S. 35).

Wie bereits oben beschrieben, kann qualitative Forschung Subjektivität und Vorwissen nicht ausschließen, muss sich aber dessen bewusst sein und sich damit auseinandersetzen. So werden die Entwicklung der Forschungsfrage und im weiteren Verlauf die Datenerhebung vom Vorwissen und von den bestehenden Erfahrungen beeinflusst. Der Kontakt ins Feld, aber auch die Erstellung eines Interviewleitfadens, die in einer Erzählaufforderung gemachten Eingrenzungen und die erarbeiteten Nachfragepunkte sind dadurch geprägt. Das heißt, es werden von Beginn an Grenzen gesetzt, die das grundsätzliche Prinzip der Offenheit einschränken. In Bezug auf die Fragestellung ist eine Flexibilität innerhalb dieser Grenzen nötig. Anselm Strauss und Juliet Corbin sehen die zu Beginn möglichst weite und offene Fragestellung als wichtigen Punkt, um sich dem Forschungsgegenstand zu nähern, einen Einstieg zu ermöglichen und Orientierung im Forschungsprozess zu gewährleisten (Strauss & Corbin, 1996, S. 21ff.). Die Fragestellung soll im Laufe der Arbeit eingegrenzt werden. Sie bestimmt zu Beginn eher grob das zu untersuchende Phänomen und wird im Prozess spezifiziert (ebd., S. 21ff.). Strauss (1994) betrachtet das vorhandene Kontextwissen als einen wichtigen Datenfundus und fordert dessen Einbezug bei der Auswertung, im Rahmen eines forschungsmethodischen Vorgehens. Durch die Zirkularität in der Triade von Datenerhebung, Codieren und dem Schreiben von Memos wird das Kontextwissen eingebunden und kontrolliert (ebd., S. 36). Peter Alheit (1999) beschreibt den Umgang damit als eine Qualität der Grounded Theory. Ohne bestehende Erfahrungen, vorhandenes Wissen und Vorannahmen ist eine theoretische Sensibilität gegenüber dem Feld nicht möglich. Diese braucht es laut Alheit jedoch, um die für den Forschungsprozess nötige Selbstreflexion und -kritik bezogen auf den Untersuchungsgegenstand zu gewährleisten. Die bestehenden Vorannahmen beeinflussen den Forschungsprozess, werden jedoch durch neue Erkenntnisse erweitert oder infrage gestellt, was dazu führen kann, dass diese auch gänzlich verworfen werden und neue Annahmen entstehen. Er beschreibt die Grounded Theory als Konzept einer geplanten Offenheit und Flexibilität (ebd., S. 6ff.).

Jo Reichertz und Sylvia Wilz (2016) sehen dies als Segen und Fluch zugleich. Die Offenheit und Flexibilität gewährt einerseits eine Anpassung an den Forschungsgegenstand. Andererseits könne dies bei der Anwendung dazu führen, dass schwer nachvollziehbar sei, ob korrekt und angemessen vorgegangen wurde. Dies bezieht sich auch auf die heute zur Verfügung stehenden Varianten (ebd., S. 48). Bereits bei den Gründern der Grounded Theory bestehen hier Differenzen, die unter anderem zur getrennten Weiterentwicklung der Grounded Theory geführt haben. Ein Punkt ist der Umgang mit Vorwissen. Glaser lehnte dessen Berücksichtigung im Gegensatz zu Strauss grundlegend ab (ebd., S. 49). Auch ein zu früher Zeitpunkt des Einbezugs von Literatur in den Auswertungsprozess wurde von Glaser kritisch betrachtet, da dies den induktiven Prozess negativ beeinflussen könne (vgl. Equit & Hohage, 2016b, S. 27). Bei dem Umgang mit Offenheit und Reflexivität setzt ein zentraler Kritikpunkt an der von Barney Glaser vertretenen (traditionellen) Methode einer induktiven Grounded Theory an (ebd., S. 24). Glaser habe die Auffassung, den einzig richtigen Ansatz zu vertreten. Seine streng induktive Vorgehensweise mit dem Ziel der Entwicklung einer Theorie aus den Daten heraus ist an die Idee einer objektiv und neutral anwendbaren Methode gekoppelt (ebd., S. 24). Für die Erarbeitung von Erkenntnissen aus den Daten sei für ihn allein die korrekte Anwendung der Methode entscheidend. Die Sichtweise, dass der soziale Prozess und die soziale Wirklichkeit von den Forschenden beeinflusst und mitbestimmt wird, lehne Glaser ab und er sehe die Forschenden in einer passiven Rolle (ebd., S. 28). Die Kritik einer nicht ausreichenden Reflexivität im Forschungsprozess bezieht sich auch auf die methodischen Varianten von Strauss (vgl. Reichertz & Wilz, 2016, S. 50). Ausgehend von dieser kritischen Auseinandersetzung entwickelten neben Glaser und Strauss (1967), Strauss (1994) sowie Strauss und Corbin (1996) in der US-amerikanischen Forschungslandschaft Kathy Charmaz (2014) und Adele E. Clarke (2012) weitere Ansätze (ebd., S. 50f.). Für den deutschsprachigen Raum ist vor allem die von Franz Breuer (und in weiteren Arbeiten die gemeinsam mit Petra Muckel und Barbara Dieris) vorgenommene Interpretation und Neuausrichtung der Grounded Theory zu nennen, die den reflexiven Umgang mit der Subjektivität der forschenden Person als zentrales Moment im Forschungsprozess sieht (Reflexive Grounded Theory: Breuer, 2010; Breuer & Muckel, 2016; Breuer et al., 2018).

Franz Breuer und Petra Muckel (2016) schließen an das forschungsmethodische Vorgehen nach Strauss und Corbin (1996) an. Den von Strauss (1994) knapp gefassten Punkt, Forschung als Arbeitsprozess eines Subjekts zu verstehen, und die damit zusammenhängende Bedeutung einer selbstreflexiven Herangehensweise arbeiten sie weiter aus. Der von ihnen vorgeschlagene selbstreflexive Forschungsstil integriert dabei bestehende Techniken und behält das Konzept der Offenheit und eines pragmatischen Vorgehens bei:

> »Es geht um die Konzeption einer selbst-/reflexiven Haltung des/der Forschenden sowie um die Elaboration und Kultivierung dementsprechender Forschungspraktiken. Diese sind nicht als geschlossener Maßnahmen-Kanon sondern in Form offener heuristischer Regeln formuliert. Sie sind inspiriert vom kreativ-abduktiven Geist der Grounded Theory-Philosophie. Sie müssen flexibel mit den pragmatischen Bedingungen der je spezifischen Forschungsprojekte in ein Passungsverhältnis gebracht werden« (Breuer & Muckel, 2016, S. 83f.).

Breuer und Muckel (2016) sehen drei zentrale Bereiche für eine intensive selbstreflexive Herangehensweise. Der erste Bereich zielt auf den bereits oben angesprochenen Punkt der Auseinandersetzung der forschenden Person mit der eigenen Subjektivität und Biografie ab. Hier geht es um Fragen wie die Wahl des Forschungsthemas und das Eigeninteresse an der Forschung. In diesem Sinne kommt der Reflexion der biografischen Erfahrungen eine Bedeutung zu. Diese beeinflusse nicht nur die Wahl eines Themengebietes, sondern könne sich auch auf die Interaktion mit den Beteiligten im Forschungsprozess, zum Beispiel bei der Interviewerhebung, auswirken (ebd., S. 72). Damit ist auf den zweiten Punkt verwiesen, die Reflexion der Interaktion mit den Adressat_innen und die Auswirkung der Anwesenheit der forschenden Person auf die Entstehung der Daten (ebd., S. 73f.). Auf die Interaktion von Forschenden mit Personen im Forschungsfeld wurde oben bei der Ausführung zum symbolischen Interaktionismus und der Ableitung, dass ein Interview als gemeinsame Handlung der Beteiligten und die Daten als eine durch diese Interaktion beeinflusste und zustande kommende Konstruktion betrachtet werden müssen, hingewiesen. Die Anwesenheit von Forschenden im Feld ist eine Intervention und stellt eine *Störung* der eigentlichen Lebenswelt dar. Dabei haben nicht nur die forschenden Personen ein Forschungsinteresse, auch die beforschten Personen können ein Interesse an den forschenden Personen haben oder dieses entwickeln. In der selbstreflexiven Vorgehensweise wird die Anwesenheit der Forschenden nicht als störend, sondern als nötiger Teil der Forschung und zum Beispiel unter dem Aspekt betrachtet, wie sich die Gegenwart der Forschenden im Feld und bei der Datenerhebung auswirkt (ebd., S. 74). Der dritte Bereich umfasst die institutionelle und soziale Ebene, in der sich die forschende Person befindet. Die Fragen, die sich hier stellen, sind unter anderem: In welcher institutionellen Struktur findet die Forschung statt und wie wirkt sich diese aus? Welche Kultur, welche Konzepte, welche Denkweisen finden sich und beeinflussen das Vorgehen? Unter welchen organisatorischen, zeitlichen oder finanziellen Bedingungen arbeitet die forschende Person? Welche Zwänge bestehen, welche Kompromisse müssen eingegangen werden, wie wirkt sich die Arbeit auf die weitere berufliche Entwicklung aus (ebd., S. 75ff.)? Breuer und Muckel schlagen für das Vorgehen Techniken vor, die sich auch für Forschung im Rahmen von Dissertationsarbeiten eignen (Breuer & Muckel, 2016). Dazu zählen das Führen eines Forschungstagebuchs, die Präkonzept-Evaluation, die Teil des Forschungstagebuchs sein kann, das Schreiben von Memos und die Nutzung von Möglichkeiten der Gruppenarbeit wie Forschungskolloquien. Diese Möglichkeiten wurden in der Arbeit vom Autor genutzt. Einzig die Möglichkeit der Kooperation mit Co-Forschenden und damit die gemeinsame Feldarbeit, Datenerhebung und Auswertung konnten nicht umgesetzt werden (ebd., S. 78ff.). Die genannten Techniken werden von Breuer und Muckel als Vorschläge betrachtet, die entsprechend angepasst und verwendet werden können (ebd., S. 83f.). Zwei Dinge stünden bei einem selbstreflexiven Vorgehen im Mittelpunkt, einmal »das *Schreiben* – das schriftliche Entwickeln, Explizieren und Festhalten von Gedanken – sowie der *kommunikative Austausch* über Geschehenes, Erlebtes, Erdachtes, Gedeutetes und Bewertetes« (ebd., S. 78, Hervorh. i. O.).

4.4.2 Reflexion zum Feldzugang

Der Kontakt zu den einzelnen Einrichtungen und die Vorbereitung und Durchführung der Workshops werden im Folgenden zusammengefasst dargestellt und reflektiert. Die Darstellung gliedert sich in drei Teile, die sich an den drei in jeweils unterschiedlichen Einrichtungen durchgeführten Workshops orientiert.

Der OFT – Raum für Persönlichkeit(en)[64]

Der erste Workshop fand in einer Einrichtung der offenen Jugendarbeit kurz vor den Sommerferien statt. Die Themenfindung wurde (siehe oben)

64 Die gewählte Formulierung geht auf den von Antje Langer (2017) verwendeten Begriff »Raum des Persönlichen« zurück, der die Grundlage für eine sexualpädagogische Situation bilde. Langer arbeitet in einer Studie mit sexualpädagogischen Expert_innen den Widerspruch zwischen einer bestehenden (Schul-)Öffentlichkeit und einem »Raum des Persönlichen« heraus (ebd., S. 154ff.).

in einer Gruppenstunde mit den Jugendlichen von den Fachkräften ohne Beisein der forschenden Person durchgeführt. Die Zettel, auf die die Jugendlichen ihre Themen geschrieben hatten, wurden eine Woche vor dem ersten Termin in der Einrichtung abgeholt und mit den Fachkräften letzte organisatorische Dinge besprochen. Zu den Treffen gab es (bei allen Workshopterminen in den Einrichtungen) Getränke und kleine Snacks, die teils von mir[65], teils von den Einrichtungen organisiert wurden. Zum ersten Termin kamen acht Jugendliche und es entwickelte sich schnell eine als interessiert zu beschreibende Gesprächsatmosphäre und eine Diskussion zu bestimmten Themen. Der zweite Termin wurde von den Fachkräften kurzfristig abgesagt. Im Sommer war es fast durchgehend mit über 30 Grad sehr heiß und die Jugendlichen waren nach Aussage der Fachkräfte »mehr im Freibad als im OFT«. Der Ersatztermin fand in der darauffolgenden Woche, der vorletzten Schulwoche vor den Sommerferien statt. Es kamen drei Jugendliche (diese hatten alle auch am ersten Termin teilgenommen). Beim ersten Termin wurden vor allem die Wissensfragen der Jugendlichen besprochen und diskutiert. Beim zweiten Termin thematisierten die Jugendlichen stärker persönliche Themen. Mit zwei der drei Jugendlichen wurde in den darauffolgenden zwei Wochen ein Interview geführt. Beide Interviewtermine wurden direkt nach dem Workshop vereinbart. Eine jugendliche Person sagte den ersten Termin ab und es wurde ein Ersatztermin abgesprochen. Die jugendliche Person nutzte die Kontaktmöglichkeit über meine Telefonnummer auf dem Informationsblatt. Die Interviews fanden in der Einrichtung statt (Beratungsraum, Sitzecke im Außenbereich). In der Einrichtung wurde ein reger Kontakt zwischen Fachkräften und Adressat_innen wahrgenommen. In den Interviews wurde deutlich, dass die Fachkräfte von den Jugendlichen zu persönlichen Fragen konsultiert werden und dafür zur Verfügung stehen. Die Reflexion der Workshoptermine stand vor allem unter der Frage, ob die Offenheit der Jugendlichen zur Thematisierung persönlicher Fragen beim zweiten Termin von der im Vergleich zum ersten Termin kleineren Gruppengröße und der Anwesenheit der Fachkräfte beeinflusst wurde. Die anwesenden Fachkräfte nahmen auf Wunsch und mit Einverständnis

65 In den Abschnitten der Arbeit, in denen persönliche Reflexionen des Autors vorgenommen werden, wird vom Schreibstil in Form der Verwendung der *dritten Person* abgewichen und auch die *Ich-Form* verwendet, um den subjektiven Charakter persönlicher Reflexionen zu unterstreichen.

der Jugendlichen an den Workshops teil. Der Wunsch zur Teilnahme der Fachkräfte am Workshop könnte sich darin begründen, dass die Jugendlichen die Fachkräfte als Vertrauenspersonen zu diesem Thema kennengelernt hatten. Aus dieser Perspektive könnte hier eine mögliche Schutzkompetenz bei den Jugendlichen gesehen werden. Die Jugendlichen, die anscheinend den Wunsch hatten, persönliche Themen zu Sexualität im Workshop anzusprechen, organisierten dadurch (bewusst oder unbewusst) ein Setting, das aus Sicht der Jugendlichen den Schutz und den Sicherheitsaspekt durch die Teilnahme der Fachkräfte erhöhte. Für die Durchführung von sexualpädagogischen Workshops stellt sich damit die Frage nach der Möglichkeit der Teilnahme von im Alltag mit den Kindern arbeitenden Pädagog_innen und Betreuer_innen. In der sexualpädagogischen Arbeit wird diese Frage reflektiert und diskutiert. Eine Sichtweise bei der Arbeit mit Jugendlichen ist dabei, dass diese ohne das Beisein *ihrer* Pädagog_innen eher zu sexuellen Themen sprechen und offener diskutieren (vgl. Langer, 2017, S. 154). Antje Langer (2017) arbeitet dies anhand von Expert_inneninterviews für sexualpädagogische Workshops im schulischen Kontext heraus. Durch sexualpädagogische Veranstaltungen, die in der Schule von externen Expert_innen ohne Beisein der Lehrkräfte durchgeführt werden, entstehe neben der *Schulöffentlichkeit* ein *Raum des Persönlichen* (ebd., S. 154ff.). Dieser ist dadurch gekennzeichnet, dass es keine Bewertungen gibt, keine Konsequenzen in Bezug auf Meinungen und Vorurteile drohen, die Expert_innen nur temporär präsent sind, dass Diskretion gesichert und die Teilnahme freiwillig gestaltet werden kann (ebd., S. 156). Im Kapitel zu Bildung wurden die Unterschiede der Bildungskonzepte in Schule und Jugendarbeit diskutiert. Mit Blick auf die Prinzipien der offenen Jugendarbeit wie Offenheit, Mitbestimmung und Freiwilligkeit und das damit zusammenhängende Bildungskonzept scheinen die von Langer angeführten Kriterien für *Räume des Persönlichen* in der offenen Jugendarbeit zum Teil bereits konzeptionell und strukturell angelegt (ebd., S. 156).[66] Freiwilligkeit heißt, dass jugendliche Adressat_innen sich einer (sexualpädagogischen) Bildungssituation entziehen können, ohne Konsequenzen fürchten zu müssen. Offenheit und Mitbestimmung ermöglichen die Herstellung von Bildungssituationen

66 Vgl. für die Ausrichtung eines praxisorientierten Konzepts: Arbeitsprinzipien und Regeln der offenen Kinder- und Jugendarbeit. Landesarbeitsgemeinschaft Offene Jugendbildung Baden-Württemberg: http://www.lago-bw.de/prinzipien.html (03.12.2019).

durch Fachkräfte, die den Bedarfen der Jugendlichen entsprechen, und sie ermöglichen den Jugendlichen, diese inhaltlich und strukturell (mit) zu gestalten oder sie zu initiieren. Durch diese grundlegenden Unterschiede zur von Langer beschriebenen Schulöffentlichkeit kann ein *Raum des Persönlichen* in einem offenen Treff anscheinend eher hergestellt werden als in der Schule. Auch können Fachkräfte Teil dieser *Räume des Persönlichen* sein, da sie Kriterien für deren Herstellung erfüllen und nicht wie Lehrer_innen von den Jugendlichen als Träger einer schulischen Norm gesehen werden, die dem entgegenzustehen scheint. Die Subjektposition von Lehrer_innen werde für die Herstellung einer (sexual-)pädagogischen Beziehung als ungeeignet betrachtet, so Langer, da die schulische Situation den Aufbau eines dafür nötigen vertrauensvollen Verhältnisses nicht ermögliche (ebd., S. 159). Im Anschluss an Antje Langers Überlegung: »[s]exualpädagogische Situationen werden denkbar, wenn ein gewisser Raum des Persönlichen gegeben ist«, ergeben sich notwendigerweise Vorüberlegungen und Reflexionen in Bezug auf das interpersonale Vertrauensverhältnis und das Setting (ebd., S. 154). In dieser Arbeit wurde von der Annahme ausgegangen, dass die freiwillige Teilnahme (einerseits Prinzip der offenen Jugendarbeit, andererseits forschungsethisch geboten) an einem Workshop zu sexuellen Themen bereits mit einem Vertrauensvorschuss verbunden ist. Dieser scheint auch dadurch zustande zu kommen, dass »die Teilnehmenden den Sexualpädagog_innen qua Expert_innenstatus ein großes Maß an Vertrauen entgegen[bringen]« (ebd., S. 159). Die Erfahrungen des beschriebenen Feldzugangs zeigen, dass dieser Vertrauensvorschuss sowohl durch die Fachkräfte, die den Zugang zur Einrichtung überhaupt erst ermöglichten, als auch durch die Jugendlichen als Akteur_innen, die die Bildungssituation ermöglichten und zuließen, vorhanden war. Im beschriebenen Fall wurde dies durch die Mitarbeit der Fachkräfte stark begünstigt. Zum einen wurde ein entsprechendes Setting (z.B. vorher gemeinsam essen, gemütliche Sitzgruppe für die Veranstaltung) initiiert und so der Charakter der Abgrenzung von einem schulischen Bildungssetting gestärkt, was der Idee »einen eigenen pädagogischen Raum zu kreieren« entspricht (ebd., S. 159). Zum anderen wurden die Wünsche der jugendlichen Adressat_innen, zum Beispiel die Teilnahme der Fachkräfte am Workshop, berücksichtigt. Die Adressat_innen wurden als Persönlichkeiten ernst genommen. Dadurch konnte ein *Raum für Persönlichkeit(en)* für diese spezifische sexualpädagogische Situation geschaffen werden.

Wirkmächtigkeit durch Dominanzverhalten? – »Sie sind sehr mutig«

In der zweiten Einrichtung, mit der zusammengearbeitet wurde, kam es zu keiner Veranstaltung. Aufgrund struktureller Planungen der Jugendhilfe musste die Einrichtung umziehen. Dadurch brach ein Teil der Adressat_innen der Einrichtung weg, dies betraf speziell die jüngere Altersgruppe bis 16 Jahre und somit auch einen Teil der Altersgruppe (15- bis 19-Jährige), die für die Datenerhebung relevant war. Es gelang nicht, die zur Zeit des Kontaktes anwesenden Jugendlichen zu motivieren. Diese waren zum Großteil bereits älter als die vorgesehene Altersgruppe (ca. 18 bis 21 Jahre), also bereits junge Erwachsene und keine Jugendlichen mehr. Vonseiten der Fachkräfte wurde immer wieder betont, wie wichtig sie es fänden, dass es ein Angebot zu sexueller Bildung gäbe und dass sie einen Bedarf sähen. Es erfolgte das Angebot eines Infoabends als offene Gesprächsrunde. Daran wollte niemand teilnehmen. Es gab insgesamt drei Termine im Treff (jeweils ca. eine Dreiviertelstunde). Auffallend gegenüber den anderen Einrichtungen war, dass die Fachkräfte in dieser Zeit weniger mit den Anwesenden in Kontakt waren. Es waren eher organisatorische Arbeiten im Büro oder hinter dem Tresen, die diese verrichteten. Die Jugendlichen bzw. jungen Erwachsenen, die offen zum Gespräch waren, sagten sehr klar, sie hätten kein Interesse an einer Veranstaltung oder einem Gespräch. Als Gründe wurden genannt, dass sie ihre Freizeit im OFT verbringen und die Zeit für Dinge wie »chillen, zocken und kickern« nutzen wollten. Dinge, die Sexualität beträfen, würden sie untereinander »besprechen oder sich Informationen im Internet holen«. Dafür bräuchten sie keine Angebote von Erwachsenen (was die meisten aufgrund ihres Alters bereits selber waren). Hier wurde einerseits der Charakter einer offenen Einrichtung sehr deutlich, andererseits, dass die Altersgruppe der jungen Erwachsenen ab 18 oder 19 Jahren als Adressat_innen anscheinend schwer zu erreichen ist, und es stellte sich die Frage, inwieweit hier Bildungsangebote überhaupt gewünscht waren und welche alternativen Formate es eventuell bräuchte (z.B. digitale Angebote, Peer-Learning). Die Sozialisation in der Jugendphase[67] in westlichen Gesellschaften ist, so Andreas Lange und Margret Xyländer, durch jugendliche Selbstsozialisation geprägt (Lange & Xyländer, 2008). Dieser Eigenanteil ist durch die stark identitätsstiftende Wirkung von Medien und Konsum gekennzeichnet und deren Nutzung wiederum

67 Die Jugendphase kann sich, wie in Kapitel 2 erläutert, bis in das junge Erwachsenenalter erstrecken.

in das soziale Leben der Jugendlichen eingebettet, in dem es unter anderen um die Zustimmung in der Bezugsgruppe geht (ebd., S. 600). Hier ist zu berücksichtigen, dass in der Entwicklungsphase der Adoleszenz von einer Ablösung bisher dominanter Sozialisationsinstanzen wie Familie und Schule und dem gleichzeitigen Streben nach Anerkennung in der Peergroup auszugehen ist (vgl. ebd., S. 603; Oerter & Dreher, 2002, S. 310). Die Peergroup ist ein wichtiger Träger der jugendlichen Sozialisation (ebd., S. 311). Hier könnte auch ein Grund für das beobachtete Verhalten der Fachkräfte liegen. Eine stärkere direkte Arbeit könnte vonseiten der Jugendlichen nicht gewünscht sein (siehe oben). Für die Jugendlichen könnte der Wunsch nach der Möglichkeit der selbstbestimmten Freizeitgestaltung vor von außen gesteuerten (Bildungs-)Angeboten stehen. Das wäre mit der Perspektive einer jugendlichen Selbstsozialisation und einer Abnabelung von bisherigen Sozialisationsinstanzen erklärbar (vgl. auch Schulz, 2013, S. 59; Nörber, 2013). Fachkräfte, die die Jugendlichen als eigenständige Akteur_innen sehen und in diesem Prozess begleiten wollen, könnten sich in ihrer Tätigkeit darauf fokussieren, den Treff als Ort für diese zu organisieren, zur Verfügung zu stellen und auf Bedarfe mit offenen Angeboten zu reagieren (vgl. Schulz, 2013; Nörber, 2013). Über die Annahme dieser Angebote könnten die Jugendlichen freiwillig entscheiden und diese wie oben beschrieben auch ablehnen. Bei der Sozialisation in der Peergroup sei, so Oerter und Dreher, zu berücksichtigen, dass diese mit gruppendynamischen Prozessen verbunden ist und sich in Gruppen eine Dominanzhierarchie bilde (Oerter & Dreher, 2002). Dabei hätten die dominanten Gruppenmitglieder das am stärksten ausgeprägte prosoziale Verhalten (ebd., S. 311). In der Gruppe im besuchten OFT zeigte sich folgende Situation, die damit zusammenhängen könnte: Es gab Sprecher_innen, die mit mir kommunizierten, während andere sich zurück- oder komplett aus dem Gespräch hrraushielten. Interessant war die Aussage eines_r Jugendlichen: »Sie sind sehr mutig, dass sie einfach hierherkommen und sich trauen, uns anzusprechen.« Das könnte darauf verweisen, dass die Jugendlichen diesen Raum als ihren betrachten und selbstbestimmt für sich nutzen wollten. Andererseits schien es auch wenig Kontaktangebote von außen zu geben, da in der Aussage auch eine Verwunderung zum Ausdruck kommt, dass es hier zu einem Kommunikationsangebot kommt. Die Jugendlichen bzw. jungen Erwachsenen schienen außerdem ihr Verhalten und ihr Auftreten so einzuordnen, dass es für jemanden von außen Mut erfordere sie anzusprechen. Wenn von einer Dominanzhierarchie in Gruppen ausgegangen wird, wäre die Durchführung von sexueller Bildung unter den Kriterien der Freiwilligkeit und Partizipation in der Jugendarbeit auch von den dominanten Gruppenmitgliedern abhängig. Das oben angegebene Zitat könnte aus dieser Perspektive auf ein dominantes prosoziales Verhalten hinweisen, um zu starke Einmischung von außen in die Peergroup abzuwehren. In diesem Kontext steht, dass das Erreichen sozialer Wirkmächtigkeit ein Entwicklungsziel der Jugendphase ist und nur durch eine Abnabelung von und eine Auseinandersetzung mit der erwachsenen Generation in der Adoleszenz gelingen kann (vgl. Lange & Xyländer, 2008, S. 605).

Wie die vorherige sexualpädagogische Situation kann auch die zweite Situation unter dem Diskurs *Schulöffentlichkeit* und *Raum für Persönliches* betrachtet werden. Die Erfahrungen der Jugendlichen in der Schule sind, so Antje Langer (2017), für die Jugend- und Sozialarbeit insofern relevant, als die Jugendlichen durch die Schule sozialisiert sind. Der Freiraum in einem offenen Treff bzw. Jugendklub und das Wegfallen des schulischen Zwangs könnten die Durchführung von Veranstaltungen erschweren (ebd., S. 159). Die Erfahrung mit schulischer Bildung (und eventuell mit schulischen Veranstaltungen zu Sexualität), kann aus dieser Perspektive auch ein Grund dafür sein, dass die Jugendlichen sexueller Bildung in ihrer Freizeit weniger offen begegnen. Das könnte zum einen daran liegen, dass die Adressat_innen ihr Verständnis von Bildung eng mit ihrer schulischen Bildungserfahrung verbinden und ihre Freizeit generell davon frei halten wollen. Es ist aber auch möglich, dass dies mit Erfahrungen zusammenhängt, wie in den wichtigen Sozialisationsinstanzen Familie und Schule mit Sexualität umgegangen wird und wie und ob darüber gesprochen wird. Für die Schule hat Sara-Friederike Blumenthal in ihrer Studie mit jugendlichen Schüler_innen herausgearbeitet, dass Beschämung von Schüler_innen durch Lehrende ein vorkommendes und in der Regel nicht reflektiertes Erziehungsmittel ist (Blumenthal, 2014, S. 153). Auch bei der Thematisierung von Sexualität im Unterricht zeigt sich in einigen Fällen eine damit zusammenhängende Beschämung von Schüler_innen und ebenso eine negative Sicht auf Sexualität oder Tabuisierungen durch Lehrpersonen (ebd., S. 87f., 117f., 152f.). Diese Erfahrungen führen laut Blumenthal zu einer ausbleibenden Unterrichtsbeteiligung bei sexuellen Themen und zu sozialer Exklusion von Schüler_innen, um Beschämungen durch Lehrkräfte oder durch andere Schüler_innen im Schulkontext zu vermeiden (ebd., S. 155). Generell zeigt sich eine dominante Stellung männlicher Sexualität im Unterrichtskontext, die mit einer Abwertung weiblicher Sexualität verbunden ist, sowie die Vermeidung der Thematisierung sexueller und geschlechtlicher Vielfalt (ebd., S. 155). An diese Erkenntnisse lässt sich eine entwicklungspsychologische Perspektive anschließen. Das Jugendalter (die Adoleszenz) kann als eine Zeit gelten, in der die Auseinandersetzung mit der eigenen Identität, wovon ein wichtiger Teil die Geschlechtsidentität ist, zur zentralen Entwicklungsaufgabe wird (vgl. Trautner, 2002, S. 661). Dazu gehören, so Trautner, die Auseinandersetzung mit dem eigenen Geschlecht und der sexuellen Orientierung ebenso wie die Beschäftigung mit Geschlechterrollen und sozialen Rollen (Trautner, 2002, S. 662). Erfahren Jugendliche in der Schule in dieser für sie wichtigen Phase eine Beschämung oder Abwertung ihrer sexuellen Identität oder machen siedie Erfahrung, dass bestimmte Themen generell tabuisiert werden, kann es zu einem sozialen Rückzug und einer Vermeidung von Kommunikation kommen. Ein weiterer Punkt ist, dass sie die Erfahrung machen können, dass durch sie gegen Andere ausgeübte Beschämung und Abwertung eigene Beschämung verhindern kann (vgl. Blumenthal, 2014, S. 154ff.). Diese Erfahrungen und eventuell daraus resultierendes Verhalten können Auswirkungen auf sexuelle Bildung in anderen Institutionen haben. Fehlende positive Erfahrungen, dass die Thematisierung von Sexualität in einem *Raum des Persönlichen* (vgl. Langer, 2017, S. 154) stattfindet, in dem Jugendliche als Subjekte mit ihrer sexuellen Identität ernst genommen werden (vgl. Sielert, 2005, S. 81ff.), können dazu führen, dass die in der offenen Jugendarbeit bestehenden oder angebotenen Möglichkeiten von den Adressat_innen nicht genutzt werden. Es kann vonseiten der Jugendlichen, aufgrund der Vorerfahrungen, zu einer Vermeidung oder Ablehnung sexueller Bildungsangebote von pädagogischen Fachkräften kommen. Dies könnte durch eine bestehende Dominanzkultur aufgrund einer Gruppenhierarchie zusätzlich beeinflusst werden, wenn es gerade die dominanten Gruppenmitglieder sind, die keine positiven Erfahrungen mit sexueller Bildung gemacht haben. Ebenso sind die Wirkungen einer dominanten Stellung männlicher Sexualität und der Abwertung oder Tabuisierung anderer Sexualitäten im schulischen Kontext auf die Dominanzhierarchie in einer Peergroup zu berücksichtigen. Die hier angeführten Reflexionsperspektiven (jugendliche Selbstsozialisation, dominantes Verhalten in Gruppen, Erfahrungen mit Beschämung) ziehen – getrennt oder mit Überschneidungen zwischen ihnen – eine Zurückhaltung bis Ablehnung vor bzw. von sexualpädagogischen Bildungsangeboten von Jugendlichen in Betracht. Für eine forschende Person kann dies, wie für den Autor bei der Durchführung der Workshops, von Bedeutung sein, wenn sie nicht zuerst als forschende Person, sondern als Pädagog_in oder Sozialarbeiter_in wahrgenommen wird. In diesem Fall könnte also gerade der in der Arbeit geplante Zugang, über ein (Bildungs-)Angebot den Kontakt zu den Adressat_innen aufzubauen und diese darüber für ein Interview zu gewinnen, genau dies verhindert haben. Mit Blick auf das erste beschriebene Workshop-Beispiel könnte auch der Wunsch dieser Jugendlichen, vertraute (erwachsene) Personen bei einer Veranstaltung zu sexueller Bildung dabei zu haben, in negativen Erfahrungen durch Beschämung und Abwertung begründet sein, was die These des selbstorganisierten Schutzes vor möglichen Diskriminierungen bzw. Beschämungen stärken würde (siehe oben).

Elternrecht vs. jugendliche Selbstbestimmung:
»Dafür ist mein Kind noch zu jung.«

In der dritten Einrichtung zeigen sich rückblickend ein Bedarf bei den jugendlichen Adressat_innen sowie eine starke Gruppendynamik. Die Fachkräfte informierten die Jugendlichen über das Angebot. Die Jugendlichen stimmten diesem zu und nannten direkt Wünsche bezüglich möglicher Themen (diese wurden durch die Fachkräfte an die forschende Person weitergeleitet). In Vorbereitung des ersten Workshops rief eine Fachkraft zwei Tage vor dem Termin an und berichtete kurz über Meinungsverschiedenheiten unter den Jugendlichen und, dass dadurch nur noch sechs Jugendliche in den Workshop kommen wollten. Es wurde die Frage gestellt, ob ich trotzdem kommen würde. Diese Frage beruhte auf der Unsicherheit, dass eine zu kleine Gruppe für mich nicht von Interesse sein könnte. Die Fachkräfte waren hier als unterstützende und vorbereitende Personen aktiv. Das Setting war sehr gut vorbereitet. Die Treffen fanden in einem gesonderten Beratungsraum statt. Es gab Getränke und Snacks. Die Fachkräfte kommunizierten von Beginn an, dass sie die Veranstaltung für die Jugendlichen organisierten und nicht vorhätten, selbst daran teilzunehmen. Aufseiten der Jugendlichen gab es keinen Wunsch nach Teilnahme der Fachkräfte. Am ersten Termin nahmen sieben Jugendliche teil. Mit diesen entwickelte sich nach einer Kennenlernrunde und einem Einstieg, der sich nicht auf sexuelle Themen bezog, sondern darauf, wie es ihnen gerade gehe, eine als offen und interessiert zu beschreibende Gesprächsatmosphäre. Im ersten Workshop wurden Themen der Jugendlichen aufgegriffen und Raum für Diskussion gelassen. Die Jugendlichen wünschten sich für den zweiten Termin vor allem die Möglichkeit über den Umgang mit Gefühlen zu sprechen.

Zu diesem Termin kamen fünf Personen. Es entwickelte sich nach dem Einstieg zum Umgang mit Gefühlen ein intensives Gespräch. Insbesondere ging es um das Coming-out von Personen aus der Runde und Probleme von Eltern mit der Homosexualität ihrer Kinder. Es gab einige sehr sensible und emotionale Schilderungen von Personen aus der Gruppe, die auf Erfahrungen mit diesen Herausforderungen und Schwierigkeiten beruhten, worauf die Gruppe empathisch reagierte. Die Jugendlichen fragten während des Gesprächs, wie viel Zeit wir hätten, ob wir auch länger als geplant weiterarbeiten könnten und ob ein dritter Termin möglich sei. Wir vereinbarten einen Termin für ein weiteres Treffen. Dieser konnte allerdings aus zeitlichen Gründen des Forschenden nicht zeitnah in den folgenden drei Wochen erfolgen. Es schien dem Forschenden durchaus auch sinnvoll, etwas Zeit zwischen den Terminen zu lassen, um Reflexion zu ermöglichen und zu schauen, wie besprochene Dinge sich im Alltag weiterentwickeln bzw. Ideen der Jugendlichen sich umsetzen lassen. Drei Personen erklärten auch, dass sie gerne ein Interview geben würden. Aus Datenschutzgründen wurden keine Daten wie Telefonnummer und Adresse aufgenommen. Die Jugendlichen erhielten Kontaktdaten und der Kontakt zu den Jugendlichen sollte wieder über die Einrichtung stattfinden. Die Jugendlichen sagten, dass sie das Treffen gerne nach Weihnachten, Anfang Januar machen würden, da sie vorher wenig Zeit hätten. Im Dezember erhielt der Forschende die Rückmeldung vom OFT, dass sich alle »extrem« gestritten hätten und nicht mehr miteinander reden würden. Zu einer Teilnahme wäre keine_r mehr bereit. Auch die Nachfrage bei den Jugendlichen, die ein Interview hatten geben wollen, durch die Fachkräfte im OFT ergab, dass diese dazu nicht mehr bereit waren. Ein Teil der Jugendlichen besuchte den OFT daraufhin nicht mehr bzw. nicht mehr regelmäßig. Zu zwei der Jugendlichen kam es zufällig über eine Schulsozialarbeiterin, die als Gatekeeper_in Jugendliche in ihrer Schule ansprach, etwa ein halbes Jahr später zu einem neuen Kontakt. Die Jugendlichen gaben der Schulsozialarbeiter_in ihre Kontaktdaten (Telefonnummern) und baten um Weitergabe und einen Rückruf. Mit einer der beiden Jugendlichen wurde ein Interview geführt. Mit der anderen Person konnte kein Interview geführt werden, da ein sorgeberechtigter Elternteil sich einen Tag vor dem Interview meldete und darum bat, dieses nicht durchzuführen. In diesem Fall zeigte sich für die forschende Person ein Dilemma zwischen dem Forschungsinteresse und forschungsethischen Fragen (vgl. hierzu Werner, 2016, S. 381f.; Thole & Grosse, 2015, S. 345). Auch wenn hier kein Interview zustande kam, sammelten sich Informationen (Daten) zum Fall an und deren Auswertung hätte für die Fragestellung von großer Bedeutung sein können. Dieser Prozess begann bei dem ersten Workshoptermin und führte über die weitere Kommunikation mit dem_r Akteur_in, Informationen, die von Dritten an die forschende Person herangetragen wurden, bis zur Absage des Interviews durch eine sorgeberechtigte Person, mit der ein Telefonat geführt wurde. Aus forschungsethischer Sicht und ebenso aus rechtlicher Sicht ist eine Auswertung dieser Informationen nicht vertretbar (vgl. Hopf, 2016, S. 197f.). Die Reflexion bezieht sich wie bei den beiden oben beschriebenen Feldzugängen auf die Gruppensituation. Durch das Setting wurde ein *Raum des Persönlichen* geschaffen, der durch die Zusicherung von Vertraulichkeit und Freiwilligkeit bestimmt war. Uwe Sielert sieht für sexualpädagogische Veranstaltungen die Notwendigkeit einer subjekt- und themenzentrierten Sexualpädagogik, die das Subjekt so wahrnehme und annehme, wie es ist (Sielert, 2005, S. 81f.). Als Aufgabe stellt sich die Förderung und Begleitung bei der Auseinandersetzung mit der individuellen sexuellen Identität (ebd., S. 83). Ein wichtiges Thema sind hier die Teile von Sexualität, die nicht in den heterosexuellen, heteronormativen Rahmen passen. So fühlen sich Jugendliche mit einer homosexuellen Orientierung oft nicht zugehörig, unterliegen einem Anpassungsdruck und sind Diskriminierungen ausgesetzt (ebd., S. 96). Für die sexualpädagogische Arbeit bedeutet dies Offenheit und Raum für Diskussion sowie Einsatz gegen Diskriminierungen: »Dazu ist ein Klima nötig, das den Jugendlichen ermöglicht, weitgehend angstfrei ihre Meinung zu äußern. Sie müssen selbst Lösungen entwickeln« (ebd., S. 98).

Diese Überlegungen lassen sich an die Suche nach Geschlechtsidentität und allgemein einer Identität als wichtige Entwicklungsaufgaben in der Jugendzeit anschließen. Die Auseinandersetzung mit Identität führe zur Ausbildung eines Selbstkonzeptes bzw. mache dieses nötig (vgl. Oerter & Dreher, 2002, S. 291). Die Entwicklung umfasst zwei Prozesse: »die Bemühung sich selbst zu erkennen und das Bestreben, sich selbst zu gestalten« (ebd., S. 292). Die Identitätsentwicklung ist durch eine hohe Selbstaufmerksamkeit, Widersprüche und Verletzlichkeit gekennzeichnet (ebd., S. 299ff.). Störungen in diesem Prozess der Identitätsentwicklung könnten zu ernsthaften Krisen bis hin zu Suizid oder Suizidversuchen führen. Ein großer Teil der Jugendlichen gibt hier Gründe an, die mit Sexualität und der familiären Situation verbunden sind (ebd., S. 303). Vor allem befinden sich nach Claudia Krell und Kerstin Oldemeier Jugendliche, die sich außerhalb der gesellschaftlich anerkannten sexuellen Norm bewegen, in einer vulnerablen Situation (Krell & Oldemeier, 2015, S. 6). Die Schwierigkeit innerfamiliärer Kommunikation und die Erfahrung von Bagatellisierung, Tabuisierung oder Diskriminierung in der Familie sind für viele Jugendliche Teil der Erfahrung des Coming-out (ebd., S. 20). Diese Belastungen erhöhen für Jugendliche die Gefahr psychischer Krisen (ebd., S. 13). Die Entwicklung der Geschlechtsidentität ist nicht nur ein individuell begrenzter Prozess oder ein Merkmal, sondern, so Hanns Martin Trautner, eine soziale Kategorie, die mit dem sozialen Kontext, in dem das Subjekt lebt, verschränkt ist. Daher sind neben der individuellen Ebene noch drei weitere Ebenen von Bedeutung: die interpersonelle Ebene, die Intergruppenebene und die (inter-)kulturelle Ebene (Trautner, 2002, S. 673). Daraus kann abgeleitet werden, dass Fragen der geschlechtlichen und sexuellen Entwicklung von den Sozialisationsinstanzen ernst genommen werden müssen. Es wird auch der besondere Stellenwert der Familie als Sozialisationsinstanz und der Eltern als Sexualerzieher_innen deutlich. Wie oben beschrieben, ist die Jugendphase durch eine Abnabelung von der Familie gekennzeichnet. Die Bindung an die Familie und die Eltern wird dadurch aber nicht weniger wichtig, es geht nicht nur um Ablösung, sondern vielmehr um eine Umgestaltung der Beziehungen (vgl. Lange & Xyländer, 2008, S. 604). Grundsätzlich seien heute die meisten Beziehungen zwischen Jugendlichen und ihren Eltern einvernehmlich und Jugendliche würden die Erziehung mehrheitlich positiv beurteilen. Konflikte würden sich auf Alltagsdinge und Feinregulierungen beziehen und nicht auf grundsätzliche Fragen (ebd., S. 604). Die gesuchte Auseinandersetzung ist nötig, um Autonomie zu entwickeln und die Auseinandersetzung erhält eine besondere Qualität dadurch, dass sich für Jugendliche die Möglichkeit eröffnet, sexuelle Beziehungen einzugehen (ebd., S. 603). Da das Eingehen sexueller Beziehungen und Partnerschaften mit der sexuellen Orientierung und Identität zusammenhängt, scheint dieser Prozess für einige Jugendliche mit erheblichen Konflikten mit der Familie bzw. den Eltern verbunden. Für Jugendliche, die nicht der heteronormativen Vorstellung von Sexualität und Geschlecht entsprechen, sind die Eltern- und Familienbeziehungen, wie oben angegeben, oft von Konflikten und Diskriminierungen geprägt, was zu einer hohen Vulnerabilität dieser Jugendlichen führt (vgl. Krell & Oldemeier, 2015).

Die Aussagen der jugendlichen Personen im Workshop zu ihrem Coming-out-Prozess und der momentanen familiären Situation verwiesen auch auf die vulnerable Situation, in der sich Jugendliche in dieser Phase befinden. Dies zeigte sich ebenso bei der Absage des Interviews durch einen Elternteil mit der Begründung, solche Arbeit und Forschung sei wichtig, aber das eigene Kind noch zu jung dafür. Dies machte den familiären Konflikt im adoleszenten Abnabelungsprozess, im Kontext der Suche nach einer eigenen sexuellen Identität der jugendlichen Person, deutlich. In der beschriebenen sexualpädagogischen Situation und letztlich auch in der Absage des Interviews durch einen Elternteil zeigte sich, wie präsent die familiäre Situation, die Beziehung zu den Eltern und deren Einstellungen zu Sexualität für die sexuelle Bildung oder die Forschung sein können, und dass sie demzufolge mitbedacht und reflektiert werden müssen. Ein wesentlicher Punkt ist hier Artikel 6 des Grundgesetzes, der Erziehung als natürliches Elternrecht verfassungsmäßig verankert. Neben den Eltern hat nur die Schule (Art. 7 GG) ein verfassungsrechtlich garantiertes Erziehungsrecht. Angebote der Jugendhilfe und -arbeit müssen sich grundsätzlich dem Elternrecht auf Erziehung, insbesondere in Bezug auf Weltanschauung, Religion und Moralvorstellungen unterordnen (vgl. Blank, 2010). Da dieses Recht grundsätzlich bis zur Volljährigkeit gilt und die Thematisierung von Sexualität in diese besonderen Bereiche fällt, sind die Rolle der Eltern und deren Einbezug, zum Beispiel durch vorherige Information, für sexuelle Bildung zu berücksichtigen und zu reflektieren. In dem oben beschriebenen Workshop wurde deutlich, dass ein Bedarf über Homosexualität zu sprechen, vorhanden war und dass das Angebot von den Jugendlichen dahingehend genutzt wurde. In der Reflexion der Situation lassen sich verschiedene Kriterien finden, die weiter oben als grundlegende Kriterien für eine sexualpädagogische Situation genannt wurden: Neben der Basis, dass ein *Raum für Persönliches* angeboten wurde, der grundsätzlich inhaltlich an den Interessen der Jugendlichen ausgerichteten Vorgehensweise und der Offenheit, dass die Jugendlichen und ihre Themen wahrgenommen und ernst genommen wurden, konnte eine auf das Subjekt und die Themen zentrierte sexualpädagogische Bildungssituation hergestellt werden, die von den Jugendlichen angenommen wurde.

Die Bedürfnisse der Jugendlichen (aber auch die der Sorgeberechtigten) können zu unterschiedlichen Rollen und Aufträgen für sexualpädagogische Expert_innen führen. Die Bedürfnisse der Jugendlichen in Bezug auf Sexualität und ihre Entwicklung können einen Bedarf nach Angeboten und eine Offenheit für sexuelle Bildung bedeuten, aber auch die Ablehnung dieser, im Sinne jugendlicher Ablösung und Selbstsozialisation und aufgrund der erlebten sexualpädagogischen Erfahrungen. Auch Eltern als Sorgeberechtigte können, unabhängig von den Bedürfnissen der Jugendlichen, die Teilnahme an sexualpädagogischen Angeboten oder Forschungsprojekten unterstützen, beeinflussen oder verhindern.

Die drei beschriebenen Situationen zeigen: Es lässt sich an dieser Stelle nicht *die* sexualpädagogische Situation beschreiben. Die unterschiedlichen Bedürfnisse und Wünsche der Jugendlichen ernst zu nehmen erforderte, sich auf die jeweilige Situation und damit unterschiedliche Interaktionen und Settings einzulassen.

Fazit – Gestaltung des Feldzugangs

Die Erhebung arbeitete mit dem Konzept des theoretischen Sampling und der theoretischen Sättigung, wodurch die Stichprobe datenbezogen erweitert werden kann und ein Aufbau dieser von n = 1 möglich ist. In dieser Arbeit sollte durch die Workshopangebote ein stärkerer partizipativer Aspekt eingebracht werden. Durch diesen Zugang war ein Vorgehen von einer Datenbasis, die von n = 1 ausgeht und streng nach der theoretischen Ausarbeitung erweitert wird, nicht möglich. Dies hätte bedeutet, Jugendliche, die sich zu einem Interview bereit erklärten, möglicherweise auszuschließen, wenn sie bestimmte Kriterien nicht erfüllten. Obwohl die gesamte Organisation, Absprache und Durchführung der Workshops sehr zeitaufwendig war, blieb der Ertrag aufseiten der Forschung mit drei Interviews gering. Er hätte erhöht werden können, wenn die durchgeführten Veranstaltungen als Gruppendiskussion methodisch genutzt worden wären. Dies hätte allerdings die offene und freiwillige Herangehensweise, das Kennenlernen und die Weitergabe von Wissen an die Jugendlichen vor der Datenerhebung und ohne diese damit direkt zu verknüpfen nicht möglich gemacht (siehe oben). Es ist jedoch für weitere Arbeiten in diesem Feld zu reflektieren. Möglicherweise hätten ein bis zwei offene Termine auch als Vorbereitung einer Gruppendiskussion dienen können. Die oben genannten Punkte hinsichtlich Vertrauen und Schutz der teilnehmenden Personen müssten einerseits mit der Gruppe in den vorangehenden Workshopterminen besprochen werden und andererseits müsste generell sehr auf die Offenheit und Freiwilligkeit der Teilnahme geachtet werden. In der Arbeit wurde zu wenig berücksichtigt, dass die Zeit der Pubertät sehr dynamisch und schnelllebig sein kann, was die Durchführung und die Datenerhebung ungünstig beeinflusst hat. Dies führte im Kontext mit den zur Verfügung stehenden Ressourcen des

Forschenden und dem zeitlichen Verlauf des Projektes auch dazu, dass keine Nachfolgetermine mit diesen Gruppen durchgeführt wurden, bei denen eine Information und Diskussion von Forschungsergebnissen hätte erfolgen können (Member Check).[68] Bei der Dokumentation des Feldzugangs und der Workshops wurde deutlich, dass es für das Forschungsinteresse von Bedeutung wäre, diese methodisch auszuwerten. Die Überlegung, die Workshops als Gruppendiskussion zu nutzen, wurde bereits oben dargelegt. In diesem Fall hätte es der informierten Einwilligung der Jugendlichen bedurft (vgl. 4.1.3). Da jedoch keine informierte Einwilligung der beteiligten Jugendlichen vorlag, wurde aus forschungsethischen Gründen von einer Auswertung im Sinne einer Analyse abgesehen (vgl. Hopf, 2016, S. 197f.). Die hier vorgenommenen Beschreibungen und Reflexionen erfolgten nach gründlicher Abwägung und Reflexion. Die Personen in den Einrichtungen (Fachkräfte und Jugendliche) waren alle über das Forschungsprojekt informiert und es wurden Termine für den Besuch der Einrichtungen vereinbart. Die forschende Person bewegte sich nicht undercover im Feld und beobachtete die Jugendlichen nicht ohne deren Einverständnis (ebd., S. 197). Die Fachkräfte wurden als Gatekeeper_innen angesprochen und sahen sich als Unterstützer_innen des Forschungsprojekts. Ebenso wurde den Jugendlichen gegenüber eine Offenheit und Freiwilligkeit kommuniziert. Die Forschungssituation, in der Daten erhoben werden sollten, war das Interview. Die beteiligten Personen mussten also davon ausgehen, dass sie außerhalb dieser Situation nicht beforscht werden würden – die Fachkräfte umso mehr, da sie nicht als Forschungsgegenstand der Studie benannt waren. Auf der anderen Seite ist der Kontext des Zustandekommens der Interviews und hier speziell der Feldzugang über die Workshopangebote für die Nachvollziehbarkeit der Arbeit wichtig. Auch für die Arbeit in der Praxis könnten die Reflexionen von Bedeutung sein. Aus diesen Gründen wurden Beschreibungen und Reflexionen unter Berücksichtigung der Anonymisierung und der Nichtschädigung von Personen und Institutionen vorgenommen.

68 Ein Nachfolgetermin nach dem Interview, bei dem das Vorgehen der Auswertung und erste Ergebnisse im Sinne eines Member Check besprochen werden konnte und so ein Feedback der interviewten Person eingeholt wurde, konnte nur mit einer einzelnen Person vereinbart werden.

4.4.3 Vertrauen in der Interviewsituation

Bei der Auswertung der durchgeführten Interviews wurde die Kategorie *Vertrauen* gebildet.[69] Auch wenn diese Kategorie als von den Interviewpartner_innen eingebrachtem Begriff induktiv aus den Daten gebildet wurde, findet sie sich ebenso als theoretisches Konzept in der pädagogischen Arbeit und bei der Herstellung einer Interviewsituation (vgl. Wagenblass, 2015; Werner, 2016). In den Interviews zeigt sich, dies sei hier bereits vorweggenommen, dass das Sprechen über Sexualität und in diesem Kontext auch das Sprechen über dramatische Ereignisse, wie zum Beispiel sexualisierte Gewalt, ein bestimmtes Vertrauensverhältnis erfordern und für die Bewältigung von Krisen verlässliche Beziehungen wichtig sind, die auf Vertrauen basieren. Dies wird in der Auswertung auch für professionelle pädagogische Beziehungen deutlich. Damit gewinnt die interpersonale Ebene an Bedeutung, zum Beispiel im Kontext von Gruppensettings, da sensible und intime Themen zum Teil nur in Einzelkontexten angesprochen werden und ein ausreichendes Maß an Vertrauen nötig machen (vgl. zu Vertrauen in der pädagogischen Beziehung: Schmauch, 2016, S. 33f.; vgl. auch Mantey, 2017; Wagenblass, 2015). Für die Interviewsituation muss dies aus forschungsethischer Sicht ebenfalls reflektiert werden. Auch für weitere Überlegungen hinsichtlich der Praxisrelevanz können sich Ableitungen ergeben. Der Umgang mit Vertrauen, allgemein mit Gefühlen sowie die Gestaltung von Nähe und Distanz sind nicht nur für Forschungssituationen, sondern auch für die Praxis Sozialer Arbeit zu berücksichtigen (vgl. Thiersch, 2009).

Für eine qualitative Forschung ist es unabdingbar, Kontakte ins Feld herzustellen. Sven Werner sieht darin den entscheidenden Punkt, ob eine Grounded Theory Forschung gelingt (Werner, 2016, S. 387). Es sind eine Aushandlung von nötiger Nähe und erforderlicher Distanz und eine ständige Reflexion erforderlich (ebd., S. 388). Dabei stellen sich Fragen danach, wie ein Vertrauensverhältnis hergestellt und gestaltet werden kann, was zum Beispiel die Anwesenheit des Forschenden im Feld und die Interaktion mit den Personen im Feld nötig macht. Es kann bei der Arbeit im Feld zu einem sogenannten *going native* kommen (ebd., S. 387). Die forschende

69 Die Analyse und die Ausarbeitung der Kategorien werden in Gliederungspunkt 4.3.2 beispielhaft dargestellt. Dabei wird auf die hier genannte Kategorie *Vertrauen* eingegangen. In Kapitel 5 wird die Bedeutung von Vertrauen anhand des empirischen Materials eingehender betrachtet, vgl. 5.4.

Person identifiziert sich dabei zunehmend mit den Personen im Feld und verlässt die professionelle Rolle der forschenden Person. Dies ist problematisch, da es zu Rollen- und Loyalitätskonflikten kommen und zu einer *Betriebsblindheit* führen kann (ebd., S. 387f.). Das heißt, die Gestaltung einer Vertrauensbeziehung (sowohl im Forschungskontext wie in der Sozialen Arbeit) erfordert eine ständige Auseinandersetzung mit Nähe und Distanz im Arbeitskontext.

Für die Einwilligung zu einem Interview ist grundsätzlich ein Vertrauensvorschuss seitens der Beforschten gegenüber der forschenden Person nötig (vgl. Werner, 2016, S. 384). Die forschende Person muss eine Situation herstellen, »die so entspannt und offen ist, dass Menschen darin ohne Befürchtungen die unterschiedlichsten Aspekte ihrer Person und ihrer Lebenswelt zeigen können« (Hermanns, 2017, S. 363). Bei den Gesprächspartner_innen kann dieser Vertrauensvorschuss mit einem grundsätzlichen Vertrauen und einer Offenheit gegenüber den Forschenden verbunden sein. Es kann jedoch auch nötig sein, sich dieses erst zu erarbeiten und hierbei Tests zu bestehen (vgl. Breuer & Muckel, 2016, S. 75). Die interviewten Personen erbringen mit dem Vertrauensvorschuss eine Vorleistung und geben der forschenden Person einen Einblick in ihr Leben, den diese nicht adäquat zurückgeben kann (ebd., S. 384). Mit Blick auf die vorgenommene Erhebung mit Jugendlichen zu sensiblen und intimen Fragen ihres Lebens ist dieser Aspekt besonders zu berücksichtigen. Das Forschungsinteresse muss ethisch reflektiert und gegebenenfalls angepasst werden. Ein weiterer Punkt ist die Freiwilligkeit der Teilnahme an einem Interview. Diese kann durch bestimmte strukturelle Bedingungen in der Jugendhilfe beeinflusst werden: Jugendliche könnten zum Beispiel Nachteile fürchten, wenn sie ein Interview verweigern, das von der Einrichtung bzw. den Gatekeeper_innen gewünscht wird. Die Reflexion des forschungsmethodischen Vorgehens, der eigenen Person und der Rolle im Forschungskontext ist unabdingbar, um das entgegengebrachte Vertrauen nicht zu enttäuschen und den Schutz der Interviewpartner_innen nicht zu gefährden. Dies ist vor allem dann zu beachten, wenn anzunehmen ist, dass es auch zur Schilderung dramatischer Lebensereignisse kommen kann bzw. danach gefragt wird. Es kann dazu kommen, so Cornelia Helfferich (2011), dass Interviewpartner_innen ihren Selbstschutz verlieren und in einen Erzählfluss geraten, der von ihnen nicht mehr kontrolliert wird oder, wie in der sozialpädagogischen bzw. beraterischen Praxis, dass die interviewende Person getestet wird (ebd., S. 150f.). Im Interview kann dies in der Form geschehen, dass die Erzählperson ein Thema im Interview kurz anschneidet und danach umschwenkt, es wieder *versteckt*, um die Reaktion der interviewenden Person zu testen. Die Reaktion darauf kann eine entscheidende Wirkung auf den weiteren Verlauf eines Interviews haben. Dahinter können verschiedene Muster stehen: zum Beispiel negative Erfahrungen aufgrund der erlebten Reaktionen oder bei der Kommunikation über das Thema, Angst vor möglichen Tabus oder auch vor einer Überforderung der interviewenden Person (ebd., S. 150f.). Von der interviewenden Person muss in diesen Fällen eine situative Entscheidung getroffen werden, ob und wie sie nachfragt und weiter auf das Thema eingeht. Dabei spielen das Forschungsinteresse, der Schutz der Erzählperson, aber auch der Respekt und die Wahrnehmung der von ihr eingebrachten Themen eine Rolle. Die interviewende Person muss sich auch darüber im Klaren und darauf vorbereitet sein, wie sie mit eventuell geschilderten traumatischen Erlebnissen umgeht, in Bezug auf die Interviewsituation, die Interaktion mit der Erzählperson, aber auch für sich selbst (vgl. Helfferich, 2011, S. 148ff.; Poelchau et al., 2015). Eine entsprechende Vorbereitung ist auch deshalb nötig, da in der Interviewsituation »Situationen der Kindeswohlgefährdung oder unmittelbar bevorstehender Gefahr bestehen [können], in denen die Anonymität/Pseudonymisierung nicht aufrechterhalten werden kann«, und es kann im »Zuge der Forschung mit Kindern und Jugendlichen […] dazu kommen, dass sich ein_e Proband_in offenbart und die_der Untersuchende von sexuellen Gewaltakten oder Misshandlungen erfährt« (Poelchau et al., 2015, S. 3).

Das heißt, eine interviewte Person muss darauf vertrauen können, dass die forschende Person sich professionell verhält und die notwendigen Kompetenzen für die Forschung und die Arbeit im Feld hat. Dies betrifft unter anderem die Einhaltung forschungsethischer Standards, die Einhaltung von gemachten Zusagen, die Gestaltung eines angemessenen Nähe-Distanz-Verhältnisses und ebenso das Vorhandensein bestimmter spezieller Kompetenzen, zum Beispiel hinsichtlich des Umgangs mit einer Offenlegung sexualisierter Gewalt oder der Schilderung von Lebenskrisen, wenn die Thematisierung durch das Forschungsinteresse und die Fragen angeregt werden.

4.4.4 Reflexion einer Interviewsituation

Das folgende Beispiel der Durchführung eines Interviews bezieht sich auf das für Interviewsituationen sensible Thema der Schilderung von Lebenskrisen anhand eines Beispiels zu sexualisierter Gewalt, die von der Erzählperson im Interview thematisiert wird.

Die interviewte Person nahm an zwei Veranstaltungen eines sexualpädagogischen Workshops in einem offenen Treff teil. Sie erklärte anschließend ihre Bereitschaft zur Teilnahme an einem Interview. Dadurch fand vor dem Interview ein Kennenlernen statt und es bestand bereits eine kurze Arbeitsbeziehung. In den Workshops hatte der Interviewer[70] die Rolle des sexualpädagogischen Experten, im Interview war die Jugendliche als Erzählperson die Expert_in ihrer Lebenswelt. Für die Interviewsituation muss berücksichtigt werden, dass durch die Workshops das Thema Sexualität bereits offen thematisiert wurde und dabei die Interessen der Jugendlichen berücksichtigt wurden. In den vorangegangenen Workshops war es möglich, dass die Erzählperson über die dort besprochenen Themen oder allgemein über das Sprechen über Sexualität reflektierte, was die Teilnahme am Interview und die Interviewsituation beeinflusst haben könnte. Auch war der Arbeitskontext durch die Vorstellung der forschenden Person und die Information zum Forschungsvorhaben bekannt. Die Jugendliche konnte dadurch annehmen, dass Thematisierungen in Bezug auf Sexualität oder sexualisierte Gewalt ernst genommen werden würden, da sie an das Forschungsinteresse anschließen und die forschende Person nicht überfordern würden. Dies lässt sich mit ihrer geschilderten Vorerfahrung in Bezug setzen, wie sie den Umgang durch andere Professionelle, wie Therapeut_innen oder den Fachkräften in der stationären Jugendhilfe und der offenen Arbeit erlebt hat. Sie ging anscheinend mit einem grundsätzlichen Vertrauen in diese Situation bzw. gab aufgrund ihrer Vorerfahrungen einen Vertrauensvorschuss (vgl. Wagenblass, 2015). Durch die frühere Teilnahme an einer qualitativen Erhebung (Interview und Gruppendiskussion) zu einem anderen Thema, hatte sie bereits Erfahrungen mit dem Prozedere qualitativer Forschung gesammelt und war mit dem grundlegenden Vorgehen vertraut. Es kann angenommen werden, dass sie diese Forschung als etwas Positives erlebt bzw. zumindest keine negativen Erfahrungen gemacht oder das Vorgehen als solches erlebt zu haben scheint. Sonst wäre davon auszugehen gewesen, dass sie nicht zu einer nochmaligen freiwilligen Teilnahme an einem Forschungsprojekt bereit gewesen wäre.[71]

70 Der Workshop und das Interview wurden vom Autor durchgeführt.

71 Das zeigt: Die eigene Arbeit im Feld ist auch dahingehend von Bedeutung und hat einen Einfluss darauf, wie weitere Forschung im Feld angenommen wird und möglich ist.

Nach der Erzählaufforderung zu Beginn des Interviews ergab sich folgende Situation:

> »B: Auch Negatives?
> I: Auch Negatives. Also alles was für dich wichtig ist was du erzählen willst.
> B: (4) Ist zu viel. (4) Ja in meiner, also meine Kindheit war eigentlich komplett für den Arsch gewesen. Weil ich war [XX, Kindesalter] da wurde ich von meinem eigenen Vater missbraucht. Also ich habe schon im Kindesalter solche Erfahrungen erleben müssen und es ist eigentlich eine total beschissene Kindheit gewesen. Seitdem ich [XX, frühes Jugendalter] bin mache ich das was ich für richtig halte. Hab meinen eigenen Kopf. Hör nicht wirklich auf Erwachsene und ja viel gibts halt nicht zu erzählen (3)« (Dominique_2–4).

Die Jugendliche reagierte auf die Erzählaufforderung, über die für sie wichtigen Ereignisse in ihrem Leben zu berichten, mit einer Gegenfrage: »Auch Negatives?«. Diese Frage kann als Test der Erzählperson betrachtet werden, sie holt die Rückversicherung ein, ob im Interview »auch Negatives« thematisiert werden kann oder nicht. Für den Interviewverlauf war das ein entscheidender Moment. Die interviewende Person musste die Entscheidung treffen, ob es dafür Raum gibt oder nicht. Das heißt, mit der Entscheidung die Antwortmöglichkeit offenzuhalten, wurde die nachfolgende Antwort motiviert und die interviewende Person musste sich darauf einstellen, sich mit als negativ empfundenen Lebensereignissen auseinandersetzen zu müssen.

Forschende müssen sich, vor allem wenn ihr empirisches Interesse auf Erfahrungen mit spezifischen Themen wie Gewalt oder Sexualität gerichtet ist, auf ethisch sensible Situationen einstellen (vgl. Thole & Grosse, 2015, S. 336f.). Die Schilderung von (dramatischen bzw. krisenhaften) Lebensereignissen kann sich auch auf die interviewende Person auswirken und bei dieser zu *körper-leiblichen Erscheinungen* führen (ebd., S. 342). Für mich als interviewende Person war die Aussage emotional und körperlich spürbar, wie in der folgenden Notiz deutlich wird:[72]

> »Der Beginn des Interviews war für mich sehr überraschend. Es begann mit der Schilderung des erlebten sexuellen Missbrauchs durch den leiblichen

72 Diese Notiz entstand als Memo im Nachgang des Interviews.

Vater. Damit habe ich zu diesem Zeitpunkt nicht gerechnet, auch wenn ich mich generell damit auseinandergesetzt hatte, dass es solche Momente im Forschungsverlauf geben könnte. Mein Puls stieg, ich spürte meinen Herzschlag und bekam schwitzende Hände. Nach außen blieb ich, denke ich, ruhig. In meinem Kopf stellte sich die Frage, wie nun weiter? Ich orientierte mich an einigen Grundsätzen: Rückmeldung geben, das Erzählte gehört zu haben, nicht tabuisieren, nicht sofort direkt nachfragen, Verantwortung, ob sie mehr erzählen will, erstmal bei der Person lassen. Das gab mir Sicherheit.«

Auf die geschilderte Situation des sexuellen Missbrauchs wurde direkt im Anschluss von der Erzählperson nicht weiter eingegangen. Der Erzählperson wurde im Interview durch die interviewende Person signalisiert, das Erzählte gehört zu haben, und es wurde nicht negativ oder verschlossen reagiert. Die Entscheidung, ob sie mehr erzählen möchte, wurde bei der Erzählperson gelassen. Die anschließenden Fragen des Forschenden orientierten sich an den Schilderungen der Erzählperson über ihre Bewältigungsstrategien, ihre Ressourcen und ihren Weg zum selbstbestimmten Handeln. Die Erzählperson berichtete im Interviewverlauf von der Aufarbeitung in einer Therapie, was für die Frage der möglichen Unterstützung durch den Interviewer im Nachgang des Interviews von Bedeutung war. Auch die Erzählung, dass der Missbrauch und weitere Misshandlungen nicht nur therapeutisch bearbeitet werden, sondern offengelegt (und teils auch juristisch bearbeitet) sind und die Erzählperson nicht mehr in der Familie lebt, entlasteten hier die interviewende Person. Ein vorhandener Selbstschutz und ein reflektiertes Vorgehen scheinen ebenfalls vorhanden gewesen zu sein, die Thematisierung des erfolgten Missbrauchs beinhaltete auch die Einschätzung der Erzählperson, das Thema durch die Therapie ausreichend bearbeitet zu haben (was die interviewende Person nicht von ihrer Verantwortung hinsichtlich Schutz und Sorge gegenüber der Erzählperson befreit). Dies zeigte sich im Interview auch daran, dass die Erzählperson dosiert von dem Erlebten und der anschließenden Bewältigung berichtete. Es kam nicht zu der Situation, als Interviewer mit einem Bericht über ein bestehendes akut krisenhaftes Lebensereignis im Interview konfrontiert zu werden. Vor allem wenn die berichtende Person sich aktuell in einer bedrohlichen Situation befindet, könnte, insbesondere bei Minderjährigen, eine Intervention durch die interviewende Person erforderlich werden. Dies kann, so Werner Thole und Martin Grosse, zu einem Dilemma für forschende Personen führen

(Thole & Grosse, 2015). Sie können durch Aussagen der Erzählpersonen in einen Konflikt zwischen den allgemeinen Ansprüchen wissenschaftlicher Forschung wie dem Schutz der Personen durch Anonymisierung und Verschwiegenheit und den eigenen ethischen Ansprüchen oder denen spezieller Forschungszweige geraten (ebd., S. 345). Im Falle der Forschung zu sexualisierter Gewalt gibt die Bonner Ethik-Erklärung klare Handlungsempfehlungen für den Fall einer Kindeswohlgefährdung (vgl. Poelchau et al., 2015). Daraus folgt auch, dass sich für Forschende im Nachgang des Interviews eine weitere Begleitung der Erzählperson zu Fachstellen ergeben kann. Hierfür wurden im Rahmen dieser Arbeit die Kontakte von Beratungsstellen in der Nähe der Intervieworte vorher recherchiert und waren als Informationsblatt verfügbar. Diese wurden aber in diesem Fall nicht gebraucht, da bereits eine Therapieanbindung vorhanden war und diese von der Erzählperson als ausreichend betrachtet wurde (vgl. Helfferich, 2011, S. 148, 152; Poelchau et al., 2015). Im Vorfeld der Erhebung und bei der Reflexion des Interviews wurden Erkenntnisse aus der pädagogischen und therapeutischen Arbeit eingebunden. Dies ist nicht nur mit Blick auf den Schutz von Erzählpersonen (z. B. bezüglich Traumatisierung, Re-Traumatisierung) und den Umgang damit in Interviewsituationen (vgl. Poelchau et al., 2015), sondern auch hinsichtlich des Schutzes von Fachkräften und Forschenden bezüglich sekundärer Traumatisierung von Bedeutung (vgl. Lups et al., 2012; Schock et al., 2010). Die forschende Person sollte hier die Möglichkeit haben, dies in einem geeigneten Rahmen zu besprechen. Das ist auch hinsichtlich der Auswertung der Daten und der Ergebnisdarstellung von Bedeutung (vgl. Breuer & Muckel, 2016, S. 82f.). In dieser Arbeit wurden die Promotionskolloquien an der Universität Kassel und der Hochschule Merseburg auch zur Reflexion genutzt. Spezielle Fragen zu sexualisierter Gewalt oder dem Nähe-Distanz-Verhältnis konnten gemeinsam mit Mitarbeitenden im Forschungsprojekt »Schutz von Kindern und Jugendlichen vor sexueller Traumatisierung« an der Hochschule Merseburg reflektiert werden. Hierbei wurde eine Anonymisierung vorgenommen und nur die notwendige Fallbeschreibung und notwendige Kontextinformationen zum Fall weitergegeben. Hinsichtlich der Intensität der Schilderungen und ihrer Wirkungen auf die forschende Person zeigte sich, dass hier die Transkription und die Auswertungsarbeit von Bedeutung waren. Die Schilderung wurde im Interview wahrgenommen und danach reflektiert (siehe oben), aber durch das mehrmalige Anhören der Audiodatei, das Verschriftlichen, die anschließende sehr intensive Textarbeit beim Codieren und die Betrachtung des gesamten Kontextes in der Auswertung wurde die Schilderung wiederholt emotional und körperlich-leiblich intensiv wahrgenommen. Das Sprechen darüber und das gemeinsame Reflektieren wurden als sehr hilfreich dabei empfunden, hier eine für die wissenschaftliche Arbeit nötige Distanz zu finden, ohne dass die Bedeutung des Falls verloren ging, und die theoretische Sensibilität zu erhöhen. Ebenso ist dies für die oben geschilderte Problematik einer möglichen sekundären Traumatisierung von Bedeutung. Auch in anderen der geführten Interviews gab es Schilderungen von Lebenssituationen, die im Sinne einer Kindeswohlgefährdung als dramatisch eingeordnet werden können und die durch die Intensität der Auseinandersetzung durch Erhebung, Transkription und Auswertung emotionale Wirkungen auf mich als forschende Person hatten. Dabei ist auch der berufliche Hintergrund der forschenden Person hilfreich. Durch die langjährige Tätigkeit in der Kinder- und Jugendhilfe waren die geschilderten Ereignisse keine unbekannten Situationen. Es bestand Vorwissen und theoretische Sensibilität in Bezug auf krisenhafte Lebensereignisse. Die Auseinandersetzung mit der eigenen Person, die Reflexion von Nähe und Distanz oder die emotionale Wirkung von dramatischen Ereignissen waren nicht unbekannt, zeigten sich jedoch im Forschungskontext in einer anderen Wirkung.

4.4.5 Umgang mit Fragen der Anonymisierung und Pseudonymisierung

Bis zu diesem Punkt der Arbeit wurde der Begriff der Anonymisierung verwendet, um auf den Schutz der Daten der befragten Jugendlichen oder allgemein auf den Datenschutz in Forschungszusammenhängen zu verweisen. Die Datenschutzbestimmungen treffen hier eine klare Unterscheidung zwischen den Begriffen. Unter Anonymisierung wird im Bundesdatenschutzgesetz (BDSG) Folgendes verstanden:

> »das Verändern personenbezogener Daten derart, dass die Einzelangaben über persönliche oder sachliche Verhältnisse nicht mehr oder nur mit einem unverhältnismäßig großen Aufwand an Zeit, Kosten und Arbeitskraft einer bestimmten oder bestimmbaren natürlichen Person zugeordnet werden können« (§ 3, Absatz 6 BDSG).

Pseudonymisierung meint dagegen

> »das Ersetzen des Namens und anderer Identifikationsmerkmale durch ein Kennzeichen zu dem Zweck, die Bestimmung des Betroffenen auszuschließen oder wesentlich zu erschweren« (§ 3, Absatz 6a BDSG).

Dass für den Schutz der Interviewpartner_innen in der Regel eine Anonymisierung nötig ist, die es erfordert neben dem Namen auch weitere Angaben wie Alter, Orte, Namen von Einrichtungen oder genannten Personen zu verändern, wurde in der Arbeit bereits dargelegt. Diese Anonymisierung hat so zu erfolgen, dass »das Risiko der Bestimmbarkeit ausreichend gemindert worden ist« (Helfferich, 2011, S. 191). Diese Fragen sind für die qualitative Forschung von besonderer Bedeutung, da diese sich nicht auf große repräsentative Umfragen, sondern auf die Auswertung einzelner Fälle oder Institutionen bezieht und in überschaubaren Forschungsfeldern agiert. Dadurch kann es trotz sorgfältiger Anonymisierungsbemühungen zu ethisch problematischen Situationen kommen (vgl. Hopf, 2017, S. 591). In diesem Kontext steht auch die Überlegung, dass qualitative Forschung in der Regel Kontakte in das Feld herstellt und Erhebungen, zum Beispiel durch Gatekeeper_innen, zustande kommen. Diese kennen, und das ist in dieser Arbeit im Falle von Einrichtungen der Jugendhilfe und den Jugendlichen der Fall, die Orte, an denen die Forschung stattfindet, und die beforschten Personen unter Umständen sehr gut. Sie sind aufgrund ihrer professionellen Tätigkeit eventuell auch intensiv mit Themen beschäftigt, die das Forschungsinteresse betreffen, und kennen persönliche Details aus der Lebensgeschichte der befragten Personen.[73] Das heißt, dass trotz vorgenommener Anonymisierung aufgrund der Informationen in zitierten Erzählungen oder Zusammenfassungen ein Rückschluss auf die realen Personen möglich sein kann. Zu den Daten, die einer Anonymisierung unterzogen werden müssen, zählen daher nicht nur personenbezogene und

73 Speziell ist hier der Schutz des beforschten Feldes (sowohl der beforschten Personen als auch der Gatekeeper_innen und der Einrichtungen) zu reflektieren, insbesondere falls sich die beforschten Personen noch in den Einrichtungen befinden oder diese weiterhin besuchen, an denen die Forschung stattfand und/oder noch Kontakt zu den Gatekeeper_innen haben und sich daraus Nachteile ergeben könnten. In diesen Fällen sollte trotz Anonymisierung von einer Publikation sensibler Daten abgesehen werden bzw. muss eine ausreichende Glättung vorgenommen werden. Es ist nicht gänzlich auszuschließen, dass Gatekeeper_innen beforschte Personen trotz Anonymisierung der publizierten Daten

direkt zuordenbare Daten, sondern auch spezifische Kontextinformationen (vgl. Kretzer, 2013, S. 5). Dabei sind Informationen in Bezug auf bestimmte Lebensbereiche oder Einstellungen als besonders sensible Daten zu betrachten. Dazu gehört das Sexualleben von Menschen (ebd., S. 6). Forschungsethisch schließt der Schutz der beforschten Personen nicht nur die Anonymisierung ein, sondern ebenfalls ist bei der Veröffentlichung der Daten darauf zu achten, dass sich Personen durch die Form der Veröffentlichung nicht beschämt fühlen, diese nicht als schädigend empfinden und dass daraus keine reellen Nachteile entstehen (vgl. Helfferich, 2011, S. 191). Die Diskussion, die an dieser Stelle erfolgt, bezieht sich nicht weiter auf die datenschutzrechtlichen Erfordernisse, sondern auf die Frage der angemessenen Pseudonymisierung. Hier stellt sich für Forschende die Frage: Welche Pseudonyme werden den interviewten Personen unter Beachtung forschungsethischer Grundsätze im Kontext des Forschungsinteresses und der angewendeten Methode gerecht und wie wirkt sich dies auf den Forschungsprozess aus?

Für die Pseudonymisierung können verschiedene Möglichkeiten genutzt werden. Dies kann, grob unterteilt, die Ersetzung des Klarnamens durch einen Code sein, der zum Beispiel aus einer Buchstaben-Zahlen-Kombination besteht, oder die Ersetzung durch einen Aliasnamen oder einen sogenannten Nicknamen als Pseudonym. Diese können die Forschenden einsetzen oder sie können den beforschten Personen anbieten, sich selbst einen Namen zu wählen (vgl. Lochner, 2017). Barbara Lochner wirft in ihrem Aufsatz »Kevin kann einfach auch nicht Paul heißen« die Problematik auf, dass die Anonymisierungen meist intuitiv erfolgen und dabei datenschutzrechtliche und forschungsethische Fragen berücksichtigt werden, aber kaum reflektiert wird, dass es sich hierbei auch um eine methodologische Entscheidung handelt, die Konsequenzen auf den Forschungsprozess haben kann (ebd., S. 283). Lochner bezieht dies auf die Bedeutung von Namen als Informationsträger und deren Wirkmächtigkeit

aufgrund ihres spezifischen Feldwissens identifizieren können. Die in dieser Arbeit interviewten Jugendlichen haben bis zur Veröffentlichung der Forschungsergebnisse alle die Volljährigkeit erreicht bzw. befinden sich schon im jungen volljährigen Erwachsenenalter, was Kontakte und insbesondere Abhängigkeitsverhältnisse zu den von ihnen zum Zeitpunkt des Interviews genutzten Jugendhilfeeinrichtungen minimiert oder ausschließt. Für die Beschäftigten der Jugendhilfe gelten zudem ebenfalls der für ihre Profession verbindliche gesetzliche Datenschutz (§ 61 SGB VIII) und die strafrechtlich relevante Schweigepflicht für ihre Berufsgruppe (§ 203 Abs. 1 StGB) gegenüber den Jugendlichen als Adressat_innen.

(ebd., S. 286). Dies könne dazu führen, dass allein aufgrund des Namens, ohne weiteres Kontextwissen zu den Personen, generalisierende Zuschreibungen erfolgen – insbesondere dann, wenn diese Namen mit bestimmten gesellschaftlich verbreiteten Vorurteilen und mit Zuschreibungen zu einem spezifischen sozialen Kontext verbunden sind (ebd., S. 286f.). Für Forschungsprozesse bedeutet dies, dass durch die Namenswahl bei der Pseudonymisierung fallunabhängige Assoziationen bei der forschenden Person hervorgerufen werden können (ebd., S. 287).

In Bezug auf die Veränderung des Klarnamens bedeutet dies andererseits auch, dass damit unter Umständen Informationen verloren gehen, die für die Interpretationen oder Rekonstruktionen von Bedeutung sein könnten. Lochner führt an, dass einige Vertreter_innen der rekonstruktiven Sozialforschung dafür plädieren, auf eine Anonymisierung während der Auswertung zu verzichten bzw. diese nur soweit vorzunehmen, dass die Bedeutung und die Bezüge erhalten bleiben (ebd.). Dies kollidiert mit Forderungen, die Anonymisierung so bald wie möglich vorzunehmen und der Gewährleistung des Datenschutzes (vgl. Hopf, 2017). Eine Möglichkeit, die sich hier bietet, ist die Verwendung von Pseudonymen, die eine bedeutungsähnliche Veränderung darstellen (vgl. Lochner, 2017, S. 288). In Bezug auf den Titel ihres Aufsatzes und die Frage, wie mit dem Namen Kevin in Forschungskontexten umgegangen werden könnte, wäre unter dieser Perspektive der Name Justin eine Möglichkeit der Pseudonymisierung. In Bezug auf die Bedeutungsähnlichkeit, so zeigt eine Studie, sind Kevin und Justin Namen, die mit ähnlichen sozialen Eigenschaften und Zuschreibungen verbunden sind. Dieser Sichtweise stehen Überlegungen entgegen, die davon ausgehen, dass ein Fall als die Analyse objektiver Daten zu betrachten ist und die Anonymisierung dazu beiträgt, keine vorschnellen, durch subjektive Assoziationen in Bezug auf die Bedeutung des Namens zustande kommenden Schlüsse vorzunehmen (ebd., S. 289). Dies könnte durch eine vollständige Codierung erreicht werden. Lochner führt in ihrem Beispiel an, aus Kevin könnte K1 werden. Dies würde Hypothesen in Bezug auf den Namen ausschließen und relevant sei nur das, was in den Daten analysiert werden könne. Allerding kann es je nach Forschungsinteresse durchaus von Bedeutung sein, welche Namen und wie Namen im Feld verwendet werden (ebd., S. 290f.). Als eine Alternative zu einer vollständigen Anonymisierung kann eine gemäßigte Neutralisierung vorgenommen werden, mit der Zuschreibungen aufgehoben und Informationen erhalten werden können. Wenn Kevin, so Lochner, zum Beispiel zu Paul wird, wird die oben genannte Zuschreibung des Namens Kevin zu einem sozialen Kontext aufgehoben, aber es bleiben bestimmte Kontexte, wie die geschlechtliche Zuschreibung erhalten (ebd., S. 291).

Eine Beteiligung der beforschten Personen an der Namenswahl ist eine weitere Alternative und kann erfolgen, indem diesen angeboten wird, ihren Namen bzw. ihr Pseudonym selber zu wählen. Dadurch bekommen sie einen Einfluss auf die Frage, wie anonymisiert wird (ebd., S. 292f.). Diese Variante unterscheidet sich deutlich von den bisherigen Überlegungen. Die Forschenden haben keinen Einfluss auf die Namenswahl. Bei Personen, die nicht selbst forschen, kann angenommen werden, dass diese keine Überlegungen in Bezug auf die Auswirkungen einer Namenswahl für den Forschungsprozess vornehmen (ebd., S. 292). Forschungsethisch scheint die Anonymisierung damit ausreichend gewährleistet zu sein. Es könnte jedoch dazu kommen, dass Personen trotz Hinweis Nicknamen verwenden, die sie auch in ihrer Peergroup oder in sozialen Medien benutzen. In diesem Fall wäre eine nachträgliche Schädigung nicht auszuschließen. Ebenso kann es dazu kommen, dass beforschte Personen aufgrund der Kenntnis ihres Pseudonyms selbst die Anonymisierung bei einer Veröffentlichung aufheben (ebd.). Dies ist mit Blick auf Kinder und Jugendliche und deren »entwicklungsbedingt höhere Schutzbedürftigkeit« zu reflektieren (ebd., S. 292).

Abschließend kann zu den unterschiedlichen Varianten zusammengefasst werden, dass bis auf die Variante aus methodologischen Überlegungen während der Auswertung keine Anonymisierung vorzunehmen, was rechtlich mit Blick auf die Gewährleistung des Datenschutzes und forschungsethisch mit dem Gebot der Nichtschädigung kritisch zu sehen ist, keine generelle Norm in Bezug auf die anderen Varianten benannt werden kann. Vielmehr ist die Wahl abhängig vom Untersuchungsanliegen und jeweils spezifisch zu prüfen (ebd., S. 293).

4.4.6 Reflexion zum Unbehagen im Umgang mit Fragen der Anonymisierung und Pseudonymisierung

Bei den für diese Arbeit durchgeführten Interviews fiel die Entscheidung auf die Variante, den Jugendlichen die Möglichkeit zu geben, selbst einen Namen für sich zu wählen. Dies erfolgte aus den oben beschriebenen Gründen der Beteiligung. Die Idee dazu war, dass Jugendliche als Expert_innen ihrer Lebenswelt einen Teil ihrer Lebensgeschichte berichten und dies im Zusammenhang mit einem sensiblen und intimen Thema. Die Möglichkeit, einen selbstgewählten Nicknamen zu erhalten, sollte verdeutlichen, dass ich ihre Person und ihre Lebensgeschichte respektiere und ernst nehme. Dies sollte durch die eigene Codierung des Interviews mit einem selbstgewählten Pseudonym unterstrichen werden. Methodologisch schien mir diese Variante geeignet. Die GTM mit ihren induktiven Codierverfahren, bei der sich Interpretationen des Materials erst anschließen, nachdem aus dem Material Zusammenhänge zwischen den Kategorien entwickelt werden, wird hier, mit dem Blick auf nötige Selbstreflexivität, als geeignetes Verfahren betrachtet. Für den Codierprozess scheint die Wahl der Anonymisierung, so die Erfahrung in dieser Arbeit, hinsichtlich ihrer assoziativen Wirkung nicht von Bedeutung. Allerdings sind die Bezeichnungen der Codes und Kategorien, deren hergestellte Beziehungen und die Interpretationen in diesem Zusammenhang zu reflektieren.

Diese Vorgehensweise, die mit der Annahme verbunden war, dies sei forschungsethisch, datenschutzrechtlich und auch in Grenzen partizipativ die angemessenste Möglichkeit der Pseudonymisierung des Klarnamens, führte zu unterschiedlichen Fragen im Forschungsprozess. Die erste Person, die interviewt wurde, wählte einen Nicknamen der gesellschaftlich mit negativen Zuschreibungen versehen ist und, wie Barbara Lochner (2017) anmerkt, zu Assoziationen führen kann, die die Auswertung beeinflussen könnten (ebd., S. 286ff.). Die Frage, die sich hier stellt, ist vor allem forschungsethisch in zwei Perspektiven zu reflektieren. Soll die Wahl des Namens, die mit der Zusicherung verbunden ist, dass damit das Interview codiert wird, beibehalten werden oder nicht? Aus der einen Perspektive – der der Beteiligung, des Respekts und der Einhaltung einer Zusicherung – kann argumentiert werden, dass dies geboten und die Wahl zu respektieren ist. Aus einer anderen Perspektive – der der Frage des Schutzes der Persönlichkeit und einer Nichtschädigung, deren Verpflichtung auch in die Zukunft gerichtet ist, und der des besonderen Schutzaspekts bei Jugendlichen – ist dies nicht mehr eindeutig. Es muss angenommen werden, dass Kinder und Jugendliche auch Namen wählen, deren gesellschaftliche Bedeutung, zum Beispiel hinsichtlich Stigmatisierungen, ihnen unter Umständen nicht bewusst ist bzw. dass sie mit dieser Kenntnis einen anderen Namen gewählt hätten. Das könnte dazu führen, dass sie ihre Wahl später bereuen. In diesem Kontext kommt Forschenden eine besondere Verantwortung zu. Im ersten Moment entschloss ich mich hier an die erste Überlegung anzuschließen.

Die Bedeutung des Namens und mögliche Assoziationen wurden dadurch relativiert, dass es eine Ebene des persönlichen Kennenlernens gab. Dies führt in der Regel dazu, dass Personen aufgrund ihrer real erlebten Eigenschaften betrachtet werden und nicht aufgrund von Assoziationen in Hinblick auf Namenszuschreibungen (vgl. Lochner, 2017, S. 287). Hinsichtlich der Auswertung des Interviews stellte sich der Name für mich als unbedeutend dar. Doch zeigten die Vorstellung und Diskussion von Datenmaterial in den Promotionskolloquien, dass es hier regelmäßig zu Irritationen und Diskussionen kam und Assoziationen erfolgten. Daran schlossen sich Überlegungen an, dass der Jugendliche den Namen möglicherweise auch in anderen Kontexten nutzt, was seine Anonymität gefährden könnte. Dies führte letztlich zu dem Entschluss, der mit einem Unbehagen in Bezug auf die selbstbestimmte Wahl des Jugendlichen verbunden ist, den Namen zu ändern und nicht den von dem Jugendlichen selbstgewählten Nicknamen beizubehalten.

Hinsichtlich der angeführten Variante der (Selbst-)Pseudonymisierung stellte sich die Annahme, dass Jugendliche diese Variante gerne nutzen würden, ab dem zweiten Interview als nicht haltbar heraus. Keine weitere Person, die interviewt wurde, wollte diese Möglichkeit nutzen. Für diesen Fall wurde bereits vorab eine Liste mit Unisex-Namen angelegt.[74] Die Sicht des Autors ist, dass, wie oben erwähnt, der gewählte Name oder Code keine Auswirkungen auf den Codierprozess und in dieser Arbeit auch nicht auf den weiteren Auswertungsprozess hat. Diese Sicht ist nur möglich, weil ich im Rahmen dieser Arbeit allein gearbeitet und alle interviewten Personen selbst interviewt habe. Es besteht eine Ebene des persönlichen Kennenlernens und somit ist die Möglichkeit der alleinigen oder zu dominanten Assoziation aufgrund eines Namens und deren Wirkungen auf die Ergebnisse sehr minimiert.

Als Pseudonyme wurden nur Vornamen gewählt. Alle Jugendlichen hatten sich für eine persönliche Ansprache *per du* entschieden und nicht für die förmliche Form *per Sie*. Die Verwendung von Vornamen ist dahingehend zu reflektieren, da in der Forschung mit Kindern und Jugendlichen diese Pseudonymisierung sehr schnell vorausgesetzt wird und damit das Selbstbestimmungsrecht übergangen werden kann.

In den Promotionskolloquien zeigten sich auch bezüglich der verwendeten Unisex-Namen Irritationen und Assoziationen bei den Teil-

74 Vgl. zu in Deutschland verwendeten Unisex-Namen: www.beliebte-vornamen.de.

nehmer_innen.[75] Diese bezogen sich einerseits auf das Geschlecht und andererseits, wenn auch sehr begrenzt, auf Assoziationen zu einem verwendeten Namen im Kontext sozialer Zuschreibungen. In diesem Kontext wurde die Verwendung von Zahlen- und/oder Buchstabencodes diskutiert, da diese den Namen ersetzen und als Information unbrauchbar machen (vgl. Lochner, 2017, S. 290). Von dieser Möglichkeit sehe ich ab. Diese Überlegung erscheint mir bezüglich der Wirkung von Assoziationen auf die Auswertung als eine schlüssige Alternative, wenn in einem Team ausgewertet wird. In dieser Arbeit wurden die Auswertungsarbeit und ebenso alle Interviews von mir allein durchgeführt. Dadurch ist spezifisches Kontextwissen zu den Personen vorhanden und ihre Klarnamen sind bekannt. Die Annahme, durch eine Buchstaben-Zahlen-Codierung könnte die Interpretation objektiver werden, lässt sich in diesem Fall nicht halten. Damit würde unterschlagen, dass gesprächsexternes Kontextwissen besteht und die Interpretation beeinflussen kann (ebd., S. 291).

Die Verwendung eines Unisex-Namens kann, da dieser Name für alle Geschlechter gilt, im ersten Moment bei Leser_innen zu der Frage führen, welches Geschlecht die Interviewperson hat.[76] In dieser Arbeit ist jedoch für die Leser_innen an den Stellen der Interviewzusammenfassungen und Interpretationen durch Verwendung von Pronomen eindeutig erkennbar, welchem Geschlecht sich die Jugendlichen zugeordnet haben. Es erfolgt daher keine Verfälschung oder Verfremdung der geschlechtlichen Zuordnung der Jugendlichen. Die Verwendung eines Unisex-Namens ist jedoch im kulturellen Kontext zu sehen. Die hier verwendeten Namen sind derzeit als Unisex-Namen in Deutschland in Gebrauch und rechtlich zugelassen.[77] Das heißt, es kann in anderen Ländern eine eindeutige geschlechtliche Zuordnung eines hier verwendeten Namens kulturell und/oder rechtlich möglich sein. Ebenso ist es möglich, dass die verwendeten Namen – das kann aufgrund ihrer Unisex-Nutzung, aber auch aufgrund anderer Zuschreibungen der Fall sein – bei Leser_innen der Arbeit zu Assoziationen führen. Dies kann auch dadurch geschehen, dass Zuschreibungen regional

75 Dies scheint auf der speziellen Entwicklung in Deutschland zu beruhen, dass in der Regel traditionelle Jungennamen eine höhere Akzeptanz als Unisex-Name erfahren als traditionelle Mädchennamen (vgl. Schmuck, 2018).

76 Vgl. zum Zusammenhang von Namen und Geschlecht den Band von Nübling und Hirschauer (2018).

77 Vgl. zur Definition von Unisex-Namen und zur rechtlichen Regelung: Schmuck (2018).

oder schichtspezifisch begrenzt sind oder sich zeitlich verändern. Ich habe als Autor versucht, die Wirkung eigener Assoziationen aufgrund der verwendeten Namen auf die Ergebnisse und ebenso eine Beschämung der interviewten Personen aufgrund negativer gesellschaftlicher Zuschreibungen bei Namen durch möglichst umfangreiche Reflexion und Sorgfalt auszuschließen. Auch wenn die Anonymisierung und die verwendeten Pseudonyme datenschutzrechtlich, forschungsethisch und mit Blick auf deren Wirkung auf den Forschungsprozess abgewogen wurden, bleibt ein diffuses Gefühl, ein gewisses Unbehagen, beim Autor bestehen. Möglicherweise ist dieses Unbehagen etwas, womit Forschende umgehen müssen und was sie aushalten müssen, wenn sie sich bei der Anonymisierung bzw. Pseudonymisierung für Namen und nicht für andere Codes entscheiden. Das Wichtige an einem verspürten Unbehagen scheint zu sein, dass es Forschende anregen kann, die verwendeten Pseudonyme oder Codes gründlich aus den verschiedenen Perspektiven des Datenschutzes, der Forschungsethik, der Partizipation und der methodischen Wirkungen zu reflektieren. In diesem Sinne könnte es sogar nötig sein, dieses Unbehagen zu initiieren, um dadurch den Grad der Reflexivität zu erhöhen.

4.5 Zusammenfassung

In diesem Kapitel wurde das methodische Vorgehen beschrieben und an ausgewählten Beispielen reflektiert. Die Beschreibung und die Reflexion erfolgten für Punkte, die für die Einordnung und die Nachvollziehbarkeit des Vorgehens sowie aus forschungsethischer Sicht als zentral betrachtet werden. Anhand der Einordnung in die GTM wurde das Auswertungsverfahren beschrieben und die selbstreflexive Herangehensweise als ein wichtiger Teil des Forschungsprozesses begründet. Nach Anselm Strauss besteht eine intensive Wechselwirkung zwischen der forschenden Person und ihrer Arbeit und die Erfahrungen, die Forschende im Forschungsprozess machen, beeinflussen diese intensiv (Strauss, 1994, S. 35). Dies erfordert eine selbstreflexive Herangehensweise an die Arbeit (ebd., S. 34). Eine angemessene Darstellung des Vorgehens ergab sich auch aus dem Umstand, dass es mehrere Varianten der GTM und verschiedene Techniken der Auswertung gibt. Ein grundlegendes Prinzip der GTM ist, dass es keine starre Verbindlichkeit in Bezug auf den Ablauf und die einzusetzenden Techniken gibt. Strauss spricht von Leitlinien und Faustregeln und betont, diese seien keine Vorschriften, die als starre Regeln zu verstehen sind (ebd., S. 32). Diesem Prinzip schließen sich auch Autor_innen an, die die GTM weiterentwickelten (vgl. Breuer & Muckel, 2016, S. 78). Da die Vorgehensweisen in Grounded-Theory-Studien daher sehr unterschiedlich und durch sehr individuelle Entscheidungen geprägt sein können, ergibt sich die Notwendigkeit einer gründlichen Beschreibung des Forschungsprozesses. Um die Nachvollziehbarkeit des Zustandekommens der Ergebnisse zu gewährleisten, wurde das theoretisch vorgestellte Vorgehen der Auswertung exemplarisch anhand von Datenmaterial dargestellt und so wurden erste Ergebnisse der Arbeit beschrieben.

Teil IV

5 Ergebnisse der empirischen Untersuchung: Die Bedeutung von Vertrauenskonzepten Jugendlicher für das Sprechen über Sexualität

Im Folgenden werden in Kapitel 5 der Arbeit die empirischen Ergebnisse beschrieben. Zu Beginn erfolgt der Überblick in einem Modell, das sich an dem Codierparadigma der GTM orientiert. In diesem Modell werden die Hauptkategorien zusammengefasst dargestellt und in Beziehung gesetzt. Ausgehend von den grundsätzlichen Überlegungen zur Verwendung des Codierparadigmas (vgl. 4.3) gibt es Vorschläge zu einer freieren Handhabung und kreativen Erweiterung. Diese beruhen auf Erfahrungen, dass dem ursprünglichen Konzept Grenzen bei der Ausarbeitung der Beziehungen von Kategorien gesetzt sind. Das Codierparadigma wird als eine Möglichkeit betrachtet und kann als Basis für Überlegungen zur Bildung von Modellen dienen (vgl. Breuer et al., 2018, S. 288ff.). Diesem Überblick folgen in den weiteren Abschnitten des Kapitels Darstellungen einzelner Modellkomponenten, die sich auf die Hauptkategorien beziehen und diese weiter differenzieren. Dabei werden in den jeweiligen Abschnitten, den Abbildungen der Modellkomponenten folgend, anhand des empirischen Materials Kategorien und Codes des offenen Codierens einbezogen, um eine Darstellung und Nachvollziehbarkeit nah an den Daten vorzunehmen. Als Schlüsselkategorie der Arbeit wurde ein Vertrauenskonzept Jugendlicher analysiert, auf das in Punkt 5.4 eingegangen wird. Mit Blick auf die Bedeutung des Vertrauenskonzeptes als Schlüsselkategorie wird eine theoretische Auseinandersetzung mit Vertrauen in einem gesonderten Kapitel erfolgen (Kapitel 6). Am Ende des Kapitels 5 wird in ausgewählten zusammenfassenden Fallbeispielen aus den geführten Interviews die Prozesslogik des Modells abschließend dargestellt (vgl. Breuer et al., 2018, S. 214).

5.1 Überblick und Beschreibung zum Modell

Die Ausführungen beruhen auf den Modellkategorien und entspringen den empirischen Ergebnissen der Interviewauswertung.[78] Die gebildeten Kategorien und Codes beziehen sich sowohl auf vorgenommene Selbstpositionierungen der Jugendlichen wie auf theoretisch abgeleitete Konzepte. Das Modell gibt einen Überblick über einen individuellen Bewältigungsprozess Jugendlicher (vgl. Böhnisch, 2016, S. 146ff.). *Kommunikation über sexuelle Themen*[79] wird dabei als das zentrale Phänomen betrachtet. Als ursächliche Bedingung für dieses Phänomen wird ein *relevantes Ereignis in Bezug auf Sexualität im Kindes- und Jugendalter* angenommen. Als bedeutende Handlungs- oder Bewältigungsstrategie, nach einem relevanten Ereignis in Bezug auf Sexualität, die zu dem Phänomen der Kommunikation führt, zeigt sich ein *Vertrauenskonzept* Jugendlicher. Je nachdem, wie sich Vertrauen und Kommunikation gestalten, führt dies zu bestimmten Konsequenzen für die Jugendlichen. Der Kontext und die intervenierenden Bedingungen des Phänomens werden durch die *Lebenswelt* und den *sozialen Kontext* bestimmt. Mit diesem Ablauf können in Bezug auf die empirischen Ergebnisse Bedingungen für sexuelle Bildungsprozesse beschrieben werden (vgl. Beck & Henningsen, 2018, S. 136ff.).

Als ursächliche Bedingungen kommen Bereiche in Betracht, die ein *relevantes Ereignis in Bezug auf Sexualität im Kindes- und Jugendalter* darstellen können:

1. *die Pubertät/die Adoleszenz* als entwicklungsbedingter Faktor, die in ein kulturelles System eingebettet ist und damit zusammenhängende Fragen zu Sexualität und Partnerschaft
2. *seelische und/oder emotionale Herausforderungen*, die im Zusammenhang mit der Pubertät und der sexuellen Entwicklung entstehen (z. B. ein Coming-out)
3. *Übergriffe* und Diskriminierungen, die mit Sexualität in einem Zusammenhang stehen (z. B. sexualisierte Gewalt)

In allen Interviews zeigt sich zudem, dass die Frage der weiteren schulischen und beruflichen Entwicklung für die Jugendlichen zum Zeitpunkt

78 Vgl. zu einer Zusammenfassung der geführten Interviews 4.2.5.

79 Die kursiv gesetzten Begriffe beziehen sich in diesem Abschnitt auf die Modellkomponenten und Kategorien in der nachfolgenden Modelldarstellung.

des Interviews eine hohe Relevanz hat. Die Jugendlichen befinden sich in einer wichtigen biografischen Übergangsphase. Diese Faktoren, (die sich nicht unbedingt direkt, aber indirekt auf die Sexualität der Jugendlichen auswirken können, da sie zum Beispiel im Zusammenhang mit der Entwicklung von Identität stehen), wurden als *Erfahrungsraum Jugend* zusammengefasst. Bei den Jugendlichen ist aufgrund dieser Situation eine besondere *Vulnerabilität* vorhanden, die sich in unterschiedlicher Dimension zeigt. Diese Ereignisse führen zu einem individuellen *Bedarf* bei den Jugendlichen nach Kommunikation in Bezug auf die Bewältigung dieser Herausforderungen.

Die Jugendlichen befinden sich in einem Bewältigungsprozess, in dem sie verschiedene (Handlungs-)Strategien anwenden. Dieser Prozess ist durch bestimmte zeitliche und persönliche Dimensionen gekennzeichnet und wird von diesen beeinflusst. Als zentrales Phänomen in diesem Prozess wurde die *Kommunikation über sexuelle Themen* festgelegt. Je nachdem, welches Ereignis (siehe oben) dazu führt, dass Jugendliche über Sexualität sprechen (dies zeigt sich als wichtigste Kommunikationsform), zeigen sich verschiedene Themen und Formen, wie Wissen über Verhütung, Gestaltung des Coming-out, Unterstützung in einer akuten Krise, Offenlegung eines sexuellen Missbrauchs.

Eine erste Konsequenz ist, dass es zu einer Interaktion mit Personen aus ihrer *Lebenswelt bzw. dem sozialen Kontext* kommt.[80] *Die Lebenswelt* stellt sowohl eine Ressource als auch ein Risiko in Bezug auf Sexualität dar. Als zentrale Strategie bei der Kommunikation ist ein *Vertrauenskonzept* zu nennen. Die Jugendlichen kommunizieren mit Personen, denen sie entweder aufgrund von Vorerfahrungen ausreichend *Vertrauen* entgegenbringen, oder denen sie aufgrund einer bestimmten Rolle oder der Zugehörigkeit zu einer Institution einen entsprechenden *Vertrauensvorschuss* geben (z. B. Fachkräfte der Jugendhilfe oder sexualpädagogische Expert_innen). Im Falle von besonderen *Herausforderungen* oder *Übergriffen* zeigt sich, dass *Vertrauen* allein nicht (immer) ausreichend ist. Die Kategorie *verlässliche Beziehungen* integriert verschiedene Codes, die sich auf kümmern,

80 Die Medien sind Teil der Lebenswelt, da sie für die Jugendlichen sowohl Kommunikations- wie Wissensquelle zu Sexualität sind. In dieser Arbeit wird auf die Kommunikation mit Personen im nicht-digitalen Raum fokussiert. Das Forschungsinteresse bezieht sich auf sexuelle Bildung durch sozialpädagogische bzw. erzieherische Fachkräfte in der direkten Interaktion mit Jugendlichen und nicht in der Vermittlung über digitale Medien.

sorgen, intervenieren, Hilfe und Unterstützung geben, beziehen. Der Bewältigungsprozess ist zudem nicht nur von der Interaktion zwischen den Personen abhängig, sondern in hohem Maße vom sozialen Umfeld (der *Lebenswelt*) sowie den Bedingungen der *Lebenswelt* (z. B. ob die Person in einer Groß- oder Mittelstadt wohnt, ob Angebote der Jugendhilfe, wie Jugendnotdienst oder offene Jugendarbeit, verfügbar und selbstständig erreichbar sind, ob es Zugang zu Medien wie Internet, gibt, ob Personen offen für die Kommunikation sind, oder ob Fachkräfte in der Jugendhilfe dies als einen Arbeitsauftrag betrachten). In den Interviews zeigt sich die Nutzung der Jugendhilfe durch die Jugendlichen in unterschiedlichen Arbeitsfeldern. Fast alle Jugendlichen haben Erfahrungen mit offener Jugendarbeit, weitere Formen sind stationäre und ambulante Angebote der Erziehungshilfen und Streetwork. Für die Jugendlichen ergeben sich bestimmte *Konsequenzen* aus dieser Strategie des Eingehens von Vertrauensbeziehungen, der damit zusammenhängenden Interaktion und dem Verlauf der Kommunikation, hinsichtlich ihrer *Lebensperspektive, der biografischen Verortung oder ihrer sexuellen Kompetenz*. Kann also, wie in einem Interview berichtet, eine Offenlegung sexualisierter Gewalt als besondere Form des Sprechens über Sexualität erfolgen, und wie gestaltet sich eine daraus möglicherweise folgende Intervention, wie wird dieses Ereignis bewältigt, biografisch verortet, und welchen Einfluss hat erlebte sexualisierte Gewalt auf die weitere sexuelle Entwicklung?

Für die Jugendhilfe und Jugendarbeit stellt sich die Frage, wie sich Vertrauenskonzepte Jugendlicher gestalten und welche Rolle die Fachkräfte in Bezug auf Vertrauen einnehmen. Weitere Fragen, die sich anschließen sind: Wie wird mit den Bedarfen der Jugendlichen hinsichtlich Sexualität umgegangen? Wird sexuelle Bildung als Arbeitsauftrag innerhalb der sozialpädagogischen bzw. erzieherischen Tätigkeit gesehen? Wird Sexualität bzw. werden bestimmte Themenfelder tabuisiert oder bagatellisiert?

Sexuelle Bildung als *Kommunikation über sexuelle Themen* kann dabei sehr vielfältig gedacht werden. Sie kann als *geplante gruppenbezogene* sexualpädagogische Veranstaltung durchgeführt werden oder nach Ulrike Schmauch (2016) als »Nebenbei-Pädagogik« im sozialpädagogischen bzw. erzieherischen Alltag stattfinden (ebd., S. 41). Sie kann in dieser Form *spontan* und *individuell* bezogen sein, was unter anderem Kompetenzen für ein situatives Handeln erfordert. Strukturell lässt sich Bildung zudem in die drei Bereiche *formal, non-formal und informell* gliedern, wobei für Jugendhilfe und Jugendarbeit in der Regel nur die letzten zwei Formen relevant sind. In der Auswertung und der Ergebnisdarstellung sind daher die Erfahrungen der Jugendlichen, die diese mit sexueller Bildung gemacht haben, und wie sie diese für sich einordnen, von Bedeutung.

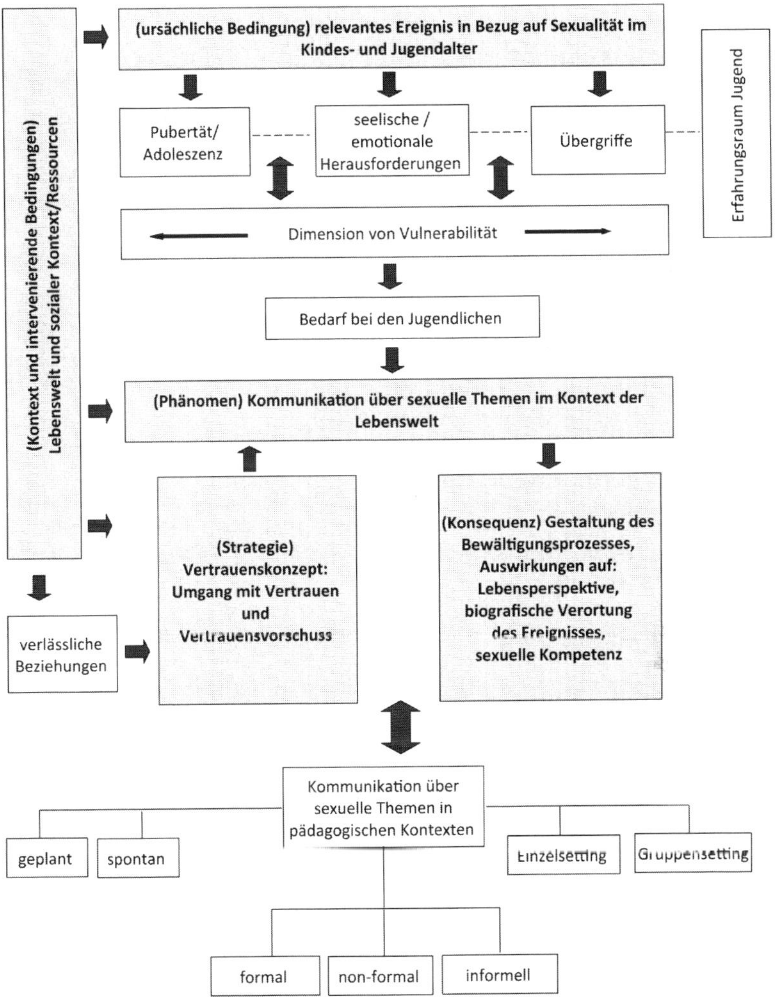

Abbildung 6: Modell – Kommunikation über sexuelle Themen auf Basis eines Vertrauenskonzeptes

5.2 Modellkomponente I: Sexualität als Herausforderung im Jugendalter

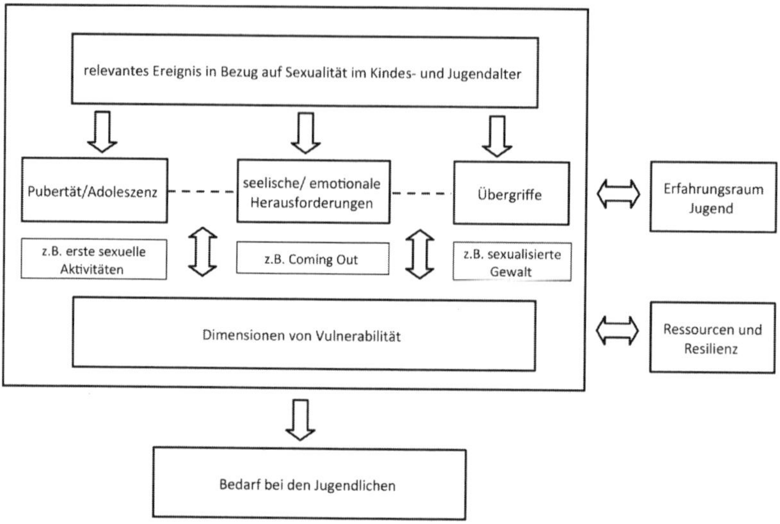

Abbildung 7: Modellkomponente I – Sexualität als Herausforderung im Jugendalter

5.2.1 Relevante Ereignisse in Bezug auf Sexualität im Kindes- und Jugendalter

In dieser Modelkomponente soll anhand der Empirie deutlich gemacht werden, dass Sexualität als eine besondere Herausforderung im Jugendalter betrachtet werden muss. Die empirischen Ergebnisse lassen sich zu weiteren wissenschaftlichen Erkenntnissen in Bezug setzen, die Sexualität als besondere Herausforderung beschreiben (vgl. BMFSFJ, 2017, S. 178, 222ff.). Als relevante Ereignisse werden in dieser Hauptkategorie Kategorien und Codes zusammengefasst, die in einem Bezug zu Sexualität stehen und bei denen eine besondere Wirkung auf die sexuelle Entwicklung der Jugendlichen erkennbar ist. Diese Einordnung bezieht sich auf Daten in den Interviews, bei denen sich eine subjektiv wahrgenommene Bedeutung für die Jugendlichen zeigt. Relevante Ereignisse lassen sich hier in drei Gruppen (Kategorien) gliedern: (1) Pubertät und Adoleszenz, (2) seelische und emotionale Herausforderungen und (3) Erfahrungen mit Übergriffen. Im Modell werden die Kategorien der Übersichtlichkeit halber getrennt dargestellt. In der Realität können diese Kategorien – wie alle anderen im Modell auch – nicht einzeln betrachtet werden, sie sind hinsichtlich ihrer Entstehung und Wirkung mit ihren Überschneidungen, Bedingtheiten und gegenseitigen Abhängigkeiten zu denken. In diesem Sinne wurde auch die Integration der Kategorie *Erfahrungsraum Jugend* vorgenommen. Bei der Auswertung zeigte sich, dass eine alleinige Fokussierung auf Ereignisse in Bezug auf Sexualität zu kurz greifen würde, um die Situation der Jugendlichen zu erfassen. Ihre sexuelle Entwicklung ist auch von Faktoren (Codes) geprägt, die der Kategorie *Erfahrungsraum Jugend* zugeordnet wurden. In den Interviews zeigt sich: Aus dieser komplexen Situation ergibt sich eine besondere Vulnerabilität, die sich in unterschiedlichen Dimensionen zeigt und zu einem Bedarf bei den Jugendlichen führen kann.

5.2.1.1 Pubertät und Adoleszenz

Die Phasen der Pubertät und der Adoleszenz markieren mit dem Erreichen der Geschlechtsreife, der zunehmenden Gewissheit über die sexuelle Orientierung, sexuellen Erfahrungen und einer zunehmenden sozialen Verselbstständigung einen qualitativen Wandel in Bezug auf das sexuelle Lernen der Jugendlichen (vgl. Beck & Henningsen, 2018, S. 136). In den Interviews zeigt sich ein Interesse an Wissen zu Sexualität in der Jugendzeit. Die Jugendlichen beschreiben in diesem Zusammenhang verschiedene Quellen, die sie nutzen, um an dieses Wissen zu gelangen.

Bedürfnis nach Aufklärung: »mich da schlau gemacht«

> »B: Na in der dritten Klasse haben sie uns das auch so hier mit Bienchen und Blümchen erklärt. Da konnte man halt nicht so die Begriffe noch so richtig erklären und alles. In der Siebenten haben wir das eigentlich auch nur angeschnitten weil wir unsere Jungs noch so richtig unreif waren und bei jedem Wort gelacht haben. Und ich hab dann halt trotzdem so Stichpunkte aufgeschrieben hab das dann halt im Internet recherchiert mich da schlau gemacht« (Dominique_107).

Dominique berichtet von ihren Erfahrungen mit Sexualaufklärung im schulischen Kontext. Beide Zeitpunkte und die sexualpädagogische Umsetzung in der Schule werden ihren Bedürfnissen nicht gerecht. Ihre Erfahrung in der dritten Klasse kann als ein Versuch betrachtet werden, bei dem es nicht gelungen ist, eine angemessene Sprache zu entwickeln und Begriffe zu nutzen, die Kindern in diesem Alter Sexualität erklären. In der siebenten Klasse wurde das Thema aus Dominiques Sicht einerseits nicht ausreichend behandelt, andererseits sieht sie das Klassengefüge als Ursache dafür, dass das Thema nicht angemessen behandelt werden konnte. Ihre Formulierung »weil wir, unsere Jungs, noch so richtig unreif waren« kann so interpretiert werden, dass sie sich selbst in ihrer Entwicklung und Reife weiter sieht. Auch hier stellt sich wieder die Frage nach der sexualpädagogischen Umsetzung, also nach dem Setting und der Sprache, welche dem Bedürfnis von Dominique nach Information nicht gerecht wurden. Dominique nutzt hier ihre eigenen Kompetenzen. Dass sie Stichpunkte aufschreibt, um diese später zu recherchieren, da sie nötige Informationen nicht erhält, verdeutlicht ihren Bedarf. Die Bedeutung des Internets als Wissensquelle zu Sexualität wird hier deutlich (vgl. Bode & Heßling, 2015; BZgA, 2010a). An Dominiques Formulierung »mich da schlau gemacht« zeigt sich auch, dass sie diese Erfahrung positiv einordnet und als Bereicherung sieht. Sie präsentiert sich hier als kompetente Person, die sich sexuell reifer fühlt als andere in der Klasse und die in der Lage ist, sich selbst Wissen anzueignen und vorhandenes Wissen abzugleichen. Auch im Interview mit Helge wird die Bedeutung der Medien als Wissensquelle deutlich und es zeigt sich das Bedürfnis nach Aufklärung zu sexuellen Fragen:

> »B: In der Bravo da gab es halt auch immer halt so kleine Textteile wo so drin stand was kann ich machen damit die Frau besser kommt und so weiter und so weiter (.) und im Internet na heutzutage also gibt es jetzt im Internet eher so die meisten Tipps gibt es ja YouTube-Kanäle wo die da immer so Videos machen, wie mach ich es am besten und auch so Anfänger also Videos aber, so die ersten Grundlagen gab es natürlich in der Schule« (Helge_47).

Helge beschreibt die mediale Nutzung von Printmedien und digitalen Medien. Sein Themeninteresse ist hier sehr fokussiert auf die aktive Gestaltung der sexuellen Befriedigung, des Geschlechtsverkehrs und der Paarsexualität. Diese Themen können als sexuelle Jugendthemen eingeordnet werden, die im Zuge der Pubertät an Bedeutung gewinnen und mit dem Erlangen der Geschlechtsreife und dem steigenden Bedürfnis nach Sexualität mit anderen Personen zusammenhängen. Am Ende erwähnt Helge die Schule als Grundlagenvermittlerin. Dies kann als Bedeutungszuschreibung in einer Hierarchisierung der Wissensquellen verstanden werden. Der Schule wird von Helge eine Grundlagenkompetenz zugesprochen. Das dort erworbene Basiswissen erweitert er, um seinem Bedürfnis nach Aufklärung nachzukommen, wie Dominique, durch die Nutzung medialer Wissensquellen, wobei er das Internet als reichhaltigste Quelle betrachtet. Im Interview mit Dominique wird auch deutlich, dass die Schule ihrem Bedürfnis nach Aufklärung nicht nachkommen kann, aber Themen eingebracht werden, die Dominique anschließend durch Nutzung des Internets weiterbearbeitet.

Die Nutzung medialer Angebote ist für die Jugendlichen eine sehr wichtige Komponente beim Wissenserwerb zu Sexualität. Diese Wissensquelle und das dort erlangte Wissen werden mit anderem Wissen kombiniert, zum Beispiel dem Wissen, das in der Schule erlangt wurde. Die Jugendlichen nutzen, in Abhängigkeit der zur Verfügung stehenden Möglichkeiten, auch andere Wissensquellen, wie in den beiden folgenden Zitaten deutlich wird.

> »B: Also eigentlich das meiste von Eltern. Weil ich sie halt immer mal gefragt habe weil ich es halt wissen wollte weil es halt relativ interessant ist und halt relativ viele Sachen gibt halt« (Mika_45–46).

> »B: Ich auch/hier [im OFT], kann ich mit jedem drüber sprechen wir hatten auch schon Praktikanten mit denen ich darüber einfach gesprochen hab weil es halt immer interessant ist von/auch mit anderen drüber zu sprechen« (Tomke_102).

In den Interviews wird deutlich, dass es ein starkes Interesse an sexuellen Themen und ein generelles Bedürfnis nach Aufklärung im Jugendalter gibt und die Jugendlichen verschiedene Quellen nutzen. Das Wissen, das sie in den unterschiedlichen Quellen erhalten, verknüpfen sie und gleichen es ab. Dabei sind sie von den Gegebenheiten ihres sozialen und ökonomischen Kontextes abhängig. Dies verweist auch darauf, dass ihr sexuelles Lernen in einem Prozess stattfindet, der von den Bildungsmöglichkeiten und Wissensquellen in ihrer Lebenswelt abhängt, sich in einer Wechselwirkung dieser gestaltet und in einen zeitlichen Kontext eingebettet ist.

Sexuelles Lernen findet als ein selbstaktiver Bildungsprozess statt, in den die Erfahrungen der Jugendlichen einfließen (vgl. Beck & Henningsen, 2018, S. 136ff.). Dabei differenzieren Mirja Beck und Anja Henningsen zwischen sexuellem Lernen und sexueller Bildung folgendermaßen: Während »sich sexuelle Lernprozesse innerhalb eines sexualmoralischen Orientierungsrahmens bewegen«, ermöglicht sexuelle Bildung »eine kritische Auseinandersetzung mit vorherrschenden Normalitäten und eine freie Selbstpositionierung« (ebd., S. 137). Sowohl Mika wie Tomke präsentieren sich hier selbst als aktive Personen, die interessiert sind und auf andere zugehen. Bei Tomke wird deutlich, dass sie hier auch Möglichkeiten außerhalb der Familie in der Jugendarbeit nutzt, um ihr Wissen anzureichern, und die Jugendarbeit hier Möglichkeiten bietet. Mit der Betonung, dass hier auch Praktikant_innen infrage kommen, verweist Tomke darauf, dass es bei der Kommunikation nicht nur um (Fach-)Wissen geht, sondern persönliche Faktoren wie Alter und Geschlecht bei den Gesprächspartner_innen eine wichtige Rolle spielen könnten (vgl. 5.4.4; Mantey, 2018). In Bezug auf die oben angeführte Differenzierung zwischen sexuellem Lernen und sexueller Bildung kann Tomkes Schilderung eher einer sexuellen Bildung zugeordnet werden, da durch die Erweiterung der Kommunikationsmöglichkeiten eine kritische Auseinandersetzung unterstützt werden kann. Mikas Aussage, das meiste von den Eltern zu erfahren, lässt sich hingegen im Bereich des sexuellen Lernens im Rahmen des familiären sexualmoralischen Orientierungsrahmens verorten. Dass Mika sich im familiären Orientierungsrahmen bewegt, sich sehr stark daran orientiert und diesem nicht kritisch gegenübersteht bzw. seine jugendliche Entwicklung zu einer gemäßigten Abnabelung führt, zeigt sich auch in anderen Bereichen, wie bei der Bewältigung des Übergangs von der Schule in eine Ausbildung. Dieser wird von der Familie organisiert und Mika fügt sich in die vorgegebene Lösungsstrategie ein.

Sexuelle Exploration: »wichtig seine Bildung zu finden«

> »B: Also über manche Dinge hab ich mich belesen und so jetzt mal mit Freunden oder so mal Einige mal hier und da mal einen Film angeguckt darüber und eigentlich Internet ist jetzt für mich weniger wichtig, wie jetzt das/es selber zu erfahren und selber Erfahrungen darüber zu machen und halt es ist halt nicht so wichtig wie das von Andren zu hören wie das halt ist« (Jona_55).

Jona beschreibt weitere Möglichkeiten des Erwerbs von Wissen zu Sexualität. Der Erwerb von Wissen durch die Medien steht auch im Zusammenhang mit der Peergroup, indem Medieninhalte gemeinsam angeschaut werden. Wichtig sind ihr auch, Gespräche in der Peergroup zu führen und von den Peers zu lernen. Für Jona ist die eigene Erfahrung eine weitere wichtige Wissensquelle. Damit erfolgt eine Selbstpositionierung bezüglich des Wissenserwerbs. Jona schätzt sich selbst als kompetent genug ein zu entscheiden, was ihr wichtig ist und dass sie auch in der Lage ist, sich selbst zu informieren und unterschiedliche Quellen zu nutzen. Eine wichtige Möglichkeit ist für sie das Erfahrungslernen in der Peergroup. Chris berichtet im Interview von seiner Einstellung und seinen Erfahrungen bezüglich des Erwerbs von Wissen und benennt ebenfalls die Bedeutung des Erfahrungslernens.

> »B: Also man tut man man tut ja wenn man Jugendlicher ist ist viel explod/experte/experimentieren
> I: Ja.
> B: (1 Wort unv.) mit andren Menschen also mit mit Mädchen zum Beispiel.
> I: Ja.
> B: Man probiert andere Sachen so aus und ich meine in im Leben ist es wichtig seine Bildung zu finden und sich selber da auszuprobieren und ja/« (Chris_162–166).

Und in einem weiteren Abschnitt ergänzt Chris zum Wissenserwerb zu Sexualität im schulischen Kontext:

> »B: das Wichtigste was man eigentlich braucht und ich meine das Andre was du dann mit jemandem machst dann das ist dann einfach alles nur ausprobieren und und selber Wissenschaft bekommen« (Chris_200).

Für Chris nimmt neben dem theoretischen Wissenserwerb das praktische Erfahrungslernen einen zentralen Platz ein. Er nimmt damit ebenfalls eine klare Selbstpositionierung vor und beschreibt sich hier als aktives und handelndes Subjekt. In Bezug auf Sexualität ist für ihn das Experimentieren und Ausprobieren mit anderen Personen von großer Bedeutung. Deutlich wird damit auch, dass Chris Sexualität als etwas sehr Persönliches verortet, was nicht allein durch andere vermittelt werden kann und durch aktive Beteiligung entdeckt werden muss. Es geht ihm darum, durch die Exploration seine Bildung und Wissenschaft, wie er beschreibt, zu erlangen. In diesem

Sinne kann das Verhalten von Chris als ein Erforschen der eigenen Sexualität verstanden werden, um »selber Wissenschaft« zu bekommen und etwas Neues (seine Sexualität) zu entdecken. Es zeigt sich als eine Form sexuellen Lernens in einem selbstaktiven Bildungsprozess (vgl. Beck & Henningsen, 2018, S. 136). Chris präsentiert sich hier selbst als Experte für sexuelle Bildung.

In den oben angeführten Zitaten von Helge und Chris zeigt sich, im Zusammenhang mit einem generellen Bedürfnis nach einer Aufklärung, dass auch spezielle Themen für sie in diesem Zusammenhang von Interesse sind. Bei beiden geht es um Wissen und die Gestaltung von Paarsexualität. Bei Helge zeigt sich eine Tendenz zum Lernen am Modell, indem er Videos im Internet nutzt. Chris lernt durch eigene Erfahrung, indem er sich aktiv ausprobiert. Einige der zentralen sexuellen Themen, die im Zusammenhang mit der Pubertät für die Jugendlichen von Bedeutung sind, werden im Folgenden dargestellt.

Erster Sex: »ich, glaub ich Angst davor hab«

> »B: Ja und zwar meine Ex-Freundin wollte halt mit mir in dem Moment mal schlafen und da habe ich mir halt so erst mal meine Gedanken gemacht ob ich das überhaupt möchte« (Mika_52).

Bei Mika ist ebenfalls die Gestaltung der Paarsexualität zentral. Bei ihm geht es nicht um Wissen oder die Exploration, sondern um die Frage, ob er diese in diesem Moment möchte. Seine Selbstpräsentation bezieht sich hier auf eine für ihn wichtige Auseinandersetzung mit den eigenen Wünschen und Bedürfnissen bezüglich Sexualität und der Kompetenz diesbezüglich selbstbestimmte Entscheidungen zu treffen. Bei Mika steht in diesem Kontext, dass er im Interview berichtet, dass es um den ersten Geschlechtsverkehr geht und er sich als weniger sexuell erfahren sieht als seine Freundin. Letzteres gibt er als Grund an, warum es ihm schwergefallen ist, mit ihr darüber zu sprechen. Bei Mika wird die Einstellung deutlich, dass Geschlechtsverkehr gewollt sein muss und er sich nicht drängen lassen möchte. Es zeigt sich im Interview auch der Druck, den er als männliche Person in diesem Kontext verspürt, vermeintlich sexuell erfahren sein und aktiv werden zu müssen. Im Vergleich schätzt er sich als weniger erfahren ein als seine Freundin und ist sich im Unklaren, ob er mit ihr schlafen möchte. An den Beispielen wird deutlich, dass das Thema der Paarsexualität und damit verbunden die Auseinandersetzung mit dem ersten Geschlechtsverkehr in die Phase der Pubertät eingebettet und sehr individuell ist und eine Auseinandersetzung der Jugendlichen damit notwendig wird.

Tomke thematisiert im Interview ihren Kinderwunsch und bringt diesen in Zusammenhang mit ihrer momentanen Auseinandersetzung mit dem Thema Geschlechtsverkehr und dem *ersten Mal*.

> »B: Ich hätte gerne Kinder es klingt doof ohne Geschlechtsverkehr zu haben weil ich glaub ich davor Angst hab, also ich weiß nicht warum aber ich/vielleicht bin ich einfach noch nicht dafür bereit gibts ja auch dass manche erst mit zwanzig Geschlechtsverkehr haben wollen« (Tomke_71).

Die Aussage kann als eine Unsicherheit und Ungewissheit in Bezug auf den ersten Geschlechtsverkehr und eine Funktionalisierung von Sexualität durch die Kopplung des Geschlechtsaktes an die Mutterschaft interpretiert werden. Für Tomke ist durch ihren Kinderwunsch die Auseinandersetzung mit dem Thema Paarsexualität unausweichlich. Sie verknüpft es im Sinne der biologischen Zeugung mit ihrem Wunsch, Kinder zu haben. Der Geschlechtsakt ist für sie als notwendige Voraussetzung, um ihren Kinderwunsch zu erfüllen, und gleichzeitig als etwas, wovor sie Angst hat, präsent. Tomke verortet den Zeitpunkt des ersten Geschlechtsverkehrs nicht in die Jugendzeit, sondern in das frühe Erwachsenenleben. Sie nimmt für sich eine inhaltliche Trennung und funktionelle Zuordnung sexueller Aktivitäten im Jugend- und Erwachsenenalter vor. Dies kann auch auf ein Verständnis von Mutterschaft bezogen werden, das dieses zeitlich in das Erwachsenenleben einordnet. Demzufolge erscheint Geschlechtsverkehr als eine Notwendigkeit von Zeugung und Mutterschaft auch als eine sexuelle Aktivität, die erst im Erwachsenenalter nötig ist. In Bezug auf die Erfüllung anderer Bedürfnisse neben dem Kinderwunsch thematisiert Tomke den Geschlechtsverkehr nicht. Dies könnte als eine Einstellung zur Funktion von Sexualität interpretiert werden. Tomke nimmt ihre Unsicherheiten und Ängste in Bezug auf einen möglichen Geschlechtsverkehr wahr. Sie trifft für sich die Entscheidung, dass sie noch Zeit braucht. Sie reflektiert dies für sich im Interview so, dass sie noch nicht bereit ist. Dies kann als eine Form des Selbstschutzes eingeordnet werden. Aus dieser Perspektive könnte die oben angeführte Erklärung eine Konstruktion sein, um das eigene Verhalten einzuordnen und zu legitimieren.

Tomkes Wunsch, Kinder zu haben ohne Geschlechtsverkehr haben zu müssen, kann auch als Ausdruck einer eigenen individuellen Sexualität verstanden werden und somit als eine Form innerhalb der Diversität von möglichen sexuellen Orientierungen.

Partnerschaft: »von Anfang an eine Chemie«

> »B: Na ja, es/bei mir ist es so ich bin eh relativ vorsichtig bei Jungs geworden weil mich so gut wie jeder bis jetzt verarscht hat oder nur ins Bett kriegen wollte. Und ich aber halt was Festes will. Und keine Ahnung ich spür da so von Anfang an eine Chemie und ja ich will halt zwar nichts überstürzen aber ja es fühlt sich halt irgendwie gut an. Aber auf der anderen Seite hab ich auch Angst, dass er halt nur das eine will und mich dann fallen lässt wie so eine heiße Kartoffel« (Dominique_54).

Bei Dominique ist bezüglich der Gestaltung einer Partnerschaft auch ihre biografische Erfahrung von Bedeutung (vgl. 5.2.1.1). Deutlich wird in dem Zitat, dass aus ihrer Sicht eine Partnerschaft nicht ohne eine Aushandlung von Sexualität und Geschlechtsverkehr stattfinden kann. Dies ist, wie bereits oben angedeutet, eine klare Abgrenzung zu Freundschaften der Kinderzeit und eine Veränderung, die in der Phase der Pubertät eintritt und damit auch die Qualität jugendlicher Freundschaften bestimmt. Das heißt, Jugendliche werden damit konfrontiert und müssen hier die Kompetenz erlangen, Fragen von Sexualität in ihren Freundschaften zu verhandeln und in ihr jugendliches Leben zu integrieren (vgl. BMFSFJ, 2017, S. 221ff.). In den Interviews von Dominique und Mika (siehe oben) zeigt sich, dass hier ein Druck aus der Peergroup heraus entsteht, zu dem sie sich verhalten müssen. Mika versucht dieses Thema mit seiner Freundin zu umgehen und tabuisiert das es. Die Interpretation ist hier, dass er zum Selbstschutz so handelt, in der Sorge sich bloßzustellen und Anforderungen an männliche Sexualität nicht gerecht zu werden. Dominique hat hier bereits Erfahrungen gemacht, die mit ihren sehr klaren Vorstellungen einer festen Beziehung, einer langsamen Annäherung und einem guten Gefühl in Bezug auf die Partnerschaft nicht vereinbar waren. Ihre Erfahrung und ihre Sorge, von anderen ausgenutzt zu werden und ihre Bedürfnisse nicht erfüllt zu sehen, führen zu einem bedachten Vorgehen und Testen. Auch dies kann als Selbstschutz eingeordnet werden, den sie selbstbestimmt und reflektiert einsetzt. Tomke berichtet im Interview, dass die Gestaltung jugendlicher Partnerschaft auch von den Gegebenheiten des sozialen Kontextes abhängig ist und, in ihrem Fall, ihre Mutter klare sexualerzieherische Grenzen setzt und jugendliche sexuelle Aktivität innerhalb eines geschützten Rahmens und auf der Basis von Vertrauen zulässt.

> »B: Ich hab mir bei meinem Freund sehr sehr lange Zeit gelassen und das dann auch über einen Brief geschrieben weil mir es dann doch schwerfällt. Jetzt aber ich bin jetzt fast drei Monate mit dem zusammen ist noch nicht lange aber wir ha/also Mama hat halt die Regel sobald wir ein halbes Jahr zusammen sind dürfen wir auch beieinander schlafen erst. Jetzt gibt es so eine Ausnahme weil wir mal zusammen ein Wochenende wegfahren mit der/mit seiner Familie. Da sind wir in einem (.) Haus Hotel was auch immer. Da werden wir natürlich trotzdem zusammen in einem Zimmer schlafen das kann Mama dann nicht verbieten« (Tomke_45).

Es wird in diesem Zitat deutlich – und das kann als eine weitere wichtige Komponente des Jugendalters angeführt werden, die dieses klar von der Kindheit abgrenzt –, dass der erzieherische Einfluss nachlässt und die Möglichkeiten einer selbstaktiven Lebensgestaltung größer werden. In diesem Kontext kommt Vertrauen in der Eltern-Kind-Beziehung eine wichtige Bedeutung zu. Tomke sieht die hier beschriebene Möglichkeit des Ausflugs als eine Option, um die von ihrer Mutter klar gesetzte Grenze zu überschreiten: »das kann Mama dann nicht verbieten«. Unter einer Vertrauensperspektive kann interpretiert werden, dass die Mutter ohne ausreichendes Vertrauen zu Tomke gar keine Zustimmung zu diesem Ausflug gegeben hätte. Es kann angenommen werden, dass die Mutter weiß, dass die Jugendlichen in einem Zimmer übernachten und dies auch unter der Perspektive erlaubt, dass es sich um einen Ausflug mit der Familie des Freundes handelt. Damit ist auch ein gewisser Schutzrahmen gegeben, innerhalb dessen die Jugendlichen aktiv handeln können. In der Entscheidung, mit dem Freund in einem Zimmer zu schlafen, wird bei Tomke das jugendliche Bedürfnis nach partnerschaftlichem (sexuellem) Zusammensein deutlich, aber auch das Zutrauen in sich selbst, dieses nach den eigenen Bedürfnissen gestalten zu können. Damit präsentiert sich Tomke als kompetent genug, sexuelle Situationen im Rahmen einer Partnerschaft selbst gestalten zu können. In Tomkes Perspektive kommt zum Zeitpunkt des Interviews Geschlechtsverkehr nicht als vorstellbarer Teil ihrer Jugendsexualität vor. Das Zutrauen von Tomke ist im Kontext des Vertrauensverhältnisses zur Mutter und des bestehenden Schutzrahmens zu betrachten.

Eigene Herkunft: »ich war ein Unfall«

In der Auseinandersetzung mit Sexualität und Themen wie Geschlechtsverkehr, Zeugung, Schwangerschaft und Kinderwunsch wird auch die eigene Herkunft recherchiert und reflektiert, was sich auf die Idee einer eigenen Lebensperspektive auswirkt.

> »B: ich hab bloß meine Mutti gefragt so wann hast denn du dein erstes Mal gehabt und mit wem und ja, war ich ein Wunschkind oder so ich sage immer mal ich war ein Unfall weil ich sage mal so keiner möchte eigentlich mit siebzehn schon ein Kind haben, also denk ich mir zumindest« (Helge_69).

Helge nutzt seine Mutter als Gesprächspartnerin zu Sexualität, um einerseits Infos über das »erste Mal« von einer Person seines Vertrauens zu erhalten. Andererseits verknüpft er dabei das Thema Kinderwunsch auch damit, mehr über seine eigene Biografie zu erfahren. Seine Deutung und die hier vorgenommene Selbstpräsentation, dass er ein »Unfall« und eher kein Wunschkind war, bezieht er darauf, dass er denkt, »keiner möchte eigentlich mit siebzehn schon ein Kind haben«. Helges Deutung lässt sich auf gesellschaftliche Normen zurückführen. Im Teenageralter schwanger zu werden und ein Kind zu bekommen, ist gesellschaftlich nicht anerkannt und in Bezug auf Bildungsabschlüsse stigmatisiert (vgl. BMFSFJ, 2017, S. 223; Bode & Heßling, 2015, S. 209f.; Pressebericht: Schwarze-Reiter, 2008). Es widerspricht der gesellschaftlichen Norm, die vorsieht, sich in dieser Zeit um eine berufliche Perspektive zu bemühen, den Übergang von Schule in das Erwerbsleben und damit den von der Jugend in das Erwachsenenleben zu gestalten. Eine Elternschaft in dieser Phase kommt einer Nichterfüllung dieser Norm gleich. Helge zweifelt folglich daran, dass er ein Wunschkind sein könnte und kommt zu dem Schluss, dass er ein Unfall sei, da er das Verhalten und den Kinderwunsch der Mutter von dieser normativen Basis aus denkt. Die Formulierung »eigentlich« kann als Versuch interpretiert werden, die eigene Biografie positiver einzuordnen und auch als Zweifel an der gesellschaftlichen Norm in dem Sinne, dass es einen Kinderwunsch in diesem Alter doch als ein berechtigtes Bedürfnis geben könnte. Die Thematisierung des Kinderwunsches und der Begriff Wunschkind verweisen auch auf die Auseinandersetzung mit einem vorhandenen romantischen Beziehungsideal als gesellschaftlicher Norm.

Biologisches Wissen: »zwei Samen bringen ja nicht viel«

Das Bedürfnis nach Wissen zeigt sich auch in Hinblick auf spezielle Themen, wie im Interview mit Mika an der Auseinandersetzung mit den Themen Kinderwunsch und sexuelle Orientierung deutlich wird.

> »B: Und zwar halt wenn jetzt gleichgeschlechtliche Paare halt ein Kind haben wollen. Das ist ja da gibt es ja so eine Samenbank oder so heißt das von anderen Leuten halt und wenn da aber jetzt zwei Männer ein Kind haben wollen. Also eins halt von der Samenbank halt holen wollen in Anführungszeichen was die halt also es sind ja trotzdem Samen und das haben die Männer ja selber. Und deshalb überlege ich wie es eigentlich gehen soll. Weil es ist ja dann zwei Samen bringen ja nicht viel. Das ist ja in dem Moment nicht möglich« (Mika_108).

Bei Mika wird ein grundsätzliches Interesse an sexuellen Orientierungen und in diesem Zusammenhang mit Kinderwunsch und Familienkonzepten deutlich. Sein Interesse setzt er in Bezug zu seinem vorhandenen biologischen Wissen. Mika greift hier eine gesellschaftlich-politische Fragestellung auf. Das bisher vermittelte sexuelle Basiswissen reicht hierfür nicht aus und muss durch weitere Dimensionen wie biologische, technologische und rechtliche ergänzt werden. Damit ergibt sich die Möglichkeit einen Bildungsfortschritt zu erzielen.

Mika geht von der Möglichkeit einer künstlichen Befruchtung aus. Dies ist für lesbische Paare eine realistische Option. In Bezug auf schwule Partnerschaften besteht diese Möglichkeit der Verwirklichung eines Kinderwunsches nicht. Mikas Aussage kann als Akzeptanz homosexueller Partnerschaften interpretiert werden. Er nutzt die Bezeichnung gleichgeschlechtliche Partnerschaften und damit eine gesellschaftlich anerkannte Bezeichnung. Sein Interesse zeigt auch, dass er einen Kinderwunsch nicht auf heterosexuell orientierte Menschen und Paare beschränkt, was ebenso auf eine Toleranz und eine Anerkennung geschlechtlicher Vielfalt hinweist. Mika, der im Interview von Erfahrungen mit sexueller Bildung in der Familie, der Schule und der Peergroup berichtet, bringt diese Frage im Interview ein. Damit wird Reproduktion als wichtiger Bestandteil von

Sexualität gekennzeichnet. Sein Fokus liegt auf einer biologischen Elternschaft, andere Möglichkeiten von Elternschaft für gleichgeschlechtliche Paare wie die Adoption oder eine soziale Elternschaft in alternativen Familienformen benennt er nicht. Sein Interesse, Möglichkeiten der Familienplanung für gleichgeschlechtliche Paare zu besprechen und sein Wissen zu erweitern, scheint inhaltlich in den Angeboten durch Schule oder Familie bisher nicht möglich gewesen zu sein.

Unsicherheiten: »das ist mir alles ungeheuer«

Die sexuelle Entwicklung geht auch mit Unsicherheiten bezüglich des eigenen Verhaltens und möglicher Gefährdungen einher. Tomke schildert im Interview ihre Unsicherheiten in Bezug auf Partys in der Peergroup.

> »B: Das sind im Park einfach Partys Veranstaltungen wo auch viele KO-Tropfen vorhanden sind und das ist mir alles ungeheuer dass/damit möcht ich kein Kontakt haben da würde halt auch oft/also hieß es auch schon oft ja da wurde jemand vergewaltigt oder sowas und das kann ich nicht verstehen warum man sowas machen muss« (Tomke_37).

Es wird deutlich, dass Tomke hier kein Vertrauen und Unsicherheiten hat. Aus diesem Grund meidet sie diese Partys. Ihre Sorge beruht dabei nicht auf eigenen konkreten Erfahrungen oder Erfahrungen von anderen Jugendlichen aus ihrem sozialen Umfeld, sondern auf Vermutungen und Berichten Dritter. Ihr Verhalten kann als Selbstschutz gesehen werden, sich nicht in Gefahr zu bringen. Dies kann mit dem Umstand zusammenhängen, dass ein für Tomkes Bedürfnisse wahrgenommener angemessener Schutzrahmen oder Schutzraum nicht vorhanden ist. Tomke sieht sich in diesem Kontext als verletzlich. Diese Entscheidung führt zu einer Einschränkung des jugendlichen Erfahrungsraums, in dem sie sich von Treffen ihrer Peergroup abgrenzt. Über Strategien, wie ein Schutz der eigenen Person und eine Teilhabe an Partys organisiert werden könnte (z. B. durch das Konsumieren eigener mitgebrachter Getränke oder ein Aufeinander-Achten und Aufpassen mit Freund_innen), berichtet Tomke nicht. Ihre subjektive Einschätzung, dass durch die Peergroup ein Risiko bezüglich sexualisierter Gewalt besteht, kann durch Untersuchungen unterlegt werden. In einer in der Schweiz durchgeführten Studie zeigte sich, dass 39 Prozent aller erlebten sexuellen Übergriffe bei Jugendlichen im Alter zwischen 12 und 16 Jahren durch gleichaltrige Jugendliche stattfinden (vgl. Schmid, 2012,

S. 60; vgl. auch 2.2.3). In diesem Kontext führt auch eine weitere Studie an, dass erlebte sexualisierte Gewalt zu einem großen Teil von der Peergroup ausgeht und dementsprechend jeweils über 40 Prozent der befragten Jugendlichen berichten, dass sie den öffentlichen Raum oder fremde Wohnungen bzw. Partys und zu über 20 Prozent die Schule als besonders risikoreich in Bezug auf körperliche sexuelle Übergriffe empfinden (vgl. Maschke & Stecher, 2017, S. 15ff.).

Pornos: »jeder muss seine eigenen Erfahrungen damit machen«

Der gesellschaftliche Diskurs zu Jugendsexualität bezieht sich auch auf die Möglichkeiten der medialen Nutzung und speziell das Thema Pornografiekonsum (vgl. Klein, 2015). In den geführten Interviews berichten Jugendliche über ihre Erfahrungen mit Pornografie. Die Nutzung ist eng mit dem Bedürfnis nach Aufklärung und Wissen und der digitalen Mediennutzung verknüpft. Dabei präsentieren sich die Jugendlichen als kompetente Personen und Nutzer_innen, die die konsumierten Inhalte differenzieren und für ihre persönliche Verortung hinsichtlich des eigenen Sexuallebens einordnen können. Das Internet wird von den Jugendlichen als Wissensquelle genutzt und ist für sie eine wichtige Ressource. Die Nutzung pornografischer Inhalte findet ebenfalls statt, wird aber von den Jugendlichen klar von der Wissensfrage abgegrenzt, wie im Interview mit Mika deutlich wird.

> »B: Also ich hab schon Pornos geguckt das ist klar. Aber das finde ich halt relativ unrealistisch dass halt so ein Mann halt was weiß ich sieben acht Frauen gleichzeitig befriedigt. Das ist halt das ist übel unrealistisch einfach« (Mika_106).

Mika geht mit der Nutzung von Pornografie sehr offen und unbeschwert um, die Erfahrung mit Pornos gehört für ihn zu seiner Jugend und damit auch zu seiner sexuellen Entwicklung dazu. Er grenzt diese aber als etwas Eigenes und Unrealistisches ein und damit ab von anderen Wissensquellen, die er bezüglich Sexualität nutzt. In den Interviews zeigt sich, dass Jugendliche mit den Inhalten und der Nutzung von Pornos in der Peergroup sehr tolerant und liberal umgehen, die Inhalte für sich reflektieren, einordnen und Pornografie als eine Möglichkeit sehen, die in Bezug auf sexuelle Neugier genutzt werden kann. Insbesondere mit Blick auf Dinge, die Jugendliche nicht direkt selbst betreffen, zeigt sich ein offener Umgang.

Auch Dominique drückt eine tolerante Haltung aus, obwohl sie Pornos selber nicht nutzt.

»B: Also die Leute die gerne Pornos gucken die die solln es dann auch machen. Aber also ich find es jetzt nicht schlimm aber mein Fall ist es jetzt nicht« (Dominique_97).

Jona berichtet im Interview über ihre Erfahrung mit Pornografie und ihre Einstellung dazu. Dabei wird zu Beginn des Zitates sehr deutlich, wie hoch Jona das Internet und die Freiheit der Nutzungsmöglichkeiten einschätzt und die (Eigen-)Verantwortung an die Nutzer_innen adressiert.

»B: Also ich finde jeder muss selber wissen was er sich im Internet anguckt (.) dafür ist es Internet da dass man sich/ freier Mann angucken will angucken kann was man will und ich mein es wer es nötig hat sich einen Porno anzugucken dann ist es halt so es gibt Menschen die mögen das nicht es gibt Menschen die machen das halt gerne und (.) ich persönlich bin jetzt nicht der Meinung dass Pornos verboten werden sollten oder so oder dass es die Jugend versaut. Ich meine es gibt, klar gibt es irgendwo da mal hier ein Porno der wirklich übel brutal ist und da halt auch die Einstellung (..) zu dem wenn man es halt wenn man halt noch kein Sex hatte die Einstellung zum Sex halt die Angst davor halt noch verschlimmert und (.) ich meine jeder muss seine eigenen Erfahrungen damit machen (.) und ich persönlich find das jetzt nicht schlimm, es ist normal.

I: Mhm.

B: und es ist halt/(.)

I: Und hast du da aus deinem Freundeskreis irgendwie so Erfahrungen oder so dass du denkst dass es vielleicht für Leute (.) was so jetzt Pornos betrifft irgendwie ein komisches Erlebnis war oder wenn du da so Dinge hörst/

B: Ich persönlich habe das/mit meinen Freunden hab das noch nicht mitgekriegt.

I: Mhm ok.

B: Also ich weiß dass einige meiner Freunde ab und an mal ein Porno gucken.

I: Mhm.

B: Und aber jetzt so von der Verhaltensweise her hab ich da nichts Negatives oder irgendwas Komisches mitgekriegt« (Jona_187–195).

Jona bezieht die prinzipielle Forderung der Offenheit des Internets und der nötigen Eigenverantwortung auch auf möglicherweise problematische Inhalte. Daran zeigt sich eine Differenzierung pornografischen Materials in Bezug auf Gewaltdarstellungen. Jona sieht hier die Problematik, dass vor allem bei Jugendlichen mit fehlenden sexuellen Erfahrungen die Einstellung zum Sex beeinflusst werden könnte. In ihrer Wahrnehmung bezieht sich dies auf die Steigerung von Ängsten, nicht auf die Übernahme von dargestellten Szenen. Über konkrete Fälle im näheren Freundeskreis, in dem Pornos konsumiert werden, berichtet Jona nicht.

5.2.1.2 Seelische und emotionale Herausforderungen

Bei einigen Jugendlichen zeigen sich neben den Entwicklungsaufgaben, die mit der Pubertät verknüpft sind, und dem grundsätzlichen Interesse und Bedürfnis nach Wissen zu sexuellen Themen, zusätzliche Herausforderungen, die bewältigt werden müssen. Diese nehmen hinsichtlich ihrer Relevanz und ihrer wahrgenommenen Intensität einen besonderen Stellenwert ein und werden hier als seelische und emotionale Herausforderungen kategorisiert.

Sexuelle Identität und Orientierung: »die wird mal lesbisch«
Das von Jona[81] beschriebene Coming-out wurde als seelische und emotionale Herausforderung codiert. Im Interview beschreibt Jona unterschiedliche Erfahrungen in der Familie, der Schule und der Peergroup. Dabei zeigt sich, dass eine homosexuelle Orientierung nicht selbstverständlich akzeptiert wird. Für sich selbst nimmt Jona eine deutliche Selbstpositionierung als homosexuelle Person im Interview vor, die für die Anerkennung ihrer sexuellen Orientierung selbst Verantwortung übernimmt. Als Norm wird in der Gesellschaft (im Interview wird dies in der Familie und der Schule deutlich) von einer heterosexuellen Orientierung ausgegangen und Jugendliche müssen sich für ihre Homosexualität rechtfertigen und eine Anerkennung erstreiten. Damit ergibt sich für sie eine Herausforderung und Belastung, die heterosexuell orientierte Jugendliche bezüglich ihrer Orientierung und Identität nicht haben (vgl. Krell & Oldemeier, 2015).

81 Auf das Interview mit Jona wird im Gliederungspunkt 5.2.3 zu Jugend als Zeit besonderer Vulnerabilität ausführlicher eingegangen. Zu dem Interview erfolgt am Ende des Kapitels (5.6) eine Falldarstellung in Bezug auf das Modell.

> »B: Also bei mir war das so (..) meine Mutti hat schon vorher also wo ich schon klein war also ich war nie dazu bezogen mit irgendwie Barbies oder so was zu spielen ich hatte halt wirklich immer diesen etwas männlicheren Bezug zu Spielzeugen hab halt immer mit Autos gespielt meine Mutti hat halt immer gesagt die wird mal lesbisch und na wo ich dann meine erste Freundin hatte (.) meine Mutti hat es halt ein kleinwenig geschockt so weil meine Mutti kommt jetzt zwar damit klar aber meine Mutti kommt halt nicht damit klar was jetzt Kleidungsstil und Verhalten halt angeht weil ich bin halt das einzige Mädchen in der Familie und gebe mich halt trotzdem wie so ein Junge und (.) naja meine Geschwister die versuchen mich da immer so ein klein wenig aufzuziehen, da hab ich dann immer gesagt eh pass auf das ist mein Leben ich lebe so wie ich das möchte und entweder ihr akzeptiert mich so wie ich bin oder ihr lasst es halt bleiben (.) und jetzt solche kleinen Spitznamen komm dann halt trotzdem aber ich sehe das eigentlich gelassen und also mich stört das auch nicht mehr (.) und meine Mutti und mein Stiefvati haben halt klein wenig dran zu knabbern (.) und, aber das hat sich jetzt die ganze Zeit lang (..) also homosexuell bin ich jetzt seit vier Jahren und das hat sich in den Jahren fast gelegt gehabt jetzt dieses diese Einstellung dazu« (Jona_29).

Bei Jona zeigt sich, dass sie sich trotz der Wahrnehmung der Mutter, dass Jona schon als kleines Kind anders gewesen, sodass die Mutter bereits damals die Möglichkeit in Betracht zog, ihre Tochter könnte eine homosexuelle Orientierung entwickeln, diese erstreiten muss. Sie wird in der Familie mit klaren Rollenanforderungen bezüglich. einer Vorstellung von Weiblichkeit und in diesem Zusammenhang einer heterosexuellen Orientierung konfrontiert. In Jonas Deutung hängt dies auch damit zusammen, dass sie das einzige Mädchen ist und daran bestimmte Erwartungen geknüpft werden. Hier zeigt sich, dass die Familie sehr konkrete Normvorstellungen hat, die Jona durchbrechen muss, was die familiären Beziehungen, vor allem die zur Mutter, auf die Probe stellt. Jona beschreibt hier auch einen Prozess, bezogen auf ihr Coming-out in der Familie. Sie erlebt eine Phase von vier Jahren, in denen sie sich ihre Position in der Familie erstreiten muss und sieht sich in dieser Zeit sowohl verbalen Beleidigungen ausgesetzt als auch einem Unverständnis vonseiten der Eltern (vgl. Krell & Oldemeier, 2015, S. 17). Das Coming-out als besondere Herausforderung ist bei Jona mit einer persönlichen Krise verbunden und macht sie besonders vulnerabel (vgl. 5.2.3; Kugler & Nordt, 2015). Die Erfahrungen von Jona im Bereich des sexuellen Lernens, die bei ihr speziell ihre sexuelle Orientierung und Identität betreffen, können nach Mirja Beck und Anja Henningsen als Bildungsanlass betrachtet werden und beeinflussen ihren sexuellen Bildungsprozess (Beck & Henningsen, 2018, S. 137).

Elternschaft: »das ist echt krass«

Für Jugendliche stellt eine Elternschaft aus verschiedenen Gründen eine Herausforderung dar. Insbesondere in Bezug auf die entwicklungspsychologische Reife und die schulische und berufliche Entwicklung ist dies von Bedeutung. In der Stichprobe berichtet ein Jugendlicher von seinen Erfahrungen mit Elternschaft als leiblicher Vater eines Kindes. Chris beschreibt die Geburt seines Kindes als ein prägendes Erlebnis.

»I: Du hattest gerade gesagt die Geburt von [Name des Kindes] war so ein schönstes Erlebnis?

B: Ja.

I: Wie wie war das kannst du von der Geburt oder von dieser Zeitspanne mal kurz erzählen?

B: Ja klar also die Schwangerschaft mit [Name der Partnerin] war eigentlich nicht so kompliziert also (.) die hatte ihre Macken so aber ich wusste dass sie schwanger ist und ich hab mir gedacht (.) das legt sich.

I: Ja.

B: Also ich war bei der Geburt selbst mit dabei und ich/das Erlebnis war echt (.) krass, ich hab das/also es tat mir echt weh so also (.) sechs Stunden waren die Wehen und ja (..) es war schon echt krass so wie wie so eine Frau, das was der Körper da was sich da entwickelt und was die dafür eine (1 Wort unv.) (...) Leistung zurück bringt da also das ist schon echt krass also, also da hat man auch mal gesehen wie Dinge des/von der Frau das Leben so, also die Geburt zumindest das ist echt krass.

I: Warst du auch schon so in der Phase der Schwangerschaft immer mit dabei so bei den Untersuchungen und so?

B: Ja na klar na klar ich war immer bei bei auch so zwei oder drei Mal war ich nicht mit dabei da weil ich nicht konnte aber sonst war ich immer mit im/beim Frauenarzt und hab mir angeguckt die Ultraschallbilder und und das auf/und hab mich das aufgeschrieben hab mich da belesen (..) das für einen wichtig ist dass die die Muttermilch bekommt weil das die Beziehung zu dem Kind ganz wichtig ist ja dass die Liebe zwischen den Beiden/

I: Ja Mhm.

B: Und ja und das mit dem Kopf und so da hat ich immer ein bissel Angst war aber (..) ja (…) also es war schon wirklich eben (…) das werde ich nie vergessen und ich hab auch die Nabel/Nabeldings durchgeschnitten und (.) ja (…) wo ich es so ein bissel eklig fand das war die Nachgeburt, sah aus wie weiß ich nicht Klümpchen Fleisch hier/« (Chris_235–244).

Chris berichtet davon, wie er zusammen mit seiner Freundin die Schwangerschaft und die Geburt des gemeinsamen Kindes erlebt hat. Chris begleitet seine Freundin in der Vorbereitung mehrmals zu Untersuchungen, zeigt Verständnis für seine Freundin, beschäftigt sich mit Fragen der Versorgung von Kindern und ist auch bei der Geburt mit dabei. Chris hat seine Elternschaft ernst genommen und angenommen. Emotional ist diese Phase, vor allem die Geburt, für ihn sehr eindrücklich. Ausgehend von diesem Zitat zeigt sich die Phase der Schwangerschaft und der Elternschaft als etwas Positives im Leben von Chris. Im weiteren Verlauf des Interviews berichtet er, dass er sich von seiner Freundin getrennt und momentan nur noch wenig Kontakt zu seinem Kind habe. Es gelang ihm und seiner Freundin nicht, eine stabile Beziehung und Elternschaft zu gestalten. Bei Chris zeigt sich, dass er, gerade in der Phase des Elternwerdens und Elternseins, mit Ausnahme der Paarbeziehung, sehr auf sich gestellt war und aufgrund seiner sozialen Situation nur bedingt familiäre Unterstützung erhalten konnte. Chris präsentiert sich hier als verantwortungsvoller Partner und werdender Vater, indem er im Interview von ihm selbst als positiv eingeordnete Verhaltensweisen hervorhebt und über diese berichtet.

Eine Elternschaft Minderjähriger oder junger Erwachsener stellt unter verschiedenen Aspekten eine Herausforderung dar. Jugendliche bzw. junge Erwachsene sind in der Regel sozioökonomisch noch nicht oder nur zum Teil selbstständig und noch von ihren Eltern abhängig und sie befinden sich in einer Phase der schulischen und beruflichen Orientierung, die mit dem Erreichen von Abschlüssen zusammenhängt. Neben diesen strukturellen Punkten befinden sie auch psychosexuell und soziologisch in einer Übergangsphase in das Erwachsenenalter. Grundsätzlich kann eine Geburt, vor allem die des ersten Kindes, als große Herausforderung und Belastungsprobe für die Eltern und deren Beziehung betrachtet werden. Die Geburt des ersten Kindes und die anschließenden Belastungen der Elternschaft können zu einer Trennung führen (vgl. Margolis & Myrskyla, 2013). In Studien zeigt sich, dass die Belastungsfaktoren einer Elternschaft bei jungen Eltern höher sind und auch deutlich häufiger zu psychischen Symptomen wie Ängsten und Depressionen führen können (vgl. Eickhorst et al., 2017).

5.2.1.3 Erfahrungen mit Übergriffen

In der Kategorie *Übergriffe* wurden unter der Hauptkategorie *relevante Ereignisse in Bezug auf Sexualität* Codes bzw. Subkategorien zusammengeführt, bei denen sich die Übergriffe in einem eindeutig sexuellen Kontext verorten lassen. Die Jugendlichen berichten von verbalen und körperlich erlebten Übergriffen. In Bezug auf verbale Diskriminierung wurden mehrere Differenzierungen vorgenommen und diese werden hier thematisch getrennt vorgestellt, in der Praxis sind sie jedoch miteinander verwoben, wie die Erfahrungen der Jugendlichen zeigen.

Sexueller Missbrauch: »eine total beschissene Kindheit«

Dominique berichtet im Interview von Erfahrungen mit sexueller und körperlicher Gewalt in ihrer Kindheit und frühen Jugend und den damit zusammenhängenden Wirkungen im Kindesalter.[82]

> »B: Ja in meiner also meine Kindheit war eigentlich komplett für den Arsch gewesen. Weil ich war [XX, Kindesalter] da wurde ich von meinem eigenen Vater missbraucht. Also ich habe schon im Kindesalter solche Erfahrungen erleben müssen und es ist eigentlich eine total beschissene Kindheit gewesen« (Dominique_4).

> »B: Ich konnte mit meinem Vater nicht mehr alleine zu Hause sein weil ich dann panische Angst gekriegt hab« (Dominique_24).

> »B: Weil mich das beschäftigt hat das war ja nicht nur einmal das war ja fünfmal gewesen. Und ja immer irgendwie mit der Gewissheit zu leben

82 Zu dem Interview mit Dominique folgt am Ende des Kapitels eine Falldarstellung in Bezug auf das Modell. In Kapitel 4 findet die Darlegung des Vorgehens bei der Auswertung an Auszügen des Interviews mit Dominique statt. Eine Reflexion der Interviewsituation ist in Kapitel 4 enthalten (vgl. 4.3.2; 4.4.4).

> dass es vielleicht irgendwann vorbei ist. Dann aber auch wiederum die Angst dass es weitergeht. Das hat mich halt sehr beschäftigt deshalb bin ich halt in der Schule schlechter geworden« (Dominique_34).

> »B: meine Eltern die haben mich geschlagen« (Dominique_157).

Ein sexueller Missbrauch im Kindesalter stellt eine Form schwerer Kindesmisshandlung dar. Die Klassifizierung erfolgt anhand der körperlichen und/oder psychischen Beeinträchtigungen für Kinder. Demzufolge werden weitere Formen sexueller Übergriffe, die ohne Körperkontakt stattfinden (z. B. Exhibitionismus) oder einmalige Körperberührungen (z. B. Küssen, Berühren der Brust) hinsichtlich ihrer Wirkung differenziert betrachtet (vgl. Engfer, 2015, S. 4). Als weitere Formen der Kindesmisshandlung werden neben dem sexuellen Missbrauch körperliche Vernachlässigung, emotionale Vernachlässigung bzw. psychische Gewalt und körperliche Gewalt unterschieden, wobei diese Formen auch gemeinsam auftreten und verknüpft sein können (ebd., S. 5ff.). Als Variablen, die zu einer besonderen Symptombelastung führen können, benennt Annette Engfer eine lange Dauer und hohe Intensität der Übergriffe, ein junges Alter der Betroffenen, eine enge Beziehung zur übergriffigen Person und eine unzureichende Unterstützung in der Familie (Engfer, 2015, S. 21). Sexueller Missbrauch kann unterschiedliche Auswirkungen auf die Betroffenen haben, bei Kindern im Alter bis zwölf Jahren können dies Symptome wie Ängste, Albträume, Regressionen oder Schulprobleme sein, später auch Depressionen, sozialer Rückzug oder Suizidneigung (ebd., S. 20f.). In Dominiques Interview können verschiedene Formen von Kindesmisshandlung analysiert werden, zudem zeigt sich eine hohe Symptombelastung in Bezug auf die Variablen des sexuellen Missbrauchs. Dominique erlebt den sexuellen Missbrauch durch den leiblichen Vater im Kindesalter mehrmals und erhält wenig bis gar keine familiäre und außerfamiliäre Unterstützung bei der Bewältigung. Dies ändert sich erst, als sie die Familie verlässt. Neben der Erfahrung des sexuellen Missbrauchs kann die unzureichende Unterstützung als eine psychische bzw. emotionale Vernachlässigung im Sinne einer Kindesmisshandlung betrachtet werden. Dominique erlebt zudem körperliche Gewalt und damit eine weitere Form von Kindesmisshandlung. Es zeigt sich in Dominiques Biografie eine Verknüpfung der Formen von Kindesmisshandlung. Auch die Folgen der Kindesmisshandlung, die Engfer (ebd., S. 20f.) beschreibt, können im Interview analysiert werden. Dominique berichtet im Interview von panischer Angst und Schulproblemen im Kindesalter. Für sie stellen diese Erfahrungen eine besondere emotionale Herausforderung in einer vulnerablen Lebensphase dar (vgl. Egle, 2015, S. 24f.). Kinder, die in belastenden Eltern-Kind-Konstellationen aufwachsen, die zum Beispiel zu emotionalen Störungen führen, gelten als besonders vulnerabel (vgl. Rollet, 2002, S. 715). Der sexuelle Missbrauch, der hier sowohl in der Vater-Kind- wie in der Mutter-Kind-Beziehung eine belastende emotionale Konstellation darstellt, führt bei Dominique zu panischen Ängsten. Diese werden vor allem bei Kindern im Grundschulalter in der Literatur als Symptome beschrieben (vgl. Engfer, 2002, S. 814). In der Medizin wird bei der kindlichen Entwicklung zwischen entwicklungsbedingten Ängsten, wie zum Beispiel der Höhenangst, und pathologischen Ängsten, die zum Beispiel durch ein dramatisches Ereignis ausgelöst werden, unterschieden. Auf die Entstehung pathologischer Ängste haben vor allem das Erziehungsverhalten der Eltern und die Bindung zwischen Eltern und Kind eine entscheidende Wirkung (vgl. Rollet, 2002, S. 722). Speziell bei einem sexuellen Missbrauch gelten die familiären Bedingungen als ausschlaggebend für die erlebte Belastung und die Bewältigung. Eine enge Beziehung zur übergriffigen Person führt zu einer höheren Symptombelastung und gestörte Familienverhältnisse scheinen die Symptome zu verstärken (vgl. Engfer, 2002, S. 815). Bei Dominique verweisen, aufgrund des Missbrauchs durch den leiblichen Vater und die folgende emotionale Abwesenheit der Mutter, die empfundenen Ängste und die beschriebene Dauer auf eine besonders hohe Vulnerabilität in dieser Lebensphase als Kind hin.

Übergriffe im medialen Kontext: »ich sollte ihr doch Nacktbilder schicken«

> »B: Ich habe ich weiß nicht ob das Erfahrungen sind ich hatte eine Person die mich angeschrieben hat das, hab ich auch eine neue Nummer seit dem die der Meinung war ich sollte ihr doch Nacktbilder schicken, wo ich dann gesagt hab nein gibt es nicht von mir suche dir jemand anderen« (Tomke_89).

Tomke thematisiert eine Situation im Interview, die als ein Übergriff im medialen Kontext codiert wurde. Tomke selbst ist unsicher, ob diese Situation als Übergriff zu bewerten ist. Sie grenzt sich sehr kompetent und selbstbestimmt ab und trifft Vorkehrungen, damit sie nicht mehr durch die

Person kontaktiert werden kann. Auch dies stellt eine Form von sexualisierter Gewalt, mit der Jugendliche konfrontiert werden können, dar. In der SPEAK!-Studie (vgl. Maschke & Stecher, 2017) geben ca. 45 Prozent der Jugendlichen das Internet als risikoreichen Ort für nicht-körperliche sexualisierte Gewalt an und ca. 10 Prozent sehen es als risikoreich in Bezug auf körperliche sexualisierte Gewalt (ebd., S. 15). In der *PARTNER 4*-Studie berichten 30 Prozent der Jugendlichen davon, sexuelle Übergriffe im Internet erlebt zu haben (vgl. Linke, 2015, S. 88). Tomke präsentiert sich hier als kompetent genug, um selbst mit dieser Situation umzugehen und sich angemessen abzugrenzen.

Erfahrungen mit Diskriminierungen: »ein bissel mehr auf den Rippen«

In den Interviews berichten Jugendliche von verschiedenen Erfahrungen mit Diskriminierungen durch unterschiedliche Personen. Die meisten Diskriminierungserfahrungen beziehen sich auf die Peergroup. Aus diesem Grund wird diese Kategorie differenziert dargestellt. Eine Diskriminierungserfahrung ist, aufgrund des Aussehens diskriminiert zu werden, so wie Dominique berichtet.

> »I: Gabs da noch mehr Erfahrungen? Also auch in den Jahren vorher so in der Richtung? Oder vielleicht auch Erlebnisse bei anderen wo du dich erinnerst?
> B: Es war halt meistens nur wegen dem Aussehen gewesen« (Dominique_73–74).

In Zusammenhang mit dem Aussehen steht auch eine Diskriminierung aufgrund des Körpers. Aussehen und Körperbau sind mit gesellschaftlichen Normvorstellungen und Schönheitsidealen verbunden. Die Abwertung oder Herabwürdigung von Menschen erfolgt ausgehend von dieser Normsetzung, wenn Menschen dieser nicht entsprechen. Dadurch besteht ein klarer Bezug zu Sexualität und bei Jugendlichen zur sexuellen Entwicklung, die zum Beispiel mit der Entwicklung des Körpers, der Identitätssuche und der Auseinandersetzung mit gesellschaftlichen Werten und Normen verbunden sind. Jona stellt in ihrer Erzählung den Bezug zwischen Aussehen und Körper her.

> »B: Also mehr war es eigentlich in der Schule jetzt in der Grundschule war das extrem weil ich da halt ein bissel mehr auf den Rippen/

I: Ok.
B: und da wurde ich halt wegen Gewicht gemobbt und wegen Aussehen und das war dann halt aber nicht von den Leuten in meiner halt aus Klasse sondern von den Größeren.
I: Ach so ok Mhm.
B: Und (.) naja und so Sekundarschule ging das dann halt ein bissel besser aber anfangs war es dann halt auch das Thema wo ich dann mir, dann immer gesagt hab Leute jetzt reicht es und dadurch hab ich auch so ein kleines Aggressionsproblem bekommen und (..) halt das ganze Depression und (.) das kam halt auch großteils mit durch die Schule« (Jona_81–85).

Jona deutet die erfahrenen Diskriminierungen als einen Auslöser für eine Verhaltensänderung und ihre spätere psychische Krise. In diesem Zusammenhang steht bei ihr auch die Erfahrung, dass die Strategie, sich gegen die erfahrenen Diskriminierungen zu wehren, zu einem eher als unerwünscht eingestuften Verhalten führen. Jona erhält keine Unterstützung und sieht sich allein mit dieser Situation. Eine Internalisierung, die mit dieser empfundenen Einsamkeit zusammenhängen kann, führt bei der Verarbeitung der Erfahrungen schließlich zu einer Depression. In diesem Kontext ist der Ort, an dem diese Diskriminierungen stattfinden, von Bedeutung. Jona hat keinen Schutzraum vor diesen Diskriminierungen. Die von den Jugendlichen berichteten unterschiedlichen Diskriminierungserfahrungen werden überwiegend mit der Schule in Verbindung gebracht. Auch Helge berichtet von Abwertungen bezüglich seines Aussehens und Körpers in der Schule und von seiner Strategie darauf zu reagieren.

»B: naja dann kam das halt dann so mit der Zeit dass sie mich gemobbt haben, also so geärgert so immer mal so so Wörter so Dicki oder sowas halt oder ›guck mal hier wenn du springst dann springe hier dann geht es immer mit hoch und runter‹ und hm man hat sich dann auch irgendwie immer so geschämt und (.) es war bei mir dann so dass ich manchmal für einen Monat oder so nicht zur Schule gegangen bin weil ich keine Lust mehr hatte auf auf die Scheiße da und da hab ich mir gedacht nö ich geh nicht mehr zur Schule und ja und wenn du dann wieder zur Schule gegangen bist dachteste eigentlich jetzt müsst sich es ja mal beruhigt haben aber haben sie immer noch weiter gemacht und so« (Helge_29).

Beide Jugendlichen wählen Strategien, die ihnen im Sinne ihrer Entwicklung und/oder ihrer Gesundheit nicht zuträglich sind, und sie machen die Erfahrung, dass diese Strategien nicht zu einer Lösung des Problems führen. Die Rolle der Erwachsenen (Pädagog_innen) in der Schule wird dabei als wenig hilfreich empfunden.

> »B: Und naja (…) dann die sag ich mal die Lehrer und so die sagen ja immer ja sollst du hin kommen ›Bescheid sagen‹ und blablabla aber das ist eigentlich der größte Schwachsinn weil du gehst halt Bescheid sagen dann sagen die zu denen, zu den Schülern die sollen aufhören, die sagen dann ja okay mhmhm weil sie auch die Ruhe haben wollen von den Lehrern und nach der Schule halt wenn du irgendwie heim läufst oder so dann an der Bushaltestelle war es meistens kommst halt raus gucken sie dich blöd an ›na blöde Petze‹ und sowas halt und kannst du vollkommen vergessen« (Helge_29).

Helge beschreibt hier die Entstehung und Manifestierung eines negativen Vertrauenskonzeptes oder eines Misstrauens in die berufliche Rolle der Lehrkräfte. Diesen kann er in Bezug auf ein Bedürfnis nach Schutz vor den erlebten Diskriminierungen nicht vertrauen. Die Schule als Institution und die Lehrkräfte nimmt Helge nicht als Unterstützung wahr. Sie bieten keinen Schutzraum. Aus Helges Sicht findet hier eine Bagatellisierung statt, die zu einer Aufrechterhaltung der diskriminierenden Situation beiträgt. Der Vertrauensvorschuss, sich hier an erwachsene Personen, speziell pädagogisch Professionelle, zu wenden, wird enttäuscht. Es erfolgt keine ausreichende Intervention durch die Lehrkräfte, die zu einem Schutz vor weiteren Übergriffen führen und ein positives Vertrauensverhältnis fördern könnte.

Erfahrungen mit Diskriminierungen: »Ey ne Lesbe«

Eine weitere Diskriminierungserfahrung ist die in Bezug auf die sexuelle Orientierung und Identität. Jona berichtet hier von ihren Erfahrungen, wobei wiederum die Peergroup im Kontext der Schule als Ort benannt wird.

> »I: Mhm gut. Und hast du im Bezug dann also dein Outing so hattest eine zu Homosexualität da hast ja gesagt einige haben dann erstmal so irritiert reagiert aber gab es da auch nochmal so Diskriminierung oder so also als du das dann offen so gelebt hast auch mit Partnerin so?

B: Also jetzt in Freundschafts/in Freundeskreis nicht aber jetzt was außerhalb war jetzt auch in der Schule.
I: Ok.
B: Die haben mich dann immer angeguckt wie oder gesagt hier ey ne Lesbe und all sowas und bis es dann wirklich stark ausgetreten ist und fast die ganze Schule jetzt be/ (1 Wort unv.) ist auf einmal« (Jona_156–159).

Im weiteren Verlauf geht Jona auch auf die Rolle der Lehrkräfte ein und berichtet über die Beschämung durch eine Lehrkraft.

»I: Ok. Wie war das so so Rückmeldungen von den Lehrern Lehrerinnen in der Schule war da so Offenheit da?
B: Also meine Französischlehrerin die hat mich darüber hin diskriminiert die hat aber schon eine gute Bekannte, also die schon Jahre lang lesbisch ist hat sie auch damals immer diskriminiert gehabt hat das halt nicht akzeptiert weil halt dann immer dieses Hosen tragen schon alleine wenn halt die Hose auf halb Achte hängt und hat dann immer halt geguckt wie ar/kannst du dich nicht ordentlich anziehen (.) was denkst du wer du bist oder so, bis ich das dann mal unserer Direktorin gesagt hab und ich dann gesagt hab da werden jetzt Wege eingeleitet weil so geht überhaupt nicht weil es heißt ja bei uns an der Schule die Schule wird kar/mit Courage, Schule ohne Rassismus.
I: Mhm ok.
B: Und Courage ist ja eigentlich auch unter homosexueller Sicht gesehen« (Jona_164–167).

Thomas Kugler und Stephanie Nordt fassen verschiedene Studien zusammen, die zeigen, dass Jugendliche aufgrund ihrer homosexuellen Orientierung mehrfach Diskriminierungen ausgesetzt sind (Kugler & Nordt, 2015). Die Schule ist hier ein Ort, an dem ca. zwei Drittel der befragten Personen diesbezüglich Diskriminierungen erlebt haben, meist durch Mitschüler_innen, aber auch durch Lehrkräfte (ebd., S. 208f.). Bei Jona zeigen sich die erlebten Diskriminierungserfahrungen als Elemente eines negativen Vertrauenskonzeptes. Jona macht die Erfahrung, dass sie sowohl Personen in der Peergroup als auch Lehrkräften nicht vertrauen kann und durch beide in der Schule Beschämungen und Diskriminierungen erfährt. Sie bezieht dies aber nicht auf die Schule, sondern auf einzelne Personen. Der Schule als System gegenüber behält sie ein positives Vertrauenskonzept. Dies zeigt sich daran, dass sie den Labels *Schule ohne Rassismus* und *Schule mit Courage* generell Glauben schenkt und darauf vertraut, dass diese umgesetzt werden. Jonas Verhalten zeigt eine vorhandene Widerstandsfähigkeit und Handlungsfähigkeit in Bezug auf diese Erfahrungen. Diese lassen sich auf theoretische Konzepte beziehen. So kann die Handlungsfähigkeit einer Person aus der Perspektive des Agency-Konzepts betrachtet und die Agency einer Person in Abhängigkeit der bestehenden Strukturen betrachtet werden (vgl. Raithelhuber, 2008; Ziegler, 2008). Mit Blick auf sexuelle Bildung und die Frage, wie sich Vertrauenserfahrungen auswirken, können Widerstandsfähigkeit und Handlungsfähigkeit auch an ein salutogenetisches Konzept angeschlossen werden (vgl. 3.4.6; 5.2.4). In Verbindung mit einem generellen Vertrauen in das System Schule (vgl. Luhmann, 1989) wird Jona aktiv und beschwert sich bei der Direktorin, was als eine Form selbstbestimmten Handelns und nach dem Agency-Konzept als Handlungsfähigkeit oder Handlungsbefähigung betrachtet werden kann. Diese Handlungsfähigkeit lässt sich in eine salutogenetische Sicht einbinden. Jona verfügt über Widerstandsressourcen in dieser Situation, sie erweist sich als resilient. Es erfolgt eine Einordnung der konkreten Situation (Verstehbarkeit), eine Handlung aufgrund der vorhandenen Ressourcen (Handhabbarkeit/Machbarkeit) und eine Verortung in eine globalere Sicht, unter der das Handeln über die konkrete Situation hinaus einen Sinn ergibt (Sinnhaftigkeit). Damit zeigt Jona in dieser Situation ein positiv ausgeprägtes Kohärenzgefühl und kann entsprechend auf die als Stressor auftretende Diskriminierungserfahrung durch die Lehrerin reagieren (vgl. Bründel, 2004; Stumpe, 2018).

Erfahrungen mit Diskriminierungen: »Ort des Schreckens«

Conny verwendet im Interview eine als in-vivo codierte Bezeichnung für die Schule aufgrund seiner Erfahrungen.

> »B: Also die Schule das war eigentlich für mich bis zur bis zur bis zum Ende der achten Klasse war das für mich ein Ort des Schreckens (.) weil ich wurde in der Schule bis (.) Mitte achte Klasse wirklich gemobbt« (Conny_85).

Auch bei Conny zeigt sich, dass die erlebten Diskriminierungen im Kontext der Peergroup und der Schule stattfinden. Er berichtet von seinen Erfahrungen bezüglich einer Diskriminierung aufgrund des Aussehens und der Körperlichkeit und von weiteren Diskriminierungserfahrungen.

»B: Ich wurde im Grunde genommen immer auf das Äußerliche aus abgestellt, ich bin halt nicht der Schlankeste sag ich so wie es ist (..) darauf wurde ich immer (..) abgestellt als ob es als fettes Schwein war oder als (..) Asi gab es auch schon (.) ich/keine Ahnung wie die da drauf kamen und dann halt war auch noch der Aspekt, die wussten natürlich dass mein Vater [Angabe der Herkunftsregion] ist und da kommen die (1 Wort unv.) vor 30 Jahren ungefähr mal Flüchtling und (..) da war ich auch Kanake und ein und ein Ausländerpack das hab ich auch schon oft genug gehört« (Conny_99).

Die Bezeichnung »Asi«, die umgangssprachlich für die Bezeichnung *Asoziale* genutzt wird, ist ein Begriff, der als Abwertung hinsichtlich der sozialen Klasse verwendet wird. Vor allem im Nationalsozialismus wurde der Begriff politisch genutzt, um bestimmte Bevölkerungsgruppen zu stigmatisieren und eine juristische Verfolgung zu rechtfertigen. Auch in der DDR war der Begriff politisch und juristisch mit der Bezeichnung und Verfolgung bestimmter (als nicht in das gesellschaftliche System integrierbar betrachteter) sozialer Gruppen verbunden. Bei Conny kommt noch eine weitere Kategorie von Diskriminierung hinzu, da er auch rassistische Beleidigungen aufgrund der ethnischen Herkunft seines Vaters in der Schule erlebt. In den oben angeführten Zitaten können vier Formen von Diskriminierung analysiert werden. Neben den drei klassischen intersektionalen Kategorien der Triade Class, Race, Gender kann hier Körper (Bodyismus) als eine weitere Kategorie zugeordnet werden. Conny beschreibt auch seine Erfahrungen mit Pädagog_innen in der Schule. Ähnlich wie Helge (siehe oben) empfand er diese als wenig unterstützend in seiner Situation. Dazu wird unten in Bezug auf die Kommunikation über sexuelle Themen noch einmal eingegangen.

5.2.2 Erfahrungsraum Jugend

Die Kategorie *Erfahrungsraum Jugend* integriert Codes bzw. Subkategorien, die sich auf Ereignisse in der Jugendphase beziehen und bei denen in den Interviews eine situationsbezogene Wichtigkeit für die jugendliche Entwicklung deutlich wird. Diese Ereignisse stehen nicht direkt mit Sexualität in Verbindung. Sie sind mit den anderen vorab beschriebenen Kategorien verwoben. So steht die Suche nach Identität in einem Zusammenhang mit den Entwicklungsphasen der Pubertät und Adoleszenz und der Zuordnung zu einer geschlechtlichen und sexuellen Identität. In dieser Lebensphase müssen Jugendliche zudem wichtige biografische Übergänge bewältigen. Übergänge finden zum einen im schulischen bzw. beruflichen Bereich statt. In allen Interviews berichten die Jugendlichen von der Gestaltung (und der Herausforderung) ihres schulischen und beruflichen Werdegangs. Diesem wird von den Jugendlichen eine große Bedeutung beigemessen. Zum anderen zeigen sich bei einigen Jugendlichen biografische Brüche in der Jugendphase. Diese hängen zum Teil mit dem notwendigen Übergang nach Abschluss der Schule zusammen, beziehen sich aber auch auf andere Institutionen der Sozialisation, in denen es zu biografischen Brüchen kommt.

Biografische Übergänge: »Mit einem Bein im Leben«

Jugendliche befinden sich bezogen auf diese biografischen Übergänge in einer Situation, in der sie grundlegende Entscheidungen für ihr weiteres Leben treffen müssen. Gleichzeitig werden sie mit den strukturellen Grenzen ihres erreichten Abschlusses konfrontiert. Dies ist vor allem für bildungsbenachteiligte Jugendliche, die mit ihren Abschlüssen nur eingeschränkte Möglichkeiten der beruflichen Entwicklung haben, der Fall. Der Erfolg bei der Suche nach einem Ausbildungsplatz ist zudem mit weiteren Faktoren, wie dem sozialen Status der Herkunftsfamilie oder einem Migrationshintergrund, verwoben. Gesellschaftlich wird zudem keine Sicherheit an die Jugendlichen vermittelt, dass ihre Entscheidung zu beruflichem Erfolg führen wird. Ob die Jugendlichen und deren angestrebte Abschlüsse später in der Arbeitswelt benötigt werden, ist offen und damit auch die Perspektiven in Bezug auf den sozialen Status, die sozioökonomischen Möglichkeiten und generell das gesellschaftliche *Gebrauchtwerden*. Die Suche nach Identität(en) und Zugehörigkeiten ist eng mit den schulischen und beruflichen Möglichkeiten verknüpft (BMFSFJ, 2017, S. 271f.).

> »I: Ok wie geht es dir gerade momentan so also wie schätzt du jetzt deine momentane Lebenssituation ein?
>
> B: (.) Momentan so durchschnittlich es klingt jetzt so bescheuert, na ja ich bin ich (.) stehe mit einem Bein im Leben (.) noch nicht mit beiden, ich bin halt was mich halt immer zurückwirft dass das mit der mit den Ausbildungen wenn man sich knapp 60 70 mal bewirbt und dann immer einen Rückschlag nach dem anderen kriegt und eine Absage nach der anderen das tut einem auf jeden Fall schon weh und dann zweifelt man dann auch schon wieder am Selbstbewusstsein.

I: Ok jetzt hast du ja auch noch mal einen ganz wichtigen Punkt genannt du hast also deine Schule abgeschlossen. Ich frag jetzt noch mal nach {B: Ja.} also hast einen Schulabschluss und hast versucht also jetzt Ausbildungen zu machen {B: Genau} und das hat nicht so gut funktioniert wie ich jetzt höre?

B: Im Grunde genommen hat es gar nicht funktioniert ich hab zwar jetzt, ich bin [Jahr] aus der Schule raus, hab ein Jahr FSJ gemacht, weil letztes Jahr hab ich mich auch über 40 Mal beworben nix bekommen obwohl ich frag mich warum, ich hab einen ordentlichen Notendurchschnitt ich halb also einen ordentlichen einen durchschnittlichen ein [Note] Durchschnitt, ich (..) ja ich bin (..) ich weiß nicht woran es liegt ob ich eine Niete im Bewerbung-Schreiben bin, eigentlich auch nicht also wir hatten damals ja in den FSJ-Seminaren gelernt gekriegt wie wie man eine Bewerbung schreibt und das sagte ja selbst die Dozentin das ist eine ordentliche Bewerbung (..) genau (..) ich hab, weswegen hab ich keine Ahnung weswegen ich eigentlich nix bekomme oder woran es liegt (.) genau (..)« (Conny_120–123).

Conny beschreibt seine momentane Lebenssituation. Die Bedeutung des schulischen und weiteren beruflichen Werdeganges wird dabei deutlich. Er sagt, dass er mit einem Bein im Leben steht. Dies macht die besondere und zugleich vulnerable Situation, in der sich Jugendliche in dieser Phase befinden, deutlich. Sie werden als zukünftige Erwachsene gesehen und es werden entsprechende Aufgaben an sie adressiert. Dazu gehören zum Beispiel das Erreichen eines Schulabschlusses oder das Erreichen einer Reife und eines Verhaltens, das der gesellschaftlichen Norm entspricht. Dazu gehört auch, eine berufliche Perspektive zu haben und sich um berufliche Integration zu bemühen. Letzteres kann die Gesellschaft jedoch nicht verbindlich gewährleisten und somit einen Erfolg dieser Bemühungen nicht garantieren (BMFSFJ, 2017, S. 271f.). Im Interview mit Conny wird das daran deutlich, dass er einen durchschnittlichen Schulabschluss erreicht hat und somit in seinem Verständnis die nötigen Voraussetzungen für den weiteren beruflichen Werdegang geschaffen hat. Seine Enttäuschung darüber, dass das nicht gelingt, kann darauf bezogen werden, dass allein ein guter bis durchschnittlicher Schulabschluss keine Gewährleistung für die weitere berufliche Entwicklung ist. Er sagt, es habe gar nichts funktioniert, von dem, was er versucht hat. Die an Jugendliche allgemein gesellschaftlich adressierte Erwartung des Erreichens schulischer Abschlüsse und angemessener Bewerbungsbemühungen beinhaltet kein Versprechen, dass die Versuche dieser Erwartung nachzukommen auch zu einem Erfolg führen. Diese Erfahrung hat Conny gemacht. Es zeigt sich, dass ihm dafür keine Deutungsmuster zur Verfügung stehen. Er kann sich diese Situation nicht erklären. Selbst die Überbrückung des ersten Jahres nach dem Schulabschluss durch ein Freiwilliges Soziales Jahr (FSJ), womit er einer weiteren gesellschaftlichen Forderung nachkommt und sich um soziale und berufliche Integration bemüht, haben an seiner Situation nichts geändert. Er beschreibt, wie sich diese Situation auf sein emotionales Befinden und sein Selbstbewusstsein auswirkt und er beginnt an seinen Kompetenzen zu zweifeln. Ein Bezug, den Conny selbst in der zuletzt angeführten Interviewsituation (siehe oben) nicht herstellt, der sich jedoch an einer anderen Stelle im Interview zeigt, als er von der Schule berichtet, ist sein sogenannter Migrationshintergrund. Der Vater von Conny stammt aus einem südeuropäischen Land und Connys Klarname verweist auf das Herkunftsland des Vaters. Die schriftlichen Bewerbungen und die damit zusammenhängenden Absagen könnten durchaus in einem Zusammenhang mit dem Namen stehen, wie Untersuchungen zeigen (vgl. Krause et al., 2010; Bösche et al., 2012). Zudem wohnt Conny in einer Region, in der sich auch politisch in der Zeit des Interviews bei einem Teil der Bevölkerung offen eine starke Abwehrhaltung und Distanz gegenüber als *nichtdeutsch* wahrgenommenen Menschen zeigte. Dies stand im Zusammenhang mit dem starken Zuzug von Geflüchteten (ab 2014), woran sich eine politische Diskussion insbesondere über Menschen aus süd- und osteuropäischen Ländern in Bezug auf deren Aufenthaltsstatus und Bleiberecht anschloss. Dies wurde auch bei den Wahlen zu den Landtagen und dem Bundestag in den Bundesländern Sachsen und Sachsen-Anhalt am Wahlerfolg der Alterative für Deutschland (AfD) deutlich, die hier sehr klare Positionen vertritt. Ebenso kam es durch die CDU und das von ihr in dieser Zeit geführte Bundesinnenministerium zu einer Problematisierung des Aufenthaltsstatus von Personen aus Regionen in Süd- und Osteuropa und daraus folgend zu vermehrten Abschiebungen (vgl. Die Bundesregierung, 2017; Stellungnahmen und Presseberichte: Deutscher Bundestag, 2016; Mappes-Niedick, 2016; Zentralrat der deutschen Sinti und Roma, 2015). Auch wenn Conny dies selbst im Interview nicht für seine momentane Situation reflektiert, sind diese Entwicklungen aufgrund anderer Studienergebnisse als mögliche Gründe für seine Situation mit zu berücksichtigen.

Auch in diesem Interview zeigen sich eher Elemente, die zu einem negativen Vertrauenskonzept, teilweise bis hin zu einem Vertrauensverlust in das

System, führen. Conny kann aus seiner Sicht nicht darauf vertrauen, dass eine Erfüllung der Erwartungen des Systems (Schulabschluss, Bewerbungen) zur Folge haben, dass dieses ihm eine weitere berufliche Ausbildung garantieren kann.

Biografische Brüche: »vor die Tür gesetzt«

Zu den Erfahrungen von Luca gehören Beziehungsabbrüche wichtiger Bezugspersonen in der Jugend. Für Luca stellen diese jeweils einen biografischen Bruch dar, da diese mit einem radikalen Wechsel seines sozialen Umfeldes und Lebensortes einhergingen. In einer ersten Erzählsequenz berichtet Luca von der Lebenssituation in der Familie, in der er mit seiner leiblichen Mutter, seinem Stiefvater und mehreren Geschwistern lebt. Diese ist, aus seiner Sicht, vor allem durch die schwierige Beziehung zu seinem Stiefvater gekennzeichnet.

> »B: Na so Familienhilfe hatte ich damals.
> I: Ah okay also hattest du auch eine also Familienhilfe gab es auch.
> B: Ja (.) so aber die wollte dann mein Stiefvati irgendwann nicht mehr hat auch verboten dass die ins Haus kommt und alles.
> I: Ja.
> B: Da wurde das dann beendet und ja irgendwann wurde es halt wieder immer schlimmer und immer schlimmer und irgendwann hat er/sollt ich dann/bin ich dann halt früh in die Schule mein Stiefvati hatte den Samstag schon davor gesagt hier pack deine Sachen da ist die Tür, so hat meine Mutti wenigstens noch geklärt dass ich bis Montag bleiben kann.
> I: Mhm.
> B: So hat er gesagt ja Montag nimmst du aber gleich packst deine Sachen und war es/nimmst die gleich mit in die Schule (..) was sollte ich denn anderes machen (.) so haben die Sachen gepackt bin in die Inoha [Inobhutnahme] für zwei drei Tage bin in die Schule meine Mutti hat mir früh noch einen Zettel geschrieben dass sich bitte die Schule drum kümmern soll oder möchte dass ich irgendwo unterkomme so und das (.) das ist irgendwie ganz kurios, den Zettel hab ich meiner Vertrauenslehrerin gegeben meine Vertrauenslehrerin mein Klassenlehrer mein Klassenlehrer mein Schulleiter und der Schul/Schulleiter hat dann das Jugendamt angerufen das Jugendamt dann in [Ort C] und dann hat mich [Ort C] irgendwann abgeholt. Aber nach der Schule« (Luca_47–53).

Luca berichtet im Interview, dass er Familienhilfe hatte. Dieser Bezug ist insofern interessant, da Sozialpädagogische Familienhilfe (SPFH) sich nicht auf eine Person bezieht, sondern als Hilfe zur Erziehung für die gesamte Familie gedacht ist. In der Regel umfasst ein wesentlicher Teil einer SPFH die Arbeit mit den Eltern, zum Beispiel an der Erziehungskompetenz (vgl. Fendrich et al., 2016, S. 70). Eine Zusammenarbeit zwischen Familie und SPFH scheint in Lucas Familie schwierig gewesen zu sein. Am Verhalten des Stiefvaters, der der SPFH verbietet ins Haus zu kommen, zeigt sich, dass hier kein konstruktives Arbeitsverhältnis bestand. Im Interview berichtet Luca, dass er ein gutes Verhältnis zur SPFH hatte. Sein Stiefvater habe die Familienhelferin aber noch nie leiden können und es habe immer Streit gegeben, weil er sich dadurch verändern würde. Luca übernimmt die Konstruktion des Stiefvaters, dass er das Problem in der Familie sei, und bezieht demzufolge auch die Notwendigkeit einer SPFH auf sich allein. Im Interview berichtet er von Verhaltensänderungen durch die Zusammenarbeit mit der SPFH und verbindet die Beendigung der SPFH mit der danach einsetzenden Verschlechterung des familiären Zusammenlebens. Hier entwickelt Luca eine eigene Sicht, die von der des Stiefvaters abweicht. Er sieht nicht mehr sich als das Problem, sondern bezieht die Verschlechterung der familiären Situation auf die Beendigung der SPFH durch den Stiefvater. In dieser Lebenssituation macht Luca die Erfahrung, dass eine Arbeit an seinem Verhalten und ein Bemühen seinerseits zum Abbruch einer für ihn wichtigen sozialen Beziehung führen. Die daraus folgende Konsequenz im familiären Zusammenleben muss er verantworten und die Familie verlassen, was für ihn zum nächsten Bruch führt. Die oben angeführte Sequenz veranschaulicht deutlich Lucas Hilflosigkeit in diesem Moment (»was sollt ich denn anderes machen«) und ebenso die mangelnde Sorge und Unterstützung der Familie, die sich als wenig verlässlich erweist. Das Jugendamt, das durch die Vergabe der SPFH mit der Familie in Kontakt war, wird von den Eltern nicht einbezogen, um einen Übergang in eine stationäre Einrichtung zu gestalten. Luca muss sehr spontan und unvorbereitet die Familie verlassen. Die Eltern delegieren ihre Verantwortung an die Schule (»meine Mutti hat mir frühs noch einen Zettel geschrieben, dass sich bitte die Schule drum kümmern soll oder möchte dass ich irgendwo unterkomme«). Luca verbringt die nächsten Jahre in stationären Einrichtungen der Jugendhilfe. Die Eltern brechen den Kontakt zu ihm ab. Außer zu einem Großelternteil und einem Geschwister hat er für mehrere Jahre keinen Kontakt zu Familienangehörigen.

Den Ablauf bis zur Inobhutnahme bezeichnet Luca selbst als kurios. Damit nimmt er eine Einordnung dieses Vorfalls und eine Distanzierung vor. Der Ausdruck kurios kann hier als etwas interpretiert werden, was Luca selbst als merkwürdig, absonderlich, wunderlich oder befremdlich wahrnimmt und einstuft. Den Ausdruck verwendet er zur Beschreibung der von ihm erlebten Inobhutnahmesituation, die für ihn mit dem Verlassen der Wohnung beginnt und über den Ablauf in der Schule zur Aufnahme in einer Jugendhilfeeinrichtung führt. Luca beschreibt die Kette des Weitergebens des elterlichen Briefes und damit der Verantwortung für das Kindeswohl. Der Ausdruck kurios für das gesamte Vorgehen, den Luca Jahre später zur Beschreibung dieser Situation im Interview benutzt, verweist darauf, dass Luca diese biografisch einschneidende Situation und die damit zusammenhängende Vorgehensweise nach wie vor als merkwürdig oder sogar befremdlich einstuft. Mit dem Ausdruck kurios nimmt er hinsichtlich der negativen Wirkung der erlebten Situation aber auch eine begriffliche Abschwächung vor und beschreibt diese nicht mit einem Adjektiv, das drastischer wirkt. Zu etwas Kuriosem gehört neben einem Befremden auch etwas Wunderliches und Komisches. Es ist anzunehmen, dass ein ernsthaftes Besprechen dieser Situation mit Luca und eine transparente Begründung durch die involvierten Erwachsenen (Eltern, Lehrkräfte, Fachkräfte der Jugendhilfe) hier nicht unter Einbezug von Lucas Bedürfnissen und mit Blick auf eine angemessene biografische Verortung stattgefunden haben.

Luca macht die Erfahrung eines biografischen Bruchs ein weiteres Mal, als er volljährig wird und das Heim, in dem er zu dieser Zeit lebt, verlassen muss. Im Anschluss daran wohnt er kurze Zeit bei seiner Schwester, danach bei seinem leiblichen Vater, dann bei einem Freund und zieht anschließend in eine eigene Wohnung, die er mithilfe einer Jugendberatungsstelle bekommt. Er lebt in dieser Zeit an verschiedenen Orten in drei verschiedenen Bundesländern. Kurz nach dem Einzug in die eigene Wohnung wurde das Interview mit Luca geführt. Das Ende der stationären Betreuung in der Kinder- und Jugendhilfe, in der Luca seit seinem Auszug aus der Familie lebte, beschreibt er sehr eindrücklich im Interview:

»I: Also das heißt als du dann aus dem Heim ausgezogen bist warst du 18 deshalb hat dann das Jugendamt sich auch nicht mehr um dich gekümmert oder gab es da haben die noch irgendwas gemacht?

B: Nee.

I: Nee gar nicht mehr?
B: {Gar nichts mehr}
I: Also bist du aus dem Heim ausgezogen und warst (.) auf dich gestellt wenn ich das richtig verstehe da gab es also erstmal niemanden außer jetzt so Freunde und deine Schwester und so die gesagt haben (.) wir helfen dir.
B: Sonst war gar nichts mehr überhaupt nicht.
I: Mhm okay.
B: Wie gesagt damals in [Ort D] das ging dann einfach nur hab ich dann mein restliches Taschengeld von 95 Euro bekommen war ich auch wenigstens froh dass ich das hatte damit ich wenigstens zu meiner Schwester fahren konnte.
I: Ja ja.
B: Und mir noch was zu essen unterwegs holen konnte weil es war (..) schon am Abend wo die mich dann vor die Tür gesetzt haben warum auch immer am Abend (.) so und auf jeden Fall bin ich dann (.) bin ich dann rauf zu meiner Schwester gefahren war mit den 95 Euro so die Karte hatte 65 Euro gekostet tja waren dann waren es nur noch 30 Euro wollte mir aber auch noch was zu essen holen und nochmal eine dickere Jacke weil ich konnte halt auch nicht alle Sachen [Ort D] mitnehmen, hab natürlich auch noch so so durcheinander wie ich war meine Jacke vergessen (.) musst ich mir noch eine neue Jacke kaufen« (Luca_74–83).

Luca berichtet im Interview von zwei großen biografischen Brüchen in seinem Leben. Diese sind mit zentralen Sozialisationsinstanzen in unserer Gesellschaft verbunden und diese tragen in Lucas Fall die Verantwortung für diese Brüche. Luca berichtet im Interview nicht davon, dass er in Entscheidungen einbezogen wurde bzw. seine Bedürfnisse berücksichtigt wurden. Im ersten Fall entscheiden die Eltern der Herkunftsfamilie und im zweiten Fall das Jugendamt. In beiden Fällen wären weniger unvermittelt eintretende Übergänge möglich gewesen, verbunden mit einer Berücksichtigung von Lucas Bedürfnissen, hinsichtlich einer stärkeren Beteiligung und einer Unterstützung. Beide Institutionen erweisen sich für Luca nicht als verlässliche Beziehungen im Sinne einer Sorge, des Kümmerns und der Unterstützung für ihn. Die Jugendhilfe, deren Auftrag es unter anderem ist, Defizite der Familie bei der Betreuung und Erziehung auszugleichen, und die die Möglichkeit hätte, hier einen Übergang durch Nachbetreuung wie zum Beispiel betreutes Einzelwohnen oder zumindest eine Übergabe zu gestalten, kommt dieser Verantwortung nicht nach. Lucas Überforderung und Hilflosigkeit, die er mit 18 Jahren nach dem Verlassen des Heims erlebt, wird in der detaillierten Schilderung im letzten Absatz der oben zitierten Erzählsequenz deutlich. Luca erlebt, ebenso wie beim Verlassen des elterlichen Haushalts, den Auszug als überraschende und unvermittelt eintretende Situation, auf die er nicht ausreichend vorbereitet ist. Er versteht den Zeitpunkt seiner Entlassung nicht, er hat nicht die für die Witterung nötige Kleidung dabei und sein Taschengeld ist innerhalb weniger Stunden aufgebraucht. Luca erlebt in zwei wichtigen biografischen Übergangsphasen, dem Übergang von der Kindheit in die Jugendphase und dem Eintritt in das Erwachsenenalter, Brüche, die mit einem radikalen Wechsel des sozialen Umfeldes verbunden sind. Er erlebt sich dabei als machtlos und den Entscheidungen anderer ausgeliefert.

Diese Erfahrungen führen zu einem negativen Vertrauenskonzept in Bezug auf die Stabilität sozialer Beziehungen und die Verlässlichkeit eines sozialen Systems. Dies hat Konsequenzen für die Lebensplanung und die Lebensperspektive von Luca.

> »B: Aber so (.) sonst plan ich eigentlich nicht wirklich in die Zukunft ich denk halt was kommt das kommt halt (.) so und ich leb halt im Jetzt nicht in der Vergangenheit nicht in der Zukunft sondern nur im Hier und Jetzt, so und dadurch plan ich auch nicht wirklich in die Zukunft, was Familie angeht so weil kann immer was dazwischen kommen dann ist der ganze Plan im Arsch und dann musste wieder von Neuem planen (.) so ja so auf jeden Fall will ich halt jetzt demnächst wegen Ausbildung gucken oder was da nun ist weil ich hab ja immer noch keinen Hauptschulabschluss« (Luca_413).

Luca vermeidet Planungen und Festlegungen insbesondere mit Blick auf soziale Beziehungen. Dies kann als Versuch (Strategie) interpretiert werden, Enttäuschungen zu vermeiden. Das verbindliche Eingehen einer Beziehung ist immer auch mit einem Vertrauensvorschuss und dem Risiko der Enttäuschung verbunden (vgl. Luhmann, 1989). Mit Blick auf zentrale Entwicklungsaufgaben im Jugendalter und insbesondere die Herstellung einer Identität zeigt sich bei Luca, dessen Leben von zwei biografischen Brüchen gekennzeichnet ist, dass er in seiner Identitätssuche und bei der Gestaltung einer Lebensperspektive kaum auf identitätsstiftende Konzepte zurückgreifen kann (vgl. Oerter & Dreher, 2002, S. 271, 292ff.). Aus einer psychologischen Perspektive kann dies zu einem regressiven Verlauf und zu einer sogenannten diffusen Identität führen. Diese ist unter anderem durch die fehlende Festlegung auf eine berufliche Entwicklung und bestimmte gesellschaftliche Werte gekennzeichnet (ebd., S. 295ff.).

Familiäre Konstellation: »weil es dann echt eskaliert«

Eine weitere Kategorie, die sich der Hauptkategorie *Erfahrungsraum Jugend* zuordnen lässt, ist die der familiären Konstellation. Die Zuordnung erfolgte, da sich durch die familiäre Konstellation Herausforderungen für die Jugendlichen ergeben, die zusätzlich zu den anderen Entwicklungsaufgaben des Jugendalters bewältigt werden müssen. Diese Kategorie steht, ebenso wie alle anderen Kategorien auch, nicht für sich allein hinsichtlich ihrer Wirkungen, sondern ist mit anderen Kategorien verwoben. Veränderungen in der familiären Beziehungskonstellation können für Jugendliche auch mit biografischen Übergängen und Brüchen verbunden sein. Dies wird in einer längeren Interviewsequenz mit Tomke deutlich.

»B: Ok also ich fang von ganz früher an, ich bin [Stadt A] geboren also ich komm nich aus von hier, meine Eltern haben sich getrennt da war ich ein eineinhalb. Damit eigentlich alles schon angefangen dann war meine Mama ganz lange alleinerziehend und jetzt hab ich aber auch noch zwei Halbgeschwister genau dann sind wir hier hergezogen und hier war dann eig/oder is eigentlich so dass das Hauptleben sag ich jetzt mal so ich bin hier als Jugendliche hergekommen und früher da war man halt im Kindergarten und hat dort nicht Großes gemacht [...] ja was mich auch so bis/also nicht direkt geprägt hat aber schon ein bisschen was mit Sexualität zu meinem Vater, der hat sich nach meiner Geburt sterilisieren lassen das heißt das war schon so ich bin die Einzige da wird auch kein anderes Kind mehr kommen und ich hab jetzt auch nie direkt mit ihm darüber gesprochen meine Mama hat mir das erzählt (.) und das ist halt schon so irgendwie was Besonderes aber wo man dann doch nicht nachhakt weil ich jetzt kein Kon/guten Kontakt zu meinem Vater hab ich seh den ein bis zwei Mal im Jahr und da fragt man dann nicht so gerne so Sachen nach.

I: Gut du hattest ja jetzt gesagt du bist als Jugendliche hergekommen wie als/wie alt/

B: Mhm ich bin in der fünften Klasse hier hergezogen.

I: Ah in der fünften Klasse bist du hier hergezogen.
B: Das da fängts ja dann langsam an würd ich jetzt sagen.
I: Mhm also du meinst jetzt so fängt an mit der Pubertät so/
B: Ja ja.
I: Ok (.) und in du hattest ja jetzt erwähnt in dem Kontext du hast jetzt nicht mehr so guten Kontakt zu deinem Vater aber wo ihr noch in [Stadt A] gewohnt habt wars da anders als jetzt?
B: Mhm da hab ich ihn glaub ich alle zwei Wochenenden gesehen also schon öfter, es hat sich dann halt so irgendwie so also mein Vater wollte nicht dass wir hier herziehen und dann hieß es aber ja weil er möchte auch meiner Mama nicht im Weg stehen wegen Beruf und alles weil sie ja hier also hier eine Beruf haben möchte und mein Stiefvater möchte hier studieren und hat jetzt auch an/oder ist jetzt schon fast zu Ende und dann hat er gesagt na gut, und dann war aber meine Mama wieder schwanger und dann hat es wieder nicht funktioniert und deswegen also hab ich allgemein nicht so einen guten Kontakt zu ihm (..) und ja dieses Jahr hab ich hin noch gar nicht gesehen.
I: Ok mhm also ist mehr also würdest du sagen der Kontakt zu deinem Vater ist auch mehr so dadurch beeinflusst durch die Beziehung deiner Eltern?
B: Mh naja eine bisschen also er hat halt schon seinen eigenen Kopf und wenn meine Eltern telefonieren dann bin ich auch meistens nicht zu Hause weil es dann echt eskaliert einfach weil die sich gar nicht gut verstehen, ich hab also wir telefonieren immer (.) allerdings sagt er dann halt auch manchmal so Sachen wo ich mir denke das muss jetzt nicht sein so hinter dem Rücken meiner Mutter oder sowas und da sag ich dann halt von mir aus selber nö möcht ich jetzt nicht darüber sprechen, ich jetzt zum Beispiel auch nicht oder wenn dann sag ich ihr das mal was er zum Beispiel erzählt hat und der Kontakt ist wirklich nicht gut also naja/« (Tomke_3–13).

In diesem Interviewausschnitt lassen sich verschiedene Codes und Kategorien bilden bzw. zuordnen. Ausschlaggebend ist hier eine Veränderung der familiären Konstellation durch die Trennung der leiblichen Eltern von Tomke in deren frühen Kindesalter. Sie erlebt in der Folge über jeweils längere Zeit verschiedene Familienformen, erst eine Ein-Eltern-Familie mit der alleinerziehenden Mutter und später eine Patchworkfamilie mit deren neuem Freund und (Halb-)Geschwistern. Durch die Bedürfnisse der

Mutter und des Freundes der Mutter in Bezug auf Bildung und berufliche Perspektiven kommt es zu einem Umzug in ein anderes Bundesland. Tomke verortet den Zeitpunkt des Umzugs auch mit dem Beginn ihrer Pubertät, wodurch diesem eine besondere Bedeutung zukommt. Ihr Leben nach dem Umzug an dem neuen Wohnort bezeichnet sie als ihr Hauptleben. Sie nimmt hier eine Trennung ihrer Kindheit von der Jugend vor. Mit dem Umzug verbunden ist auch ein Bruch in der Beziehung zu ihrem leiblichen Vater, zu dem sie bis dahin regelmäßigen Kontakt hatte. Tomke bringt die Verschlechterung in der Beziehung zu ihrem Vater in einen Zusammenhang mit dem Umzug und der erneuten Schwangerschaft ihrer Mutter. Einerseits ist ein regelmäßiger Kontakt aufgrund der großen Entfernung, wie Tomke im Interview berichtet, nicht möglich, andererseits deutet sie die Veränderung in der familiären Konstellation, die auch zu dem Umzug führt, als Grund der schlechten Beziehung ihrer leiblichen Eltern. Für Tomke führt diese Situation zu emotionalen Spannungen, da sie zwischen den Eltern steht. Die Eskalationen bei Telefongesprächen ihrer Eltern führen dazu, dass sie sich zurückzieht und den Aufenthalt in der Wohnung der Mutter zu diesen Zeiten meidet. Der Vater adressiert seinen Unmut auf die Mutter auch an Tomke, wenn er mit ihr allein telefoniert, was bei Tomke zu einer solidarischen Haltung gegenüber der Mutter führt, wodurch sich die Distanz zu ihrem leiblichen Vater vergrößert. Die Aussage von Tomke, dass sie mit ihrer Mutter auch über die Telefonate mit ihrem Vater spricht, kann als ein Versuch der Herstellung von Vertrauen bzw. der Stärkung der Vertrauensbeziehung zur Mutter interpretiert werden.

Der Freund der Mutter, den Tomke als Stiefvater bezeichnet, wird von ihr nicht als Person, die eine Vaterrolle übernehmen kann anerkannt, obwohl sie schon mehrere Jahre mit ihm zusammen lebt.

> »B: Es gibt schon noch ein paar Dinge wie zum Beispiel dass mein Stiefvater dann halt irgendwann bei uns war, den ich also ich akzeptiere ihn aber nicht als Vater natürlich weil das ist halt schon was anderes er ist jetzt aber auch schon über, meine Schwester ist jetzt sieben das heißt über sieben Jahre ist er schon bei uns vielleicht neun oder so« (Tomke_15).

Bei Tomke ist die Zeit der Pubertät und damit eine wichtige Entwicklungsaufgabe, die sich für Jugendliche stellt, mit biografischen Herausforderungen verbunden: einem Umzug in ein neues, bis dahin nicht bekanntes, soziales Umfeld; damit zusammenhängend einem Bruch bzw. sehr starken Veränderungen der sozialen Beziehungen, darunter als bedeutend einzustufen, die zu ihrem leiblichen Vater; dem Zusammenleben in einer durch die Partnerschaft der Mutter und die Geburt von (Halb-)Geschwistern sich verändernden Familienkonstellation und in diesem Zusammenhang auch der Aushandlung der Rolle des von ihr so benannten Stiefvaters, dem sie keine Vaterrolle zuschreibt. Die Frage der eigenen Herkunft spielt für Jugendliche in den Phasen der Pubertät und der Adoleszenz eine wichtige Rolle und wird von ihnen auch im Kontext der eigenen sexuellen Entwicklung und der Auseinandersetzung mit den Lebensvorstellungen und einem Kinderwunsch reflektiert (siehe oben). Auch Tomke stellt diesen Bezug her. Die Frage der eigenen Herkunft ist neben den oben beschriebenen Faktoren eng mit dem Fakt verbunden, dass ihr Vater sich sterilisiert hat und sie das einzige leibliche Kind ist und bleiben wird. Dies stuft sie als etwas Besonderes ein und ebenso als etwas, was für sie mit Sexualität verknüpft ist. Es zeigt sich auch hier ein Interesse und Bedürfnis nach Aufklärung (siehe oben), das aber nur teilweise befriedigt werden kann, da für sie eine Kommunikation darüber mit dem Vater nicht möglich ist.

Identitätssuche: »heute bin ich so der Musiker«

Eine weitere Kategorie, die zum *Erfahrungsraum Jugend* gehört, ist die *Identitätssuche.* Allgemein gefasst kann Identität als das Selbstverständnis einer Person betrachtet werden. Identität ist eine Konstruktion, die in die Sozialisation eingebunden ist und durch eine aktive Beteiligung des Subjekts zustande kommt. Diese Beteiligung ist durch die Suche nach einer Passung zwischen innen (subjektive Verortung) und außen (gesellschaftliche Ansprüche und Anerkennungen) gekennzeichnet, bei der es zu einer Aushandlung der diesbezüglichen Deutungen kommt (vgl. Abels, 1998, S. 33ff.; Oerter & Dreher, 2002, S. 290ff.). Wie eng die Identitätssuche mit den Erfahrungen bei biografischen Übergängen verbunden ist, zeigt sich im Interview mit Conny. Die Schwierigkeit bei der Gestaltung des biografischen Übergangs von der Schule in einen beruflichen Werdegang, die damit verbundene fehlende Anerkennung und die fehlende Möglichkeit, eine realistische berufliche Identität zu entwickeln, führen zu einer starken Identifikation mit Vorbildern in der Musikszene und den Inhalten der Texte. Die fehlende soziale Anerkennung sowie eine unklare schulische bzw. berufliche Perspektive führen zu einer Selbstpositionierung als Musiker. Conny zitiert im Interview Textpassagen von Musikern, die er als sein Lebensmotto bezeichnet und mit denen er bildhaft seine unklare Lebenssituation und Lebensperspektive beschreibt, was wiederum erst dazu geführt haben könnte, dass er die Lebenssituation positiv umdeutet und als zwangsläufiges Lebensmotto verortet. Wie im oben angeführten Zitat zum biografischen Übergang deutlich wird, ist seine berufliche Zukunft offen, unklar und Conny zweifelt an seiner Selbstwirksamkeit, was die selbstbestimmte Gestaltung dieser betrifft. Seine Zuwendung zur Musik kann als Teil einer Identitätskonstruktion und als Selbstpräsentation verstanden werden.

> »B: das ist halt mit Musik Geld verdienen irgendwie möge es nur ein bisschen was sein ich mach Musik zum Spaß nicht zum Leben« (Conny_37).

Conny verbindet Deutungsangebote aus der Musikszene zur Jugendzeit und Lebensgestaltung mit den gesellschaftlichen Erwartungen an das Erwachsenwerden. Der gesellschaftlichen Erwartung, finanzielle Unabhängigkeit und soziale Anerkennung als erwachsene Person zu erreichen, widerspricht einerseits die Vorstellung eines Lebens, in dem Conny sich, wie er in Bezug auf eine Textpassage aus einem Song sagt, treiben lässt, und andererseits seine momentane realistische Lebensperspektive. Die Musikszene bietet für Conny hier nicht nur Texte an, mit denen er sich als Jugendlicher identifizieren kann, sondern auch reale Vorbilder, die durch die Musik finanzielle und soziale Anerkennung erreicht haben. Die Musik, die, wie Conny im Interview berichtet, für ihn seit seiner Kindheit, gerade in Phasen, in denen es ihm nicht gut ging, eine große Bedeutung hatte, übernimmt diese Funktion auch in der Phase des schulischen Übergangs und der damit verbundenen Identitätssuche. Lothar Bönisch und Heide Funk bezeichnen Selbstwert und soziale Anerkennung als Schlüsselstellen der Identität (Bönisch & Funk, 2013, S. 65). Sie sehen dabei als lebenslange Herausforderung, da es durch die gesellschaftlichen Entwicklungen heute kaum noch stabile Identitäten geben könne, »zu lernen, sich [...] biografisch und sozial immer wieder neu und anders verorten zu müssen« (ebd., S. 66). Insofern hat Conny mit der Musik eine Möglichkeit und für sich eine Kompetenz entwickelt, die seinen Selbstwert stützt und mit der er sich soziale Anerkennung verschaffen kann.

Auch im Interview mit Chris zeigt sich Musik als starker und positiver identitätsstiftender Faktor, der hier mit weiteren identitätsstiftenden Faktoren verbunden wird. Chris nimmt in Bezug auf seine Herkunft und sein Hobby, die Musik, eine Selbstpräsentation vor und setzt beides in Bezug. Er hat eine Lernförderschule besucht und anschließend ein Berufsvorbereitungsjahr begonnen, welches er abbrach. Er war vorübergehend als Helfer auf dem Bau tätig, zur Zeit des Interviews ist er erwerbslos und bezieht Arbeitslosengeld. Im Interview berichtet er davon, dass er als Jugendlicher mehrere Diebstähle begangen hat und auch im Jugendarrest war; auch, dass er schon als Kind Musik gemacht habe und seit einiger Zeit als Rapper eigene Texte und Songs schreibt, die er zum Teil im Internet veröffentlicht. Im Interview kommt es zu einer Identitätskonstruktion und Selbstpositionierung, bei der Chris diese beiden Tätigkeiten als zentrale Identitäten (»der Kriminelle«, »der Musiker«) in seinem Entwicklungsprozess verortet und mit der Zugehörigkeit zu einer gesellschaftlichen Minderheit koppelt.

> »B: Also na ich glaub so also weil ich ja bissel so zigeunerisches Blut denk ich mal hab so« (Chris_95).

> »B: Und das ist so ein bissel so (.) weil wir sind so ein bissel paar Schlawiner so (.) und also es könnt sein dass ich (.) dadurch so bissel kriminell bin und so und (.) ja ich war schon immer derjenige der sich so mal ausprobiert mit irgendwas so den Kick zu machen und und (4 Worte unv.) (.) um jemanden zu beeindrucken (.) was ich auch immer bis jetzt geschafft habe aber jetzt mach ich eben das mit meiner Musik mache (.) und das ist jetzt wieder so ein Gegenpol kann man sagen ja früher war ich der Kriminelle so und heute bin ich so der Musiker ja« (Chris_101).

Im Interview berichtet Chris vor dieser Sequenz, dass er allein bei seinem Vater bzw. im Kinderheim aufgewachsen ist. Die Mutter verließ die Familie als Chris noch ein Kleinkind war. Chris berichtet, dass sie aus Südeuropa kommt und eine Roma sei. Sie hätte Deutschland verlassen müssen. Vor Kurzem hat Chris seine Mutter getroffen, nach 17 Jahren das erste Mal. Chris hat als Klarnamen keinen Romanamen und in seiner Sozialisation als Kind und Jugendlicher keinen direkten Bezug zu Roma. In seiner Identitätssuche (»zigeunerisches Blut«) übernimmt er ein stigmatisierendes gesellschaftliches Deutungsangebot in Bezug auf seine leibliche Herkunft. Die beiden *Eigenschaften* kriminell und musikalisch, werden beide einer Sinti und Roma Kultur zugeschrieben und zur Stigmatisierung dieser

Minderheiten genutzt.[83] Diese Zuschreibungen haben sich in Deutschland historisch entwickelt und manifestiert. Darin steckt sowohl der Gefahrendiskurs, der zur Abwehr und Verfolgung dient(e), aber auch die *wildromantische* Verklärung des *Zigeunerlebens* als Gegenpol zur sesshaften Gesellschaft (vgl. Hehemann, 1993; Strauß, 1998; Zimmermann, 1993). Chris identifiziert sich mit der Minderheit, was daran deutlich wird, dass er »wir sind so ein bissel paar Schlawiner« sagt. Schlawiner ist eine ambivalente Bezeichnung. Sie wird laut dem *Duden* für pfiffige, schlaue Menschen verwendet, aber auch als Synonym für Schlitzohr und Halunke, was wiederum auf eine negative und kriminelle Bedeutung verweist. Der Begriff wurde umgangssprachlich für geschäftstüchtige Hausierer gebraucht (vgl. Duden, 2018). Die Verwendung des Begriffs durch Chris wirkt hier wie eine *Verniedlichung* und ein Versuch der Einordnung krimineller Aktivitäten: Er sei ein bisschen kriminell. Die Roma-Identität dient Chris als Basis der Konstruktion seines Lebensprozesses. Einerseits wird hier Selbstbestimmung und Selbstwirksamkeit deutlich (»was ich auch immer bis jetzt geschafft habe«), aber auch die von ihm als positiv wahrgenommene Entwicklung: »früher war ich der Kriminelle so und heute bin ich so der Musiker«. Chris nimmt eine biografische Transformation vor. Damit erarbeitet er sich, wie Conny, eine von der Gesellschaft angebotene und weitgehend anerkannte Identität, die des Musikers, die in ihrer Wahrnehmung mit

83 Bei der Bezeichnung der Gruppen der Sinti und Roma zeigen sich große Differenzen, auch innerhalb der Selbstorganisationen und Communities. In der öffentlichen Darstellung und auch der wissenschaftlichen Literatur in Deutschland wird derzeit vor allem die Doppelbezeichnung *Sinti und Roma* verwendet. Dies wird vom Zentralrat der Sinti und Roma in Deutschland unterstützt. Die Sinti-Allianz spricht sich hingegen für eine klare Trennung aus und ebenso für die Verwendung der Bezeichnung *Zigeuner* sowie die Berücksichtigung weiterer Selbstbezeichnungen. Eine Verwendung des Begriffes *Roma* als Sammelbezeichnung, die auch die Sinti in Westeuropa mit einschließt, lehnen sie ab (vgl. Laubinger et al., 2014). Der Begriff *Zigeuner* findet sich seit dem Mittelalter als Fremdbezeichnung. Zur Herkunft des Namens finden sich unterschiedliche Ableitungen, von denen keine gesichert ist. Der Begriff findet sich, in Anlehnung an die jeweiligen Landessprachen, in ganz Europa. Bereits seit dem Mittelalter sind damit negative Zuschreibungen an die Lebensweise und Kultur verbunden. Im Deutschen Kaiserreich und in der NS-Diktatur wurde der Begriff von offizieller und politischer Seite durchgehend negativ besetzt und rassistisch aufgeladen. Auch die weitere Verwendung des Begriffs in den Institutionen der BRD war mit Diskriminierungen verbunden. Ein Teil der Sinti und Roma lehnt die Verwendung daher ab (vgl. Matter, 2013; Wippermann, 1998; Zentralrat der deutschen Sinti und Roma, 2015).

sozialer Anerkennung verbunden ist und gleichzeitig auch eine Distanzierung durch die Wahl der Musikrichtung ermöglicht und zu einer Selbstpräsentation führt.

> »I: Ok Mhm und jetzt hattest du schon die Musik angesprochen also die Musik ist jetzt für dich auch so ein Hobby, so ein also ich sag jetzt vielleicht nicht Ersatz von der Kriminalität aber das ist ein ganz wichtiger Lebensinhalt?
>
> B: Genau also das ist das ist einfach (.) das ist mein Lebenslauf, also ich kann da meinen Lebenslauf präsentieren egal was ich schreibe (..) wie gesagt ich mach hier jetzt nicht so richtig Gangsterrap oder so.
>
> I: Ja.
>
> B: Ich sag einfach nur das was was (2 Worte unv.) passiert und was in [Stadt A] passiert ist und oder passiert vielleicht noch passieren wird und (.) und naja ich erzähl eben viel von meinem Leben so was was in meiner Jugend passiert ist und in meiner Kindheit passiert ist (.) und über Liebe und über das und ja« (Chris_106–109).

Für Chris hat die Musik einen selbstreflexiven Charakter. Sie ist für ihn ein reflexives kommunikatives Medium. Über das Schreiben der Texte können eine Reflexion, eine biografische Verortung von Ereignissen und eine Identitätskonstruktion gelingen. Chris nutzt die Musik auch zur Präsentation innerhalb der Peergroup und damit als Möglichkeit der sozialen Anerkennung. Hip-Hop oder Rap bieten sich dafür als populäre Musikrichtungen unter Jugendlichen an. Selbstrepräsentation und subkulturelle Verortung sind im Rap und Hip-Hop stark verortet (Kaya, 2015). Das in einem Radiobeitrag verwendete Zitat: »ich will, dass man mich hört und sieht, deswegen rap ich« (Schnerring & Verlan, 2006) kann auch auf Chris und Connys Aussagen bezogen werden. Beiden eröffnet die Musik die Möglichkeit wahrgenommen zu werden, Chris nutzt sie zudem für eine Reflexion und Darstellung seiner Biografie. Gleichzeitig bietet der Hip-Hop für Chris die Möglichkeit einer Distanzierung von der Welt der Erwachsenen und damit auch der pädagogischen Welt. »Aus Sicht der Hip-Hop-Szene sind Pädagog_innen auch Teil des Establishments, das einem Teil der Gesellschaft, der durch Hip Hop in besonderem Maße adressiert wird, Aufstiegschancen und Anerkennung verwehrt« (Kautny, 2018, S. 40f.). Die Bedeutung des Hip-Hop und die Selbstpositionierung als Hip-Hop-Musiker können bei Chris mit der Frage der gesellschaftlichen Klassenzugehörigkeit zusammenhängen, die hier mit einer Abgrenzung vom bürgerlichen Bildungssystem verbunden ist (ebd.).

Erfahrungen mit Diskriminierung: »weil ich halt andere Klamotten hatte«
Zu den Erfahrungen, die Jugendliche machen, gehören auch die Konfrontation mit Diskriminierungen und gesellschaftlichen Benachteiligungen. In Bezug auf den Übergang nach der Schule wurden oben bereits Benachteiligungen aufgeführt, die dem Erfahrungsraum Jugend zuzurechnen sind. Diskriminierungserfahrungen wurden bezüglich der Körperlichkeit und des Aussehens in die Kategorie *Übergriffe* eingeordnet, da hier ein stärkerer Bezug zur sexuellen und geschlechtlichen Entwicklung gesehen wurde. In den Interviews berichten Jugendliche von weiteren Diskriminierungserfahrungen in Bezug auf ihre soziale Herkunft und den sozialen Status. Dies wird von den Jugendlichen differenziert in die sozioökonomischen Möglichkeiten und die ethnische Herkunft. Insofern finden sich in den Interviews drei der zentralen theoretischen Analysekategorien in Bezug auf Diskriminierung: Class, Race und Gender. Das zentrale Konzept von Intersektionalität, soziale Kategorien in ihrer Verwobenheit zu betrachten, wird hier in seiner Notwendigkeit für die empirisch gebildeten Kategorien deutlich. Die sexuelle und geschlechtliche Entwicklung der Jugendlichen ist mit dem Erfahrungsraum Jugend, dem sozialen Kontext und der jeweiligen Lebenswelt der Jugendlichen verwoben und davon abhängig. Die Jugendlichen ordnen Diskriminierungserfahrungen auch ihrem sozialen Staus zu.

> »B: In der Grundschule war es noch nicht mobben es war einfach die mögen wir nicht die ist komisch die sieht anders aus weil ich halt andere Klamotten hatte wir jetzt auch nicht reich sind wir leben auch momentan noch vom Staat weil Mama eben die ganze Zeit immer im Mutterschutz war weil die ja die Kleinen hatten« (Tomke_73).

Tomke ordnet ihre Erfahrungen in der Grundschule als »noch nicht mobben« ein. Die Ablehnung der Peers in der Klasse bezieht sie auf ihre soziale Herkunft. Ihren Status verknüpft sie mit den von ihr getragenen Kleidungsstücken. Diese werden als ein Symbol für die sozioökonomische Situation der Familie angeführt, die durch die staatliche Unterstützung aufgrund der familiären Konstellation gekennzeichnet ist. Luca berichtet im Interview ebenfalls von dieser Erfahrung. Anders als Tomke reflektiert er jedoch nicht, dass sich dies notwendigerweise aus der sozioökonomischen Situation der Familie ergibt, sondern ordnet dies für sich als selbstbestimmte Entscheidung der Familie ein, die in der Konsequenz zu einer Ausgrenzung geführt hat.

> »B: Dadurch weil ich halt auch weil wir halt auch gedacht haben ja warum sollten wir uns nicht die (.) neusten Warenklamotten holen wenn wir auch (.) billigere holen kann, (.) so war ich halt auch in der Schule halt nicht so der (.) Gefragteste mit so« (Luca_155).

Im weiteren Verlauf seines Lebens macht Luca die Erfahrung, dass auch eine Änderung dieses Symbols des sozialen Status und ein Schul- und Ortswechsel für ihn zu keiner Änderung führen, da er dann aufgrund seiner sozialen Herkunft im Kontext mit dem Leben im Heim diskriminiert wird.

> »B: Na ich wurde halt meistens runtergemacht so oder dann als ich im Heim war (.) konnte ich mir halt auch bessere Klamotten leisten so ging es aber auch nicht bergauf weil ich war halt da dann das dumme Heimkind« (Luca_387).

> »B: Das hat man bei der einen Lehrerin richtig gemerkt (..) alle Lehrer waren alle Schüler waren bei der Lieblinge aber sobald ein Heimkind in der Klasse war, der wurde runtergemacht von der Lehrerin« (Luca_389).

In diesem Zusammenhang fühlt sich Luca nicht nur im Kontext der Peergroup in der Schule diskriminiert, sondern auch von einer Lehrerin. Die beiden Sozialisationsinstanzen Peergroup und Schule zeigen sich, wie in den oben angeführten Zitaten, auch hier als Orte der Diskriminierung und Risiko für die jugendliche Entwicklung.

5.2.3 Jugend als Zeit besonderer Vulnerabilität

Kindheit und Jugend stellen generell einen vulnerablen Lebensabschnitt dar, in dem sich verschiedene Risikofaktoren ungünstig auf die Entwicklung und die Gesundheit von Kindern und Jugendlichen auswirken können (vgl. Egle, 2015, S. 24f.). Diese Sichtweise beruht auf der Annahme, dass Kinder und Jugendliche im Generationenverhältnis generell vulnerabel sind, was sich auf Faktoren wie die körperliche Unterlegenheit und die geistige und seelische Reife im Kontext struktureller Entscheidungsmöglichkeiten und der gesellschaftlichen Sicht auf kindliche Bedürfnisse bezieht (vgl. Andresen, 2018, S. 243). In den Interviews zeigt sich, dass die Jugendlichen verschiedene Herausforderungen bewältigen müssen. Die Pubertät ist aufgrund ihrer biologischen Bedingtheit eine für Jugendliche unausweichliche zu bewältigende Aufgabe. Mit ihr hängen sowohl körperliche wie psychosexuelle Entwicklungen zusammen. Sozialstrukturell sind der Schulbesuch und auch das Ende der Schulzeit in Bezug auf einen ersten Abschluss in der Jugendphase vorgegeben und damit ebenso unausweichlich. In den Interviews kann analysiert werden, dass die Gestaltung des Übergangs von der Schule in eine berufliche Perspektive für einige höchst schwierig ist. Zu den Erfahrungen, die Jugendliche machen und die in den Interviews codiert wurden, gehören auch Abbrüche von sozialen Beziehungen und Diskriminierungserfahrungen. Die Jugendlichen müssen neben der Pubertät diese weiteren Herausforderungen, die zu ihrem Erfahrungsraum gehören, bewältigen. Bei einigen kommen Erfahrungen dazu, die den Kategorien *seelische und emotionale Herausforderungen* und *Übergriffe* zugeordnet wurden. In allen Interviews können Momente seelischer und emotionaler Verletzlichkeit und Risikofaktoren in Bezug auf das Wohlbefinden der Jugendlichen codiert werden (vgl. Egle, 2015, S. 25f.; Grotberg, 2011, S. 58f.; Müller, 2011, S. 324f.). Diese sind unterschiedlich in Hiblick auf ihre Art, Dauer und Intensität. Auch die Ressourcen, die Kompetenzen und Strategien, die Jugendlichen für deren Bewältigung zur Verfügung stehen, sind unterschiedlich. Je mehr Codes in einem Interview den Kategorien *Erfahrungsraum Jugend, Pubertät und Adoleszenz* sowie *seelische und emotionale Herausforderungen* und *Übergriffe* zugeordnet werden können, umso mehr wirkt sich dies auf die Verletzlichkeit der Jugendlichen aus.

Bei der Auswertung wurde die Kategorie *Kindheit und Jugend als Zeit besonderer Vulnerabilität* gebildet. Diese wurde im Modell als *Dimensionen von Vulnerabilität* bezeichnet, um deutlich zu machen, dass es unterschiedliche Ausprägungen gibt. Der Ausdruck besondere Vulnerabilität wurde gewählt, da Heranwachsende stark von ihrer Lebenswelt abhängig sind. Die sozialen Beziehungen können, wie die Analyse der Interviews ergab (vgl. 5.3), Ressource und Risikofaktor sein und die Bewältigung von Herausforderungen ist von ihnen abhängig. Dabei sind minderjährige Personen in ihren Möglichkeiten rechtlich, ökonomisch und strukturell in der Regel stärker als erwachsene Personen eingeschränkt, was deren Vulnerabilität erhöhen kann. Die Kategorie steht in einem Zusammenhang mit dem *sozialen Kontext* und der *Lebenswelt* der Jugendlichen: »Vulnerabilität konstituiert sich wesentlich in ihrer Einbindung in bestimmte soziale Kontexte: erst bestimmte Konstellationen von Beziehungen machen Subjekte, hier Heranwachsende, zu vulnerablen Kindern und Jugendlichen« (Andresen et al., 2015, S. 11). Vulnerabilität kann in Bezug auf den englischen Begriff *vulnerability* als Verwundbarkeit oder Verletzbarkeit übersetzt werden. Krisen, Gefährdungen oder Risikofaktoren stellen dabei einen Teilaspekt von Vulnerabilität dar und können individuell unterschiedlich wirken. Daher befasst sich ein Teil der sozialwissenschaftlichen Forschung mit der unterschiedlichen Verletzbarkeit sozialer Gruppen oder von Individuen und den Bedingungen, die dazu führen, dass bestimmte Gruppen oder Individuen besonders vulnerabel sind (vgl. Künstler, 2015, S. 179).

Bezogen auf das soziale Umfeld kommen so die einzelnen Sozialisationsinstanzen in den Blick. Eine Darstellung der Ergebnisse und der gebildeten zentralen Kategorien zu diesem Bereich wird unten in Bezug auf die Lebenswelt vorgenommen. Die Verknüpfung einer hohen Vulnerabilität mit dem sozialen Kontext zeigt sich zum Beispiel in den Interviews mit Conny, Chris, Helge und Luca. In anderen Interviews ist auch eine Vulnerabilität analysierbar, sie zeigt sich jedoch aufgrund von persönlichen Eigenschaften und des sozialen Kontextes in einer geringeren Intensität bzw. mit einer wechselnden Intensität. Dabei können Formen von Selbstwirksamkeit und Selbstbestimmung analysiert werden, die die Jugendlichen handlungsfähiger machen und eine Bewältigung der Situationen unterstützen. Dazu gehören auch die Kompetenzen der Reflexion in Bezug auf die Einschätzung einer problematischen Situation, die eigenen Gefühle und das eigene Handeln (z. B. Dominique, Tomke, Jona). Diese Faktoren lassen sich sowohl auf das Kohärenzgefühl (Verstehbarkeit, Handhabbarkeit, Bedeutsamkeit) wie auf die Widerstandsfähigkeit einer Person beziehen und damit auf die Konzepte der Salutogenese und Resilienz (vgl. Stumpe, 2018). In Bezug auf Resilienz und die Bewältigung von Herausforderungen beschreibt Edith H. Grotberg drei Quellen von Resilienz: »ICH HABE; ICH BIN; ICH KANN« (Grotberg, 2011, S. 55f., Hervorh. i. O.) und dazugehörige Eigenschaften und Merkmale, die sich auch auf das soziale Umfeld beziehen (ebd.). Dabei kommt es nicht nur auf bestimmte Kompetenzen und Ressourcen in einem der drei Bereiche an, sondern »Resilienz entspringt der Kombination dieser Eigenschaften und Merkmale« (ebd., S. 56). Aus dieser Sicht zeigt sich bei den Jugendlichen im Interview, dass die Entwicklung von Resilienz, ebenso wie die Vulnerabilität, in Abhängigkeit von ihrer Lebenswelt zu betrachten ist (siehe unten).

Vulnerabilität und soziales Umfeld: »dann das Genick gebrochen«

An dieser Stelle wird am Interview mit Jona beispielhaft der Zusammenhang zwischen Vulnerabilität und sozialem Umfeld dargestellt. Jona thematisiert im Interview eine momentane Krise, die sie hier im Kontext von Peergroup und Partner_innen beschreibt:

> »B: ja momentan ist es so dass ich halt ein paar psychische Probleme hab zwecks Depressionen Ritzen und all sowas und das kam alles nur dazu weil ich damals in meinem Freundeskreis immer Leute hatte die mich halt immer wieder verletzt haben und was Partner anging halt (.) betrogen ausgenutzt und halt all so was und na ja Sch/Schlussfaktor war dann letztendlich äh meine letzte Beziehung (.) die hat mir in dem Sinne dann das Genick gebrochen, weil wie das die Jugendlichen so sind unsterblich verliebt große Zukunft aufbauend im Kopf und dann wieder betrogen und da bin ich dann halt in das ganze Schema reingerutscht zwecks ritzen Suizidgedanken all halt all so was« (Jona_5).

Jona führt die psychische Krise auf die Verletzungen durch die Peergroup und durch Partner_innen zurück. Die bei der Auswertung vorhergehender Interviews gebildeten Codes *Vertrauen* und *Verlässlichkeit* zeigen sich hier in einer geringen dimensionalen Ausprägung. Jona fühlte sich verletzt, betrogen und ausgenutzt. Die Beziehungen nimmt Jona nicht als *verlässliche Beziehungen* wahr. Dies scheint Jona anzustreben und die andauernde Enttäuschung (»immer wieder«, »dann wieder«) führt zu einer emotionalen Krise. Jona beschreibt einen Prozess: Es gab über einen gewissen Zeitraum Verletzungen bis zu einer für sie auschlaggebenden Situation (»da bin ich halt in das ganze Schema reingerutscht«). Die Formulierung »hat mir in dem Sinne das Genick gebrochen« ist eine drastische bildliche Beschreibung der momentanen Situation, die von selbstverletzendem Verhalten und Suizidgedanken geprägt ist. Jona reflektiert diese und sieht neben dem Verhalten der Peers als eine weitere Ursache auch ihre Emotionalität (»unsterblich verliebt«, »große Zukunft aufbauend im Kopf«) und setzt diese mit der Zeit des Jugendalters in einen Kontext. Die Erfahrung des

Verliebtseins und damit zusammenhängender Enttäuschungen kann für die meisten Jugendlichen als eine zu der Zeit des Erwachsenwerdens gehörende typische Erfahrung gesehen werden. Auch, dass es innerhalb von Peergroups aufgrund der Gruppendynamik zu Verletzungen oder Ausgrenzungen kommen kann, ist eine Erfahrung, die Jugendliche machen (siehe oben). Im Sinne des oben genannten Vulnerabilitätsbegriffs sind dies Risikofaktoren und deren die Vulnerabilität steigernde Wirkung kann individuell unterschiedlich sein. Es lassen sich folgende Fragen in Bezug auf Jonas besondere Vulnerabilität stellen: Warum führte diese Erfahrung für sie zu einer schweren psychischen Krise? Welche sozialen Kontexte oder Beziehungskonstellationen gab es, die hier von Bedeutung sind?

Neben der Peergroup, die als Sozialisationsort und über die dort bestehenden sozialen Beziehungen mit der Krise in Verbindung steht, kann die Familie als weitere Kontextbedingung der Lebenswelt von Jona betrachtet werden. Jona beschreibt zum Beginn des Interviews die familiäre Situation:

> »B: Ja also ich bin in einer fünfköpfigen Familie aufgewachsen. Ich hab zwei Brüder und vom Vater her wurde immer so ein bissel gewechselt weil ich meinen leiblichen Vater nicht kenne und (.) ja also wenn es Probleme gibt oder so da kann ich immer darüber mit meiner Mutti reden meine Mutti ist für mich so was wie eine beste Freundin also Mutti beste Freundin und wir wissen aber bis zu welchen Grenzen wir gehen können [...] ich hatte eine ziemlich einfache Kindheit was das angeht wir wurden nie zu Hause geschlagen oder sonst was wir wurden immer nett behandelt immer mit offenen Armen zu Hause empfangen und ja wir hatten jegliche Narrenfreiheiten« (Jona_5).

Jona benennt die Mutter im Interview als beste Freundin (und in einer späteren Sequenz als wichtigste Vertrauens- und Bezugsperson in ihrer Kindheit). Die starke Bindung zur Mutter kann auch auf das Fehlen des Kindsvaters, der als Bezugsperson nicht vorhanden ist, und die wechselnden Beziehungen der Mutter bezogen werden, wodurch es Jona nicht möglich war, eine dauerhafte und stabile Beziehung zu einem anderen Elternteil aufzubauen. Dabei scheint ein klares Familienkonzept und die Herstellung einer bestimmten Familienstruktur in der Familie immer wichtig gewesen zu sein. Die wechselnden Partner werden von Jona als Vater, nicht als Freunde der Mutter, bezeichnet. Dieses idealisierte Familienbild (Vater-Mutter-Kinder) wird jedoch durch die Wechsel durcheinandergebracht.

Auf der Beziehungsebene Mutter-Tochter beschreibt Jona eine Verschiebung zu Freundin-Freundin. Dies scheint Jona beim Erzählen selbst zu irritieren, da sie der Aussage zufügt, dass es hier Grenzen gibt. Die eigene Kindheit charakterisiert Jona folgendermaßen: »einfach«, »gewaltfrei«, »nett behandelt«, »mit offenen Armen empfangen« und »jegliche Narrenfreiheiten«. Jona scheint die Bezeichnung »einfache Kindheit« nicht auf ökonomische und materielle Dinge zu beziehen, sondern auf die sozialen Beziehungen und Bedingungen in der Familie. In diesem Kontext ist die gewaltfreie Erziehung für sie von Bedeutung. Jona benutzt den Ausdruck »nett« für die Behandlung durch die Mutter bzw. die Eltern. Der Ausdruck »nett« lässt sich in seiner Bedeutung mit angenehm und freundlich beschreiben. Umgangssprachlich wird er auch ironisch im Sinne einer unangenehmen Situation verwendet. Aus dem Kontext des Interviews mit Jona kann auf die erste Bedeutung geschlossen werden. Dennoch nimmt Jona mit diesem Begriff eine gewisse sprachliche Distanzierung vor. Es stellt sich die Frage: Wie liebevoll, zärtlich und sorgend war oder ist die Beziehung zur Mutter? Die familiäre Erziehung scheint durch Freiräume geprägt, der Ausdruck »jegliche Narrenfreiheiten« führte bei der Auswertung zu der Frage nach den Grenzen der elterlichen Erziehung. In diesem Kontext steht auch die oben erwähnte Gestaltung der Mutter-Tochter-Beziehung, die Jona als Freundinnenverhältnis beschreibt. Eine Eltern-Kind-Beziehung, die sich als freundschaftliche Beziehung versteht, hebt damit die im Generationenverhältnis festgelegten Rollen auf. Mit der Elternrolle sind bestimmte Aufgaben verbunden, wie die der Erziehung, der Entwicklungsförderung oder der Gewährleistung eines sicheren Ortes (vgl. Schneewind, 2002, S. 117ff.). Unter dem Aspekt der Vulnerabilität und dem Blick auf die Bedeutung der sozialen Beziehungen betrachtet kann eine Eltern-Kind-Beziehung, bei der Eltern diese Aufgaben nicht angemessen erfüllen, die Vulnerabilität von Kindern und Jugendlichen erhöhen.

Jona beschreibt einen starken Familienzusammenhalt, der durch gegenseitige Unterstützungsleistungen über die Kernfamilie hinaus deutlich wird. Der hohe Stellenwert, den Jona der Familie beimisst, wird im Interview unter anderem durch den Ausdruck »nichts gegen meine Familie« unterstrichen. Bei der Auswertung des Interviews wurde eine besondere Rolle von Jona in der Familie herausgearbeitet, Jona wurde als *Care Worker* codiert, was auf eine Überforderung verweist. Sie berichtet von umfangreichen und verantwortungsvollen Aufgaben in der Familie. Diese umfassen auch Betreuungsaufgaben des kleinen Bruders, des Cousins und der Cousine, die längere Zeit in der Familie lebten, wie in den folgenden Zitaten beschrieben wird:

> »B: Also mein kleiner Bruder der ist jetzt der wird jetzt dieses Jahr erst neun [...] was jetzt solche kleinen Problemchen angeht und was jetzt Schule angeht oder so bin ich dann halt seine Bezugsperson [...] er ist halt in dem Sinn kein kleiner Bruder für mich er ist halt wie so ein Sohn für mich weil [...] von Geburt an hat er immer ein Großteil mit bei mir geschlafen und (..) was das Rausgehen angeht ich hab ihn stundenlang hab ich ihn mit [...] draußen rumgetragen und (.) ich meine so was ist dann halt so eine krasse Verbindung« (Jona_21).

> »B: weil mein Cousin der ist wie mein kleiner Bruder der hat, dem hab ich alles beigebracht zwecks laufen krabbeln essen mit Löffel und all sowas (..) und er hat halt auch oft bei mir geschlafen« (Jona_23).

Die familiären Beziehungskonstellationen im Sinne eines Generationen- und Verwandtschaftsverhältnisses verschieben sich für Jona auch hier: Der Cousin wird zum Bruder, der Bruder für sie zum Sohn. Dieser Perspektivenwechsel, weg von den leiblich-verwandtschaftlich bestehenden Familiengraden, ist bei Jona an die von ihr übernommenen Aufgaben und die Sorge, die sie für andere übernimmt, geknüpft. Auch bei der Mutter (siehe oben) wird dies deutlich: Jona sieht diese als beste Freundin, nicht als Mutter, und steht im Bereich der Care Work in der Familie und in Bezug auf eine emotionale Mutter-Sohn-Beziehung zum kleinen Bruder mit dieser auf einer Ebene und nicht in einer Mutter-Tochter-Hierarchie. Sie ist eine wichtige Person für die Care-Arbeit in der Familie, über die sich Jona auch selbst definiert und Bestätigung erhält. Die Beschreibung der von Jona als positiv wahrgenommenen familiären Situation und der Beziehung zur Mutter, mit der Jona über alles reden könne, ändert sich, als Jona im Interview eine Krise thematisiert:

> »B: ich bin ein Mensch ich rede über meine Probleme aber wenn sie dann zu krass werden wo ich dann denke ich belaste die Leute damit dann fresse ich das alles in mich rein und selbst mit meiner Mutti konnte ich darüber nicht reden und irgendwann musst ich es ja meiner Mutti aber irgendwie sagen, weil die sehen das ja dann sowieso irgendwann und das war für meine Mutti ein Schlag ins Gesicht« (Jona_5).

Jona beschreibt sich und die Mutter im Interview als beste Freundinnen, die über alles reden könnten. Diese Faktoren, die als Ressource gesehen werden können und die auf eine starke emotionale Bindung und eine Einbindung in die Familie sowie ein Vertrauensverhältnis hinweisen, erweisen sich jedoch als im Fall einer Krise nicht belastbar. Jona kann mit der vermeintlich »besten Freundin«, der Mutter, nicht über Dinge sprechen, die sie emotional sehr belasten. Einerseits wird hier die Rolle als Care Worker in der Familie deutlich: Jona möchte die Mutter und auch andere in der Familie, für die sie sorgt, nicht mit ihren Problemen belasten – dies würde nicht zu einer Care-Worker-Rolle passen. Aufgrund des in der Krisensituation entstehenden selbstverletzenden Verhaltens (Ritzen) kann Jona ihre Krise nicht dauerhaft verbergen. Die Offenlegung gegenüber der Mutter führt zu einem starken Vertrauensverlust in der Beziehung. Andererseits befindet sich Jona auch in einem durch die Pubertät bedingten Abnabelungsprozess, der durch die homosexuelle Orientierung eine besondere Dynamik erhält. Die Ambivalenz der Mutter-Kind-Beziehung zeigt sich auch darin, dass die Mutter hinsichtlich Jonas sexueller Orientierung nicht die Rolle der »besten Freundin« erfüllen kann, sondern ihren eigenen Erwartungen an Verhalten und Einstellung entsprechend zu intervenieren versucht, und darin, dass Jonas Rolle in der Familie mit klaren Zuschreibungen versehen ist. Jugendliche Abnabelungsprozesse sind während der Pubertät und der Adoleszenz Bestandteil der Beziehungsdynamik zwischen Eltern und Kindern. Für Jona ist dieser Prozess gekennzeichnet durch die Ambivalenz der für Jona unklaren bzw. verschobenen Rollenverhältnisse in der Familie und ihrer Rolle als Care Worker.

In dem Moment einer pubertären Krise, die bei Jona mit ihrem Coming-out zusammenhängt, zeigen sich die Grenzen der familiären Ressourcen. Die familiäre Situation erweist sich für sie im Moment des Strebens nach einer eigenständigen Persönlichkeit nicht als unterstützend im Sinne ihrer Bedürfnisse. Dadurch war auch in dem von Jona beschriebenen Prozess, der zur psychischen Krise führte, keine Intervention zu einem früheren Zeitpunkt, zum Beispiel durch die Mutter, möglich. Jona war aufgrund der Situation in ihrem sozialen Umfeld, in dem ungünstige Faktoren in der Familie, in der Schule und der Peergroup in Bezug auf ihre individuelle Situation analysiert werden können, in der sensiblen Phase des Coming-out besonders verletzbar (vgl. BMFSFJ, 2017, S. 224; Krell & Oldemeier, 2015; Kugler & Nordt, 2015).

Vulnerabilität und pädagogischer Kontext: »haben schon so Knochen rausgeguckt«

In den Interviews wird auch eine erhöhte Vulnerabilität bei Jugendlichen in Bezug auf Erfahrungen in pädagogischen Einrichtungen deutlich. Bei einigen Jugendlichen zeigen sich Diskriminierungen im schulischen Kontext und mangelnde Unterstützung bei der Beendigung oder Bewältigung dieser (siehe oben). Auch in Bezug auf die Unterstützung bei Herausforderungen im *Erfahrungsraum Jugend*, zum Beispiel bei der Bewältigung von biografischen Übergängen und Brüchen, ist eine unzureichende Unterstützung, auch im Kontext der Jugendhilfe, festzustellen. An zwei Beispielen soll Vulnerabilität im Kontext (a) erfahrener Diskriminierungen in der Schule und (b) nach erfolgter Inobhutnahme dargestellt werden. Helge berichtet von Diskriminierungen in der Schule durch die Peergroup:

> »B: Na ich sag mal schon eigentlich (.) so das mal wirklich so die die Lehrer klipp und klar sagen wenn (.) wenn sowas nochmal vorfällt dann gibt es halt richtig Ärger aber das ist so wenn die die angemeckert haben das klang zum Beispiel wie ›wenn du nicht aufhörst, trinken wir nachher Kaffee und Kuchen‹ also das war Pillepalle da hätt ich persönlich auch nicht aufgehört (seufzt) naja letztendlich muss ich dann die Klasse wiederholen, aber da war ich auch irgendwie dann froh weil ich aus der Klasse dann raus war […] da hab ich erstmal nichts mehr so gegessen da war ich erstmal so auf auf Hungerstreik so, hab auch nichts mehr gegessen bin halt so richtig so dünn geworden haben so die Arme haben schon so Knochen rausgeguckt und so hier« (Helge_31–32).

Bei Helge führen die anhaltenden Diskriminierungen im Kontext mit der unzureichenden Unterstützung zu einem destruktiven Verhalten. Er meidet die Schule und nimmt phasenweise nicht mehr am Unterricht teil, um den Diskriminierungen zu entgehen, was zu der Konsequenz führt, dass er nicht versetzt wird. Helge erfährt hier neben der mangelnden Unterstützung der Schule, die mit zu der Strategie des Rückzugs führt, eine Sanktionierung durch die Schule. Die Chance, die sich durch den notwendigen Wechsel der Klasse und einen neuen Klassenlehrer für ihn ergibt, ist ein glücklicher Zufall und keine geplante pädagogische Maßnahme. Die Diskriminierungen führen auch zu einer gesundheitlich bedenklichen Situation, da Helge versucht, diesen durch radikales Hungern und Abnehmen zu begegnen. Dies zeigt auf, dass er sich bzw. sein körperliches Aussehen hier als Ursache sieht und nicht das Verhalten der Peergroup und der Pädagog_innen, das zu den Diskriminierungen führt und diese dauerhaft ermöglicht. Auch in Bezug auf Helges psychische Situation zeigt sich die Wirkung der Diskriminierungen:

> »B: in der Mobbingzeit da war ich gar nicht draußen da bin ich meistens halt zu Hause geblieben im Bette und das hat mich dann irgendwie so noch ein bisschen mehr runtergezogen« (Helge_175).

Der pädagogische Kontext, sowohl in Form der Schule als Ort der Übergriffe als auch durch das Verhalten der Pädagog_innen, ist bei Helge für eine erhöhte Vulnerabilität mit verantwortlich.

In einem anderen Interview kann eine erhöhte Vulnerabilität in Bezug auf die Inobhutnahme in einer Jugendhilfeeinrichtung analysiert werden. Luca erlebt in seiner Kindheit und Jugend zwei Inobhutnahmesituationen.

> »B: Na also am Anfang war es halt echt schwer wirklich am Anfang die ersten zwei drei Wochen, ich war glaube fast nur im Zimmer (.) aber höchstens mal zum Abendbrot noch nicht mal zum Frühstück oder Mittag bin ich raus gegangen höchstens mal zum Abendbrot weil hat man wirklich doch schon langsam bisschen Hunger gehabt« (Luca_163).

Luca berichtet von seiner ersten Erfahrung nach der Inobhutnahme. Im Vergleich zum Interview mit Helge zeigt sich auch bei Luca eine erhöhte Vulnerabilität mit ähnlichen Merkmalen. Die Situation hat Auswirkungen auf sein soziales und gesundheitliches Wohlergehen. Luca zieht sich zurück und reduziert seine Nahrungsaufnahme deutlich. In einer weiteren Sequenz berichtet Luca von der zweiten Erfahrung mit Inobhutnahme:

> »B: Also es gab halt dort eine Station für Inobhutnahmen.
> I: Aha okay.
> B: So ich war halt die meiste Zeit (..) alleine in der ganzen Station.
> I: Aha okay mhmhm.
> B: So dann unten drüber/drunter gab es halt die Kindergruppe also wirklich für die ganz kleinen Kinder so und meistens weil ich war ja dann schon 17 fast 18 haben sie gesagt na gut brauchen wir nicht extra einen Erzieher der die ganze Zeit hier oben sitzt mit (.) wenn was ist gehst du

runter in die Kindergruppe mit so und sagst Bescheid, hab ich gesagt, ja ok. So das kam dann zwar immer mal welche (..) warn aber halt auch nicht so lange da weil sind dann meistens wieder heim wie der eine zum Beispiel so und dann kam halt (.) drei Geschwister au/ [Name J], [Name K] und (..) ach wie hieß sie [Name K] und und (.) weiß ich grad nicht wie die Dritte hieß.

I: Mhm naja.

B: So und auf jeden Fall hab ich mich halt mit denen auch immer den ganzen Tag mit beschäftigt,weil es war halt wirklich,ich war da fast ein halbes Jahr nur alleine (..) so die letz/letzten Monat sind sie dann halt waren die drei halt mit da so war ich auch froh drüber weil so war mir wenigstens nicht so langweilig« (Luca_303–307).

Im Interview werden von Luca verschiedene Herausforderungen benannt. Zentral sind hier biografische Brüche in seiner Kindheit und Jugend (siehe oben). Diese können ebenfalls als Faktoren, die zu einer erhöhten Vulnerabilität beitragen, betrachtet werden. Luca erlebt die Trennung von seiner Familie in Verbindung mit der Erfahrung, dass die Eltern ihn ohne Begleitung und Unterstützung in die Obhut des Jugendamtes geben (siehe oben). Auch innerhalb der Jugendhilfe lebt er an verschiedenen Orten und erlebt Kontaktabbrüche und fehlende Bindungen zu Bezugspersonen. Luca berichtet auch von Diskriminierungserfahrungen (siehe oben). Bei ihm kommt es zu einer Verflechtung verschiedener Risikofaktoren, die seine Vulnerabilität erhöhen. Bis zu seiner Entlassung aus der stationären Jugendhilfe lebt Luca mehrere Monate »als Inobhutnahme«. Diese Situation und der Umstand einer Inobhutnahme können für Kinder und Jugendliche eine große Belastung darstellen und der längere Verbleib in dieser Situation kann traumatische Wirkung haben (vgl. Rücker, 2015). Luca beschreibt im Interview, dass er keine Ansprech- oder Bezugsperson hatte, vor allem in Bezug auf sensible oder intime Themen. Er konnte zu keiner Person ein Vertrauensverhältnis aufbauen, da es dafür kein Setting gab, in dem dies möglich gewesen wäre. Luca war mehrere Monate allein in einer Inobhutnahme-Station untergebracht und wurde nebenbei von Pädagog_innen einer Kinderstation mit betreut. Er war zu diesem Zeitpunkt 17 Jahre alt, also durchaus in einem Alter, in dem Jugendliche im Sinne einer pädagogisch begleiteten Verselbstständigung allein leben können. Dies wurde in Lucas Fall jedoch nicht umgesetzt. Auch die Bedeutung, die der Kontakt zu Kindern und Jugendlichen für Luca hat, wird deutlich. Er berichtet von den drei Geschwistern, die im letzten Monat seines Aufenthaltes da waren. Dies scheint für ihn sehr bedeutsam bei seiner Erinnerung an diese Zeit. Luca reflektiert diese insgesamt selbst als etwas Negatives im Sinne des Gefühls des Alleinseins und der Langeweile. Dieses Gefühl ist objektiv begründet in dort fehlenden Bezugspersonen aus dem pädagogischen Kontext, der Peergroup und auch aus der Familie. Bei Luca, der in seinem jugendlichen Bewältigungsprozess mit verschiedenen Herausforderungen und Risikofaktoren konfrontiert ist, wird durch die Situation in der Jugendhilfe die Vulnerabilität erhöht.

5.2.4 Salutogenese und Resilienz: Ressourcen für die Bewältigung von Herausforderungen am Beispiel sexualisierter Gewalt

In den Interviews mit den Jugendlichen können verschiedene Herausforderungen codiert werden. Im Kontext mit diesen stehen Formen der Bewältigung. Diese können, dem Codierparadigma der GTM folgend, als Strategien der Bewältigung betrachtet werden. Als theoretische Konzepte in Bezug auf den Umgang mit Herausforderungen oder Krisen stehen die Konzepte der Salutogenese und der Resilienz zur Verfügung. Resilienz wurde bereits weiter oben als Widerstandsfähigkeit gegenüber sogenannten Stressoren definiert (vgl. Fröhlich-Gildhoff & Rönnau-Böse, 2009, S. 9f.; Lindenberger, 2002, S. 389). In der Literatur zu Fragen des Schutzes von Jugendlichen vor sexualisierter Gewalt wird die Bedeutung von Resilienz, wie unter Punkt 3.4.6 angeführt, als wichtige Ressource für die Prävention und die Bewältigung sexualisierter Gewalt betrachtet (vgl. Kavemann, 2016; Rendtorff, 2012; Wagenblass, 2012). In diesem Kontext wurde das Konzept der Salutogenese mit Blick auf die Prävention sexualisierter Gewalt und die Förderung von Resilienz angeführt (vgl. Stumpe, 2018). Die Bedeutung von Widerstandsfähigkeit und Selbstwirksamkeit bei sexualisierter und körperlicher Gewalt gegen Jugendliche kann in dieser Arbeit empirisch anhand des Interviews mit Dominique aufgezeigt werden. Hier wurden Codes als Strategien der Bewältigung im Codierparadigma der GTM bezeichnet, die sowohl eine Widerstandsfähigkeit gegenüber den erlebten Übergriffen wie eine Selbstwirksamkeit in Bezug auf deren Offenlegung, Beendigung und Aufarbeitung zeigen (vgl. 4.3.2). Mit Blick auf Resilienz können im Material codierte Textstellen theoretischen Kategorien, die auf Resilienz verweisen, zugeordnet werden. Diese stehen im Kontext mit der erlebten sexualisierten Gewalt, wobei es Überschneidungen hinsichtlich der Zuordnung gibt, die Zuordnung hier jedoch auf jeweils einen Faktor begrenzt wird (vgl. Tab. 5).

In Bezug auf das Kohärenzgefühl (vgl. Bründel, 2004, S. 140f.; Stumpe, 2018, S. 164) lassen sich aus salutogenetischer Sicht neben der Widerstandsfähigkeit auch die drei Komponenten der Verstehbarkeit, Handhabbarkeit und Sinnhaftigkeit beschreiben. Grundsätzlich kann unter dem Kohärenzgefühl eine Orientierung des generalisierten Vertrauens verstanden werden, mit der Anforderungen bewältigt werden können (vgl. Bründel, 2004, S. 140). Dominique ordnet die erlebten Übergriffe als ein Unrecht ein, das ihr widerfährt, sie macht diese für sich verstehbar (Verstehbarkeit). Sie nutzt die ihr zur Verfügung stehenden Ressourcen, um darauf zu reagieren, wird selbst aktiv und ist handlungsfähig (Handhabbarkeit/Machbarkeit). Die Handlungen ergeben einen größeren Sinn, das Unrecht wird anerkannt, sie ist in Sicherheit und es ergibt sich eine neue Lebensperspektive (Bedeutsamkeit/Sinnhaftigkeit).

Tabelle 5: Faktoren für Resilienz im Kontext sexualisierter Gewalt anhand eines Interviewbeispiels

Widerstandsfähigkeit	Selbstbestimmtheit	Selbstwirksamkeit	sprachliche Kompetenz
»hab meinen eigenen Kopf«, »mir blieb ja irgendwie keine andere Wahl«	»hör nicht wirklich auf Erwachsene«, »habe ich halt gedacht«	»mache ich das was ich für richtig halte«, »dein eigenes Ding durchziehst«, »ich bin zur Polizei gegangen«, »dann halt an dem Abend in den Kinder- und Jugendnotdienst«	»meine beste Freundin der habe ich das damals erzählt dann noch zwei anderen Klassenkameraden«, »da hab ich eine Anzeige gemacht«

Die Widerstandsfähigkeit und das Kohärenzgefühl entwickeln sich in der Kindheit und Jugend und so kommt insbesondere der Familie und dem familiären Umfeld eine Bedeutung zu (vgl. Bründel, 2004, S. 141; Stumpe, 2018, S. 164f.). In Bezug auf erlebte sexualisierte Gewalt im Kindes- und Jugendalter führt Harald Stumpe an, dass sich in der Folge bei Erwachsenen in der Regel ein schwach ausgeprägtes Kohärenzgefühl zeigt (Stumpe, 2018, S. 165). Dies scheint darin begründet, dass sexualisierte Gewalt eine der größten Belastungen und Traumata ist, denen Kinder und Jugendliche ausgesetzt sein können (vgl. Bründel, 2004, S. 62), und nicht selten in der weiteren Entwicklung, auch mit langfristigen psychischen und physischen Folgen bis in das Erwachsenenalter, zu Selbstverletzungen, Suizidversuchen und Suizid führt (ebd., S. 62f.). In diesem Kontext besteht nach Stumpe ein Forschungsdesiderat in Bezug auf die Frage, wie es einigen Kindern und Jugendlichen trotz dieser erlebten Traumata gelingt, diese zu bewältigen und im Erwachsenenalter ein hohes Maß an Kohärenz zu entwickeln (vgl. Stumpe, 2018, S. 165).

Anhand von Dominiques Fall lässt sich eine Interpretation zur Entwicklung ihres Kohärenzgefühls anschließen. Ausgehend von der subjektiven Einordnung als Kind, dass das Widerfahrnis der erlebten sexualisierten Gewalt ein Unrecht ist, nutzt Dominique die Ressourcen ihrer sozialen Beziehungen und ihrer sprachlichen Kompetenz für eine erste Offenlegung der Übergriffe. In der Folge wird das von ihr subjektiv erfahrene Unrecht auch von anderen Personen im sozialen Umfeld (Freundinnen, Eltern der Freundinnen und zu Beginn auch von der Mutter) anerkannt und ebenso durch die Strafverfolgungsbehörden. Damit wird Dominiques Persönlichkeit gestärkt, sie wird ernst genommen, erfährt Anerkennung und es erfolgt eine Intervention zu ihrem Schutz. Auch wenn diese Aspekte in der Folge aufgrund der familiären Entwicklung nicht mehr gewährleistet sind und sie sich in einer höchst vulnerablen Situation psychischen Drucks und physischer Misshandlung befindet, zeigt sie eine ausgesprochene Widerstandsfähigkeit und mit zunehmenden Alter eine Handlungsfähigkeit. Die positive Erfahrung, dass ihre subjektive Wahrnehmung des Unrechts anerkannt wurde, ihr aktives Handeln mit der Offenlegung zu einer Intervention geführt hat, und das Vertrauen in das System der Strafverfolgungsbehörden – nach Luhmann (1989) kann dies auch als Systemvertrauen in den Rechtsstaat bezeichnet werden – führten zu einer Stärkung der Widerstandsfähigkeit und zu einem Kohärenzgefühl, mit denen sie als Jugendliche die bestehende familiäre Situation als eine Herausforderung annehmen und bewältigen konnte. In dieser Situation wird die Bedeutung der Jugendhilfeinstitutionen (stationäre Erziehungshilfe und Jugendarbeit) und auch der Peergroup für die Bewältigung und die Ausbildung eines starken Kohärenzgefühls deutlich (vgl. 5.3.1; 5.3.2). Am Fall von Dominique zeigt sich deutlich, dass traumatische Erlebnisse nicht generell verhindert werden können und dass trotz ihrer traumatischen Dimension eine Bewältigung möglich ist. Ein starkes Kohärenzgefühl ermöglicht anstelle einer lähmendpassiven Reaktion »sehr individuelle Handlungsstrategien zu entwickeln, um möglichen Gefahren aktiv und selbstbestimmt gegenübertreten zu können« (Stumpe, 2018, S. 166). Erfahrungen mit sexualisierter Gewalt können so auch als zu bewältigende Herausforderung und für den sexuellen selbstaktiven Bildungsprozess von Jugendlichen als Entwicklungsanforderung betrachtet werden (vgl. Beck & Henningsen, 2018).

5.2.5 Zusammenfassung

In diesem Abschnitt wurden anhand der empirischen Ergebnisse Kategorien bzw. Codes dargestellt, die im Sinne der Grounded Theory und der Einordnung in ein Codierparadigma als ursächliche Bedingung betrachtet werden können und zu einem individuellen Bewältigungsprozess und der Kommunikation über sexuelle Themen führen. Die gebildeten Codes bzw. Kategorien beziehen sich dabei auf die von den Jugendlichen berichteten Situationen und in-vivo codierte Selbstpositionierungen.

Dominik Mantey hat in seiner Studie zur Sexualerziehung in der stationären Jugendhilfe herausgearbeitet, dass das Vorliegen eines konkreten Unterstützungsbedarfes und ein Handlungsdruck bei den Jugendlichen zwei wichtige Faktoren für das Zustandekommen einer Interaktion zwischen Jugendlichen und Erwachsenen bei der Sexualität sind (Mantey, 2017, S. 182f.). Anhand der oben beschriebenen Modellkomponente können verschiedene Bedarfe und ebenso Situationen, in denen ein Handlungsdruck deutlich wird, beschrieben werden. Es zeigt sich einerseits, dass Jugendliche sehr individuelle Bedarfe und Themen haben, dass sich diese überschneiden und dadurch in ihrer Wirkung verstärken können. Die Jugendlichen werden mit komplexen Bewältigungsaufgaben konfrontiert. Andererseits wird daran deutlich, dass diese Themen auch für Pädagog_innen und Sozialarbeiter_innen relevant sein müssen, da sich ein Unterstützungsbedarf bei der Bewältigung abzeichnet. Dieser zeigt sich nicht nur in dem Bedürfnis nach Wissen und Aufklärung zu Sexualität, sondern auch an den Diskriminierungserfahrungen, die die Jugendlichen innerhalb der Peergroup machen und die zu einem zu beachtenden Teil innerhalb der Schule stattfinden. Die Jugendlichen sind in dieser Lebensphase sensibel und verletzlich. Ihre Vulnerabilität erhöht sich mit einer Zunahme an relevanten Ereignissen in Bezug auf Sexualität und in Abhängigkeit der Bedingungen und Erlebnisse, die ihren Erfahrungsraum Jugend kennzeichnen. Die Bewältigung der Aufgaben und Herausforderungen ist in einem Zusammenhang mit der Lebenswelt der Jugendlichen zu betrachten. Die Lebenswelt und der soziale Kontext können hier, im Sinne der GTM, intervenierende Bedingungen darstellen. Es zeigt sich, dass der Herstellung von Vertrauensbeziehungen eine Bedeutung zukommt. Insbesondere an den Beispielen (Helge, Jona, Conny, Luca) zeigt sich eine Wechselwirkung zwischen Kommunikation und entstehendem Vertrauenskonzept. Negativ eingeordnete Erfahrungen im Bereich der Kommunikation führen zu einem eher negativ ausgerichteten Vertrauenskonzept und dies wirkt sich wiederum ungünstig auf die gegenwärtigen und zukünftigen Kommunikationsmöglichkeiten der Jugendlichen aus.

5.3 Modellkomponente II: Verlässliche Beziehungen im Kontext der Lebenswelt

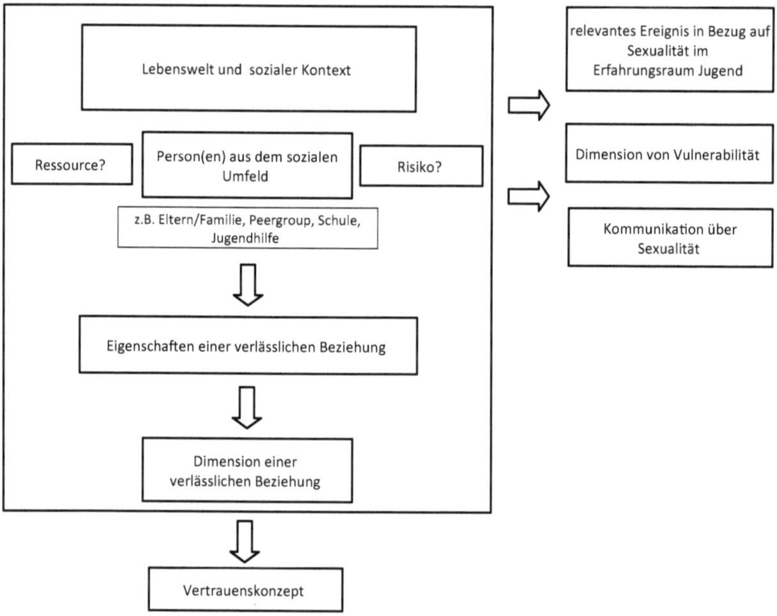

Abbildung 8: Modellkomponente II: Verlässliche Beziehungen im Kontext der Lebenswelt

5.3.1 Lebenswelt und sozialer Kontext

5.3.1.1 Lebenswelt Familie

In Bezug auf die familiäre Lebenswelt wurden in den Interviews verschiedene Kategorien gebildet. Familie kann anhand ihrer soziologischen Definition und möglicher Familienformen differenziert werden (vgl. Nave-Herz, 2008, S. 708f.). Die Jugendlichen beschreiben in den Interviews unterschiedliche Familienformen, in denen sie leben und auch wechselnde Familienmodelle in ihrem Lebenslauf (vgl. Kuhnt & Steinbach, 2014, S. 65; Niederbacher & Zimmermann, 2011, S. 73f.). Dies wurde bei der Auswahl der Stichprobe nicht als Kriterium berücksichtigt. Bei der Auswertung wurde deutlich, dass sich in den Interviews, trotz ihrer begrenzten Anzahl, die Pluralität an Familienformen wiederspiegelt, die sich auch gesellschaftlich zeigt. Es lassen sich die klassische Kernfamilie (Mika, Dominique), Patchworkfamilien (Tomke, Jona, Luca) und alleinerziehende Eltern-Kind Familien (Ein-Eltern-Familien) analysieren (Conny, Chris, Helge). Ein Gesprächspartner (Mika) lebt mit seinen beiden leiblichen Eltern und zwei Geschwistern zusammen und hat keine Erfahrung mit Trennung und/oder wechselnden Familienmodellen. Die anderen sieben interviewten Jugendlichen haben alle Trennungserfahrungen in ihrer Kindheit oder Jugend gemacht. Diese sind zum Teil durch familiäre Trennung bedingt (Tomke, Jona, Conny, Luca) oder/und durch Inobhutnahme und anschließende stationäre Unterbringung in der Jugendhilfe (Dominique, Chris, Helge, Luca).

Diese Differenzierung spielte bei den Überlegungen während der Auswertung in zweierlei Hinsicht eine Rolle. Zum einen weisen Studien darauf hin, dass Kinder und Jugendliche aus bestimmten Familienformen (insbesondere alleinerziehende Familien) sozioökonomisch deutlich schlechter gestellt sind als Heranwachsende in anderen Familien und sich diese sozioökonomischen Bedingungen auch bei der Inanspruchnahme von Angeboten der Jugendhilfe abbilden (vgl. Böhnisch & Funk, 2013, S. 187; Fendrich et al., 2016, S. 20ff.). Die ökonomischen Bedingungen können die Verfügbarkeit bestimmter Kommunikationsmöglichkeiten zu Sexualität einschränken. Dies kann in Bezug auf die Nutzung digitaler Medien von Bedeutung sein (z. B. die Verfügbarkeit entsprechender Hardware wie PC oder Smartphone und vorhandener Internetzugang). Auch die Mobilität und damit das Erreichen bestimmter Orte (Treffpunkte der Peergroup,

Beratungsstellen, Offene-Freizeit-Treffs) können durch fehlende Ressourcen (z. B. Fahrrad, Fahrkarte für öffentliche Verkehrsmittel) begrenzt sein. Zum anderen ist die Kommunikation von den vorhandenen Personen im sozialen Umfeld abhängig. Trennung oder (mehrmalige) Wechsel von Bezugspersonen können die Möglichkeiten der Jugendlichen über sexuelle Themen zu kommunizieren beeinflussen. In Bezug auf die Kommunikation über sexuelle Themen ist von Interesse, welche Bedeutung die Herkunftsfamilien haben und, vor allem bei den Jugendlichen mit intensivem Kontakt zur Jugendhilfe, welche Bedeutung die Fachkräfte haben. In der oben vorgenommenen Auswertung zeigt sich ebenfalls in Bezug auf die relevanten Ereignisse zu Sexualität, den Erfahrungsraum Jugend und die Dimension von Vulnerabilität, dass die Lebenswelt und damit die Personen im sozialen Umfeld einen entscheidenden Einfluss darauf haben.

In diesem Kontext stehen die folgenden aus dem Material gebildeten Kategorien, mit denen die familiäre Lebenswelt hinsichtlich ihrer Wirkungen auf diese Bereiche differenziert werden kann. Die Kategorien stellen theoretische Konzepte dar und entspringen nicht Selbstpositionierungen der Jugendlichen in Bezug auf ihre Familien.

1. *Familie als sorgende Instanz* (Mika und Tomke)
2. *Familie als Risiko* (Dominique)
3. *Familie als ambivalente Ressource* (Jona, Conny, Chris, Helge und Luca)

Die Kategorie *Familie als sorgende Instanz* verweist auf eine familiäre Situation, die ein hohes Maß an Sorge und Unterstützung aufweist. Von den Jugendlichen beschriebene Herausforderungen, die zu Risiko- oder Krisensituationen führen können (z. B. bei Mika der nicht erreichte Schulabschluss oder bei Tomke die Trennung der Eltern und der Umzug in ein komplett neues soziales Umfeld), werden mit Unterstützung der vorhandenen familiären Ressourcen bewältigt.

Die Kategorie *Familie als Risiko* wurde nur aus den Codes eines Interviews gebildet. Es zeigen sich auch in anderen Interviews familiäre Risikofaktoren, die teils zu erheblichen biografischen Einschnitten führten (z. B. bei Chris, Helge und Luca, bei denen diese Faktoren Auslöser für die Aufnahme in Einrichtungen der stationären Jugendhilfe waren). Es wurde jedoch entschieden, dass in diese Kategorie nur Codes aufgenommen werden, die auf ein erhebliches Risiko im Sinne schwerer oder dauerhafter körperlicher, seelischer oder sexueller Übergriffe hinweisen und mit Codes in Verbindung stehen, die auf eine fehlende oder sehr geringe familiäre Unterstützung hinweisen.

Die Familie ist dann sowohl für das Wohl im Sinne des Schutzes und der Sicherheit ein Risiko als auch für die nötige Bewältigung.

Die Kategorie *Familie als ambivalente Ressource* umfasst Codes aus den Interviews, in denen Jugendliche von familiären Ressourcen, emotional für sie wichtigen Beziehungen, von einem eher positiv wahrgenommenen Familienbild und/oder Strategien familiärer Unterstützung berichten und die Familie aus ihrer Perspektive als Ressource wahrnehmen. Es werden aber bei der Auswertung Ambivalenzen, zum Beispiel mit Blick auf die familiäre Rollenverteilung, unklare Grenzen oder Haltungen der Eltern, andauernde Überforderungen bei Anforderungen im Lebensalltag, unbeständige emotionale Zuwendung oder mangelnde bzw. schwankende Sorge, deutlich. Die Familie kann aufgrund dieser Faktoren nicht beständig als Ressource genutzt werden und kann dadurch in bestimmten Zeiten auch ein Risikofaktor für die jugendliche Entwicklung sein.

In Bezug auf die oben genannten Familienformen oder -modelle konnten mit den Interviews kontrastierende Fälle gebildet werden. Unter Berücksichtigung der sehr kleinen Stichprobe, die hier ausgewertet wurde, zeigen sich keine Tendenzen, dass eine bestimmte Familienform ausschlaggebend für eine bestimmte Entwicklung ist. Was sich empirisch bestätigt, im Vergleich zu anderen Studien, ist, dass die Familienform einen Einfluss auf die sozioökonomischen Verhältnisse und damit auf die Lebensgestaltung und soziale Problemlagen hat. Anhand der oben beschriebenen Diskriminierungen im Erfahrungsraum Jugend wird deutlich, dass die Jugendlichen hier Diskriminierungen aufgrund ihrer Kleidung erfahren haben. Dies setzen die Jugendlichen in Bezug zu ihren familiären und ökonomischen Verhältnissen (z. B. Tomke, Luca). Im Folgenden sollen anhand von zwei Beispielen eines kontrastierenden Vergleiches die Familienformen/-modelle im Kontext mit der differenten Lebenswelt der Jugendlichen beschrieben werden.

Eine Kontrastierung in Bezug auf die Herkunft aus einer klassischen Kernfamilie mit leiblichen Eltern und Geschwistern wurde anhand der Interviews mit Mika und Dominique vorgenommen. Dazu erfolgte im vierten Kapitel bereits eine Darstellung. Mikas Familie erweist sich als sorgende Instanz. Mika berichtet von sehr verlässlichen und vertrauensvollen Beziehungen in seiner Familie. Damit verfügt er über Ressourcen in seiner Lebenswelt, die ihn bei der Bewältigung seiner biografischen Übergangsphase unterstützen und dadurch präventiv auf eine mögliche Krise wirken. Das familiäre Netzwerk funktioniert im Sinne einer lösungsorientierten Bewältigung. Er entscheidet sich für die Strategie der Anpassung an diese

Lösungsmöglichkeit. Mika berichtet nicht von Zwang oder Druck seitens der Familie, sondern sieht diese als Unterstützung und Hilfe. Im Falle von Dominique ist die Familie ein Risikofaktor für die Entwicklung. Nach dem sexuellen Missbrauch durch den leiblichen Vater kommt es zu einer Bagatellisierung, Verdrängung und Tabuisierung der Übergriffe und zu einer emotionalen Abwendung von Familienmitgliedern. Dominique verliert die Mutter als bisher wichtigste Vertrauensperson und auch andere Personen in der Familie distanzieren sich. Die Familie zeigt sich nicht wie bei Mika als sorgende Instanz, sondern als Risikofaktor, sowohl den Schutz vor Übergriffen als auch die Bewältigung dieser betreffend. In Dominiques Fall wird sehr deutlich, dass die Familie hier direkt das relevante Ereignis in Bezug auf Sexualität herbeiführt (Übergriff des leiblichen Vaters) und auch zu einer erhöhten Vulnerabilität beiträgt (Verhalten der anderen Familienmitglieder).

Jona und Tomke wachsen beide in Patchworkfamilien auf. Jonas Familie wurde als ambivalente Ressource codiert. Im Abschnitt zu Vulnerabilität wurde auf Jonas Situation (Coming-out-Prozess) und die Rolle ihrer Familie eingegangen. Für Jona hat die Familie einen hohen Stellenwert und ist eine wichtige Ressource für sie. Jona übernimmt wichtige Care-Arbeiten in der Familie und ist dadurch auch für die Familie eine wichtige Ressource. In der Phase des Coming-out und der in diesem Zusammenhang entstehenden Krise kann sie die Familie jedoch nicht als Ressource nutzen (siehe oben). Die Mutter von Jona ist in ihrer Haltung bezüglich der Homosexualität ihrer Tochter ambivalent. Auch das Familienbild ist ambivalent. Jona berichtet von wechselnden Partnerschaften der Mutter und bezeichnet die Partner jeweils als Vater. Damit wird die Norm eines bestimmten Familienmodells als Ideal deutlich, das in der Realität nur teilweise stabil umgesetzt werden kann. Tomke, die von einer schwierigen Beziehung zwischen ihren leiblichen Eltern und von einem Umzug in ein komplett neues soziales Umfeld berichtet, kann auf die Familie als Ressource zurückgreifen. Vor allem die Mutter zeigt sich als sorgende Instanz, die, auch was die Sexualität ihrer Tochter (z. B. den ersten Sex, gemeinsames Übernachten mit dem Freund) betrifft, eine klare Erziehungshaltung einnimmt und ihrer Tochter vertraut. Es ergibt sich nicht wie bei Jona ein grundlegender Konflikt bezüglich der sexuellen Identität und Orientierung. Die Aushandlungen dazu, ab wann Jugendliche mit ihren Partner_innen zusammen übernachten dürfen, und damit verbunden die präventiven Strategien der Eltern gegenüber den Selbstbestimmungsbestrebungen der Kinder bergen jedoch auch Konfliktpotenziale. In Bezug auf das Familienmodell zeigt sich bei Tomke, dass sie den neuen Freund der Mutter nicht als Vater bezeichnet und betrachtet. Trotz aller Schwierigkeiten in der Beziehung zwischen ihren leiblichen Eltern bleibt der Kontakt zum leiblichen Vater bestehen. Damit wird auch ein anderes Ideal eines Familienmodells deutlich, das sich in Tomkes Fall näher an der Realität bewegt, klarer nachvollziehbar ist und eine biografische Einordnung der Herkunft ermöglicht.

Mit Blick auf andere Sozialisationsinstanzen, die für die Entwicklung von Kindern und Jugendlichen wichtig, aber auch mit Blick auf sexuelle Bildung nicht unbedeutend sind (vgl. Linke, 2015, S. 28ff.), wurden weitere Kategorien gebildet. Es zeigt sich bei allen mit der Lebenswelt zusammenhängenden Orten und Personen eine Differenzierung hinsichtlich deren wahrgenommener positiver oder negativer Wirkung durch die Jugendlichen.

5.3.1.2 Lebenswelt Peergroup: Ressource und Risiko

Die Peergroup kann in den Interviews mit den Jugendlichen als eine wichtige Ressource benannt werden. Sie steht auch in Verbindung mit als sozial abweichend und/oder delinquent bewertetem Verhalten, kann Ort für Diskriminierungen und Mobbing sein und damit ein Risikofaktor für die jugendliche Entwicklung. Der Peergroup können sowohl eine »devianzfördernde« als auch eine »gesellschaftsvermittelnde« Funktion zugeschrieben werden (Böhnisch & Funk, 2013, S. 141). Im Folgenden sollen zu beiden Punkten Beispiele angeführt werden.

> »B: bis ich irgendwann weitergemacht hab mit den Kriminalitäten falsche Freunde kennengelernt falscher Umgang« (Chris_7).

> »B: Es waren halt so durch schwänzen Drogenkonsum (.) Alkohol (.) ständig aus dem Unterricht fliegen durch Störereien (..) und ja. Es war halt damals hab ich mir den fa/ falschen Freundeskreis mit ausgesucht (.) ich hätte mich an die anderen Personen wenden sollen die halt etwas netter waren so (...)« (Luca_349).

Luca und Chris berichten beide von sozial abweichendem (deviantem) und delinquentem Verhalten und beziehen dies auf die Peergroup. Als Ursache sehen sie hauptsächlich »falsche Freunde«, durch die ihr Verhalten gefördert worden sei. Sie stellen damit auch einen Bezug zu den Konsequenzen dar, die dadurch entstanden sind, und entlasten sich, indem sie einen Teil der Verantwortung auf die Peergroup übertragen. Die Peergroup kann in ihrer oben beschriebenen Funktion deviantes Verhalten fördern, die Möglichkeit bieten, dieses auszuleben und dieses auch regulieren (vgl. Böhnisch & Funk, 2013, S. 141). Abweichendes Verhalten in Form von Delinquenz entsteht nach Lothar Böhnisch und Heide Funk vor allem dann, wenn es zu Abschottungen nach außen kommt, sozialer Ausstauch fehlt und die Peergroup einziger Haltepunkt ist (ebd., S. 141). Luca und Chris haben beide biografische Brüche in Beziehungen zu wichtigen erwachsenen Bezugspersonen und Heimerfahrungen erlebt. Insbesondere bei Luca zeigen sich im Interview mehrere biografische Brüche und fehlende (erwachsene) Vertrauenspersonen in wichtigen Lebensphasen, die eine Hinwendung zu einer Peergroup mit einem abgeschotteten Cliquen-Charakter befördert haben könnten (ebd.). Bei beiden zeigt sich zudem nach dem sogenannten Anomiekonzept, dass die gesellschaftlich definierten Ziele und die Möglichkeiten und Zugänge, die ihnen für die Erreichung der Ziele zur Verfügung stehen, nicht passungsfähig sind. Abweichendes Verhalten ist hier als eine Bewältigungsstrategie zu sehen, mit der versucht wird handlungsfähig zu bleiben und sich anzupassen. Dabei spielen subkulturelle Kontexte wie die Peergroup eine wichtige Rolle (ebd., S. 94f.).

In den Interviews berichten mehrere Jugendliche von Erfahrungen mit Diskriminierungen im Kontext der Peergroup. Dabei werden auch sexualitätsbezogene Themen Teil von erfahrenen Diskriminierungen. Auf die unterschiedlichen Diskriminierungserfahrungen, die berichtet wurden, wurde oben bereits eingegangen. Die Jugendlichen verwenden zur Bezeichnung dieser Erfahrungen in der Regel die Begriffe »gemobbt« oder »Mobbing« (Jona, Conny, Tomke, Dominique). Diese Situation führt bei den Jugendlichen teilweise zu einem Rückzug und zu einer sozialen Isolation und hat Auswirkungen auf ihre Vulnerabilität (siehe oben zu Vulnerabilität und Diskriminierungserfahrungen). Dies beschreibt auch Helge in seinem Interview:

> »B: in der Mobbingzeit war ich ja auch kurz davor so Depression zu kriegen« (Helge_61).

Die Bewältigung ist von verschiedenen Faktoren abhängig, die in einem Zusammenhang mit Eigenschaften und Merkmalen stehen, die ein resilientes Verhalten fördern (vgl. Grotberg, 2011). Die Peergroup ist hier bezogen auf diese Übergriffe und Verletzungen nicht nur ein Risiko, sondern auch eine Ressource bei der Bewältigung. Jugendliche benötigen Personen in ihrem Umfeld, zu denen sie vertrauensvolle Beziehungen haben oder aufbauen können, mit denen sie kommunizieren können und die sie unterstützen (ebd.).

> »B: meine Eltern wenn die das nicht richtig verstehen würden könnte ich halt zu meinen besten Freunden gehen« (Mika_26).

Mika berichtet im Interview von vertrauensvollen Beziehungen die er in den unterschiedlichen Sozialisationsinstanzen (Lebenswelten) hat. Neben den Eltern ist die Peergroup für ihn eine wichtige Ressource, die die familiäre Ressource ergänzt und die Möglichkeit der Kommunikation bietet. Mika betrachtet die Peergroup als gleichwertige Alternative, die er vor allem dann nutze, wenn er das Gefühl habe, dass seine Eltern etwas »nicht richtig verstehen«. Im Interview mit Dominique wird eine weitere Funktion der Peergroup deutlich:

> »I: Wie war das nach dem Erlebnis mit dem Übergriff war da in der Familie waren da Personen da mit denen du sprechen konntest?
> B: Nein. Es waren wirklich Freunde gewesen. Alle auf einmal auf der Seite von meinem Vater wo der sich dann entschuldigt hat haben alle gesagt ja es ist ok und ist verziehen« (Dominique_31–32).

Für Dominique wird die Peergroup nicht zu einer Ergänzung in Bezug auf die Gestaltung vertrauensvoller Beziehungen, Anerkennung, Unterstützung und Kommunikation, sondern ersetzt hier die Familie. Sie ist zeitweise die einzige Alternative. Dies verweist auf die Bedeutung von Freundschaften in der jugendlichen Peergroup. In Bezug auf Dominiques Resilienz kann sie als eine wichtige Ressource bezeichnet werden. Auch wenn davon auszugehen ist, dass die Peergroup nicht die Familie an sich ersetzen und elterliche Aufgaben übernehmen kann, ist sie für Dominique der Ort, an dem ihre Bedürfnisse wahr- und ernst genommen werden.

Albert Scherr unterstreicht, mit Bezug auf die Theorie von Judith R. Harris, dass Peergroups einen bedeutenden Einfluss auf die Selbstsozialisation Jugendlicher haben (Scherr, 2016, S. 57). Die Sozialisation Jugendlicher ist »an die Erwartungen, Regeln und Normen, die in Bezugsgruppen Gleichaltriger gelten« (ebd.), geknüpft.

»Kinder und Jugendliche orientieren sich demnach nicht zentral an den eigenen Eltern bzw. an Erwachsenen, sondern an denjenigen, mit denen sie sich als Alters- und Geschlechtsgleiche identifizieren können. Harris (2002) formuliert vor diesem Hintergrund einer prinzipielle Kritik der Erziehungshypothese: Nicht Erziehung, sondern Selbstsozialisation in Bezugsgruppen ist demnach von ausschlaggebender Bedeutung für die Persönlichkeitsentwicklung« (ebd.).

5.3.1.3 Lebenswelt Schule: Lernort für das Leben und Ort der Diskriminierung

Die Bedeutung der Schule als Ort und damit der Stellenwert dieser Lebenswelt zeigt sich im ersten Abschnitt zu Sexualität als Herausforderung im Jugendalter. Jugendliche verbringen einen großen Teil ihrer Tageszeit in der Schule und mit Personen aus der Peergroup im schulischen Kontext. Schule zeigt sich in den Interviews als wichtiger Ort der Wissens- und Kompetenzvermittlung, als zentraler Ort der Sozialisation und als Ort, an dem Jugendliche Diskriminierungen durch die Peergroup und teilweise auch Pädagog_innen ausgesetzt sind. In Bezug auf die erfahrenen Diskriminierungen beschreiben die Jugendlichen unterschiedliche Erfahrungen der erhaltenen Unterstützung durch die Schule. Im Folgenden wird die Kategorie anhand des Vergleichs zweier Interviews beschrieben.

Lernort für das Leben:

»B: also ich bin mir eigentlich sicher 100-prozentig dass was die dort in der Schule machen auf jeden Fall korrekt ist und dass der Stoff den man heute dort lernt auf jeden Fall in seinem Leben braucht das ist mir klar geworden und egal was das ist« (Chris_150).

Ort der Diskriminierung:

»B: Also die Schule das war eigentlich für mich bis zur bis zur bis zum Ende der achten Klasse war das für mich ein Ort des Schreckens (.) weil ich wurde in der Schule bis (.) Mitte achte Klasse wirklich gemobbt (..) und das hat sich dann nach und nach Gott sei Dank gelegt« (Conny_85).

Bei Chris und Conny zeigen sich zwei gegensätzliche Einschätzungen der Schule. Chris beschreibt die Schule als Ort des Lernens. Bezogen auf die eigene Entwicklung nimmt Chris die Schule als nicht passendes Konzept war. Er konnte nicht lange stillsitzen und sich konzentrieren und verließ die Schule ohne Abschluss. Dennoch beschreibt Chris die Schule positiv und reflektiert, dass seine Situation nicht an den Lehrkräften gelegen und persönliche Gründe gehabt habe. Den Lehrkräften bescheinigt Chris, dass sie sich sehr gekümmert, bemüht und verschiedene Angebote an ihn gerichtet hätten. Auch Mika, der ebenfalls ohne Abschluss die Schule verließ, äußerte sich positiv über die Schule und den Kontakt zu Lehrkräften und brachte seine persönliche Situation nicht in einen negativen Kontext mit der Schule oder Lehrkräften. Beide haben keinen Abschluss, sehen die Schule aber dennoch als Ort des Lernens und wichtiger sozialer Kontakte. Vor allem Mika nahm die Lehrkräfte auch als Vertrauenspersonen wahr.

Bei Conny ist die Situation anders. Er konnte die Schule mit einem durchschnittlichen Abschluss der mittleren Reife verlassen. Die Schule nahm Conny jedoch in den ersten acht Jahren als »Ort des Schreckens« war. Die Diskriminierungen bezieht er im Interview auf seine familiäre (migrantische und sozioökonomische) Herkunft und sein körperliches Aussehen (siehe oben). Conny berichtet, dass er selbst mit seinem besten Freund zeitweise nicht darüber reden konnte bzw. von diesem keine Unterstützung erhielt. Das von Conny beschriebene Mobbing findet durch die Peergroup statt. Die Zuordnung in die schulische Kategorie erfolgte, da Conny aus seiner Sicht keine Unterstützung durch die Schule erhielt. Er berichtet im Interview von verschiedenen Versuchen (auch mit Unterstützung der Mutter), dies in der Schule zu thematisieren und Unterstützung zu bekommen. Die Schule ermöglichte in Connys Wahrnehmung aufgrund ihrer Struktur und des Verhaltens der Schulleitung, von Lehrkräften und Schulsozialarbeiter_innen, dass die Diskriminierungen über Jahre stattfinden konnten.[84] Er hätte sich mehr Unterstützung und Intervention gewünscht. Conny erreicht einen Schulabschluss, aber als Ort des Lernens und des Gestaltens von sozialen Kontakten konnte er die Schule über die längste Zeit dieser Lebensphase nicht wahrnehmen. Sowohl Lehrkräfte wie

84 In weiteren Interviews bei Dominique, Helge, Luca und Tomke wird ebenfalls von diskriminierenden Erfahrungen bzw. Mobbing in der Schule durch die Peergroup berichtet (siehe oben).

Schulsozialarbeiter_innen sah er nicht als Vertrauenspersonen. Die Schilderungen in den Interviews erscheinen als Widerspruch. Grundsätzlich könnte angenommen werden, dass Lernbedingungen und ein soziales Klima, die sich positiv auf das Lernen und die Beziehungen auswirken, mit dem erfolgreichen Erreichen von Abschlüssen zusammenhängen und dass die Bewertung der Schule durch die Jugendlichen stark mit dem Erreichen eines Abschlusses zusammenhängt. In den Interviews zeigt sich, wie wichtig Schule als sozialer Ort für Jugendliche ist und dass diese Bedeutung vom Erreichen des Abschlusses differenziert wird. Die Schule wird von den Jugendlichen vor allem hinsichtlich der emotionalen Erlebnisse wahrgenommen und in ihrer Bedeutung für sie eingeordnet.

In Bezug auf die Kommunikation über sexuelle Themen haben Vertrauenspersonen in der Schule, wenn die Kommunikation über die formale Wissensvermittlung im Unterricht hinausgeht, eine Bedeutung (siehe unten).

5.3.1.4 Lebenswelt Jugendhilfe und Jugendarbeit

Zum Abschluss der Beschreibung der Hauptkategorie *Lebenswelt und sozialer Kontext* sollen noch drei Kategorien, die sich auf Jugendhilfe beziehen und eine individuell sehr unterschiedliche Wahrnehmung deutlich machen, beschrieben werden.

Jugendarbeit als unterstützendes System:
»seitdem ich ein kleiner Knirps bin«

Das Jugendhilfesystem wird in den Interviews von den Jugendlichen differenziert wahrgenommen. In vier Interviews zeigt sich, dass die Jugendlichen nur mit der offenen Kinder- und Jugendarbeit Kontakt hatten und keine Erfahrung mit weiteren Hilfen durch das Jugendamt haben. Diese Jugendlichen sehen die Jugendarbeit als unterstützendes System. Die Codes aus den Interviews wurden zu dieser Kategorie zusammengefasst. In den Interviews von Tomke, Jona, Conny und Mika berichten die Jugendlichen überwiegend von positiven Erfahrungen mit der Jugendarbeit und den dort arbeitenden Fachkräften. Jona und Mika waren Jugendliche, die an den durchgeführten Workshops zur sexuellen Bildung (in unterschiedlichen Offenen Freizeittreffs) teilnahmen, und sie berichten, dass ihre Bedürfnisse im Offenen Freizeittreff (OFT) wahrgenommen werden. Tomke nimmt den OFT ebenfalls als Unterstützung wahr und nutzt den Ort zur Kommunikation über sexuelle Themen. In den folgenden Abschnitten zur sexuellen Kommunikation und zur sexuellen Bildung wird darauf eingegangen. Anhand eines Beispiels wird eine Unterstützung und Berücksichtigung der Interessen anhand kreativer musikalischer Angebote dargelegt:

> »I: Das heißt also dieser Ort das ist auch so ein Jugendklub wo du auch schon vorher warst?
> B: Mehr oder weniger also ein Jugendklub ist es auf jeden Fall das ist (..) da gibt es ein Jugendcafé drin aber ich ich war dort eher wegen Schlagzeug üben da stand immer ein Schlagzeug das hat der [Name Mitarbeiter] gemacht [...] er kennt mich halt seitdem ich ein kleiner Knirps bin genau (..)« (Conny_60).

Für Conny war der OFT der Ort, an dem er Schlagzeug spielen konnte und dabei von einem Mitarbeiter angeleitet wurde. Er nutzte den OFT nicht, um über seine Erfahrungen in der Schule zu sprechen. Eine von Connys Bewältigungsstrategien, mit den Herausforderungen seines Lebens umzugehen, ist die Musik. Dies ist für ihn eine wichtige Ressource und war wichtig bei der Bewältigung der Krise aufgrund des erlebten Mobbings. Der OFT war der Ort, an dem er Musik machen konnte, die nötigen Instrumente und die Unterstützung zur Verfügung gestellt wurden und Conny diese Möglichkeit zur Lebensgestaltung und Stressbewältigung kennenlernte. Durch dieses Angebot wurde Connys Resilienz hinsichtlich des Umgangs mit Stress und Krisen gestärkt (vgl. Grotberg, 2011, S. 60ff.). Es wird ebenso ein niedrigschwelliger Zugang der Jugendarbeit zu Jugendlichen deutlich. Das Angebot beruht auf Freiwilligkeit und setzt an den Interessen von Conny an; dadurch werden ein Beziehungsaufbau und ein Bildungsprozess ermöglicht, die nicht durch Zwang oder Kontrolle beeinflusst sind (vgl. Steckelberg, 2018).

Jugendhilfe als Familie: »eine Familie die ich nie hatte«

Diese Kategorie wurde bei der Auswertung von Dominiques Interview gebildet. Dominique hat mit der offenen Jugendarbeit und mit stationären Erziehungshilfen Erfahrungen gemacht. Die Bezeichnung ist an den In-vivo-Code »eine zweite Familie« angelehnt:

> »B: Der Jugendklub ist wie eine zweite Familie. Also eine Familie die ich nie hatte« (Dominique_129).

Dominique lebte, nachdem sie die Familie verlassen hatte, in stationären Einrichtungen der Jugendhilfe. Auf die Frage nach den Erfahrungen in den Wohngruppen antwortet sie:

> »B: Ich fand es gut. Also ich hab da Sachen gelernt definitiv. […] Na ja aber so auch mit anderen Mal Ausflüge machen kannte ich auch nicht. Das ist, ja und einfach mal ich konnte so sein wie ich wollte« (Dominique_162).

Dominique grenzt sich von der Herkunftsfamilie ab und hat über längere Zeit keinen Kontakt zu dieser. Die Einrichtungen der Jugendhilfe sind für sie ein Ersatz der Familie. Sie ordnet diese Zeit positiv ein und verbindet sie mit Dingen, die als Aufgabe einer Familie zugerechnet werden oder als elterliche Aufgaben betrachtet werden können. Dominique hat Dinge gelernt, die sie im Leben und im Alltag braucht. Sie zog nach einer Verselbstständigungsphase aus der stationären WG in eine eigene Wohnung. Auch die Freizeitgestaltung, wie das Erleben von gemeinsamen Ausflügen, war für sie eine mit der Jugendhilfe verbundene Erfahrung, die ebenso als familiäre Komponente gesehen werden kann. Das Gefühl, so angenommen zu werden, wie sie ist, und so zu sein, wie sie möchte, kann ebenfalls als ein Indikator eines Familienkonzepts und auch für die Einschätzung des Kindeswohls betrachtet werden und ist entscheidend für den Aufbau einer Arbeitsbeziehung (vgl. Mantey, 2018, S. 92ff.; Steckelberg, 2018, S. 71f.). Auch in Bezug auf die Kommunikation über sexuelle Themen übernahmen und übernehmen die Fachkräfte in der Jugendhilfe und Jugendarbeit eine wichtige Funktion (siehe unten).

Selbstpositionierung als Jugendhilfefall: »war ich dann erstmal als ION«

> »B: und da war ich dann erstmal als ION al' als Inobhutnahme für neun Tage und da bin ich dann HzE also Hilfen zur Erziehung geworden« (Luca_55).

Luca, der ebenfalls über längere Zeit bis zu seiner Volljährigkeit in Einrichtungen der stationären Jugendhilfe lebt, sieht diese nicht als Familie (oder Familienersatz), in der er als Individuum wahrgenommen wird. In seiner Selbstpositionierung versteht er sich in diesem System nicht mehr als eigenständiges und handlungsfähiges Subjekt, sondern als Fall und somit als Objekt. Hier wird der Machtaspekt in der Jugendhilfe deutlich und eine empfundene Ohnmacht. Luca musste die Familie sehr spontan verlassen (siehe oben) und war der elterlichen Macht unterworfen. Die fehlende Kooperation mit dem Jugendamt durch die Eltern schuf eine Situation, in der dieses schnell handeln musste. In der Folge besteht anscheinend keine (oder eine unzureichende) Einbindung und Beteiligung von Luca an der weiteren Hilfeplanung und keine ausreichende Berücksichtigung seiner Bedürfnisse (vgl. Steckelberg, 2018, S. 71f.). Zumindest können die Aussagen von Luca, dass er erst Inobhutnahme war und dann HzE geworden ist, so interpretiert werden, dass er sich hier als ohnmächtig und nicht als handelndes Subjekt innerhalb der Fallzuweisungen des Jugendamtes betrachtet. Seine Aussagen können auch auf eine Abgrenzung gegenüber der Jugendhilfe hinweisen und damit auf ein Nicht-akzeptieren-Können oder -Wollen des Verlustes der Herkunftsfamilie als Lebenswelt. Anders als Dominique, die ihre Familie freiwillig verließ, musste Luca gegen seinen Willen gehen. Dass sich diese Verortung als Jugendhilfefall im Interview manifestiert, verweist wiederum auch auf den Kontext der mangelnden Kooperation der Eltern mit dem Jugendamt bzw. der Einrichtung, ähnlich wie bei der SPFH (siehe oben), und auch auf anscheinend unzureichende Partizipationsmöglichkeiten für Luca im Hilfeprozess.

5.3.2 Verlässliche Beziehungen

Anhand der Interviews von Mika und Dominique (vgl. Kapitel 4) wurde die Bildung der Kategorie *verlässliche Beziehungen* beschrieben. Diese erfolgte ausgehend von Codes, die sich auf den Rahmen der familiären Lebenswelt bezogen. Am Beispiel des Interviews von Dominique wurde bereits die Bedeutung von Jugendhilfeeinrichtungen in Bezug auf verlässliche Beziehungen zu den Fachkräften dargelegt (vgl. Kapitel 4). Dies ist, wie in Dominiques Fall, vor allem dann von Bedeutung, wenn die Familie keine verlässlichen Beziehungen bieten kann. Dass Jugendliche bei der Bewältigung von Herausforderungen insgesamt und speziell auch im Kontext mit relevanten Ereignissen in Bezug auf Sexualität Unterstützung und Begleitung durch verlässliche Personen brauchen, ist oben im Abschnitt zur Modellkomponente I anhand bestimmter Ereignisse im sexuellen Kontext, erfahrener Diskriminierungen, zu bewältigender biografischer Übergänge oder Brüche und der damit zusammenhängenden Dimension von

Vulnerabilität bei den Jugendlichen dargelegt. Dies ist abhängig von den Lebenswelten, in denen Jugendliche diese Herausforderungen erleben und bewältigen müssen. Im vorhergehenden Abschnitt zur Lebenswelt in der Jugendhilfe und Jugendarbeit (vgl. 5.3.1.4) wurden Kategorien benannt, die auf verlässliche Beziehungen hinweisen, indem sie Jugendliche unterstützen oder Aufgaben der Familie übernehmen. Am Beispiel von Luca (siehe oben zu den Abschnitten unter 5.2 und 5.3: Erfahrungsraum Jugend, Lebenswelt Jugendhilfe und Vulnerabilität) zeigt sich, dass die Kategorie *verlässliche Beziehungen* im Kontext der Jugendhilfe auch in einer anderen Dimension auftreten kann. Luca kann die Zeit der stationären Unterbringung nicht als Phase, in der er stabile verlässliche Beziehungen hat, erleben. Im Folgenden soll die Kategorie anhand von Codes, die sich auf den Rahmen der Jugendhilfe und Jugendarbeit beziehen, dargestellt werden.

Sich kümmern und sich sorgen: »was ich so vorher gar nicht kannte«

Diese Codes beziehen sich auf familiäre Aufgaben des Kümmerns und der Sorge. In der Jugendhilfe werden diese Aufgaben hauptsächlich durch die stationäre Jugendhilfe geleistet. Dominiques Aussagen (siehe oben) »Sachen gelernt«, »Ausflüge machen«, »so sein wie ich wollte« verweisen auf einen familiären Charakter, in dem sich die Fachkräfte um das allgemeine Wohlergehen sowie das Erlernen von Alltagskompetenzen und die Erweiterung des bestehenden Alltagswissens kümmern:

> »B: Also so vegan auch kochen was ich so vorher gar nicht konnte weil ich Fleischesserin bin« (Dominique_162).

In Bezug auf die Bewältigung der Erlebnisse und des seelischen Wohlbefindens wird eine »Kümmer-Rolle« deutlich:

> »B: Das war eigentlich seit ich in der WG bin sprich [Jahr]. Da ich aber kurz vorm Nervenzusammenbruch [Jahr] stand hat meine Psychologin in der WG gesagt dass wir das Thema erstmal lassen. Und halt letztes Jahr seit August bin ich bei einer ambulanten Psychotherapeutin« (Dominique_149).

Dominique wird in einer speziellen therapeutischen Wohngruppe untergebracht, in der eine Psychologin arbeitet. Damit wird auf ihren Bedarf gezielt eingegangen. Es kann davon ausgegangen werden, dass diese Entscheidung vom Jugendamt aufgrund der Sorge um das Kindeswohl getroffen wurde. In der Wohngruppe vermeidet die Psychologin zu Beginn aufgrund von Dominiques Zustand eine Bearbeitung des sexuellen Missbrauchs. Dieses Thema wird, nachdem sich Dominiques Zustand stabilisiert hat, besprochen. Die eigentliche Aufarbeitung beginnt Dominique bei einer ambulanten Therapeutin während ihres Aufenthalts in der stationären Jugendhilfe. Gleichzeitig wird an Dominiques berufliche Zukunft gedacht und die Verselbstständigung in einem eigenen Wohnraum begleitet. Dies sind ebenfalls Aufgaben, die in einen familiären Kontext eingeordnet werden können. Dominiques Aussagen im Interview können als eine positive Bewertung der Rolle der Jugendhilfe interpretiert werden. Die Jugendhilfe zeigt sich hier als eine Instanz, die sich um das Wohl der Person und die nötige Unterstützung kümmert.

Vertrauen: »ich brauche [...] das Bild«

Jona beschreibt im Interview ihre Basis für ein Vertrauenskonzept:

» B: Also ich brauche auf jeden Fall schon mal alleine das Bild
I: {Mhmhm.}
B: von einer Person und halt auch das Vertrauen also wenn mir jetzt das erste Bild sagt dieser Person kann man echt gut vertrauen, man kann der Person echt das anvertrauen was man erzählt das ist für mich schon das Wichtigste also da tu ich mich dann auch komplett öffnen was das angeht und da hab ich dann auch keine Hemmung mehr jetzt mit anderen darüber zu reden aber es muss schon diese Kriterien schon alleine das Bild muss es machen und halt auch (.) eins bis zwei Mal getroffen wie wir es hatten das ist schon so wichtig für mich« (Jona_315–317).

Jona benennt für sie wichtige Kriterien zum Aufbau einer Vertrauensbeziehung. Sie beschreibt dies damit, dass sie ein erstes Bild von einer Person braucht. Das kann in diesem Kontext als eine persönliche Begegnung interpretiert werden, bei der für sie der dabei entstehende subjektive Eindruck ein wichtiges Kriterium ist. Jona geht dabei anscheinend von einem Gefühl aus, das sie durch Erfahrungen im sozialen Kontext entwickelt hat. Dies kann als eine reflektierte Sensibilität bezeichnet werden, auf der ihr Vertrauenskonzept beruht. Gleichzeitig zeigt sich, dass beim Vorliegen einer positiven Einschätzung ein Vertrauensvorschuss gewährt wird. Dieser ist wiederum bei Jona an ein zeitliches Kriterium gebunden, sie möchte

Personen ein- bis zweimal gesehen haben. Das verweist auch auf eine Kompetenz des Schutzes. Personen müssen eine Art Vertrauenstest bestehen. Sind diese Kriterien aus Jonas Sicht erfüllt, ist sie bereit sich zu öffnen und über sensible Themen zu sprechen. Jonas Äußerung »wie wir es hatten« bezieht sich dabei auf die zwei Treffen vor dem Interviewtermin mit dem Interviewenden im Rahmen eines Workshops. Es kann angenommen werden, dass Jona sich aufgrund ihres persönlichen Vertrauenskonzeptes ohne diese Treffen nicht zu dem Interview bereit erklärt hätte bzw. im Interview auf bestimmte Themen nicht eingegangen wäre. Bei Jona hängt *vertrauen* mit *anvertrauen* zusammen. Sie geht hier von der Wahrung einer grundsätzlichen Schweigepflicht in Bezug auf die Dinge aus, die sie Personen anvertraut.

Jona berichtet im Interview davon, wie sie mit Situationen umgeht, in denen sie Vertrauen aufgrund ihres Vertrauenskonzeptes negativ bewertet. Vertrauen zeigt sich hier in der Dimensionierung einer Kategorie als nicht vorhanden oder nicht ausreichend vorhanden:

> »B: Also sie [die Fachkräfte im OFT] haben halt immer gesagt dass wir halt hinkommen können wenn wir irgendwelche Probleme haben aber der Großteilmich eingeschlossen hat es aber nicht gemacht, weil es gibt halt da mal Gerüchte wo sie sagen das haben die ausgeplaudert oder so und da sag ich dann für mich das muss nicht sein da rede ich lieber mit den Leuten darüber wo ich mir wirklich sicher bin wo ich mit denen darüber reden kann (..)« (Jona_58–59).

Jona nutzte die Fachkräfte im Jugendklub nicht für intime Themen wie Sexualität. Sie besprach Alltagsthemen und häusliche Themen, aber setzte hier eine Grenze. Dies zeigt einerseits ein kompetentes Verhalten selbstbestimmt über Themen zu sprechen. Jona entscheidet in der Kommunikation mit den Fachkräften, welche Themen besprochen werden. Andererseits zeigt sich, dass diese Einschätzung bezüglich des Vertrauens auf Aussagen (»Gerüchte«) Dritter beruht. Jona berichtet nicht davon, dass sie von sich aus versucht, das Vertrauen selbst (erneut) zu testen. Sie ist in Bezug auf Vertrauensbrüche sensibel. Die Aussagen aus der Peergroup haben für sie einen hohen Stellenwert und sie richtet ihr Verhalten danach aus. Dies verweist darauf, dass Fachkräfte, die das Vertrauen Jugendlicher (ob berechtigt oder unberechtigt aus Sicht der Jugendlichen) einmal abgesprochen bekommen, es schwer haben können, dieses wieder herzustellen. Bei Jona wird deutlich, dass es hier ein hohes Engagement der Fachkräfte bräuchte, da ihr Vertrauenskonzept neben ihrer eigenen subjektiven Bewertung auch durch die Peergroup beeinflusst wird.

Verlässlichkeit: »für alle da«

Verlässlichkeit als Kategorie beschreibt einen Zustand, in dem sich Jugendliche auf Strukturen und/oder Personen verlassen können, das heißt, auf deren Handeln, deren Ausrichtung oder deren Verhalten im Zusammenhang mit einer zeitlichen Verlässlichkeit. Luca, der im Interview von biografischen Brüchen berichtet und im Kontext der Jugendhilfe von Schwierigkeiten verlässliche Beziehungen zu Fachkräften aufzubauen, berichtet von der Zusammenarbeit mit einer Familienhelferin (SPFH), wobei sich die Kategorie in unterschiedlichen Dimensionen zeigt.

»I: Das heißt also so die Familienhelferin war so auch vorrangig so ein Stück für dich da um mit dir zu arbeiten oder was zu machen?
B: Genau.
I: Ok mhm und wie oft kam die da so?
B: Ein zwei Mal in der Woche.
I: Ein zwei Mal in der Woche mhm und wie empfandst du das?
B: Au/ich fand es hat mir wirklich sehr geholfen eigentlich (.) so und na ja ich war ja halt schon ein Stückchen traurig als sie dann nicht mehr kommen konnte (.) so wie gesagt, danach ging es halt immer schlechter und schlechter bis ich dann halt ins Heim gegangen bin (...)
I: Ok und kannst du noch was dazu erzählen was ihr da so gemacht habt oder was da so/
B: Na wir haben halt immer so Tests gemacht oder so Spiele gespielt.
I: Ok mhm.
B: Weil ich war ja auch noch wie alt war ich da 10 11
I: {ah ok}
B: oder so (.) so und auf jeden Fall haben wir dann immer so Spiele gespielt wo sie sich nebenbei so was aufgeschrieben haben haben wir irgendwelche Tests gemacht wir haben halt geredet wies mit der über die Schu/ mit der Schule ging haben halt auch meine Hausaufgaben und alles gemacht die halt halt immer auf hatte.
I: Ok mhm.
B: Ich fand es halt sehr gut eigentlich.
I: Also die hatte so (.) geholfen oder wie du sagst das war für dich/

> B: {ja war halt eigentlich} für alle da ich konnte mit ihr reden konnte alles mit ihr machen eigentlich es war gut« (Luca_134–149).

Luca berichtet im Interview davon, dass die SPFH durch den Stiefvater abgebrochen wurde. Er nennt als Grund, dass dieser mit der Arbeit der SPFH und mit den (Verhaltens-)Änderungen bei Luca nicht zufrieden war. Die Arbeit der SPFH wurde im Interview unter anderem als Empowerment von Luca codiert. Dies könnte ein Grund für die Beendigung der SPFH sein, da der Stiefvater möglicherweise seine Autorität durch die SPFH gefährdet sah. Für Luca stellte die SPFH eine verlässliche Konstante dar. Die Familienhelferin kam regelmäßig und richtete ihre Arbeit an Lucas Bedarfen aus. Er nahm die Familienhelferin als Unterstützerin in Bezug auf schulische Aufgaben war, auch in Bezug auf eine Stärkung seiner Position gegenüber dem Stiefvater, als Begleiterin in der Freizeitgestaltung und als Vertrauensperson, mit der er sprechen konnte. Für ihn war sie eine verlässliche Person bis zu dem Zeitpunkt, als die SPFH auf Betreiben des Stiefvaters beendet wurde. Das Vertrauen in die Verlässlichkeit der Jugendhilfe wurde hier mindestens irritiert und die Grenzen der Verlässlichkeit wurden deutlich. In der Folge verschlechterte sich die Situation in der Familie für Luca so sehr, dass er in eine stationäre Unterbringung gehen musste (siehe oben: Erfahrungsraum Jugend und Vulnerabilität). Dieses Beispiel zeigt auch die Abhängigkeit und die Begrenzung von Interventionsmöglichkeiten der Jugendhilfe in der Zusammenarbeit mit den Eltern.

Unterstützen: »auf den Jugendklub kann man zählen«

In den Interviews lassen sich die Aussagen der Jugendlichen in Bezug auf eine erfahrene Unterstützung codieren. Dabei wurde mit Blick auf die Lebenswelt die Kategorie *Jugendarbeit als unterstützendes System* codiert (siehe oben). Die Wahrnehmung und die Bewertung der Jugendarbeit durch die Jugendlichen, in Bezug auf deren Unterstützungsmöglichkeiten, wird im Interview mit Dominique deutlich, die dies konkret benennt (vgl. Kapitel 4):

> »B: Und ja dadurch habe ich halt gedacht dass du dein eigenes Ding durchziehst. Und ja meine Freunde haben mich unterstützt der Jugendklub hat mich unterstützt. Also wirklich die Unterstützung die man sich eigentlich von den Eltern wünscht die aber nicht vorhanden ist bzw. war. (..) Ja das hat mich eigentlich so zu dem Menschen gemacht der ich

> heute bin so. Auf Freunde kann man zählen auf den Jugendklub kann man zählen« (Dominique_8).

Dominique besitzt in den Herausforderungen, die sie zu bewältigen hat, und insbesondere in Bezug auf die Übergriffe, die ein traumatisierendes Potenzial haben, ein Maß von Resilienz. Dieses zeigt sich in Faktoren wie Selbstwirksamkeit und Selbstbestimmtheit, die dazu führen, dass sie die Familie verlässt. Diese Strategie (»eigenes Ding durchziehen«) ist durch die mangelnde Unterstützung der Eltern bzw. der Familie im Kontext mit den Ereignissen (Übergriffen) begründet. Dominique setzt diese Strategie in Bezug mit der Unterstützung, die sie durch andere Personen und an anderen Orten erhalten hat. Hier ist der Jugendklub neben der Peergroup für sie die zentrale Institution. Daraus ergeben sich Konsequenzen. Dominique sagt, dass sie dies zu dem Menschen gemacht hat, der sie heute ist, und entwickelt ein grundlegendes Vertrauenskonzept in Bezug auf den Jugendklub und ihre Freunde. Auf diese kann sie zählen. Die Unterstützung durch die Jugendarbeit ist hier ein wichtiger Teil bei der Bewältigung. Hier zeigen sich wichtige Faktoren, die zu einer Ausbildung von Resilienz beitragen, wie vertrauensvolle Beziehungen haben und aufbauen können, Ermutigung zur Autonomie und Möglichkeiten der Kommunikation (vgl. Grotberg, 2011, S. 60ff.).

Unterstützen wird hier als eine Kategorie betrachtet, die ein zentrales Merkmal der Sozialen Arbeit und damit auch der Jugendhilfe darstellt. Die Aufgabe, Jugendliche zu unterstützen, leitet sich aus dem § 1 SGB VIII ab (vgl. auch 2.1):

> »(1) Jeder junge Mensch hat ein Recht auf Förderung seiner Entwicklung und auf Erziehung zu einer eigenverantwortlichen und gemeinschaftsfähigen Persönlichkeit. […]
>
> (3) Jugendhilfe soll zur Verwirklichung des Rechts nach Absatz 1 insbesondere
>
> 1 junge Menschen in ihrer individuellen und sozialen Entwicklung fördern und dazu beitragen, Benachteiligungen zu vermeiden oder abzubauen […].«

Dass die Jugendarbeit Möglichkeiten hat, Jugendliche zu fördern und soziale Benachteiligungen auszugleichen, zeigt sich oben im Interview mit Conny, der die Möglichkeiten des musisch-kreativen Angebotes nutzt und dadurch in seiner Persönlichkeit gefördert wird. Auch Chris berichtet im Interview von Erfahrungen mit einem solchen Angebot in der Jugendarbeit.

> »B: Dem verdank ich zum Beispiel auch viel dass die mich so mit meiner Musik weiter geschafft hab und ja (.) ich hab wie gesagt [...] und hab damals dort eine Sprecherkabine also eine Gesangskabine gebaut und ein kleines Tonstudio aufgebaut [...] und dort kann auch jeder hingehen und wenn er musiktalentiert ist dort auf jeden Fall was machen« (Chris_130).

Die Mitarbeiter orientieren sich an den Bedürfnissen von Chris, schaffen Partizipationsmöglichkeiten und unterstützen die Umsetzung seiner Interessen. Dies führt zu einem Vertrauensverhältnis und Chris nimmt auch Unterstützung in anderen Bereichen an (siehe unten). Er berichtet davon, dass er die Möglichkeit hatte, selbst aktiv zu werden und seine Interessen umzusetzen. Dies bewertet er positiv; ebenso, dass das von ihm mit aufgebaute Tonstudio auch anderen interessierten Jugendlichen frei zur Verfügung steht. Die Fachkräfte schaffen hier mit einem an der Lebenswelt, dem Alltag und den Interessen der Jugendlichen ansetzenden niederschwelligen Angebot einen sozialen Raum, in dem Vertrauen und verlässliche Beziehungen entstehen können (vgl. Steckelberg, 2018, S. 69).

Intervenieren: »die helfen da echt«

Mit diesem Code werden Unterstützungsangebote beschrieben, die über allgemeine Unterstützung hinausgehen und bei denen durch das Handeln von Fachkräften negative Konsequenzen für die Jugendlichen vermieden werden sollen bzw. bei denen eine Kindeswohlgefährdung eine Intervention nötig machte. Dies ist zum Beispiel bei Inobhutnahmen der Fall, von denen in den Interviews Chris, Dominique, Luca und Helge berichten. Im folgenden Beispiel wird eine Intervention durch Fachkräfte im OFT beschrieben.

> »I: Waren denn (2 Worte unv. durch Lärm) Mitarbeiter in dem Jugendclub auch so Vertrauenspersonen um [...] über bestimmte Dinge zu reden?
> B: Ja also die auf jeden Fall.
> I: Ja also auch Dinge die so/
> B: Das sind also das sind Sozialpa/ Pädagogen Pädagogen oder wie heißt das?
> I: Sozialpädagogen?

B: Ja ne sind das genau (.) das sind also (.) also die die fragen mich auch (.) die haben mir zum Beispiel geholfen ich wär jetzt durch meine Arbeitsstunden damals weil ich nicht damals in die Schule gegangen bin und (.) bin hab ich damals Arbeitsstunden was gehabt und die haben mir zum Beispiel geholfen dass ich nicht in den Jugendarrest muss wegen meinen Arbeitsstunden weil ich zu dem Zeitpunkt ja nicht arbeiten konnte und ja (.) deswegen, also die helfen da echt (.) machen da und rufen da auch an und bemühen da dass die Jugendlichen einen guten Weg bekommen und/« (Chris_131–140).

Bei Chris, der durch die Fachkräfte im OFT Unterstützung bei der Umsetzung seiner Freizeitinteressen erfährt (siehe oben), zeigt sich einerseits ein Vertrauen und eine Offenheit Unterstützung in anderen Bereichen anzunehmen und andererseits, dass die Fachkräfte hier bereit sind, diese zu geben. Ohne die Intervention der Fachkräfte hätte Chris möglicherweise ein Jugendarrest aufgrund nicht geleisteter Arbeitsstunden wegen Schuleschwänzens gedroht. Infolge der Intervention steigt das Vertrauen von Chris, da er diese positiv bewertet. Auch hier wird, wie bei der Umsetzung der Freizeitinteressen von Chris, deutlich, dass die Fachkräfte an seinen Interessen ansetzen und auf Freiwilligkeit bauen. Chris berichtet, dass die Fachkräfte ihn gefragt und dann geholfen haben und er das Handeln der Fachkräfte als Bemühen sieht, damit die Jugendlichen »einen guten Weg bekommen«. Dass Chris den OFT nutzt und sich auf die Angebote einlässt, kann hier auf die konsequente Haltung und Möglichkeit der Fachkräfte bezogen werden, ein lebensweltorientiertes Konzept der Freiwilligkeit und Achtung der Selbstbestimmung zu verfolgen (vgl. Steckelberg, 2018, S. 71).

5.3.3 Zusammenfassung

In diesem Abschnitt wurden unter der Modellkomponente *verlässliche Beziehungen im Kontext der Lebenswelt* Kategorien, die sich auf zentrale Sozialisationsinstanzen in der Lebenswelt der Jugendlichen beziehen, beschrieben. Dabei wird deutlich, dass Jugendliche sich in differenten Lebenswelten bewegen. Die einzelnen Instanzen können für sie eine wichtige Ressource, aber auch ein Risiko für ihre Entwicklung darstellen. Die Lebenswelten der Jugendlichen, und in diesem Kontext Personen aus ihrem sozialen Umfeld, beeinflussen die Bewältigung der beschriebenen

Herausforderungen, wirken sich auf die Vulnerabilität der Jugendlichen aus und können Auslöser und somit verantwortlich für das Entstehen von Herausforderungen sein. Die Jugendlichen berichten zudem von Erfahrungen mit Angeboten der Jugendhilfe, die für einige Jugendliche eine wichtige und prägende Rolle in ihrer Entwicklung einnahmen und einnehmen. Wenn familiäre und schulische Situationen eine angemessene Entwicklung der Jugendlichen, ihren Schutz und die Bewältigung von Herausforderungen nicht oder nur zum Teil leisten können, kommt den Angeboten der Jugendhilfe ein besonderer Stellenwert zu. Dann ist es wichtig, dass Jugendliche mit Fachkräften verlässliche Beziehungen eingehen und aufbauen können, auch um das (zeitweise) Fehlen dieser in anderen Sozialisationsinstanzen auszugleichen. Eine Komponente einer verlässlichen Beziehung ist Vertrauen. In Bezug auf das Forschungsinteresse und die Bewältigung der oben genannten Herausforderungen in Bezug auf Sexualität stellt sich die Frage, welche Rolle Vertrauen bei der Kommunikation über sexuelle Themen einnimmt und wie sich dies auf die Bewältigung auswirkt.

5.4 Modellkomponente III: Sprechen über Sexualität auf Basis eines Vertrauenskonzepts

Vertrauen kann als eine wichtige Grundvoraussetzung bei der Kommunikation über sexuelle Themen bezeichnet werden. Vertrauen hat bei der Bewertung einer Beziehung allgemein einen hohen Stellenwert bei den Jugendlichen. Dies wird in den Interviews bei der Bewertung der Elternbeziehung und auch in Bezug auf andere soziale Beziehungen wie in Partnerschaften, in der Peergroup und bei pädagogischen Beziehungen deutlich und zeigt sich daran, dass die Jugendlichen den Begriff *Vertrauen* selbst einbringen und besetzen. Sexualität als offenes Kommunikationsthema, das von den Jugendlichen eingebracht wird, findet sich in Beziehungen, die von den Jugendlichen als vertrauensvoll eingestuft werden. Ist dieses Vertrauen bei den Jugendlichen nicht vorhanden, aber der Bedarf über ein Ereignis zu sprechen, geben Jugendliche auch einen Vertrauensvorschuss gegenüber anderen Personen. Wird das Sprechen über Sexualität nicht von den Jugendlichen selbst initiiert, sondern von außen, von anderen Personen, so bestimmen ebenso die zwei Kategorien *Vertrauen* und *Vertrauensvorschuss*, ob und wie die angesprochenen Themen kommuniziert werden. Von Bedeutung ist hier auch wieder der Bedarf bei den Jugendlichen. Das heißt, die Jugendlichen

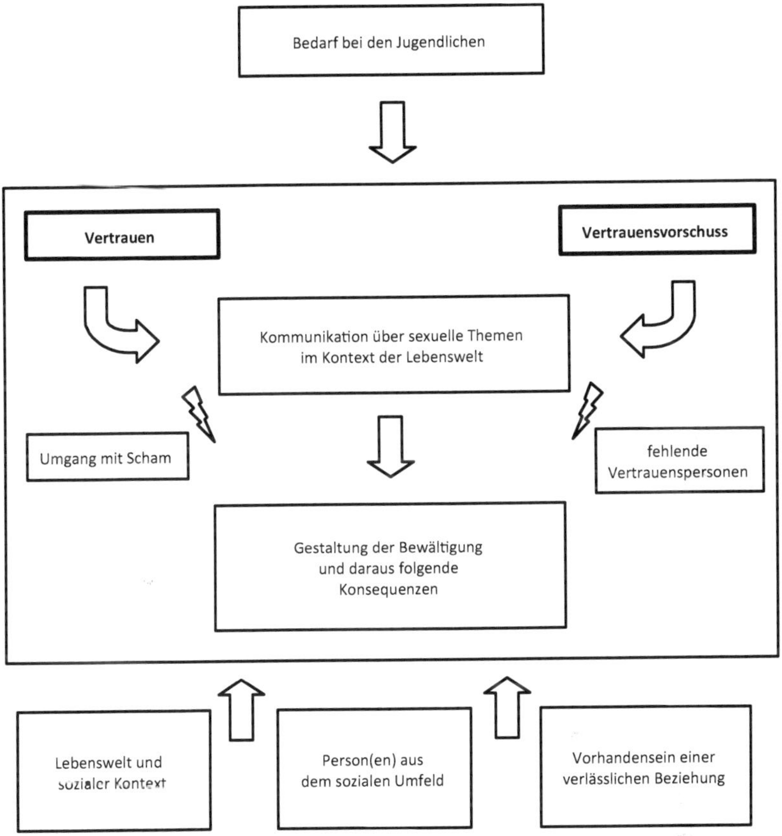

Abbildung 9: Modellkomponente III – Kommunikation über sexuelle Themen und Vertrauenskonzept

entscheiden anhand dieser Faktoren auch über den Verlauf der Kommunikation. Wird die Person, mit der kommuniziert wird, als verlässlich eingeschätzt, dann lassen Jugendliche ein Sprechen über Sexualität auf einer Basis zu, von der aus sie sich öffnen und auch intime und sensible Themen besprechen. Eine verlässliche Beziehung ist dann wichtig und diese Kategorie kommt zum Tragen, wenn der Bedarf der Jugendlichen, wie sich in den Analysekategorien zeigt, zu einer hohen Vulnerabilität führt und/oder Jugendliche einen Bedarf zur Unterstützung bei der Bewältigung haben. Eine verlässliche Beziehung ist in diesen Fällen nicht nur durch ein ausreichendes

Vertrauen, sondern auch durch die Ausprägung von Codes wie *sich sorgen, sich kümmern, intervenieren* oder *Unterstützung geben* gekennzeichnet (siehe oben). Die hier stattfindenden Interaktionen haben eine Auswirkung auf die Gestaltung des Bewältigungsprozesses der Jugendlichen und die daraus folgenden Konsequenzen. Dabei sind Jugendliche auf Personen aus ihrem Umfeld angewiesen und von den Möglichkeiten ihrer Lebenswelt abhängig.

5.4.1 Vertrauen

Vertrauen in die Eltern: »den Eltern mehr glauben«
In Kapitel 4 wurde anhand der Interviews von Mika und Dominique die Kategorie *Vertrauen* bereits vorgestellt. Anhand der Darlegung des Vorgehens bei der Auswertung wurde beschrieben, dass diese Kategorie sich in einer dimensionalen Ausprägung darstellen lässt. Beide Jugendlichen berichten vom Vertrauensverhältnis gegenüber ihren Eltern. Bei Mika ist das Vertrauen in die Eltern sehr hoch, bei Dominique sehr gering. Auch in Bezug auf die Kategorie *verlässliche Beziehung* zeigen sich Mikas Eltern als sehr verlässlich und Dominiques Eltern als weniger bis nicht verlässlich. Mika nutzt seine Eltern als Ansprechpartner für verschiedene Fragen, auch in Bezug auf Sexualität. In Dominiques Familie wird das Sprechen über Sexualität, infolge des sexuellen Missbrauchs, tabuisiert. Dominique berichtet davon, dass sie keine Vertrauenspersonen in der Familie mehr hatte.

Den Zusammenhang zwischen einem beschriebenen Vertrauensverhältnis zu den Eltern und der Erfahrung, dass diese auch als Ansprechpartner_innen für sexuelle Themen zur Verfügung stehen, beschreibt auch Jona im Interview:

> »B: Also ich meine Mutti hat damit uns sehr zeitig angefangen das heißt (.) ich sage mal mit zehn elf Jahren hat unsere Mutti uns darüber aufgeklärt, halt jetzt zwecks Verhütung und halt was alles passieren kann Krankheiten und all sowas (.) und von meiner Sicht her find ich das immer besser wenn es Elternteile jemanden erklären weil (.) man kann halt ich sag mal den Eltern mehr glauben wie jetzt irgendwelchen Freunden oder so« (Jona_9).

Jona berichtet darüber, dass ihre Mutter sie zeitig, mit zehn oder elf Jahren, aufgeklärt habe. Hier wurde das Sprechen über Sexualität von außen eingebracht. Die Mutter signalisiert damit eine grundsätzliche Offenheit für das Thema ihrerseits, auch wenn sie es, so können Jonas Aussagen interpretiert werden, stark fokussiert ausrichtet. Es geht um Verhütung, Krankheiten und »was alles passieren kann«. Jona empfindet dies als eine positive Kommunikation und ordnet ihrer Mutter eine wichtige Rolle als Sexualerzieherin zu. Dies bezieht sie nicht hauptsächlich auf das Wissen der Mutter, sondern der ausschlaggebende Faktor ist Vertrauen. Ihrer Mutter glaubt Jona mehr als der Peergroup und anderen Personen. Jugendlichen sind ein Vertrauensverhältnis zu den Eltern und deren Verlässlichkeit sehr wichtig, vor allem wenn es um von ihnen als besonders intim eingestufte Themen geht (vgl. Jona, Mika, Tomke). Im Anschluss an eine Erzählsequenz über ihre Erfahrungen in der Schule und der Schulsozialarbeit berichtet Tomke von einer Situation mit ihrer Mutter:

> »B: Ja schon manchmal also ich kenn es halt auch von meiner Mama da hat ich das erste Mal meine Regel und sie sitzt so am Computer und schreibt das gleich ihrer besten Freundin. Ich so Mama was ist ist jetzt los?« (Tomke_78–79)

Die Mutter, die von Tomke ebenfalls als wichtige Vertrauensperson benannt wird, wird dieser Rolle hier nicht gerecht. Aus Tomkes Sicht überschreitet die Mutter hier eine Intimitätsgrenze. Tomke erwartet Verschwiegenheit und vertraut darauf, dass diese von der Mutter gewährleistet wird. Die Mutter nimmt den Beginn der Menstruation ihrer Tochter zum Anlass, ihrer besten Freundin eine E-Mail zu schreiben und dieses Ereignis mitzuteilen. Für die Mutter ist dieser Moment anscheinend etwas, was sie teilen und mit anderen kommunizieren möchte. Auch wenn dies in einem aus ihrer Sicht geschützten Rahmen, mit ihrer besten Freundin, geschieht, geht sie über die Grenze des Mutter-Tochter-Verhältnisses hinaus. Tomke wird nicht gefragt, ob sie dies möchte, und so wird ein für sie intimes und im Falle der ersten Menstruation auch noch sehr neues und eindrückliches Ereignis ohne ihre Einwilligung nach außen an eine dritte Person kommuniziert. Das Vertrauen in die Mutter wird hier durch deren Verhalten geschmälert.

Vertrauensbildung in der Familie »an Muttis Bauch gehört«

Eine Erzählsequenz im Interview mit Mika wurde als Konzept für eine Vertrauensbildung in der Familie analysiert. Wie im Interview mit Jona (siehe oben) wird deutlich, dass eine Offenheit für Sexualität in der Familie und die Möglichkeit der Kommunikation darüber mit einem Vertrauenskonzept zusammenhängen. Mika, bei dem im Interview eine hohe Ausprägung von Vertrauen in der ganzen Familie deutlich wird, nutzt Personen in der Familie auch als Ansprechpartner_innen in Bezug auf Sexualität. Ausgehend von der Frage nach Mikas schönstem Erlebnis, berichtet er über seine Erfahrungen mit der Schwangerschaft seiner Mutter und der Geburt seiner Schwestern.

»B: Eigentlich die Geburt meiner zwei Schwestern. Das war eigentlich wenn man da an Muttis Bauch gehört hat da trampelt jemand oder da tritt jemand das war schon (..) richtig cool« (Mika_129–130).

Mika wurde von Beginn an von seinen Eltern in die Schwangerschaft eingebunden. Im weiteren Verlauf des Interviews berichtet er auch von der Geburt seiner Schwestern, dass er jeweils mit im Krankenhaus war, sie beide kurz nach der Geburt sah und im Arm hielt. Dadurch konnte er einerseits ein inniges emotionales Verhältnis zu seinen Schwestern aufbauen, andererseits wurde Sexualität in Bezug auf Schwangerschaft und Geburt in der Familie offen thematisiert. Bei der Kommunikation über sexuelle Themen wird deutlich, dass Mika, wie oben erwähnt, die Eltern auch noch im Jugendalter als Ansprechpartner_innen nutzt, und auch seine vertrauensvolle Beziehung zu den Schwestern wirkt sich positiv auf die Kommunikation über sexuelle Themen unter den Geschwistern aus (siehe unten).

Vertrauen in Partnerschaften: »um das Vertrauen kümmern«

Vertrauen ist für die Jugendlichen auch in den Beziehungen zu Gleichaltrigen von Bedeutung. Bei der Gestaltung von Partnerschaften kommt Vertrauen eine besondere Bedeutung zu, hier wird es zu einem entscheidenden Qualitätsfaktor bei der Bewertung einer Beziehung, auch in sexueller Hinsicht.

»B: Na Partnerscha/ also mit jemandem zusammen zu sein ist eigentlich das Wichtigste mit im Leben.

I: Mhm.

B: Das Vertrauen ist auf jeden Fall ganz wichtig und naja die Geborgenheit die Zärtlichkeit und (.) na eben das Geben und Nehmen so also das Leben besteht ja aus Geben und Nehmen ja (.) du gibst was du nimmst was und (.) das ist/

I: Mhm.
B: Also eine gute Verbindung muss zwischen den beiden (.) sein auf jeden Fall und ja um das Vertrauen kümmern um das Ehrlich-Sein um Wissen, man muss wissen was man will und man muss um die Zukunft gucken und ja« (Chris_184–188).

Chris bringt in dieser Sequenz die Bedeutung einer Paarbeziehung für seine Lebensgestaltung zum Ausdruck. Eine Partnerschaft sieht er für sich als oberste Priorität im Leben. Die Wichtigkeit, die er einer Beziehung beimisst, wird anhand der von ihm geschilderten Faktoren seines Beziehungskonzeptes deutlich. Vertrauen wird hier im Kontext mit anderen Faktoren zu einem Qualitätsmerkmal. Dabei wird auch ein sexuelles Skript in Bezug auf die Erwartungen an eine Paarbeziehung deutlich. Es geht um Geborgenheit, Zärtlichkeit und Geben und Nehmen. Vertrauen wird mit Offenheit und Kommunikation verbunden, es geht um Ehrlichkeit und Wissen und um die Gestaltung einer Beziehung. Vertrauen muss hergestellt werden und es muss sich (immer wieder) um das Vertrauen gekümmert werden. In seiner realen Beziehungsgestaltung und der Kommunikation über sexuelle Themen zeigt sich bei Chris, dass für ihn auch in der Beziehung das Ausprobieren wichtiger ist als das Sprechen über Sexualität (siehe oben). Auch dies kann als ein Vertrauenskonzept Jugendlicher in Bezug auf Sexualität bezeichnet werden. Die praktische Umsetzung seines Konzeptes, dass sich um Vertrauen gekümmert werden muss, zeigt sich in seinem Verhalten, seine Freundin bei den ärztlichen Terminen in der Schwangerschaft zu begleiten und bei der Geburt anwesend zu sein und aktiv zu helfen (siehe oben).

Mika, bei dem im Interview Vertrauen ebenfalls als wichtiger Qualitätsfaktor in seinen Beziehungen analysiert werden kann, berichtet von einer Erfahrung in einer Paarbeziehung:

»B: Also es war auf jeden Fall mit meiner anderen Freundin meiner Ex-Freundin eigentlich richtig richtig gut. Weil ich bin halt ein richtig großer [Name Band]-Fan und sie hat mir zu meinem Geburtstag [Name Band] Karten gekauft für das Konzert. Und das war halt richtig Bombe. Also hätte ich nicht gedacht. (..)
I: Und das ist aber trotzdem auseinandergegangen?
B: Ja weil sie fremdgegangen ist. Ich meine sie war zwar besoffen halt weil sie was getrunken hatte aber es ist trotzdem nicht hätte es ja nicht machen müssen. (..)

I: Und das hast du dich getrennt?
B: Ja ich habe dann weil es halt ein richtig großer Vertrauensbruch war« (Mika_38–42).

Mika verknüpft Vertrauen ebenfalls mit seinem Beziehungskonzept. In einer Paarbeziehung ist Vertrauen für ihn hier als ein Indikator einer Normvorstellung erkennbar. Er beginnt die Sequenz mit einer sehr positiven Beschreibung der Beziehung und berichtet hier davon, dass seine Ex-Freundin ihn überrascht und eine große Freude gemacht habe. Mika hat eine hohe Erwartung an monogame Treue, die keine Abweichung vorsieht. Er entschuldigt zwar das Verhalten seiner Ex-Freundin damit, dass sie Alkohol getrunken habe, dies führt jedoch nicht dazu, dass er ihr verzeiht und ihr eine zweite Chance gibt. Obwohl er positive Aspekte in der Beziehung benennt und hervorhebt und eine Erklärung für das Verhalten der Ex-Freundin nennt, ist der von ihm empfundene Vertrauensbruch durch das sexuelle Verhalten seiner Freundin nicht akzeptabel und er beendet die Beziehung.

Vertrauen in der Peergroup: »is halt auch wie so eine Familie«

Wenn Jugendliche die Möglichkeit dazu haben, nutzen sie unterschiedliche Wissensquellen und Kommunikationspartner_innen zu Sexualität. Die Peergroup ist dabei einer der wichtigsten Orte für die Kommunikation über sexuelle Themen für Jugendliche.

»B: Von meinen Freunden.
I: {Von deinen Freunden ok.}
B: also wir haben wirklich jetzt wir haben so unsre kleine Gruppe und das ist halt auch wie so eine Familie und da da reden wir halt auch wirklich über Sexualität und halt all so was jetzt was man halt jetzt in der Schule oder zu Hause nicht bereden würde« (Jona_47).

Jona vergleicht ihren engen Freundeskreis mit einer Familie. Dies kann als ein Ausdruck interpretiert werden, der auf ein hohes Maß an Vertrauen und Verlässlichkeit verweist. Der Begriff Familie ist mit gesellschaftlichen Norm- und Wertvorstellungen verbunden, die ein Familienkonzept charakterisieren. Im Interview mit Jona (siehe oben) zeigt sich auch ein durch ihre Sozialisation gekennzeichnetes Familienkonzept in Bezug auf Faktoren wie vertrauen, sorgen, kümmern, gegenseitig helfen, unterstützen und verlassen können. Die Freunde in ihrer Peergroup, die diese Faktoren erfüllen und als Familie gelten, sind für sie auch Ansprechpartner_innen für Sexualität. In dem Zitat wird ebenfalls deutlich, dass die Peergroup als Kommunikationsort für bestimmte Dinge, die Sexualität betreffen, genutzt wird und Jona hier eine Differenzierung zwischen relevanten Themen und der Wahl der Ansprechpartner_innen vornimmt.

Vertrauen zu pädagogischen Fachkräften:
»schauen ob man den Personen vertraut«

Das Vertrauen zwischen pädagogischen Fachkräften und Jugendlichen muss erarbeitet werden. Dies erfordert von den Jugendlichen einen Vertrauensvorschuss (siehe unten) gegenüber den Fachkräften, über den eine Vertrauensbeziehung entstehen kann. Dieses Vertrauen ist, auch wenn es grundsätzlich eine von den Jugendlichen als verlässlich wahrgenommene Basis gibt, fragil. Das heißt, die Jugendlichen sind sehr sensibel und kompetent bei der (situativen) Einschätzung in Bezug auf die Dimension des Vertrauens in einer pädagogischen Beziehung. In dem folgenden Zitat berichtet Tomke von der Gestaltung der Vertrauensbeziehung mit einer Schulsozialarbeiterin.

> »B: Unsere Schulsozialarbeiterin ich kenn die von sehr vielen Seiten ich kenn sie dass die mir wirklich geholfen hat und versucht hat, ich kenn sie aber auch dass sie zehn Projekte gleichzeitig leitet und überfordert ist und dann mal schnell auch motzig wird weil es nicht so läuft wies funktionieren sollte. Da war/gab es eine Thema zu meinem Projekt ich sollt es beim Tag der offenen Tür vorstellen sie hat aber noch vier andere Projekte da hab ich gesagt gut ich geh zu meiner Klassenlehrerin dort ist noch Platz im Zimmer ich bin nicht alleine ich krieg das hin. Ja nein aber du musst direkt vor meiner Türe stehen. Ich so: Nein das möcht ich nicht ich möchte sie haben so viel zu tun. Nein nein hab ich nicht. Und kriegt es aber nicht hin, da hab ich gesagt ne ich geh dort jetzt hin. Da war sie fünf Tage auf mich sauer und da hab ich/bin ich nochmal zu ihr hin und hab gesagt: Hier das war nichts gegen sie aber ich hab gemerkt sie haben viel Stress und dann hätt ich sie lieber in Ruhe gelassen bevor sie vollkommen eskalieren weil ihr Zimmer kleiner ist als das und da fünf Projekte drin sind. Ich kenn sie aber auch dass wir eben beim [Verein A] spenden waren also Geld gespendet haben und da hab ich einfach auf/offen mit ihr reden können über meine Probleme und ich bin halt auch wirklich oft zu ihr gegangen hab gesagt so: Hier, ich hab

> einen neuen Freund und alles gut und sie hat mir Glück gewünscht und wenn was war hab ich mit ihr drüber gesprochen. Aber also manchmal kenn ich sie als gut und manchmal denk ich mir so nö jetzt hab ich gerad keine Lust was anzuvertrauen weil ich eher denke es könnte in die Hose gehen so. Da kenn ich sie jetzt fünf Jahre lang und kann das schon gut einschätzen also muss man schauen, ob man den Personen vertraut« (Tomke_76–77).

Tomke nutzt die Schulsozialarbeiterin als Ansprechpartnerin für sensible und intime Themen. In ihrem Fall sind dies Mobbing und sexuelle Themen wie Partnerschaften zu Jungen. Grundsätzlich gibt es eine Vertrauensbeziehung. Tomke schätzt ein, dass ihre Bedürfnisse nicht in jeder Situation von der Fachkraft wahrgenommen werden können, Insbesondere dann nicht, wenn diese nach Tomkes Meinung überfordert ist und nicht genügend Zeit hat. Tomke zeigt sich hier kompetent. Sie schildert eine Situation, in der sie für sich eine Entscheidung trifft, von der sie überzeugt ist, dass dies die bessere Lösung ist. Diese Entscheidung beruht auf der Grundlage der Wahrnehmung und Reflexion der Situation mit der Schulsozialarbeiterin. Diese kann jedoch Tomkes selbstbestimmte Entscheidung in dem Moment nicht annehmen. In einer als sehr belastbar definierten Vertrauensbeziehung könnte angenommen werden, dass diese Situation nicht zu einem solchen Konflikt führen würde bzw. hier mit einem gegenseitigen Ernst-Nehmen der Bedürfnisse und einem Verständnis das Vertrauen weiter gestärkt werden könnte. Die beschriebene Situation zeigt, dass die Fachkraft in diesem Moment das Setting nicht zur Verfügung hat bzw. schaffen kann, um solch eine Interaktion zu gestalten. Es zeigt sich eine strukturelle Überforderung. In der Folge ist es wiederum Tomke, die sich kompetent zeigt und das Vertrauensverhältnis weiter gestaltet, indem sie auf die Fachkraft zugeht. Tomke sieht sich hier auch selbst als die Akteurin, die die Fachkraft kennt und aus der eigenen Einschätzung ableitet, wann es passt, sie als Vertrauensperson zu nutzen. Dies beruht auf einem individuellen Vertrauenskonzept. Wenn Tomke einschätzt, dass der Moment nicht für ein Gespräch geeignet ist (»in die Hose gehen«), vermeidet sie dies oder lässt eine vertrauensvolle Kommunikation nicht zu. Deutlich wird auch, dass Tomke hier nicht nur je nach Situation differenziert vorgeht, sondern auch, dass eine Irritation oder ein Konflikt das grundsätzliche Vertrauensverhältnis nur kurzzeitig stören. Tomke erbringt in diesen Fällen auch immer wieder einen Vertrauensvorschuss. Dieser basiert zwar auf einem grundsätzlich vorhandenen Vertrauen und positiven Erfahrungen, dennoch ist nach einer Störung des Vertrauens eine Herstellung der Vertrauensbeziehung nötig.

Die Schulsozialarbeiterin zeigt sich hier generell offen für die Themen und Bedarfe von Tomke, scheint aber aufgrund ihrer strukturellen Eingebundenheit und der Rahmenbedingungen nicht in der Lage, immer angemessen darauf eingehen zu können. Die Fachkraft beharrt in einer Situation, in der es ihr anscheinend nicht gelingt, ein den Notwendigkeiten angemessenes Setting zu schaffen, dennoch darauf, die pädagogische Situation aufrechtzuerhalten oder zu erzwingen. Tomke entzieht sich dieser Situation in dem Wissen, dass es einen anderen Ort und eine andere Person (Klassenlehrerin) gibt, an dem bzw. bei der sie ihre momentanen Bedürfnisse besser aufgehoben sieht. Dies scheint die Schulsozialarbeiterin nicht zu erkennen oder eventuell nicht zulassen zu wollen oder zu können, was auf Kompetenzfragen im pädagogischen Team beruhen könnte. Es stellt sich auch die Frage (die hier nicht beantwortet werden kann, aber für die Reflexion und Gestaltung pädagogischer Interaktionen von Bedeutung ist), wie das Vertrauensverhältnis von ihrer Seite weiter gestaltet worden wäre, wenn Tomke nicht auf sie zugegangen wäre. Sie war offen für ein Gespräch, jedoch eher passiv abwartend und Tomke als Jugendliche hat hier den proaktiven Part übernommen. Das könnte in dieser Situation auch pädagogisch intendiert gewesen sein. Das Aushalten und Bearbeiten von Konflikten ist eine wichtige Kompetenz bei der Gestaltung zwischenmenschlicher Beziehungen, insbesondere in Partnerschaften. Insofern kann das Aushandeln eines Konfliktes auch ein Kompetenztraining im Sinne einer sexuellen Bildung sein. In der pädagogischen Praxis ist davon auszugehen, dass Jugendliche auch anders reagieren, zum Beispiel mit einem Rückzug, was dann eine aktivere pädagogische Gestaltung bräuchte.

5.4.2 Vertrauensvorschuss

Wenn Jugendliche keine Vertrauenspersonen haben, mit denen sie bestimmte Themen zu Sexualität kommunizieren können, aber ein Bedarf diesbezüglich vorliegt, braucht es einen Vertrauensvorschuss, damit es zu einer offenen Kommunikation kommen kann. Im Interview mit Dominique werden mehrere Situationen sichtbar, in denen sie aufgrund fehlender vertrauensvoller Ansprechpersonen anderen einen Vertrauensvorschuss geben muss, da bei ihr ein Bedarf besteht, über Ereignisse zu sprechen.

Dies wird in Dominiques Fall bei der Offenlegung des sexuellen Missbrauchs deutlich. Dominique gibt hier mehreren Personen zu verschiedenen Zeitpunkten in ihrem Leben einen Vertrauensvorschuss, wie eine Zusammenfassung in Tabelle 6 zeigt.

Tabelle 6: Vertrauensvorschuss bei Offenlegung

Situation	**anwesende Vertrauensperson**	**Vertrauensvorschuss gegenüber**
erste Offenlegung des sexuellen Missbrauchs im Kindesalter	Schulfreundin	Schulfreund_innen, Mutter der Schulfreundin
zweite Offenlegung des sexuellen Missbrauchs und der körperlichen Züchtigung im Jugendalter	keine	Beamte der Polizei
Thematisierung des sexuellen Missbrauchs und der körperlichen Züchtigung nach Anzeige und Inobhutnahme	keine	verschiedene Fachkräfte der Kinder- und Jugendhilfe (Kinder- und Jugendnotdienst, Jugendamt, anschließend stationäre Wohngruppen)
Bearbeitung des sexuellen Missbrauchs und der familiären Erlebnisse	keine	Therapeut_innen
Umgang mit dem sexuellen Missbrauch und der familiären Biografie im Lebensalltag	Freund_innen, keine erwachsenen Vertrauenspersonen	Peergroup, Fachkräfte in der offenen Jugendarbeit
Bereitschaft zur Teilnahme an einem Interview für dieses Promotionsprojekt	keine	Interviewer

In keiner dieser Situationen ist für Dominique vorhersehbar, wie die verschiedenen Personen auf ihre Offenlegung reagieren. Aufgrund ihrer im Interview berichteten und als positiv wahrgenommenen Erfahrungen in der Kinder- und Jugendhilfe kann angenommen werden, dass sich ein grundsätzliches Vertrauen in diese Institution herausgebildet hat. Die Codes der Kategorie *verlässliche Beziehungen* sind in einer hohen Ausprägung im Sinne einer hohen Verlässlichkeit vorhanden. Für Dominique sind Fachkräfte Personen, denen sie aufgrund ihrer Erfahrungen vertrauen kann und die einen Vertrauensvorschuss erhalten. Der Moment, sich anderen und fremden Personen zu öffnen, ist dabei immer mit einer Unsicherheit verbunden (vgl. Luhmann, 1989). Jona benutzt hier den Ausdruck »nicht so ganz geheuer« in Bezug auf eine Situation, bei der über Sexualität gesprochen wurde, während sie die Person noch nicht kannte:

> »B: Also anfangs muss ich sagen war es halt für mich so ein (..) nicht so ganz geheuer aber (.) wenn man sich dann ein paar Minuten länger gekannt hat dann ging das halt eigentlich und [...] ich mein Interesse bestand bei jedem und bei mir auch« (Jona_63)

Jona bezieht sich in dem Zitat auf die Durchführung eines Workshops in dem von ihr besuchten OFT. Der Workshop wurde vom Interviewer im Rahmen des Feldzugangs durchgeführt. Die beiden oben benannten Kategorien, dass ein relevantes Ereignis (Bedarf) vorliegen muss und ein Vertrauensvorschuss gegeben sein muss, sind auch in dieser Situation ausschlaggebend gewesen. Der grundsätzliche Vertrauensvorschuss lässt sich hier in Bezug setzen mit den Punkten, dass die Durchführung in einem OFT damit verbunden war, dass die den Jugendlichen bekannten Fachkräfte mit in die Vorbereitung eingebundenen waren, die Jugendlichen nach ihren Wünschen und Themen gefragt und damit von Beginn an ernst genommen wurden und dass die Jugendlichen sich als Gruppe in ihrem gewohnten Sozialraum sicher fühlten. Ausschlaggebend bei dieser Veranstaltung war ein hoher Bedarf bei den Jugendlichen, wie sich im Verlauf der zwei Termine abzeichnete. Dieser Bedarf wird von Jona im Interview anhand der Aussage, das Interesses bestanden hat, deutlich. Trotz der benannten Faktoren bestand eine Unsicherheit und (im Sinne des Selbstschutzes angebrachte) Skepsis gegenüber dem Angebot und der durchführenden Person. Diese konnten verringert werden, da Jona zunehmend Vertrauen entwickelte und dieses ihren Vertrauensvorschuss bestätigte.

5.4.3 Kommunikation über sexuelle Themen im Kontext der Lebenswelt

Jugendliche nutzen für die Kommunikation über sexuelle Themen unterschiedliche Orte und Personen. Im vorhergehenden Abschnitt wurde der Zusammenhang zwischen Vertrauen und der Kommunikation über sexuelle Themen dargestellt. Im Folgenden werden, um diesen Zusammenhang nachvollziehbar zu belegen, anhand der Interviews von Jona, Mika, Luca, Chris und Dominique, bezogen auf die oben genannten Personen und Orte, Situationen angeführt, in denen die Jugendlichen selbst aktiv werden.

Eltern als Kommunikationspartner_innen: »kommt zu uns«

Für Jona ist ihre Mutter eine wichtige Vertrauensperson in der Kindheit. Die Mutter hat von ihrer Seite Offenheit für Sexualität gezeigt, indem sie auf ihre Kinder zuging und über sexuelle Themen sprach. Jona nutzt ihre Eltern in der Folge ihrerseits als Ansprechpartner_innen für sexuelle Themen, wobei die zentrale Rolle als Ansprechpartnerin bei der Mutter liegt.

> »B: für mich war das jetzt halt reines Interesse wir sind dann halt auch selber zu unseren Eltern gegangen und haben gefragt und ja wenn jetzt meine Mutti gesagt hat wenn ihr irgendwelche Fragen habt dann kommt zu uns und das haben wir dann auch wirklich gemacht (.) und ja also für uns war das dann halt so ok jetzt wissen wir was passieren kann was möglich ist und halt aufpassen was das angeht« (Jona_9).

Neben den Faktoren der grundsätzlichen Offenheit für Kommunikation über sexuelle Themen und dem vorhandenen Vertrauen ist ein Bedarf (Jona: »reines Interesse«) bei Jugendlichen ausschlaggebend für die Kommunikation. Das Vertrauensverhältnis und die Kommunikation mit der Mutter verändern sich im Jugendalter von Jona. Die Kommunikation mit der Mutter über Sexualität ist möglich, aber diese orientiert sich an präventiven Themen und einer heteronormativen Vorstellung und Erwartung an Jona. Die Mutter kann hier als Kommunikationspartnerin beschrieben werden, die einerseits Sexualität nicht tabuisiert, ihren Kindern vorlebt, dass ein Sprechen über Sexualität möglich ist, und sich als Ansprechpartnerin anbietet und andererseits als Wissensquelle für sexuelles Basiswissen. Jona nutzt daher im Jugendalter zunehmend die Peergroup, um über Themen wie Homosexualität und die Gestaltung des Coming-out zu sprechen (vgl. 5.2.3 zu Vulnerabilität).

Geschwister als Kommunikationspartner_innen: »die wissen schon bisschen viel«

Mika nutzt in der Familie neben seinen Eltern auch seine beiden Schwestern als Ansprechpartnerinnen für sexuelle Themen. Er kann seine Eltern als Ansprechpartner_innen für verschiedene Themen (Schwangerschaft, Geburt, Verhütung, erster Sex, Gestaltung der Partnerschaft) nutzen. Die in der Familie bestehenden vertrauensvollen und starken emotionalen Bindungen und die Offenheit der Eltern sexuelle Themen mit Mika zu besprechen scheinen sich auch auf die Kommunikation unter den Geschwistern positiv auszuwirken.

> »B: Auch wenn es Mädchen sind ist es nicht so schlimm weil ich das relativ gut finde. Da hab ich halt wenn ich Probleme habe mit Weibern oder so halt kann ich auch mit denen drüber reden« (Mika_3).

> »B: Wenn ich jetzt zum Beispiel konkret was wissen möchte was halt Mädchen so toll finden oder so halt. Dann frage ich die halt manchmal auch wenn die zwar jetzt jünger sind als ich. Aber die wissen schon bisschen viel. Und ja die hören mir auch wirklich richtig zu« (Mika_86).

Mika sieht seine Schwestern als wichtige Ressource und spricht ihnen eine Kompetenz zu. Er nutzt die Möglichkeit, gezielt bei Fragen und Themen, die aus seiner Sicht mit Weiblichkeit verbunden sind und bei denen er sich nicht ausreichend kompetent fühlt. Neben der Kompetenz des Wissens zu sexuellen Themen erwähnt Mika eine weitere Kompetenz, die für die Kommunikation wichtig ist: »die hören mir auch wirklich richtig zu«. Das heißt, er fühlt sich hier auch mit seinen Fragen ernst genommen, da seine Schwestern sich ausreichend Zeit fur ihn nehmen. Seine Eltern dienen ihm als Basis für das Sprechen über Sexualität. Für spezielle Themen nutzt er andere Ansprechpartner_innen, die ihm geeigneter scheinen.

Kommunikation in der Peergroup: »konkretere Antworten«

Für die Jugendlichen ist das Sprechen über Sexualität Teil ihres Alltags und als selbstverständliches Thema in die Kommunikation in ihrem Freundeskreis eingebunden.

> »B: Wie gesagt mit einem Kumpel hier vorne rede ich öfters mal drüber (.) aber das ist (.) keine Ahnung wir reden halt, ich hab es es ist halt auch das normalste auf der Welt wir reden halt da drüber und (.) wenn uns halt nichts mehr dazu einfällt machen wir Themenwechsel« (Luca_381).

Die Peergroup bietet für die Jugendlichen einen Raum für Kommunikation, der nicht von der Erwachsenenwelt gestaltet und überwacht werden kann. Die Jugendlichen nutzen diesen Raum, um Themen, die sie interessieren und die in anderen Kommunikationsräumen nicht angesprochen werden (z. B. Familie oder Schule), zu besprechen – ebenso für Themen, die ihrer Meinung nach für die Kommunikation mit Erwachsenen nicht geeignet sind.

> »B: Also wenn ich jetzt irgendwie was Persönliches halt von mir aus würd ich schon meine Freunde fragen weil die halt zwar nicht mehr wissen also für mich als meine Eltern. Aber sie mir halt sogar konkretere Antworten geben können« (Mika_56).

Mika, der in der Familie Ansprechpartner_innen und vertrauensvolle Beziehungen hat, nutzt die Peergroup bewusst für das Sprechen über persönliche Themen. Er bescheinigt seinen Eltern mehr Wissen zu sexuellen Themen als seinen Freunden, bei Letzteren bekomme er aber »konkretere Antworten«. Im folgenden Zitat aus dem Interview mit Jona wird deutlich, was unter konkreteren Antworten verstanden werden kann.

> »B: und naja von paar Freunden hört man dann halt schon paar Erfahrungen die sie machen konnten und von Andren hört man dann halt die Fragen wie das halt so ist mit einem Mann zu schlafen oder mit einer Frau zu schlafen und da erklärt man das halt da erklärt man das halt wie das wie das Gefühl halt ist« (Jona_47).

In den Interviews von Mika, Jona und Tomke, die ihre Eltern-Kind-Beziehungen grundsätzlich als vertrauensvolle und verlässliche Beziehungen beschreiben, ist auch eine offene Kommunikation über sexuelle Themen möglich, wobei sich diese bei Jona und Tomke mehr in Hinblick auf die Mütter analysieren lässt. Das Sprechen über Sexualität mit den Eltern ist auf zentrale Themen begrenzt. Die Eltern treten hier als Sexualerzieher auf und sind – was sich mit der Wahrnehmung elterlicher Pflichten und Verantwortung begründen lässt – stark präventiv orientiert. Es zeigt sich darin auch eine Abgrenzung im Eltern-Kind-Verhältnis, die in Bezug auf das Generationenverhältnis und die Sexualität von den Eltern vorgenommen wird. Durch die jugendliche Entwicklung und die Umgestaltung der Eltern-Kind-Beziehung in eine Beziehung von Eltern und Jugendlichen ergeben sich auch Abgrenzungen vonseiten der Jugendlichen. Bestimmte Themen und inhaltliche Vertiefungen werden von beiden Seiten in der Kommunikation vermieden. Konkretere Antworten können Jugendliche in der Peergroup bekommen, womit sich diese als wichtige Ressource zeigt.

Dominique nutzt die Peergroup ebenfalls als Wissensquelle und Kommunikationsort für Sexualität. Sie erlebte ihre Familie nicht als positiv wirkende Basis in Bezug auf Vertrauen, Verlässlichkeit und Kommunikation über sexuelle Themen. Diese Aufgabe konnte teilweise durch die Jugendhilfe und Jugendarbeit erfüllt werden (siehe unten). Dominique konnte nicht von einem Vertrauenskonzept ausgehen, das auf einer positiv erlebten Vertrauenserfahrung beruhte, sondern musste (und muss) sich dieses über das Konzept des Vertrauensvorschusses in ihrer Jugend erarbeiten (siehe oben). Die Peergroup ist für Dominique auch hier eine Ressource.

> »B: Also mit meinen Freunden rede ich halt oft darüber die merken ja auch wenn es mir schlecht geht. Oder wenn es mir wegen einem Jungen gut geht. Ja aber es gibt dann halt auch welche die mich sozusagen schützen wollen wenn es jetzt halt jemanden gibt der halt nur das eine will und ich das aber eigentlich auch weiß ich mir das aber halt ich will es halt nicht wahrhaben. Da versuchen die mich halt immer zu schützen und zu sagen hier lass dich nicht drauf ein und ja« (Dominique_103).

Dominique nutzt ihren Freundeskreis, um über Fragen der Sexualität zu sprechen. Sie geht von einer Kompetenz der Empathie bei ihren Freunden aus, die merken, wie es ihr emotional geht. Einige ihrer Freunde übernehmen auch eine schützende Rolle. Dass Dominique diese Intervention ernst nimmt und annimmt, verweist auf ein bestimmtes Maß an Vertrauen. In diesem Zitat lassen sich neben Vertrauen noch weitere Codes bilden bzw. zuordnen (Verständnis, ernst nehmen, sich kümmern, intervenieren), die eine verlässliche Beziehung beschreiben. Die Peergroup kann nicht nur Ort für die Kommunikation sein, sondern auch eine Schutz- und Unterstützungsfunktion bezüglich Sexualität übernehmen.

Im Interview mit Chris kann eine weitere Form von Kommunikation analysiert werden, das Ausprobieren innerhalb der Peergroup. Chris berichtet, dass es bei ihm und seinem Freund weniger um das Sprechen oder die Weitergabe bezüglich theoretischen Wissens geht, sondern mehr um ein Reflektieren der gemachten Erfahrungen. Ausprobieren und dadurch, wie Chris sagt, eigene »Bildung zu finden« und »Wissenschaft bekommen«

(siehe oben), kann als nonverbale Kommunikation zu Sexualität in der Peergroup gesehen werden.

> »I: Mhm ok. Also für dich war dieses ausprobieren mit deinen Freundinnen oder mit deiner Freundin ne (..) ein ganz also so ein wichtiger Punkt so da auch Erfahrung zu machen?
> B: Richtig.
> I: Also zu holen.
> B: Genau.
> I: Ok Mhm (.) Wie ist es so im im Freundeskreis gewesen hast du dich auch mit Kumpels Freunden über die Themen ausgetauscht?
> B: Na ja na klar wir haben uns immer so unterhalten so also (..) ja also über Verhütung oder so haben wir jetzt nicht groß geredet.
> I: Ok.
> B: Aber ich hab immer gesagt zum Beispiel mein Kumpel [Name J] ist wie mein bester ist mein bester Freund eigentlich der/hab ich schon gesagt immer weil der was viel mit Mädchen hatte so hab ich gesagt: Dicker, denk dran du hast schon eine Tochter und die andre hast du fast auch geschwängert ja die hat zum (.) Glück abtreiben lassen aber (.) man ist da auch immer denkend an die an Verhütung und allem Drum und Dran aber (..) ja/« (Chris_167–174).

Chris beschreibt im Interview, dass er vor allem über die Schule ein Grundwissen zu Sexualität erlangt habe. Seinen Vater nutzt er nicht als Ansprechpartner. Die Erfahrungen in Einrichtungen der Jugendhilfe und Jugendarbeit sind unterschiedlich. Wenn es sexualpädagogische Angebote gab, waren die Themen auf präventive Inhalte fokussiert (siehe unten). Das Thema Verhütung wird von Chris mit seinen Freunden nicht als Theoriethema besprochen. Es kommt als praktisches Thema in die Kommunikation aufgrund der Erfahrung, dass das sexuelle Ausprobieren zu Konsequenzen führen kann. Diese zeigen sich hier in einer Vaterschaft des Freundes und in einer weiteren Schwangerschaft einer Freundin, die abgebrochen wird. Chris, der selbst auch Vater eines Kindes ist, bezeichnet sein Kind als Wunschkind. Damit nimmt er auch eine Legitimation des sexuellen Verhaltes in Bezug auf die Schwangerschaftsverhütung vor. In der Sequenz nimmt Chris eine Differenzierung vor: »fast auch geschwängert ja, die hat zum Glück abtreiben lassen« Chris erkennt die Schwangerschaft (die biologisch vorhanden ist) nicht als solche an. Das kann auf ein individuelles

Verständnis von Schwangerschaft verweisen, die für ihn erst dann real ist, wenn er sie aufgrund körperlicher Veränderungen bei einer Frau und/oder im Ultraschall als Embryo sieht, bei dem das menschliche Aussehen schon ausgeprägt ist. In diesem Kontext sieht Chris den Schwangerschaftsabbruch möglicherweise eher als Verhütungsmöglichkeit und nicht als medizinischen Eingriff, mit dem eine Schwangerschaft beendet wird. Diese Sicht kann auf einem unzureichenden biologischen Wissen und/oder einer fehlenden Kontextualisierung seines Wissensbestandes beruhen. Chris berichtet von mehreren Wissensquellen, die er punktuell nutzt, und in diesem Zusammenhang von deren eher präventiven Ausrichtung und verknüpft sein Wissen mit seinen konkreten Erfahrungen des Ausprobierens.

Kommunikation in pädagogischen Kontexten: »hören einem auch richtig zu«

In den Interviews berichten die Jugendlichen von Erfahrungen der Kommunikation über sexuelle Themen in pädagogischen Kontexten. Hier können zwei Bereiche benannt werden: die Schule und verschiedene Angebote der Kinder- und Jugendhilfe, die sich weiter differenzieren in Einrichtungen der stationären Jugendhilfe, Streetwork und die offene Jugendarbeit. Sexualität als Gesprächsthema wird dabei in der Regel von Pädagog_innen eingebracht, zum Beispiel im Rahmen der schulischen Sexualerziehung oder präventiver Angebote in der Jugendhilfe. Die Jugendlichen nutzen Pädagog_innen aber auch als Ansprechpersonen bzw. sehen diese als mögliche Ansprechpersonen, wenn ein Bedarf besteht (siehe unten).

> »B: Weil es halt hier wie gesagt eigentlich relativ ruhig/Also zumindest da kann man halt gut mit denen drüber reden weil man es ist nicht nur einer da und da kann man mit jemanden irgendwo anders hingehen und da kurz drüber reden oder so. Also die hören einem auch richtig zu und das finde ich halt schon in Ordnung« (Mika_122).

Auf die Frage, ob Mika die Fachkräfte im OFT auch als Ansprechpersonen nutzt oder nutzen würde, nennt Mika für ihn wichtige Punkte, die eine Basis für eine Kommunikation darstellen. Er rahmt damit ein für die Kommunikation über sexuelle Themen notwendiges Setting. Es braucht eine ruhige und geschützte Atmosphäre, in der er mit einer Fachkraft sprechen kann. Das erfordert, wie er benennt, dass nicht nur eine Fachkraft im Dienst ist. Mika äußert weitere Bedürfnisse. Er möchte, dass ihm zugehört wird und das Gespräch fokussiert ist. »Da kurz drüber reden« kann als Aussage interpretiert werden, dass er keine langen pädagogischen Vorträge erwartet und wünscht, sondern (»die hören einem auch richtig zu«) eher Verständnis und Antworten auf seine konkreten Fragen und Bedürfnisse, die ihm in dem Moment wichtig sind. Die Fachkräfte im OFT scheinen diesen Bedürfnissen nachzukommen und haben ein entsprechendes Setting geschaffen (vgl. 4.4.2; Langer, 2017). Damit konnte hier eine Vertrauensbasis entstehen, die es Mika ermöglicht, selbstbestimmt Themen anzusprechen. Im Vergleich zu dem oben angeführten Zitat von Tomke bei der Gestaltung von Vertrauen in pädagogischen Beziehungen zeigt sich, wie Jugendliche darauf reagieren können, wenn Bedingungen wie Ruhe, Zeit haben, geschützter Raum, zuhören können, Bedarfe der Jugendlichen wahrnehmen und ernst nehmen nicht gegeben sind. Dann kann es zu einem (wenn auch nur zeitweisen) Rückzug kommen. Die pädagogische Beziehung kann in diesem Moment kein Ort mehr für eine vertrauensvolle Beziehung sein, in der sensible und intime Themen offen kommuniziert werden. Dies ist nicht nur für die Frage nach sexualpädagogischen Angeboten wichtig, sondern auch in Bezug auf sexualisierte Gewalt. Sowohl für den Schutz in Bezug auf präventive Faktoren als auch für die Offenlegung und die Bewältigung nach erfolgten Übergriffen ist dies von Bedeutung (vgl. Linke, 2018a, S. 572f.).

Dominique benennt im Interview neben ihren Freunden als wichtigste Ansprechpersonen zu sexuellen Themen die Fachkräfte im OFT. Auf die Frage, ob sie sich dazu mehr Angebote wünscht, antwortet Dominique:

> »B: Na ich finde dass das wir ja auch auf die zugehen können und sagen können ja hier wollen jetzt mal das und das. Und ja ich finde dass die dann auch dazu irgendwie jemanden mal einladen werden der das dann besser erklären kann als die. Das ist es.« (Dominique_112–117).

Dominique hat nicht die Erwartung, dass die Fachkräfte von sich aus Angebote zu sexueller Bildung unterbreiten. Sie geht von einem Partizipationskonzept aus, das es ihr ermöglicht, selbstbestimmt Angebote einzufordern. Von den Fachkräften erwartet sie, dass diese den geäußerten Bedarf ernst nehmen und daraufhin ein Angebot unterbreiten. Obwohl sie die Fachkräfte als Ansprechpartner_innen zu sexuellen Themen nutzt, sieht sie nicht die Notwendigkeit, dass diese Expert_innen sein müssen. Sie begreift diese eher als erste unverbindliche (informelle) Anlaufstelle und als Personen, die in der Lage sind, Expert_innen einzuladen und non-formale Angebote zu organisieren. Auch hier wird ein Vertrauenskonzept deutlich. Dominique vertraut sich den Fachkräften an und vertraut ihnen auch, dass sie ihren Bedarf ernst nehmen und sich kümmern. Sie vertraut auch darauf, dass diese Expert_innen einladen, die »das dann besser erklären« können. Der Vertrauensvorschuss, der für die Kommunikation mit diesen Expert_innen nötig ist (siehe oben), steht hier auch im Kontext mit dem Vertrauen zu den Fachkräften, die diese Expert_innen in die Einrichtung einladen.

5.4.4 Intervenierende Bedingungen der Kommunikation über sexuelle Themen

Neben den Faktoren, die ein Setting, in dem Kommunikation über sexuelle Themen möglich wird, beeinflussen, und den persönlichen Präferenzen der Beteiligten zeigen sich zwei Bedingungen, die dazu führen können, dass eine Kommunikation nicht oder nur sehr eingeschränkt stattfinden kann:

1. fehlende Ansprechpersonen und Vertrauenspersonen für die Jugendlichen
2. der Umgang mit Scham beim Sprechen über Sexualität

Fehlende Ansprechpersonen und Vertrauenspersonen für die Jugendlichen: »kein gutes Verhältnis zu denen«

Die Möglichkeiten der Kommunikation über sexuelle Themen und ebenso andere intime oder sensible Fragen sind abhängig von den Personen im sozialen Umfeld. Ein Fehlen von Vertrauenspersonen und/oder die Erfahrung, dass Personen dem Vertrauen, das Jugendliche erwarten, nicht gerecht werden, führt zu einer Vermeidung von Kommunikation und einem Rückzug. Neben Vertrauen können hier auch andere Faktoren, die als Codes der Kategorie *verlässliche Beziehungen* zugeordnet wurden, von Bedeutung sein (vgl. 4.3.2). Ebenso gibt es persönliche Präferenzen, die die Gestaltung einer Beziehung beeinflussen (siehe unten). Im Folgenden wird das Fehlen von Vertrauenspersonen in Bezug auf pädagogische Kontexte in der Jugendhilfe thematisiert.

> »I: Also das war schon zu der Zeit wo du sagst da ging es dir nicht so gut in der Schule da war auch schon eine Schulsozialarbeiterin da?
>
> B: Ja.

I: Ok und die konntest du die als Ansprechpartnerin nutzen gab es da Momente wo du das genutzt hast?

B: Ich hatte es zwar mal versucht das war siebente Klasse aber ich muss ehrlich sein ich hab von Anfang an gemerkt die Frau ist unfähig, Entschuldigung die war eigentlich den ganzen Tag bloß damit beschäftigt die Schule irgendwie zu repräsentieren hab ich das Gefühl gehabt die unsere Schule hat halt viel an außenstehenden Wettbewerben mitgemacht [...] aber um die Probleme der Schüler hat die sich nicht gekümmert und einen Vertrauenslehrer oder so hatten wir gar nicht« (Conny_88–91).

Conny verwendet im Interview den in-vivo codierten Begriff »Ort des Schreckens« für die Schule. In diesem Zusammenhang berichtet er von erlebten Diskriminierungen (siehe oben). Im Interview schwenkt er danach um, erzählt eher von positiven Aspekten, die er aus der Schule, vor allem nach der achten Klasse, mitgenommen habe. Erst auf die Nachfrage, warum er die Schule so lange als Ort des Schreckens wahrgenommen habe, berichtet er über seine empfundene Hilflosigkeit diesbezüglich. Nach einigen Versuchen von ihm und seiner Mutter mit Lehrer_innen, der Schulleitung und der Schulsozialarbeiter_in darüber ins Gespräch zu kommen, was aus seiner Sicht in allen Fällen nicht ausreichend ernst genommen und teilweise bagatellisiert wurde, ergab er sich in dieses *Schicksal* und nahm als Erfahrung mit, dass es keinen Sinn hat, darüber zu berichten. Auf die Frage, was er sich von diesen Personen gewünscht hätte, wird deutlich, Conny hätte sich Unterstützung und Schutz gewünscht und dass ihm geglaubt worden wäre. Zu den betreffenden Personen, zum Beispiel der Schulsozialarbeiter_in, hatte er kein Vertrauen, konnte unter diesen Umständen auch keine Vertrauensbeziehung aufbauen und nutzte sie nicht als Ansprechpartner_innen für persönliche Themen. Im Vergleich zum oben angeführten Zitat aus dem Interview mit Tomke, die eine Vertrauensbeziehung zu ihrer Schulsozialarbeiterin beschreibt, die von ihr maßgeblich aktiv mitgestaltet wird, zeigt sich, dass Conny hier mit einem Rückzug reagiert und keine angemessene pädagogische Intervention stattfindet, weder in Bezug auf die Diskriminierungen noch auf den Rückzug in der pädagogischen Beziehung. Die anhand der obigen Auswertungen benannten Faktoren, die für die Bildung eines Vertrauensverhältnisses nötig scheinen – wie Zeit haben, geschützter Raum, ernst nehmen, zuhören –, oder für eine verlässliche Beziehung – wie sorgen, kümmern, intervenieren, unterstützen – sind hier nicht gegeben. Neben diesen Faktoren können auch sehr persönliche Eigenschaften und Präferenzen wie Alter, Geschlecht oder eine grundlegende gegenseitige Sympathie wichtig für die Gestaltung einer pädagogischen Beziehung und den Aufbau einer Vertrauensbeziehung sein.

> »I: Und gab es in der Zeit gab es so Leute Personen die dich unterstützt haben die du so sag mal jetzt auch als Vertrauenspersonen hattest wo du hingehen konntest mal darüber reden konntest wie s dir geht also gab es die in der Schule oder vielleicht auch so Schulsozialarbeiterin Schulsozialarbeiter oder?
>
> B: Ja in der Schule da gab es einmal die [Frau A] die war so eine Schulsozialarbeiterin aber (..) also mit der konnte ich reden aber das wollt wollt ich nicht wirklich immer so weil das halt so die ist halt eine ältere Person und ist halt nicht so mit der würd ich mich privat auch nicht so abgeben ganz ehrlich« (Helge_33–35).

Helge berichtet im Interview von starken Rückzugstendenzen in einer Phase seiner Jugend. Diese hängen mit Diskriminierungserfahrungen aufgrund seines Aussehens bzw. seines Körperbaus und fehlenden Ansprechpersonen zusammen. Er berichtet, dass die erlebten Diskriminierungen im Schulkontext stattfinden. Eine Vertrauensperson hat Helge in diesem Kontext jedoch nicht. Die Schulsozialarbeiterin sieht er als prinzipielle Möglichkeit, aufgrund des Altersunterschiedes nutzt er diese Möglichkeit jedoch nicht (vgl. Mantey, 2018, S. 93). Helge stellt hier einen Zusammenhang zwischen der Schule und dem Privaten her. An Ansprechpersonen stellt er die gleichen Ansprüche. Auch in seiner Zeit in einer Heimeinrichtung, in der Helge vorübergehend lebte, woraufhin er wieder in die Herkunftsfamilie zurückkehrte, kann er keine vertrauensvollen Beziehungen zu den Fachkräften aufbauen. Auf die Frage, was er für ein Verhältnis zu den Fachkräften hatte, antwortet er:

> »B: Ich sage mal ganz ehrlich, Scheiß-Verhältnis, ich konnte die überhaupt nicht leiden, das warn so alte Schreckschrauben sag ich mal. Die waren unfreundlich und du musstest immer genau Regeln befolgen und wehe du hast mal nicht gespurt, da haben die immer solche Sätze gesagt wie, sonst, sonst darfst du am Wochenende deine Mutter nicht sehn und sowas haben die gesagt. Also, ich hab die gehasst, also kein gutes Verhältnis zu denen gehabt« (Helge_129).

Auch in Bezug auf die Fachkräfte wird deutlich, dass Helge hier einerseits das Alter und andererseits eine persönliche Sympathie als grundlegende Faktoren für die Qualität der Beziehung benennt. Aus seiner Sicht beschreibt er auch die Gestaltung der pädagogischen Beziehung. Diese scheint von beiden Seiten (Helge – Fachkräfte) nicht zu gelingen. Das Einhalten von Regeln ist eine im stationären Kontext alltägliche und notwendige Gegebenheit. Die Umsetzung und Durchsetzung dieser Regeln ist Aufgabe der pädagogischen Fachkräfte. Helges Wahrnehmung ist, dass dies nicht in einer grundlegend freundlichen und partizipativen Atmosphäre geschieht. Die Aussage, dass mit einem Kontaktverbot zur Mutter gedroht wurde, ist eine ernst zu nehmende und infrage zu stellende pädagogische Intervention. Stefan Rücker wirft einen kritischen Blick auf die Trennungsbewältigung, mögliche Traumatisierungen nach Inobhutnahmen und die Voraussetzungen der Einrichtungen und Fachkräfte mit diesen Situationen umzugehen (Rücker, 2015, S. 21ff.). Die Trennung von der Herkunftsfamilie und das Leben in einer Einrichtung machen Kinder und Jugendliche besonders vulnerabel. Die Maßnahme, bei Regelverstößen ein Kontaktverbot als Sanktion – in diesem Fall für die wichtigste Bezugsperson von Helge – anzudrohen, kann als eine unangemessene pädagogische Intervention, die das Verhältnis zwischen Helge und den Fachkräften belastet, betrachtet werden. Die Basis für eine Vertrauensbeziehung ist hier nicht gegeben.

»I: Gab es dort in der Einrichtung in dem Heim jemandem mit dem du also von den Erwachsenen jetzt ein Stück ein Vertrauensverhältnis hattest oder aufbauen konntest?

B: (19) Naja,von so von den von den Kindern die halt da noch so mit waren also man hatte schon irgendwie so eine Verbindung zu denen aber so so wirklich so die Probleme mit denen bequatschen und so nicht so wirklich ja weil meistens hatten die ja eigentlich noch so ihre eigenen Probleme und da wollte man denen dann nicht so wirklich extra auf den Sack gehen und ich war damals auch sehr schüchtern also. Am liebsten also ich hab damals immer gleich nach der Schule ins Zimmer rein aufs Bette dann Decke übern Kopf so war das damals bei mir also war damals nicht so gern mit Leuten am Quatschen. Ich hab auch nicht gerne so damals Leute neu kennengelernt war richtig so nervös und schüchtern« (Helge_132–133).

Helge geht auf die Frage, ob es erwachsene Vertrauenspersonen gibt, nicht ein. Er benennt Personen aus der Peergroup, aber auch hier mit einer gewissen Distanz. Die anderen Kinder bzw. Jugendlichen will er mit seinen Problemen nicht belasten. Helge zieht sich zurück und bezeichnet sich als nervös und schüchtern. Dies kann als Indikator gesehen werden, wie vulnerabel Helge in dieser Zeit ist. Er ist in einer emotional schwierigen Situation. Die Lebenswelten und der soziale Kontext (Schule und Heim) sind keine ausreichende Unterstützung und die pädagogischen Fachkräfte können Helge in seinen Bedürfnissen nicht wahrnehmen und unterstützen. Hier können die oben genannten Faktoren wie Alter und persönliche Sympathie eine entscheidende Rolle spielen. Helge vermeidet einerseits von sich aus zu enge Beziehungen mit Personen, die er aufgrund ihres Alters oder aus Sympathiegründen als nicht geeignet einordnet. Im Falle der Peergroup, bei der diese beiden Faktoren keine Rolle spielen, ist es die Einschätzung, dass er diese nicht belasten will. In den oben genannten Auswertungen in den Interviews von Tomke und Jona wird auch deutlich, dass diese Interaktionen vermeiden bzw. danach gestalten, ob sie die anderen Personen im Moment ihres Bedarfs und in Bezug auf ihr Thema als belastbar empfinden. In Helges Fall könnte die pädagogische Reaktion der Fachkräfte in der stationären HzE, wenn sie keine systematisch angewandte Intervention ist, auch als eine Gegenreaktion auf die von Helge ausgehende negative Sympathiebekundung (hier auch im Zusammenhang mit möglichen Regelverstößen) sein. Dies wäre als menschliche Reaktion nachvollziehbar, müsste jedoch reflektiert und das pädagogische Handeln als Folge geändert werden. Ein weiterer Faktor, den Helge in Bezug auf fehlende Vertrauenspersonen benennt, ist das Geschlecht. Helge berichtet, dass er (auch in der Familie) keine oder kaum männliche Ansprechpersonen hatte. Dies könnte ein geschlechtsspezifischer Grund sein, warum er kaum Erwachsene als Vertrauenspersonen findet. Helge, der nach einiger Zeit im Heim in die Herkunftsfamilie zurückkehrt und aufgrund der erfahrenen Diskriminierungen nicht mehr in die Schule und schließlich in eine neue Klasse geht, berichtet im Interview, dass es dann auch Lehrer gab, mit denen er persönliche und auch sexuelle Themen besprochen hat. Er erwähnt hier eindeutig und ausschließlich männliche Lehrkräfte, die er dann auch außerhalb des Unterrichtes angesprochen hat.

» B: Also sexuelle Themen so gab es eigentlich bloß einen Lehrer der Biologielehrer weil der hat ja Ahnung davon sag ich mal. Also persönlich private Dinge also mit meinem Klassenlehrer so. Der war auch noch so der war relativ chillig also das war jetzt nicht mein erster Klassenlehrer den ich damals hatte wo ich in der Klasse hängengeblieben bin. Das war dann der den ich schnell bekommen hab mit der anderen Klasse dann, der war für sein Alter war der noch ganz schön sag ich mal jung geblieben« (Helge_59).

Die fehlende Sympathie zu den pädagogisch tätigen Personen scheint in Helges Fall mit dem Geschlecht und dem Alter gekoppelt. Zu den zwei Lehrern baut Helge ein Vertrauensverhältnis auf. In Bezug auf Sexualität ist für ihn der Expertenstatus des Biologielehrers ausschlaggebend. Auch dies lässt sich wieder mit einem Vertrauensvorschuss in Bezug auf die Rolle als Experte und die institutionelle Einbindung beziehen. Helge nutzt ihn für die themenspezifische Kommunikation zu Sexualität. Für seine persönlichen Bedarfe, beispielsweise für Fragen zum Thema Abnehmen, ist der Klassenlehrer eine wichtige Person:

»B: es war eigentlich schon so ganz cool weil ich dann auch mal so für eine Zeit eine männliche Bezugsperson hab weil ich hab das ja zu Hause nicht so und (...) ja der hat mir dann auch immer so Tipps gegeben so Trainingsübungen was ich machen kann und ja wir haben da so familiäre Probleme so hab ich dem auch erzählt« (Helge_61).

Helge, der sich ein radikales Abnehmen verordnete, um den Beleidigungen der Mitschüler_innen zu entgehen, findet auch mit Unterstützung seines Lehrers einen Weg mit entsprechender Ernährungsumstellung und sportlichen Aktivitäten sein Aussehen zu verändern und bewusster mit seinem Körper umzugehen. Der Lehrer ist hier aufgrund seines Aussehens und seiner sportlichen Hobbys Vorbild und unterstützt Helge dabei, einen für ihn umsetzbaren Weg zu finden. Helge kann den Lehrer als Vertrauensperson annehmen und nutzt ihn auch, um über die familiären Probleme zu sprechen. Auch hier sind Indikatoren für eine Vertrauensbeziehung, die bei der Auswertung in anderen Interviews bereits benannt wurden, wichtig, zum Beispiel zuhören, ernst nehmen, Zeit haben und unterstützen. In Helges Fall sind diese im Kontext mit der persönlich empfundenen Sympathie und den persönlichen Präferenzen des Geschlechts und des Alters zu sehen. Dominik Mantey benennt in seiner Studie zu Sexualerziehung in der Heimerziehung in Bezug auf das von den Jugendlichen erwartete Verständnis seitens der Fachkräfte, dass die Merkmale Alter und Geschlecht eine entscheidende Rolle spielen:

»Die Jugendlichen erwarten, eher von jüngeren und gleichgeschlechtlichen Erziehenden verstanden zu werden, und rechnen hier weniger mit ablehnendem zurückweisendem Verhalten« (Mantey, 2018, S. 93).

Für die Jugendhilfe zeigt sich insbesondere für die Heimerziehung in den Interviews von Helge und Luca das Fehlen von vertrauensvollen Beziehungen zu den Fachkräften. Im Abschnitt zu Vulnerabilität wurde anhand eines Zitats von Luca die Vulnerabilität nach Inobhutnahmen thematisiert, diese zeigt sich auch bei Helge (siehe oben). In beiden Fällen besteht ein Zusammenhang mit fehlenden Vertrauenspersonen.

»I: Und da (.) warst du alleine auf der Station und gab es da auch so eine Art Bezugserzieher oder Vertrauenserzieher in der Zeit für dich jemanden?

B: Naja so halb und halb sagen wir so es wurde er war zwar auch für mich wie mein für mich der Bezugsbetreuer (.) aber eigentlich war jemand anderes vom Heim her aus gesehen mein Bezugsbetreuer ja.

I: Ok und war da auch so ein Verhältnis wie/oder konnte sich da auch so ein (.) Vertrauensverhältnis entwickeln wie zu dem anderen Erzieher in dem ersten Heim?

B: Nicht so wirklich weil es war halt eine zu kurze Zeit und der ist dann halt auch irgendwann gegangen weil er halt nur so als (.) sagen wir mal Probearbeiter da war.

I: Ja okay mhm.

B: Und ja/

I: Okay.

B: War halt dann schon (..) ein bisschen (.) mies« (Luca_310–317).

Luca lebte ein halbes Jahr als Inobhutnahme alleine in der Station innerhalb einer Einrichtung. Diese Situation ist einerseits in Bezug auf Lucas Vulnerabilität und andererseits in Bezug auf die Hilfeplanung des Jugendamtes und die daraus folgende Entscheidung zur pädagogischen Unterbringung und Betreuung in der Jugendhilfeeinrichtung infrage zu stellen. Diese Punkte wurden oben bereits dargelegt. Aufgrund dieser Situation ergibt sich auch die Frage nach der Gestaltung einer Vertrauensbeziehung zu einer pädagogischen Fachkraft. Diese kann nicht gelingen, da es, wie Luca zuerst berichtet, keine klare Ansprechperson und Zuordnung in der Einrichtung gibt. Die Person, die Luca dann als Bezugsperson annimmt, verlässt die

Einrichtung nach kurzer Zeit wieder. Luca bezeichnet diese Situation als »mies«, woran deutlich wird, dass er das Fehlen einer Bezugs- bzw. Vertrauensperson in Hinblick auf die Qualität der Heimunterbringung negativ bewertet. In Lucas Fall ist das Fehlen einer solchen Person nicht nur für das Sprechen über sexuelle Themen oder andere persönliche intime Themen ungünstig, sondern auch für seine Verselbstständigung und die Vorbereitung des Lebens nach der Heimunterbringung.

Der Umgang mit Scham beim Sprechen über Sexualität: »schon ein bisschen peinlich«

Der Umgang mit Scham und Beschämung als Erziehungsmittel sind für die pädagogische bzw. erzieherische Praxis von Bedeutung. In einer Studie zu Scham in der schulischen Sexualaufklärung (vgl. Blumenthal, 2014) werden diese Punkte für den Umgang mit Sexualität im schulischen Bereich herausgearbeitet. Im Folgenden wird darauf fokussiert, wie Scham bei den Jugendlichen eine offene, ernsthafte und inhaltlich-sachliche Kommunikation beeinflussen kann.

Scham zeigt sich in verschiedenen personellen Kontexten als intervenierende Bedingung. In der Kommunikation über Sexualität mit Eltern und in der Schule berichtet Dominique in Bezug auf die Form der Aufklärung:

> »B: Die haben mir das damals mit Bienchen und Blümchen erklärt. (..) Ich hatte das zwar schon mal in der dritten Klasse gehabt so Kondome und so. Aber wirklich aufgeklärt wurde ich erst in der siebenten. Weil da haben wir das im Bio-Unterricht gehabt« (Dominique_80).

Dominiques Bezeichnung (»mit Bienchen und Blümchen«) verweist auf eine Verniedlichung und Verfremdung des Themas durch die Eltern. Sexualität wird nicht in einem menschlichen Kontext oder biologisch in Bezug auf Säugetiere erklärt, sondern in Bezug auf die Bestäubung von Pflanzen durch Insekten. Auch dies wird durch die Verniedlichung der Begriffe von einer biologisch-sachlichen Herangehensweise entfremdet. Diese Verniedlichung kann der elterliche Versuch sein, Sexualität kindgerechter zu erklären. Dieser Versuch, menschliche Fortpflanzung anhand der Bestäubung durch Insekten zu erklären, kann aber auch als Hinweis auf eine Scham der Eltern gesehen werden, mit ihrem Kind (alters- und sachgerecht) offen über sexuelle Themen zu sprechen. Dominique empfindet die Aufklärung durch die Schule als aufschlussreicher. In ihrem Fall ist der sexuelle Missbrauch durch den Vater zu berücksichtigen. Einerseits haben die familiären Entwicklungen die weitere Kommunikation über sexuelle Themen in der Familie für Dominique erschwert. Andererseits ist hier die eventuell in diesem Zusammenhang empfundene Scham der Mutter und auch anderer Familienmitglieder wie der Großeltern eine mögliche Ursache dafür, dass über den Übergriff und andere sexuelle Themen in der Folge nicht mehr gesprochen wurde und eine Tabuisierung erfolgte bzw. der Übergriff, wenn von Dominique angesprochen, bagatellisiert wurde.

Neben einer Verfremdung oder Verniedlichung kann ein Umgang mit Scham auch sein, das Thema Sexualität mit einer gewissen Komik zu besprechen. Dies kann sowohl in Bezug auf den Versuch, eine angemessene kind- oder jugendgerechte Sprache zu finden, eine Strategie sein als auch bei dem Bemühen, Scham – die eigene wie auch die bei anderen Personen wahr- oder angenommene – zu überwinden.

> »B: Aufklärung gab es ja aber ich wollte darüber damals noch nicht reden (.) weil es war mir damals doch schon ein bisschen peinlich (.) über sowas zu reden generell aber meine Eltern die sind da (.) sind da übel offen die reden da (.) zum Beispiel beim Essenstisch fangen die an darüber zu reden (..) so und ich mein ich hab damit jetzt kein Problem mehr damals war es mir noch peinlich (.) aber mittlerweile denk ich ist das normalste auf der Welt halt.
>
> I: Und was waren das dann so für Themen die die Eltern angesprochen haben?
>
> B: Na meistens halt erstmal mit der Freundin so wenn man eine Freundin hat das wenn wir es tun sollten dann bitte verhüten und (..) dass sie halt auch erst wollen dass sie vorgestellt wird und alles und auf/ die haben es schon lustig verpackt mit« (Luca_319–321).

Luca berichtet davon, dass seine Eltern beim Sprechen über Sexualität sehr offen waren und ihm das anfangs peinlich war. Die Themen lustig zu verpacken kann eine Strategie der Eltern gewesen sein, Lucas Scham, über Sexualität zu sprechen, zu überwinden. Die Eltern haben dafür eine Situation genutzt, bei der die Familie informell zusammenkommt, ein alltägliches Ritual, das gemeinsame Essen. Für die Eltern scheint hier eine gewisse Notwendigkeit der Thematisierung bestanden zu haben. Die Themen sind sehr präventiv orientiert. Die Eltern verfolgen eine klare erzieherische Strategie in Bezug auf die Gestaltung möglicher Partnerschaften. Diese präventive Strategie verpacken sie lustig, um Scham zu überwinden. Die Frage, die sich hier anschließt, ist, wie oder ob überhaupt ernsthaftere Themen, bei denen eine Einbindung von Komik nicht möglich ist, besprochen werden. In Bezug auf Themen wie Schwangerschaftsabbruch oder sexualisierte Gewalt ist dies schwer vorstellbar und eine ernsthafte und sachliche Auseinandersetzung nötig. Hier sind dem Umgang mit Scham durch die Einbindung von Komik Grenzen gesetzt. Da Luca die Familie verlassen muss und über mehrere Jahre kein Kontakt besteht, findet im familiären Rahmen keine weitere Kommunikation über sexuelle Themen statt. In den vorangehenden Abschnitten wird ein Zusammenhang zwischen dem Vorhandensein von Vertrauenspersonen und der Kommunikation über sexuelle Themen deutlich. Die Überwindung von Scham kann in einen Zusammenhang mit diesen Punkten gebracht werden. Helge berichtet in Bezug auf sein Verhütungsverhalten beim ersten Sex mit seiner Freundin:

> »B: Nee die [Freundin] hat die hat schon die Pille genommen und aber ein Kondom nicht so weil da wollte man nicht so kaufen gehen und die Mutti wollt ich auch nicht fragen. Also ist immer so keine Ahnung so in Laden rein und Kondome kaufen vor allen dann an der Kasse stehst ich dacht immer die sind erst ab einem bestimmten Alter aber mittlerweile sind/ich weiß nicht also wenn man jetzt als Zehnjähriger zum Beispiel an die Kasse geht und Kondome kaufen will darf man das also dürfen die dem das verkaufen?« (Helge_70–71)

Bei Helge hat die Scham direkte Auswirkungen auf sein Wissen über Verhütungsmittel und sein Verhütungsverhalten. Er kennt Kondome als Verhütungsmittel, dessen Verfügbarkeit aber nicht gegeben ist, da er aus Scham keine kaufen möchte und auch mit seiner Mutter nicht darüber sprechen möchte. In der Partnerschaft ist Verhütung ein Thema und wird durch die Freundin gewährleistet, wodurch für Helge eine weitere Auseinandersetzung in diesem Moment nicht notwendig wird. Helge berichtet (siehe oben) darüber, dass er wenige Vertrauenspersonen hatte und dass er den Biologielehrer als Ansprechpartner für sexuelle Themen genutzt hat. Dies scheint sich auf formale Wissensfragen zu beziehen und nicht auf lebenspraktische Fragen, zum Beispiel die Verfügbarkeit und die Erreichbarkeit von Verhütungsmitteln. Die Möglichkeiten, verschiedene Vertrauenspersonen zu haben, diese je nach Bedarf zu sexuellen Themen ansprechen zu können und diese auch unter dem Aspekt von Scham auswählen zu können, sind hier zu bestimmten Phasen ihrer Kindheit und Jugend bei Dominique, Luca und Helge zumindest eingeschränkt. Wie oben dargelegt wurde, wählen die Jugendlichen ihre Ansprechpartner_innen, wenn es ihnen möglich ist, gezielt aus. Das beinhaltet auch die bewusste Entscheidung mit bestimmten Personen, auch aus Gründen der Scham, nicht über Sexualität zu sprechen. Luca antwortet auf die Frage, ob er auch mit der Familienhelferin (SPFH) über Sexualität gesprochen hat:

> »B: wenn die das angeschnitten hätte [...] hätt ich glaub ich gleich abgeblockt weil das war mir damals das das Thema war mir halt schon relativ peinlich« (Luca_329).

Mika thematisiert dies in Bezug auf eine Partnerschaft:

> »I: Ok. Konntest du mit deiner Partnerin über Verhütung oder Sexualität zum Beispiel sprechen?
> B: Eher nicht das Thema haben wir nicht vorgezogen irgendwie.
> I: Mhm. Ich meine du hattest ja gesagt deine Ex-Freundin war das die wenn ich es richtig verstanden habe die wollte mit dir schlafen. Und da hast du ja mit deinen Eltern darüber gesprochen. Konntest du auch mit ihr so ziemlich offen darüber reden oder?
> B: Eher nicht weil es mir halt in dem Moment relativ peinlich war dass ich halt noch nicht so erfahren war« (Mika_57–60).

Der Umgang mit Scham kann zu einer Vermeidung oder auch zu einer bestimmten Ausrichtung der Kommunikation über sexuelle Themen führen, was auch bewusst in Bezug auf bestimmte Personen geschehen kann. Dies ist jedoch nicht zu problematisieren, wenn Jugendliche eine Auswahl an Möglichkeiten haben und so unter verschiedenen Ansprechpartner_innen wählen können, die sie je nach Bedarf und Thema ansprechen. Die Nutzung des Internets spielt bei der Wissensbeschaffung ebenfalls eine Rolle. Scham in der zwischenmenschlichen Beziehung kann hier umgangen werden. Jedoch zeigen die Interviews, dass die Jugendlichen das Internet nutzen und schätzen, aber die Kommunikation mit Vertrauenspersonen und die Wissensvermittlung durch Personen, die als Expert_innen wahrgenommen werden, für die Jugendlichen einen wichtigen und abgleichenden Part bei der sexuellen (Selbst-)Bildung haben.

5.4.5 Zusammenfassung

Im Gliederungspunkt *Sprechen über Sexualität auf Basis eines Vertrauenskonzepts* (vgl. 5.4), speziell in den Unterpunkten, die sich mit Kommunikation über sexuelle Themen in Verbindung mit einem Vertrauenskonzept und der Lebenswelt beschäftigen (vgl. 5.4.1 und 5.4.3), wurde deutlich, dass Sprechen als die wichtigste Kommunikationsform analysiert werden konnte. Es wurde der Bezug zwischen einem individuellen Vertrauenskonzept und dem Sprechen über Sexualität dargestellt. Mit Blick auf die verschiedenen Sozialisationsinstanzen wurde der Umgang mit Vertrauen in Bezug auf Sexualität betrachtet. Dabei wird deutlich, dass zu einem Vertrauenskonzept auch die Strategie des Vertrauensvorschusses, um ein Sprechen über Sexualität zu ermöglichen, gehört. Neben dem vorliegenden Bedarf bei den Jugendlichen kann das Vertrauenskonzept als zweiter wichtiger Punkt einer Basis für ein Sprechen über Sexualität benannt werden. Ein dritter Punkt ist das Vorhandensein von Ansprechpersonen, die als mögliche Vertrauenspersonen von den Jugendlichen in Betracht gezogen werden. Das Fehlen solcher Personen oder einer vertrauensvollen Beziehung stellt eine intervenierende Bedingung für das Sprechen über sexuelle Themen dar. Eine weitere intervenierende Bedingung ist der Umgang mit Scham, der ein Sprechen über Sexualität verhindern oder begrenzen kann. Die Möglichkeit des Sprechens über Sexualität und insbesondere über spezielle Herausforderungen, die sich in Bezug auf Sexualität ergeben, und/oder im Kontext mit weiteren Herausforderungen, die der Kategorie *Erfahrungsraum Jugend* zugeordnet wurden, einer erhöhten Vulnerabilität und ungünstigen Bedingungen in den Lebenswelten, hat Konsequenzen für die weitere Lebensgestaltung der Jugendlichen. Fachkräften in den verschiedenen Bereichen der Jugendhilfe kommt hier eine Schlüsselrolle zu.

Es zeigt sich, dass Jugendliche, wenn sie die Möglichkeit dazu haben, unterschiedliche Vertrauens- und Kommunikationsmöglichkeiten nutzen und hier nach Orten und Personen je nach ihren Bedürfnissen differenzieren. Ein Vertrauenskonzept ist umso stabiler, je vielfältiger und je weniger abhängig es von einzelnen Personen ist. Ein stabiles Vertrauenskonzept beruht auf positiv wahrgenommenen Erfahrungen der Jugendlichen. Negativ erlebte Situationen, die als Vertrauensbrüche eingeordnet werden, irritieren ein solches Vertrauenskonzept weniger, wenn diese mit anderen Erfahrungen oder in der Kommunikation mit anderen Personen abgeglichen werden können. Die Möglichkeiten der Kommunikation, eines Abgleichs und Erfahrungen mit einem stabilen Vertrauenskonzept wirken sich fördernd auf die Gestaltung von Beziehungen und die Kompetenz, einen Vertrauensvorschuss geben zu können, aus und können als eine wichtige Ressource bezeichnet werden, um über sexuelle Themen kommunizieren zu können. In Bezug auf sexualisierte Gewalt stellt dies einen Resilienzfaktor dar, der die Offenlegung und Bewältigung begünstigen kann. Ebenso könnte das Vorhandensein von und die Erfahrung mit unterschiedlichen positiv erlebten Vertrauensverhältnissen präventiv wirken im Sinne eines Nicht-Einlassens auf manipulative Beziehungen.

In Abbildung 10 werden die zwei wichtigen Komponenten der Vertrauenserfahrungen und der Kommunikationsmöglichkeiten, die sich in den Interviews mit den Jugendlichen gezeigt haben, dargestellt.

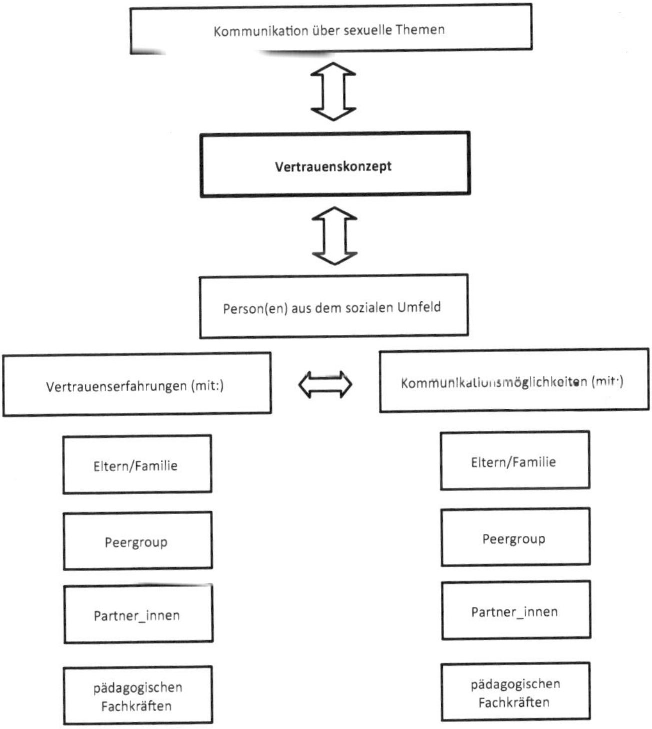

Abbildung 10: Komponenten eines Vertrauensverhältnisses im sozialen Kontext

Je weniger positive Erfahrungen Jugendliche bei Versuchen, eine vertrauensvolle Beziehung zu gestalten, machen und je weniger Kommunikationsmöglichkeiten sie haben, desto fragiler wird ihr Vertrauenskonzept und desto eingeschränkter sind ihre Möglichkeiten der Kommunikation über sexuelle Themen. Die Jugendlichen präsentieren sich bezüglich eines Vertrauenskonzepts als kompetente Personen. Aus ihrer Sicht sind sie selbst in der Lage aufgrund ihres Vertrauenskonzepts zu entscheiden, ob sie anderen Personen vertrauen und/oder einen Vertrauensvorschuss geben und mit wem und wie eine Kommunikation über sexuelle Themen stattfindet.

5.5 Modellkomponente IV: Kommunikation über sexuelle Themen in pädagogischen Kontexten

Sexuelles Lernen findet bei den hier interviewten Jugendlichen zu großen Teilen im Alltag in ihrer Lebenswelt statt (vgl. Beck & Henningsen, 2018, S. 144). Dafür nutzen sie, wie oben geschildert, unterschiedliche Personen und Settings in Abhängigkeit von ihren Möglichkeiten. Pädagogische Professionelle sind hier neben anderen Personen eine Option. In diesem Abschnitt soll ein Blick auf die pädagogischen und erzieherischen Kontexte und damit verbundene Formen von Bildung geworfen werden, um der Frage nachzugehen, wie sexuelle Bildung innerhalb der Jugendhilfe stattfinden kann.

Wie in Abbildung 11 dargestellt können grundsätzlich zwei Wege differenziert werden, von wem das Sprechen über Sexualität initiiert wird. Haben die Jugendlichen von sich aus einen Bedarf, so kann es sein, dass sie ein Kommunikationsangebot machen. In den oben genannten Beispielen zur Kommunikation über sexuelle Themen haben die Jugendlichen eine aktive Rolle übernommen. Ergibt sich aus Sicht der Fachkräfte oder der jeweiligen Institution ein Bedarf, kann es zu einem Angebot an die Jugendlichen kommen. Die Ausrichtung des Angebotes ist mit der Frage verbunden, ob die Fachkräfte bzw. die Institutionen sexuelle Bildung als einen Arbeitsauftrag festlegen oder annehmen und wie sie diesen umsetzen. Im Kontext der formalen Bildung wird die Kommunikation über sexuelle Themen aufgrund des schulischen Bildungsplans in der Regel von den Lehrkräften initiiert. Auch im Bereich non-formaler und informeller Bildung, die im Rahmen der Jugendhilfe stattfindet, werden Fachkräfte von sich aus aktiv. Hier können Fragen bezüglich des Kinderschutzes und der Prävention zu einer Thematisierung durch die Fachkräfte führen (vgl. Henningsen, 2016a, b; Winter, 2013). Jugendliche können dadurch in unterschiedlichen Kontexten mit sexueller Bildung in Berührung kommen. Im Kapitel zu Bildung und Jugendhilfe (vgl. Kapitel 3) wurde bereits auf die verschiedenen Bildungsformen (formal, non-formal und informell) eingegangen. In den Interviews berichten die Jugendlichen von Erfahrungen mit allen drei Formen. Als informelle sexuelle Bildung sind hier auch die informellen Settings im familiären Rahmen oder in der Peergroup von Bedeutung, die im obigen Abschnitt (vgl. 5.4.3) zu Kommunikation über sexuelle Themen beschrieben wurden. Im formalen Bereich sind die Angebote durch die Schule zentral. Diese werden sowohl intern durch die Lehrkräfte selbst als auch durch Unterstützung externer Fachkräfte im schulischen Rahmen durchgeführt. Für die Betrachtung in dieser Arbeit stehen die Settings im Bereich der Jugendhilfe im Fokus. In den Interviews zeigt sich, dass sexuelle Bildung neben dieser strukturellen Differenzierung auch in unterschiedlichen zeitlichen Kontexten (geplant und spontan) und unterschiedlichen personellen Kontexten (Einzel- oder Gruppensetting) stattfinden kann.

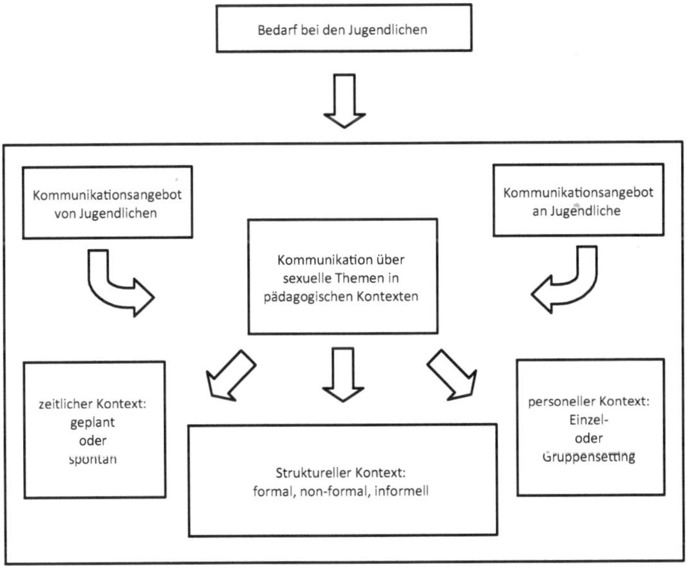

Abbildung 11: Modellkomponente IV – Kommunikation über sexuelle Themen in pädagogischen Kontexten

Das Einbeziehen von Erfahrungen der Jugendlichen in und mit anderen Bildungssettings und Sozialisationsinstanzen ist in Bezug auf die Kommunikation über sexuelle Themen in der Jugendhilfe von Bedeutung. In den vorausgehenden Abschnitten des Kapitels konnte anhand des empirischen Materials der Einfluss der Sozialisationsinstanzen auf die Entwicklung der Jugendlichen und speziell auf die Bildung eines Vertrauenskonzeptes aufgezeigt werden. Die Lebenswelten können nicht getrennt voneinander betrachtet werden, sondern sie sind verwoben zu sehen, auch hinsichtlich ihrer Wirkungen. Studien zu sexueller Bildung in der Schule verweisen darauf, dass ein offenes Sprechen über Sexualität in hohem Maße von Vertrauen, einem geeigneten Setting und der Kultur des Sprechens über Sexualität abhängig ist, und wie intervenierend Scham und Beschämungen wirken können (vgl. Blumenthal, 2014; Langer, 2017; vgl. für die Jugendhilfe: Mantey, 2017, 2018).

5.5.1 Formale Bildung zu Sexualität

Formale Bildung zu Sexualität findet in der Schule oder im schulischen Rahmen statt. Die rechtliche Grundlage bildet das Grundgesetz (Artikel 7 Absatz 1), woraus sich die allgemeine Schulpflicht ableitet. Inhaltliche Grundlage sind die Bildungspläne bzw. Rahmenlehrpläne der Bundesländer. Dadurch ergibt sich in Bezug auf (sexuelle) Bildung zwischen den Bildungsinstitutionen Schule und Jugendhilfe ein wesentlicher rechtlicher Unterschied. Der formale Bildungsbereich ist der Schule vorbehalten. Fachkräfte aus dem Bereich der Jugendhilfe sowie aus anderen Feldern der Sozialen Arbeit können im Auftrag der Schule als externe Expert_innen im schulischen Rahmen tätig werden und einzelne Bildungsveranstaltungen zu sexuellen Themen durchführen (vgl. Weller, 2013a). Der Begriff des formalen Lernens kann anhand von Definitionen aus der englischsprachigen und der deutschen Literatur näher bestimmt werden und bezeichnet ein planmäßiges und strukturiertes Lernen, das klare Lernziele und Lernzeiten vorgibt und zu gesellschaftlich anerkannten Abschlüssen führt (vgl. Baumbast et al., 2012, S. 15f., 21f.). In den Interviews zeigt sich, dass die von der Schule angebotenen Veranstaltungen unterschiedlich wahrgenommen werden. Dies lässt sich auch auf die oben angeführten Ergebnisse zu den Erfahrungen im schulischen Kontext beziehen. Auch die Frage, ob Lehrpersonen als Vertrauenspersonen wahrgenommen werden, entscheidet darüber, wie über Sexualität gesprochen wird und welche Themen Jugendliche zulassen. Haben sie ein ausreichendes Vertrauen oder geben einen Vertrauensvorschuss und besteht ein Bedarf an Kommunikation bei ihnen, dann können Lehrkräfte auch außerhalb des formalen Unterrichtes zu wichtigen (informellen) Kommunikationspartner_innen werden (vgl. 5.4.4). Die Jugendlichen stehen schulischer Sexualaufklärung grundsätzlich offen gegenüber und sehen die Bildung als grundlegende Wissensvermittlung, die sie mit weiteren Wissensquellen kombinieren. Die berichteten Erfahrungen zeigen auf, dass Schule sexuelle Bildung auf die Vermittlung von (biologischem) Basiswissen und präventives Wissen fokussiert.

Chris berichtet im Interview von seiner Erfahrung mit sexueller Bildung in der Schule:

> »B: Na wir haben in der Schule damals wie gesagt ein Projekt gehabt mehr also mehrere Projekte eigentlich also im Jahr waren das zwei drei Projekte waren das glaub ich also hauptsächlich war es eigentlich immer im Sommer so (.) ja genau im Sommer wo da die meisten Frauen auch ihre Kinder bekommen und allem Drum und Dran und ja (.) da haben wir also wir haben über Schwangerschaft geredet [...] da gab es solche Kurse wie man ein Kondom benutzt und und über die Verhütung und was es noch für Verhütungsmittel gibt« (Chris_121).

Bei Chris zeigen sich im Interview zwei wichtige Wissensquellen zu Sexualität. Neben der Schule ist dies die Peergroup. Die Peergroup ist für Chris vor allem als Ort des Erfahrungslernens wichtig (vgl. 5.2.1.1, sexuelle Exploration: »seine Bildung zu finden und sich selber da auszuprobieren«, Chris_162–166). Für ihn sind die Bildung und das Wissen, das er sich selbst (durch praktische Erfahrung) aneignet, von großer Bedeutung. In Bezug auf die Schule berichtet er, dass es mehrere präventiv orientierte Angebote gab. Grundsätzlich steht er sexueller Bildung in der Schule offen gegenüber und sieht diese als eine alternative Möglichkeit zu einer Sexualaufklärung in der Familie. Als Grund für eine Vermeidung in der Familie benennt Chris Scham als intervenierende Bedingung (vgl. 5.4.4):

> »B: Ja auf jeden Fall also das ist wirklich weil ich find echt gut dass die da so dass die sowas haben Se/ wie Sexualkunde dass man also mir wär es peinlich mal ganz ehrlich mal zu den Eltern zu gehen und zu fragen« (Chris_123).

Für Chris bietet die formale sexuelle Bildung in der Schule die Möglichkeit, Wissen über Sexualität zu erhalten und dabei eine persönliche Distanz einzunehmen oder beizubehalten. Dies wäre in einem non-formalen oder informellen Kontext mit erwachsenen Personen schwieriger zu gestalten. Fragen stellen sich in Bezug auf die angestrebte präventive Wirkung der schulischen Sexualaufklärung, des dort vermittelten Wissens und dessen praktische Anwendung (Chris wird mit 18 Jahren Vater, seine Partnerin ist zu diesem Zeitpunkt noch minderjährig). Für die Fragestellung der Arbeit und die oben dargelegten Kategorien lässt sich die Überlegung anschließen, ob die biografischen Einflüsse bei Chris einen Einfluss auf sein Vertrauenskonzept, die Entwicklung von Scham und damit das Sprechen über Sexualität haben könnten. Chris wuchs die meiste Zeit bei seinem alleinerziehenden Vater auf und erlebte dabei eine Unterbrechung durch eine Inobhutnahme und eine mehrjährige Heimunterbringung. Grundsätzlich können mit Blick auf quantitative Studien auch geschlechtsbezogene Unterschiede benannt werden. Bei männlichen Befragten zeigt sich hier eine geringere Kommunikation über sexuelle Themen mit Eltern als bei weiblichen Befragten (vgl. Bode & Heßling, 2015, S. 26f.; BZgA, 2010a; Weller, 2013b, c). Die schulische Sexualaufklärung durch Lehrkräfte hat hingegen bei männlichen Befragten eine größere Bedeutung für die Vermittlung von Basiswissen als bei weiblichen Befragten (vgl. Bode & Heßling, 2015, S. 34).

Jona berichtet im Interview ebenfalls von ihrer Erfahrung mit schulischer Bildung und setzt diese auch in Bezug zu den familiären Möglichkeiten:

> »B: Na also jetzt in der Schule hatten wir in der fünften Klasse mal getrennt Jungs Mädchen hatten wir da mal zwei Stunden Sexual/Sexualkunde und da wurde dann halt mehr darüber geredet wie jetzt diese (..) das mit der Regel und was man da halt alles machen kann und dann (.) jetzt in einer höheren Klasse da haben wir dann da halt darüber geredet halt auch über Verhütung und teilweise über Krankheiten aber ich finde in der Schule (.) das is nich so wirklich, es interessiert mich nich so sehr wie wenn es meine Mutti mir erzählt weil erstens hab ich einen besseren Bezug zu meiner Mutti wie zur Schule und ich finde auch wenn die jetzt in der Schule erzählen dann sagen die das is halt so die prügeln das in Kopf rein und sagen jetzt das müsst ihr lernen. darüber schreiben wir eine Klausur oder so und bei meiner Mutti is es halt wirklich Interessehalber und da merkt man sich das halt auch besser wie in der Schule« (Jona_35).

Im Vergleich der Interviews mit Chris und Jona zeigen sich mehrere Unterschiede. Jona grenzt den zeitlichen Rahmen sehr ein und benennt zwei Zeitpunkte mit wenigen Stunden Sexualkunde. Die Beschreibung ihres subjektiven Empfindens verweist auf ein anscheinend sehr formales Unterrichtssetting (»prügeln das in Kopf rein«, »das müsst ihr lernen«) und einen Leistungsanspruch, der durch eine Klausur forciert wird. Chris hingegen berichtet von Projekten, die er erlebt hat, was als Aussage interpretiert werden kann, dass hier von der alltäglich-formalen Unterrichtsgestaltung abgewichen wurde und das erlebte Setting eventuell auch von den Lehrkräften als Projekt bezeichnet wurde. Thematisch zeigt sich auch bei Jona, dass eine präventive Fokussierung des Unterrichts vorliegt. Die von ihr berichtete und wahrgenommene sehr formale Umsetzung (»du halt nur 80 Minuten Zeit hast und die halt versuchen in einem Block das Ganze in Kopf rein zu drücken«, Jona_37) vergleicht Jona mit den Möglichkeiten des Sprechens zu Hause mit ihrer Mutter. Sie benennt hier zwei wichtige Punkte. Der eine ist das Interesse, das für Jona von Bedeutung ist. Mit ihrer Mutter kann sie Dinge besprechen, die sie interessieren. In der Schule ist dies für sie anscheinend nicht oder nur unzureichend möglich. Dies kann mit dem sehr strikten formalen Setting und einer möglichen strengen Orientierung an ausgewählten biologischen und präventiven Themen zusammenhängen. Die Interessen der Schüler_innen werden anscheinend, nach deren Erfahrungen, nicht ausreichend berücksichtigt. Der zweite Punkt ist das für sie nötige Vertrauen, um über sexuelle Themen zu sprechen (»besseren Bezug«). Neben der Erkenntnis aus den oben erwähnten quantitativen Studien, dass weibliche Befragte mehr mit ihren Eltern und vor allem mit ihren Müttern als Vertrauenspersonen über sexuelle Themen sprechen als männliche Befragte (Bode & Heßling, 2015, S. 24ff.), scheinen bei Chris und Jona noch andere Aspekte eine Rolle zu spielen: Auch ein unterschiedliches Schamgefühl und Vertrauenskonzept zu den Eltern, das schulische Setting und die didaktische Umsetzung beeinflussen bei ihnen die Annahme und Einstellung zu sexueller Bildung. Die Bedeutung des gewählten Settings wird auch im Interview mit Mika deutlich:

> »B: Also ich würde wir hatten es auch mal von der Schule aus. Da mussten wir in so das war so ein Aids-Haus oder ich weiß nicht wie das genau heißt. Da haben wir das auch so behandelt dass halt die Jungs halt über mit so einem Mädchen drüber reden können und halt die Mädchen mit dem Jungen also mit so einem Erwachsenen halt. Und da haben halt die

> Jungs halt über die Frau halt geredet und die Mädchen über den Mann. Das ist halt in dem Moment besser dass sie auch den anderen Partner besser kennenlernen, das würde ich halt in dem Moment so wie es auch in meiner GTA war dass halt Jungs und Mädchen getrennt sind. Dass sie halt dann gegenseitig drüber reden weil wenn jetzt also ich würde zum Beispiel nicht wenn ein Mädchen neben mir sitzen würde darüber reden wollen« (Mika_124).

Die Erzählung von Mika deutet ebenfalls auf eine klar biologisch und präventiv ausgerichtete sexuelle Bildung hin. Das alltägliche schulische Setting wird durch einen Ortswechsel, die Einbeziehung externer Expert_innen und eine geschlechtsspezifische Trennung der Klasse in männlich und weiblich verändert. Mika bezieht seine Erfahrung auf eine Veranstaltung in einer externen Einrichtung (»Aids-Haus«, damit könnte er eine Einrichtung der Aids-Hilfe oder des Gesundheitsamtes meinen) und ein Ganztagsangebot (GTA) in der Schule. Der berichtete inhaltliche Fokus, den Mika benennt und der für ihn wichtig war, war die Wissensvermittlung zum weiblichen Geschlecht, um dieses besser kennenzulernen. Über eine Erfahrung zur Thematisierung und Sensibilisierung zum eigenen (männlichen) Geschlecht berichtet er nichts. Aus Mikas Sicht war die Trennung nach Geschlechtern ein wesentlicher Punkt für seine Annahme des Bildungsangebotes.[85] Hier zeigt sich ein Bezug zu Scham als intervenierender Faktor. Mika äußert sehr deutlich, dass er im Beisein weiblicher Personen nicht darüber hätte sprechen wollen. Die Schule kann, wie sich an den Interviews zeigt, eine wichtige

85 Unterricht in der Schule ist in Deutschland grundsätzlich koedukativ angelegt. In der Regel erfolgt nur im Sportunterricht in Abhängigkeit vom Alter der Schüler_innen noch eine Trennung nach der Zweigeschlechtlichkeit männlich/weiblich. Auch sexualpädagogische Veranstaltungen werden zum Teil nach dem Prinzip der Monoedukation durchgeführt. Diese Überlegungen lassen sich auf den Ansatz der reflexiven Koedukation zurückführen, mit der eine gendersensible und geschlechtergerechtere Unterrichtsgestaltung angestrebt wird (vgl. Faulstich-Wieland, 1991). Die Sicht ist hier jedoch in der Regel auf eine zweigeschlechtliche Teilung begrenzt und bezieht sexuelle Vielfalt nicht mit ein. Zudem kann die Trennung der Geschlechter die Differenz zwischen ihnen verstärken, Geschlecht als Unterscheidungskriterium manifestieren und somit wiederum eine geschlechtersensible Arbeit erschweren (vgl. Timmermanns, 2017). Speziell für den Bereich der stationären Jugendhilfe arbeitet Dominik Mantey (2018) die Bedeutung gleichgeschlechtlicher Fachkräfte für die Jugendlichen bei der Kommunikation über Sexualität heraus (ebd., S. 93).

Funktion bei der Vermittlung von Basiswissen einnehmen. Je nach ihren Möglichkeiten nutzen die Jugendlichen weitere Angebote dieses Wissen zu prüfen (zu verifizieren) und es zu ergänzen und anzureichern. Aus Sicht der formalen Bildung werden Jugendliche

> »vornehmlich dann als sexuell kompetent eingestuft, wenn sie über curricular festgeschriebene Wissensbestände verfügen. Soziale und handlungspraktische Aspekte bleiben demgegenüber unberücksichtigt. Formales sexuelles Lernen kann nützlich sein, aber nur bedingt an die Erfahrungen und Interessen Jugendlicher anknüpfen« (Beck & Henningsen, 2018, S. 144).

5.5.2 Non-formale Bildungsangebote zu Sexualität

Im Bereich der Jugendhilfe können vor allem Angebote der Jugendarbeit eine Möglichkeit bieten, non-formale Bildungsangebote zu Sexualität an Jugendliche heranzutragen. Die oben benannten Punkte, eine zu stark ausgerichtete formale sexuelle Bildung (z. B. hinsichtlich Setting, Themen und Leistungscharakter) und die unzureichende Berücksichtigung von Vertrauenskonzepten sowie eine nicht ausreichende Beteiligung der Jugendlichen (z. B. ihrer Interessen und Themenwünsche), können als intervenierende Faktoren wirken. Vor allem in der offenen Jugendarbeit sind eine freiwillige Teilnahme je nach individuellem Interesse und Bedürfnis und eine Beteiligung der Jugendlichen zentrale Aspekte bei der Durchführung von Veranstaltungen. Gleichzeitig sieht die Jugendarbeit für sich selbst einen Bildungsauftrag, der auf die Förderung der Jugendlichen abzielt (vgl. Scherr, 1997; Sting & Sturzenhecker, 2013). Sexuelle Bildung findet in diesem Kontext jedoch nur zum Teil als non-formales Angebot statt. Die Jugendlichen berichten in den Interviews auch von Erfahrungen, die dem informellen Bereich zugeordnet werden können. Einige der Erfahrungen bewegen sich an einer Schnittstelle zwischen non-formaler und informeller Bildung. Hier ist die jeweilige Definition der Bereiche ausschlaggebend, wobei es in der internationalen und nationalen Diskussion unterschiedliche Auslegungen zur Definition informellen Lernens gibt (Baumbast et al., 2012, S. 19f., 24ff.). Als non-formale Bildung kann nach Stefanie Baumbast, Frederike Hofman-van de Poll und Christian Lüders ein Lernen bezeichnet werden, das außerschulisch stattfindet, weniger strukturiert ist und nicht zwingend mit einer Zertifizierung verbunden ist (ebd., S. 17). Es ist weniger formalisiert als formales Lernen (ebd., S. 24). Non-formales Lernen erfolgt jedoch planvoll, folgt einer Absicht und ist inhaltlich fokussiert (ebd., S. 16). Die Zuordnung in die Kategorie orientierte sich an diesen Kriterien. Im Folgenden sollen ausgewählte Beispiele aus den Interviews für non-formelle Angebote dargestellt werden. Im Bereich der offenen Jugendarbeit berichten die Jugendlichen nicht über non-formale Angebote zu Sexualität. Hier müssen jedoch die im Rahmen der Arbeit durchgeführten Workshops (vgl. 4.2.4 und 4.4.2) genannt werden, an denen drei der interviewten Jugendlichen teilgenommen haben. Die Workshops wurden in offenen Treffs durchgeführt, waren inhaltlich auf Sexualität als Gesprächsthema fokussiert, folgten einer Absicht und wurden methodisch strukturiert und geplant durchgeführt.

> »B: und es ging dann halt leichter mit ihnen darüber zu reden wie (.) ich es eigentlich gedacht habe es war halt auch ein offenes Gesprächsthema jetzt nicht wo dich Andere zensiert haben sagen nee darüber wollen wir nich reden es war halt jeder hat seine Fragen gestellt die er stellen wollte und hat auch immer die passende Antwort gekriegt also ich fand es eigentlich komplett top eigentlich« (Jona_62–63).

Jona geht im Zitat auf ihre Erfahrung mit dem Workshop ein. Als erstes kann hier Vertrauen als ein wesentlicher Punkt codiert werden. Sie hatte (vgl. 5.4.2 zu Vertrauensvorschuss) Bedenken hinsichtlich der Teilnahme am Workshop und war unsicher, wie im Workshop von der Fachkraft mit dem Thema Sexualität umgegangen wird. Sie war bereit, einen Vertrauensvorschuss zu geben und sich auf das Angebot einzulassen. Ihre Erfahrung und Einschätzung kann als positiv interpretiert werden. Sie konnte ein für das Setting und das Thema ausreichendes Vertrauen entwickeln. Ihr Vertrauenskonzept führte dazu, dass ein Sprechen über sexuelle Themen möglich wurde und ihr dieses leichter fiel, als sie vorab angenommen hatte. Wichtige Kriterien waren für sie die Offenheit für die Interessen und Themen der Jugendlichen, dass diese ernstgenommen und nicht tabuisiert werden, und das Bemühen, die gestellten Fragen angemessen zu beantworten. In der von ihr oben benannten Erfahrung mit sexueller Bildung im schulischen Kontext finden sich diese Kriterien nicht bzw. können sie als Eigenschaften zur Bestimmung der Kategorie in einer anderen dimensionalen Ausprägung bestimmt werden. Jonas positive Einschätzung der Erfahrung mit sexueller Bildung im Workshop ist im Zusammenhang mit den sich deutlich davon unterscheidenden Erfahrungen im schulischen Kontext zu sehen und ebenfalls mit fehlenden non-formalen Vergleichsmöglichkeiten. Dennoch lassen sich in Bezug auf die Fachliteratur die genannten Kriterien als wesentliche Punkte benennen, die bei der Durchführung non-formaler Angebote zu berücksichtigen sind und diese deutlich von formalen Angeboten unterscheiden (vgl. Baumbast et al., 2012). Neben der Möglichkeit non-formale Angebote in der Jugendarbeit zu integrieren lassen sich diese in Bezug auf Sexualität auch im Bereich der Erziehungshilfen, zum Beispiel im Bereich der sozialen Gruppenarbeit, von teilstationären Tagesgruppen oder der stationären Heimerziehung denken (§§ 29, 32, 34 SGB VIII). Dominique berichtet von ihrer Erfahrung in der Heimerziehung Folgendes:

»I: War so das Thema Sexualität oder Aufklärung auch in der WG Thema so mit den Erziehern und Pädagogen dort?

B: Also ich war da noch sehr kindisch gewesen. Ich hab dann halt auch immer drüber gelacht und ja weil ich es halt nich anders kannte. Aber ja ja die Betreuer fingen da meistens damit an. Die haben sich abends mit uns ins Wohnzimmer gesetzt und haben dann auf einmal angefangen darüber zu reden.

I: Wie war das für dich dass dann plötzlich jemand so ein Thema ich sag mal vielleicht ganz ernsthaft bespricht so?

B: Ungewohnt. Also klar wir haben dann halt auch manchmal zwei drei Stunden darüber geredet. Weil jeder hat (1 Wort unv.) so einen anderen Standpunkt gehabt und wir haben dann halt den anderen zugehört und ja (..) war schön« (Dominique_166–169).

Das von Dominique berichtete Angebot der Fachkräfte wurde als non-formales Angebot eingeordnet, da sich ein planvolles und zielgerichtetes Vorgehen und ein gewähltes Setting (»abends«, »mit uns«, »Wohnzimmer«) abzeichnen. Die Kommunikation wird von den Fachkräften initiiert, die Themen zu Sexualität einbringen. Auch wenn das Vorgehen von Dominique als spontan empfunden wird (»auf einmal angefangen«), kann dies hier als methodisch geplantes Vorgehen der Fachkräfte gesehen werden. Die mögliche Unbefangenheit und Alltäglichkeit, mit der die Fachkräfte die Themen einbringen, führen trotz anfänglicher Irritation (»ungewohnt«) und Scham (»drüber gelacht«) zu ernsthaften und teils zeitlich längeren Gesprächen über Sexualität. Dominique reflektiert für sich, dass ihre fehlende Erfahrung über Sexualität zu sprechen auch ein Grund für ihr (in ihrer eigenen Wahrnehmung kindisches) Verhalten und ihre Scham war. Das geplante und unbefangene (offene) Umgehen mit der Thematik seitens der Fachkräfte zeigt sich hier als eine Möglichkeit sexuelle Bildung anzubieten und dabei über den klaren strukturellen Rahmen der Gruppenrunde im Wohnzimmer die nötige Distanz im sozialpädagogischen Verhältnis zu wahren. In der Bewertung von Dominique wird wie bei Jona deutlich, dass sie diese Erfahrung an klaren Kriterien misst. Wichtig ist ihr, dass alle Teilnehmenden ihren Standpunkt mitteilen konnten und somit Raum für die Interessen und Bedürfnisse der Jugendlichen war; ebenso, dass diese ernst genommen wurden und ein angemessener Respekt vorhanden war, indem sich alle zugehört haben und darüber ausreichend gesprochen werden konnte. An den obigen Ausführungen zum Interview mit Dominique wurde bereits dargelegt, dass sie, im Kontext mit ihren familiären Erfahrungen, ein besonderes Vertrauensverhältnis zu Fachkräften im Bereich der Kinder- und Jugendhilfe entwickelte. Dieses scheint sich positiv auf die Kommunikation über sexuelle Themen ausgewirkt zu haben.

5.5.3 Informelle Bildung im sozialpädagogischen Kontext

Informelles Lernen ist in die Lebenswelt der Kinder und Jugendlichen eingebettet und orientiert sich an den Bedarfen und Interessen der Jugendlichen (vgl. Baumbast et al., 2012, S. 23f.). Im Unterschied zu formalen und non-formalen Bildungsangeboten ist informelles Lernen nicht an bestimmte Lernorte gebunden und findet meist unbewusst und unbeabsichtigt statt. Es kann als spontanes, anlassbezogenes und auf einzelne Situationen oder Probleme orientiertes Lernen stattfinden (ebd., S. 18). Im Kontext des informellen Lernens werden verschiedene Lernformen für die Aneignung von Wissen und Kompetenzen betrachtet. Dies sind: Erfahrungslernen, Alltagslernen, implizites Lernen und selbstgesteuertes Lernen. Diese führen in einem Lernprozess dann zu Kompetenzen, wenn sie in einem Kontext mit Tätigkeiten und Handlungen in der Lebenswelt entwickelt werden (ebd., S. 26). In der deutschsprachigen Diskussion ist die Abgrenzung zwischen non-formaler und informeller Bildung umstritten und es wird teils eine gemeinsame Bezeichnung der Angebote und Formen unter dem Begriff des informellen Lernens vorgeschlagen (ebd., S. 26). Hier wird jedoch an dieser Dreiteilung der Bildungs- oder Lernbegriffe – formal, non-formal und informell – festgehalten. Durch den formalen Bildungsbegriff lassen sich schulische Angebote klar von Angeboten in der Jugendhilfe oder Jugendarbeit abgrenzen. Unter dem Begriff der non-formalen Bildung können Angebote gefasst werden, die von Fachkräften intendiert, geplant, thematisch fokussiert und inhaltlich und methodisch vorbereitet sind und an einem dafür geeigneten Ort stattfinden. In diesem Sinne sind die oben genannten Beispiele in den Abschnitten zu Pubertät und Adoleszenz oder unter Kommunikation über sexuelle Themen und Vertrauenskonzept als Formen informellen Lernens zu verstehen (vgl. 5.2.2.1; 5.4). Mirja Beck und Anja Henningsen grenzen informelles Lernen von Bildung ab (Beck & Henningsen, 2018). Demnach kann von Bildung dann gesprochen werden, wenn das in einem sexualmoralischen Orientierungsrahmen informell Erlernte reflektiert wird und Jugendliche sich mit ihrem Selbst- und Weltbild kritisch auseinandersetzen (ebd., S. 137). Informelle sexuelle Bildung ist als *Nebenbei-Pädagogik* in den Alltag der Jugendhilfe eingebettet (vgl. Schmauch, 2016, S. 41f.). Informelle sexuelle Bildung bietet ein großes Potenzial, da sie direkt an den Erfahrungen der Jugendlichen in ihrer Lebenswelt und im Alltag anknüpfen kann (vgl. Beck & Henningsen, 2018, S. 144). In den von den Jugendlichen benannten Erfahrungen in Bereichen der Jugendhilfe lassen sich weitere informelle Formen benennen.

> »I: Gibt es noch andere Personen wo du sagen würdest ja die könnten noch mehr zu diesem Thema anbieten oder die wären als Gesprächspartner wichtig oder sind vielleicht wichtig?
>
> B: (7) Sind eigentlich bloß Freunde und hier ich mein der Jugendklub da reden wir auch manchmal drüber« (Dominique_112–113).

Dominique benennt zwei Sozialisationsorte, an denen sie momentan Gesprächspartner_innen zu sexuellen Themen findet und nutzt. Bildung findet in der Peergroup und zu großen Teilen im Jugendklub im informellen Bereich statt. Hier ergeben sich Schnittstellen, da die Jugendarbeit ein Ort ist, an dem sich Kontakte zur Peergroup ergeben und diese stattfinden. Jedoch sind diese nicht auf einen bestimmten Ort begrenzt und können auch außerhalb der Jugendarbeit existieren und selbstbestimmt erfolgen. Dominique, die den Jugendklub als zweite Familie bezeichnet (siehe oben), nutzt auch die Fachkräfte als Gesprächspartner_innen. Dabei wird ein informelles Format deutlich, denn diese Gespräche finden spontan und aus dem Alltagsgeschehen heraus statt. Auch wenn die Fachkräfte nicht von sich aus sexuelle Bildung als non-formales Angebot initiieren und planen, können sie mit diesen Themen konfrontiert werden. Indem sie mit Dominique »manchmal drüber« reden, kann diese sie als Personen wahrnehmen, die dafür offen sind, sich die Zeit nehmen mit ihr darüber zu sprechen und als Ansprechpartner_innen zur Verfügung stehen. Das von Dominique informell Erlernte wird im Gespräch mit den Fachkräften durch die gemeinsame Reflexion als Bildungsanlass im Rahmen ihres sexuellen Bildungsprozesses genutzt (vgl. Beck & Henningsen, 2018, S. 137).

Neben der offenen Jugendarbeit, die in Form von offenen Treffs bzw. Jugendklubs Anlaufstellen für Jugendliche bietet, gibt es die mobile Jugendarbeit als aufsuchende Form. Die mobile Jugendarbeit ist noch stärker in die Lebens- und Lernwelt der Jugendlichen integriert, da sie flexibler auf die Bedürfnisse eingehen kann und nicht an einen institutionellen Ort gebunden ist. Chris berichtet im Interview, dass er Erfahrungen mit Projekten zu sexueller Bildung in der Schule hat. Im Interview berichtet er auch über informelle Bildungsangebote in der mobilen Jugendarbeit (Streetwork).

> »B: Ja. Also hier in [Stadt A] bei uns gibt es zum Beispiel die Streetworker das sind Leute die Jugendlichen helfen entweder aus Drogen raus zu kommen oder irgendwelche Alkoholprobleme oder wie gesagt Jugendliche mit Kindern die auf der Straße (.) leben und (.) also die wissen grad nicht mit ihrem Leben wohin die können sich eben an die Leute richten und die helfen dann und die helfen auch über Sexualkunde also die wirklich (.) die sind unterwegs mit dem Auto oder mit Fahrrad und haben dann Kondome auch mit dabei die die verschenken und sagen hier aufpassen eben verhüten und so und ja« (Chris_125).

Chris benennt einige Punkte, die das komplexe Themenfeld, mit dem die Jugendarbeiter konfrontiert sind, deutlich machen. Er nimmt die Fachkräfte als Personen wahr, die Jugendlichen helfen, diese unterstützen und an die sich die Jugendlichen wenden können. Dies verweist auf ein grundsätzliches Vertrauen in die Fachkräfte und eine Verlässlichkeit, die wahrgenommen wird. In Bezug auf Sexualität sind die Fachkräfte offen und werden von Chris auch als Ansprechpersonen betrachtet. Sexuelle Bildung zeigt sich hier, als Teil des Arbeitsauftrages, vor allem als präventiv ausgerichtete Sexualaufklärung (»Kondome«, »aufpassen«, »verhüten«).

> »B: Weil ich meine die sind also wirklich die sind auch sehr hinterher so ja also da die sagen ja so ihre (.) und fahren heute mal dahin und erzählen dort mal ein bissel Quatsch und erzählen dahin und erzählen dort ein

bissel Quatsch und komm andre Woche später und gehen wieder hin erzählen irgendnen Quatsch nee die probieren das wirklich die haben da ihre Zeiten (.) und wissen ganz genau dass heute [Name Veranstaltung] ist dass heute Freitag ist und dass jeder Jugendliche dahin geht und die stehen auf jeden Fall davor und hat (1 Wort unv.) Kondome. Und sagen dir denk dran verhüten. Machen die das ist so.

I: Ja.

B: Das ist korrekt« (Chris_260–262).

Chris nimmt die Fachkräfte als verlässliche und im zeitlichen Rahmen ausreichend zur Verfügung stehende Ansprechpersonen wahr. Seine Aussage (»erzählen dort ein bissel Quatsch«) kann als ein Vorgehen interpretiert werden, das auf eine Strategie hinweist, über eine an den Jugendlichen orientierte Sprache, die sich an deren Alltagsthemen anlehnt und nicht zu formal und ernst ist, in Kontakt zu treten und Beziehungen aufzubauen. Da die Fachkräfte, wie in den Zitaten deutlich wird, einen klar erkennbaren präventiven Auftrag haben und auch Kondome als Verhütungsmittel dabei haben und ausgeben, ist anzunehmen, dass sie Sexualität als einen wichtigen Themenbereich in ihrer Arbeit betrachten; ebenso, dass dieses präventive Vorgehen als Teil ihres Arbeitsauftrages intendiert und geplant ist und es Ideen gibt, wie sie dies in die Interaktionen mit den Jugendlichen einbinden und das Thema besprechen. Dieses Vorgehen zeigt Schnittstellen zu non-formalen Bildungsangeboten auf. Die hier angebotene Form sexueller Bildung wird als informelles Angebot eingeordnet, da es in Bezug auf die Jugendlichen von einer starken Freiwilligkeit, einer großen Offenheit und keinem vereinbarten Setting in zeitlicher und örtlicher Vorgabe besteht. Die Jugendlichen können frei wählen und entscheiden, ob und wann sie etwas und was sie mit den Fachkräften besprechen.

Neben der Jugendarbeit als Ort informellen Lernens sind hier auch Einrichtungen der Hilfen zur Erziehung von Bedeutung. Dies ist insbesondere in Einrichtungen der stationären HzE zu berücksichtigen, in denen die Jugendlichen über einen bestimmten Zeitraum ihren Alltag verbringen. Luca berichtet über seine Erfahrung zu Sexualaufklärung und Gesprächen über Sexualität im Heim. Diese wird am Beispiel einer längeren Interviewsequenz dargestellt.

»B: Naja also (.) als ich dann dort meine Freundin hatte, die eine Erzieherin war da wirklich meistens die war schon fast nervig darüber.

I: Mhm.

B: Die hat uns fast jeden Tag wenn sie da war die war halt auch nicht jeden Tag da war die jedes Mal wenn sie da war hat sie uns beide ins Büro gerufen (.) hat uns über Verhütung und alles aufgeklärt und wirklich jedes Mal dasselbe, bis ich dann irgendwann gesagt hab Alter ich hab wirklich zur Erzieherin knallhart gesagt Alter das geht mir dermaßen auf den Sack du erzählst jeden Tag die jedes Mal wenn du da bist die gleiche Leier (.) und es nervt mich einfach nur mittlerweile so dann ha/ halt mit Freunden drüber geredet und (.) halt durch die Schule halt so aufklärungsmäßig.

I: Jetzt hast du gesagt die Erzieherin die hat euch ins Büro gerufen und irgendwann hats dich genervt aber fandest du es trotzdem gut dass es jemanden gibt der überhaupt/

B: Ja ja das is auf jeden Fall gut weil ich find Aufklärung muss sein (.) so aber mir gings dann einfach nur noch auf die Nerven weil es halt immer dasselbe kam.

I: Okay.

B: Und jedes Mal und jedes Mal und (.) irgendwann hat man sie den das was sie sagt schon im Kopf und kanns nebenbei mit hin/nebenher mit reden was sie sagt (.) so ich fand es war nicht schlecht dass sie es gemacht hat ich fand es sogar sehr gut (.) aber wie gesagt das hat es halt immer irgendwann genervt weil es immer nur dasselbe war.

I: Und was waren das so für Themen?

B: Au das wenn, das wir erstens im Heim überhaupt nicht dürfen (..) und wenn wir es machen würden dann bitte Verhütungsmittel benutzen weil sie hat zwar ihre Pille benu/genommen aber (.) sicher ist sicher auch halt Kondom benutzen und alles und (.) ja.

I: {Ja}.

B: Das war halt auch dort auch so, dass die Jungs nicht ins Mädchenzimmer durften und die Mädchen nicht ins Jungs-Zimmer (.) selbst tagsüber noch nicht mal auch man musste entweder immer vor der Tür stehen bleiben der Junge bei den Mädchen oder das Mädchen bei den Jungs halt immer vor der Tür stehen bleiben.

I: Okay. Mhm.

B: Weil es könnt ja was passieren (.).

I: Gab es denn weil du sagst dann auch Kondome benutzen gab es die Möglichkeit dort im Heim an Kondome zu zu kommen oder?

B: Man konnte die Erzieher fragen ja.

I: Okay.
B: Ich hab zwar nie gefragt also ich bin auch ehrlich ich bin auch noch Jungfrau also es wirklich bei mir ist das ich wart halt wirklich auf die 100-prozentig Richtige.
I: Okay. Mhm (..) also du hast dann zwar eine Freundin gehabt
B: {Ja}
I: und die haben viel über Verhütung erzählt aber das war gar nicht für euch, dass es/
B: Das war halt noch nicht so relevant für uns« (Luca_260–281).

Luca steht Angeboten zu sexueller Bildung grundsätzlich offen gegenüber. Die Gespräche mit einer Fachkraft waren für ihn jedoch anstrengend, wie er sagt »nervig«, und er empfand die ständige Wiederholung als störend und nicht als sinnvolles Angebot. Die Motivation der Fachkraft scheint hier eine wahrgenommene heterosexuelle Partnerschaft von Jugendlichen, die beide in dem Heim leben, zu sein. In der Einrichtung scheint es in Bezug auf die Kontaktmöglichkeiten sehr klare und strenge Regeln zu geben. Jugendliche dürfen die Zimmer von Jugendlichen des jeweils anderen Geschlechts nicht betreten und müssen vor der Tür stehen bleiben. Hier liegt eine sehr klare heteronormative Perspektive vor, die Zweigeschlechtlichkeit (männlich/weiblich) und eine heterosexuelle Orientierung im Blick hat. Das Handeln der Fachkraft ist deutlich präventiv ausgerichtet. Mit Jugendlichen über Sexualität zu sprechen und spätestens im Falle von Partnerschaften auch über Verhütung von Schwangerschaft und von sexuell übertragbaren Krankheiten zu sprechen und Kondome anzubieten, ist eine Anerkennung jugendlicher Sexualität. In der stationären Jugendhilfe müssen Fachkräfte hier die Aufgaben einer sonst in der Familie bzw. bei den Eltern verorteten Sexualaufklärung und -erziehung übernehmen. In dem Zitat zeigt sich, dass jugendliche Sexualität für die Fachkraft anscheinend stark mit Geschlechtsverkehr verknüpft ist. Die Jugendlichen haben durch die strengen Regeln in der Einrichtung keine Rückzugsmöglichkeiten oder Intimsphäre für liebevolle und zärtliche Kontakte (z. B. küssen, schmusen, kuscheln). Der Hinweis der Fachkraft, dass Sex in der Einrichtung nicht erlaubt sei, scheint fast überflüssig. Die Sexualität der Jugendlichen wird aus der Einrichtung in den (jugendhilfe-)freien Raum verlagert (vgl. Helfferich & Kavemann, 2016). Dass dort sexuelle Aktivitäten bis hin zum Geschlechtsverkehr stattfinden könnten, hat die Fachkraft im Blick und versucht mit einem starken präventiven Konzept zu arbeiten. Dies zeigt sich in der ständigen Wiederholung der Vorgabe, bei Geschlechtsverkehr doppelt zu verhüten (Pille und Kondom). Dies ist in Bezug auf die Verhütung von sexuell übertragbaren Krankheiten, vor allem bei wechselnden Partnerschaften, durchaus sinnvoll, in dem berichteten Fall liegt diese Situation jedoch nicht vor und die Sorge vor einer ungewollten Schwangerschaft scheint die größere Motivation zu sein. Die permanente Wiederholung des Präventionswissens und der Regeln, die Luca so »nervig« findet, weisen auch auf Ängste und/oder Sorgen der Fachkraft oder der Einrichtung hin, dass es im Heim zu sexuellen Kontakten und einer Schwangerschaft kommen könnte. Die Fachkraft ist sich dessen bewusst, dass ein Verbot von Kontakten und sexuellen Aktivitäten im Heim diese nicht verhindern kann. Insofern erscheint ihre präventive Motivation berechtigt, verantwortungsvoll und nachvollziehbar. Die Strategie der ständigen Wiederholung führt bei Luca zu einer Abwehrhaltung gegenüber dem Thema und der Fachkraft. Ebenso kann dahinter das Empfinden stehen, nicht ernst genommen zu werden, da die Fachkraft anscheinend kein ausreichendes Vertrauen und Zutrauen hat, dass weniger Input auch zum Ziel führen würde. Die Fachkraft beschränkt die Gespräche über Sexualität auf dieses eingegrenzte Themenfeld. Aufgrund der zeitlichen Intensität, die sie wählt, wäre denkbar, dass es hier auch Raum für weitere Themen hätte geben können. Für Luca ist dieser sehr starke Fokus auf Verhütung (noch) nicht relevant, da er und seine Freundin zu diesem Zeitpunkt noch gar keinen Geschlechtsverkehr haben (und auch zukünftig nicht haben werden). Die Fachkraft wählt für die Gespräche einen geschützten Rahmen und spricht mit den beiden Jugendlichen im Büro. Sie nutzt die Gelegenheit nicht, um das thematische Spektrum zu erweitern und auch persönliche Themen zu ermöglichen. In einem *Raum des Persönlichen* (vgl. Langer, 2017) wäre es für sie möglich gewesen, mehr über die zwei Jugendlichen und deren Leben zu erfahren. Daran schließt sich an, dass eine Sexualaufklärung aus Sicht der Einrichtung nötig und aus Sicht von Luca auch gewünscht ist, aber es keinen präventiven Aktionismus braucht, da Geschlechtsverkehr für beide (noch) kein Thema ist. In Bezug auf die von Luca berichteten Regeln ist zu überlegen, ob der Versuch einer Verdrängung jeglicher jugendlicher sexueller Aktivität aus der Einrichtung wirklich sinnvoll ist. Statt eines Verbots Zimmer zu betreten wären auch andere Regeln bzw. Maßnahmen denkbar, zum Beispiel, dass die Türen bei Besuchen immer offen bleiben müssen oder dass es bestimmte Besuchszeiten oder einen entsprechend gemütlichen Aufenthaltsraum gibt, den Jugendliche auch tagsüber und selbstständig nutzen können. Die Fachkraft ergreift hier die Initiative für die Kommunikation über Sexualität, geht sehr zielgerichtet vor und hat ein klares Thema im Blick. Es ist anzunehmen, dass sie die Gespräche angemessen vorbereitet hat. Ebenso wählt sie einen festen und verbindlichen Ort, der auch einen geschützten Rahmen bietet. Das Angebot wird, obwohl es hier Bezüge zur non-formellen Bildung gibt, als informelles Angebot eingeordnet. Das Angebot ist direkt in die Lebenswelt der Jugendlichen eingebunden und die Fachkraft ist als Erzieherin Teil dieser Lebenswelt. Sie übernimmt hier eine Aufgabe, die im familiären Bereich den Eltern zukommen würde. Ihr Arbeitsauftrag zu dem sexuellen Bildungsangebot ist direkt auf einen konkreten Anlass bezogen, ohne diesen gäbe es kein Angebot an die beiden Jugendlichen. Ihr Angebot ist aus diesem Anlass heraus sehr stark präventiv orientiert. Ihre Intention dafür ist die Einhaltung von Regeln und die Verhinderung einer möglichen ungewollten Schwangerschaft, ein darüber hinausgehender Bildungsauftrag ist aus der Schilderung von Luca nicht zu erkennen. Das sexuelle Lernen der Jugendlichen findet hier im Rahmen des von der Fachkraft vorgegebenen sexualmoralischen Orientierungsrahmens statt und schafft keine Möglichkeiten einer reflexiven und kritischen Auseinandersetzung innerhalb des Settings (vgl. Beck & Henningsen, 2018, S. 136f.). Das Angebot ist von einer großen Freiwilligkeit gekennzeichnet. Luca entzieht sich den Gesprächen, ohne dass er in diesem Zusammenhang Konsequenzen oder Sanktionen erwähnt. Die Fachkraft versucht hier über informelle Gespräche Sexualität zu thematisieren, erreicht jedoch Luca nur bedingt und wird von ihm nicht als Gesprächspartnerin für sexuelle Themen genutzt.

5.5.4 Zusammenfassung

In den Beispielen aus den Interviews wird deutlich, dass sexuelle Bildung von den Fachkräften und einer Einrichtungskultur abhängig ist. Die Jugendlichen berichten über unterschiedliche (positiv und negativ) erlebte und bewertete Erfahrungen in Bezug auf das Sprechen über Sexualität in pädagogischen bzw. erzieherischen Kontexten. Entscheidend ist, ob eine grundlegende Offenheit für die Interessen und Bedürfnisse der Jugendlichen vorhanden ist, ob diese Möglichkeiten der Beteiligung haben, bei Bedarf selber die Initiative ergreifen können und wie und in welchem Setting mit den Jugendlichen gesprochen wird. Deren Wissen und Kompetenzen können bei Berücksichtigung dieser Punkte im Rahmen von Angeboten der Jugendhilfe eingebunden und gefördert werden. Auch wenn die Angebote sehr unterschiedlich sind, zum Beispiel zwischen Einrichtungen der Jugendarbeit und der Erziehungshilfe, konnte aufgezeigt werden, dass in beiden Feldern Möglichkeiten non-formaler und informeller Bildung bestehen, wobei die Übergänge nicht immer klar zu definieren sind. Für die Praxis und die Wissenschaft zeigt sich, dass es nicht immer sinnvoll sein muss, hier Unterscheidungen zu treffen (vgl. Baumbast et al., 2012, S. 24). In dieser Arbeit wurde diese Trennung aus Gründen einer besseren Systematisierung vorgenommen und es wurden die entsprechenden Kategorien gebildet.

Jugendliche brauchen Räume, Möglichkeiten und Grenzen, um eine verantwortungsvolle Gestaltung von Partnerschaften und sexuellen Aktivitäten lernen zu können. Dafür brauchen sie Vertrauen, Zutrauen und eine angemessene Begleitung. Sexuelle Bildung findet in verschiedenen Kontexten statt. Die Jugendhilfe kann dabei ein Ort sein, an dem Jugendliche Bildungsangebote erhalten. Dabei müssen einrichtungsspezifische Merkmale bei der Umsetzung wie die Altersstreuung berücksichtigt werden. In diesem Kontext sind Personen wichtig, die die Jugendlichen als verlässliche und vertrauensvolle Fachkräfte annehmen und kennenlernen und die sie als Ansprechpersonen nutzen können. Sexuelle Bildung geht über die von Fachkräften und Institutionen geplanten Aktivitäten hinaus und findet auch im informellen Bereich und durch die von Jugendlichen herbeigeführten Situationen statt.

5.6 Zusammenfassende Falldarstellungen

Durch drei ausgewählte Falldarstellungen soll die Prozesslogik des Modells (vgl. 5.1) beispielhaft in einem Zusammenhang dargestellt werden; nach Breuer, Muckel und Dieris sollen diese »[z]eigen, wie das Modell ›läuft‹« (Breuer et al., 2018, S. 214).

5.6.1 Fall 1: Jona

Jona ist zum Zeitpunkt des Interviews 16 Jahre alt. Als *relevantes Ereignis in Bezug auf Sexualität im Kindes- und Jugendalter*[86] steht bei ihr das Coming-out ihrer Homosexualität im Vordergrund. Ihr Coming-out ist

86 Die im Modell *Sexuelle Bildung auf Basis eines Vertrauenskonzeptes Jugendlicher* benannten Komponenten und Kategorien sind hier kursiv hervorgehoben.

mit den anderen Kategorien im Modell verwoben. Sie befindet sich in der *Pubertät.* Hier sind für Jona Fragen nach ihrer Identität, ihrer sexuellen Orientierung, Formen von Partnerschaft, Familienplanung und Kinderwunsch als Themen von Bedeutung. Das Coming-out ist für sie ein individueller Bewältigungsprozess, der sich in ein inneres und ein äußeres Coming-out unterteilen lässt. Aufgrund der Auseinandersetzung mit ihrer Homosexualität im Rahmen des inneren Coming-out entsteht für Jona eine besondere *seelische bzw. emotionale Herausforderung*, diese wird nach dem äußeren Coming-out durch negative Rückmeldungen, zum Beispiel aus ihrer Familie, verstärkt. Verbale Diskriminierungen von Homosexualität können hier als *Übergriffe* eingeordnet werden. Bei Jona zeigt sich eine erhöhte *Vulnerabilität* aufgrund ihres Coming-out. Ihr *Erfahrungsraum Jugend* ist unter anderem davon geprägt, dass sie sich mit der Situation auseinandersetzen muss, den Vorstellungen und Wünschen ihrer Familie als Teil ihrer *Lebenswelt* nicht zu entsprechen und diese zu enttäuschen. Zu ihrem Erfahrungsraum gehören auch die Erlebnisse in der Peergroup, die von ihr in Bezug auf Sexualität unterschiedlich (positiv und negativ) eingeschätzt werden. Die Verwobenheit der Kategorien kann hier als mit ausschlaggebend für Jonas psychische Krise mit einer Depression, selbstverletzendem Verhalten und Suizidgedanken gesehen werden.

In Jonas Bewältigungsprozess zeigen sich unterschiedliche Formen der *Kommunikation über sexuelle Themen*, die mit einer Zirkularität des Prozesses aufgrund von Rückkopplungen zusammenhängen. Sie berichtet im Interview, dass sie mit ihrer Mutter als Kind immer über alles reden konnte und die Mutter sowie ihr größeres Geschwister für sie wichtige *Vertrauenspersonen* in der Familie waren. Das war auch bei sexuellen Themen der Fall. Die Strategie von Jonas *Vertrauenskonzept*, mit ihnen über Sexualität zu kommunizieren, führt im Falle des Coming-out als *Konsequenz* zu der Erkenntnis Jonas, nicht ernst genommen zu werden, die familiären Vorstellungen und Erwartungen an sie zu enttäuschen, und zur Erfahrung verbaler Diskriminierungen. Die Kommunikation mit der Mutter über Sexualität ist möglich, jedoch nur unter einer heteronormativen Perspektive. Diese starke Fokussierung auf eine heterosexuelle Orientierung und Lebensgestaltung der Mutter schließt die Bedürfnisse von Jona nicht ein. Für ihr Coming-out und ihre Homosexualität folgt die *Konsequenz*, dass sie ihre *sexuelle Kompetenz* zu diesen Themen nicht erweitern kann. Die Haltung der Mutter (und auch der restlichen Familie) erschwert auch die *biografische Verortung* und die Entwicklung einer *Lebensperspektive*. Dies hat im

Zusammenhang mit ihrer Rolle in der Familie als Care-Worker Auswirkungen (Rückkopplungen) auf die weitere Gestaltung des Bewältigungsprozesses. Jona, die sich als kommunikativ bezeichnet und sagt, dass sie über ihre Probleme spricht, schränkt dies im Interview ein, indem sie sagt, wenn »sie dann zu krass werden, wo ich dann denke ich belaste die Leute damit, dann fress ich das alles in mich rein« (Jona_5). In Bezug auf das Coming-out und den Zusammenhang mit ihrer psychischen Krise führt die *Strategie* weniger zu vertrauen zur Vermeidung von *Kommunikation über sexuelle Themen* mit anderen Personen im familiären Umfeld und in der *Konsequenz* zu einer Verstärkung der Krise und einer Gesundheitsgefährdung. Die sich daraus ergebende *Lebensperspektive* zeigt sich in einer negativen Dimension.

In ihrer *Lebenswelt bzw. dem sozialen Kontext* wird die Peergroup für Jona zu einem wichtigen Ort der *Kommunikation über sexuelle Themen* und damit der Gestaltung ihres Coming-out und auch zu einem Erfahrungsraum für erste heterosexuelle und später homosexuelle Partnerschaften. Dadurch werden in der *Konsequenz* Jonas (sexuelle) Identität und ihr Selbstbewusstsein gestärkt, was sich positiv auf ihre psychische Verfassung und auch auf die familiären Verhältnisse und die zunehmende Anerkennung ihrer Homosexualität in der Familie auswirkt. Sie entwickelt für sich eine *Lebensperspektive*, zum Beispiel was die Möglichkeit der Vereinbarkeit eines Kinderwunschs mit einer homosexuellen Partnerschaft betrifft. Die Bewältigung eines inneren und äußeren Coming-out kann als eine *sexuelle Kompetenz* gesehen werden. Hier zeigen sich im Interview (und im Workshop, an dem Jona teilnahm) die Wirkungen einer informellen Peer-to-peer-Bildung zu Sexualität, zum Beispiel werden Erfahrungen mit dem Coming-out an andere Jugendliche weitergegeben und mit diesen reflektiert. Die Peergroup ist für Jona eine wichtige Ressource, sie ist aber auch ein Risiko für ihre Entwicklung. Sie macht vor allem die Erfahrungen in der Peergroup (auch im Zusammenhang mit Sexualität und Partnerschaft) für die Verstärkung ihrer psychischen Krise verantwortlich.

Die *Kommunikation über sexuelle Themen* im Workshop in der Jugendarbeit ist für Jona eine neue Erfahrung. Dies ist außer den *formalen* Angeboten in der Schule ihre erste Erfahrung mit sexueller Bildung in einem pädagogischen Kontext und einem *non-formalen* Angebot. Sexuelle Orientierung und Identität sowie die Gestaltung eines Coming-out sind für die Gruppe, die am Workshop teilnimmt, wichtige Themen, die deren Mitglieder einbringen. Es sind die *relevanten Themen in Bezug auf Sexualität,* die aufgrund ihrer Dringlichkeit *(des Bedarfs)* für die Jugendlichen zu einer Strategie des *Vertrauensvorschusses* und der *Kommunikation über sexuelle Themen* führen. Da es, wie Jona sagt, an anderen Möglichkeiten der Kommunikation mangelt, erbringt sie (und auch die anderen Jugendlichen) diesen *Vertrauensvorschuss* gegenüber einer Person, die als sexualpädagogische Expert_in auftritt. Sie will gemeinsam mit den anderen Jugendlichen die angebotene Situation zur *Kommunikation über sexuelle Themen* nutzen. Als Strategie in der Interaktion zeigt sich, dass sie dosierend vorgehen (sie testen die Expert_in). Sie steigen mit eher präventiv orientierten Themen wie Verhütung ein (eine Kommunikation dazu kennen sie aus dem schulischen Rahmen) und wollen über Gefühle sprechen. Die Offenlegung, dass es bei dem Thema Gefühle um die Anerkennung von Homosexualität und die Gestaltung eines Coming-out geht, wird im Laufe des ersten Workshops deutlich und wird beim zweiten Workshop ganz konkret zentral besprochen. Für Jona sind die Einbeziehung der Jugendlichen und das Ernstnehmen ihrer Wünsche und Bedürfnisse wichtige Punkte, die hier ein Setting schaffen und einen *Raum des Persönlichen* (vgl. Langer, 2017, S. 154) entstehen lassen, in dem dieses Thema besprochen werden kann. Sie hat ausreichend *Vertrauen* sich zu öffnen. In der *Konsequenz* steigt ihre *sexuelle Kompetenz*. Sie macht die Erfahrung, offen und anerkennend über Sexualität zu sprechen, sich zu reflektieren und ernst genommen zu werden. Durch das sexualpädagogische Setting wird dies unterstützt, es wird auf Fragen der Jugendlichen eingegangen und Wissen vermittelt.

Erfahrungen mit Formen sexueller Bildung macht Jona in verschiedenen Kontexten. Im Interview berichtet sie von Erfahrungen in der Familie, der Peergroup, der Schule und der Jugendarbeit. Die *Kommunikation uber sexuelle Themen* wird von Jona (außer in der Schule) generell genutzt, um ihr Wissen und ihre Kompetenz zu erweitern. Sie nutzt dafür Personen, zu denen ein *Vertrauensverhältnis* besteht (z. B. ihre Mutter, Freund_innen), und gibt ihr nicht bekannten Personen einen *Vertrauensvorschuss* (sexualpädagogischer Experte), obwohl sie, wie sie im Interview sagt, unsicher war, wie sich diese Kommunikation entwickelt. Jona macht dabei unterschiedliche Erfahrungen. Sowohl in der Familie wie in der Peergroup erfährt sie, dass die Offenlegung ihrer Homosexualität auch zu Irritationen und negativen Reaktionen der Gesprächspartner_innen führen kann. Auch in der Schule erlebt sie hier durch eine Lehrkraft negative Rückmeldungen. Sie differenziert danach und vermeidet die Kommunikation zu bestimmten Themen mit Personen in der Familie oder im Freundeskreis. Das heißt, sie reflektiert ihre Erfahrungen und ändert ihr *Vertrauenskonzept*. Sie nutzt dafür, wie beim Workshopangebot zu sexueller Bildung, andere Möglichkeiten. Für die sexuelle Bildung im Rahmen der Jugendarbeit sind die Vorerfahrungen und deren Deutungen von Jona zu Kommunikation über sexuelle Themen von entscheidender Bedeutung. In diesem Zusammenhang besteht bei ihr durch ihre Homosexualität und das Coming-out eine persönliche Motivation *(ein Bedarf)* der Kommunikation. Ihre Erfahrungen, dass eine Vermeidung von Kommunikation oder fehlende Ansprechpartner_innen bzw. *Vertrauenspersonen* sich negativ auf ihr seelisches Wohlbefinden auswirken, können als Gründe gesehen werden, die die Motivation *(den Bedarf)* stärken und zu einer Offenheit gegenüber Angeboten sexueller Bildung führen.

5.6.2 Fall 2: Luca

Luca ist zum Zeitpunkt des Interviews 18 Jahre alt und lebt seit kurzer Zeit in einer eigenen Wohnung. Als *relevantes Ereignis in Bezug auf Sexualität im Kindes- und Jugendalter* ist bei Luca die *Pubertät bzw. Adoleszenz* zu nennen. Die Kategorie steht bei ihm in einem starken Zusammenhang mit der Kategorie *Erfahrungsraum Jugend*. Er berichtet von schwierigen sozialen Verhältnissen in den *Lebenswelten*, die er kennenlernte. Er erlebte mehrere biografische Brüche, die zu Kontaktabbrüchen zu Bezugspersonen, fehlenden Vertrauenspersonen und wechselnden Lebensorten geführt haben. Bei der Auswertung zeigt sich durch die Erlebnisse eine hohe *Vulnerabilität* in seiner Kindheit und Jugend, die Lucas individuellen Bewältigungsprozess kennzeichnet. Er befindet sich auch zum Zeitpunkt des Interviews in einer Situation hoher *Vulnerabilität*. Er berichtet im Interview von momentanen finanziellen und persönlichen Problemen und einer ungewissen *Lebensperspektive*.

Luca musste seine Familie sehr spontan verlassen. Eine Unterstützung durch das Jugendamt in Form einer Sozialpädagogischen Familienhilfe wirkte in der Familie nicht. Er nahm die Unterstützung durch die Familienhelferin an und empfand sie als hilfreich. Der Stiefvater lehnte die Hilfe jedoch ab, woraufhin sie abgebrochen wurde. In der Folge entwickelte sich die Situation in der Familie so, dass Luca vom Stiefvater mitgeteilt wurde, dass er in ein Heim gehen solle. Er verließ die Familie mit Schulsachen, ein paar weiteren wichtigen persönlichen Gegenständen und einem Brief der Eltern an die Schule, die sich um eine Unterbringung kümmern sollte. Luca lebte daraufhin mehrere Jahre in stationären Einrichtungen. Zu seiner Familie hatte er in dieser Zeit keinen oder nur sporadischen Kontakt. In Bezug auf die *Vulnerabilität* kommt den Inobhutnahmesituationen, die er erlebte, ein besonderer Stellenwert zu. Vor allem die zweite Inobhutnahmesituation, in der er sich befindet, als er die Heimeinrichtung, in der er länger lebte, verlassen muss, kann im Interview als sehr vulnerable Situation analysiert werden. Allgemein zeigt sich an der Ausdrucksweise von Luca, der sich als Person selbst als Inobhutnahme oder Hilfen zur Erziehung bezeichnet, dass er sich hier eher als Objekt versteht oder erfahren hat und nicht als Subjekt, das in die Entscheidungsprozesse einbezogen wurde.

In Bezug auf *Kommunikation über sexuelle Themen* wird deutlich, dass Luca von sich aus keine Fachkräfte anspricht. Dies kann bei Luca in einem Kontext mit den fehlenden Bezugs- und Vertrauenspersonen in den Einrichtungen gesehen werden. Diese waren nicht vorhanden, da strukturelle Unklarheiten in Hinblick auf die Zuständigkeiten bestanden und weil durch Wechsel (Fluktuation) keine Vertrauensbeziehungen aufgebaut werden konnten bzw. diese wieder abgebrochen werden mussten. Ebenso kann Lucas Erfahrung der Brüche, die er erlebt, als ein empfundener grundsätzlicher Vertrauensbruch von Erwachsenen (Eltern, Jugendamt, Fachkräfte) gegenüber ihm gesehen werden. Er berichtet auch von erlebten und vom ihm so empfundenen Diskriminierungen in der Schule aufgrund seiner sozialen Herkunft und seinem Lebensort im Heim. Die Beziehungen zu erwachsenen Personen kann er oft nicht als vertrauensvoll und verlässlich erleben. Dies kann auch ein Grund sein, warum Luca keine beständigen Vertrauensbeziehungen aufbaut (aufbauen kann) und eventuell keinen dafür ausreichenden *Vertrauensvorschuss* geben kann, obwohl es möglicherweise hier Angebote im Bereich der Jugendhilfe gab. Ein Angebot, über das er im Interview berichtet, kann als ein Versuch einer Beziehungs- und Vertrauensarbeit betrachtet werden. Er erzählt von seinen Erfahrungen in einer Einrichtung, in der mit Hunden gearbeitet wird und in der er viel Verantwortung für diese übernimmt.

Lucas *Vertrauenskonzept* wirkt sich nicht fördernd auf die *Kommunikation über sexuelle Themen* aus. Diese erlebt er im Heim in Form einer sehr präventiv orientierten und thematisch fokussierten Sexualaufklärung durch eine Fachkraft. *Sexuelle Bildung als Arbeitsauftrag* ist hier auf eine präventiv ausgerichtete Sexualerziehung ausgerichtet. Diese findet in Form *geplanter, informeller* Gespräche im *Einzel- oder Paarsetting* statt. Das Angebot berücksichtigt Lucas eigentliche Bedürfnisse und die Beziehungsrealität der Jugendlichen nicht. Die erlebte Aufklärung erlebt er als eine sich wiederholende Aufforderung sich an die Regeln in der Einrichtung (die intime Kontakte zwischen Bewohner_innen unterschiedlichen Geschlechts möglichst verhindern sollen) zu halten und an die (doppelte) Verhütung zu denken, um eine ungewollte Schwangerschaft zu verhindern. Zwischenmenschliche und emotionale Fragen scheinen für die Fachkraft keine Rolle zu spielen, ebenso wenig die Realität, dass er und seine Freundin gar keinen Geschlechtsverkehr haben. Die Fachkraft wählt einen geschützten Rahmen für die Gespräche, nutzt anscheinend die Gelegenheit aber nicht dafür, um ein Vertrauensverhältnis aufzubauen und als Ansprechpartnerin für andere Fragen von Sexualität zur Verfügung zu stehen. Luca entzieht sich der *Kommunikation über sexuelle Themen* mit der Fachkraft.

In der *Konsequenz* ergibt sich für Luca, dass er in der Zeit seiner stationären Unterbringung aufgrund seines durch fehlendes *Vertrauen* geprägten *Vertrauenskonzeptes* kaum erwachsene Ansprechpersonen zu sexuellen Fragen hat und seine *sexuelle Kompetenz*, bis auf die Vermittlung eines sehr fokussierten präventiven Wissens, nicht gefördert wird. Fehlende vertrauensvolle und verlässliche Bezugspersonen wirken sich auch ungünstig auf die *biografische Verortung* und Reflexion der Ereignisse (biografische Brüche, Diskriminierungserfahrungen) in Lucas Kindheit und Jugend aus und führen zudem zu einer ungewissen *Lebensperspektive* (schulische und berufliche Entwicklung, Lebens- und Familienplanung).

5.6.3 Fall 3: Dominique

Dominique ist zum Zeitpunkt des Interviews 18 Jahre alt. Als *relevantes Ereignis in Bezug auf Sexualität im Kindes- und Jugendalter* ist bei ihr der *Übergriff* in Form des sexuellen Missbrauchs durch den leiblichen Vater prägend für ihre Kindheit und Jugend. Sie befindet sich dadurch in einer Lage der besonderen *seelischen bzw. emotionalen Herausforderung*. Dominique berichtet, dass sie panische Angst hatte, mit dem Vater alleine in der Wohnung zu sein, dass sich ihre Familie nach dem *Übergriff* von ihr abwandte und sie keine *Vertrauenspersonen* mehr in der Familie hatte. In der Familie kam es später zu körperlichen Züchtigungen durch den Vater und die Mutter. Sie befindet sich in ihrer Kindheit in einer Situation erhöhter *Vulnerabilität*. Dominique ging immer gerne in die Schule. Ihre schulischen

Leistungen wurden in der Zeit nach dem *Übergriff* schlechter. Dies wirkt sich langfristig negativ auf ihre schulische und berufliche Situation aus. Zu ihrem *Erfahrungsraum Jugend* gehört, dass sie nach Beendigung der Schule über ein BVJ und anschließend Maßnahmen des Jobcenters versuchen muss, einen beruflichen Abschluss zu erreichen. Ebenso macht sie die Erfahrung, als Jugendliche den Kontakt zu ihren Eltern abzubrechen, in einer Jugendhilfeeinrichtung zu leben, ab ihrem 18. Geburtstag in einer eigenen Wohnung zu leben und ohne familiäre Unterstützung für sich selbst sorgen zu müssen. Ihre *Lebenswelt und sozialer Kontext* ist für die Entstehung *des relevanten Ereignisses* und die Gestaltung der Bewältigung mit verantwortlich.

Dominiques individueller Bewältigungsprozess in Bezug auf Sexualität beginnt bereits in ihrer Kindheit. Als Kind wurde sie von ihrem Vater missbraucht. Sie erzählt dies Freundinnen in ihrer Klasse und eine der Freundinnen erzählt es ihrer Mutter, als Dominique dort zu Besuch ist. Diese informiert Dominiques Mutter, die Anzeige bei der Polizei erstattet. Die Handlungsstrategie, ihren Freundinnen zu vertrauen, führt zu einer besonderen Form der *Kommunikation über sexuelle Themen*, der Offenlegung des Missbrauchs. Es kommt zu einer Gerichtsverhandlung. Dem Vater wird eine Bewährungsstrafe und ein zeitlich begrenztes Kontaktverbot verhängt. Das *Vertrauen*, das Dominique ihrer Peergroup und in der Folge der Mutter ihrer Freundin und auch ihrer eigenen Mutter entgegengebracht hat, führt zu einer Offenlegung des Missbrauchs. Die erwachsenen Personen erweisen sich dadurch (zunächst) als *verlässliche Beziehungen*. Die Mutter interveniert, der Vater wird kurzzeitig inhaftiert und darf anschließend nicht mehr in die Wohnung und Kontakt zu Dominique haben. Als *Konsequenz* folgt, dass die Familie und die elterliche Wohnung für Dominique (vorerst) sichere Orte sind. Damit ergibt sich eine neue *Lebensperspektive*. Eine Anbindung an therapeutische Angebote oder Angebote der Jugendhilfe besteht in dieser Lebensphase nicht.

Mit Ende des Kontaktverbots zieht der Vater wieder ein. Die Mutter und auch die restliche Familie erwarten von Dominique, dass diese die Entschuldigung ihres Vaters akzeptiert. Der Missbrauch wird in der Folge tabuisiert bzw. bagatellisiert, wenn Dominique dies anspricht. Sie empfindet dies als Vertrauensbruch der Mutter und auch der anderen Familienmitglieder und fühlt sich nicht sicher (im Interview sagt sie, sie habe panische Angst gehabt). Ihre Strategie ist zunächst Anpassung, die sie mit ihrem noch jungen Alter in Bezug setzt. Auch zu ihrer Schwester baut Dominique ein enges Verhältnis auf. Sie berichtet, dass sie sich sehr gerne und oft um ihre Schwester gekümmert habe und ihre Eltern entlastet habe, damit diese mehr Freiraum haben. Ihr Verhalten kann durchaus als ein Beschützen-Wollen der kleinen Schwester interpretiert werden. Dominique deutet dies im Interview selbst nicht als Schutz der jüngeren Schwester gegenüber dem Vater, aufgrund ihrer eigenen Erfahrung. Sie berichtet, dass die Schwester ein Wunschkind gewesen und bevorzugt worden sei. Sie selbst sei bereits als Kleinkind für ihre Eltern eine Überforderung gewesen. Diese Aussage habe sie in der Gerichtsakte gelesen. Für Dominique ist mit dem Einzug des Vaters und dem Rückzug der Mutter als *Vertrauensperson* und *verlässliche Person* wiederholt eine Situation erhöhter *Vulnerabilität* entstanden, die ihren individuellen Bewältigungsprozess beeinflusst. Nach der ersten Strategie der Anpassung verändern sich mit zunehmendem Alter Dominiques Handlungsstrategien, sie rebelliert gegen ihre Eltern und distanziert sich schließlich. Aufgrund der empfundenen Benachteiligungen, des fehlenden Verständnisses und Schutzes, der nicht mehr vorhandenen *Vertrauenspersonen* und der (körperlichen) Erziehungsgewalt entscheidet Dominique im frühen Jugendalter die Familie zu verlassen. Sie geht zur Polizei, um Anzeige zu erstatten, und in den Kinder- und Jugendnotdienst. Ihre Strategie ist, diesen Personen einen *Vertrauensvorschuss* zu geben und mit ihnen über das Erlebte zu sprechen, auch über den Missbrauch *(Kommunikation über sexuelle Themen).* In diesem Fall ist es wichtig, dass Dominique einen *Vertrauensvorschuss* gibt und geben kann. Sie kennt die Personen noch nicht. Es kann angenommen werden, dass sie dies mit den professionellen Rollen und den Institutionen, in denen diese Personen arbeiten, verknüpft. Personen aus ihrer *Lebenswelt* und ihrem näheren *sozialen Kontext*, wie bei der ersten Offenlegung, bezieht sie nicht mehr mit ein. Sie zeigt hier eine starke Selbstwirksamkeit als eine Form von Resilienz. Sie ist in der Lage, sich selbst zu helfen und zu schützen. Dominique deutet dies auch selbst so. Im Interview berichtet sie davon, dass sie ab einem bestimmten Zeitpunkt entschieden hat, zu machen, was sie für richtig hält.

Dominique lebt bis zu ihrer Volljährigkeit in Einrichtungen der stationären Jugendhilfe und zieht von dort in eine eigene Wohnung. Zu ihrer Familie hat sie kaum Kontakt. Ihre *Lebenswelt und ihr sozialer Kontext* haben sich dadurch entscheidend verändert. In den stationären Einrichtungen fühlt sie sich so angenommen, wie sie ist. Sie sagt, in dieser Zeit habe sie viel gelernt und Dinge kennengelernt, die sie noch nicht kannte, zum Beispiel Kochen oder Freizeitausflüge machen. Ab dieser Zeit besucht sie auch den OFT, den sie im Interview als ihre zweite Familie bezeichnet.

Sie beginnt auch mit einer Therapie um ihre Erlebnisse in Kindheit und Jugend aufzuarbeiten. In allen drei Institutionen spricht Dominique mit den Fachkräften über Sexualität. Neben der Thematisierung des sexuellen Missbrauchs kommen hier auch andere Themen zur Sprache. Durch die *Pubertät*, die als entwicklungsbedingtes *relevantes Ereignis in Bezug auf Sexualität im Kindes- und Jugendalter* eintritt, ergeben sich für Dominique auch neue Fragen in ihrem individuellen Bewältigungsprozess in dieser Lebensphase. Die Kommunikation darüber mit den Fachkräften ist für sie wiederum mit *Vertrauen* verbunden, das sie diesen gegenüber aufbringen muss, was bedeutet, erst einmal einen *Vertrauensvorschuss* zu geben. Die neue *Lebenswelt* ist durch *verlässliche Beziehungen* gekennzeichnet. Dominique lebt an einem sicheren Ort, es gibt Personen, denen sie vertrauen kann und die sich um sie kümmern. Sie kann sich im Rahmen ihrer *Pubertät* altersgerecht entwickeln und wird als Person ernst genommen und angenommen. Wie wichtig diese Personen sind, zeigt sich auch daran, dass Dominique den Kontakt zum OFT auch mit 18 Jahren immer noch sehr regelmäßig nutzt. Als *Konsequenz* ergibt sich für Dominique, dass sie eine neue *Lebensperspektive* hat. Im Interview sagt sie, sie wolle sich gar nicht vorstellen, wie ihr Leben sonst verlaufen wäre. Durch die Therapie und auch die Gespräche mit den Fachkräften in der Jugendhilfe und -arbeit kann sie die Ereignisse ihrer Kindheit und Jugend reflektieren und einordnen *(biografische Verortung)*. Durch *die Kommunikation über sexuelle Themen* in Bezug auf Themen wie Aufklärung, erste Liebe und Partnerschaft kann sie durch die Gespräche mit den Fachkräften (aber auch mit der Peergroup) ihre *sexuelle Kompetenz* erhöhen. Sie vermehrt ihr Wissen, zum Beispiel über Verhütungsmittel, und erhöht ihre Selbstbestimmung und Handlungskompetenz, zum Beispiel dahingehend, dass sie bestimmen will, wann das erste Mal mit einem Freund stattfindet.

In Bezug auf *sexuelle Bildung* zeigen sich verschiedene Formen. Dominique berichtet auch von Veranstaltungen im schulischen Kontext und Aufklärung durch ihre Mutter. Beides wurde ihren Interessen und Bedürfnissen nicht gerecht. In der Wohngruppe empfand sie die Gespräche mit den Fachkräften als sehr gut und im ersten Moment überraschte es sie, dass diese damit so offen umgehen. Sexuelle Bildung fand dort *geplant* als *non-formales Gruppenangebot* und bei Bedarf auch *spontan* und *informell* im *Einzelsetting* statt. Im OFT sind die Fachkräfte für Dominique vor allem für *informelle* Einzelgespräche wichtig (der Workshop war ihre erste *non-formale Gruppenerfahrung* zu Kommunikation über sexuelle Themen im OFT). Das heißt, dass sich auch hier die Situation zeigt, dass sich *sexuelle Bildung* in der Jugendhilfe und -arbeit viel im *in-formellen* Bereich bewegt und damit situative Kompetenzen der Fachkräfte erfordert.

Am Fall von Dominique wird auch deutlich, dass das entwickelte Modell nicht nur linear gedacht werden kann. Auch wenn es linear ablaufende Prozesse geben kann, sind diese zum einen in eine komplexe *Lebenswelt* oder in *Lebenswelten* eingebunden und zum anderen kann es Rückkopplungen im Prozess geben, sodass eine Zirkularität vorliegt. In Dominiques Fall ist bereits das *relevante Ereignis in Bezug auf Sexualität im Kindes- und Jugendalter* in Form eines sexuellen *Übergriffs* durch eine der bis dahin wichtigsten Personen aus ihrem *sozialen Kontext* und ihrer familiären *Lebenswelt*, durch ihren Vater, verursacht. Im weiteren Verlauf beeinflussen weitere Personen, wie ihre Mutter und andere Familienmitglieder, erheblich ihren individuellen Bewältigungsprozess und *die Kommunikation über sexuelle Themen* (in diesem Fall über den sexuellen Missbrauch). Ihre Erfahrung nach der ersten Offenlegung führte im Laufe des Prozesses mit zunehmendem Alter zu neuen *Strategien*. Auch von den Fachkräften der Jugendhilfe und -arbeit wurde Sexualität als Thema eingebracht und eine Kommunikation darüber angeregt. Sehr deutlich wird, wie wichtig *Vertrauen* und *verlässliche Beziehungen* sind. Von den beiden Kategorien ist bei Dominique nicht nur der Verlauf des individuellen Bewältigungsprozesses, aufgrund des sexuellen Missbrauchs, in hohem Maße abhängig, sondern auch die *Kommunikation über sexuelle Themen* im Rahmen der pubertären Entwicklung. Die Kommunikation findet vorrangig mit den (erwachsenen) Personen statt, die diese zwei Kategorien aus Dominiques Sicht erfüllen. Dies ist im Fall von Dominique die entscheidende Grundlage für die stattfindende *sexuelle Bildung* im Rahmen der Jugendhilfe.

5.7 Zusammenfassung in Bezug auf die Forschungsfragen

Abschließend soll auf die für die Arbeit gestellten Forschungsfragen aus der Perspektive des dargestellten empirischen Materials eingegangen werden. Durch die Analyse der Daten ergeben sich Antworten auf die folgenden Fragen:

1. Welche Erfahrungen haben Jugendliche in Bezug auf sexuelle Bildung und welche Bedarfe lassen sich beschreiben?

2. Wie wirken sich Gegebenheiten in Bezug auf die Sozialisation und die Lebenswelt Jugendlicher auf sexuelle Bildung aus?
3. Welche sozialen Beziehungen lassen sich für Jugendliche als Adressat_innen beschreiben und wie wirken sich diese auf die sexuelle Bildung aus?
4. Wie müsste sexuelle Bildung in Institutionen der Kinder- und Jugendhilfe erfolgen, um die Adressat_innen zu erreichen und zu fördern?

Zu Frage 1: Die Jugendlichen berichten, wie an den oben angeführten Beispielen deutlich wird, von Erfahrungen mit sexueller Bildung aus unterschiedlichen Lebenswelten und ihren sozialen Kontexten. Dabei spielen die zentralen Sozialisationsinstanzen für Jugendliche eine entscheidende Rolle. Es zeigt sich, dass die Jugendlichen sehr unterschiedliche Erfahrungen dazu machen, wie mit Sexualität umgegangen wird und wie darüber gesprochen wird. Die Familie bzw. die Eltern und die Schule können hier eine sehr wichtige Funktion einnehmen, insbesondere wenn es um die Vermittlung von Basiswissen geht. Jugendliche nehmen diese Institutionen in der Regel auch als Orte war, an denen sie dieses Basiswissen erhalten können. Dies zeigt zum einen, dass es einen Vertrauensvorschuss diesbezüglich gibt. Es bedarf zum anderen eines bestätigten und immer wieder hergestellten Vertrauens, um diese pädagogische bzw. erzieherische Situation aufrechtzuerhalten. Wird dieses irritiert oder gestört, ziehen die Jugendlichen sich zurück und vermeiden die Kommunikation ganz oder teilweise (vgl. 5.4).

Die Peergroup ist für die Jugendlichen ein sehr wichtiger Ort der sexuellen Bildung. Die Peergroup zeigt sich als Ort der Wissensvermittlung, des Abgleichens und der Reflexion von Wissen und Erfahrungen und als Ort des Erfahrungslernens (vgl. 5.2.1.1). Die Peergroup kann dabei auch ein Ort des Risikos sein, an dem Jugendliche Diskriminierungen durch andere Jugendliche erleben. Dabei kann es zu unterschiedlichen Diskriminierungsformen kommen, die sich überschneiden können (vgl. 5.2.1.3; 5.2.2; 5.3.1.2). Sie zeigt sich bei der Auswertung aber auch als sehr wichtige Ressource für sexuelle Bildung und des Lernens und der Unterstützung beim Umgang mit erfahrenen Übergriffen und Diskriminierungen (vgl. 5.3.1.2). Die Peergroup trägt, neben einer grundlegenden sexuellen (Wissens-)Kompetenz, die in Familie und Schule vermittelt werden kann, zu einer wesentlichen Steigerung der sexuellen Kompetenz bei. Das heißt, dass sich das Vorhandensein eines Basiswissens und dessen Vermittlung in familiären und/oder schulischen Kontexten, auf dem Jugendliche aufbauen können, als günstige Voraussetzung zeigt; ebenso, dass es positiv ist, wenn Jugendliche Wissen und Erfahrungen, die sie in einer ihrer Lebenswelten (Sozialisationsinstanzen) erhalten, in einer anderen abgleichen, reflektieren und besprechen können.

Sexuelle Bildung erfahren die Jugendlichen, neben einem zeitlich und inhaltlich sehr überschaubaren formalen Rahmen im schulischen Bereich (vgl. 5.5.1), hauptsächlich in informellen Settings. Die im Bereich der Jugendhilfe und Jugendarbeit (sehr wenig) erlebten non-formalen Angebote wurden von den Jugendlichen als positiv wahrgenommen (vgl. 5.5.2). Die meiste Erfahrung mit sexueller Bildung haben sie auch hier in informellen Settings (vgl. 5.5.3). Hier zeigen die Einschätzungen eine unterschiedliche Dimension, wie diese Angebote wahrgenommen wurden. Bei den Erwartungen und Fragen geht es neben der Vermittlung eines grundlegenden Wissens, auf das die Jugendlichen Wert legen, mehr darum, sie in ihren momentanen Bedürfnissen wahrzunehmen, ernst zu nehmen und ihnen dazu entsprechende (offene) Angebote zu machen. Das heißt, die jeweiligen Themen ergeben sich vor allem interessenspezifisch.

Zu den Fragen 2 und 3: Die Jugendlichen machen Erfahrungen in unterschiedlichen Lebenswelten, die teilweise sehr stark voneinander abgegrenzt sind. Die familiären Verhältnisse, die die Jugendlichen beschreiben, sind sehr vielfältig. In den meisten Fällen der vorliegenden Interviews ergeben sich durch die Familiensituation besondere Herausforderungen für die Jugendlichen. Einige von ihnen berichten von Erfahrungen, die für ihre Entwicklung ungünstig waren und zum Teil ein Risiko darstell(t)en (vgl. 5.2.1.3; 5.2.2; 5.3.1.1). In diesen Fällen kam es in der Regel auch zu Interventionen des Jugendamtes und einer Hilfe zur Erziehung. Die stationären Einrichtungen werden von den Jugendlichen als eine andere (neue) Lebenswelt wahrgenommen. Die subjektive Einschätzung zeigt sich auch hier in unterschiedlichen dimensionalen Ausprägungen. Dabei sind Punkte wie Freiwilligkeit und Partizipation von Bedeutung. Jugendliche, die selbst Entscheidungen in dem Prozess des Hilfeverlaufs treffen können, nehmen die Angebote der Erziehungshilfen eher an, sehen diese auch als Familienersatz oder -ergänzung und bewerten diese Zeit positiver. Bei den Jugendlichen, die eher ambivalente Gefühle oder ein ablehnendes Verhalten haben, lagen in der Regel keine Freiwilligkeit und eine unzureichende Mitgestaltung und Mitbestimmung vor (vgl. 5.3.1.4; 5.4.4).

Die subjektive Wahrnehmung und die Haltung zur Jugendhilfe scheinen sich auf die Gestaltung der Vertrauensbeziehungen auszuwirken. Die Jugendlichen, die die Jugendhilfe als eine Zwangsmaßnahme sehen und nicht als Bestandteil ihrer neuen oder vorübergehenden Lebenswelt annehmen können, berichten nicht von Vertrauensbeziehungen zu Fachkräften. Zudem zeigt sich sehr deutlich, dass hier strukturelle und personelle Rahmenbedingungen der Jugendhilfe intervenierend wirken und sich längere Inobhutnahme-Situationen ungünstig auswirken können (vgl. 5.2.3; 5.4.4; 5.6.1).

Eine weitere wichtige Lebenswelt ist die Peergroup. Sie ist für die Jugendlichen ein Ort, der für die Erwachsenen nur bedingt oder gar nicht zugänglich ist und den sie selbstbestimmt abschirmen können. Die Peergroup steht in Bezug auf erfahrene Diskriminierungen oder delinquentes Verhalten auch im Kontext mit Risiken für die Entwicklung. Für die Jugendlichen ist sie jedoch vor allem eine Ressource, auch mit Blick auf die sexuelle Bildung und die Ergänzung der anderen Lebenswelten (vgl. 5.2.3; 5.3.1.2).

Die Schule als formaler Lernort, der von den Jugendlichen überwiegend positiv wahrgenommen wird, ist für einige der Jugendlichen auch ein Ort, an dem sie Diskriminierungserfahrungen machen. Diese stehen zum größten Teil im Kontext mit der Peergroup, aber zum Teil auch mit Lehrkräften (vgl. 5.2.1.3). Diese Erfahrungen beziehen sich auf verschiedene Bereiche, die als Anlass für die Diskriminierungen gesehen werden können. Neben der sozialen Herkunft und den sozioökonomischen Bedingungen sind dies, auf Sexualität bezogen, das Aussehen, das körperliche Erscheinungsbild oder die sexuelle Orientierung. Bei der Unterstützung die Jugendliche in der Schule erfahren, zeigen sich unterschiedliche Dimensionen. Einige berichten hier, dass sie kaum Unterstützung bei der Bewältigung durch die Schule erhalten haben (vgl. 5.3.1.3). Die Jugendlichen befinden sich in unterschiedlichen Stadien ihrer schulischen und beruflichen Entwicklung und diesbezüglich zum Teil in einer schwierigen Situation ohne klare Perspektive für ihre Zukunft (vgl. 5.2.2). In den Interviews wird deutlich, dass die schulische und berufliche Entwicklung für die Jugendlichen einen hohen Stellenwert hat. Grundsätzlich zeigt sich, dass eine sexuelle Bildung, unabhängig von der Sozialisationsinstanz, stark von den vorhandenen vertrauensvollen und verlässlichen Beziehungen abhängig ist. Sind diese aus Sicht der Jugendlichen nicht vorhanden, ist es entscheidend, ob diese nach einem gegebenen Vertrauensvorschuss in angemessener Weise hergestellt werden können. Vor allem im Bereich non-formaler und informeller Bildung ist eine freiwillige Mitarbeit unumgänglich, um den Bewältigungsprozess der Jugendlichen zu unterstützen. Wenn kein ausreichendes Vertrauen vorhanden ist, entziehen sich Jugendliche der Kommunikation über sexuelle Themen oder begrenzen diese (vgl. 5.5.2; 5.5.3).

Zu Frage 4: Für die Jugendhilfe und Jugendarbeit zeigt sich sowohl für non-formale wie für informelle Angebote ein großes Potenzial für sexuelle Bildung. Hier sind auch die im Kapitel zu Forschungsmethodik vorgenommenen Reflexionen des Feldzugangs und der durchgeführten Workshops von Bedeutung (vgl. 4.4.2). Grundsätzlich zeigt sich, dass Bildungsangebote an den Themen der Jugendlichen orientiert sein und Grundprinzipien wie Freiwilligkeit, Offenheit und Partizipation berücksichtigt werden sollten. In den Interviews wird deutlich, dass Jugendliche sich wünschen, dass ihnen zugehört wird, und dass sie ernst genommen werden wollen (vgl. 5.4.3; 5.4.4). Auch wenn sie von sich aus die Kommunikation über sexuelle Themen in der Regel nur bei einem als ausreichend bewerteten Vertrauensverhältnis suchen, sind sie grundsätzlich für Angebote von Fachkräften zugänglich. Die Annahme der Angebote steht in Abhängigkeit von ihrem Bedarf, ihrem Alter und wiederum der Entwicklung von Vertrauen in diesem Setting, wie die Auswertung der Interviews und die Reflexion des Feldzugangs zeigen. In diesem Rahmen ist es ebenfalls möglich, präventive Themen zu besprechen und auch, dass diese von den Fachkräften eigebracht werden (vgl. 5.5.2; 5.5.3). Die ausschließliche Fokussierung auf ein präventives Thema, ein Nicht-Berücksichtigen der realen Bedürfnisse, zu wenig Offenheit für die Jugendlichen und ein unzureichendes Vertrauensverhältnis wirken sich dagegen ungünstig auf den Verlauf aus (vgl. 5.5.3). Die Jugendhilfe und Jugendarbeit kann die in den anderen Lebenswelten stattfindende sexuelle Bildung sinnvoll ergänzen. Gerade bei Jugendlichen, die aufgrund ihrer Lebenssituation und der Gegebenheiten ihrer Lebenswelt(en) unzureichende Möglichkeiten haben, eine an ihren Interessen und Bedürfnissen orientierte und angemessene sexuelle Bildung zu erhalten, kann Jugendhilfe und insbesondere Jugendarbeit zu einem wichtigen Ort der sexuellen Bildung werden, der Jugendlichen ermöglicht ihre Kompetenzen zu erweitern, Ereignisse zu reflektieren und einzuordnen, Strategien zu überlegen und auch zu erproben und eine Lebensperspektive zu entwickeln. Für eine sexuelle Bildung in der Jugendhilfe scheint wichtig, die Jugendlichen als Expert_innen wahrzunehmen und einzubinden. In den von den Jugendlichen vorgenommenen

Selbstpositionierungen wird deutlich, dass sie sich meist selbst als kompetent genug einschätzen bzw. auf ausreichende Selbstbestimmung Wert legen, Situationen zu beurteilen, Wissen zu erlangen und abzugleichen, eigene Erfahrungen zu machen sowie daraus Ableitungen für ihr zukünftiges Handeln zu treffen.

Teil V

6 Vertrauen in der Sozialen Arbeit

In den vorangegangenen Kapiteln wurde deutlich, dass der Begriff *Vertrauen* in unterschiedlichen Kontexten angeführt und verwendet wurde. In den quantitativen Studien der BZgA (vgl. BZgA, 2010a; Bode & Heßling, 2015) wird nach Vertrauenspersonen gefragt, mit denen Jugendliche über sexuelle Themen sprechen können. Im Kontext von sexualisierter Gewalt gegen Kinder und Jugendliche wird die Anwesenheit von Vertrauenspersonen als zentrales Kriterium für eine Offenlegung betrachtet (vgl. Kavemann et al., 2016; Zimmermann et al., 2010). Vertrauen wird im Rahmen von sexualwissenschaftlichen Studien zu Jugendsexualität neben dem Vorhandensein erwachsener Vertrauenspersonen vor allem als Kategorie und Kriterium hinsichtlich der Gestaltung einer Partnerschaft und des sexuellen Verhaltens Jugendlicher innerhalb der Peer-Beziehung beschrieben (vgl. Dannenbeck & Stich, 2005; Matthiesen, 2013). Im Rahmen der Jugendhilfe werden – und dies kann für die Soziale Arbeit allgemein gelten – der Umgang mit Vertrauen und vertrauensvolle Arbeitsbeziehungen als wichtige Grundlage für die Arbeit mit den Adressat_innen benannt (vgl. Spiegel, 2018, S. 252; Thiersch, 2009; Wagenblass, 2015)[87] und ebenso speziell mit dem Blick auf Kinder und Jugendliche bei Fragen zur Entwicklung von Resilienz (vgl. Grotberg, 2011). Im Bereich der sexuellen Bildung zeigen Studien mit sexualpädagogischen Expert_innen, dass aus deren Sicht eine persönliche Ebene, die auf Vertrauen beruht, und ein Vertrauen schaffendes Setting grundlegende Faktoren für deren sexualpädagogische Arbeit sind (vgl. Beck & Henningsen, 2018; Henningsen, 2016a; Langer, 2017). Vertrauen wurde

87 Vgl. hierzu auch die Stellungnahme des Deutschen Ethikrates, in der insbesondere auf die ethische Bedeutung von Vertrauen und die Beziehungsgestaltung in der Kinder- und Jugendhilfe eingegangen wird (Deutscher Ethikrath, 2018).

von den Jugendlichen in den durchgeführten Interviews als Begriff im Zusammenhang mit der Beschreibung sozialer Beziehungen eingebracht und als In-vivo-Code codiert.[88] Es wurde ein Modell entwickelt, das das Sprechen über Sexualität auf Basis eines Vertrauenskonzeptes Jugendlicher beschreibt. Vertrauen stellt die empirische Kernkategorie dar, die das Sprechen über Sexualität möglich macht bzw. die Qualität der Kommunikation bestimmt. Die umfassende Verwendung des Begriffs verweist, wie sich theoretisch und empirisch zeigt, auf die große Bedeutung, die Vertrauen allgemein beigemessen wird. Allerdings steht im Zusammenhang mit dieser Bedeutung, dass oft nicht untersetzt und ausbuchstabiert wird, was unter Vertrauen verstanden werden kann (vgl. Wagenblass, 2015, S. 1825). Dies ist bisher auch noch nicht für diese Arbeit geschehen, jedoch aufgrund der Bedeutung des empirisch entwickelten Vertrauenskonzeptes nötig.[89] Mit Blick auf die Gestaltung von Arbeitsbeziehungen in der Jugendhilfe kann folgende Definition von Vertrauen als Grundlage dienen:

> »Mit Vertrauen wird allgemein die Erwartung bezeichnet, dass sich eine Person auf etwas oder jemanden verlassen kann. Vertrauen schafft ein Gefühl von Sicherheit und ermöglicht es, sich über vorherrschende Unklarheit hinwegzusetzen« (Cocard, 2014, S. 203).

Ausgehend von dieser Definition soll Vertrauen als Begriff im Folgenden aus theoretischer und empirischer Perspektive betrachtet und weiter ausdifferenziert werden.

88 Im Interviewleitfaden waren keine direkten Fragen an die Jugendlichen bezüglich Vertrauen oder zu Vertrauenspersonen vorgesehen. Dies wurde von den Jugendlichen im Kontext ihrer Erzählung thematisiert.

89 Die theoretische Auseinandersetzung mit Vertrauen findet an dieser Stelle mit der Perspektive auf die Sozialwissenschaft und die Soziale Arbeit und unter Einbindung diesbezüglicher Publikationen statt. Damit werden andere Möglichkeiten, z. B. eine psychologische Perspektive auf die individuelle Vertrauensentwicklung, vernachlässigt. Zur Entwicklung von Vertrauen sind die Arbeiten von Erikson (1973) zur Entwicklung von (Ur-)Vertrauen in seinem Stufenmodell zur psychosozialen Entwicklung und in diesem Zusammenhang die Bindungstheorie von Bowlby (2016) für eine Betrachtung mit dem Fokus auf die psychologische frühkindliche Entwicklung und deren Wirkungen auf die weitere menschliche Entwicklung grundlegend.

6.1 Theoretische Umkreisungen

Niklas Luhmann beschreibt Vertrauen als elementaren Bestandteil des sozialen Lebens (Luhmann, 1989, S. 1). Nach Luhmann muss der Mensch wirksame Formen der Reduktion der vorhandenen sozialen Komplexität entwickeln (ebd., S. 7). Diese Komplexität ist für den Menschen nicht kontrollierbar (ebd., S. 23). Vertrauen kann als eine Form, eine Strategie betrachtet werden, mit der die Komplexität der Welt handhabbar gemacht wird, indem die theoretisch zur Verfügung stehenden Möglichkeiten reduziert werden. Der Mensch ist gezwungen, spontan im Moment eines Ereignisses, hier und jetzt, zu handeln und sich für ein bestimmtes Vorgehen zu entscheiden (ebd., S. 24). Damit nimmt er auch eine Selektion in Hinblick auf zukünftige Entwicklungen vor (ebd., S. 20). Dadurch ist Vertrauen nach Luhmann immer auch eine riskante Vorleistung (ebd., S. 23). Er differenziert hier zwischen dem personalen Vertrauen und einem Systemvertrauen. Personales Vertrauen ist begrenzt und beruht auf einer emotionalen Grundlage, durch die Unsicherheitsmomente in der Interaktion mit anderen Menschen überbrückt werden. Systemvertrauen ist eine individuelle Erweiterungsleistung personalen Vertrauens, bei der ein bewusstes Risiko eingegangen wird und ein Verzicht auf Information und Kontrolle besteht (ebd., S. 23). Damit können sich neue Handlungsmöglichkeiten ergeben, aber es besteht auch das Risiko, dass das entgegengebrachte Vertrauen enttäuscht wird. Für Luhmann liegt »ein Fall von Vertrauen […] nur dann vor, wenn die vertrauensvolle Erwartung bei einer Entscheidung den Ausschlag gibt – andererseits handelt es sich um bloße Hoffnung« (ebd., S. 24). Daran schließt er die Überlegung an: »Vertrauen bezieht sich also stets auf eine kritische Alternative, in der der Schaden beim Vertrauensbruch größer sein kann als der Vorteil, der aus dem Vertrauenserweis gezogen wird« (ebd., S. 24). Vertrauen unterscheidet sich nach Luhmann von Hoffnung durch ein Bewusstsein, dass das Handeln anderer Menschen (auch negative) Konsequenzen haben kann und es somit eine Möglichkeit der Offenheit und Ungewissheit gibt (ebd., S. 25).

Für die Soziale Arbeit ist vor allem die von Luhmann (1989) angeführte Vertrauensbildung im Rahmen eines Prozesses von Bedeutung. Vertrauen kann nicht verlangt und einseitig hergestellt werden. Eine Normierung von Vertrauen würde dieses »gar nicht erst entstehen lassen« (ebd., S. 46). Vertrauensbeziehungen, so Luhmann, »lassen sich daher nicht durch Forderungen anbahnen, sondern nur durch Vorleistungen« (ebd., S. 46).

Das heißt, es bedarf entweder eines Vertrauensvorschusses einer Person, die einer anderen Person Vertrauen entgegenbringt und schenkt, oder eines Vertrauensbeweises, indem eine Person durch eine Handlung der anderen Person als vertrauenswürdig erscheint. Diese Vorleistung ist, wie oben beschrieben, riskant, denn es gibt keine Sicherheit darüber, wie die andere Person reagiert. Der Prozess der Vertrauensbildung wird durch Kommunikation befördert, insbesondere ist sie dann nötig, wenn die Vertrauensbildung mit einem Motiv zusammenhängt und der Prozess dem Aufbau von Vertrauen dient, um ein bestimmtes Ziel zu erreichen bzw. dies von einer Person unterstellt wird, was zu Misstrauen führen kann (ebd., S. 46). Diese Analyse Luhmanns bedeutet speziell für die Jugendhilfe, in der ein bestimmtes Macht- und Abhängigkeitsverhältnis zwischen Fachkräften und, im Falle von Jugendlichen, minderjährigen Adressat_innen und damit rechtlich und ökonomisch abhängigen Personen vorliegt, dass Vertrauen nur in einem begrenzten Rahmen vorliegen und gegeben werden kann. Vertrauensvolle Arbeitsbeziehungen zu den Adressat_innen werden angestrebt, unterliegen aber in der Regel keiner Offenheit, sondern sind, insbesondere in den Erziehungshilfen, mit adressat_innenbezogenen Aufträgen und Zielen verbunden. Auch in anderen Arbeitsfeldern, in denen keine personenbezogene Hilfeplanung erfolgt, findet die Arbeit der Fachkräfte im Rahmen des SGB VIII und spezieller kommunaler Planungen statt. Somit liegt immer ein Aufgaben- und Zielbezug vor, woraus sich Grenzen eines möglichen Vertrauens ergeben. Das heißt, Jugendhilfe handelt nie ohne Motiv und muss sich dessen bewusst sein – und auch dessen, dass dies den Vertrauensprozess erschweren kann und Abgrenzungen und Misstrauen der Adressat_innen darin begründet sein können. Der Prozesscharakter von Vertrauen, der eine beidseitige Herstellungsleistung erfordert, bedeutet für Fachkräfte, dass sie als Initiator_innen einer vertrauensvollen Arbeitsbeziehung Vertrauen schenken und auch Gelegenheiten nutzen müssen, um sich als vertrauensvoll zu beweisen (ebd., S. 46). Dies kann nicht von den Adressat_innen erwartet werden. Aus der Perspektive, dass Vertrauen zu schenken auch riskant ist, ist es als eine wichtige Leistung anzuerkennen, wenn diese ein Vertrauensverhältnis eingehen und einen Vertrauensvorschuss geben.

Damit wird eine Unterscheidung in Hinblick auf den Charakter von Vertrauensverhältnissen nötig. Professionelle Vertrauensverhältnisse im Rahmen der Jugendhilfe unterscheiden sich deutlich von privaten Vertrauensverhältnissen. Eine Unterscheidung ist die oben genannte spezielle

Zweckgebundenheit der Beziehung. Diese ist weiter gekennzeichnet durch eine zeitliche Begrenztheit, die sich allgemein aus der Bezogenheit auf eine bestimmte Altersgruppe ergibt oder speziell aus festgelegten Zeiträumen für eine Arbeitsbeziehung oder die Gebundenheit an die Erreichung bestimmter Ziele, deren Erreichen zum Ende der Arbeitsbeziehung führt. Dabei agieren Fachkräfte nicht zufällig, sondern geplant und nutzen bestimmte Methoden und Techniken (vgl. Wagenblass, 2015, S. 1829).

Sabine Wagenblass (2015) unterscheidet drei grundsätzliche Formen von Vertrauen. Die erste ist ein generalisiertes Vertrauen (oder nach Luhmann Systemvertrauen). Personen vertrauen auf die »generelle Funktionsfähigkeit und prinzipielle Leistungsfähigkeit von Systemen« (ebd., S. 1828). Diese Form bedarf nicht zwingend persönlicher Kontakte zu Vertreter_innen eines Systems, sie kann sich auch aufgrund einer erwiesenen Verlässlichkeit, Verbindlichkeit und Kontinuität einer Institution entwickeln (ebd., S. 1828). Speziell für die Jugendhilfe als System zeigt sich hier, dass sie gesellschaftlich weniger positiv wahrgenommen und als vertrauensvoll eingestuft wird. Die weniger positive Einstufung der Jugendhilfe hinsichtlich eines generalisierten Vertrauens ist hier einerseits durch die mediale Berichterstattung bezüglich der kritisch eingestuften Gewährleistung des Kindeswohls geprägt, andererseits durch die weitergegebenen konkreten Erfahrungen von Personen in Bezug auf fehlende Freiwilligkeit und Zwangskontexte in der Jugendhilfe (ebd., S. 1830f.). Konkret lasse sich, so Wagenblass, generalisiertes Vertrauen stärken, wenn das Vorgehen für die Adressat_innen transparent, nachvollziehbar und begründet ist. Das Vorgehen müsse Rechte der Adressat_innen hinsichtlich der Beschwerde und des Widerspruchs einschließen und diese auch ermöglichen. Partizipationsmöglichkeiten in der Jugendhilfe stellen, aufgrund des Vertrauensvorschusses an die Adressat_innen durch die Fachkräfte und die Möglichkeit der Mitgestaltung, eine wichtige Grundlage für die Bildung von Vertrauen in die Institution dar (ebd., S. 1831).

Dieses generalisierte Vertrauen ist aufgrund der Tatsache, dass gesellschaftliche Systeme immer mit Personen verbunden sind, mit einer weiteren Vertrauensform verbunden, dem spezifischen Vertrauen (vgl. Wagenblass, 2015, S. 1828). Dieses basiert auf der Professionalität und der beruflichen Kompetenz der Personen in ihrer beruflichen Rolle und als Vertreter_innen des Systems und nicht zwingend auf deren persönlichen Eigenschaften oder Verhaltensweisen (ebd., S. 1828). Da die Jugendhilfe in Bezug auf das generalisierte Vertrauen, wie oben geschildert, einer negativen Wertung durch die Adressat_innen unterliegen kann oder diese durch die persönliche Erfahrung, wie die Adressat_innen mit der Jugendhilfe in Kontakt gekommen sind, entstehen oder verstärkt werden kann, können sich für die Herstellung des spezifischen Vertrauens besondere Herausforderungen ergeben: »Aus Sicht der AdressatInnen bedeutet dies, dass sie den Sozialarbeiter bzw. die Sozialarbeiterin nicht in erster Linie als Unterstützung, sondern als VertreterIn einer kontrollierenden Institution wahrnehmen und die Situation als Zwang und Kontrolle erleben« (ebd., S. 1833). Dies muss jedoch keine negativen Auswirkungen auf den Verlauf des Arbeitsprozesses haben. Auch wenn, gerade bei Zwangskontexten, zu Beginn einer Hilfe von fehlendem Vertrauen auszugehen ist, sind Veränderungen möglich und Vertrauen kann hergestellt werden (ebd., S. 1834). Dafür sind prinzipiell die oben genannten Kriterien zur Herstellung von generalisiertem Vertrauen in ein System auch für die Interaktion zwischen Fachkraft und Adressat_innen relevant. Es muss Transparenz bezüglich der Ziele, Möglichkeiten und Grenzen hergestellt werden. Im Rahmen des institutionalisierten Rahmens müssen Handlungsspielräume bestehen, die die Interessen und Bedürfnisse der Adressat_innen ausreichend berücksichtigen, diese einbinden und die Möglichkeit schaffen, auch eigene Ziele der Adressat_innen im Rahmen der Hilfe umzusetzen. Es bedarf einer Reflexion und einer Thematisierung des Arbeitskontextes in der Arbeit mit den Adressat_innen unter Einbezug der möglichen Wirkungen des professionellen Handelns auf ihre Lebenswelt (ebd., S. 1834).

Als dritte Möglichkeit führt Wagenblass das persönliche Vertrauen an, das auf rein persönlichen und emotionalen Erfahrungen und auf einer wechselseitigen Abhängigkeit in eher dauerhaften Beziehungen basiert (ebd., S. 1829). Für die Soziale Arbeit ergibt sich hier für Wagenblass eine wichtige Unterscheidung zum spezifischen Vertrauen. Obwohl Sozialarbeiter_innen in ihrer beruflichen Rolle auch als Person agieren und sichtbar werden und ihr berufliches Handeln somit auch durch ihre *private* Persönlichkeit beeinflusst werden kann, sei die Form des persönlichen Vertrauens nicht relevant für die Betrachtung von Vertrauen in der Arbeitsbeziehung. Denn diese beruhe nicht auf einer privaten oder intimen, sondern auf einer öffentlichen und institutionalisierten Beziehung und somit müsse sie differenziert von persönlichem Vertrauen betrachtet werden (siehe oben; ebd., S. 1829). Diese Betrachtung und klare strukturelle Einordnung aus einer Professionalitätsperspektive wird insofern kritisiert, als dadurch die Gefahr besteht, die Komplexität von Vertrauen zu vereinfachen (vgl. Tiefel, 2012, S. 18). Sandra Tiefel bezieht ihre Kritik auf die Theorie Luhmanns (1989; siehe oben), dass der Vertrauensprozess von beiden Seiten gestaltet wird und somit in der Interaktion zwischen Fachkraft und Adressat_innen. Dabei würden neben den institutionellen Bedingungen, die das spezifische Vertrauen kennzeichnen, auch persönliche Faktoren, wie personale Dispositionen oder Verhaltensmodi einfließen, die der Form des persönlichen Vertrauens zuzurechnen sind (Tiefel, 2012, S. 18, 29). Maren Zeller sieht speziell für die Erziehungshilfen ein Spannungsverhältnis zwischen spezifischem und persönlichem Vertrauen gegeben und geht davon aus, dass persönliches Vertrauen in den Beziehungen zwischen Fachkräften und Adressat_innen immer mitzudenken ist (Zeller, 2012, S. 93ff.). Die Idee, persönliches Vertrauen zur professionellen Gestaltung des Nähe-Distanz-Verhältnisses auszuklammern, ist unter einer theoretischen Professionalisierungsperspektive nachvollziehbar, aber in der Praxis nicht möglich (ebd., S. 93ff.). Auch Hans Thiersch verweist darauf, dass Gefühle wie Liebe, Vertrauen und Neugier elementarer Bestandteil pädagogischen Handelns sind, und mit Blick auf die pädagogisch bzw. erzieherisch Tätigen, dass sich deren Gefühle sowohl positiv wie negativ auf die Arbeitsbeziehungen und die Adressat_innen auswirken können (Thiersch, 2009, S. 107ff.). Nach Thiersch führt ein Ausklammern von Gefühlen oder der begrenzte Blick auf die positiven Wirkungen für das pädagogische Verhältnis nicht zu einer professionellen Haltung, da pädagogische Beziehungen immer prekär sind und auch aufgrund von Gefühlen scheitern können (ebd., S. 112ff.).

Damit werden die Notwendigkeit von Reflexion und die Fähigkeit zur Reflexion von Fachkräften in Bezug auf Vertrauen oder allgemeiner auf Gefühle und die Gestaltung von Nähe und Distanz in der Arbeitsbeziehung unterstrichen (vgl. Wagenblass, 2015, S. 1834; Thiersch, 2009, S. 137ff.). Einerseits ist die vertrauensvolle Arbeitsbeziehung klar von privaten Vertrauensbeziehungen zu trennen und schließt an die Formen des generalisierten und spezifischen Vertrauens an. Insbesondere für die Jugendhilfe stellen sich hier Herausforderungen, Vertrauen der Adressat_innen in diese beiden Formen herzustellen bzw. mit dem entgegengebrachten Vertrauen umzugehen. Andererseits sind Fachkräfte bei aller Professionalität in ihrer beruflichen Rolle immer auch als private Person in der Interaktion mit den Adressat_innen und es kann nicht ausgeschlossen werden, dass sich Vertrauen hier auf der personalen Ebene entwickelt bzw. Erfahrungen im Rahmen des personalen Vertrauens einfließen und die Arbeitsbeziehung beeinflussen. Für die verantwortungsvolle Gestaltung der Arbeitsbeziehung ist jedoch die klare Trennung zu einer privaten persönlichen Vertrauensbeziehung nötig und mit den Adressat_innen zu kommunizieren.

6.2 Vertrauen als Kategorie in sozialwissenschaftlichen Studien

Im Anschluss an die obigen Ausführungen zu den Formen des generalisierten, spezifischen und persönlichen Vertrauens haben sich Studien im Rahmen der Sozialen Arbeit vor allem mit dem Verhältnis von spezifischem und persönlichem Vertrauen befasst (vgl. Tiefel & Zeller, 2012; Wagenblass, 2015). Diese Fokussierung erklärt sich damit, dass Vertrauen als Grundvoraussetzung eines gelingenden Arbeitsbündnisses zwischen Professionellen und Adressat_innen betrachtet wird (vgl. Zeller, 2012, S. 93). Spezifisches Vertrauen ist dabei die zentrale Form zwischen den anderen Formen von Vertrauen. Es kann angenommen werden, dass das generalisierte Vertrauen der Adressat_innen in das System der Jugendhilfe vor allem zu Beginn der Zusammenarbeit die Gestaltung einer vertrauensvollen Arbeitsbeziehung beeinflusst und vom Charakter des sich entwickelnden spezifischen Vertrauens beeinflusst wird. Das generalisierte Vertrauen, das die Adressat_innen mitbringen, ist als eine Gegebenheit zu betrachten, mit der die Professionellen umgehen müssen. Der Aufbau der spezifischen Vertrauensbeziehung und hier die Anteile eines möglichen persönlichen Vertrauens betreffen jedoch die direkten Interaktionen mit den Adressat_innen und liegen in der Verantwortung der Professionellen.

Maren Zeller (2012) arbeitet in einer Fallanalyse in den Erziehungshilfen unter Einbezug weiterer Studienergebnisse heraus, dass die betreffende Adressat_in sowohl diffuse wie spezifische Sozialbeziehungen zu den Professionellen aufbaut. In der Analyse zeigt sich, dass vor allem die gelingenden Arbeitsbündnisse Anteile sowohl diffuser wie spezifischer Sozialbeziehungen haben (ebd., S. 100). Eine diffuse Sozialbeziehung ist grundsätzlich dadurch gekennzeichnet, dass die Beziehungsgestaltung offen ist und sie keine Themen ausschließt (vgl. Oevermann, 1996). In diesem Zusammenhang finden sich Anteile beider Vertrauensformen zwischen der Adressat_in und den Professionellen und es wird deutlich, dass neben dem spezifischen Vertrauen auch dem persönlichen Vertrauen eine wichtige

Bedeutung zukommt (vgl. Zeller, 2012, S. 100). Nach Zeller entsteht eine vertrauensvolle Arbeitsbeziehung zu bestimmten Adressat_innen (insbesondere wenn im Rahmen der Jugendhilfe eingeschränkte Freiwilligkeit und ein Zwangskontext vorliegen) vor allem dann, wenn die Adressat_innen die Professionellen nicht nur als berufliche Rollenträger wahrnehmen und erleben, sondern auch Anteile einer diffusen Sozialbeziehung möglich sind. Es kann andernfalls zu einer Verweigerungshaltung oder zu einem Untergraben der Zusammenarbeit kommen (ebd., S. 101). So zeigt sich, dass spezifisches Vertrauen nicht immer zwingend, aber in einigen Fällen nur durch vorher oder parallel entstandenes persönliches Vertrauen aufgebaut werden konnte (ebd., S. 101; vgl. auch Wigger, 2009). Erfahrungen mit Zwangsmaßnahmen, die mit dem Verlust von Selbstbestimmung und Handlungsautonomie verbunden sind, können zu einem entstehenden Misstrauen in Institutionen der Jugendhilfe führen. Bei Jugendlichen, die diese Erfahrungen gemacht haben, gehören der Vertrauens- und Beziehungsaufbau zu einem Lernprozess, dass der Kontakt zu Fachkräften und zu Einrichtungen der Jugendhilfe nicht zum Verlust von Selbstbestimmung und -kontrolle führen müssen (vgl. Steckelberg, 2018, S. 72). »Es geht darum, dem Misstrauen, das die jungen Menschen im Laufe ihres Lebens Erwachsenen gegenüber aufgebaut haben, entgegenzuwirken« (ebd.) und, dass »der Vertrauens- und Beziehungsaufbau und das zum Teil zeitaufwändige und mühsame Entwickeln eigener Pläne und Ziele als Teil des Hilfeprozesses angesehen [werden]« (ebd.). Die Annahme von Hilfe und Unterstützung und damit einhergehend die Bereitschaft zu einer Veränderung sind nur auf der Grundlage eines belastbaren Vertrauens möglich (vgl. Thiersch et al., 2012, S. 175ff.).

Ein weiterer Punkt, der nach Zeller für den Aufbau einer spezifischen Vertrauensbeziehung von Bedeutung ist, ist das Geben eines Vertrauensvorschusses durch die Professionellen (Zeller, 2012, S. 101). Zeller nennt vier Punkte, an denen dieser Vertrauensvorschuss in der von ihr durchgeführten Fallanalyse und insbesondere mit Blick auf Partizipation und Zutrauen auch in anderen Studien deutlich wird (ebd., S. 101f.):

1. »in den Partizipationsmöglichkeiten der Adressatin«
2. in »der Realisierung von Verlässlichkeit auf Seiten der Professionellen«
3. »im Aushandeln von Unterstützungs- und Sanktionsmustern bei Fehl- oder Wohlverhalten«
4. »im In-Konfrontation-Gehen als Zutrauen in das autonome Handlungspotential der Adressatin«

Zeller verweist mit ihrer Analyse für die Erziehungshilfen, wie dies auch Sandra Tiefel (2012) oder Georg Cleppien (2012) für die Beratungsarbeit analysiert haben, darauf, dass spezifisches Vertrauen im professionellen Kontext trotz eines institutionellen Rahmens und bestehender Regeln höchst individuell geprägt ist, in der Arbeitsbeziehung ausgehandelt werden muss und durch einen Vertrauensprozess zwischen Professionellen und Adressat_innen entsteht. Das schließt auch die Möglichkeit ein, dass dieser Prozess nicht gelingen und keine vertrauensvolle Arbeitsbeziehung entstehen kann. Damit werden zum Teil bereits angeführte Bedingungen deutlich. Vertrauen kann nicht als Norm eingefordert werden, es braucht Zeit und Gelegenheiten, um es entstehen zu lassen, und eine Ergebnisoffenheit des Prozesses (vgl. Zeller, 2012).[90]

Dass Vertrauen durch individuell sehr unterschiedliche Komponenten und Bedingungen geprägt ist, zeigt auch Dominik Mantey (2017) in seiner Arbeit zu Sexualerziehung in der stationären Jugendhilfe auf. Die von ihm empirisch gebildete Vertrauenskategorie beschreibt Mantey als »positive Erwartungshaltung der Jugendlichen gegenüber dem Verhalten ihrer Erziehenden« (ebd., S. 335). Mit dem Vertrauensbegriff verbunden ist die »Gewissheit einer positiv beurteilten Handlung des Gegenübers, die durch Erfahrungen entstanden ist« (ebd.). »Allerdings sind die damit individuell verbundenen Inhalte, also die Handlungen des Gegenübers, auf die vertraut wird, durchaus unterschiedlich« (ebd.). Aufgrund der für das Entstehen von Vertrauen nötigen Erfahrungen wird auch die zeitliche Dimension der Vertrauensbildung deutlich (ebd.). Die von Mantey interviewten Jugendlichen »verweisen im Kontext von Vertrauen auf länger zurückliegende Erfahrungen mit den Erziehenden und auf Prozesse der zunehmenden Vertrauensentwicklung und auch gezielten Vertrauensprüfung« (ebd., S. 215). Insbesondere für das Sprechen über intime Themen ist Vertrauen grund-

90 Hier ist zu berücksichtigen, dass es neben strukturellen und sozialpädagogischen bzw. erzieherischen Faktoren, die im Rahmen der Jugendhilfe für das Gelingen eines Aufbaus von Vertrauensbeziehungen von Bedeutung sind, auch individuelle psychologische Faktoren geben kann, die das Vertrauenskonzept der Adressat_innen und den Arbeitsprozess beeinflussen. Hier können insbesondere frühkindliche Erfahrungen bei der Entwicklung des Ur-Vertrauens bzw. Ur-Misstrauens und der Bindungs- und Beziehungsfähigkeit von Bedeutung sein (vgl. Erikson, 1973; Bowlby, 2016). Dadurch können sozialpädagogischen bzw. erzieherischen Konzepten und Interventionen Grenzen gesetzt sein und es kann eine flankierende therapeutische bzw. psychologische Arbeit nötig werden.

legend. Die Jugendlichen vertrauen zum Beispiel auf die Schweigepflicht, den Schutz ihrer Intimsphäre und auf ein Verständnis der Fachkräfte (ebd.). Diese Faktoren können nach der oben vorgenommenen Differenzierung dem spezifischen Vertrauen zugeordnet werden. Es zeigen sich jedoch auch Faktoren eines persönlichen Vertrauens, die mit dem Gelingen der Arbeitsbeziehungen zusammenhängen. Mantey analysiert, dass Vertrauen aus Sicht der Jugendlichen mit persönlichem Interesse und persönlicher Nähe, die sie vonseiten der Erziehenden wahrnehmen, verbunden sein kann und diese Faktoren entscheidend für die Öffnung von Jugendlichen gegenüber Fachkräften sein können (ebd., S. 218). Demgegenüber kann die Wahrnehmung, dass Fachkräfte sich zu sehr auf ihre berufliche Rolle beschränken und die Jugendlichen nicht wahrnehmen, dass diese auch ein Interesse an ihnen als Mensch haben, dazu führen, dass die Jugendlichen sich nicht öffnen bzw. zurückziehen (ebd., S. 218ff.). Mit Blick auf die oben genannten Formen von Vertrauen lassen sich die folgenden Erkenntnisse von Mantey mit diesen Vertrauensformen in Bezug setzen. Das persönliche Interesse und die von den Fachkräften gezeigten sichtbaren Emotionen haben für die Jugendlichen eine besondere Bedeutung (vgl. Mantey, 2018, S. 92). »Die Jugendlichen unterscheiden einerseits berufsrollenförmiges und andererseits als persönlich und emotional wahrgenommenes Verhalten der Erziehenden« (ebd., S. 92). Das von den Fachkräften gezeigte Verhalten wirkt sich auf die Formen des spezifischen bzw. des persönlichen Vertrauens aus. Auch in der Studie von Mantey wird deutlich, dass es nötig ist, emotional geprägte Beziehungen zur Ausübung der Berufsrolle einzugehen, und dass hier keine strikte Trennung möglich ist (vgl. Mantey, 2018, S: 92f.; Mantey, 2017).

6.3 Vertrauen im Kontext der Offenlegung sexualisierter Gewalt

In Bezug auf sexualisierte Gewalt wird das Vorhandensein von Vertrauenspersonen als wesentlicher Punkt auf der Ebene sozialer Beziehungen benannt, der eine Offenlegung durch die betroffenen Personen begünstigt (vgl. Scambor et al., 2018, S. 712). Die Offenlegung sexualisierter Gewalt kann als eine besonders herausfordernde Situation des Sprechens über sexuelle Themen betrachtet werden. Studienergebnisse zeigen auf, dass bei Jugendlichen vor allem die Peergroup für die Offenlegung eine bedeutende

Rolle spielt, Professionelle hingegen kaum genutzt werden und nur ein kleiner Teil der erlebten Übergriffe Professionellen und dem Rechtssystem bekannt wird. Dies verweist auf eine Diskrepanz, denn dadurch haben gerade die Personen, die Jugendliche schützen und unterstützen sollen, nur eine begrenzte Kenntnis über die stattfindende sexualisierte Gewalt (vgl. Kavemann et al., 2015, S. 10; Rieske et al., 2018, S. 703, 706).

In Bezug auf Schutzkonzepte in Einrichtungen der Erziehungshilfen wird mit Blick auf Vertrauen angeführt: »Die Möglichkeit, sich bei Belästigungen, Übergriffen und Gewalt an eine Person des Vertrauens wenden und Hilfe holen zu können, und das Wissen, dass Hilfe holen ein gutes Recht ist, sind ein Herzstück jeder Präventionsarbeit« (Kavemann et al., 2015, S. 29). In diesem Sinne führen die Autor_innen weiter aus:

> »Ein Schutzkonzept kann nur dann seine Aufgabe erfüllen, wenn zwischen Erzieher*innen und Jugendlichen ein Vertrauensverhältnis besteht, das es möglich macht, selbst erlebte oder beobachtete Probleme und Übergriffe zu berichten. Dies ist nicht selbstverständlich. Vertrauen stellt sich nicht automatisch ein, sondern muss erworben werden« (ebd., S. 41).

In der Studie werden vier Bereiche benannt, die positiv auf ein Vertrauensverhältnis in der Beziehung zwischen Jugendlichen und Fachkräften wirken: Vertrauen, Verlässlichkeit, Humor und Zuwendung (ebd., S. 42). In diesem Zusammenhang werden von den Jugendlichen genannte Faktoren angeführt, die aus ihrer Sicht ein korrektes Verhalten von Fachkräften kennzeichnen und an die oben genannten Faktoren zur Herstellung von Vertrauen im Kontext von Partizipation und Transparenz anschließen: »Geheimnisse bewahren können, den Jugendlichen mit Respekt begegnen, nicht ihre Position ausnutzen, gerecht sein, Entscheidungen erklären, und zwar so, dass sie nachvollziehbar sind, keine Widersprüchlichkeiten in den Erklärungen/Aussagen, öfter mit den Jugendlichen reden und deren Wünsche berücksichtigen« (ebd.). Für das Vertrauenskonzept von Jugendlichen ist es wichtig, dass sie sich auf die Fachkräfte verlassen können. In Bezug auf sexualisierte Gewalt ist dies unter anderem dann von Bedeutung, wenn es zu Übergriffen durch Fachkräfte gegen Jugendliche in Einrichtungen kommt, bei denen die oben genannten Bereiche und Faktoren aus Sicht der Jugendlichen vorlagen, den Fachkräften daher vertraut wurde und ihr Vertrauenskonzept durch das Verhalten der Fachkräfte stark irritiert wird (ebd.).

Für die Offenlegung sexualisierter Gewalt haben sich, neben dem generellen Ernstnehmen der von Jugendlichen berichteten Übergriffe, Gespräche über sexualisierte Gewalt und ein Ansprechen von Vermutungen als hilfreich erwiesen (vgl. Scambor et al., 2018, S. 712). Im Kontext der nötigen Vertrauensbeziehungen steht hier, dass diese »von unterstützenden und nicht bedrängenden Elementen« gekennzeichnet sind (ebd.). Damit könnte sich eine Antwort ergeben, warum Jugendliche Professionelle in pädagogischen Kontexten nicht als erste Ansprechpersonen nutzen. Dies könnte hier auf einem Wissen beruhen, dass das von ihnen angestrebte Vertrauen aufgrund der professionellen Rolle begrenzt ist und die Jugendlichen damit rechnen, dass die Fachkraft Informationen weitergibt bzw. weitergeben muss und sie dies in diesem Moment nicht möchten. Dies kann darin begründet sein, dass Jugendlichen die berufliche Rolle und die Aufgaben der Fachkräfte transparent dargelegt wurden und ihnen bewusst ist, dass es möglicherweise zu Interventionen von außen kommt. Es könnten auch (oder in einer Überschneidung beider Bereiche) negative individuelle Erfahrungen im Umgang mit sensiblen Themen durch pädagogische Fachkräfte oder andere Professionelle sein, die die Jugendlichen in ihrer Lebenswelt gemacht haben und/oder die ihnen durch andere Jugendliche berichtet wurden.

Für die pädagogische bzw. erzieherische Arbeit folgt daraus, als Basis einer Offenlegung die Grundlagen für die Entstehung vertrauensvoller Arbeitsbeziehungen zu schaffen. In Bezug auf sexualisierte Gewalt erleichtert die Verankerung von Sexualpädagogik in Einrichtungen das Einordnen und die Offenlegung sexualisierter Gewalt (vgl. ebd., S. 713). Denn neben dem Vorhandensein von Vertrauensbeziehungen, in denen über das Erlebte gesprochen werden kann, braucht es auch das Wissen und die Kompetenz ein Ereignis sexualisierter Gewalt als solches einordnen zu können und sich sprachlich mitteilen zu können (vgl. Rieske et al., 2018, S. 702f.). In Bezug auf den Schutz vor sexualisierter Gewalt sind vertrauensvolle Arbeitsbeziehungen sowie Wissen und Kompetenzen zu sexuellen Themen nicht nur mit Blick auf die Adressat_innen, sondern vor allem auch für die Fachkräfte, das Team, die Einrichtung und den Träger von Bedeutung. Das Sprechen über sexualisierte Gewalt muss innerhalb der Einrichtung, auch bei Vermutungen und Verdachtsfällen, möglich sein. In diesem Zusammenhang müssen auch Fachkräfte die Möglichkeit haben, sich vertrauensvoll an andere Professionelle zu wenden, und sie benötigen entsprechendes Wissen und Kompetenzen zum Umgang mit sexualisierter Gewalt (vgl. Kavemann et al., 2015, S. 49f.). Beides, die Etablierung einer Kultur des Vertrauens wie die Vermittlung sexualpädagogischer Kompetenzen, verweist ebenso auf die Notwendigkeit eines Schutzkonzeptes wie ein Konzept sexueller Bildung für pädagogische bzw. erzieherische Einrichtungen.

Auch wenn sich die Perspektive auf Vertrauen in dieser Arbeit auf die Interaktion zwischen Adressat_innen und Fachkräften als Basis der Ermöglichung eines Sprechens über sexuelle Themen bezieht, muss im Kontext sexualisierter Gewalt auch auf die mit Vertrauen verbundenen Risiken für den sozialpädagogischen bzw. erzieherischen Kontext hingewiesen werden. Wie oben bereits kurz erwähnt, können Vertrauensverhältnisse von Erwachsenen auch für Übergriffe gegen Kinder und Jugendliche genutzt werden. Generell wird eine Offenlegung erschwert, wenn die übergriffigen Personen vertraute Personen sind und bestehendes Vertrauen von diesen zur Manipulation der betroffenen Kinder und Jugendlichen genutzt wird (vgl. Scambor et al., 2018, S. 712; Rieske et al., 2018, S. 702). In diesem Zusammenhang steht auch die oben erwähnte Einordnung der erlebten Übergriffe. Können diese nicht als solche eingeordnet werden und werden sie, aufgrund von Manipulationen und/oder aufgrund eines bestehenden Vertrauensverhältnisses zur übergriffigen Person, von den betroffenen Personen selbst normalisiert oder relativiert, wird eine Offenlegung zusätzlich erschwert (vgl. Rieske et al., 2018, S. 702). Das heißt, Vertrauen erhält hier eine negative Dimension in der Beziehung für die Jugendlichen. Es kann dazu kommen, dass Jugendliche dies aufgrund ihrer Situation nicht wahrnehmen und übergriffige Personen als Vertrauenspersonen betrachten.[91] Für die Jugendhilfe ist diese Ebene des Vertrauensmissbrauchs nicht nur für den allgemeinen Umgang mit Verdachtsfällen und bei der Begleitung von Adressat_innen im Prozess der Offenlegung von Bedeutung, sondern vor allem auch für den Innenblick in Bezug auf Übergriffe in Einrichtungen der Jugendhilfe (vgl. Wolff, 2018; Kavemann et al., 2015).

91 Ein sehr eindrückliches Beispiel zeigt die Lebensgeschichte von Miro Sabanovic die auf der Grundlage seiner Tagebuchaufzeichnungen als Buch publiziert wurde. Miro Sabanovic geht, um als Kind und Jugendlicher zu überleben, anschaffen und es entwickeln sich in dieser Abhängigkeitssituation *Vertrauensverhältnisse* zu erwachsenen Freiern, die er in diesem Moment aufgrund seiner Situation nicht als Unrecht oder Missbrauch einordnet. Auch in Bezug auf die Rolle von Sozialarbeiter_innen und die Gestaltung von Arbeitsbeziehungen gibt diese Lebensgeschichte Einblick in empfundenes Vertrauen und daraus folgende Entwicklungen für gelingende und gescheiterte Arbeitsbeziehungen (vgl. Hauschild, 2008; Voß, 2008).

Einrichtungen der Jugendhilfe sind Orte, an denen es in der Vergangenheit zu Übergriffen gegen Kinder und Jugendliche kam, sowohl von pädagogisch bzw. erzieherisch Tätigen wie von anderen Kindern und Jugendlichen, und an denen diese Geschehnisse lange tabuisiert wurden (vgl. Wolff, 2018, S. 460ff.). Übergriffe in Jugendhilfeeinrichtungen werden durch autoritäre Machtstrukturen und Abhängigkeitsverhältnisse oder auch zu laissez-faire Strukturen befördert (ebd., S. 466). Als Risikofaktoren für Machtmissbrauch gelten zu intensive professionelle Beziehungen zwischen Fachkräften und Adressat_innen, wenn diese nicht im Rahmen eines entsprechenden pädagogischen Konzeptes und eines Schutzkonzeptes stehen und gestaltet werden (ebd.). Für eine Offenlegung erlebter Übergriffe führen strukturelle Bedingungen, Tabuisierungen und fehlende Räume, um (selbstbestimmt) über sexuelle Themen sprechen zu können, zu einem fehlenden Vertrauen bei Jugendlichen. Dies verhindert letztlich, dass Jugendliche erlebte sexualisierte Gewalt ansprechen (ebd., S. 467). In Bezug auf die oben genannten theoretischen Formen von Vertrauen bedeutet dies, dass die Jugendlichen in diesen Strukturen weder ein generelles Systemvertrauen, noch ein verlässliches spezifisches Vertrauen in die professionelle Rolle einer Fachkraft und auch kein persönliches Vertrauen im Falle von Vertrauensbrüchen aufbauen können bzw. entstehendes Vertrauen enttäuscht wird und zu Misstrauen führen kann.

Irina Tanger beschäftigt sich in ihrer Arbeit mit der Frage der Offenlegung sexualisierter Gewalt von Jugendlichen auf Basis einer Vertrauensbeziehung und nimmt eine Differenzierung zwischen einer wissensbasierten und einer identifikationsbasierten Vertrauensebene vor (vgl. Tanger, 2018, S. 41ff.). Sie arbeitet heraus, dass Jugendliche zu Fachkräften in der Regel ein wissensbasiertes Vertrauen haben, zu Familienangehörigen und der Peergroup eher ein identifikationsbasiertes. Die Kommunikation über Sexualität und speziell die Offenlegung sexualisierter Gewalt erfolgten meist nur gegenüber Personen, zu denen eine identifikationsbasierte Vertrauensebene besteht; damit kommt der Peergroup als Ort der Offenlegung eine wichtige Bedeutung zu. Aus dieser Perspektive scheinen Fachkräfte in der Jugendhilfe aus Sicht der Jugendlichen nicht die geeigneten Gesprächspartner_innen zu sein und es zeigen sich Grenzen der pädagogischen Handlungsmöglichkeiten in Bezug auf den Schutzauftrag für die Fachkräfte (ebd., S. 43ff.). Die Einschätzung der Jugendlichen im Kontext eines wissensbasierten Vertrauens beruht auf der Annahme bzw. den Erfahrungen, dass den Fachkräften berichtete Erlebnisse zu negativ eingeordneten Konsequenzen führen könnten (ebd., S. 17, 43).

Die Erkenntnisse zur Bedeutung der Peergroup im Kontext der Offenlegung sexualisierter Gewalt lassen sich an allgemeine soziologische Überlegungen zur Wirkung von Erziehung und Sozialisation anschließen, die das Gewicht der Peergroup für die Sozialisation hervorheben und die Möglichkeiten der erzieherischen Einflussnahme durch Pädagog_innen begrenzt sehen. Das ist nach Albert Scherr vor allem dann gegeben, wenn sich Jugendliche bewusst erzieherischen Situationen entziehen oder diese ablehnen, da sie diese als Versuche der absichtsvollen Beeinflussung einordnen (Scherr, 2016, S. 57). Demzufolge kommt den Bedingungen, die Jugendliche in den Einrichtungen der Jugendhilfe vorfinden, eine große Bedeutung zu, denn: »Erziehung sei nicht nur durch bewusste Erziehungshandlungen zu bewirken, sondern durch eine den Erziehungszielen angemessene Gestaltung des gesamten Sozialisationskontextes in pädagogischen Einrichtungen und der Lebenswelt von Kindern und Jugendlichen« (ebd.). Schutzkonzepte und Konzepte sexueller Bildung sollten auch aus dieser Sicht, die Bedeutung der Peergroup berücksichtigen und Jugendliche bei der Erstellung und Umsetzung beteiligen.

6.4 Einbindung empirischer Ergebnisse

In den Interviews, die für diese Arbeit analysiert wurden, lässt sich Vertrauen nicht nur als eine zentrale Kategorie benennen, sondern stellt unter dem Aspekt des Sprechens über Sexualität die Kernkategorie dar. In der in Kapitel 5 durchgeführten Auswertung konnte gezeigt werden, dass das Sprechen über Sexualität vom Vertrauenskonzept der Jugendlichen abhängig ist. In diesem Zusammenhang zeigt sich, dass die Jugendlichen unterschiedliche Vertrauenskonzepte haben. Mit Blick auf die vorgenommenen theoretischen Betrachtungen zu Vertrauen können die Daten systematisiert und in Bezug auf die unterschiedlichen Formen von Vertrauen betrachtet werden. Dies erfolgt am Beispiel von drei Interviews, die in dieser Arbeit ausgewertet wurden und zu denen drei Falldarstellungen in Bezug auf das in Kapitel 5 vorgestellte Modell angeführt wurden (vgl. 5.6). Dafür werden (1) anhand eines Vergleichs der Interviews von Luca und Dominique die vorhandenen Vertrauenskonzepte und (2) anhand des Interviews von Jona die Bedeutung eines Vertrauensvorschusses betrachtet.

(1) Die Vertrauenskonzepte der Jugendlichen sind individuell und in den beiden hier angeführten Fällen zeigen sich große Unterschiede hinsichtlich

der drei oben genannten theoretischen Vertrauensformen. Beide Jugendliche haben biografische Brüche und Vertrauensbrüche erlebt, haben sowohl in ihrer Herkunftsfamilie wie in stationären Einrichtungen der Jugendhilfe gelebt und können über Erfahrungen des Sprechens über Sexualität mit Fachkräften in der Jugendhilfe berichten. In den beiden Interviews können alle drei beschriebenen Formen von Vertrauen analysiert und die Wirkung des Vertrauenskonzeptes auf sexuelle Bildung im Rahmen der Jugendhilfe beschrieben werden. In Tabelle 7 werden Formen des Vertrauens mit Blick auf die Jugendhilfe differenziert betrachtet. Diese schließen an Ausführungen und Zitate in Kapitel 5 an, die an dieser Stelle nicht wiederholt zitiert werden.

Tabelle 7: Formen von Vertrauen am Beispiel von empirischem Material

Luca	Dominique
generalisiertes Vertrauen: generelles Vertrauen in ein System	
Luca besitzt kein ausgeprägtes generalisiertes Vertrauen in die Jugendhilfe und kann dieses auch nicht aufbauen. Dies ist bedingt durch unterschiedliche Erfahrungen des spezifischen Vertrauens mit Fachkräften.	Bei Dominique zeigt sich ein generalisiertes Vertrauen in Bezug auf die Offenlegung der sexuellen und körperlichen Übergriffe in der Familie. Dominique geht zur Polizei und von dort in den Kinder- und Jugendnotdienst, weil sie generell darauf vertraut, dass ihr diese beiden Systeme helfen werden. Sie geht auf der Grundlage eines generellen Vertrauens in das System in eine Vorleistung und gibt einen Vertrauensvorschuss. Durch ihre Erfahrungen wird dieser positiv bestätigt und ihr generalisiertes Vertrauen in die Jugendhilfe gestärkt.
spezifisches Vertrauen: Vertrauen in die berufliche Rolle und Professionalität einer Person	
Im Interview von Luca können drei zeitliche Phasen unterschieden werden, in denen spezifisches Vertrauen in die Jugendhilfe von Bedeutung ist: (1) die Phase vor der stationären Unterbringung, (2) die Phase während der Unterbringung und (3) die Phase der Entlassung in die Selbstständigkeit. (1) Luca baut eine spezifische Vertrauensbeziehung zu einer SPFH-Fachkraft auf, er erlebt jedoch die Beendigung der Hilfe durch die Intervention seines Stiefvaters und somit auch, dass das entwickelte spezifische Vertrauen fragil und nicht verlässlich ist.	Im Interview von Dominique können zwei Bereiche der Jugendhilfe unterschieden werden, in denen sie zu Fachkräften spezifisches Vertrauen aufbaut: (1) die stationären Einrichtungen im Bereich der Erziehungshilfen und (2) die offene Jugendarbeit. (1) Dominique entscheidet sich aufgrund der familiären Situation, die Familie zu verlassen. Dass sie zur Polizei und anschließend in den Jugendnotdienst geht, verweist auf ein grundsätzlich vorhandenes Vertrauen in diese Systeme in Bezug auf Hilfe und Unterstützung. Ihr Vertrauensvorschuss gegenüber

Luca	Dominique
Weder die Fachkraft noch das Jugendhilfesystem sind in der Lage, ihn weiter zu unterstützen oder zu intervenieren. (2) Luca wird von seinen Eltern gezwungen die Familie zu verlassen und lebt bis zur Volljährigkeit in Einrichtungen der stationären Jugendhilfe. Spezifisches Vertrauen entwickelt sich im Rahmen der basalen Versorgung und Betreuung. Spezifisches Vertrauen als Grundlage der Aufarbeitung seiner Biografie und des Thematisierens sensibler und auch problematisierter Bereiche entsteht nur kurzzeitig und wird durch die Fluktuation von Fachkräften, zu geringe Betreuer_innenschlüssel, fehlende Zuständigkeit und Einrichtungswechsel negativ beeinflusst. (3) Luca verlässt die Jugendhilfe mit Volljährigkeit ohne dass es eine Person im professionellen Kontext gibt, zu der ein spezifisches Vertrauensverhältnis besteht und auch ohne eine ernst zu nehmende Option zu einer solchen Person eine vertrauensvolle Arbeitsbeziehung aufbauen zu können. In der Auswertung zeigt sich, dass Luca sich als machtlos gegenüber den Entscheidungen der erwachsenen Personen empfindet. Dies ist im Falle seiner Eltern so, aber auch in Bezug auf die Jugendhilfe. Aus Lucas Aussagen kann interpretiert werden, dass er nicht das Gefühl hatte, in Entscheidungen einbezogen zu werden, und auch, dass es keine Transparenz gab, wie der Hilfeprozess gestaltet wird. Luca empfindet sich nicht als aktive Person, sondern mehr als Objekt, über das andere entscheiden in Hinblick darauf, wo es hinkommt und was damit passiert. Insbesondere die Inobhutnahmesituationen sind für ihn negative Erfahrungen in Bezug auf Vertrauen. Auch das Ende der Hilfe ist für ihn etwas, was er hinnimmt bzw. hinnehmen muss, ohne dass es eine Perspektive gibt. Dennoch kann Luca auch über den Aufbau gelungener Arbeitsbeziehungen berichten, auch wenn diese nicht beständig sind. In der Arbeitsbeziehung zur SPFH wird eine spezifische Vertrauensbeziehung deutlich. Die SPFH nimmt Luca und seine	konkreten Personen in diesem System erweist sich als gerechtfertigt. Damit entsteht eine Basis für ein spezifisches Vertrauen. Im ersten Moment sucht Dominique Schutz vor weiteren Übergriffen und einen sicheren Ort, an dem sie leben kann. Die Professionellen nehmen dies ernst. Eine alternative Entscheidung der fallzuständigen Mitarbeiter_innen im Jugendamt hätte auch die Rückführung in die Familie, verbunden mit einer ambulanten Maßnahme, sein können. Mit Bezug auf die Entwicklung von spezifischem Vertrauen zeigt sich auch im weiteren Verlauf, dass Dominique mit ihren Bedürfnissen ernst genommen wird. Die Fachkräfte gewährleisten sowohl ihren Schutz und den sicheren Ort als auch die Förderung ihrer Persönlichkeit. Dominique berichtet von einer therapeutischen Aufarbeitung, die sich an ihr als Person orientiert; ebenso von der Vermittlung lebenspraktischer Dinge, die sie auf ihr späteres Leben als Erwachsene vorbereiten, und in diesem Zusammenhang auch von Gesprächen über Sexualität. Aus Dominiques Darstellung kann interpretiert werden, dass sie die Fachkräfte in ihrer beruflichen Rolle als verlässlich wahrnimmt und Vertrauen nicht enttäuscht wird. (2) Eine ebenso wichtige Funktion haben die Fachkräfte im offenen Treff. Während die Fachkräfte in den stationären Einrichtungen in Bezug auf spezifisches Vertrauen, so könnte interpretiert werden, eher die sichere Basis und die grundlegenden lebensnotwendigen Dinge gewährleisten, sind die Fachkräfte im offenen Treff Vertrauenspersonen für persönlichere bzw. emotionalere Bereiche, die auf dieser gesicherten Basis aufbauen. Dominique kann so verschiedene spezifische Vertrauensbeziehungen aufbauen, die ihren Bedürfnissen entsprechen und die die Fachkräfte in ihrer beruflichen Rolle auch gewährleisten können. Für die spezifischen Vertrauensbeziehungen können verschiedene Faktoren benannt werden. Dominique erlebt die Fachkräfte als verlässliche erwachsene Personen. Die von ihr erwartete

Luca	Dominique
Unterstützung Bedürfnisse ernst und unterstützt ihn. Sie erweist sich als verlässlich, es gibt klare Absprachen, die von ihr eingehalten werden. Die SPFH stärkt Lucas Persönlichkeit und übernimmt eine Anwaltsfunktion gegenüber den Eltern. Luca lässt sich auf die Zusammenarbeit ein und entwickelt ein spezifisches Vertrauen. Auch im stationären Bereich kann Luca über bestehende spezifische Vertrauensbeziehungen berichten, er bekommt die Verantwortung für Hunde in einer Einrichtung übertragen. Dies ist ein Vertrauensvorschuss vonseiten der Fachkräfte und kann als Angebot zum Aufbau einer spezifischen Vertrauensbeziehung betrachtet werden. Luca berichtet auch über ein Vertrauensverhältnis zu einem Betreuer, der allerdings die Einrichtung wieder verlässt. Somit zeigen sich Ansätze gelungener spezifischer Vertrauensbeziehungen, die aber durch den fehlenden beständigen zeitlichen Kontext nicht verlässlich für Luca sind.	wird gewährleistet. Dies betrifft Schutz und Sicherheit, die Betreuung und Versorgung, aber auch die Förderung hinsichtlich einer Lebensperspektive und einer emotionalen Nähe. Die Fachkräfte machen spezielle Angebote und schaffen damit Gelegenheiten zur Entstehung von Vertrauen (z.B. Gespräche, Freizeitaktivitäten, gemeinsame Arbeit wie Kochen). Der zeitliche Kontext zur Entstehung von Vertrauen scheint für Dominique ausreichend gewährleistet zu sein. Auch die Transparenz der Hilfeziele und des Hilfeverlaufs scheinen hier gegeben zu sein. Als ein Vertrauensvorschuss kann auf dieser Basis auch die Abnabelung bzw. Verselbstständigung und das Zutrauen der Fachkräfte, dass sie mit Volljährigkeit in einen eigenen Wohnraum ziehen kann, betrachtet werden. Dies wird geplant, vorbereitet und Dominique hat in der ambulanten Therapie und den Fachkräften im OFT weiterhin Personen zur Verfügung, zu denen ein verlässliches spezifisches Vertrauen besteht.
persönliches Vertrauen: Vertrauen in eine Person aufgrund persönlicher Eigenschaften und Verhalten der Person	
Über vertrauensvolle Beziehungen berichtet Luca nur im Kontext der Peergroup. Luca hat keine erwachsenen und verlässlichen Personen, zu denen er eine belastbare und längerfristige Vertrauensbeziehung aufbauen kann. Bei Luca kann aus dem im Interview Berichteten interpretiert werden, dass es vonseiten der Fachkräfte in den Einrichtungen der Jugendhilfe Angebote spezifischen Vertrauens gab, auf die sich Luca nicht einlassen konnte. Für ihn wäre der Aufbau einer persönlichen Vertrauensbeziehung zu einer Fachkraft, die zeitlich stabil und verlässlich ist, möglicherweise eine Chance gewesen, sich auch auf eine vertrauensvolle Arbeitsbeziehung einzulassen und somit spezifisches und auch generalisiertes Vertrauen zu entwickeln.	Bei Dominique kann in beiden beschrieben Bereichen, in denen spezifisches Vertrauen entsteht, auch persönliches Vertrauen analysiert werden. Sie beschreibt, dass sie sich in der stationären Jugendhilfe so angenommen fühlt, wie sie ist, und so sein kann, wie sie ist. Sie fühlt sich nicht nur als Person, die ein Jugendhilfefall ist, der mit bestimmten zu erreichenden Zielen verbunden ist, sondern als ganze Person ernst- und angenommen. In Bezug auf die offene Jugendarbeit berichtet Dominique, dass dies ihre zweite Familie ist, und beschreibt damit eine hohe Dimension persönlichen Vertrauens. Dies zeigt sich auch daran, dass sie den regelmäßigen Kontakt nach ihrer Volljährigkeit aufrechterhält. Während die stationäre Jugendhilfe mit der Volljährigkeit endet und Dominique in eine eigene Wohnung zieht, erhält sie die Vertrauensbeziehung zu den Fachkräften im OFT aufrecht und nutzt diese weiterhin auch für Gespräche zu persönlichen Themen.

Luca	Dominique
Auswirkungen auf das Sprechen über Sexualität und Angebote sexueller Bildung	
Luca kann über eine Situation berichten, in der mit ihm von einer Fachkraft in der stationären Einrichtung über Sexualität gesprochen wurde. Es gab mehrere Gesprächstermine. Die Fachkraft machte hier ein Angebot, konnte aber die Gelegenheit nicht nutzen, einen Vertrauensvorschuss ihrerseits zu geben oder eine vertrauensbildene Situation zu initiieren und ein spezifisches Vertrauensverhältnis aufzubauen. Aus Lucas Sicht wäre dies hier eventuell möglich gewesen, wenn seine Bedürfnisse hier wahrgenommen worden wären und eine Beteiligung erfolgt wäre. Aus Lucas Sicht kann die Situation als Wiederholung präventiver Anweisungen verstanden werden, die die Lebensrealität und die Bedürfnisse von Luca und seiner Partner_in nicht berücksichtigte. Damit wurde eine Chance, über ein Angebot sexueller Bildung, einen Zugang zu Luca zu bekommen und ein spezifisches Vertrauensverhältnis aufzubauen nicht genutzt. Luca kann nicht über Situationen berichten, in denen er von sich aus sexuelle Themen mit Fachkräften besprochen hat. Dies kann auf die fehlenden oder unzureichend belastbaren spezifischen und persönlichen Vertrauensbeziehungen bezogen werden.	Dominique kann sich in den Einrichtungen der Jugendhilfe auf Gespräche über Sexualität mit den Fachkräften einlassen. Sie berichtet, dass es für sie anfangs ungewohnt war. Dass sie sich darauf eingelassen hat, kann auch auf ihr vorhandenes spezifisches Vertrauen bezogen werden. Dieses ist bei ihr mit persönlichem Vertrauen verbunden. Die Teilnahme am Workshopangebot zu sexueller Bildung, durchgeführt von einer externen Person, dem Autor, ist ein Vertrauensvorschuss. Dieser ist hier mit dem Wunsch verbunden, dass Fachkräfte des OFT teilnehmen. Dies verweist auch auf ein spezifisches und persönliches Vertrauen gegenüber den Fachkräften, das auch die Thematisierung intimer persönlicher Themen in der Arbeitsbeziehung und die Teilnahme an non-formalen Angeboten sexueller Bildung möglich macht.

Straus et al. (2012) haben Vertrauen bei Kindern und Jugendlichen untersucht, die in stationären Einrichtungen der Jugendhilfe leben, und, wie sich dieses Vertrauen in Bezug zur Herkunftsfamilie verhält und entwickelt. Die unterschiedlichen Vertrauenskonstellationen haben sie in sogenannten Ambivalenzfeldern in einem Modell dargestellt (ebd., S. 87). Die obigen Fallbeispiele lassen sich in zwei Konstellationen einordnen. Der Fall von Dominique lässt sich der Konstellation zuordnen, in der »die Kinder/Jugendlichen die ›stationäre Familie‹ als mittel- oder auch langfristigen Zugehörigkeitsort akzeptiert [haben]. Oft sehen sie sich hier bis zur Selbstständigkeit lebend, teilweise wird die ›stationäre Familie‹ auch zur Ersatzfamilie« (ebd., S. 86, Hervorh. i. O.). Der Fall von Luca hingegen lässt sich der Konstellation zuordnen, in der

> »[die] Kinder eine hohe Ambivalenz in der Frage [erleben], wo sie aktuell hingehören. Die Haltung der Eltern dazu oder/und die Zusammenarbeit zwischen Herkunftsfamilie und stationärer Familie sind instabil und schwankend. Das hier entstehende Vertrauen ist stets gefährdet und droht im Horizont unklarer Perspektiven labil zu werden« (ebd., S. 86).

Als wichtigstes Ergebnis der Studie nennen die Autor_innen, dass Kinder/ Jugendliche, wenn sie die Möglichkeit dazu haben, ihre Vertrauensbeziehungen auf mehrere Bereiche und Personen verteilen. So würden sie auch die stationäre Unterbringung als Chance zum Aufbau von Vertrauensbeziehungen (sowohl zu Fachkräften wie der Peergroup) nutzen. »Je mehr Bereiche den Jugendlichen in ihren Welten zur Verfügung stehen, auf die sie vertrauensvoll zurückgreifen können, umso größer werden ihre Möglichkeiten und Erfahrungsfelder, Vertrauen aufzubauen« (ebd., S. 87). Dieses Ergebnis deckt sich mit den Erkenntnissen aus dieser Arbeit, dass Jugendliche, wenn sie die Möglichkeiten haben, verschiedene Orte und Personen nutzen, um über Sexualität zu kommunizieren, hier nach ihren Bedürfnissen differenzieren und dies auf der Grundlage eines Vertrauenskonzeptes tun. Die beiden Falldarstellungen stellen in Bezug auf ein Vertrauenskonzept zwei kontrastierende Fälle dar. Im Fall von Dominique zeigt sich aufgrund der Erfahrungen in der Kindheit vor allem in Bezug auf die Familie ein brüchiges Vertrauenskonzept. Die vorhandenen und angebotenen Möglichkeiten in der Jugendphase können genutzt werden, um unterschiedliche Vertrauensbeziehungen zu Professionellen (Fachkräfte der Jugendhilfe, Therapeut_innen) aufzubauen und ein stabiles Vertrauenskonzept zu entwickeln. Auf dieser Basis entstehen mehrere Moglichkeiten auch sexuelle Themen in vertrauensvollen Beziehungen zu kommunizieren. Im Fall von Luca bestehen diese Möglichkeiten nicht bzw. erweisen sich die vorhandenen nicht als stabil genug, was sich auf die Entwicklung des Vertrauenskonzeptes und die Möglichkeiten der Kommunikation über sexuelle Themen mit Fachkräften ungünstig auswirkt.

(2) Am Beispiel des Interviews von Jona kann mit Blick auf die Faktoren, die für ein Gelingen von Vertrauensprozessen benannt werden, ein Vergleich mit den Ergebnissen aus dem Interview und der Reflexion aus dem Feldzugang vorgenommen werden. Das Vertrauenskonzept in Bezug auf die Kommunikation mit erwachsenen Personen bezieht sich vor allem auf die Mutter als Vertrauensperson zu Fragen von Sexualität. Dieser wird mehr vertraut als Lehrkräften in der Schule bzw. externen Personen, die im

schulischen Rahmen sexualpädagogisch arbeiten. Das Workshopangebot zu sexueller Bildung wird auf Basis dieses Vertrauenskonzeptes skeptisch gesehen. Allerdings gibt es einen aktuellen Bedarf zum Thema sexuelle Orientierung und Identität, der nicht mit der Mutter besprochen werden kann bzw. kann den Aussagen der Mutter in diesem Punkt nicht in der Form vertraut werden wie bei Fragen zur körperlichen und sexuellen Entwicklung sowie zu Verhütung. Zwischen den Aussagen und der Einstellung der Mutter und den spezifischen Bedürfnissen der Jugendlichen gibt es keine Passung. Das Workshopangebot ist eine Möglichkeit, ein spezifisches Vertrauensverhältnis aufzubauen und zur Kommunikation über diese Themen zu nutzen. Dazu muss ein Vertrauensvorschuss gegeben und damit eine riskante Vorleistung erbracht werden. Trotz der vorhandenen Unsicherheit entscheidet sich die Jugendliche für die Teilnahme am Workshop und im Workshop dazu, sexuelle Orientierung und Identität auf persönlicher Ebene mit einer ihr bis dahin unbekannten Person zu kommunizieren. Für die begrenzte Zeit des Workshops konnte ein ausreichendes spezifisches Vertrauen entstehen, was diese Kommunikation ermöglichte. Als Basis kann ein grundsätzlich bestehendes generelles Vertrauen in pädagogische bzw. erzieherische Systeme angenommen werden. Die im Interview berichteten negativen Vorerfahrungen mit Pädagog_innen werden auf diese Personen und damit auf die Ebenen des spezifischen und persönlichen Vertrauens bezogen. Das Workshopformat war ungewohnt und nicht mit den bisher erlebten Angeboten zu sexueller Bildung im formalen Bereich vergleichbar. Der Vertrauensvorschuss, den der Autor den Jugendlichen im Workshop gab, war, dass er sie einlud ihre Themen einzubringen, sich darauf einzulassen, und Angebote machte, wie diese bearbeitet bzw. besprochen werden könnten. Das von den Jugendlichen gegebene Vertrauen wurde von ihnen getestet – einerseits durch gezielte Wissensfragen zu Beginn, die sich im Bereich der allgemeinen Sexualaufklärung bewegten, bei denen sich der Autor als Experte beweisen musste, und andererseits durch erste Fragen zu sensibleren Themen wie der sexuellen Orientierung und sexuellen Identität, bei denen der Autor einerseits sein Wissen präsentieren musste, aber andererseits auch die persönliche Einstellung dazu getestet wurde. Es muss angenommen werden, dass hier unzureichendes Wissen und negativ wertende Aussagen oder Beschämungen zu einem Rückzug und zu einem anderen Kommunikationsverlauf geführt hätten. Durch die Partizipation bei der Gestaltung des Workshops, das Ernstnehmen der Jugendlichen, die Berücksichtigung ihrer Bedürfnisse, die Zusicherung und Einhaltung der

Schweigepflicht (auch gegenüber den Fachkräften im OFT) und eine offene und wertschätzende Haltung den Jugendlichen gegenüber konnte sich ein spezifisches Vertrauensverhältnis entwickeln. Dieses ist verbunden mit den Rahmenbedingungen. Es gab einen verbindlichen und für die Jugendlichen sicheren Ort. Der Beratungsraum innerhalb des OFT war den Jugendlichen bekannt. Er bot einen geschützten Raum um ungestört über persönliche intime Dinge zu sprechen und gleichzeitig die Option, jederzeit den Raum verlassen und im OFT zu den dort beschäftigten Fachkräften gehen zu können. Damit war eine Alternative und Exit-Option gegeben. Trotz der Offenheit in Bezug auf das Thema und die Bedürfnisse der Jugendlichen gab es ein klares Setting für den Workshop in Bezug auf Zeit und Gestaltung des Raumes und eine für die Jugendlichen verlässliche Rollentrennung: sie als jugendliche Peergroup, der Autor als erwachsene Person in seiner professionellen Rolle als sexualpädagogischer Experte. Das heißt, die Jugendlichen konnten sich auf die Einhaltung grundlegender professioneller Standards verlassen. Dennoch kann hier neben dem spezifischen Vertrauen die Ebene des persönlichen Vertrauens als weiterer Faktor für die zustande gekommene Kommunikation genannt werden. Ohne das Gefühl bei den Jugendlichen, dass der Autor authentisch und an den Jugendlichen als Personen interessiert ist, wäre kein ausreichendes spezifisches Vertrauen entstanden. In diesem Fall sind auch die persönlichen Ansichten und die Haltung des Autors zu den besprochenen spezifischen Themen von Belang, die eine Vertrauensbildung und eine Öffnung bei den Jugendlichen unterstützen.

Es zeigt sich zusammenfassend an diesen drei Fallbeispielen, dass sich alle drei theoretisch beschrieben Formen von Vertrauen analysieren lassen und insbesondere persönliches Vertrauen auch in der professionellen Beziehung vorhanden sein kann und für die Entwicklung spezifischen Vertrauens und damit einer verlässlichen vertrauensvollen Arbeitsbeziehung von Bedeutung sein kann. Bei der Auswertung der durchgeführten Interviews zeigte sich, dass die Jugendlichen mit komplexen Herausforderungen konfrontiert sind und die Fähigkeit, einen Vertrauensvorschuss geben oder nach Luhmann (1989) Vertrauen schenken zu können und so die Grundlage für eine Vertrauensbeziehung zu schaffen, eine wichtige Ressource ist, um Herausforderungen, wie einen vorhandenen Bedarf durch eine relevantes Ereignis in Bezug auf Sexualität, zu bewältigen. Dabei sind Jugendliche auf Personen in ihrer Lebenswelt angewiesen, die sich als verlässlich erweisen, diese Vertrauensangebote ernst nehmen und als Vertrauenspersonen zur Verfügung stehen. Im günstigsten Fall für Jugendliche stehen ihnen in ihrer Lebenswelt Personen zur Verfügung, mit denen sie ihren Bedürfnissen entsprechend unterschiedliche Vertrauensverhältnisse in den Bereichen persönlichen und spezifischen Vertrauens gestalten können.

Mit Blick auf die GTM und das In-Beziehung-Setzen von Kategorien in einem Codierparadigma lag in dieser Arbeit der Fokus auf der Kommunikation über sexuelle Themen als Phänomen, speziell auf dem Sprechen über Sexualität. Das Vertrauenskonzept Jugendlicher und der Versuch Vertrauen herzustellen, zum Beispiel über einen Vertrauensvorschuss, wurden dabei als Strategien betrachtet, die zu einem Sprechen über sexuelle Themen führen können und sich in der Konsequenz zum Beispiel auf die sexuelle Kompetenz der Jugendlichen auswirken können (vgl. 5.1). Aus der Perspektive, dass allgemein Miteinander-Sprechen und In-Interaktion-Treten als Gelegenheit zur Herstellung von Vertrauen gesehen werden können, wird Sprechen zu einer Strategie, die zu dem Phänomen einer Vertrauensbeziehung führt, die wiederum in der Konsequenz zu einem Sprechen über intime und sensible persönliche Bereiche wie sexuelle Themen führen kann (vgl. Abbildung 12). Damit würde sich eine Wechselwirkung zwischen Phänomen und Konsequenz ergeben. Positive Erfahrungen beim Sprechen über Sexualität würden zu einer Stärkung der Vertrauensbeziehung und insgesamt des Vertrauenskonzeptes führen, negative Erfahrungen eher zu einer Schwächung der Beziehung und einem negativen Vertrauenskonzept. In beiden Fällen würden sich auch Auswirkungen auf die Strategien ergeben. Aus den Interviewergebnissen kann geschlussfolgert werden, dass negativ eingeordnete Erlebnisse zu Rückzug oder zu oppositionellem Verhalten führen können und die Vulnerabilität erhöhen.

Nach Luhmann (1989), der Vertrauen-Schenken als eine riskante Vorleistung bezeichnet hat, bei der den Personen die daraus folgenden Konsequenzen in der Zukunft unbekannt sind, kann das Sprechen über Sexualität oder andere intime Themen der Ebene des personalen Vertrauens zugeordnet werden (ebd., S. 20ff.). Dieses persönliche Vertrauen steht im Kontext mit den anderen Vertrauensformen des generalisierten und spezifischen Vertrauens (siehe oben; vgl. Wagenblass, 2015). Die im folgenden Codierparadigma dargestellten Beziehungen der Kategorien lassen sich diesen zuordnen. So sind die angewendeten Strategien mit Blick auf die Interaktion zwischen Jugendlichen und Fachkräften und die Herstellung von Vertrauen auch vom spezifischen Vertrauen abhängig und die Erfahrungen beeinflussen dieses spezifische Vertrauen und haben Auswirkungen auf die Möglichkeit der Anwendung von Strategien zur Vertrauensherstellung. Spezifisches Vertrauen und generalisiertes Vertrauen stehen im Kontext der intervenierenden Bedingungen. Enttäuschungen und Vertrauensbrüche im Zusammenhang der Erfahrungen mit Jugendhilfe wirken sich auf die Vertrauensbeziehungen aus. Bedingungen wie fehlende Bezugs-/Vertrauenspersonen für die Jugendlichen und/oder die unzureichende Berücksichtigung und Umsetzung der oben genannten Faktoren zur Vertrauensherstellung wie Partizipation und Transparenz wirken sich ungünstig auf die Entwicklung spezifischen und generalisierten Vertrauens aus und beeinflussen die Vertrauensbeziehung sowie die angewendeten Strategien und wirken sich auf die Konsequenzen wie das Sprechen über Sexualität aus. Ein positives Vertrauenskonzept kann als Ressource für das Sprechen über Sexualität betrachtet werden und wirkt mit Blick auf vorhandene Vertrauenspersonen und sprachliche Kompetenzen positiv auf die Resilienzentwicklung einer Person und damit auch die Abnahme von Vulnerabilität (vgl. Rendtorff, 2012, S. 148f.; Wagenblass, 2012, S. 75f.). Dies ist insbesondere für die Jugendhilfe bei der Offenlegung sexualisierter Gewalt als besondere Form des Sprechens über Sexualität von Bedeutung (vgl. Kavemann et al., 2016, S. 95; Zimmermann et al., 2010, S. 23f.).

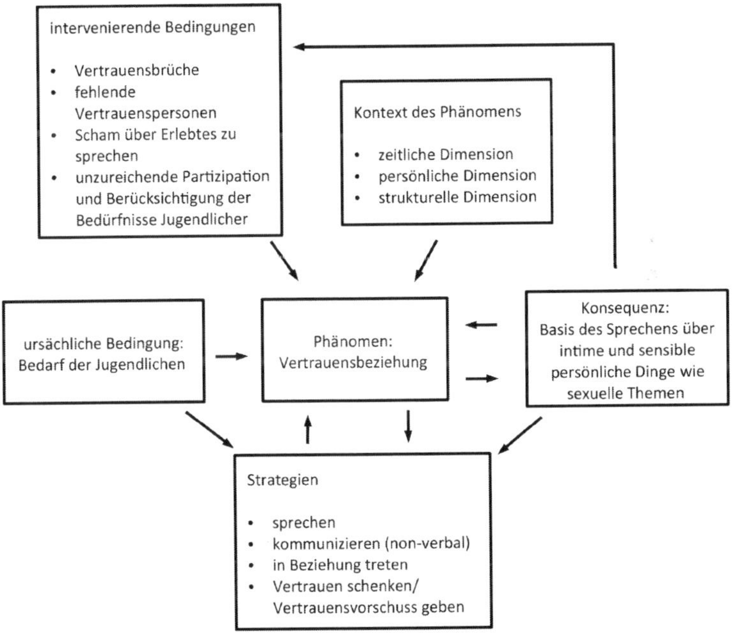

Abbildung 12: Codierparadigma – Vertrauensbeziehung

6.5 Theoretische Ableitungen zum Vertrauenskonzept

6.5.1 Überlegungen zu einer Theorie des Vertrauenskonzeptes

Eine Theorie, die sich für ein Vertrauenskonzept ableiten lässt, ist,

1. dass das Gelingen von sexueller Bildung in der Jugendhilfe vom Vertrauenskonzept Jugendlicher abhängig ist;
2. dass sich dieses Vertrauenskonzept auf die drei theoretischen Formen von Vertrauen bezieht, jedoch individuell unterschiedlich ausgeprägt ist;
3. dass sich diese unterschiedliche Ausprägung vor allem auf die konkreten Erfahrungen der Jugendlichen mit der Jugendhilfe bezieht und veränderbar ist;
4. dass sich dieses Vertrauenskonzept in einem Prozess bildet und sich bestimmte Faktoren benennen lassen, die Vertrauen in der Jugendhilfe fördern können.

Jugendliche besitzen ein generalisiertes Vertrauen (oder auch Misstrauen) in professionelle pädagogische bzw. erzieherische Systeme wie die Jugendhilfe aufgrund (z.B. gesellschaftlich, medial, familiär) vermittelter Bilder oder ihrer persönlichen Vorerfahrungen. Dieses generalisierte Vertrauen fliest als Gegebenheit in die Arbeitsbeziehung ein und kann sich verändern. Für Angebote sexueller Bildung ist dies von Bedeutung, da anzunehmen ist, dass Jugendliche, die nur ein geringes Vertrauen oder sogar ein Misstrauen gegenüber der Jugendhilfe als System haben, (zu Beginn) nicht offen für Angebote sind und speziell persönliche und intime Themen nicht kommunizieren.

Die Entwicklung eines spezifischen Vertrauens zu einer Fachkraft, mit der über Sexualität gesprochen wird, hängt von verschiedenen Faktoren ab. Einer ist, ob beide Seiten, Fachkraft und Jugendliche, einen Vertrauensvorschuss geben können, und ein anderer, ob dieses gegebene – nach Luhmann (1989) geschenkte – Vertrauen sich für die Beteiligten bestätigt. Jugendliche geben auch aufgrund des Expert_innenstatus, den sie Fachkräften zu bestimmten Themen zuschreiben, einen Vertrauensvorschuss. Das heißt, wie sich am Beispiel der Schule zeigt, dass Jugendliche sexualpädagogischen Expert_innen die sie als Externe nicht kennen, teils mehr in Bezug auf die Kommunikation über sexuelle Themen vertrauen als Lehrkräften (vgl. Langer, 2017). Für die Jugendhilfe liegt jedoch grundsätzlich eine andere

Situation vor als in der Schule, deren Ziel vorrangig die Wissensvermittlung ist. In der Jugendhilfe ist es das Ziel, junge Menschen in ihrer ganzen Persönlichkeit zu fördern und zu schützen und um dieses umzusetzen, werden vertrauensvolle Arbeitsbeziehungen, in denen gerade auch schwierige und persönliche Themen kommuniziert werden können sowie alltägliche Fragen zu klären sind, als wichtige Grundlage für eine gelingende Zusammenarbeit betrachtet (vgl. Wagenblass, 2015). Dies schließt die Einbindung externer Sexualpädagog_innen zur sexuellen Bildung nicht aus. Hier zeigt sich in den Interviews, dass die Jugendlichen darauf vertrauen und sich darauf verlassen, dass die Fachkräfte verlässliche Personen hinzuziehen. Der Vertrauensvorschuss der Fachkräfte, den sie den Jugendlichen geben, bezieht sich auf Fragen der Partizipation, der Freiwilligkeit und der Verlässlichkeit. Eine gelingende Kommunikation über sexuelle Themen basiert auf der Beteiligung der Jugendlichen, speziell der Berücksichtigung ihrer Themen und Interessen. Das heißt, die Jugendlichen und ihre Bedürfnisse ernst zu nehmen. Angebote sexueller Bildung können durch Fachkräfte angeregt werden; ob Jugendliche diese annehmen und wie weit sie sich darauf einlassen, liegt in deren eigener Entscheidung. Es kann keinen Zwang geben, über persönliche und intime Dinge zu sprechen. Als eine Vorleistung müssen Fachkräfte ihre Verlässlichkeit in Bezug auf Vertrauen zeigen. Dies betrifft alltägliche Regeln in der Einrichtung und der Zusammenarbeit, die Achtung der Intimsphäre, die Einhaltung von Grenzen, die Transparenz von Abläufen und Entscheidungen, den Schutz vor Gefahren, die Schweigepflicht, die Verlässlichkeit Zusagen der Partizipation und Freiwilligkeit einzuhalten und so insgesamt die berufliche Rolle als Fachkraft und auch als erwachsene Person verlässlich auszufüllen. Verlässlichkeit bedeutet in diesem Zusammenhang auch Zeit zu haben und sich Zeit zu nehmen. Vertrauensbrüche in diesen Bereichen können zu einem Rückzug der Jugendlichen führen.

Persönliches Vertrauen ist, so zeigen die Befunde, Teil der Arbeitsbeziehungen. Teilweise ist ohne persönliches Vertrauen kein spezifisches Vertrauen möglich. Das heißt, in diesen Fällen kommt keine vertrauensvolle Arbeitsbeziehung zustande und das Gelingen der Zusammenarbeit steht infrage. Insbesondere bei Jugendlichen, die aufgrund von Vorerfahrungen im Bereich der Jugendhilfe kein oder nur ein unzureichendes spezifisches Vertrauen zu Fachkräften aufbauen konnten und dem System Jugendhilfe generell wenig oder nicht vertrauen, könnte persönliches Vertrauen die einzige Möglichkeit sein, ein vertrauensvolles Arbeitsverhältnis aufzubauen. Jugendliche wünschen sich ein Interesse an ihnen als ganzer Person und nehmen auch die Fachkräfte als ganze Person (z.B. Aussehen, Charakter, Verhaltensweisen) und nicht nur deren berufliche Rolle war (vgl. Mantey, 2017; Tiefel & Zeller, 2012). Speziell die Studie von Sara Blumenthal (2014) zur Scham in der schulischen Sexualaufklärung zeigt die spezifischen wie diffusen Wirkungen von Scham und Beschämung beim Sprechen über Sexualität und den Einfluss persönlicher Werte und Normen der Lehrkräfte. Kommunikation über sexuelle Themen ist auch vom persönlichen Vertrauen Jugendlicher gegenüber Fachkräften abhängig. Für Fachkräfte ergibt sich damit eine große Herausforderung. Wie sich zeigt, begrenzt die Idee, die professionelle Beziehung generell auf die Gestaltung von spezifischem Vertrauen zu beschränken, in der Arbeit mit Jugendlichen die Möglichkeiten der Kommunikation. Persönliches Vertrauen bedarf jedoch zur Aufrechterhaltung einer professionellen pädagogischen bzw. erzieherischen Situation der Trennung von privatem Vertrauen und dafür der Reflexion über die Gestaltung des Vertrauensverhältnisses. Generell kann es nur auf der Grundlage von Standards und Faktoren, die für ein spezifisches Vertrauen und damit für die Gestaltung einer professionellen Beziehung gelten, basieren. Das heißt, persönliches Vertrauen muss immer mit spezifischem Vertrauen und der Herstellung dessen verbunden und pädagogisch bzw. erzieherisch begründet und reflektiert sein. Diese Notwendigkeit ergibt sich aus dem Schutz von Kindern und Jugendlichen und der Vermeidung von Abhängigkeitsverhältnissen.

Die Jugendhilfe kann und muss Bedingungen zum Aufbau vertrauensvoller Arbeitsbeziehungen schaffen, Angebote an Jugendliche machen und Gelegenheiten zum Aufbau von Vertrauen nutzen. Mit Blick auf sexualisierte Gewalt zeigen sich hier Grenzen in der Umsetzung des Schutzauftrages in Bezug auf das Kindeswohl dann, wenn Jugendliche Fachkräfte nicht als Vertrauenspersonen für diese Thematik in Betracht ziehen bzw. aufgrund der Einschätzung des Vertrauensverhältnisses bewusst entscheiden, Fachkräften nicht davon zu berichten.

6.5.2 Salutogenetisch orientiertes Modell zu Vertrauen als Ressource im Kontext der Entwicklung von Resilienz und Vulnerabilität

Im Folgenden wird ein Modell beschrieben, das den Zusammenhang zwischen Vertrauen und der Entwicklung von Resilienz sowie der Wirkung auf die Vulnerabilität darstellt. In dieser vereinfachten Darstellung (vgl. Abbildung 13), die sich auf bestimmte Faktoren fokussiert, werden andere Faktoren wie der soziale Kontext und die Bedingungen der Lebenswelt vernachlässigt. Das Modell setzt Vertrauen und als Gegenpol Misstrauen in Bezug mit Resilienz und Vulnerabilität. Abhängig von der dimensionalen Ausprägung von Vertrauen oder Misstrauen wirken sich diese Faktoren auf Zunahme oder Abnahme von Resilienz oder Vulnerabilität und die Kommunikations- und Handlungsfähigkeit der Jugendlichen aus. Die von den Jugendlichen als positiv oder negativ eingeordneten Erfahrungen mit der Kommunikation und den Handlungen in den Interaktionen mit Personen aus ihrer Lebenswelt (Eltern bzw. Familie, Peergroup, Lehrkräfte Schule, Fachkräfte Jugendhilfe) wirken auf die dimensionale Ausprägung von Vertrauen und Misstrauen zurück und beeinflussen die Entwicklung von Resilienz und die Vulnerabilität. Aus Sicht der Salutogenese lassen sich diese Beziehungen auf die Entwicklung von Kohärenz beziehen, bei der es um den folgenden Zusammenhang geht: (1) die Verstehbarkeit auftretender Herausforderungen und gemachter Erfahrungen, (2) die zur Verfügung stehenden Ressourcen für deren Handhabbarkeit und (3) die Einordnung in eine übergeordnete Sinnhaftigkeit im Kontext mit dem Gefühl diese Herausforderungen nicht nur bewältigen zu können, sondern diese Bewältigung auch als sinnhaft zu betrachten (vgl. Bründel, 2004, S. 140f.; Stumpe, 2018).

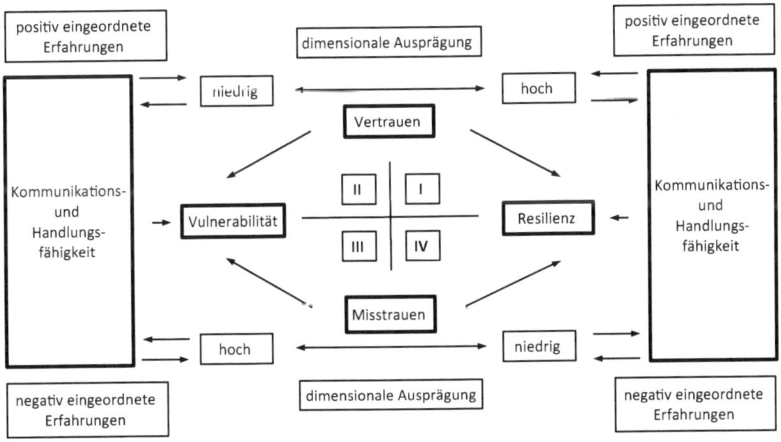

Abbildung 13: Vertrauen als Ressource im Kontext der Entwicklung von Resilienz und Vulnerabilität

In Bezug auf die Wirkung lassen sich theoretisch vier Möglichkeiten ableiten, die im Zentrum des Modells mit I bis IV gekennzeichnet sind.

I Hier ist ein ausreichendes bis hohes Vertrauen vorhanden, das sich positiv auf die Resilienz auswirkt. Aufgrund dieses Vertrauens ist die Kommunikations- und Handlungsfähigkeit gestärkt, was die Handlungsoptionen erhöht. Positiv eingeordnete Erfahrungen wirken sich stärkend auf das Vertrauen und die Resilienz aus. Negative eingeordnete Erfahrungen können zu einer Abnahme führen. Diese Konstellation ist die günstigste für die Entwicklung, da Jugendliche hier weniger vulnerabel sind und über ein positives Vertrauenskonzept verfügen. Das Kohärenzgefühl ist hoch.

II Das Vertrauen nimmt hier ab und kann nur noch in einer geringen Ausprägung vorhanden sein. Dies wirkt sich auf eine Steigerung der Vulnerabilität und eine Abnahme der Resilienz aus und mindert zugleich die Kommunikations- und Handlungsfähigkeit. Hier können positive Erfahrungen das Vertrauen wieder stärken und die Vulnerabilität senken. Negative Erfahrungen steigern die Vulnerabilität und können zu Misstrauen führen. Das heißt, Jugendliche in dieser Konstellation brauchen Unterstützung, um ihr Vertrauenskonzept zu stärken.

III Hier liegen eine hohe Ausprägung von Misstrauen, eine hohe Vulnerabilität und eine stark eingeschränkte Kommunikations- und Handlungsfähigkeit vor. Diese Konstellation ist die ungünstigste für die Entwicklung, vor allem wenn das Misstrauen in alle drei Bereichen von Vertrauen (generell, spezifisch, persönlich) vorhanden ist. Durch positiv eingeordnete Erfahrungen besteht die Möglichkeit Vertrauen herzustellen. Es muss angenommen werden, dass aufgrund des hohen Misstrauens, Interventionen durch Kommunikation und/oder das Schaffen von Gelegenheiten, um Vertrauen herzustellen und Misstrauen abzubauen, sehr schwierig werden. Hier ist eine intensive sozialpädagogische bzw. erzieherische, unter Umständen eine therapeutische Arbeit, nötig. Das Kohärenzgefühl ist hier nur gering ausgeprägt.

IV In dieser Konstellation liegt ein Misstrauen in einer niedrigeren Dimension vor. Dies kann durch Enttäuschungen oder Vertrauensbrüche entstehen, die jedoch als begrenzt auf einzelne Personen oder Situationen eingeordnet werden und nicht verallgemeinernd oder generalisierend. Das heißt auch, dass ein begrenztes Misstrauen gleichzeitig mit einem Vertrauen in anderen Bereichen oder zu anderen Personen bzw. Institutionen vorhanden sein kann. Dadurch liegt weiterhin eine (wenn auch eingeschränkte) Kommunikations- und Handlungsfähigkeit vor und es kann ausreichend Resilienz vorhanden sein, um Herausforderungen zu bewältigen. Hier ist eine Stabilisierung und Stärkung des Vertrauenskonzeptes nötig, um eine Entwicklung zu Konstellation III, die mit einer Zunahme von Misstrauen und Vulnerabilität verbunden ist, zu verhindern und Vertrauen zu stärken.

Das Modell stellt eine theoretische Perspektive auf die Bewältigung von Herausforderungen mit Blick auf Vertrauen als Ressource dar. Entwicklungsaufgaben können aus bewältigungstheoretischer Sicht als Herausforderungen betrachtet werden. Psychologisch betrachtet stellen sie somit sogenannte Stressoren dar (vgl. Lindenberger, 2002, S. 389). Die Resilienz einer Person als die Widerstandsfähigkeit gegenüber solchen Stressoren steigt, wenn Personen über persönliche Ressourcen verfügen und auf unterschiedliche Bewältigungsmöglichkeiten zurückgreifen können. Das heißt, je stärker die persönlichen Ressourcen sind und je mehr Möglichkeiten eine Person hat, umso widerstandsfähiger ist sie und umso angemessener können Herausforderungen bewältigt werden (ebd.). In Bezug auf die in dieser Arbeit unter Punkt 5.2 beschriebenen Herausforderungen und speziell die unter Punkt 5.2.1 als relevante Ereignisse in Bezug auf Sexualität beschriebenen Herausforderungen stellen Vertrauen, das Vorhandensein von Vertrauenspersonen, die Kommunikationsmöglichkeiten sowie die Erfahrungen beim Sprechen über sexuelle Themen wichtige persönliche Ressourcen und Bewältigungsmöglichkeiten dar, die sich auf die Resilienz und die Vulnerabilität der Jugendlichen auswirken.

Die Förderung dieser Ressourcen stellt übergreifend betrachtet ein salutogenetisch orientiertes Konzept dar. Es geht nicht nur um die Förderung der Widerstandsfähigkeit gegenüber Stressoren mit Blick auf besondere Herausforderungen und Krisen, sondern grundsätzlich um eine gesundheitsfördernde Perspektive, die Jugendliche insgesamt weniger vulnerabel macht, indem sie, wie hier am Beispiel des Vertrauenskonzeptes gezeigt, individuelle Ressourcen und strukturelle Bedingungen fördert. Damit werden in einem salutogenetisch orientierten Konzept immer auch resilienzstärkende Faktoren berücksichtigt (vgl. Petzold, 2016, S. 25). Das vorhandene Kohärenzgefühl kann als Teil eines individuellen Vertrauenskonzeptes betrachtet werden: »Das Kohärenzgefühl wird von Antonovsky als globale Orientierung eines Menschen verstanden, der ein generalisiertes, überdauerndes Gefühl des Vertrauens besitzt, sodass er Anforderungen der inneren und äußeren Umwelt bewältigen kann« (Bründel, 2004, S. 140). Die Basis für die Ausbildung von generalisierten Widerstandsressourcen und des Kohärenzgefühls entsteht in der Kindheit und Jugend (vgl. Bründel, 2004, S. 141; Stumpe, 2018, S. 164f.). Damit kommt den Sozialisationsbedingungen von Heranwachsenden und den Erfahrungen in der Interaktion mit Personen, wie am Beispiel des Vertrauenskonzeptes aufgezeigt, eine entscheidende Rolle hinsichtlich des Umgangs und bei der Bewältigung von Herausforderungen Jugendlicher zu. Auf sexuelle Bildung bezogen geht es hier speziell um die Entwicklung individueller Handlungsstrategien, mithilfe derer Jugendliche mit Herausforderungen aktiv und selbstbestimmt umgehen können (vgl. Stumpe, 2018, S. 166; Beck & Henningsen, 2018).

7 Professionalität in sozialpädagogischen und erzieherischen Beziehungen

Die Bedeutung von Vertrauen für die Entwicklung der Jugendlichen und für die Beziehungsgestaltung in der Jugendhilfe verweist, auch im Kontext mit sexualitätsbezogenen Themen, auf die Notwendigkeit eines professionellen Umgangs. Hermann Müller (2016) sieht für die Jugendhilfe, vor allem im Bereich der Hilfen zur Erziehung, eine Paradoxie vorliegen und schließt mit dieser Diskussion an die obigen Überlegungen zu einem Vertrauenskonzept an. Da Erziehung in der Regel in diffusen Sozialbeziehungen stattfindet, muss sich auch die Erziehung in den HzE an dem Modell der familiären Erziehung orientieren. Dies betrifft sowohl Fachkräfte in ambulanten wie in stationären Angeboten. Professionell Tätige in den Erziehungshilfen können demzufolge nicht vermeiden, dass ihre Beziehungen zu den Adressat_innen sowohl berufsrollenspezifische wie diffuse Anteile enthalten und emotionale Bindungen entstehen (ebd., S. 120). Die Arbeitsbeziehung ist jedoch dadurch gekennzeichnet, dass die Erziehung in einem nicht-verwandtschaftlichen Verhältnis stattfindet. Es liegt keine Eltern-Kind-Beziehung vor und auch die Beziehungen in Pflegefamilien beruhen auf einem kündbaren Dienstleistungsverhältnis. Zudem findet eine Erziehungshilfe häufig im Kontext psychosozialer Problemlagen und biografisch belasteter Erfahrungen der Kinder und Jugendlichen statt und die Fachkräfte haben einen Auftrag zur Bearbeitung dieser Problemlagen. Dies unterscheidet Arbeitsbeziehungen von familiären Beziehungen und macht die berufliche Rolle der Fachkräfte deutlich (ebd., S. 120, 267). Entscheidend für den Einsatz professioneller Fachkräfte sollte, laut Müller, hier nicht das alleinige Vorliegen von sozialen Problemlagen sein. Vielmehr sollte Erziehungshilfe dann zum Tragen kommen, wenn die vorliegenden Problemlagen nicht von der Familie und ihrem Netzwerk allein gelöst werden können und ein gewichtiges gesellschaftliches Interesse, zum Beispiel das Wohl des Kindes, vorliegt und gefährdet ist (ebd., S. 38ff., 265).

Mit Blick auf die Arbeitsfelder der Jugendhilfe liegt für Müller aus der Perspektive eines soziologischen Professionalitätsbegriffs[92] nicht zwingend eine Professionalisierungsbedürftigkeit für alle Bereiche vor (Müller, 2016, S. 33ff., 265ff.). Professionalität in der Sozialen Arbeit steht demnach im Zusammenhang mit verschiedenen Merkmalen: »Gegenstand der Arbeit, Haltung gegenüber den Klienten, Rahmenbedingungen der Arbeit und methodische Kompetenz« (ebd., S. 265). In Bezug auf den Gegenstand der Arbeit legitimiert sich professionelle Arbeit von Fachkräften dadurch, »dass ihre Arbeit nicht auch von Laien bewältigt werden kann« (ebd.). Dies ist vor allem im Rahmen vorliegender psychosozialer Problemlagen, fehlender familiärer Ressourcen zur Bewältigung dieser und schwerwiegender individueller oder gruppenspezifischer Probleme, die von einem erheblichen gesellschaftlichen Interesse sein müssen, der Fall (ebd., S. 38, 266). Ein weiterer Faktor ist, dass ein Auftrag vorliegt, der entweder von den Adressat_innen selbst oder öffentlich erteilt wird (ebd., S. 266). Daraus würde folgen, dass bestimmte Bereiche der Jugendhilfe, zum Beispiel im Rahmen der Jugendarbeit und Jugendverbandsarbeit, nicht (im Sinne sozialpädagogischen bzw. erzieherischen Handelns) professionalisierungsbedürftig sind (ebd.). Eine Professionalisierung sei dann erforderlich, wenn in diesen Bereichen mit »Problemgruppen« gearbeitet würde, da dann eine besondere fachliche, methodische und adressat_innengerechte Kompetenz nötig sei (ebd.). Nach Müller sind demzufolge all jene Bereiche der Sozialen Arbeit nicht professionalisierungsbedürftig, die überwiegend mit Adressat_innen arbeiten, die zwar durchaus soziale und existenzielle Sorgen und Probleme

92 Nach Hermann Müller, der sich in seinen Ausführungen auf Fritz Schütze und Ulrich Oevermann bezieht, sind »Professionen Berufsgruppen, die sich auf einer wissenschaftlichen Grundlage mit lebenspraktischen Problemlagen befassen« (Müller, 2016, S. 20). In Professionen findet eine Vermittlung zwischen Theorie und Praxis statt, bei der Problemlagen von erheblicher gesellschaftlicher Bedeutung bearbeitet werden (ebd.). Daraus ergibt sich die Notwendigkeit einer fundierten theoretischen und praktischen Ausbildung innerhalb einer wissenschaftlichen Disziplin, die zu einer besonderen beruflichen Sozialisation und Identität führt (ebd., S. 25). Neben einer größtmöglichen Autonomie, wie einer Unabhängigkeit von wirtschaftlichen Marktentwicklungen, die mit berufsethischen Standards verbunden ist, braucht es vor allem ein entsprechendes Mandat und eine Lizenz, die einerseits von der Berufsgruppe selbst eingefordert und andererseits von der Gesellschaft erteilt werden müssen. Nur dann ergibt sich ein Anspruch, der rechtfertigt, berufliche Laien von der Ausübung der Tätigkeit auszuschließen (ebd., S. 22ff.).

in ihrer Lebenswelt haben, diese aber selbst oder mithilfe ihres persönlichen Netzwerkes lösen können, und solche Bereiche, bei denen kein erhebliches gesellschaftliches bzw. öffentliches Interesse vorhanden ist (ebd., S. 266ff.). Für die (offene) Jugendarbeit sieht Müller daher keinen grundlegenden Professionalisierungsbedarf. Freizeit- und Bildungsangebote sowie das allgemeine Angebot von offenen Freizeittreffs könnten auch von Laien durchgeführt werden. Spezielle Bedarfe von Jugendlichen könnten gezielt von sozialpädagogischen Professionellen übernommen werden, die an diesen Orten Angebote machen oder diese zeitlich begrenzt zur Durchführung punktueller Angebote aufsuchen (ebd., S. 118f.). Für die Bereiche, in denen es um Erziehung geht, sieht Müller eine generelle Professionalisierungsbedürftigkeit, da hier ein angemessenes Handeln im Rahmen einer diffusen, lebenspraktischen und berufsspezifischen Gestaltung der Beziehung gefragt ist, die im Zusammenhang mit der Bewältigung spezifischer Problemlagen steht (ebd., S. 267). Vor allem im Bereich der ambulanten Erziehungshilfen werden jedoch auch Laien ohne professionellen Anforderungen entsprechende sozialpädagogische oder erzieherische Ausbildungen beschäftigt (ebd., S. 276f.).

Hinsichtlich des Umgangs mit Sexualität in der Jugendhilfe lässt sich ableiten, dass die Herausforderung der sexuellen Entwicklung im Rahmen der Pubertät an sich kein grundlegendes Mandat darstellt, das einer professionellen Bearbeitung bedürfte. Im Anschluss an die Überlegungen von Müller (2016) kann diese Entwicklungsaufgabe zu den Bewältigungsanforderungen gezählt werden, die sich im Leben stellen und die von den jeweiligen Personen mit Unterstützung ihres persönlichen Netzwerkes bewältigt werden müssen (ebd., S. 265f.). Ein Auftrag würde sich aus dieser Perspektive für die Erziehungshilfen ergeben, da diese die Eltern bei deren erzieherischen Aufgaben unterstützen oder diese zum Teil für einen gewissen Zeitraum auch ganz übernehmen. Die Erziehungshilfen stellen somit einen wichtigen Teil des persönlichen Netzwerkes Jugendlicher dar. Die Fachkräfte müssten über grundlegende sexualerzieherische bzw. sexualpädagogische Kompetenzen verfügen, um Jugendliche angemessen professionell begleiten zu können. Sie haben dann die Aufgabe, die diffuse und berufsspezifische Beziehung im Kontext sexualerzieherischer Aufgaben, die nicht von den Eltern bzw. dem familiären Netzwerk übernommen werden können, zu gestalten. Für die Jugendarbeit kann ein Auftrag entstehen, wenn dieser durch die Jugendlichen erteilt wird und sich daraus ein Bedarf für ein sexualpädagogisches Angebot ergibt. Dies kann durch externe Expert_innen durchgeführt werden. Die im Bereich der Jugendarbeit Tätigen bräuchten jedoch zumindest die Kompetenz, diesen Bedarf wahrzunehmen, als Auftrag anzunehmen und ein Angebot zu organisieren. Die Unterstützung sexualpädagogischer Expert_innen ist hier auch für die Erziehungshilfen von Belang, wenn sich die Bedarfe auf Punkte beziehen, die über die Möglichkeiten einer grundlegenden sexualerzieherischen Kompetenz (im Sinne einer familienorientierten Erziehung und Beziehungsgestaltung) hinausgehen.

Bezieht sich der Gegenstand der Arbeit jedoch nicht nur auf die entwicklungsbedingt auftretenden Herausforderungen im Rahmen der Pubertät und der Adoleszenz, sondern bestehen weitere Herausforderungen und Überschneidungen zwischen verschiedenen Herausforderungen, die zu einem erhöhten Bewältigungsbedarf und einer besonderen Vulnerabilität führen, ergibt sich ein Mandat für die Jugendhilfe hinsichtlich eines sexualpädagogischen Handelns. In dieser Arbeit konnten neben körperlicher sexualisierter Gewalt auch Diskriminierungen, die sich auf Sexualität beziehen (z.B. Körper, Identität, sexuelle Orientierung), analysiert werden, die zu einer hohen Vulnerabilität und zu physischen wie psychischen Gesundheitsrisiken für Kinder und Jugendliche führen können. Damit wird das Kindeswohl erheblich gefährdet und es zeigt sich, dass das familiäre Umfeld hier nicht in jedem Fall ausreicht, um diese Herausforderungen zu bewältigen. In der Arbeit wurde deutlich, dass hier neben den Erziehungshilfen auch Angebote der Jugendarbeit eine wichtige Unterstützung für die Jugendlichen sein können. Ebenso bestehen Zusammenhänge und Überschneidungen mit nicht direkt sexualitätsbezogenen Themen. Dies können Herausforderungen bei biografischen Übergängen, biografischen Brüchen oder Diskriminierungen sein, die sich auf nicht-sexuelle Kategorien, zum Beispiel die Zugehörigkeit zu einer sozialen Gruppierung oder einen sogenannten Migrationshintergrund, beziehen. Hier liegen nach der Argumentation von Müller (2016) psychosoziale Problemlagen vor, die im Kontext mit einem gesellschaftlichen Interesse stehen und ohne Unterstützung nicht von den Jugendlichen bewältigt werden können (ebd., S. 38ff.). Kritisch sind hier die Fälle zu sehen, bei denen Jugendliche diesbezüglich keine Unterstützung in pädagogischen und erzieherischen Kontexten erhalten oder bei denen diese Situationen durch diese Kontexte verschärft oder herbeigeführt werden. Neben der Schule zeigen sich hier für die Jugendhilfe vor allem Situationen in stationären Erziehungshilfen als Risiko für die Entwicklung von Kindern und Jugendlichen. Die analysierten Situationen von berichteten Erfahrungen in der Heimunterbringung und bei Inobhutnahmesituationen (vgl. Kapitel 5) unterstreichen die Professionalisierungsbedürftigkeit der Erziehungshilfen aufseiten der freien Träger und des fallverantwortlichen Jugendamtes. Deutlich wird in dieser Arbeit auch, dass ein Zusammenhang zwischen der Professionalität der Fachkräfte und dem Sprechen über Sexualität mit den Jugendlichen besteht. Fehlende Professionalität führt im Kontext mit nicht ausreichendem Vertrauen zu einer Vermeidung der Kommunikation über sexuelle Themen, was neben einer fehlenden Wahrnehmung der Bedarfe von Jugendlichen auch bewirken kann, dass kindeswohlgefährdende Situationen übersehen, verstärkt oder herbeigeführt werden. Dies unterstreicht die Notwendigkeit einer vertrauensvollen Arbeitsbeziehung in der Jugendhilfe, die sich in einem ausgewogenen Verhältnis zwischen diffuser und spezifischer Beziehungsarbeit bewegt. Unter dem Aspekt einer Professionalisierungsbedürftigkeit müssen sexuelle Themen – dies betrifft auch den Schutz vor sexualisierter Gewalt und die Unterstützung bei der Bewältigung nach erfahrener sexualisierter Gewalt – als Teil des allgemeinen sozialpädagogischen und erzieherischen Auftrags in der Jugendhilfe berücksichtigt werden, da sich konkrete sexualerzieherische und sexualpädagogische Aufträge ergeben können.

Neben professionstheoretisch orientierten Überlegungen, die sich darauf beziehen, ob eine berufliche Praxis aus soziologischer Sicht als Profession gilt oder nicht, und daher eventuell professionalisierungsbedürftig ist, kann eine Unterscheidung bezüglich des beruflichen Handelns in der Praxis getroffen werden. Im Unterschied zu den Überlegungen, ob Soziale Arbeit eine Profession ist, die zu der grundlegenden Diskussion führen, ob berufliche Laien, die über keine fundierte professionelle sozialpädagogische bzw. erzieherische Ausbildung verfügen und daher nicht als Professionelle zählen, eine Tätigkeit in den Handlungsfeldern Sozialer Arbeit ausüben dürfen (vgl. Müller, 2016, S. 20ff.), kann eine Unterscheidung des beruflichen Handelns mit Blick auf die nötigen Kompetenzen vorgenommen werden. Berufliches Handeln kann von Personen ausgeübt werden, die entweder Professionelle (Profis) oder Amateure bzw. Laien sind (ebd., S. 19). »Professionell arbeitet jemand, der sein Handwerk gut versteht und beherrscht« (ebd.). Müller (2016) trifft hinsichtlich der Professionellen noch die Unterscheidung zwischen professionell ausgebildeten und berufserfahrenen Fachkräften und sogenannten Novizen, die ihre Ausbildung abgeschlossen haben, aber noch nicht über ausreichende berufliche Erfahrung verfügen (ebd., S. 22). Berufsunerfahrene Fachkräfte verfügen, im Gegensatz zu Laien, über eine professionelle fachliche Ausbildung. Sie bedürfen allerdings, vor allem in besonders professionalisierungsbedürftigen Bereichen, wie der Arbeit im Allgemeinen Sozialen Dienst des Jugendamtes, einer Einarbeitung und Begleitung durch erfahrene Fachkräfte, was in der Praxis nicht immer gegeben ist (ebd., S. 120ff.).

Aus dieser Perspektive kann ein professionelles Handeln in der Praxis der Sozialen Arbeit vorwiegend als ein methodisches Handeln betrachtet werden, das auf Theorie, fachlichem Wissen und Reflexion aufbaut und sich an den beruflichen Erfahrungen und reellen Situationen orientiert (vgl. Bolay et al., 2015, S. 9). Professionalität von Fachkräften in der Praxis zeigt sich somit in deren Kompetenz, die Wechselbeziehung zwischen der Aneignung von nötigem Fachwissen und dessen reflektierter und bewusster Anwendung auszugestalten (vgl. Bock & Otto, 2007, S. 208f.). Das professionelle methodische Handeln der Fachkräfte steht in einem Zusammenhang mit bestimmten Bedingungen, es ist »kontextabhängig, institutionell und situativ« (Heiner, 2012, S. 611).[93] In dieser Arbeit konnte theoretisch (vgl. Kapitel 2 und 3) und empirisch (vgl. Kapitel 5) dargelegt werden, dass der Umgang mit Sexualität in der Jugendhilfe eines professionellen Umgangs vonseiten der Fachkräfte und vonseiten der Institutionen, in denen diese tätig sind, bedarf. Dies bezieht sich sowohl auf die direkte sexualerzieherische und sexualpädagogische Arbeit mit den Jugendlichen, die vorhandenen Rahmenbedingungen in den Einrichtungen und insbesondere auch auf den Schutz von Kindern und Jugendlichen vor sexualisierter Gewalt (vgl. 2.1.6; 2.2.3; 3.4.6; 6.3).

Die Notwendigkeiten eines professionellen Umgangs und eines entsprechenden methodischen Handelns im Kontext mit sexuellen Themen führen zu nötigen sexualerzieherischen und sexualpädagogischen Kompetenzen aufseiten der Fachkräfte in der Jugendhilfe. Diese Kompetenzen sind arbeitsfeldbezogen und einrichtungsspezifisch hinsichtlich ihrer Ausprägung zu differenzieren, eine grundständige Kompetenz in diesem

93 In diesem Kontext sind Untersuchungen zu beachten, die auf einen regionalen Unterschied zwischen eher großstädtisch bzw. städtisch geprägten und kleinstädtischen bzw. ländlichen Regionen hinsichtlich der Rahmenbedingungen professionellen Handelns für Fachkräfte hinweisen (vgl. Heinitz, 2015; Fischer & Römer, 2015).

Bereich stärkt jedoch das professionelle Handeln (vgl. Beck & Henningsen, 2018; Henningsen, 2016a; Schmauch, 2015, 2016).[94] Aufgrund der theoretischen wie empirischen Ausarbeitungen in dieser Arbeit kann argumentiert werden, dass in bestimmten Situationen ohne eine entsprechende Basiskompetenz in sexueller Bildung und eine vorhandene Netzwerkkompetenz, die eine Einbeziehung externer Professioneller möglich macht, kein ausreichendes professionelles Handeln möglich ist. Problematisch mit Blick auf die Entwicklung von Kindern und Jugendlichen und das Handeln der Fachkräfte sind hier solche Situationen, in denen dies von den Fachkräften nicht reflektiert wird und demzufolge keine bewussten Änderungen in den sozialpädagogischen bzw. erzieherischen Interaktionen erfolgen. Studien verweisen darauf, dass Fachkräfte mit einer längeren Berufserfahrung sich hier selbst als kompetent einschätzen, was jedoch auf einer sehr subjektiven Sicht beruhen kann und nicht unbedingt im Zusammenhang mit Reflexion und der Aneignung von entsprechendem Wissen und Kompetenzen stehen muss (vgl. Hess et al., 2016).[95] Auf die Notwendigkeit eines professionellen Umgangs mit sexuellen Themen verweisen die Ergebnisse aktueller Studien, die sexualerzieherische Kompetenzen für Fachkräfte und die Bedeutung von Reflexion im Arbeitskontext als wichtige Voraussetzungen für die Gestaltung einer Arbeitsbeziehung im Bereich der stationären Erziehungshilfen benennen (vgl. Mantey, 2017; 2018). Speziell beim Umgang mit sexualisierter Gewalt zeigen Forschungsergebnisse für die ambulanten Erziehungshilfen Unsicherheiten und Ambivalenzen aufseiten der Fachkräfte auf (vgl. Linke & Krolzik-Matthei, 2018, S. 184f.). Diese stehen in einem Zusammenhang mit einer unzureichenden Professionalisierung, die sich auf fehlende oder unge-

94 In Punkt 3.4.5 wurde auf spezielle sexualerzieherische und sexualpädagogische Kompetenzen für Fachkräfte eingegangen und diese benannt.

95 Die Überlegung einer notwendigen sexualerzieherischen bzw. sexualpädagogischen Grundkompetenz in der Jugendhilfe, die Fachkräfte noch nicht zu sexualpädagogischen Expert_innen macht, aber einen angemessenen professionellen, adressat_innenorientierten und einrichtungsspezifischen Umgang mit Sexualität möglich macht, schließt an die Ausführungen von Maja Heiner (2012) an. Im Zusammenhang mit verschiedenen Handlungstypen benennt Heiner Handlungskompetenzen für die Soziale Arbeit. Sie kommt zu dem Schluss, dass die notwendigen Kompetenzen für ein professionelles Handeln in der Sozialen Arbeit als Basiskompetenzen in allen Bereichen vorhanden sein müssen, deren Vertiefung aber abhängig von der konkreten Handlungspraxis ist (vgl. Heiner, 2012, S. 621f.).

nügend ausgebildete Faktoren wie Wissen, Kompetenzen, Fortbildungen, Rahmenbedingungen und ein entsprechendes Netzwerk beziehen lässt (ebd., S. 186).[96]

Eine Betrachtung der Ergebnisse dieser Arbeit, differenziert nach den Arbeitsfeldern der Jugendarbeit und der Erziehungshilfen, unterstützt Müllers These einer generellen Professionalisierungsbedürftigkeit im Bereich der Erziehungshilfen auch mit Blick auf den Umgang mit Sexualität und sexualisierter Gewalt. Für die Jugendarbeit, die Müller (2016) nicht grundlegend für professionalisierungsbedürftig hält, leitet sich zumindest eine nötige Grundkompetenz ab, um ein professionelles Handeln in diesem Bereich zu ermöglichen. Die Fachkräfte in der Jugendarbeit zeigen sich kompetent, und somit innerhalb ihres Arbeitsauftrages professionell, indem sie wichtige Prinzipien einer offenen Jugendarbeit grundsätzlich umsetzen. Sie gewährleisten gegenüber den jugendlichen Adressat_innen eine Offenheit und Freiwilligkeit des Angebotes der Jugendarbeit. In dieses Angebot versuchen sie Bildung zu integrieren, wenn sie hierfür einen Bedarf bei den Jugendlichen wahrnehmen. In diesem Fall organisieren sie spezielle Angebote, indem sie das Setting bereitstellen und vorbereiten sowie bei Bedarf professionelle Expert_innen einbinden und dies mit den Jugendlichen absprechen (vgl. 4.4.2). Bei Vorliegen eines bestimmten Bedarfs aufseiten der Jugendlichen sowie in Abhängigkeit von Alter und Geschlecht werden die Fachkräfte für die Jugendlichen, basierend auf deren Vertrauenskonzepten, auch als Ansprechpersonen für persönliche Themen relevant. Die Jugendlichen nutzen die Fachkräfte in der offenen Jugendarbeit für persönliche und somit auch sexuelle Themen, neben anderen Personen wie den Eltern, der Peergroup oder Fachkräften der Erziehungshilfen, als eine weitere Möglichkeit der Kommunikation vor allem dann, wenn diese als vertrauensvoll und verlässlich eingeschätzt werden. Eine Professionalisierungsbedürftigkeit der Fachkräfte, wie Müller (2016) dies am Beispiel der Erziehungshilfen

---

96 Die Deutsche Gesellschaft für Prävention und Intervention bei Kindesmisshandlung, -vernachlässigung und sexualisierter Gewalt e.V. (DGfPI) führte mit Blick auf Fortbildung zu sexualisierter Gewalt und Schutzkonzepten ein bundesweites Angebot für stationäre Einrichtungen durch und entwickelte Handlungsempfehlungen (vgl. https://dgfpi.de/files/was-wir-tun/bufo/Abschluss/2016-08-26_BuFo_Abschluss_2016.pdf), ab 2018 starten in Bayern Tandemfortbildungen für Fachkräfte aus dem Jugendamt (ASD) und Erziehungsberatungsstellen, die zu einer Stärkung eines professionellen Netzwerkes beitragen können (vgl. https://www.dgfpi.de/kinderschutz/bayernweites-fortbildungsprojekt.html).

argumentiert, oder die Notwendigkeit der Einbindung von (externen) Professionellen liegt hier nicht generell vor, kann sich jedoch speziell aus der Zusammensetzung der Adressat_innen, des Charakters des Sozialraumes bzw. der Lebenswelt, in dem die offene Arbeit stattfindet, den Bedarfen der Adressat_innen und den Aufträgen an die Fachkräfte ergeben. Da die Ergebnisse dieser Arbeit und auch anderer Studien darauf hinweisen, dass ein gewichtiger Teil erfahrener Diskriminierungen und sexualisierter Gewalt innerhalb der Peergroup stattfindet, die Jugendarbeit ein Ort ist, an dem die Peergroup aktiv ist, und ein genereller Auftrag der Jugendhilfe darin besteht, das Kindeswohl zu schützen, ist für das professionelle Arbeiten in der Jugendarbeit eine gewisse Sensibilität wichtig, um entsprechende Situationen wahrzunehmen, zu reflektieren und, wenn nötig, angemessen zu intervenieren. Damit ist eine grundlegende Kompetenz benannt, eine professionelle Sensibilität, die sich mindestens auf den Schutz vor (nichtkörperlicher und körperlicher) sexualisierter Gewalt und auf die Wahrnehmung sexueller Bildungsbedarfe der Adressat_innen bezieht. Fachkräfte benötigen also, neben persönlichen und fachlichen Eigenschaften, spezielle Fort- und Weiterbildungsmöglichkeiten, Möglichkeiten der Reflexion und ein Netzwerk mit externen Professionellen, um die für ihren Arbeitsbereich notwendige professionelle Sensibilität auszubilden und zu erhalten.

Für die Erziehungshilfen erweitert sich diese professionelle Sensibilität im Kontext der erzieherischen Aufgaben, der psychosozialen Problemlagen der Jugendlichen und der vorhandenen Rahmenbedingungen – globaler betrachtet – auf das sexuelle Wohlergehen der Jugendlichen in der Einrichtung bzw. im Verantwortungsbereich der Fachkräfte. Ohne die entsprechenden Kompetenzen, die einen professionellen Umgang mit Sexualität und sexualisierter Gewalt im Arbeitskontext gewährleisten, kann weder der Schutz noch die Begleitung und Erziehung der Kinder und Jugendlichen im Rahmen ihrer individuellen sexuellen Entwicklung und Sozialisation und unter Berücksichtigung ihrer Interessen und ihrer Selbstbestimmung angemessen und den Möglichkeiten entsprechend gewährleistet werden. Diese komplexe Herausforderung kann aus einer professionstheoretischen Perspektive ohne eine professionelle Grundlage und die Weiterentwicklung von sexualerzieherischen und sexualpädagogischen Kompetenzen bei Fachkräften kaum angemessen bewältigt werden. Professionalität ist abhängig von einem Bedingungsgefüge, in dem die einzelne Fachkraft nur einen Teil darstellt. Die empirischen Ergebnisse dieser Arbeit können hier unterschieden werden in fehlende institutionelle Rahmenbedingungen und unzureichende fachliche Qualifikationen der Fachkräfte. Beide stehen im Kontext der Entscheidungen im Hilfeverlauf und somit in Abhängigkeit von dem fallzuständigen Jugendamt. Werden Jugendliche in Einrichtungen untergebracht, die nicht für deren Bedarfe ausgelegt sind, ist keine professionelle Erziehungshilfe gewährleistet. Es kann beispielsweise zu einer erhöhten Vulnerabilität und gesundheitsgefährdenden Zuständen bei Jugendlichen kommen, wenn diese nicht bedarfsgerecht untergebracht werden, oder zu einer Überforderung der Fachkräfte, wenn diese nicht über die nötigen Kompetenzen verfügen. Persönliche Faktoren wie Alter und Geschlecht, die sich auf die Beziehungsgestaltung und die Kommunikation von Fachkräften und Jugendlichen auswirken, betreffen die Zusammensetzung der Teams in den Einrichtungen und die Entscheidungen, welche Fachkraft mit welchen Adressat_innen zusammenarbeitet. Hier wird auch die Kompetenz zur Selbstreflexion und der Reflexion im Team deutlich, um beispielsweise ablehnendes Verhalten von Adressat_innen und das Nicht-zustande-Kommen oder auch das Scheitern einer vertrauensvollen Arbeitsbeziehung richtig einzuordnen. Die Fachkräfte müssen neben grundlegenden sexualerzieherischen Aufgaben, die Teil ihres Erziehungsauftrages sind, auch spezielle sexualpädagogische und präventive Aufgaben wahrnehmen. Die Einrichtungen und Fachkräfte werden mit besonderen Bedarfen bei den Jugendlichen, wie erlebter sexualisierter Gewalt und erfahrenen Diskriminierungen, konfrontiert. Schutzkonzepte, dies wird deutlich, die sich auf Verbote konzentrieren und rein präventiv ausgerichtet sind, werden den Bedürfnissen der Jugendlichen und den Realitäten in ihrer Lebenswelt nicht gerecht und führen eher zu einer Vermeidung der Kommunikation durch die Jugendlichen. Vertrauensvolle und verlässliche adressat_innenorientierte Beziehungen stärken ein positives Vertrauenskonzept und machen ein Sprechen über Sexualität möglich. Eine Einrichtungskultur, die sich offen für Kommunikation zeigt und eine Kultur ermöglicht, in der auch sensible, persönliche und heikle Themen angesprochen werden können, bestärkt Jugendliche die Kommunikation mit Fachkräften zu suchen bzw. sich darauf einzulassen.

Für die Jugendhilfe wird insgesamt deutlich, dass die Berücksichtigung der gesamten Lebenswelt bzw. der Lebenswelten der Jugendlichen von Bedeutung ist. Die sexuelle Sozialisation der Jugendlichen findet an verschiedenen Orten statt und Jugendliche nutzen, je nach ihren Möglichkeiten, verschiedene Orte und Personen, um über sexuelle Themen zu kommunizieren und dadurch Wissen und Kompetenzen zu erlangen, abzugleichen oder zu erweitern. Die Lebenswelten der Jugendlichen sind hier zugleich eine Ressource und auch ein Risiko für ihre sexuelle Entwicklung. Der familiäre Kontext, der in der Regel mit den Eltern als sorgeberechtigten Personen verbunden ist, spielt hier eine sehr entscheidende Rolle. Die grundlegenden Vertrauenskonzepte der Jugendlichen werden durch die familiären Erfahrungen geprägt und gerade in Bezug auf die analysierten besonderen Bedarfe und eine erhöhte Vulnerabilität in der Jugendphase sind die familiären Bedingungen von Bedeutung. Jugendliche können sowohl sexualisierte Gewalt wie auch sexuelle Diskriminierungen in der Familie erfahren oder sie erleben biografische Brüche zu wichtigen Vertrauenspersonen in sensiblen (sexuellen) Entwicklungsphasen und kommen mit diesen Erfahrungen in Einrichtungen und/oder mit Fachkräften der Jugendhilfe in Kontakt. Fachkräfte, die mit diesen Bedarfen konfrontiert werden, können die Jugendlichen bei deren Bewältigung nur mit einer Sensibilität für diese Erfahrungen und deren Wirkungen unterstützen. Neben der professionellen sozialpädagogischen und erzieherischen Kompetenz in Bezug auf die Arbeit mit den Kindern und Jugendlichen ist auch die Kompetenz einer Elternarbeit nötig. Der Kontakt zu den Eltern bzw. der Familie ist in den Erziehungshilfen in unterschiedlicher Ausprägung immer Teil der professionellen Tätigkeit und auch in der Jugendarbeit kann es zu Elternkontakten kommen. Das heißt, Fachkräfte brauchen auch die Kompetenz, diese Elternkontakte im Rahmen einer nötigen Kommunikation in Bezug auf die aktuellen Bedarfe der Jugendlichen zu gestalten. Dies kann auch sexuelle Themen umfassen und damit sexualisierte Gewalt und sexuelle Diskriminierungen oder Fragen hinsichtlich der sexuellen Identität und Orientierung einschließen.

Diese Herausforderung, eine dem Inhalt und der Situation entsprechende und angemessene adressat_innenorientierte Kommunikation zu gestalten, führt zu grundlegenden Kompetenzen einer professionellen Sozialen Arbeit. Nach Maja Heiner (2012) gehören unter anderem die Interaktions- und die Kommunikations- sowie die Reflexionskompetenz zu diesen grundlegenden prozessbezogenen Kompetenzmustern, die vorhanden sein müssen, um in anderen Kompetenzbereichen wie der Fall-, der System- und der Selbstkompetenz professionell handeln zu können (ebd., S. 619). Werden diese prozessbezogenen Kompetenzmuster im Kontext des Umgangs mit Sexualität in der Jugendhilfe betrachtet und der damit entstehenden Herausforderung, mit verschiedenen Adressat_innen (z.B. Jugendliche, Eltern), mit Kolleg_innen (z.B. Team, Einrichtungsleitung) oder Netzwerkpartner_innen (z. B. Beratungsstellen, Jugendamt) über sexuelle Themen zu sprechen, um dem Erziehungs-, dem Bildungs-, und dem Schutzauftrag in der Jugendhilfe gerecht zu werden, so führt dies zur Notwendigkeit einer sensiblen, achtsamen Kommunikationskultur (vgl. Henningsen & List, 2018, S. 203f.). Die Ausbildung einer berufsethischen Haltung ist Teil einer Professionalisierung Sozialer Arbeit und beinhaltet die Frage nach einer entsprechenden Kommunikationskultur (ebd.; vgl. zur Einbindung ethischer Fragen auch Heiner, 2012; Müller, 2016). Anja Henningsen und Inga-Marie List verweisen hier auf die im pädagogischen Verhältnis vorhandenen Machtaspekte und damit auf einen möglichen Sprechzwang, Sprechgebote, Beschämungen oder auch Sprechtabus in Bezug auf Sexualität (Henningsen & List, 2018). Dies könne gerade im Rahmen der sexualerzieherischen und präventiven Aufgaben der Jugendhilfe zu einem wenig achtsamen und auch übergriffigen Verhalten seitens der Fachkräfte gegenüber Adressat_innen führen (ebd., S. 204; vgl. auch Blumenthal, 2014). In einer *Kultur der Achtsamkeit*,[97] als Grundlage eines professionellen Umgangs mit sexuellen Themen, begegnen Fachkräfte den Adressat_innen sensibel, respektvoll, aufmerksam und nehmen deren Bedürfnisse ernst. Entscheidungen, die zum Beispiel zu einer Reglementierung und Verboten führen, um Menschen zu schützen, sind in einer Kultur der Achtsamkeit ausreichend reflektiert, ethisch begründet und der Situation angemessen (vgl. Henningsen & List, 2018, S. 204). Eine solch achtsame Kommunikationskultur kann sich nur innerhalb einer entsprechenden Einrichtungs- und Teamkultur entwickeln, die das achtsame Sprechen über Sexualität auch in den professionellen Teams zulässt und die mit einer entsprechenden Fehlerkultur verbunden ist (ebd., S. 210; vgl. auch Pohlkamp, 2012; Rommelspacher, 2012).

Die Entwicklung eines positiven Vertrauenskonzeptes Jugendlicher und die Gestaltung einer vertrauensvollen Arbeitsbeziehung zu Fachkräften der Jugendhilfe ermöglichen ein Sprechen über sexuelle Themen in sozialpädagogischen und erzieherischen Kontexten. Als Grundlage bedarf es eines achtsamen Umgangs mit Machtaspekten in der Beziehungsgestaltung, speziell mit Blick auf die Sexualität Jugendlicher, und der Entwicklung einer entsprechenden Einrichtungs- und Kommunikationskultur

97 Unter Kultur der Achtsamkeit verstehen die Autor_innen, »eine sexualfreundliche und gewaltpräventive Organisationskultur in pädagogischen Institutionen« (vgl. Henningsen & List, 2018, S. 202).

(vgl. Henningsen & List, 2018, S. 203). Diese Notwendigkeiten führen zu der Herausforderung für Fachkräfte, sich mit ihrer eigenen Sexualität auseinanderzusetzen und diese in Bezug auf ihre professionelle Tätigkeit zu reflektieren. Wenn Fachkräfte vertrauensvolle Arbeitsbeziehungen eingehen und damit diffuse wie berufsspezifische Anteile einbezogen werden und die persönliche Vertrauensebene, vor allem im Kontext der Jugendhilfe, ein wichtiger Teil zum Aufbau und zur Gestaltung von Beziehungen ist, dann ist mit der Persönlichkeit auch die Sexualität von Fachkräften ein Teil dieser Beziehungen. Für eine professionelle Arbeit im Kontext der Erziehung und Förderung von Jugendlichen und deren Schutz vor sexualisierter Gewalt ist ebenso wie für den Schutz der Intimität von Fachkräften eine Thematisierung von Sexualität in der Jugendhilfe von Bedeutung und bei der Gestaltung des Nähe-Distanz-Verhältnisses zu berücksichtigen (vgl. Kowalski et al., 2018). Die Etablierung einer *Kultur der Achtsamkeit* beginnt somit auf der institutionellen und kollegialen Ebene in den Einrichtungen und Teams der Jugendhilfe und bei der Bereitschaft von Fachkräften sich darauf einzulassen und zeigt sich unter anderem im Umgang mit Sprechen über Sexualität (vgl. Henningsen & List, 2018, S. 210).

8 Zusammenfassung

8.1 Schlussbetrachtungen zu einem Konzept sexueller Bildung

Sexuelle Bildung ist in dem in dieser Arbeit für die Jugendhilfe verstandenen Sinne ein Konzept, das die verschiedenen auf Sexualität bezogenen sozialpädagogischen bzw. erzieherischen Bereiche einschließt.

Innerhalb der Jugendhilfe werden mit Blick auf Sexualität zurzeit vor allem Schutzkonzepte diskutiert und damit der Blick oft auf sexualisierte Gewalt eingegrenzt. Teilweise finden sich in diesen Schutzkonzepten sexualpädagogische Anteile. Ziel dieser Arbeit ist es auch, hier eine neue Perspektive einzunehmen. Ein Konzept sexueller Bildung für die Jugendhilfe richtet sich an die Fachkräfte und die Jugendlichen und umfasst verschiedene Bereiche. In der Arbeit konnte aufgezeigt werden, dass die Förderung von Jugendlichen gleichberechtigt neben der Aufgabe des Schutzes steht; ebenso, dass die sexuelle Entwicklung Jugendlicher und ihr sexuelles Verhalten Gegebenheiten sind, die auch in den Arbeitsalltag der Jugendhilfe und die Arbeitsbeziehungen mit den Fachkräften einfließen. Gleichzeitig zeigt sich in Bezug auf Sexualität für die Jugendhilfe, dass sich daraus immer wieder spezielle Herausforderungen ergeben. Eine Tabuisierung, Verdrängung oder Verbote werden nicht zu einer Lösung sondern zu einer Verlagerung führen und dem gesellschaftlichen Auftrag der Jugendhilfe nicht gerecht. Es zeigt sich, dass der Schutz von Jugendlichen eng mit der Förderung ihrer Persönlichkeit zusammenhängt, insbesondere mit Blick auf den Schutz vor sexualisierter Gewalt (vgl. Kapitel 1 und 2). Ein Konzept sexueller Bildung müsste demnach einrichtungsspezifisch Sexualerziehung und damit Fragen der körperlichen und psychosexuellen Entwicklung und der Sozialisation berücksichtigen. Diese Aufgabe kann grundsätzlich als familiäre gesehen werden und ist insbesondere auf die Eltern bezogen.

Gerade für Einrichtungen, die die Familie ersetzen und/oder mit Eltern bzw. Familien arbeiten, die ihre Erziehungs- und Betreuungsaufgaben nicht angemessen wahrnehmen (können), ist sie von besonderer Bedeutung.

Ein weiterer Teil eines Konzeptes ist die sexualpädagogische Arbeit. Professionelles Arbeiten meint hier, dass Fachkräfte reflektiert, planvoll, regelgeleitet und mit Methoden und Techniken arbeiten. Das heißt, auf der Basis eines Wissens um sexuelle Entwicklung und Sozialisation und unter Berücksichtigung der Interessen der Jugendliche werden sexualpädagogische Angebote an diese gemacht. Da ein Konzept sexueller Bildung in der Jugendhilfe sowohl non-formale wie informelle Formen haben kann und sich an den Bedürfnissen der Jugendlichen ausrichtet, kann ein sexualpädagogisches Angebot ein Beratungsgespräch in der Zweierkonstellation Fachkraft und jugendliche Adressat_in sein, aber auch ein Gruppenangebot. Daraus folgt nicht, dass alle Fachkräfte sexualpädagogische Expert_innen sein oder werden müssen. Sie sollten über eine sexualpädagogische Grundkompetenz verfügen, die es ihnen ermöglicht, einerseits auch spontan und situativ angemessen zu reagieren und andererseits die nötigen Entscheidungen treffen zu können, beispielsweise hinsichtlich der Einbindung von externen (sexualpädagogischen) Expert_innen. Eine Grundkompetenz von Fachkräften ist vor allem deshalb nötig, weil sie Erfahrungen, die ihnen Jugendliche berichten, mit diesen reflektieren müssen. Ein Konzept sexueller Bildung meint bezogen auf den Bildungsbegriff, dass neben der Vermittlung von konkretem Wissen auch das Reflektieren von Erfahrungen und das In-Bezug-Setzen von Wissen und Erfahrungen Teil eines Bildungsprozesses sind. Da Sexualität Teil jeder Persönlichkeit ist und jeder Mensch sexuell ist, kann angenommen werden, dass jeder Mensch über ein bestimmtes Wissen, über Normen und Werte in Bezug auf Sexualität verfügt. Mit Blick auf Fachkräfte, die selbst keine formale oder non-formale sexuelle Bildung im Rahmen der grundständigen Ausbildung und/oder in Fort- und Weiterbildungen hatten, sind so zumindest ein bestimmtes informell entstandenes Wissen und im Rahmen der eigenen Sozialisation erworbene Kompetenzen vorhanden. Sexualpädagogische Basiskompetenz könnte auch dadurch entstehen, dass diese individuellen Ressourcen selbstreflexiv im Kontext mit den Erfordernissen der professionellen Tätigkeit betrachtet und in einem weiteren Schritt Reflexionsangebote im professionellen Kontext genutzt werden, um Situationen des Arbeitsalltags, in denen sexuelle Themen von Bedeutung sind, zu besprechen (vgl. Kapitel 3 und 7).

Ein Konzept sexueller Bildung muss den Schutz der sexuellen Selbstbestimmung berücksichtigen. Dazu zählt der Schutz vor sexualisierter Gewalt. Sexuelle Bildung kann präventiv wirken, indem sie die Selbstbestimmung und Selbstwirksamkeit Jugendlicher fördert. Dies ersetzt kein einrichtungsspezifisches Schutzkonzept in Bezug auf sexualisierte Gewalt, aber es kann dieses sinnvoll ergänzen, flankieren oder integrieren. Ebenso sind weitere präventive Bereiche wie die Verhütung von Schwangerschaft oder der Schutz vor sexuell übertragbaren Krankheiten zu berücksichtigen. Ein Konzept sexueller Bildung muss abgestimmt werden, zwischen der Prämisse des Schutzes aufseiten der Jugendhilfe und dem Bestreben Jugendlicher, selbstbestimmte sexuelle Erfahrungen zu machen. Der Schutz der sexuellen Selbstbestimmung schließt auch den Schutz vor Diskriminierungen in Bezug auf Sexualität und Geschlecht ein und das Ermöglichen dessen, sich angemessen innerhalb der eigenen sexuellen Identität und Orientierung entwickeln zu können (vgl. Kapitel 2 und 3).

Im Kontext der Prävention müssen Überlegungen erfolgen, dass ein Konzept sexueller Bildung salutogenetisch zu denken ist. Das bezieht sich grundlegend auf die Förderung einer Widerstandsfähigkeit, die Jugendliche resilienter gegenüber Herausforderungen und Krisen macht. Darüber hinaus geht es um eine gesundheitsfördernde Ausrichtung der Jugendhilfe, die einen aktiven und kreativen Umgang mit den lebensweltlich bedingten Veränderungen und Herausforderungen fördert, um Gesundheit zu erhalten oder wieder herzustellen. Dies ergibt sich aus der Perspektive, dass Herausforderungen oder Lebenskrisen nicht zu verhindern sind und auch positiv für die Entwicklung genutzt werden können (vgl. Kapitel 3, 5, 6).

Ein Konzept sexueller Bildung bezieht sich nicht nur auf Jugendliche als mögliche Adressat_innen, sondern auch auf die Fachkräfte und die Einrichtungskultur. Fachkräfte müssen, wie oben geschildert, mit sexualitätsbezogenen Situationen sowohl spontan wie geplant professionell umgehen können. Dafür brauchen sie ein grundlegendes Wissen und Kompetenzen. Darüber hinaus sind Formen der Reflexion im Team von Bedeutung. Es bedarf sowohl der Bereitschaft der einzelnen Fachkräfte über sexuelle Themen im Team zu sprechen als auch der Offenheit im Team, auch hinsichtlich einer Fehlerkultur, die es ermöglicht, darüber zu sprechen. Ein Konzept sexueller Bildung muss mit und von den Fachkräften entwickelt werden. Sowohl bei der Entwicklung eines Konzeptes wie in der direkten Umsetzung bei der Arbeit mit den Jugendlichen sollten diese einbezogen und beteiligt werden. Die Frage des Vertrauens und der Vertrauensbildung ist hier eine entscheidende und grundlegende Frage, die Fachkräfte und Teams reflektieren müssen. Vom Vertrauenskonzept Jugendlicher ist abhängig, ob eine Kommunikation über sexuelle Themen zustande kommen kann. Hiermit hängt auch die Frage zusammen, wie mit einem Vertrauensvorschuss in der Beziehung von Fachkräften und Jugendlichen umgegangen wird und wie das geschenkte Vertrauen bestätigt wird. Sexuelle Bildung beginnt somit nicht bei den Jugendlichen und kann sich nicht auf Angebote an Jugendliche beschränken, sondern setzt auf der Ebene der Fachkräfte und der Einrichtungskultur an (vgl. Kapitel 5, 6 und 7).

8.2 Fazit

Die Dissertation befasste sich mit den Möglichkeiten und der Bedeutung sexueller Bildung im Kontext der Kinder- und Jugendhilfe. Das Erkenntnisinteresse richtete sich dabei auf Jugendliche als zu untersuchende Gruppe und Arbeitsfelder der Jugendhilfe, speziell die Jugendarbeit und die Hilfen zur Erziehung, die einerseits in Bezug auf die sexuelle Sozialisation von Jugendlichen von Bedeutung sind und andererseits Jugendliche als Adressat_innen von Bildungsangeboten in den Blick nehmen. Der Aufbau der Arbeit gestaltete sich wie folgt: Ausgehend von einer Beschäftigung mit dem aktuellen Forschungsstand und einer Eingrenzung des Forschungsinteresses bildete sich das Untersuchungsanliegen heraus (Teil I). Es folgte eine theoretische Gründung und eine Auseinandersetzung mit den zentralen Thematiken bezüglich des Untersuchungsanliegens unter Einbezug vorliegender Forschungsergebnisse (Teil II). Die Anlage und Durchführung der empirischen Untersuchung war mit einer intensiven Auseinandersetzung zu forschungsmethodischen und forschungsethischen Fragen verbunden (Teil III), an die sich die Auswertung der Ergebnisse der empirischen Untersuchung anschloss (Teil IV). Abschließend wurden eine Einordnung der Ergebnisse und Schlussfolgerungen vorgenommen (Teil V).

Teil I: Ausgehend von einem festgestellten Forschungsdesiderat zur Auseinandersetzung mit Sexualität in der Jugendhilfe ergab sich folgendes Forschungsinteresse: (1) die Wahrnehmung von Angeboten sexueller Bildung aus der Sicht von Jugendlichen (z. B. Erfahrungen, Erwartungen, Themen); (2) die Möglichkeiten und Formen von sexueller Bildung in der Kinder- und Jugendhilfe (z. B. formale, non-formale, informelle Angebote); (3) die fördernde und die präventive Komponente von sexueller Bildung im Rahmen der Kinder- und Jugendhilfe (z. B. in Bezug auf Selbstbestimmung oder den Schutz vor bzw. den Umgang mit sexualisierter Gewalt) (vgl. Kapitel 1).

Teil II: In den folgenden zwei Kapiteln der Arbeit wurden der Forschungsstand zur Kinder- und Jugendhilfe, zu Jugendsexualität und zu Bildung im Kontext der sexuellen Bildung und sich daraus ergebender Herausforderungen betrachtet. Die Arbeit nimmt eine aus historischer Perspektive hergeleitete theoretische Bestandsaufnahme vor und bietet einen systematischen Überblick zum Zusammenhang zwischen Jugendhilfe, Bildung und Jugendsexualität. Deutlich wird, dass Bildungsangebote in der Jugendhilfe adressat_innen- und lebensweltorientiert gestaltet sein müssen, um Jugendliche zu erreichen. Daraus lassen sich, vor allem mit Blick auf sexuelle Bildung, spezifische Kompetenzen für Fachkräfte ableiten, die ein professionelles Handeln ermöglichen (vgl. Kapitel 2 und 3).

Teil III: Im vierten Kapitel wurden das forschungsmethodische Vorgehen und ethische Fragestellungen ausführlich dargelegt. Die Anlage und Durchführung der empirischen Studie orientierte sich dabei an der Grounded-Theory-Methodologie und berücksichtigte speziell das Konzept der reflexiven Grounded Theory. In der Studie wurden acht Jugendliche interviewt. Der Feldzugang erfolgte über Fachkräfte in der Jugendhilfe als Gatekeeper_innen und sexualpädagogische Workshopangebote in der Jugendarbeit. Für die Erhebung wurden leitfadengestützte Interviews genutzt und anschließend mit Verfahren der Grounded Theory ausgewertet. Das Vorgehen im Forschungsprozess wurde einerseits in Anlehnung an die reflexive GT und andererseits aus forschungsethischen Gründen mit Blick auf die Sensibilität einer Forschung zu sexuellen Themen mit Jugendlichen ausführlich reflektiert. Die Reflexionen und forschungsethischen Überlegungen als beständiger Teil des Prozesses haben die Sensibilität aufseiten des Forschenden deutlich erhöht. Sie können als produktiv und insofern gewinnbringend betrachtet werden, da sie einen Beitrag in Bezug auf forschungsethische und forschungsmethodische Fragen mit Blick auf das Feld der Jugendhilfe und Jugendliche als zu untersuchende Subjekte leisten können. Allerdings muss kritisch angemerkt werden, dass die für eine beständige Reflexion nötigen (vor allem zeitlichen) Ressourcen nicht zu unterschätzen sind. Dies ist mit Blick auf zeitlich begrenzte Forschungsprojekte von Bedeutung, und ebenso bei Entscheidungen im Forschungsprozess hinsichtlich der Zeitplanung und Ressourcenverteilung beispielsweise zwischen Erhebung, Auswertung und Ergebnisdarstellung (vgl. Kapitel 4).

Teil IV: Im fünften Kapitel folgt die Präsentation der Ergebnisse. Diese wurden in Form von Modellen zusammengefasst und visualisiert. Auch wenn nur eine begrenzte Anzahl (n = 8) von Jugendlichen interviewt wurde, lieferten diese Interviews ausreichend Material, um sie mit Blick auf das Forschungsinteresse und die zur Verfügung stehenden Ressourcen auszuwerten. Die Datenauswertung führte zu dem zentralen Forschungsergebnis in Bezug auf sexuelle Bildung in der Jugendhilfe in dieser Arbeit, dem Vertrauenskonzept Jugendlicher beim Sprechen über Sexualität. Die Bedeutung dieses Vertrauenskonzeptes leistet als Ergebnis der Arbeit einen Beitrag, die bisher bestehende Forschungslücke im Bereich der sexuellen Bildung in der Kinder- und Jugendhilfe weiter zu schließen. Auch wenn die entwickelte Theorie nur für einen begrenzten und hier untersuchten Bereich gilt, zeigen sich mit Blick auf andere Studien und Publikationen Überschneidungen bzw. Bestätigungen von Ergebnissen. Im Nachgang ist bezüglich der Auswertung kritisch anzufügen, dass eine Kombination der Auswertung nach der GTM mit einem weiteren empirischen Auswertungsverfahren eine Möglichkeit gewesen wäre, den in der Arbeit erreichten Erkenntnishorizont zu erweitern bzw. noch andere Perspektiven auf den Forschungsgegenstand zu erhalten. Diese Gelegenheit wurde durch die Entscheidung eine reine GT-Studie durchzuführen nicht genutzt. Der Frage von Vertrauen und der Gestaltung von Vertrauensverhältnissen in professionellen sozialpädagogischen bzw. erzieherischen Beziehungen, so kann aus den Ergebnissen geschlossen werden, ist weiter und mit entsprechender Aufmerksamkeit in Wissenschaft und Praxis Sozialer Arbeit nachzugehen. Insbesondere für das Sprechen über Sexualität und die Angebote zu sexueller Bildung in der Jugendhilfe scheinen die Vertrauenskonzepte Jugendlicher von zentraler Bedeutung. So sind die vorhandenen Vertrauenskonzepte Jugendlicher, im Kontext eines vorhandenen Bedarfs, die Basis, auf der Kommunikation über sexuelle Themen entsteht oder überhaupt zustande kommt. Angebote sexueller Bildung stellen aber auch ernst zu nehmende Gelegenheiten dar, spezifisches wie persönliches Vertrauen zu entwickeln und so auch darüber hinaus bestehende vertrauensvolle Arbeitsbeziehungen aufzubauen oder diese zu stärken. Damit kann sexuelle Bildung ein Faktor sein, der sich durch positive Einflussnahme auf Vertrauenskonzepte auch positiv auf gelingende Prozesse in der Jugendhilfe auswirkt.

Ein Teilergebnis der Arbeit, das nicht weiter verfolgt wurde, da es nicht als zentrales Forschungsthema dem Untersuchungsanliegen entspricht, ist, dass sich in den Interviews eine hohe Vulnerabilität in Bezug auf die

Lebenswelt der Jugendlichen zeigt. Hier kommen insbesondere die sozialen Beziehungen und die sozioökonomischen Bedingungen in den Blick. Es wurde deutlich, dass die Jugendlichen unterschiedlichen Diskriminierungen in verschiedenen (intersektionalen) Kategorien wie Class, Race und Gender ausgesetzt sind. Diese stehen im Zusammenhang mit ihren Lebensperspektiven und den Möglichkeiten eines gelingenden Lebens in Deutschland. In den Interviews zeigte sich, dass die Jugendlichen unter hohem Druck stehen, ihre schulische und berufliche Laufbahn zu gestalten und zu bewältigen. Insgesamt kann gesagt werden, dass die Jugendlichen eine positive Grundhaltung und Motivation haben, Schulabschlüsse und Ausbildungsabschlüsse zu erreichen und sich beruflich zu integrieren. Dies ist jedoch abhängig von den zur Verfügung stehenden Möglichkeiten und daher ist diese Perspektive fragil und nicht verlässlich. In Bezug auf die schulische bzw. berufliche Entwicklung wirken sich Benachteiligungen, die sich auf intersektionale Kategorien beziehen lassen, negativ für die Jugendlichen aus. Mit Blick auf die beschriebenen Vertrauensformen und die daraus resultierenden Vertrauensbeziehungen ist dies für Wissenschaft und Praxis zu reflektieren und müsste eingehender untersucht werden. Hier stellen sich Fragen, an denen weitergearbeitet werden kann: Wie wirken sich Benachteiligungen und Diskriminierungserfahrungen Jugendlicher auf die Vertrauensformen aus und welche Konsequenzen hat dies für die Arbeitsfelder in der Jugendhilfe oder Angebote zu sexueller Bildung? Wie wirken sich ein hoher Druck, bestimmte gesellschaftliche Erwartungen erfüllen zu müssen, und das damit zusammenhängende Erleben von Enttäuschungen bei Jugendlichen auf Vertrauen aus und welche Konsequenzen ergeben sich daraus? Welche Angebote kann die Jugendhilfe an Jugendliche mit diesen Erfahrungen machen, um Vertrauen in den beschriebenen drei Formen herzustellen? Wie müsste eine sexuelle Bildung adressat_innenorientiert und lebensweltorientiert erfolgen, um diese Fragen im Kontext eines Konzeptes zu berücksichtigen? (vgl. Kapitel 5)

Teil V: Im sechsten Kapitel wurden die Ergebnisse in den aktuellen wissenschaftlichen Diskurs zu Vertrauen in der Sozialen Arbeit eingeordnet. Es zeigte sich, dass hinsichtlich einer Betrachtung von Vertrauen als theoretischer und empirischer Begriff und einer Diskussion mit bestehenden wissenschaftlichen Erkenntnissen eine Verortung der Ergebnisse in diesen Diskurs vorgenommen werden kann. Somit kann die im Rahmen der Arbeit entstandene Theorie mit begrenzter Reichweite an einen erweiterten theoretischen Kontext in der Sozialen Arbeit angeschlossen werden. Im siebenten Kapitel erfolgte eine Betrachtung der Ergebnisse mit Blick auf die Professionalität von Fachkräften. Die Einbindung und Diskussion professionssoziologischer Überlegungen erfolgte hinsichtlich der Fragen, was eine Profession definiert und was demnach professionelles Handeln ausmacht. Die an klassische Professionen angelegten Kriterien und die daraus folgenden Überlegungen zur Unterscheidung von Professionellen und Laien sind für die Soziale Arbeit jedoch nur zum Teil nützlich und führen zu keiner befriedigenden Antwort. Aus einer klassischen professionssoziologischen Sicht wären nur die akademisch speziell für die Profession ausgebildeten Personen als Professionelle zu sehen und nur die Gewährleistung, dass es hier eine klare Unterscheidung zwischen sogenannten Professionellen und Laien gibt, würde das Kriterium erfüllen, als Profession zu gelten. Diese Unterscheidung kann für die Soziale Arbeit mit ihren vielfältigen Arbeitsfeldern, in denen neben akademisch ausgebildeten Sozialarbeiter_innen und Sozialpädagog_innen auch andere akademische Berufe, beispielsweise mit erziehungswissenschaftlicher oder soziologischer Prägung, Erzieher_innen mit Fachschulabschluss oder auch Personen ohne grundständige pädagogische Ausbildung tätig sein können, kein Kriterium sein, um professionelles Handeln zu beschreiben. Aus diesem Grund wurde hier eine Differenzierung mit Blick auf die Arbeitsfelder der Jugendarbeit und der Erziehungshilfen vorgenommen und es wurden Kriterien professionellen Handelns speziell im Umgang mit Sexualität betrachtet (vgl. Kapitel 6 und 7).

Zusammenfassend kann diese Arbeit insofern als erfolgreich betrachtet werden, da sie dem Anliegen qualitativer Forschung, speziell der Grounded-Theory-Methodologie, nachkommt, Erkenntnisgewinne zu initiieren und Neues zu entdecken. Der Versuch, mehr zu sehen, als bereits bekannt ist, mündete hier in den oben beschriebenen nutzbaren Ertrag für die Wissenschaft und die Praxis der Sozialen Arbeit, speziell der sexuellen Bildung und der Jugendhilfe. Die Ergebnisse der Arbeit schließen einerseits an bestehendes Wissen an oder ergänzen dieses und bieten andererseits wiederum Anschlussmöglichkeiten für weitere Arbeiten.

Mit Blick auf die Ergebnisse soll abschließend folgendes Fazit vorgenommen werden: Jugendliche berichten von Erfahrungen mit formalen, non-formalen und informellen Angeboten, in denen mit ihnen vonseiten pädagogischer Professioneller über Sexualität gesprochen wird. Das Sprechen über Sexualität zwischen Jugendlichen und Fachkräften wird dabei von zwei entscheidenden Faktoren beeinflusst: (1) einem vorliegenden Bedarf hinsichtlich eines sexuellen Themas aufseiten der Jugendlichen und

(2) ihrem individuellen Vertrauenskonzept zu pädagogischen Fachkräften und Institutionen. Mit Blick auf Vertrauen zeigt sich, (1) dass das Gelingen von sexueller Bildung in der Jugendhilfe vom Vertrauenskonzept Jugendlicher abhängig ist; (2) dass sich dieses Vertrauenskonzept auf drei theoretische Formen von Vertrauen (Systemvertrauen, spezifisches Vertrauen, persönliches Vertrauen) bezieht, jedoch individuell unterschiedlich ausgeprägt ist; (3) dass sich diese unterschiedliche Ausprägung vor allem auf die konkreten Erfahrungen der Jugendlichen mit der Jugendhilfe bezieht und veränderbar ist, wobei insbesondere die Ebene des persönlichen Vertrauens von Bedeutung ist; (4) dass sich dieses Vertrauenskonzept in einem Prozess bildet und sich bestimmte Faktoren benennen lassen, die Vertrauen in der Jugendhilfe fördern können. Auf der Ebene der personalen Faktoren zeigte die Arbeit, dass Jugendliche an pädagogische Fachkräfte sehr deutlich Kommunikationsbedarfe über Sexualität richten und, dass die dafür entscheidenden zugrunde gelegten Vertrauenskonzepte sehr heterogen ausfallen. Diese Ergebnisse verweisen nicht nur auf die Bedeutung von Vertrauen in pädagogischen Beziehungen, sondern auch auf die Bedeutung eines nötigen professionellen Umgangs mit Sexualität in pädagogischen Settings und darauf, wie dieser mit Blick auf die Fachkräfte, die Einrichtungskultur und unter Einbindung der Jugendlichen gestaltet wird.

Abschließend kann den in der Zukunft folgenden Auseinandersetzungen und Entwicklungen zu diesem sensiblen Thema nur gewünscht werden, dass diese aus einer (selbst-)kritischen, menschenrechtsbasierten, respektvollen und achtsamen Haltung gegenüber allen Beteiligten heraus erfolgen. Die Ergebnisse dieser Arbeit verweisen darauf, dass dies in Bezug auf die Gestaltung von Vertrauensbeziehungen in professionellen pädagogischen Kontexten und die Entwicklung der Vertrauenskonzepte von Jugendlichen von Bedeutung ist. Mit Blick auf die Jugendhilfe sind, neben der grundlegenden Berücksichtigung wissenschaftlicher Erkenntnisse zu sexueller Bildung und Jugendsexualität und der angemessenen Ausgestaltung des Schutz- wie des Bildungsauftrages, vor allem ernsthafte Bestrebungen hinsichtlich der Etablierung einer achtsamen Jugendhilfe zu fordern. Diese sollte für die besondere Vulnerabilität Jugendlicher sensibel sein und insbesondere Tabuisierungen, Bagatellisierungen und Diskriminierungen hinsichtlich Sexualität in den Blick nehmen. Ebenso sollten dabei die individuellen (und damit heterogenen) Bedürfnisse der Jugendlichen berücksichtigt und ihnen ernst gemeinte Möglichkeiten der Beteiligung und bei der Gestaltung ihres Lebens eingeräumt werden.

Literatur

Abels, H. (1998). *Interaktion, Identität, Präsentation*. Opladen: Westdeutscher Verlag.

Achatz, J., Hirseland, A., Lietzmann, T. & Zabel, C. (2013). Alleinerziehende Mütter im Bereich des SGB II. Eine Synopse empirischer Befunde aus der IAB-Forschung. *IAB-Forschungsbericht, 8/2013*. http://doku.iab.de/forschungsbericht/2013/fb0813.pdf (10.06.2016).

Adam, H. (2014). Lernprozesse im Spannungsfeld kritischer Pädagogik. In M. Hawel & S. Kalmring (Hrsg.), *Bildung mit links! Gesellschaftskritik und emanzipierte Lernprozesse im flexibilisierten Kapitalismus* (S. 72–84). Hamburg: VSA-Verlag.

Adorno, T.W. (1970). *Erziehung zur Mündigkeit*. Frankfurt am Main: Suhrkamp.

Adorno, T.W. (2001). *Minima Moralia. Reflexionen aus dem beschädigten Leben*. Frankfurt am Main: Suhrkamp.

Albert, M., Hurrelmann, K., Quenzel, G. & TNS Infratest Sozialforschung (2015). *Jugend 2015. 17. Shell-Jugendstudie*. Frankfurt am Main: Fischer.

Alheit, P. (1999). Ein alternativer methodologischer Rahmen für qualitative Forschungsprozesse. Göttingen. http://www.fallarchiv.uni-kassel.de/wp-content/uploads/2010/07/alheit_grounded_theory_ofas.pdf (22.04.2018).

Alt, S., Bachhofer, M., Dieterle, S., Pester, S. & Suerkemper, A. (2018). Meine 2. Heimat – das Juze. Offene Kinder- und Jugendarbeit. Grundsätze und Leistungen. Stuttgart: Arbeitsgemeinschaft Jugendfreizeitstätten Baden-Württemberg e.V. https://www.agjf.de/files/cto_layout/Material/Puplikationen/AGJF-zweite-Heimat-web.pdf (05.07.2018).

Amann, G. & Wipplinger, R. (Hrsg.). (2005). *Sexueller Missbrauch. Überblick zu Forschung, Beratung und Therapie – ein Handbuch*. Tübingen: Dgvt.

Amthor, R.C. (2012). *Einführung in die Berufsgeschichte der sozialen Arbeit*. Weinheim: Beltz Juventa.

Andresen, S. (2018). Soziale Lebenslagen, Kindeswohlgefährdung und sexuelle Gewalt. Zur Problematik einseitig hergestellter Zusammenhänge. In A. Retkowski, A. Treibel & E. Tuider (Hrsg.), *Handbuch Sexualisierte Gewalt und pädagogischen Kontexte. Theorie, Forschung, Praxis* (S. 242–251). Weinheim: Beltz.

Andresen, S., Koch, C. & König, J. (Hrsg.). (2015). *Vulnerable Kinder. Interdisziplinäre Annäherungen*. Wiesbaden: Springer VS.

Arbeiterwohlfahrt Bezirksverband Niederrhein e.V. (2017). Impulse. Ein praxisorientierter Input zur sexualpädagogischen Arbeit mit männlichen* Jugendlichen mit Zuwanderungsgeschichte. Essen: AWO. https://www.lore-agnes-haus.de/fileadmin/user_data/impulse.pdf (17.10.2018).

Atteslander, P. (2006). *Methoden der empirischen Sozialforschung*. Unter Mitarbeit von J. Cromm, B. Grabow, H. Klein, A. Maurer & G. Siegert. Berlin: Schmidt.

Baacke, D. (2007). *Jugend und Jugendkulturen. Darstellung und Deutung*. Weinheim: Beltz Juventa.

Baban, A. (2011). *Sozialpädagogische Familienhilfe für Familien aus islamischen Kulturkreisen. Erfahrungen, Sichtweisen und Beobachtungen von und zu betroffenen Familien*. Oldenburg: BIS-Verlag der Carl von Ossietzky Universität.

Bade, K.J. (Hrsg.). (1993). *Deutsche im Ausland – Fremde in Deutschland. Migration in Geschichte und Gegenwart*. München: Beck.

Ballantine, M.W. (2012). Sibling Incest Dynamics: Therapeutic Themes and Clinical Challenges. *Clin Soc Work J, 40*(1), 56–65.

Bange, D. (2018). Politische Debatten rund um die Aufarbeitung und Prävention sexualisierter Gewalt seit 2010. In A. Retkowski, A. Treibel & E. Tuider (Hrsg.), *Handbuch Sexualisierte Gewalt und pädagogische Kontexte. Theorie, Forschung, Praxis* (S. 32–42). Weinheim: Beltz Juventa.

Bange, D. & Deegener, G. (1996). *Sexueller Mißbrauch an Kindern. Ausmaß, Hintergründe, Folgen*. Weinheim: Beltz Psychologie-Verlags-Union.

Bange, D. & Körner, W. (Hrsg.). (2002). *Handwörterbuch sexueller Missbrauch*. Göttingen: Hogrefe.

Bauer, R., Dahme, H.J. & Wohlfahrt, N. (2012). Freie Träger. In W. Thole (Hrsg.), *Grundriss Soziale Arbeit. Ein einführendes Handbuch* (S. 813–829). Wiesbaden: VS Verlag für Sozialwissenschaften.

Bauer Media Group (2009). *BRAVO – Dr. Sommer Studie-Liebe! Körper! Sexualität!* München: Bauer.

Baumbast, S., Hofmann-van de Poll, F. & Lüders, C. (2012). *Non-formale und informelle Lernprozesse in der Kinder- und Jugendarbeit und ihre Nachweise*. München: Deutsches Jugendinstitut.

Baur, N., Korte, H., Löw, M. & Schroer, M. (Hrsg.). (2008). *Handbuch Soziologie*. Wiesbaden: VS Verlag für Sozialwissenschaften.

Beck, M. & Henningsen, A. (2018). Sexualität lernen? Die Perspektive Jugendlicher und pädagogischer Fachkräfte. *Zeitschrift für Sexualforschung, 31*(2), 134–151.

Beher, K. (2002). Träger der Kinder- und Jugendhilfe. In W. Schröer, N. Struck & M. Wolff (Hrsg.), *Handbuch Kinder- und Jugendhilfe* (S. 563–580). Weinheim: Juventa.

Beher, K. (2016). Träger der Kinder- und Jugendhilfe. In W. Schröer, N. Struck & M. Wolff (Hrsg.), *Handbuch Kinder- und Jugendhilfe* (S. 702–720). Weinheim: Beltz Juventa.

Bereswill, M. (2011). *Intersektionalität*. In G. Ehlert, H. Funk & G. Stecklina (Hrsg.), *Wörterbuch Soziale Arbeit und Geschlecht* (S. 210–213). Weinheim: Juventa.

Berg, E. & Fuchs, M. (Hrsg.). (1993). *Kultur, soziale Praxis, Text. Die Krise der ethnographischen Repräsentation*. Frankfurt am Main: Suhrkamp.

Bergmann, C. (2012). Kinder brauchen Aufklärung und Schutzkonzepte. In W. Thole, M.S. Baader, W. Helsper, M. Kappeler, M. Leuzinger-Bohleber, S. Reh, U. Sielert & C. Thompson (Hrsg.), *Sexualisierte Gewalt, Macht und Pädagogik* (S. 249–264). Opladen: Budrich.

Bernhard, A. (2014). *Bewusstseinsbildung. Einführung in die kritische Bildungstheorie und Befreiungspädagogik Heinz-Joachim Heydorns*. Unter Mitarbeit von S. Schillings. Baltmansweiler: Schneider Hohengehren.

Bettmer, F. (2012). Die öffentlichen Träger der Sozialen Arbeit. In W. Thole (Hrsg.), *Grundriss Soziale Arbeit. Ein einführendes Handbuch* (S. 795–812). Wiesbaden: VS Verlag für Sozialwissenschaften.

Bieker, R. & Floerecke, P. (Hrsg.). (2011). *Träger, Arbeitsfelder und Zielgruppen der Sozialen Arbeit*. Stuttgart: Kohlhammer.

Birtsch, V., Münstermann, K. & Trede, W. (Hrsg.). (2001a). *Handbuch Erziehungshilfen. Leitfaden für Ausbildung, Praxis und Forschung*. Münster: Votum.

Birtsch, V., Münstermann, K. & Trede, W. (2001b). Erziehungshilfen: Von der Vielfalt zu einem abgestimmten Arbeitskonzept. In V. Birtsch, K. Münstermann & W. Trede (Hrsg.), *Handbuch Erziehungshilfen. Leitfaden für Ausbildung, Praxis und Forschung* (S. 9–19). Münster: Votum.

Bisarani, K. (2011). *Sozialpädagogische Familienhilfe für Familien aus islamischen Kulturkreisen. Erfahrungen und Sichtweisen von Fachkräften*. Oldenburg: BIS-Verlag der Carl von Ossietzky Universität.

Bitzan, M. & Bolay, E. (2015). Adressatin und Adressat. In H. U. Otto & H. Thiersch (Hrsg.), *Handbuch Soziale Arbeit* (S. 42–48). München: Reinhardt.

Blank, I. (2010). Staatlicher Erziehungsauftrag in Bildungs- und Jugendhilfeeinrichtungen – Elterliches Erziehungsrecht und deren Pflichten. http://www.vsj.de/fileadmin/Dateipool/Einrichtungsleiste/Mosaik/Dateien/Fachtag_2010/Impulsreferat Blank.pdf (25.04.2018).

Blumenthal, S. F. (2014). *Scham in der schulischen Sexualaufklärung. Eine pädagogische Ethnografie des Gymnasialunterrichts*. Wiesbaden: Springer VS.

BMFSFJ = Bundesministerium für Familie, Senioren, Frauen und Jugend (2017). 15. Kinder- und Jugendbericht Bericht über die Lebenssituation junger Menschen und die Leistungen der Kinder- und Jugendhilfe in Deutschland. Berlin. https://www.bmfsfj.de/blob/115438/d7ed644e1b7fac4f9266191459903c62/15-kinder-und-jugendbericht-bundestagsdrucksache-data.pdf (29.10.2018).

Boal, A. (1985). *Theater der Unterdrückten*. Frankfurt am Main: Suhrkamp.

Bock, K. (2008). Einwürfe zum Bildungsbegriff. Fragen für die Kinder- und Jugendhilfeforschung. In H. U. Otto & T. Rauschenbach (Hrsg.), *Die andere Seite der Bildung. Zum Verhältnis von formellen und informellen Bildungsprozessen* (S. 91–105). Wiesbaden: VS Verlag für Sozialwissenschaften.

Bock, K. & Miethe, I. (Hrsg.). (2010). *Handbuch qualitative Methoden in der sozialen Arbeit*. Opladen: Budrich.

Bock, K. & Otto H. U. (2007). Die Kinder- und Jugendhilfe als Ort flexibler Bildung. In M. Harring, K. Rohlfs & C. Palentien (Hrsg.), *Perspektiven der Bildung. Kinder und Jugendliche in formellen, nicht formellen und informellen Bildungsprozessen* (S. 203–217). Wiesbaden: VS Verlag für Sozialwissenschaften.

Bode, H. & Heßling, A. (2015). *Jugendsexualität. Die Perspektive der 14- bis 25-Jährigen. Ergebnisse einer aktuellen Repräsentativen Wiederholungsbefragung*. Köln: BZgA.

Bohler, K. F. & Franzheld, T. (2010). Kinder- und Jugendhilfe vor und nach dem Systemwechsel. Bundeszentrale für politische Bildung (Hrsg.), http://www.bpb.de/geschichte/deutsche-einheit/lange-wege-der-deutschen-einheit/47322/kinder-und-jugendhilfe?p=all (18.06.2018).

Böhm, W. (1994). *Wörterbuch der Pädagogik*. Stuttgart: Kröner.

Böhnisch, L. (2016). *Lebensbewältigung. Ein Konzept für die Soziale Arbeit*. Weinheim: Beltz Juventa.

Böhnisch, L. & Funk, H. (2013). *Soziologie. Eine Einführung für die Soziale Arbeit*. Weinheim: Beltz Juventa.

Bolay, E., Iser, A. & Weinhardt, M. (2015). Einleitung. In E. Bolay, A. Iser & M. Weinhardt (Hrsg.), *Methodisch Handeln – Beiträge zu Maja Heiners Impulsen zur Professionalisierung der Sozialen Arbeit* (S. 9–14). Wiesbaden: Springer VS.

Bösche, I., Alt, R., Krause, A., Rinne, U. & Zimmermann, K. F. (2012). *Pilotprojekt »Anonymisierte Bewerbungsverfahren« Abschlussbericht. Ergebnisse der Evaluierung durch die Kooperationsstelle Wissenschaft und Arbeitswelt an der Europa-Universität Viadrina (KOWA) sowie das Institut zur Zukunft der Arbeit (IZA)*. Berlin, Bonn und Frankfurt/Oder: Antidiskriminierungsstelle des Bundes.

Bourdieu, P. (1993). Narzißtische Reflexivität und wissenschaftliche Reflexivität. In E. Berg & M. Fuchs (Hrsg.), *Kultur, soziale Praxis, Text. Die Krise der ethnographischen Repräsentation* (S. 365–374). Frankfurt am Main: Suhrkamp.

Bowlby, J. (2016). *Frühe Bindung und kindliche Entwicklung*. München: Ernst Reinhardt Verlag.

Bretländer, B., Köttig, M. & Kunz, T. (Hrsg.). (2015). *Vielfalt und Differenz in der Sozialen Arbeit. Perspektiven auf Inklusion*. Stuttgart: Kohlhammer.

Breuer, F. (2010). *Reflexive Grounded Theory. Eine Einführung für die Forschungspraxis*. Wiesbaden: VS Verlag für Sozialwissenschaften.

Breuer, F. & Muckel, P. (2016). Reflexive Grounded Theory – Die Fokussierung von Subjektivität, Selbstreflexivität und Kreativität des/der Forschenden. In C. Equit & C. Hohage (Hrsg.), *Handbuch Grounded Theory. Von der Methodologie zur Forschungspraxis* (S. 67–85). Weinheim: Beltz Juventa.

Breuer, F., Muckel, P. & Dieris, B. (2018). *Reflexive Grounded Theory. Eine Einführung für die Forschungspraxis*. Wiesbaden: Springer VS.

Bruckner, E. & Meinhold-Henschel, S. (2002). *Sozialen Problemlagen von Kindern und Jugendlichen begegnen – Daten und Fakten aus dem Projekt »Kompass-Modellkommunen«*. Gütersloh: Bertelsmann-Stiftung.

Brumlik, M. (2014). Die Bildung des Staatsbürgers bei Rousseau und Fichte. In M. Hawel & S. Kalmring (Hrsg.), *Bildung mit links! Gesellschaftskritik und emanzipierte Lernprozesse im flexibilisierten Kapitalismus* (S. 59–71). Hamburg: VSA-Verlag.

Bründel, H. (2004). *Jugendsuizidalität und Salutogenese. Hilfe und Unterstützung für suizidgefährdete Jugendliche*. Stuttgart: Kohlhammer.

Bundeskriminalamt (Hrsg.). (2014). *Polizeiliche Kriminalstatistik (PKS) – Bundesrepublik Deutschland Jahrbuch 2014*. Wiesbaden.

Bundeskriminalamt (Hrsg.). (2016). *Polizeiliche Kriminalstatistik Bundesrepublik Deutschland. Jahrbuch 2016 Band 4*. Wiesbaden.

Busche, M., Domann, S., Krollpfeiffer, D., Norys, T. & Rusack, T. (2016). Perspektiven auf sexualisierte Gewalt im Kontext der Jugend(verbands)arbeit und des Jugendsports – Aspekte geschlechtlicher und sexueller Vielfalt. In C. Mahs, B. Rendtorff & T.V. Rieske (Hrsg.), *Erziehung, Gewalt, Sexualität. Zum Verhältnis von Geschlecht und Gewalt in Erziehung und Bildung* (S. 147–170). Opladen: Budrich.

Busche, M. & Marjanski, J. (2014). Wir können nicht etwas für Migrant_innen ohne diese tun. *Sozialmagazin, 39*(3–4), 54–59.

Busche, M. & Stuve, O. (2012). Intersektionalität und Gewaltprävention. http://portal-intersektionalitaet.de/theoriebildung/ueberblickstexte/buschestuve/ (29.10.2018).

BZgA = Bundeszentrale für gesundheitliche Aufklärung (Hrsg.). (1994). *Rahmenkonzept zur Sexualaufklärung der BZgA in Abstimmung mit den neuen Bundesländern*. Köln: BZgA.
BZgA = Bundeszentrale für gesundheitliche Aufklärung (Hrsg.). (2010a). *Jugendsexualität 2010. Repräsentative Wiederholungsbefragung von 14–17jährigen Jugendlichen und ihren Eltern*. Köln: BZgA.
BZgA = Bundeszentrale für gesundheitliche Aufklärung (Hrsg.). (2010b). *Sexualität und Behinderung*. Köln: BZgA.
Calmbach, M., Borgstedt, S., Borchard, I., Thomas, P.M. & Flaig, B.B. (2016). *Wie ticken Jugendliche 2016?* Wiesbaden: Springer Fachmedien.
Castro Varela, M.d.M. (2012). Einleitung: Traurige Forschung. In LesMigras (Hrsg.). (2012), »… nicht so greifbar und doch real« – Eine quantitative und qualitative Studie zu Gewalt- und (Mehrfach-)Diskriminierungserfahrungen von lesbischen, bisexuellen Frauen und Trans* in Deutschland. http://www.lesmigras.de/ergebnisse.html (S. 9–19). (17.01.2018).
Charmaz, K. (2014). *Constructing grounded theory*. 2. Aufl. Los Angeles: Sage.
Christmann, B. (2017). Sexualität und Gender als Projektionsflächen für fremdenfeindliche Stereotype und kulturalistische Identitätskonstruktionen. In U. Sielert, H. Marburger & C. Griese (Hrsg.), *Sexualität und Gender im Einwanderungsland. Öffentliche und zivilgesellschaftliche Aufgaben – ein Lehr- und Praxishandbuch* (S. 83–97). Berlin: De Gruyter Oldenbourg.
Clarke, A.E. (2012). *Situationsanalyse. Grounded Theory nach dem Postmodern Turn*. Wiesbaden: VS Verlag für Sozialwissenschaften.
Cleppien, G. (2012). Über die Schwierigkeiten, Klient/innen zu vertrauen. In S. Tiefel & M. Zeller (Hrsg.), *Vertrauensprozesse in der Sozialen Arbeit* (S. 49–66). Baltmannsweiler: Schneider Hohengehren.
Cocard, Y. (2014). Vertrauensbeziehungen Jugendlicher. In S. Bartmann, M. Fabel-Lamla, N. Pfaff & N. Welter (Hrsg.), *Vertrauen in der erziehungswissenschaftlichen Forschung* (S. 203–220). Opladen: Budrich.
Combahee River Collective (1977). The Combahee River Collective Statement. http://americanstudies.yale.edu/sites/default/files/files/Keyword%20Coalition_Readings.pdf (09.03.2018).
Combe, A. & Helsper, W. (Hrsg.). (1996). *Pädagogische Professionalität. Untersuchungen zum Typus pädagogischen Handelns*. Frankfurt am Main: Suhrkamp.
Conen, M.L. (2002). Institutionen und sexueller Missbrauch. In D. Bange & W. Körner (Hrsg.), *Handwörterbuch sexueller Missbrauch* (S. 196–201). Göttingen: Hogrefe.
Conen, M.L. (2005). Institutionelle Strukturen und sexueller Missbrauch durch Mitarbeiter in stationären Einrichtungen für Kinder und Jugendliche. In G. Amann & R. Wipplinger (Hrsg.), *Sexueller Missbrauch. Überblick zu Forschung, Beratung und Therapie – ein Handbuch* (S. 795–807). Tübingen: Dgvt.
Coster, C. de, Wolter, S. Alexander & Yılmaz-Günay, K. (2014). Intersektionalität in der Bildungsarbeit. In M. Hawel & S. Kalmring (Hrsg.), *Bildung mit links! Gesellschaftskritik und emanzipierte Lernprozesse im flexibilisierten Kapitalismus* (S. 118–134). Hamburg: VSA-Verlag.
Crenshaw, K. (1989). Demarginalizing the Intersection of Race and Sex: A Black Feminist Critique of Antidiscrimination Doctrine. *University of Chicago Legal Forum, 1989*(1), 139–167. https://chicagounbound.uchicago.edu/cgi/viewcontent.cgi?article=1052&context=uclf (09.12.2019).

Dannenbeck, C. & Stich, J. (2005). *Sexuelle Erfahrungen im Jugendalter. Aushandlungsprozesse im Geschlechterverhältnis; eine qualitative Studie.* Köln: BZgA.

Datenschutzbeauftragter Land Sachsen-Anhalt (2015). Informierte Einwilligung. Aktualisierte Fassung: https://datenschutz.sachsen-anhalt.de/recht/vorschriften/landes rechtliche-vorschriften/verwaltungsvorschriften/vv-zu-4// (22.10.2018).

Davis, A. (1982). *Rassismus und Sexismus. Schwarze Frauen und Klassenkampf in den USA.* Berlin: Elefanten Press.

DBSH = Deutscher Berufsverband für Soziale Arbeit e.V. (Hrsg.). (2009). *Grundlagen für die Arbeit des DBSH e. V.* Berlin und Essen: DBSH.

DBSH = Deutscher Berufsverband für Soziale Arbeit e.V. (2016). Deutschsprachige Definition Sozialer Arbeit des Fachbereichstag Soziale Arbeit und DBSH. https://www.dbsh.de/fileadmin/downloads/20161114_Dt_Def_Sozialer_Arbeit_FBTS_DBSH_02.pdf (24.07.2018).

Degele, N. & Winker, G. (2007). Intersektionalität als Mehrebenenanalyse. https://www.tuhh.de/agentec/winker/pdf/Intersektionalitaet_Mehrebenen.pdf (05.09.2018).

Deinet, U. (1999). *Sozialräumliche Jugendarbeit.* Wiesbaden: VS Verlag für Sozialwissenschaften.

Deinet, U., Nörber, M. & Sturzenhecker, B. (2002). Kinder- und Jugendarbeit. In W. Schröer, N. Struck & M. Wolff (Hrsg.), *Handbuch Kinder- und Jugendhilfe* (S. 693–714). Weinheim: Juventa.

Deinet, U., Nörber, M. & Sturzenhecker, B. (2016). Kinder- und Jugendarbeit. In W. Schröer, N. Struck & M. Wolff (Hrsg.), *Handbuch Kinder- und Jugendhilfe* (S. 913–932). Weinheim: Beltz Juventa.

Deinet, U. & Sturzenhecker, B. (Hrsg.). (2013). *Handbuch Offene Kinder- und Jugendarbeit.* Wiesbaden: Springer VS.

Denzin, N.K. (2017). Symbolischer Interaktionismus. In U. Flick, E. Kardorff & I. Steinke (Hrsg.), *Qualitative Forschung. Ein Handbuch* (S. 136–150). Reinbek: Rowohlt-Taschenbuchverlag.

Deutscher Bundestag (2016). Antwort der Bundesregierung auf die Kleine Anfrage der Abgeordneten Ulla Jelpke, Jan Korte, Frank Tempel, weiterer Abgeordneter und der Fraktion DIE LINKE. Abschiebungen im ersten Halbjahr 2016. Drucksache 18/9360 (08.08.2016). https://www.bmi.bund.de/SharedDocs/downloads/DE/veroeffentli chungen/2016/kleine-anfrage-abschiebungen-1HJ2016.pdf;jsessionid=D523207B 14531C33633F397AC5E7E804.1_cid364?__blob=publicationFile&v=1 (06.07.2018).

Deutscher Ethikrat (Hrsg.). (2018). *Hilfe durch Zwang? Professionelle Sorgebeziehungen im Spannungsfeld von Wohl und Selbstbestimmung. Stellungnahme.* Berlin.

Deutscher Gewerkschaftsbund (2008). Arbeitsmarkt aktuell – Jugendarbeitslosigkeit wird unterschätzt. http://www.dgb-jugend.de/themen/meldungen/jugendarbeits losigkeit_wird_unterschaetzt/data/studie-jugendarbeitslosigkeit.pdf (17.09.2018).

DGfE = Deutsche Gesellschaft für Erziehungswissenschaft (2016). Ethik-Kodex. https://www.dgfe.de/fileadmin/OrdnerRedakteure/Satzung_etc/Ethikkodex_2016.pdf (31.10.2018).

DGS = Deutsche Gesellschaft für Soziologie (2017). Ethik-Kodex. https://www.sozio logie.de/die-dgs/ethik/ethik-kodex/ (22.09.2018).

Die Bundesregierung (2017). Bericht über die Situation unbegleiteter ausländischer Minderjähriger in Deutschland. Deutscher Bundestag (Hrsg.), http://dipbt.bun destag.de/doc/btd/18/115/1811540.pdf (06.07.2018).

Dietrich, C. & Müller, H.R. (Hrsg.). (2000). *Bildung und Emanzipation. Klaus Mollenhauer weiterdenken.* Weinheim: Juventa.

Dissens e.V. (2012). Intersektionale Gewaltprävention. http://dissens.de/isgp/ (21.03.2017).

Domann, S. & Rusack, T. (2016). »Fast alle sind dann immer gut gelaunt und lachen, erzählen Witze.« – Die pädagogische Beziehung zwischen Jugendlichen und Mitarbeitenden in der Jugendarbeit. *Sozialmagazin, 41*(8), 29–36.

Duden (2018). https://www.duden.de/rechtschreibung/Schlawiner (03.09.2018).

Effinger, H. (Hrsg.). (2012). *Diversität und Soziale Ungleichheit. Analytische Zugänge und professionelles Handeln in der Sozialen Arbeit.* Opladen: Budrich.

Egle, U.T. (2015). Gesundheitliche Langzeitfolgenpsychisch traumatisierender und emotional deprivierender Entwicklungsbedingungen in Kindheit und Jugend. In U.T. Egle., P. Joraschky, A. Lampe, I. Seiffge-Krenke & M. Cierpka (Hrsg.), *Sexueller Missbrauch, Misshandlung, Vernachlässigung. Erkennung, Therapie und Prävention der Folgen früher Stresserfahrungen* (S. 24–40). Stuttgart: Schattauer.

Egle, U.T., Joraschky, P., Lampe, A., Seiffge-Krenke, I. & Cierpka, M. (Hrsg.). (2015). *Sexueller Missbrauch, Misshandlung, Vernachlässigung. Erkennung, Therapie und Prävention der Folgen früher Stresserfahrungen.* Stuttgart: Schattauer.

Ehlert, G., Funk, H. & Stecklina, G. (Hrsg.). (2011). *Wörterbuch Soziale Arbeit und Geschlecht.* Weinheim: Juventa.

Eickhorst, A., Fullerton, B. & Schreier, A. (2017). Psychische Belastungen bei Eltern mit Kleinkindern. Nationales Zentrum Frühe Hilfen, Deutsches Jugendinstitut (Hrsg.) (Faktenblatt 5 zur Prävalenz- und Versorgungsforschung der Bundesinitiative Frühe Hilfen) https://www.fruehehilfen.de/fileadmin/user_upload/fruehehilfen.de/pdf/faktenblaetter/Faktenblatt-5-NZFH-Praevalenzforschung-Psychische-Belastungen.pdf (02.12.2019).

Eisewicht, P. (2018). Qualitative Forschung – (k)ein Kinderspiel!? Kompetenzen und (extra-)methodologische Anforderungen »guter« Interpretationsarbeit. Vortrag. Berliner Methodentreffen Qualitative Forschung (28.07.2018).

Elias, N. (1997). *Über den Prozess der Zivilisation. Soziogenetische und psychogenetische Untersuchungen.* Frankfurt am Main: Suhrkamp.

Eltze, W. (2013). JFEs gegen Diskriminierung. Handreichung für Mitarbeiter_Innen der offenen Jugendarbeit, der Straßen- und Schulsozialarbeit. Berlin: LICHT-BLICKE Netzwerk für Demokratie. https://mbt-berlin.de/mbt/aktuelles/meldungen/Dokumente/JFE_ebook.pdf (13.03.2019).

Emmerich, M. & Hormel, U. (2013). *Heterogenität – Diversity – Intersektionalität.* Wiesbaden: Springer Fachmedien Wiesbaden.

Engfer, A. (2002). Misshandlung, Vernachlässigung und Missbrauch von Kindern. In R. Oerter & L. Montada (Hrsg.), *Entwicklungspsychologie* (S. 800–817). Weinheim: Beltz.

Engfer, A. (2015). Formen der Misshandlung von Kindern. Definitionen, Häufigkeiten, Erklärungsansätze. In U.T. Egle, P. Joraschky, A. Lampe, I. Seiffge-Krenke & M. Cierpka (Hrsg.), *Sexueller Missbrauch, Misshandlung, Vernachlässigung. Erkennung, Therapie und Prävention der Folgen früher Stresserfahrungen* (S. 4–23). Stuttgart: Schattauer.

Equit, C. & Hohage, C. (Hrsg.). (2016a). *Handbuch Grounded Theory. Von der Methodologie zur Forschungspraxis.* Weinheim: Beltz Juventa.

Equit, C. & Hohage, C. (2016b). Ausgewählte Entwicklungen und Konfliktlinien der Grounded-Theory-Methodologie. In C. Equit & C. Hohage (Hrsg.), *Handbuch Grounded Theory. Von der Methodologie zur Forschungspraxis* (S. 9–46). Weinheim: Beltz Juventa.

Erikson, E.H. (1973). *Identität und Lebenszyklus*. Frankfurt am Main: Suhrkamp.

Eßer, F., Rusack, T. & Schröer, W. (2018). Sexualisierte Gewalt in der Kinder- und Jugendarbeit. In A. Retkowski, A. Treibel & E. Tuider (Hrsg.), *Handbuch Sexualisierte Gewalt und pädagogische Kontexte. Theorie, Forschung, Praxis* (S. 451–459). Weinheim: Beltz Juventa.

Eugster, S., Piñeiro, E. & Wallimann, I. (1997). *Entmündigung und Emanzipation durch die Soziale Arbeit. Individuelle und strukturelle Aspekte*. Bern: Haupt.

FaFo = FamilienForschung Baden-Württemberg (2008). Alleinerziehende in Deutschland – Potenziale, Lebenssituationen und Unterstützungsbedarfe. *Beiträge aus Forschung, Statistik und Familienpolitik, 15*. http://www.uni-rostock.de/fileadmin/UniHome/Gbur/monitor-2008-04_property_pdf_bereich_bmfsfj_sprache_de_rwb_true.pdf (15.06.2016).

Faulstich-Wieland, H. (1991). *Koedukation – Enttäuschte Hoffnungen?* Darmstadt: Wissenschaftliche Buchgesellschaft.

Fegert, J.M., Spröber, N., Rassenhofer, M., Schneider, T. & Seitz, A. (Hrsg.). (2013). *Sexueller Kindesmissbrauch – Zeugnisse, Botschaften, Konsequenzen. Ergebnisse der Begleitforschung für die Anlaufstelle der Unabhängigen Beauftragten der Bundesregierung zur Aufarbeitung des sexuellen Kindesmissbrauchs, Frau Dr. Christine Bergmann*. Weinheim: Beltz Juventa.

Fegert, J.M. & Wolff, M. (Hrsg.). (2006). *Sexueller Missbrauch durch Professionelle in Institutionen. Prävention und Intervention – ein Werkbuch*. Weinheim: Juventa.

Fendrich, S., Pothmann, J. & Tabel, A. (2012). Monitor Hilfen zur Erziehung 2012. Arbeitsstelle Kinder- und Jugendhilfestatistik. http://www.akjstat.tu-dortmund.de/fileadmin/Startseite/Monitor_HzE_2012.pdf (15.06.2016).

Fendrich, S., Pothmann, J. & Tabel, A. (2016). Monitor Hilfen zur Erziehung 2016. Dortmund: Eigenverlag Forschungsverbund DJI/TU Dortmund. http://www.hzemonitor.akjstat.tu-dortmund.de/fileadmin/user_upload/documents/Monitor_Hilfen_zur_Erziehung_2016.pdf (05.07.2018).

Fendrich, S., Pothmann, J. & Tabel, A. (2017a). Inanspruchnahme und Adressat(inn)en der erzieherischen Hilfen. Dortmund: Eigenverlag Forschungsverbund DJI/TU Dortmund. http://www.hzemonitor.akjstat.tu-dortmund.de/2-inanspruchnahme/21-erneut-ueber-1-mio-junge-menschen-in-den-hilfen-zur-erziehung/ (05.07.2018).

Fendrich, S., Pothmann, J. & Tabel, A. (2017b). Hilfen zur Erziehung 2016 – weiterer Anstieg durch Hilfen für junge Geflüchtete. Dortmund: Eigenverlag Forschungsverbund DJI/TU Dortmund. http://www.akjstat.tu-dortmund.de/fileadmin/Analysen/HzE/Kurzanalyse_HzE2016.pdf (05.07.2018).

Finkelhor, D. (2005). Zur internationalen Epidemiologie von sexuellem Missbrauch an Kindern. In G. Amann & R. Wipplinger (Hrsg.), *Sexueller Missbrauch. Überblick zu Forschung, Beratung und Therapie – ein Handbuch* (S. 81–94). Tübingen: Dgvt.

Fischer, J. & Römer, R. (2015). Zugänge zu »schwierigen« Eltern unter den Bedingungen ländlicher und kleinstädtischer Räume. *Sozialmagazin, 40*(3–4), 54–63.

Flick, U. (2010). *Qualitative Sozialforschung. Eine Einführung*. Reinbek: Rowohlt.

Flick, U. (2016). *Qualitative Sozialforschung. Eine Einführung*. Reinbek: Rowohlt-Taschenbuchverlag.

Flick, U. (2017). Design und Prozess qualitativer Forschung. In U. Flick, E. v. Kardorff & I. Steinke (Hrsg.), *Qualitative Forschung. Ein Handbuch* (S. 252–265). Reinbek: Rowohlt.

Flick, U., Kardorff, E. v. & Steinke, I. (Hrsg.). (2017). *Qualitative Forschung. Ein Handbuch*. Reinbek: Rowohlt.

Freire, P. (Hrsg.). (1993). *Pädagogik der Unterdrückten. Bildung als Praxis der Freiheit*. Reinbek: Rowohlt.

Freytag, T. (2014). Differenz-Bildung. In M. Hawel & S. Kalmring (Hrsg.), *Bildung mit links! Gesellschaftskritik und emanzipierte Lernprozesse im flexibilisierten Kapitalismus* (S. 86–97). Hamburg: VSA-Verlag.

Friebertshäuser, B. & Langer, A. (2013). Interviewformen und Interviewpraxis. In B. Friebertshäuser, A. Langer & A. Prengel (Hrsg.), *Handbuch Qualitative Forschungsmethoden in der Erziehungswissenschaft* (S. 437–455). Weinheim: Beltz Juventa.

Friebertshäuser, B., Langer, A. & Prengel, A. (Hrsg.). (2013). *Handbuch Qualitative Forschungsmethoden in der Erziehungswissenschaft*. Weinheim: Beltz Juventa.

Friebertshäuser, B. & Prengel, A. (Hrsg.). (1997). *Handbuch qualitative Forschungsmethoden in der Erziehungswissenschaft*. Weinheim: Juventa.

Fröhlich-Gildhoff, K. & Rönnau-Böse, M. (2009). *Resilienz*. Stuttgart: UTB.

Gaitanides, S. (2009). *Interkulturelle Kompetenz als Anforderungsprofil in der Jugend- und Sozialarbeit*. In LebensWelt gGmbH Berlin (Hrsg.), *Möglichkeiten und Grenzen ambulanter Erziehungshilfen in Migrantenfamilien. Dokumentation der Fachtagung 2002* (S. 34–50). Berlin: LebensWelt gGmbH.

Geißler, G., Blask, F. & Scholze, T. (Hrsg.). (1997). *Einweisung nach Torgau. Texte und Dokumente zur autoritären Jugendfürsorge in der DDR*. Ministerium für Bildung, Jugend und Sport des Landes Brandenburg. Berlin: BasisDruck.

Gehrke, B. & Frietsch, R. (2007). Bildungsstrukturen der Bevölkerung und Qualifikationsstrukturen der Erwerbstätigen in Deutschland und Europa. http://publica.fraunhofer.de/eprints/urn_nbn_de_0011-n-610144.pdf (10.11.2018).

Giesecke, H. (1981). *Vom Wandervogel bis zur Hitlerjugend. Jugendarbeit zwischen Politik und Pädagogik*. München: Juventa.

GLADT e.V. (2010). HEJ – Handreichung für emanzipatorische Jungenarbeit. Sexismus & Homophobie in der Arbeit mit (nicht nur) männlichen Jugendlichen. http://hej.gladt.com (03.10.2018).

Glaser, B. G. & Strauss, A. L. (1967). *The discovery of grounded theory. Strategies for qualitative research*. Chicago: Aldine Pub. Co.

Glaser, B. G. & Strauss, A. L. (Hrsg.). (2010). *Grounded theory. Strategien qualitativer Forschung*. Unter Mitarbeit von A. T. Paul & S. Kaufmann. Bern: Huber.

Glockentöger, I. & Adelt, E. (Hrsg.). (2017). *Gendersensible Bildung und Erziehung in der Schule. Grundlagen – Handlungsfelder – Praxis*. Münster: Waxmann.

Griesbacher, M. (2016). Kodierparadigma und Temporal Sensitivity in der Grounded Theory. Bemerkungen zu den »Methodological Assumptions« von A. Strauss und J. Corbin. In C. Equit & C. Hohage (Hrsg.), *Handbuch Grounded Theory. Von der Methodologie zur Forschungspraxis* (S. 141–157). Weinheim: Beltz Juventa.

Grotberg, E. H. (2011). Anleitung zur Förderung der Resilienz von Kindern – Stärkung des Charakters. Ein Manual für die Praxis der Resilienzförderung. In M. Zander,

M. Roemer & S. Laux (Hrsg.), *Handbuch Resilienzförderung* (S. 51–1001). Wiesbaden: VS Verlag.

Haase, M. (2017). Sexuelle Bildung und Migration in der Kinder- und Jugendhilfe. In U. Sielert, H. Marburger & C. Griese (Hrsg.), *Sexualität und Gender im Einwanderungsland. Öffentliche und zivilgesellschaftliche Aufgaben – ein Lehr- und Praxishandbuch* (S. 335–345). Berlin: De Gruyter Oldenbourg.

Habermas, T. & Paha, C. (2001a). The development of coherence in adolescents' life narratives. *Narrative Inquiry, 11*(1), 35–54.

Habermas, T. & Paha, C. (2001b). Frühe Kindheitserinnerung und die Entwicklung biographischen Verstehens in der Adoleszenz. In I. Behnken & J. Zinnecker (Hrsg.), *Kinder, Kindheit, Lebensgeschichte. Ein Handbuch* (S. 84–99). Seelze-Velber: Kallmeyer.

Hafeneger, B. (2013). Geschichte der Offenen Kinder- und Jugendarbeit seit 1945. In U. Deinet & B. Sturzenhecker (Hrsg.), *Handbuch Offene Kinder- und Jugendarbeit* (S. 37–47). Wiesbaden: Springer VS.

Hafeneger, B. (2015). Von den Anfängen bis zur Gegenwart. Bundeszentrale für politische Bildung (Hrsg.), http://www.bpb.de/gesellschaft/bildung/politische-bildung/193945/von-den-anfaengen-bis-zur-gegenwart?p=all (18.06.2018).

Hammerschmidt, P. & Tennstedt, F. (2012). Der Weg zur Sozialarbeit: Von der Armenpflege bis zur Konstituierung des Wohlfahrtsstaates in der Weimarer Republik. In W. Thole (Hrsg.), *Grundriss Soziale Arbeit. Ein einführendes Handbuch* (S. 73–86). Wiesbaden: VS Verlag für Sozialwissenschaften.

Harris, J. B. (2002). *Ist Erziehung sinnlos?* Reinbek: Rowohlt.

Hartwig, L. & Hensen, G. (2008). *Sexueller Missbrauch und Jugendhilfe. Möglichkeiten und Grenzen sozialpädagogischen Handelns im Kinderschutz*. Weinheim: Juventa.

Hauschild, H. Peter (2008). *Fluchtversuche. Das Leben des Miro Sabanovic zwischen Familienterror, Bahnhof Zoo und Ausländerbehörde*. Hamburg: Männerschwarm.

Hawel, M. & Kalmring, S. (Hrsg.). (2014). *Bildung mit links! Gesellschaftskritik und emanzipierte Lernprozesse im flexibilisierten Kapitalismus*. Rosa-Luxemburg-Stiftung. Hamburg: VSA-Verlag.

Hehemann, R. (1993). »… jederzeit gottlose böse Leute« – Sinti und Roma zwischen Duldung und Vernichtung. In K. J. Bade (Hrsg.), *Deutsche im Ausland – Fremde in Deutschland. Migration in Geschichte und Gegenwart* (S. 271–277). München: Beck.

Heiner, M. (2012). Handlungskompetenz und Handlungstypen. Überlegungen zu den Grundlagen methodischen Handelns. In W. Thole (Hrsg.), *Grundriss Soziale Arbeit* (S. 611–624). Wiesbaden: VS Verlag für Sozialwissenschaften.

Heinitz, S. (2015). Riskante Idylle. Aufgaben des Kinderschutzes in ländlichen Räumen. *Sozialmagazin, 40*(3–4), 46–53.

Helfferich, C. (2011). *Die Qualität qualitativer Daten. Manual für die Durchführung qualitativer Interviews*. Wiesbaden: VS Verlag für Sozialwissenschaften.

Helfferich, C. & Kavemann, B. (2016). »Kein Sex im Kinderheim?«. Es braucht eine vertrauensvolle Kommunikation über Sexualität in der stationären Jugendhilfe. *Sozialmagazin, 41*(8), 52–59.

Henningsen, A. (2016a). Professionalität und Zuständigkeit sexualpädagogischer Expert_innen. In A. Henningsen, E. Tuider & S. Timmermanns (Hrsg.), *Sexualpädagogik kontrovers* (S. 46–68). Weinheim: Beltz Juventa.

Henningsen, A. (2016b). Sexuelle Bildung und Gewaltprävention. Eine systematische Reflexion zur Prävention sexualisierter Gewalt in pädagogischen Kontexten. In

A. Henningsen, E. Tuider & S. Timmermanns (Hrsg.), *Sexualpädagogik kontrovers* (S. 120–141). Weinheim: Beltz Juventa.

Henningsen, A. & List, I. M. (2018). »Das ist ja meistens nur Geschnacke« – Achtsame Sexualitäts- und Kommunikationskulturen in stationären Einrichtungen der Jugendhilfe. *Kindesmisshandlung und -vernachlässigung: Interdisziplinäre Fachzeitschrift für Prävention und Intervention, 21*(2), 202–211.

Henningsen, A., Tuider, E. & Timmermanns, S. (Hrsg.). (2016). *Sexualpädagogik kontrovers*. Weinheim: Beltz Juventa.

Hermanns, H. (2017). Interviewen als Tätigkeit. In U. Flick, E. v. Kardorff & I. Steinke (Hrsg.), *Qualitative Forschung. Ein Handbuch* (S. 360–368). Reinbek: Rowohlt-Taschenbuchverlag.

Herwig-Lempp, J. (2007). Ressourcen im Umfeld: Die VIP-Karte. In B. Michel-Schwartze (Hrsg.), *Methodenbuch Soziale Arbeit. Basiswissen für die Praxis* (S. 207–226). Wiesbaden: VS Verlag für Sozialwissenschaften.

Herzog, D. & Binswanger, D. (2017). Mit Sexualität lässt sich immer und überall Politik machen. Die amerikanische Historikerin Dagmar Herzog erklärt, warum die Haltung zur Abtreibung für Trumps Wahl ausschlaggebend war. *Das Magazin*, 11, 15. März 2017. https://www.dasmagazin.ch/2017/03/17/mit-sexualitaet-laesst-sich-immer-und-ueberall-politik-machen/, (19.04.2017).

Hess, J., Retkowski, A. & Wehrhahn, D. (2016). Küssen, Streicheln, Doktorspiele … Konstruktionen kindlicher Sexualität als Herausforderung für pädagogische Disziplin und Profession. *Forum Gemeindepsychologie, 21*(1). http://www.gemeindepsycho logie.de/fg-1-2016_06.html (25.04.2017).

Heydorn, H. J. (1980). *Ungleichheit für alle. Zur Neufassung des Bildungsbegriffs*. Frankfurt am Main: Syndikat.

Hildenbrand, B. (2010). Vorwort. In B. G. Glaser & A. L. Strauss (Hrsg.), *Grounded theory. Strategien qualitativer Forschung*. Bern: Huber.

Hinte, W. (2014). Sozialraumorientierung: Ein Fachkonzept auch für die Hilfen zur Erziehung? In M. Macsenaere, K. Esser, E. Knab & S. Hiller (Hrsg.), *Handbuch der Hilfen zur Erziehung* (S. 339–341). Freiburg: Lambertus.

Hoffmann-Riem, C. (1980). Die Sozialforschung einer interpretativen Soziologie. Der Datengewinn. *Kölner Zeitschrift für Soziologie und Sozialpsychologie, 32*(2), 339–372.

Hopf, C. (2008). Qualitative Interviews – ein Überblick. In U. Flick, E. v. Kardorff & I. Steinke (Hrsg.), *Qualitative Forschung. Ein Handbuch* (S. 349–359). Reinbek: Rowohlt-Taschenbuchverlag.

Hopf, C. (2016). *Schriften zu Methodologie und Methoden qualitativer Sozialforschung*. Wiesbaden: Springer VS.

Hopf, C. (2017). Forschungsethik und qualitative Forschung. In U. Flick, E. v. Kardorff & I. Steinke (Hrsg.), *Qualitative Forschung. Ein Handbuch* (S. 589–599). Reinbek: Rowohlt.

Hornstein, W. (2004). Bildungsaufgaben der Kinder- und Jugendarbeit auf der Grundlage jugendlicher Entwicklungsaufgaben. In B. Sturzenhecker & W. Lindner (Hrsg.), *Bildung in der Kinder- und Jugendarbeit. Vom Bildungsanspruch zur Bildungspraxis* (S. 15–33). Weinheim: Juventa.

Hülst, D. (2010). Grounded Theory. Universität Kassel – online Fallarchiv, http://www.fallarchiv.uni-kassel.de/wp-content/uploads/2011/02/huelst_grounded_theory2.pdf (22.03.2018).

Hülst, D. (2013). Grounded Theory. In B. Friebertshäuser, A. Langer & A. Prengel (Hrsg.), *Handbuch Qualitative Forschungsmethoden in der Erziehungswissenschaft* (S. 281–300). Weinheim: Beltz Juventa.

Institut Arbeit und Qualifikation der Universität Duisburg-Essen (2017a). Qualifikationsspezifische Arbeitslosenquoten 1991–2017. http://www.sozialpolitik-aktuell.de/tl_files/sozialpolitik-aktuell/_Politikfelder/Arbeitsmarkt/Datensammlung/PDF-Dateien/abbIV40.pdf (17.11.2018).

Institut Arbeit und Qualifikation der Universität Duisburg-Essen (2017b). Abhängig Erwerbstätige nach Bildungsabschluss. http://www.sozialpolitik-aktuell.de/tl_files/sozialpolitik-aktuell/_Politikfelder/Arbeitsmarkt/Datensammlung/PDF-Dateien/abbIV12.pdf (07.12.2018).

i-PÄD = Initiative Intersektionale Pädagogik (2015). Intersektionale Pädagogik. Handreichung für Sozialarbeiter_innen, Erzieher_innen, Lehrkräfte und die, die es noch werden wollen. Ein Beitrag zu inklusiver pädagogischer Praxis, vorurteilsbewusster Bildung und Erziehung. Berlin. http://www.i-paed-berlin.de/de/Downloads/ (21.03.2017).

Jannink, H. & Witz, C. (2017). Die Doppelseitigkeit der Scham in der sexualpädagogischen Arbeit mit jungen Geflüchteten. In U. Sielert, H. Marburger & C. Griese (Hrsg.), *Sexualität und Gender im Einwanderungsland. Öffentliche und zivilgesellschaftliche Aufgaben – ein Lehr- und Praxishandbuch* (S. 127–139). Berlin: De Gruyter Oldenbourg.

Jordan, E. (2005). *Kinder- und Jugendhilfe. Einführung in Geschichte und Handlungsfelder, Organisationsformen und gesellschaftliche Problemlagen.* Weinheim: Juventa.

Jörns, G. (1997). Jugendhilfe in der DDR. In G. Geißler, F. Blask & T. Scholze (Hrsg.), *Einweisung nach Torgau. Texte und Dokumente zur autoritären Jugendfürsorge in der DDR* (S. 31–91). Berlin: BasisDruck.

Kant, I. (1803). Über Pädagogik. Königsberg: D. Friedrich Theodor Rink, http://www.deutschestextarchiv.de/book/view/kant_paedagogik_1803?p=29 (07.02.2017).

Kautny, O. (2018). Kinder und die Narrative der Straße im Hip-Hop. *Sozialmagazin, 43*(1–2), 35–41.

Kavemann, B. (2016). Sexualpädagogik oder Gewaltprävention? – Sexualität vor dem Hintergrund sexueller Gewalterlebnisse. *Forum Gemeindepsychologie, 21*(1), http://www.gemeindepsychologie.de/fg-1-2016_03.html (24.04.2017).

Kavemann, B., Kesteren, A. Graf-van, Rothkegel, S. & Nagel, B. (2016). *Erinnern, Schweigen und Sprechen nach sexueller Gewalt in der Kindheit. Ergebnisse einer Interviewstudie mit Frauen und Männern, die als Kind sexuelle Gewalt erlebt haben.* Wiesbaden: Springer VS.

Kavemann, B., Rothkegel, S. & Nagel, B. (2015). Nicht aufklärbare Verdachtsfälle bei sexuellen Grenzverletzungen und sexualisierter Gewalt durch Mitarbeiter*innen in Institutionen. Nicht 100 Prozent Sicherheit, aber 100 Prozent Professionalität. http://www.barbara-kavemann.de/download/2015_Broschuere_nicht_aufklaerbare_Verdachtsfaelle.pdf (30.10.2018).

Kaya, V. (2015). *HipHop zwischen Istanbul und Berlin. Eine (deutsch-)türkische Jugendkultur im lokalen und transnationalen Beziehungsgeflecht.* Bielefeld: Transcript.

Klees, E. (2008). *Geschwisterinzest im Kindes- und Jugendalter. Eine empirische Täterstudie im Kontext internationaler Forschungsergebnisse.* Lengerich: Pabst Science Publishers.

Klees, E. & Kettritz, T. (Hrsg.). (2018). *Sexualisierte Gewalt durch Geschwister. Praxishandbuch für die pädagogische und psychologisch-psychiatrische Arbeit mit sexualisiert übergriffigen Kindern/Jugendlichen*. Lengerich: Pabst Science Publishers.

Klein, A. (2015). Zur These der Pornografisierung der Jugend. *Sozialmagazin, 40*(1–2), 16–25.

Klein, A. & Tuider, E. (Hrsg.). (2017). *Sexualität und Soziale Arbeit*. Baltmannsweiler: Schneider Hohengehren.

Klein, G. (2008). *Kultur*. In N. Baur, H. Korte, M. Löw & M. Schroer (Hrsg.), *Handbuch Soziologie* (S. 237–252). Wiesbaden: VS Verlag für Sozialwissenschaften.

Kluge, N. (2013). Sexuelle Bildung: Erziehungswissenschaftliche Grundlegung. In R.B. Schmidt & U. Sielert (Hrsg.), *Handbuch Sexualpädagogik und sexuelle Bildung* (S. 116–124). Weinheim: Juventa.

Knab, E. (2014). Entwicklung der Erziehungshilfe – vom Mittelalter bis zum Ende des Zweiten Weltkrieges. In M. Macsenaere, K. Esser, E. Knab & S. Hiller (Hrsg.), *Handbuch der Hilfen zur Erziehung* (S. 21–26). Freiburg: Lambertus.

Kolb, A. (2013). Migranten aus Italien. In K.H. Meier-Braun & R. Weber (Hrsg.), *Migration und Integration in Deutschland. Begriffe – Fakten – Kontroversen* (S. 55–58). Bonn: BpB Bundeszentrale für politische Bildung.

Kowalski, M., Hildebrand, J., Marks, S., Retkowski, A., Thole, W., Schäfer, D. & Behnisch, M. (2018). Pädagogische Intimität. *Kindesmisshandlung und -vernachlässigung: Interdisziplinäre Fachzeitschrift für Prävention und Intervention, 21*(2), 188–201.

Krause, A., Rinne, U. & Zimmermann, K.F. (2010). Anonymisierte Bewerbungsverfahren. Institut zur Zukunft der Arbeit, Antidiskriminierungsstelle des Bundes (Hrsg.). Bonn (IZA Research Report No. 27). http://legacy.iza.org/en/webcontent/publications/reports/report_pdfs/iza_report_27.pdf (29.10.2018).

Krell, C. (2015). Forschungsprojekt »Coming-out – und dann …?« Ein Werkstattbericht. *BZgA-Forum Sexualaufklärung und Familienplanung, 2015*(1), 39–42.

Krell, C. & Oldemeier, K. (2015). Coming-out – und dann …?! Ein DJI-Forschungsprojekt zur Lebenssituation von lesbischen, schwulen, bisexuellen und trans* Jugendlichen und jungen Erwachsenen. München. http://www.dji.de/fileadmin/user_upload/bibs2015/DJI_Broschuere_ComingOut.pdf (22.06.2017).

Kretzer, S. (2013). Arbeitspapier zur Konzeptentwicklung der Anonymisierungs-/Pseudonymisierung in Qualiservice. https://www.ssoar.info/ssoar/bitstream/handle/document/47605/ssoar-2013-kretzer-Arbeitspapier_zur_Konzeptentwicklung_der_Anonymisierungs-Pseudonymisierung.pdf?sequence=1 (31.08.2018).

Kröhnert, S. (2008). Bevölkerungsentwicklung in Ostdeutschland. Berlin Institut für Bevölkerung und Entwicklung (Hrsg.), http://www.berlin-institut.org/file admin/user_upload/handbuch_texte/pdf_Kr__hnert_Ostdeutschland_2008.pdf (15.02.2018).

Krollpfeiffer, D. (2016). Sichtweisen von jungen Menschen aus der Jugendarbeit auf sexualisierte Gewalt. Sexualisierte Gewalt enttabuisieren und besprechen. *Sozialmagazin, 41*(8), 15–21.

Krolzik-Matthei, K., Linke, T. & Voß, H.-J. (2019). Interviews zu Sexualität und Geschlecht mit Fachkräften in der Sozialen Arbeit. Die Bedeutung einer reflektierten Haltung für das professionelle Handeln am Beispiel des Umgangs mit Macht und Diskriminierungserfahrungen im Arbeitskontext. Unter Mitarbeit von M. Urban & G.S. Magdon. In M. Wazlawik, A. Henningsen, A. Dekker, H.-J. Voß & A. Retkowski (Hrsg.),

Sexuelle Gewalt in pädagogischen Kontexten. Aktuelle Forschungen und Perspektiven (S. 247–260). Wiesbaden: Springer VS.

Krüger, H.H. & Grunert, C. (Hrsg.). (2010). *Handbuch Kindheits- und Jugendforschung.* Wiesbaden: VS Verlag für Sozialwissenschaften.

Kugler, T. & Nordt, S. (2015). Geschlechtliche und sexuelle Vielfalt als Themen der Kinder- und Jugendhilfe. In F. Schmidt, A.C. Schondelmayer & U.B. Schröder (Hrsg.), *Selbstbestimmung und Anerkennung sexueller und geschlechtlicher Vielfalt. Lebenswirklichkeiten, Forschungsergebnisse und Bildungsbausteine* (S. 207–222). Wiesbaden: Springer VS.

Kuhlmann, C. (2012). Soziale Arbeit im nationalsozialistischen Herrschaftssystem. In W. Thole (Hrsg.), *Grundriss Soziale Arbeit. Ein einführendes Handbuch* (S. 87–108). Wiesbaden: VS Verlag für Sozialwissenschaften.

Kuhlmann, C. (2014). Erziehungshilfen von 1945 bis heute. In M. Macsenaere, K. Esser, E. Knab & S. Hiller (Hrsg.), *Handbuch der Hilfen zur Erziehung* (S. 27–32). Freiburg: Lambertus.

Kuhlmann, C. & Schrapper, C. (2001). Geschichte der Erziehungshilfen von der Armenpflege bis zu den Hilfen zur Erziehung. In V. Birtsch, K. Münstermann & W. Trede (Hrsg.), *Handbuch Erziehungshilfen. Leitfaden für Ausbildung, Praxis und Forschung* (S. 282–328). Münster: Votum.

Kuhnt, A.K. & Steinbach, A. (2014). Diversität von Familie in Deutschland. In A. Steinbach, M. Hennig & O. Arránz-Becker (Hrsg.), *Familie im Fokus der Wissenschaft* (S. 41–70). Wiesbaden: Springer VS-Verlag.

Künstler, S. (2015). Die »Kinder der Anderen«. Eine diskursanalytische Perspektive auf die Erzeugung vulnerabler Subjektpositionen. In S. Andresen, C. Koch & J. König (Hrsg.), *Vulnerable Kinder. Interdisziplinäre Annäherungen* (S. 173–188). Wiesbaden: Springer VS.

Küsters, I. (2009). *Narrative Interviews: Grundlagen und Anwendungen.* Wiesbaden: VS Verlag für Sozialwissenschaften.

Lache, L. (2015). *Sexualität und Autismus. Die Bedeutung von Kommunikation und Sprache für die sexuelle Entwicklung.* Gießen: Psychosozial-Verlag.

Lamnek, S., Luedtke, J., Ottermann, R. & Vogl, S. (2012). *Tatort Familie. Häusliche Gewalt im gesellschaftlichen Kontext.* Wiesbaden: Springer VS.

Landeszentrale für politische Bildung Baden-Württemberg (Hrsg.). (1998). »Zwischen Romantisierung und Rassismus«. Sinti und Roma – 600 Jahre in Deutschland. Stuttgart. https://www.lpb-bw.de/publikationen/sinti/SINTI.pdf (16.10.2018).

Lange, A. & Xyländer, M. (2008). Jugend. In H. Willems (Hrsg.), *Lehr(er)buch Soziologie. Für die pädagogischen und soziologischen Studiengänge Band 2* (S. 593–609). Wiesbaden: VS Verlag für Sozialwissenschaften.

Lange, E. (1993). Einführung. In P. Freire (Hrsg.), *Pädagogik der Unterdrückten. Bildung als Praxis der Freiheit* (S. 9–23). Reinbek: Rowohlt.

Langer, A. (2017). Arbeit an und mit Widersprüchen – Zur Herstellung und Aufrechterhaltung einer sexualpädagogischen Situation. In A. Klein & E. Tuider (Hrsg.), *Sexualität und Soziale Arbeit* (S. 149–163). Baltmannsweiler: Schneider Hohengehren.

Laubinger, R., Lenzi-Laubinger, R., Mettbach, R. & Weiss, M. (2014). Die Sinti Allianz Deutschland wehrt sich gegen das Bezeichnungspaar »Sinti und Roma« denn Sinti und Roma würden sich zu sehr unterscheiden. Sinti-Allianz & BundesPresse Portal (Hrsg.), http://www.bundespresseportal.de/berlin/6-berlin/die-sinti-allianz

-deutschland-wehrt-sich-gegen-das-bezeichnungspaar-„sinti-und-roma“,-denn -sinti-und-roma-würden-sich-zu-sehr-unterscheiden.html (10.12.2018).

LesMigraS = Antigewalt- und Antidiskriminierungsbereich der Lesbenberatung Berlin e.V. (Hrsg.). (2012). »... *Nicht so greifbar und doch real« – Eine quantitative und qualitative Studie zu Gewalt und (Mehrfach-)Diskriminierungserfahrungen von lesbischen, bisexuellen Frauen und Trans* in Deutschland.* Unter Mitarbeit von M.d.M. Castro Varela, S. Mohamed, G. Ott-Gerlach & L. Thaler. Berlin: LesMigraS (21.03.2018).

Lindenberger, U. (2002). Erwachsenenalter und Alter. In R. Oerter & L. Montada (Hrsg.), *Entwicklungspsychologie* (S. 350–392). Weinheim: Beltz.

Linke, T. (2015). *Sexualität und Familie. Möglichkeiten sexueller Bildung im Rahmen erzieherischer Hilfen.* Gießen: Psychosozial-Verlag.

Linke, T. (2016). »Darauf kann man zählen.« Interviewanalyse und Kategorienbildung mit der Grounded Theory. In Hochschule Merseburg (Hrsg.), *Forschungsbericht 2016. Forschung und Transfer an der Hochschule Merseburg* (S. 110–112). Merseburg: Hochschule Merseburg.

Linke, T. (2017). Haltung, Kompetenzen, Konzepte. Sexuelle Bildung als Querschnittsaufgabe in der Sozialen Arbeit. *Blätter der Wohlfahrtspflege. Deutsche Zeitschrift für Soziale Arbeit, 164*, 2/2017, 43–46.

Linke, T. (2018a). Arbeit mit Familien im Kontext sexualisierter Gewalt in der Kinder- und Jugendhilfe. In A. Retkowski, A. Treibel & E. Tuider (Hrsg.), *Handbuch Sexualisierte Gewalt und pädagogische Kontexte. Theorie, Forschung, Praxis* (S. 571–578). Weinheim: Beltz Juventa.

Linke, T. (2018b). Sexualisierte Gewalt in der Familie. In A. Retkowski, A. Treibel & E. Tuider (Hrsg.), *Handbuch Sexualisierte Gewalt und pädagogische Kontexte. Theorie, Forschung, Praxis* (S. 398–414). Weinheim: Beltz Juventa.

Linke, T. (i.Vorb.). Intersektionalität als Reflexionsangebot. In K. Krolzik-Matthei, M. Urban & T. Linke (Hrsg.), *Schutz von Kindern und Jugendlichen vor sexueller Traumatisierung.* Gießen: Psychosozial-Verlag.

Linke, T., Hashemi, F. & Voß, H.-J. (2018). Sexualisierte Gewalt und sexuelle Traumatisierung im Kontext von Flucht. In A. Retkowski, A. Treibel & E. Tuider (Hrsg.), *Handbuch Sexualisierte Gewalt und pädagogische Kontexte. Theorie, Forschung, Praxis* (S. 369–377). Weinheim: Beltz Juventa.

Linke, T. & Krolzik-Matthei, K. (2018). »Da sind die Täter in Kontakt mit den Personen, die sie sexuell missbraucht haben« – Herausforderungen in der Sozialpädagogischen Familienhilfe beim Umgang mit sexualisierter Gewalt in der Familie. *Kindesmisshandlung und -vernachlässigung: Interdisziplinäre Fachzeitschrift für Prävention und Intervention, 21*(2), 178–187.

Linke, T. & Voß, H.-J. (2018). Sexuelle Gesundheit und Migration: Theoretische Grundlagen für ein reflektiertes Verständnis. *Kindesmisshandlung und -vernachlässigung: Interdisziplinäre Fachzeitschrift für Prävention und Intervention, 21*(2), 122–135.

Lochner, B. (2017). »Kevin kann einfach auch nicht Paul heißen«. Methodologische Überlegungen zur Anonymisierung von Namen. *Zeitschrift für qualitative Forschung, 18*(2), 283–296.

Lucius-Hoene, G. & Deppermann, A. (2004). *Rekonstruktion narrativer Identität. Ein Arbeitsbuch zur Analyse narrativer Interviews.* Wiesbaden: VS Verlag für Sozialwissenschaften.

Luhmann, N. (1989). *Vertrauen. Ein Mechanismus der Reduktion sozialer Komplexität.* Stuttgart: Ferdinand Enke.

Lups, F., Kliem, S. & Kröger, C. (2012). Sekundäre Traumatisierung. Eine Umfrage unter Psychotherapeuten. *Psychotherapeutenjournal, 2/2012*, 94–99.

Macsenaere, M., Esser, K., Knab, E. & Hiller, S. (Hrsg.). (2014). *Handbuch der Hilfen zur Erziehung*. Freiburg: Lambertus.

Mantey, D. (2017). *Sexualerziehung in Wohngruppen der stationären Erziehungshilfe aus Sicht der Jugendlichen*. Weinheim: Beltz Juventa.

Mantey, D. (2018). Nähe und Anerkennung als Voraussetzungen der Sexualerziehung in Wohngruppen. *Sozialmagazin, 43*(1–2), 91–97.

Mappes-Niedick, N. (2016). Rückkehr in den Westbalkan. Das Schicksal der Abgeschobenen. Deutschlandfunk, 16.05.2016. http://www.deutschlandfunk.de/rueckkehr-in-den-westbalkan-das-schicksal-der-abgeschobenen.724.de.html?dram:article_id=354279 (17.09.2018).

Margolis, R. & Myrskyla, M. (2013). How was the first one? Parental well-being surrounding first birth and further parity progression. http://paa2013.princeton.edu/papers/130299 (30.10.2018).

Maschke, S. & Stecher, L. (2017). SPEAK! Die Studie. »Sexualisierte Gewalt in der Erfahrung Jugendlicher. Öffentlicher Kurzbericht.« http://www.speak-studie.de/assets/uploads/kurzberichte/201706_Kurzbericht-Speak.pdf (19.10.2018).

Matter, M. (2013). Sinti und Roma. In K.H. Meier-Braun & R. Weber (Hrsg.), *Migration und Integration in Deutschland. Begriffe – Fakten – Kontroversen* (S. 83–88). Bonn: BpB Bundeszentrale für politische Bildung.

Matthiesen, S. (2013). *Sexualität im Internetzeitalter. Eine qualitative Studie zu sozialen und sexuellen Beziehungen von Jugendlichen*. Köln: BZgA.

Mayring, P. (2002). *Einführung in die qualitative Sozialforschung. Eine Anleitung zu qualitativem Denken*. Weinheim: Beltz.

McAdams, Dan P. (2001). The Psychology of Life Stories. *Review of General Psychology, 5*(2), 100–122.

Mecheril, P. & Plöser, M. (2011). Diversity und Soziale Arbeit. In H.U. Otto, H. Thiersch & K. Grunwald (Hrsg.), *Handbuch soziale Arbeit. Grundlagen der Sozialarbeit und Sozialpädagogik* (S. 278–287). München: Reinhardt.

Meier-Braun, K.H. & Weber, R. (Hrsg.). (2013). *Migration und Integration in Deutschland. Begriffe – Fakten – Kontroversen*. Bonn: BpB Bundeszentrale für politische Bildung.

Merkel, J. (2005). *Gebildete Kindheit. Wie die Selbstbildung von Kindern gefördert wird: Handbuch der Bildungsarbeit im Elementarbereich*. Bremen: Ed. Lumière.

Merkens, H. (1997). Stichproben bei qualitativen Studien. In B. Friebertshäuser & A. Prengel (Hrsg.), *Handbuch qualitative Forschungsmethoden in der Erziehungswissenschaft* (S. 97–106). Weinheim: Juventa.

Merkens, H. (2008). Auswahlverfahren, Sampling, Fallkonstruktion. In U. Flick, E.v Kardorff & I. Steinke (Hrsg.), *Qualitative Forschung. Ein Handbuch* (S. 286–298). Reinbek: Rowohlt-Taschenbuchverlag.

Merten, R. (2008). Die soziale Seite der Bildung. Ein sozialpädagogischer Blick auf PISA und PISA-E. In H.U. Otto & T. Rauschenbach (Hrsg.), *Die andere Seite der Bildung. Zum Verhältnis von formellen und informellen Bildungsprozessen* (S. 41–59). Wiesbaden: VS Verlag für Sozialwissenschaften.

Michel, D. & Sünker, H. (2010). Bildung. In K. Bock & I. Miethe (Hrsg.), *Handbuch qualitative Methoden in der sozialen Arbeit* (S. 132–150). Opladen: Budrich.

Michel-Schwartze, B. (Hrsg.). (2007). *Methodenbuch Soziale Arbeit. Basiswissen für die Praxis*. Wiesbaden: VS Verlag für Sozialwissenschaften.

Miethe, I. (2013). Forschungsethik. In B. Friebertshäuser, A. Langer & A. Prengel (Hrsg.), *Handbuch Qualitative Forschungsmethoden in der Erziehungswissenschaft* (S. 927–937). Weinheim: Beltz Juventa.

Mosser, P. (2012). Sexuell grenzverletzende Kinder – Praxisansätze und ihre empirischen Grundlagen. Eine Expertise für das Informationszentrum Kindesmisshandlung/Kindesvernachlässigung (IzKK). München: DJI. http://www.dji.de/bibs/MosserExpertiseDJIGesamt.pdf (16.09.2018).

Muckel, P. (2007). Die Entwicklung von Kategorien mit der Methode der Grounded Theory. *Historical Social Research, 19*(Supplement), 211–231. http://www.ssoar.info/ssoar/bitstream/handle/document/28862/ssoar-hsrsupp-2007-no_19-muckel-die_entwicklung_von_kategorien_mit.pdf?sequence=1 (09.03.2018).

Muckel, P. & Breuer, F. (2016). Die Praxis der Reflexiven Grounded Theory. Beispielhaft erläutert an der Entwicklung erster Theoriefragmente aus den Kodes unterschiedlicher Daten und bereits bestehender Theorien. In C. Equit & C. Hohage (Hrsg.), *Handbuch Grounded Theory. Von der Methodologie zur Forschungspraxis* (S. 158–179). Weinheim: Beltz Juventa.

Müller, A. (2017). Sexualpädagogische Arbeit mit unbegleiteten minderjährigen Jungen aus Afghanistan. In U. Sielert, H. Marburger & C. Griese (Hrsg.), *Sexualität und Gender im Einwanderungsland. Öffentliche und zivilgesellschaftliche Aufgaben – ein Lehr- und Praxishandbuch* (S. 268–281). Berlin: De Gruyter Oldenbourg.

Müller, C.W. (2011). »Nimmer sich beugen – kräftig sich zeigen«. In M. Zander, M. Roemer & S. Laux (Hrsg.), *Handbuch Resilienzförderung* (S. 314–328). Wiesbaden: VS Verlag für Sozialwissenschaften.

Müller, H. (2016). *Professionalisierung von Praxisfeldern der Sozialarbeit*. Opladen, Berlin & Toronto: Budrich.

Müller, M. (2013). Beruf Sexualpädagoge/Sexualpädagogin. In R.B. Schmidt & U. Sielert (Hrsg.), *Handbuch Sexualpädagogik und sexuelle Bildung* (S. 757–769). Weinheim: Juventa.

Nave-Herz, R. (2008). Ehe und Familie. In H. Willems (Hrsg.), *Lehr(er)buch Soziologie. Für die pädagogischen und soziologischen Studiengänge Band 2* (S. 703–720). Wiesbaden: VS Verlag für Sozialwissenschaften.

Neubauer, G. (2010). Kindheit, Jugend und Sexualität. In H.H. Krüger & C. Grunert (Hrsg.), *Handbuch Kindheits- und Jugendforschung* (S. 987–1004). Wiesbaden: VS Verlag für Sozialwissenschaften.

Niederbacher, A. & Zimmermann, P. (2011). *Grundwissen Sozialisation – Einführung Sozialisation im Kindes- und Jugendalter*. Wiesbaden: VS-Verlag.

Niemeyer, C. (2012). Sozialpädagogik, Sozialarbeit, Soziale Arbeit – »klassische« Aspekte der Theoriegeschichte. In W. Thole (Hrsg.), *Grundriss Soziale Arbeit. Ein einführendes Handbuch* (S. 135–150). Wiesbaden: VS Verlag für Sozialwissenschaften.

Nörber, M. (2013). Peer Education in der Offenen Kinder- und Jugendarbeit. In U. Deinet & B. Sturzenhecker (Hrsg.), *Handbuch Offene Kinder- und Jugendarbeit* (S. 339–346). Wiesbaden: Springer VS.

Nübling, D. & Hirschauer, S. (Hrsg.). (2018). *Namen und Geschlechter. Studien zum onymischen un/doing Gender*. Berlin: De Gruyter.

Oerter, R. & Dreher, E. (2002). Jugendalter. In R. Oerter & L. Montada (Hrsg.), *Entwicklungspsychologie* (S. 258–318). Weinheim: Beltz.

Oevermann, U. (1996). Theoretische Skizze einer revidierten Theorie professionalisierten Handelns. In A. Combe & W. Helsper (Hrsg.), *Pädagogische Professionalität. Untersuchungen zum Typus pädagogischen Handelns* (S. 70–128). Frankfurt am Main: Suhrkamp.

Oswald, H. (2013). Was heißt qualitativ forschen? In B. Friebertshäuser, A. Langer & A. Prengel (Hrsg.), *Handbuch Qualitative Forschungsmethoden in der Erziehungswissenschaft* (S. 183–201). Weinheim: Beltz Juventa.

Otto, H.U. & Rauschenbach, T. (Hrsg.). (2008). *Die andere Seite der Bildung. Zum Verhältnis von formellen und informellen Bildungsprozessen*. Wiesbaden: VS Verlag für Sozialwissenschaften.

Otto, H.U. & Thiersch, H. (Hrsg.). (2015). *Handbuch Soziale Arbeit. Grundlagen der Sozialarbeit und Sozialpädagogik*. München: Reinhardt.

Otto, H.U., Thiersch, H. & Grunwald, K. (Hrsg.). (2011). *Handbuch soziale Arbeit. Grundlagen der Sozialarbeit und Sozialpädagogik*. München: Reinhardt.

Petzold, T.D. (2016). Resilienz und Salutogenese. Über die Fokussierung auf Stress und die gesunde Entwicklung des Menschen. *Der Mensch, 52*, 24–26.

Phillips-Green, M.J. (2002). Sibling incest. *The Family Journal: Counseling and Therapy for Couples and Familys, Sage Publications, 04/2002*, Vol. 10 No. 2, 195–202.

Plankensteiner, A. (2014). § 27, 2 SGB VIII: Flexible Hilfen – Konzept, Implikation, Praxis. In M. Macsenaere, K. Esser, E. Knab & S. Hiller (Hrsg.), *Handbuch der Hilfen zur Erziehung* (S. 85–91). Freiburg: Lambertus.

Poelchau, H.W., Briken, P., Wazlawik, M., Bauer, U., Fegert, J.M. & Kavemann, B. (2015). Bonner Ethik-Erklärung. Empfehlungen für die Forschung zu sexueller Gewalt in pädagogischen Kontexten. https://www.bmbf.de/files/Ethikerklaerung(1).pdf (22.05.2018).

Pohlkamp, I. (2012). Differenzsensible/intersektionale Bildung – Ein Theorie-Praxis-Dilemma? Vortrag im Rahmen der Ringvorlesung »Behinderung ohne Behinderte?! Perspektiven der Disability Studies«, Universität Hamburg, 29.10.2012. http://www.zedis-ev-hochschule-hh.de/files/pohlkamp_29102012.pdf (03.04.2018).

Preissing, C. (2003). Bildung im Situationsansatz – Bildung nach PISA. In M.R. Textor & A. Bostelmann (Hrsg.) Das Kita-Handbuch. http://www.kindergartenpaedagogik.de/936.html (20.09.2018).

Raithelhuber, E. (2008). Von Akteuren und agency – eine sozialtheoretische Einordnung der structure/agency-Debatte. In H.G. Homfeldt, W. Schröer & C. Schweppe (Hrsg.), *Vom Adressaten zum Akteur. Soziale Arbeit und Agency* (S. 17–45). Opladen: Budrich.

Rauschenbach, T. & Otto, H.U. (2008). Die neue Bildungsdebatte. Chance oder Risiko für die Kinder- und Jugendhilfe. In H.U. Otto & T. Rauschenbach (Hrsg.), *Die andere Seite der Bildung. Zum Verhältnis von formellen und informellen Bildungsprozessen* (S. 9–29). Wiesbaden: VS Verlag für Sozialwissenschaften.

Reichertz, J. & Wilz, S. (2016). Welche Erkenntnistheorie liegt der GT zugrunde? In C. Equit & C. Hohage (Hrsg.), *Handbuch Grounded Theory. Von der Methodologie zur Forschungspraxis* (S. 48–66). Weinheim: Beltz Juventa.

Reinders, H. (2005). *Qualitative Interviews mit Jugendlichen führen. Ein Leitfaden*. München: Oldenbourg.

Rendtorff, B. (2012). Überlegungen zu Sexualität, Macht und Geschlecht. In W. Thole, M.S. Baader, W. Helsper, M. Kappeler, M. Leuzinger-Bohleber, S. Reh, U. Sielert & C. Thompson (Hrsg.), *Sexualisierte Gewalt, Macht und Pädagogik* (S. 138–150). Opladen: Budrich.

Retkowski, A. & Thole, W. (2012). Professionsethik und Organisationskultur. In W. Thole, M.S. Baader, W. Helsper, M. Kappeler, M. Leuzinger-Bohleber, S. Reh, U. Sielert & C. Thompson (Hrsg.), *Sexualisierte Gewalt, Macht und Pädagogik* (S. 291–315). Opladen: Budrich.

Retkowski, A., Treibel, A. & Tuider, E. (Hrsg.). (2018a). *Handbuch Sexualisierte Gewalt und pädagogische Kontexte. Theorie, Forschung, Praxis*. Weinheim: Beltz Juventa.

Retkowski, A., Treibel, A. & Tuider, E. (2018b). Einleitung: Pädagogische Kontexte und Sexualisierte Gewalt. In A. Retkowski, A. Treibel & E. Tuider (Hrsg.), *Handbuch Sexualisierte Gewalt und pädagogische Kontexte. Theorie, Forschung, Praxis* (S. 15–31). Weinheim: Beltz Juventa.

Rieske, T.V., Scambor, E. & Wittenzellner, U. (2018). Aufdeckungsprozesse. Dimensionen und Verläufe. In A. Retkowski, A. Treibel & E. Tuider (Hrsg.), *Handbuch Sexualisierte Gewalt und pädagogische Kontexte. Theorie, Forschung, Praxis* (S. 700–708). Weinheim: Beltz Juventa.

Rollet, B. (2002). Frühe Kindheit, Störungen, Entwicklungsrisiken, Förderungsmöglichkeit. In R. Oerter & L. Montada (Hrsg.), *Entwicklungspsychologie* (S. 713–739). Weinheim: Beltz.

Rommelspacher, B. (2012). Kulturelle Grenzziehungen in der Sozialarbeit: Doing and undoing differences. In H. Effinger (Hrsg.), *Diversität und Soziale Ungleichheit. Analytische Zugänge und professionelles Handeln in der Sozialen Arbeit* (S. 43–55). Opladen: Budrich.

Rücker, S. (2015). In guter Obhut. *Neue Caritas, 2015*(9), 21–23.

Rusack, T. (2015). Küssen verboten? Sexualität und Paarbeziehungen aus der Sicht von Jugendlichen in stationären Settings. *Sozial Extra, 39*(5), 25–27.

Rusack, T. (2018). Peer Violence. In A. Retkowski, A. Treibel & E. Tuider (Hrsg.), *Handbuch Sexualisierte Gewalt und pädagogische Kontexte. Theorie, Forschung, Praxis* (S. 315–324). Weinheim: Beltz Juventa.

Sager, C. (2015). *Das aufgeklärte Kind. Zur Geschichte der bundesrepublikanischen Sexualaufklärung (1950–2010)*. Bielefeld: Transcript.

Scambor, E., Wittenzellner, U. & Rieske, T.V. (2018). Bedingungen für gelingende Aufdeckungsprozesse. In A. Retkowski, A. Treibel & E. Tuider (Hrsg.), *Handbuch Sexualisierte Gewalt und pädagogische Kontexte. Theorie, Forschung, Praxis* (S. 709–718). Weinheim: Beltz Juventa.

Scherr, A. (1997). *Subjektorientierte Jugendarbeit. Eine Einführung in die Grundlagen emanzipatorischer Jugendpädagogik*. Weinheim: Juventa.

Scherr, A. (2011). Diskriminierung und Rassismus. In H.U. Otto, H. Thiersch & K. Grunwald (Hrsg.), *Handbuch soziale Arbeit. Grundlagen der Sozialarbeit und Sozialpädagogik* (S. 268–277). München: Reinhardt.

Scherr, A. (2016). Sozialisation, Person, Individuum. In H. Korte & B. Schäfers (Hrsg.) *Einführung in Hauptbegriffe der Soziologie* (S. 49–78). Wiesbaden: Springer VS.

Schiller, F. (2013). *Über die ästhetische Erziehung des Menschen*. Stuttgart: Reclam.

Schilling, M. (2012). Die Träger in der Sozialen Arbeit in der Statistik. In W. Thole (Hrsg.), *Grundriss Soziale Arbeit. Ein einführendes Handbuch* (S. 777–794). Wiesbaden: VS Verlag für Sozialwissenschaften.

Schipmann, W. (2014). Der VPK als Dachverband privater Träger in der Kinder- und Jugendhilfe. In M. Macsenaere, K. Esser, E. Knab & S. Hiller (Hrsg.), *Handbuch der Hilfen zur Erziehung* (S. 279–283). Freiburg: Lambertus.

Schmauch, U. (2015). Sexuelle Vielfalt und Regenbogenkompetenz in der Sozialen Arbeit. In B. Bretländer, M. Köttig & T. Kunz (Hrsg.), *Vielfalt und Differenz in der Sozialen Arbeit. Perspektiven auf Inklusion* (S. 170–178). Stuttgart: Kohlhammer.

Schmauch, U. (2016). Sexualpädagogisches Handeln in der Sozialen Arbeit. In A. Henningsen, E. Tuider & S. Timmermanns (Hrsg.), *Sexualpädagogik kontrovers* (S. 32–45). Weinheim: Beltz Juventa.

Schmid, C. (2012). Sexuelle Übergriffe an Kindern und Jugendlichen in der Schweiz. Formen, Verbreitung, Tatumstände. UBS Optimus Foundation (Hrsg.), http://www.optimusstudy.org/fileadmin/user_upload/documents/Booklet_Schweiz/Optimus_Studie_Broschuere_2012_d.pdf (19.10.2018).

Schmidt, F., Schondelmayer, A.C. & Schröder, U.B. (Hrsg.). (2015). *Selbstbestimmung und Anerkennung sexueller und geschlechtlicher Vielfalt. Lebenswirklichkeiten, Forschungsergebnisse und Bildungsbausteine*. Wiesbaden: Springer VS.

Schmidt, R.B. & Sielert, U. (Hrsg.). (2012). *Sexualpädagogik in beruflichen Handlungsfeldern*. Köln: Bildungsverlag EINS.

Schmidt, R.B. & Sielert, U. (Hrsg.). (2013). *Handbuch Sexualpädagogik und sexuelle Bildung*. Weinheim: Juventa.

Schmuck, M. (2018). Deutsche und niederländische Unisex-Namen. In D. Nübling & S. Hirschauer (Hrsg.), *Namen und Geschlechter. Studien zum onymischen un/doing Gender* (S. 271–302). Berlin: De Gruyter.

Schneewind, K.A. (2002). Familienentwicklung. In R. Oerter & L. Montada (Hrsg.), *Entwicklungspsychologie* (S. 105–127). Weinheim: Beltz.

Schnerring, A. & Verlan, S. (2006). »ich will, dass man mich hört und sieht, deswegen rap ich«. https://www.deutschlandfunk.de/ich-will-dass-man-mich-hoert-und-sieht-deswegen-rap-ich.704.de.html?dram:article_id=85668 (10.12.2018).

Schock, K., Rosner, R., Wenk-Ansohn, M. & Knaevelsrud, C. (2010). Retraumatisierung – Annäherung an eine Begriffsbestimmung. *Psychother Psych Med, 60*(7), 243–249.

Schroeder, J. & Thielen, M. (2009). *Das Berufsvorbereitungsjahr. Eine Einführung*. Stuttgart: Kohlhammer.

Schröer, W., Struck, N. & Wolff, M. (Hrsg.). (2002). *Handbuch Kinder- und Jugendhilfe*. Weinheim und München: Juventa.

Schröer, W., Struck, N. & Wolff, M. (Hrsg.). (2016a). *Handbuch Kinder- und Jugendhilfe*. 2. Aufl. Weinheim: Beltz Juventa.

Schröer, W., Struck, N. & Wolff, M. (2016b). Einführende Bemerkungen zur zweiten Auflage. In W. Schröer, N. Struck & M. Wolff (Hrsg.), *Handbuch Kinder- und Jugendhilfe* (S. 11–13). Weinheim: Beltz Juventa.

Schulz, M. (2013). Was machen Jugendliche in und mit der Jugendarbeit? Jugendliche Akteurinnen und Akteure und ihre Performance. In U. Deinet & B. Sturzenhecker (Hrsg.), *Handbuch Offene Kinder- und Jugendarbeit*. (S. 51–60). Wiesbaden: Springer VS.

Schütze, F. (1977). *Die Technik des narrativen Interviews in Interaktionsfeldstudien. Dargestellt an einem Projekt zur Erforschung von kommunalen Machtstrukturen*. Bielefeld: Universität Bielefeld.

Schütze, F. (1983). Biographieforschung und narratives Interview. http://www.ssoar.info/ssoar/bitstream/handle/document/5314/ssoar-np-1983-3-schutze-biographieforschung_und_narratives_interview.pdf?sequence=1 (26.10.2018).

Schwarze-Reiter, K. (2008). Teenager-Schwangerschaften. Mit Babybauch in die Schule. *Focus*, 03.09.2008. https://www.focus.de/familie/erziehung/mit-babybauch-in-die-schule-teenager-schwangerschaften_id_2525868.html (12.09.2018).

Sielert, U. (2004). Sexualpädagogik weiterdenken: Von der antiautoritären Herausforderung zur Dekonstruktion postmoderner Sexualkultur. *AJS Informationen: Sexualpädagogik in der Krise. Aktion Jugendschutz, I/2004*.

Sielert, U. (2005). *Einführung in die Sexualpädagogik*. Weinheim: Beltz.

Sielert, U. (2012). Sexual- und Erziehungswissenschaft. In W. Thole, M. S. Baader, W. Helsper, M. Kappeler, M. Leuzinger-Bohleber, S. Reh, U. Sielert & C. Thompson (Hrsg.), *Sexualisierte Gewalt, Macht und Pädagogik* (S. 208–220). Opladen: Budrich.

Sielert, U. (2013a). Professionalisierung in der Sexualpädagogik. In R. B. Schmidt & U. Sielert (Hrsg.), *Handbuch Sexualpädagogik und sexuelle Bildung* (S. 757–767). Weinheim: Juventa.

Sielert, U. (2013b). Sexualaufklärung, Sexualpädagogik und sexuelle Bildung in Deutschland. *Sexuologie, 20*(3–4), 117–122.

Sielert, U. (2013c). Jugendsexualität. In U. Deinet & B. Sturzenhecker (Hrsg.), *Handbuch Offene Kinder- und Jugendarbeit* (S. 159–162). Wiesbaden: Springer VS.

Sielert, U. (2014). Sexualerziehung, sexuelle Bildung und Entwicklung von Sexualkultur als sozialpädagogische Herausforderung. *Sozialmagazin, 39*(1–2), 39–45.

Sielert, U. (2015). Sexualpädagogik. In H. U. Otto & H. Thiersch (Hrsg.), *Handbuch Soziale Arbeit. Grundlagen der Sozialarbeit und Sozialpädagogik* (S. 1365–1373). München: Reinhardt.

Sielert, U. (2016a). Didaktik der Sexualpädagogik: historische und systematische Kontroversen. In A. Henningsen, E. Tuider & S. Timmermanns (Hrsg.), *Sexualpädagogik kontrovers* (S. 69–88). Weinheim: Beltz Juventa.

Sielert, U. (2016b). Sexualität ist politisch. *Forum Gemeindepsychologie, 21*(1), http://www.gemeindepsychologie.de/fg-1-2016_02.html, (26.04.2017).

Sielert, U. & Keil, S. (Hrsg.). (1993). *Sexualpädagogische Materialien für die Arbeit mit Jugendlichen in Freizeit und Schule*. Weinheim: Beltz.

Sielert, U., Marburger, H. & Griese, C. (Hrsg.). (2017). *Sexualität und Gender im Einwanderungsland. Öffentliche und zivilgesellschaftliche Aufgaben – ein Lehr- und Praxishandbuch*. Berlin: De Gruyter Oldenbourg.

Sielert, U. & Schmidt, R. B. (2008). Einleitung: Eine Profession kommt in die Jahre. In R. B. Schmidt & U. Sielert (Hrsg.), *Handbuch Sexualpädagogik und sexuelle Bildung* (S. 11–22). Weinheim: Juventa.

Sielert, U. & Valtl, K. (Hrsg.). (2000). *Sexualpädagogik lehren. Didaktische Grundlagen und Materialien für die Aus- und Fortbildung – ein Handbuch*. Weinheim u. a.: Beltz.

Sinti-Allianz Deutschland (2009). Vertretungen. http://deutschezigeuner.blogspot.de/2009/04/vertretungen.html (16.10.2018).

Sippel, L. (2008). Zuwanderungsgeschichte der Bundesrepublik Deutschland 1945 bis 1990. Vertriebene und Flüchtlinge, Gastarbeiter und ihre Familien. Unter Mitarbeit von R. Klingholz. Berlin-Institut für Bevölkerung und Entwicklung (Hrsg.), http://www.berlin-institut.org/fileadmin/user_upload/handbuch_texte/pdf_Sippel_Migrationsgeschichte_A.pdf (15.10.2018).

Spiegel, H. v. (2010). Finanzierung und Förderung der Offenen Arbeit mit Kindern. ABA Fachverband Offene Arbeit mit Kindern und Jugendlichen e.V. (Hrsg.), http://www.aba-fachverband.org/index.php?id=835 (06.07.2018).

Spiegel, H. v. (2018). Methodisches Handeln in der Sozialen Arbeit: Grundlagen und Arbeitshilfen für die Praxis. München: UTB/Reinhardt.

Stadler, L., Bieneck, S. & Pfeiffer, C. (Hrsg.). (2012). *Repräsentativbefragung Sexueller Missbrauch 2011*. Unter Mitarbeit von F. Grawan & L.-M. Nitz. Hannover: KFN.

Staeck, L. (Hrsg.). (2016). *Sexualerziehung konkret. Unterrichtsmaterialien für die Klassen 4–10*. Baltmannsweiler: Schneider Hohengehren.

Steckelberg, C. (2018). Freiwilligkeit als Handlungsprinzip in der niedrigschwelligen Jugendhilfe. *Sozialmagazin, 43*(1–2), 68–75.

Stecklina, G. (2017). Sexualität und Jugendhilfe. In A. Klein & E. Tuider (Hrsg.), *Sexualität und Soziale Arbeit* (S. 191–206). Baltmannsweiler: Schneider Hohengehren.

Steinke, I. (2017). Gütekriterien qualitativer Forschung. In U. Flick, E. v. Kardorff & I. Steinke (Hrsg.), *Qualitative Forschung. Ein Handbuch* (S. 319–331). Reinbek: Rowohlt-Taschenbuchverlag.

Sting, S. (2016). Bildung. In W. Schröer, N. Struck & M. Wolff (Hrsg.), *Handbuch Kinder- und Jugendhilfe* (S. 437–456). Weinheim: Beltz Juventa.

Sting, S. & Sturzenhecker, B. (2013). Bildung und offene Kinder- und Jugendarbeit. In U. Deinet & B. Sturzenhecker (Hrsg.), *Handbuch Offene Kinder- und Jugendarbeit* (S. 375–388). Wiesbaden: Springer VS.

Straus, F., Höfer, R., Wernberger, A. & Heiland, S. (2012). Vertrauen in sozialen Netzwerken – am Beispiel von Kindern und Jugendlichen in stationären Einrichtungen. In S. Tiefel & M. Zeller (Hrsg.), *Vertrauensprozesse in der Sozialen Arbeit* (S. 69–91). Baltmannsweiler: Schneider Hohengehren.

Strauss, A. L. (1994). *Grundlagen qualitativer Sozialforschung. Datenanalyse und Theoriebildung in der empirischen soziologischen Forschung*. München: Fink.

Strauss, A. L. & Corbin, J. M. (1996). *Grounded theory. Grundlagen qualitativer Sozialforschung*. Weinheim: Beltz, PsychologieVerlagsUnion.

Strauß, D. (1998). »da muss man wahrhaft alle Humanität ausschalten …«. Zur Nachkriegsgeschichte der Sinti und Roma in Deutschland. In Landeszentrale für politische Bildung Baden-Württemberg (Hrsg.), *»Zwischen Romantisierung und Rassismus«. Sinti und Roma – 600 Jahre in Deutschland* (S. 26–36). Stuttgart. https://www.lpb-bw.de/publikationen/sinti/SINTI.pdf (16.10.2018).

Strübing, J. (2014). *Grounded Theory. Zur sozialtheoretischen und epistemologischen Fundierung eines Forschungsstils*. Wiesbaden: Springer VS.

Struck, N. (2002). Kinder- und Jugendhilfegesetz/SGB VIII. In W. Schröer, N. Struck & M. Wolff (Hrsg.), *Handbuch Kinder- und Jugendhilfe* (S. 529–544). Weinheim: Juventa.

Struck, N. (2016). Kinder- und Jugendhilfegesetz/SGB VIII. In W. Schröer, N. Struck & M. Wolff (Hrsg.), *Handbuch Kinder- und Jugendhilfe* (S. 666–682). Weinheim: Beltz Juventa.

Stuckstätte, E. C. (2011). Übergang Schule-Beruf: Soziale Arbeit mit benachteiligten Jugendlichen. In R. Bieker & P. Floerecke (Hrsg.), *Träger, Arbeitsfelder und Zielgruppen der Sozialen Arbeit* (S. 175–190). Stuttgart: Kohlhammer.

Stumpe, H. (2018). Sexualisierte Gewalt aus salutogenetischer, präventiver und resilienter Perspektive. In A. Retkowski, A. Treibel & E. Tuider (Hrsg.), *Handbuch Sexualisierte Gewalt und pädagogische Kontexte. Theorie, Forschung, Praxis* (S. 158–168). Weinheim: Beltz Juventa.

Sturzenhecker, B. & Lindner, W. (Hrsg.). (2004). *Bildung in der Kinder- und Jugendarbeit. Vom Bildungsanspruch zur Bildungspraxis*. Weinheim, München: Juventa.

Stuve, O. & Busche, M. (2007). Gewaltprävention und Intersektionalität in der Bundesrepublik Deutschland – Ein Überblick. http://portal-intersektionalitaet.de/uploads/media/isgp-intersektionalitaet_und_gewaltpraevention-1-1.pdf (21.03.2017).

Tanger, I. (2018). Inwiefern kann eine Fachkraft der Sozialen Arbeit als Vertrauensperson im Kontext von Disclosureprozessen und sexualisierter Gewalt fungieren? Am Beispiel: Vertrauen von Jugendlichen zu Fachkräften der Sozialpädagogischen Familienhilfe. Merseburg: Bachelorarbeit Hochschule Merseburg.

Tenorth, H. E. (2000). Bildung – was denn sonst? In C. Dietrich & H. R. Müller (Hrsg.), *Bildung und Emanzipation. Klaus Mollenhauer weiterdenken* (S. 87–102). Weinheim: Juventa.

Thiersch, H. (2001). Erziehungshilfen und Lebensweltorientierung – Bemerkungen zu Bilanz und Perspektiven. In V. Birtsch, K. Münstermann & W. Trede (Hrsg.), *Handbuch Erziehungshilfen. Leitfaden für Ausbildung, Praxis und Forschung* (S. 213–233). Münster: Votum.

Thiersch, H. (2008). Bildung und Soziale Arbeit. In H. U. Otto & T. Rauschenbach (Hrsg.), *Die andere Seite der Bildung. Zum Verhältnis von formellen und informellen Bildungsprozessen* (S. 237–252). Wiesbaden: VS Verlag für Sozialwissenschaften.

Thiersch, H. (2009). *Schwierige Balance. Über Grenzen, Gefühle und berufsbiografische Erfahrungen*. Weinheim, München: Juventa.

Thiersch, H. (2012). Macht und Gewalt. In W. Thole, A. Retkowski & B. Schäuble (Hrsg.), *Sorgende Arrangements. Kinderschutz zwischen Organisation und Familie* (S. 51–67). Wiesbaden: Springer VS.

Thiersch, H. (2015). Bildung. In H. U. Otto & H. Thiersch (Hrsg.), *Handbuch Soziale Arbeit. Grundlagen der Sozialarbeit und Sozialpädagogik* (S. 206–217). München: Reinhardt.

Thiersch, H., Grunwald, K. & Köngeter, S. (2012). Lebensweltorientierte Soziale Arbeit. In W. Thole (Hrsg.), *Grundriss Soziale Arbeit* (S. 175–196). Wiesbaden: VS Verlag für Sozialwissenschaften.

Thole, W. (2000). *Kinder- und Jugendarbeit. Eine Einführung*. Weinheim: Juventa.

Thole, W. (2010). Die Soziale Arbeit – Praxis, Theorie, Forschung und Ausbildung. In W. Thole (Hrsg.), *Grundriss soziale Arbeit. Ein einführendes Handbuch* (S. 19–70). Wiesbaden: VS Verlag für Sozialwissenschaften.

Thole, W., Baader, M., Helsper, W., Kappeler, M., Leuzinger-Bohleber, M., Reh, S., Sielert, U. & Thompson, C. (Hrsg.). (2012). *Sexualisierte Gewalt, Macht und Pädagogik*. Opladen: Budrich.

Thole, W. & Grosse, M. (2015). »An diesem Laden ist doch was faul …«. Zum partiellen Unbehagen beim Forschen in pädagogischen Institutionen zu Fragen von Macht, Gewalt und Sexualität. *Zeitschrift für Sexualforschung, 28*(4/2015), 335–348.

Thömmes, I. & Brand, R. (2013). Kooperationspartner Sexualpädagogik. In U. Deinet & B. Sturzenhecker (Hrsg.), *Handbuch Offene Kinder- und Jugendarbeit* (S. 797–801). Wiesbaden: Springer VS.

Tidefors, I., Arvidsson, H., Ingevaldson, S. & Larsson, M. (2010). Sibling incest: A literature review and a clinical study. *Journal of Sexual Aggression, 16*(3), 347–360.

Tiefel, S. (2012). Strategien der Vertrauensherstellung im Beratungsprozess. In S. Tiefel & M. Zeller (Hrsg.), *Vertrauensprozesse in der Sozialen Arbeit* (S. 15–32). Baltmannsweiler: Schneider Hohengehren.

Tiefel, S. & Zeller, M. (Hrsg.). (2012). *Vertrauensprozesse in der Sozialen Arbeit.* Baltmannsweiler: Schneider Hohengehren.

Timmermanns, S. (2013). Sexuelle Orientierung. In R.B. Schmidt & U. Sielert (Hrsg.), *Handbuch Sexualpädagogik und sexuelle Bildung* (S. 255–264). Weinheim: Juventa.

Timmermanns, S. (2016). Vielfalt erwächst aus Freiheit. Zur theoretischen Verortung einer Sexualpädagogik der Vielfalt. In A. Henningsen, E. Tuider & S. Timmermanns (Hrsg.), *Sexualpädagogik kontrovers* (S. 17–31). Weinheim: Beltz Juventa.

Timmermanns, S. (2017). Weniger Drama bitte! Überlegungen zum Thema Gender und Sexualpädagogik. In I. Glockentöger & E. Adelt (Hrsg.), *Gendersensible Bildung und Erziehung in der Schule. Grundlagen – Handlungsfelder – Praxis* (S. 71–84). Münster: Waxmann.

Trapp, B. & Tüffers, U. (o.J.). Handreichung »Sexualpädagogik für Jugendliche«. Ein sexualpädagogischer Methodenworkshop. Merseburg: Hochschule Merseburg, Institut für Angewandte Sexualwissenschaft.

Trautner, H.M. (2002). Entwicklung der Geschlechtsidentität. In R. Oerter & L. Montada (Hrsg.), *Entwicklungspsychologie* (S. 648–674). Weinheim: Beltz.

Treibel, A. (2003). *Migration in modernen Gesellschaften. Soziale Folgen von Einwanderung, Gastarbeit und Flucht.* Weinheim: Juventa.

Tuider, E. (2014). Die große Einfalt. Zum Nutzen der Aufgeregtheit um die sexuelle Vielfalt. *konkret, 2014*(12), 53–55.

Tuider, E. (2016). Sexualität. In W. Schröer, N. Struck & M. Wolff (Hrsg.), *Handbuch Kinder- und Jugendhilfe* (S. 538–556). Weinheim: Beltz Juventa.

Tuider, E. (2017). Intersektionale Perspektiven auf Sexualität und Gender im Kontext von Migrationsgesellschaften. In U. Sielert, H. Marburger & C. Griese (Hrsg.), *Sexualität und Gender im Einwanderungsland. Öffentliche und zivilgesellschaftliche Aufgaben – ein Lehr- und Praxishandbuch* (S. 55–67). Berlin: De Gruyter Oldenbourg.

Tuider, E., Müller, M., Timmermanns, S., Bruns-Bachmann, P. & Koppermann, K. (2012). *Sexualpädagogik der Vielfalt. Praxismethoden zu Identitäten, Beziehungen, Körper und Prävention für Schule und Jugendarbeit.* Weinheim: Beltz Juventa.

Turner, H., Finkelhor, D. & Ormrod, R. (2007). Family Structure Variations in Patterns and Predictors of Child Victimization. *American Journal of Orthopsychiatry*, 77, 282–295.

Unger, H.v. (2012). Partizipative Gesundheitsforschung: Wer partizipiert woran? *Forum Qualitative Sozialforschung/Forum: Qualitative Social Research, 13*(1), Art. 7, http://www.qualitative-research.net/index.php/fqs/article/view/1781 (13.09.2018).

Unger, H.v. (2014). *Partizipative Forschung. Einführung in die Forschungspraxis.* Wiesbaden: Springer VS.

Unger, H.v. & Gangarova, T. (2011). PaKoMi Handbuch Deutsch. HIV-Prävention für und mit Migrant_innen. http://www.hiv-migration.de/sites/default/files/publikationen/PaKoMi_Handbuch_2011.pdf (13.09.2018).

Unger, H.v. & Narimani, P. (2012). Ethische Reflexivität im Forschungsprozess: Herausforderungen in der Partizipativen Forschung. https://www.econstor.eu/handle/10419/70197 (25.10.2018).

Unger, H.v., Narimani, P. & M'Bayo, R. (2014). *Forschungsethik in der qualitativen Forschung. Reflexivität, Perspektiven, Positionen.* Wiesbaden: Springer VS.

UNICEF (Hrsg.). (1990). Konvention über die Rechte des Kindes. Köln. https://www.unicef.de/blob/9364/a1bbed70474053cc61d1c64d4f82d604/d0006-kinderkonvention-pdf-data.pdf (24.07.2018).

Valtl, K. (2013). Sexuelle Bildung: Neues Paradigma einer Sexualpädagogik für alle Lebensalter. In R.B. Schmidt & U. Sielert (Hrsg.), *Handbuch Sexualpädagogik und sexuelle Bildung* (S. 125–140). Weinheim: Juventa.

Veith, H. (2008). *Sozialisation.* München: Reinhardt.

Voß, H.-J. (2008). Rezension zu Hans Peter Hauschild (Hrsg.): Fluchtversuche. Das Leben des Miro Sabanovic zwischen Familienterror, Bahnhof Zoo und Ausländerbehörde. https://schwule-seite.de/hans-peter-hauschild-hrsg-fluchtversuche-das-leben-des-miro-sabanovic-zwischen-familienterror-bahnhof-zoo-und-auslanderbehorde/ (31.08.2018).

Voß, H.-J. (2014). Geschlechtliche und sexuelle Zurichtungen im Kapitalismus. *Sozialmagazin, 39*(3–4), 90–96.

Voß, H.-J. & Wolter, S.A. (2013). *Queer und (Anti-)Kapitalismus.* Stuttgart: Schmetterling-Verlag.

Wagenblass, S. (2012). Herausforderungen für den Kinderschutz in psychisch belasteten Familien. In W. Thole, A. Retkowski & B. Schäuble (Hrsg.), *Sorgende Arrangements. Kinderschutz zwischen Organisation und Familie* (S. 71–82). Wiesbaden: Springer VS.

Wagenblass, S. (2015). Vertrauen. In H.U. Otto & H. Thiersch (Hrsg.), *Handbuch Soziale Arbeit. Grundlagen der Sozialarbeit und Sozialpädagogik* (S. 1825–1835). München: Reinhardt.

Walgenbach, K. (2014). *Heterogenität – Intersektionalität – Diversity in der Erziehungswissenschaft.* Opladen: Budrich.

Wazlawik, M., Henningsen, A., Dekker, A., Voß, H.-J. & Retkowski, A. (Hrsg.). (2018). *Sexuelle Gewalt in pädagogischen Kontexten. Aktuelle Forschungen und Perspektiven.* Wiesbaden: Springer VS.

Weinmann, J. (2010). Frauen und Männer in verschiedenen Lebensphasen. https://www.destatis.de/DE/Publikationen/Thematisch/Bevoelkerung/HaushalteMikrozensus/BroschuereFrauenMaenner0010013109001.pdf?__blob=publicationFile (09.11.2018).

Weller, K. (2013a). Sexualitätsbezogene Ausbildung im Hochschulstudium. In R.B. Schmidt & U. Sielert (Hrsg.), *Handbuch Sexualpädagogik und sexuelle Bildung* (S. 768–778). Weinheim: Juventa.

Weller, K. (2013b). *PARTNER 4 – Sexualität und Partnerschaft ostdeutscher Jugendlicher im historischen Vergleich. Tabellenband.* Merseburg: Institut für Angewandte Sexualwissenschaft (IfAS).

Weller, K. (2013c). PARTNER 4 – Sexualität und Partnerschaft ostdeutscher Jugendlicher im historischen Vergleich. Handout. Merseburg: Institut für Angewandte Sexualwissenschaft (IfAS). https://www.ifas-home.de/downloads/PARTNER4_Handout_06%t2006.pdf (09.07.2018).

Weller, K. & Bathke, G.W. (2017). Familiäre Herkunftsbedingungen und die sexuelle Entwicklung von Kindern und Jugendlichen – ein empirischer Überblick. *Zeitschrift für Sexualforschung, 30*(4), 309–331.

Weller, K. & Trapp, B. (o. J.). *Normen- und Wertekreis. Handout Seminar Sexualpädagogik.* Merseburg: Hochschule Merseburg, Institut für Angewandte Sexualwissenschaft.

Wellgraf, S. (2012). *Hauptschüler. Zur gesellschaftlichen Produktion von Verachtung.* Bielefeld: Transcript.

Wendt, W. R. (2017). *Geschichte der Sozialen Arbeit 2. Die Profession im Wandel ihrer Verhältnisse.* Wiesbaden: Springer VS.

Werner, S. (2016). Forschungsethische Konfliktlinien der Arbeit mit der Grounded Theory. In C. Equit & C. Hohage (Hrsg.), *Handbuch Grounded Theory. Von der Methodologie zur Forschungspraxis* (S. 380–394). Weinheim: Beltz Juventa.

Wetzels, P. (1997). *Gewalterfahrungen in der Kindheit. Sexueller Mißbrauch, körperliche Mißhandlung und deren langfristige Konsequenzen.* Stuttgart: Enke.

WHO = Weltgesundheitsorganisation (2013). Definition. Sexuelle und reproduktive Gesundheit. http://www.euro.who.int/de/health-topics/Life-stages/sexual-and-reproductive-health/news/news/2011/06/sexual-health-throughout-life/definition, zuletzt aktualisiert am 03.06.2015 (05.06.2018).

WHO-Regionalbüro für Europa & BZgA (2011). Standards für die Sexualaufklärung in Europa. http://publikationen.sexualaufklaerung.de/cgi-sub/fetch.php?id=734 (26.06.2018).

Wiesner, R. (2014). Das SGB VIII als Rechtsgrundlage für die Kinder- und Jugendhilfe – ein Überblick. In M. Macsenaere, K. Esser, E. Knab & S. Hiller (Hrsg.), *Handbuch der Hilfen zur Erziehung* (S. 46–58). Freiburg: Lambertus.

Wigger, A. (2009). Der Aufbau eines Arbeitsbündnisses in Zwangskontexten – professionstheoretische Überlegungen im Licht verschiedener Fallstudien. In R. Becker-Lenz, S. Busse, G. Ehlert & S. Müller (Hrsg.), *Professionalität in der sozialen Arbeit. Standpunkte, Kontroversen, Perspektiven* (S. 143–158). Wiesbaden: VS Verlag für Sozialwissenschaften.

Winker, G. (2012). Intersektionalität als Gesellschaftskritik. *Widersprüche, 32*(126), 13–26.

Winker, G. & Degele, N. (2009). *Intersektionalität. Zur Analyse sozialer Ungleichheiten.* Bielefeld: Transcript.

Winter, R. (2013). Sexualpädagogik in der Jugendhilfe. In R. B. Schmidt & U. Sielert (Hrsg.), *Handbuch Sexualpädagogik und sexuelle Bildung* (S. 619–621). Weinheim: Juventa.

Wippermann, W. (1998). Antiziganismus – Entstehung und Entwicklung. In Landeszentrale für politische Bildung Baden-Württemberg (Hrsg.), *»Zwischen Romantisierung und Rassismus«. Sinti und Roma – 600 Jahre in Deutschland* (S. 37–46). Stuttgart: Landeszentrale für politische Bildung Baden-Württemberg.

Wirxel, J. (2016). Sexualisierte Gewalt unter Jugendlichen als Ausdruck symbolischer Ordnung in der Jugendarbeit. *Sozialmagazin, 41*(7–8), 22–28.

Wolf, K. (2002). Hilfen zur Erziehung. In W. Schröer, N. Struck & M. Wolff (Hrsg.), *Handbuch Kinder- und Jugendhilfe* (S. 631–646). Weinheim: Juventa.

Wolff, M. (2001). Integrierte Erziehungshilfen. In V. Birtsch, K. Münstermann & W. Trede (Hrsg.), *Handbuch Erziehungshilfen. Leitfaden für Ausbildung, Praxis und Forschung* (S. 490–503). Münster: Votum.

Wolff, M. (2018). Sexualisierte Gewalt in stationären Einrichtungen der Kinder- und Jugendhilfe. In A. Retkowski, A. Treibel & E. Tuider (Hrsg.), *Handbuch Sexualisierte Gewalt und pädagogische Kontexte. Theorie, Forschung, Praxis* (S. 460–468). Weinheim: Beltz Juventa.

Wolff, M. & Norys, T. (2016). Sexualisierte Jugend? Ein sexualpädagogisches Bildungskonzept für die Jugendarbeit ist notwendig. *Sozialmagazin, 41*(8), 37–43.

Yılmaz-Günay, K. (2009). Andere Realitäten – gleiche Homophobie. ufuq-Newsletter »Jugendkultur, Religion und Demokratie. Politische Bildung mit jungen Muslimen«, 11/7, 2–4, http://www.ufuq.de/pdf/Newsletter%2011-2009.pdf (05.09.2018).

Zeller, M. (2012). Persönliches vs. spezifisches Vertrauen. Ein Spannungsfeld professionellen Handelns in den Erziehungshilfen. In S. Tiefel & M. Zeller (Hrsg.), *Vertrauensprozesse in der Sozialen Arbeit* (S. 93–106). Baltmannsweiler: Schneider Hohengehren.

Zentralrat der deutschen Sinti und Roma (2015). Berichte, Texte und Stellungnahmen. http://zentralrat.sintiundroma.de/sinti-und-roma-zigeuner/ (16.02.2018).

Ziegler, H. (2008). Soziales Kapital und Agency. In H.G. Homfeldt, W. Schröer & C. Schweppe (Hrsg.), *Vom Adressaten zum Akteur. Soziale Arbeit und Agency* (S. 83–106). Opladen: Budrich.

Zimmermann, M. (1993). Feindschaft gegen Fremde und moderner Rassismus: Robert Ritters »Rassenhygienische Forschungsstelle«. In K.J. Bade (Hrsg.), *Deutsche im Ausland – Fremde in Deutschland. Migration in Geschichte und Gegenwart* (S. 333–344). München: Beck.

Zimmermann, P. (2006). *Grundwissen Sozialisation. Einführung zur Sozialisation im Kindes- und Jugendalter*. Wiesbaden: VS Verlag für Sozialwissenschaften/GWV Fachverlage.

Zimmermann, P., Neumann, A. & Celik, F. (2010). *Sexualisierte Gewalt gegen Kinder in Familien. Expertise im Rahmen des Projekts »Sexuelle Gewalt gegen Mädchen und Jungen in Institutionen«*. München: Deutsches Jugendinstitut.

Anhang

A1 Infoblatt zum Interview I[98]

Infoblatt Interview I - Forschungsprojekt Sexuelle Bildung in der Kinder- und Jugendhilfe – Torsten Linke

Gesprächspartner_innen gesucht!

Für ein Forschungsprojekt suche ich **Jugendliche und junge Erwachsene ab 15 Jahren bis 19 Jahren** als Interviewpartner_innen.

Ich arbeite in einem Forschungsteam an der Hochschule Merseburg. In unserer Arbeit beschäftigen wir uns mit einem wichtigen Thema im Leben von Menschen und einem, über das es nicht immer einfach ist zu sprechen: der Sexualität.

Mich interessiert zum Beispiel:
Mit wem könnt ihr sprechen, wenn ihr Fragen habt, zum Beispiel wenn es um Verhütung geht oder auch ein Coming Out?
Woher bekommen Jugendliche ihr Wissen über Sexualität?
Wie war das in der Schule oder in Einrichtungen der Jugendhilfe und Jugendarbeit? Welche Rolle spielen Eltern, Pädagog_innen, Freunde oder das Internet?

Ich würde euch gerne für dieses Forschungsprojekt interviewen. Ich schreibe meine Doktorarbeit über Sexuelle Bildung in der Jugendhilfe. Durch diese Mitarbeit könnt ihr helfen, dass die Wünsche und Interessen von Jugendlichen in der Jugendhilfe und Jugendarbeit besser und stärker berücksichtigt werden.

Die Interviews werden anonymisiert und nur für die wissenschaftliche Arbeit verwendet. Wir sind als Forscher_innen zur Schweigepflicht verpflichtet und gewähren den Datenschutz. Das heißt, niemand erfährt euren Namen oder kann später herausfinden, mit wem das Interview geführt wurde.

Kontakt: Torsten Linke
Dipl. Sozialarbeiter/-pädagoge/ Sexualwissenschaftler M.A.
Institut für Sexualwissenschaft an der HS Merseburg
Eberhard-Leibnitz-Str. 2
06217 Merseburg
Mail: torsten.linke@hs-merseburg.de

98 Anmerkung zu den Kontaktdaten: Die Jugendlichen und die Gatekeeper_innen erhielten ebenfalls eine Mobilfunknummer zur Kontaktaufnahme.

A2 Infoblatt zum Interview II (zur informierten Einwilligung)

Infoblatt Interview II- Forschungsprojekt Sexuelle Bildung in der Kinder- und Jugendhilfe - Torsten Linke

UNIKASSEL VERSITÄT · Professionsethik Macht Sexualität · HoMe Hochschule Merseburg University of Applied Sciences · Fachbereich Soziale Arbeit. Medien. Kultur · IfAS Institut für Angewandte Sexualwissenschaft

Geschätzte Teilnehmer_innen, liebe Jugendliche,

vielen Dank das Sie sich/ihr euch Zeit nehmt, mit mir zusammen zu arbeiten. Ich möchte Sie/ euch jetzt wichtige Informationen zum Interview und dessen Verwendung geben.

Ich möchte Sie/dich gerne für ein Forschungsprojekt interviewen. Die Bestimmungen zum Datenschutz verlangen Ihre/deine informierte Einwilligung zum Interview und zu der Verwendung des Interviews.

Das Forschungsprojekt wird von mir (Torsten Linke) geleitet und als Teil meiner Doktorarbeit an der Universität Kassel in Zusammenarbeit mit der Hochschule Merseburg durchgeführt.
In dem Forschungsprojekt sollen Jugendliche zwischen 15 und 19 Jahren befragt werden. Inhalt der Forschung ist die Frage, wie sexualpädagogische Angebote, zum Beispiel Workshops, im Rahmen der Kinder und Jugendhilfe für Jugendliche gestaltet werden können. Dazu sollen ihre Wünsche, Interessen und Bedürfnisse erforscht werden. Der Titel der Arbeit ist: Sexuelle Bildung in der Kinder- und Jugendhilfe.

Der gesamte Forschungsprozess unterliegt den Bestimmungen des Datenschutzes der BRD. Wir als Forscher unterliegen der Schweigepflicht. Die erhobenen Daten werden nur für wissenschaftliche Zwecke verwendet. Es erfolgt eine Veränderung (Anonymisierung), damit die Daten nicht mit Ihrer/Deiner Person in Verbindung gebracht werden können.

Es folgen an dieser Stelle wichtige Informationen zum Vorgehen:

Das Interview wird mit einem Aufnahmegerät aufgezeichnet. Das ist wichtig, um nach dem Interview das Gespräch besser wissenschaftlich auswerten zu können.

Das aufgenommene Gespräch wird nach dem Interview verschriftlicht, also am PC abgetippt. Anschließend wird die Aufnahme sofort gelöscht. Eine Abschrift des Interviews können Sie/kannst du bekommen.

In diesem Moment werden Ihr/dein Name und weitere nötige Angaben, die zu

Infoblatt Interview II- Forschungsprojekt Sexuelle Bildung in der Kinder- und Jugendhilfe - Torsten Linke

Ihrer/deiner Person führen könnten, im Text verändert (anonymisiert). Ab diesem Moment kann das Interview nicht mehr mit Ihrer/deiner Person in Verbindung gebracht werden.

Ich nehme nur die persönlichen Daten auf, die wirklich nötig sind. Das ist Ihr/dein Name und die Telefonnummer, um einen Termin zu vereinbaren. Den Ort des Interviews können Sie/kannst du frei bestimmen. Wir können uns zum Interview zum Beispiel in einem Café, dem Jugendklub oder im Park treffen. In diesem Fall brauche ich Ihre/deine Adresse nicht.

Ihre/deine Angaben (Name und Telefonnummer) werden getrennt von den Interviewdateien gespeichert und nach Abschluss der Arbeit gelöscht. Die unterschriebene Einwilligungserklärung wird getrennt an einem anderen Ort aufbewahrt. Sie kann nicht mit dem Interview in Verbindung gebracht werden und ist neben mir nur dem Datenschutzbeauftragten zugänglich.

Die veränderte (anonymisierte) Abschrift des Interviews wird als Ganzes nicht veröffentlicht. Veröffentlicht werden nur einzelne Passagen als Zitate, diese können durch die Anonymisierung nicht Personen zugeordnet werden.
Die Abschrift ist nur den Betreuern/Gutachtern der Doktorarbeit und Mitarbeiter_innen des Forschungsprojektes und der Forschungsteams innerhalb der Forschungskooperation Hochschule Merseburg, Institut für Angewandte Sexualwissenschaft und der Universität Kassel, FB Humanwissenschaften im Rahmen der BMBF-Förderlinie „Sexualisierte Gewalt in pädagogischen Einrichtungen" zugänglich.

Die informierte Einwilligung ist auf einem extra Formular schriftlich zu geben.
Ich möchte euch/Sie darauf hinweisen, dass keine Nachteile aus einer Nichtteilnahme entstehen. Sie/ihr könnt auch einzelne Antworten im Interview verweigern. Die Einwilligung ist freiwillig und kann jederzeit widerrufen werden.

Für meine Forschung sind Ihre/deine Erfahrungen und Sichtweisen sehr wichtig. Ich möchte mich für Ihre/deine Teilnahme am Interview und die Bereitschaft meine Forschung zu unterstützen ganz herzlich bedanken.
Für weitere Fragen stehe ich gerne zur Verfügung.

Kontakt:

Torsten Linke
Sexualwissenschaftler M.A.
Dipl. Sozialarbeiter/-pädagoge

Institut für Angewandte Sexualwissenschaft
an der HS Merseburg
Eberhard-Leibnitz-Straße 2
06217 Merseburg

Mail: torsten.linke@hs-merseburg.de
Mail-Institut: info@ifas-home.de

HoMe Hochschule Merseburg University of Applied Sciences | Fachbereich Soziale Arbeit. Medien. Kultur | IfAS | Institut für Angewandte Sexualwissenschaft

Quelle: Helfferich, Cornelia (2005, 2. Auflage): Die Qualität qualitativer Daten. Manual für die Durchführung qualitativer Interviews. Wiesbaden: VS-Verlag

A3 Einwilligungserklärung – informierte Einwilligung[99]

Einwilligungserklärung - Sexuelle Bildung in der Kinder- und Jugendhilfe – Torsten Linke

Einwilligungserklärung

Forschungsprojekt Sexuelle Bildung in der Kinder- und Jugendhilfe

Bezeichnung des Zwecks der Erhebung, Verarbeitung und Nutzung:
- qualitative Interviewbefragung von Jugendlichen, - Audio-Aufzeichnung mittels Aufnahmegerät des Interviews, - Verschriftlichung des Interviews (Transkription am PC), Anonymisierung und anschließende Löschung der Audio-Dateien, - Speichern der digitalen anonymisierten Dateien - Auswertung der Interviews/Datenanalyse im Rahmen der unten benannten Forschungsprojekte, - Publikation der Studien-Ergebnisse und anonymisierter Auszüge aus den Interviews
Verwendung der Daten und Dritte, an die Übermittlungen vorgesehen sind:
Die Verwendung erfolgt für wissenschaftliche Zwecke im Rahmen der Promotion Sexuelle Bildung in der Kinder- und Jugendhilfe und innerhalb der Forschungsteams in der Forschungskooperation Hochschule Merseburg, Institut für Angewandte Sexualwissenschaft und der Universität Kassel, FB Humanwissenschaften im Rahmen der BMBF-Förderlinie „Sexualisierte Gewalt in pädagogischen Einrichtungen". Die Daten werden nur nach der Verschriftlichung und anonymisiert weitergegeben.

Mir wurde die Anonymität im gesamten Forschungsprozess, die Einhaltung der Schweigepflicht und der geltenden Datenschutzbestimmungen durch den/die Interviewenden zugesichert. Ebenso, dass keine Audio-Dateien über die Auswertung des Interviews hinaus gespeichert werden. Sollte ich zur Kontaktaufnahme meine Telefonnummer und/oder meine Adresse genannt haben, so wurde mir versichert, dass diese nach Beendigung des Projektes gelöscht werden.

Mit der Publikation anonymisierter verschriftlichter Interviewauszüge/Zitate für wissenschaftliche Zwecke erkläre ich mich einverstanden.

Mir ist bekannt, dass die Einwilligung Voraussetzung der vorgesehenen Erhebung, Verarbeitung oder Nutzung ist, und dass die Einwilligung jederzeit mit Wirkung für die Zukunft widerrufen werden kann. Aus einer Verweigerung zur Einwilligung oder einem Widerruf ergeben sich keine Nachteile.

Mir wurde ein Infoblatt zum Forschungsprojekt vorgelesen und ausgehändigt.

Hierin willige ich ein.

Datum, Unterschrift

Datum, Unterschrift

99 Vgl. Datenschutzbeauftragter Land Sachsen-Anhalt (2015).

A4 Leitfaden Interview

Interviewleitfaden:- Forschungsprojekt „Sexuelle Bildung in der Kinder- und Jugendhilfe" – Torsten Linke

Erzählaufforderung:

(je nach Absprache und Wunsch der Jugendlichen Du oder Sie als Ansprache verwenden)

In einem Vorgespräch habe ich Ihnen schon mitgeteilt, dass es in meiner Untersuchung um Bildung und Erziehung von Kindern und Jugendlichen auf dem Gebiet der Sexualität geht.
Dabei beschäftigen mich zum Beispiel Fragen, woher Jugendliche ihr Wissen über Sexualität bekommen haben, mit welchen Personen sie sprechen konnten und wo sie Hilfe und Unterstützung bekommen haben.

Dabei geht es auch darum, wie Kinder und Jugendliche aufwachsen und welchen Einfluss ihre Erfahrungen auf ihr Leben, ihr Verhalten und ihre Einstellungen haben. Mich interessiert in diesem Zusammenhang auch ihre bisherige Lebensgeschichte. Wie ist Ihr Leben bisher verlaufen? Wie sind Sie der Mensch geworden, der Sie heute sind?

Sie können sich für Ihre Erzählung so viel Zeit nehmen wie sie möchten. Ich werde Sie erst mal nicht unterbrechen. Während Sie sprechen mache ich mir einige Notizen für spätere Rückfragen. Ich möchte Sie nun bitten, mir die Erlebnisse die Ihnen wichtig sind und die Ihnen einfallen zu erzählen. Beginnen Sie ruhig dort, wo ihre ersten Erinnerungen in der Kindheit beginnen. Alles was Ihnen wichtig erscheint, ist für mich interessant. Bitte.

Ende Erzählung Interviewperson:

Vielen Dank. Ich habe mir zu einigen Punkten Notizen gemacht und würde Ihnen jetzt gerne noch weitere Fragen stellen.

Nachfragen:

bei kurzer Erzählung/ Vertiefungen zu bestimmten Punkten:

Was fällt Ihnen sonst noch ein?

Können Sie mir über die Zeit Ihrer Kindheit (Jugend) noch etwas mehr erzählen?

Sie erwähnten vorhin die folgende Situation …, können Sie mir diese noch einmal genauer erzählen?

Sie haben vorhin von … erzählt. Wie ging es dann weiter? Wie war das genau?

Thematische Nachfragen:
(mögliche Nachfragen, falls im Interview nicht bereits Aussagen erfolgt sind)

Familie/Eltern/eigene Person

Wie schätzen Sie Ihre Erziehung durch Ihre Eltern ein?

Wie ist ihre Beziehung zu ihren Eltern?
Gab es Veränderungen im Laufe der Zeit? Welche waren das?

Welchen Einfluss hatten andere Personen aus Ihrer Familie auf Ihre Erziehung?
Wie sind Ihre Vorstellungen, später mal eine eigene Familie oder Kinder zu haben?

Interviewleitfaden:- Forschungsprojekt „Sexuelle Bildung in der Kinder- und Jugendhilfe" – Torsten Linke

Wie sieht das mit der Partnerwahl (Freund/Freundin) zurzeit bei Ihnen aus? Wie gestaltet sich das?

Erzählen Sie doch jetzt einmal, woher Sie ihr Wissen zu Themen der Sexualität bisher bezogen haben.

Gibt es noch etwas?

Können Sie sich an eine konkrete Situation erinnern, in der mit Ihnen ...
in /
außerhalb
der Familie über Sexualität, Liebe und Partnerschaft gesprochen wurde?

Schule/Peer-Group

Wie würden Sie das Wissen Ihrer Freunde einschätzen? Wie ist das mit der Aufklärung zu Sexualität in Ihrem Freundeskreis?

Können Sie mit Ihrer/Ihrer Partner_in über Sexualität sprechen (Verhütung...)?

Die Schule hat den Auftrag Sexualerziehung im Unterricht anzubieten. Wie sehen Sie das? Wie sind hier Ihre Erfahrungen?

Wie erleben Sie die Schule insgesamt? Welche Erfahrungen mit der Schule haben Sie bisher gemacht?

Wie hat Ihre Familie ihre bisherige Schullaufbahn beeinflusst?

Können Sie sich an Erfahrungen mit Diskriminierungen (oder Mobbing) erinnern? Wie war das für Sie?

Wie schätzen Sie Ihre aktuelle Lebenssituation ein?

Wie sind Ihre Zukunftsvorstellungen?
Welchen Abschluss würden Sie gerne machen?
Wie stellen Sie sich Ihr Leben als Erwachsene vor?

Fragen zu Jugendhilfe und –arbeit

Haben Sie Erfahrungen mit dem Jugendamt oder Einrichtungen der Jugendhilfe?
Können Sie etwas darüber erzählen?

Wie war es mit den Fachkräften/Erzieher/Sozialarbeiter... (je nach Erzählung) über intime sensible Themen z.B. Sexualität zu sprechen?
Gab es dazu Angebote, Veranstaltungen?
Wie haben Sie diese erlebt?
Von wem wurden diese durchgeführt?

Wie war das Verhältnis zu den Fachkräften?

Interviewleitfaden:- Forschungsprojekt „Sexuelle Bildung in der Kinder- und Jugendhilfe" – Torsten Linke

Gab es Konflikte, wenn ja welche?
Haben Sie sich über Fachkräfte beschwert?
Gab es eine Beschwerdemöglichkeit?

Haben Sie Grenzverletzungen durch Fachkräfte erlebt?
Durch Kinder oder Jugendliche in der Einrichtung?

Haben Sie Diskriminierungen, Mobbing oder Rassismus erlebt in der Einrichtung?

Wie wurde in der Einrichtung/ durch die Fachkräfte damit umgegangen?

Ich möchte Sie jetzt gern noch nach Ihrer Meinung zu einigen Punkten fragen.

Was bringen Sie mit dem Thema Sexualität gedanklich noch in Verbindung?

Es werden immer weniger Kinder in der Bundesrepublik Deutschland geboren. Haben Sie eine Idee, warum es diese Entwicklung gibt?

Was fällt Ihnen spontan ein, wenn sie das Wort Homosexualität hören?

In der Bundesrepublik Deutschland besteht die Möglichkeit des Schwangerschaftsabbruchs. Könnten Sie kurz erzählen, wie sie dazu stehen?

Wie ist Ihre Meinung zu Pornos? Haben Sie da Erfahrungen?

Zu welchen Themen der Sexualität würden sie sich mehr Aufklärung und Wissen wünschen?

Wo sollte ihrer Meinung nach, Bildung zu (diesen) sexuellen Themen stattfinden?

Von welchen Personen würden Sie sich mehr Infos und Gespräche zu Sexualität wünschen?

Wie könnte ein Unterricht oder ein Workshop zu Sexualität aussehen, damit er für Jugendliche interessant ist? Haben Sie dazu Ideen?

Ende:

Gibt es noch etwas, was Sie mir gerne erzählen möchten?

Wenn Sie auf Ihr bisheriges Leben zurückblicken, was würden Sie sagen war Ihr schwierigstes Erlebnis oder Ihre schwierigste Lebensphase?

Was waren Ihre schönsten Erlebnisse, an die sie sich erinnern können?

Wenn ich noch andere Jugendliche interviewe, was könnte ich diese ihrer Meinung nach noch zu diesem Thema fragen?

Vielen Dank für Ihre Bereitschaft an dem Interview teilzunehmen und für Ihre Mitarbeit.

A5 Protokollbogen Interview

Protokollbogen – Interview

Interview-Code/Nummer:

Datum: ....

Dauer: ....Minuten

Angabe zum Ort: ....

Erzählperson

Alter: ....

Schulbildung: ....

Ausbildung: ....

Familienstand/ Kinder:...

Angaben zum Wohnort: ( ) Großstadt ( ) Mittelstadt ( ) Kleinstadt/Ländlicher Raum

Migrationshintergrund:...

Geschlechtsangabe:...

Erfahrung mit Jugendhilfe: offene Treffs ambulante HzE stationäre HzE ....

Kontaktweg: Workshopteilnahme: Ja Nein

anderer: ....

Motivation zur Teilnahme:...

Besondere Vorkommnisse:...

Interviewatmosphäre: ....

Informierte Einwilligung liegt vor:..................................

A6 Transkriptionsregeln und -zeichen für die angeführten Interviewzitate[100]

[...]	Auslassungen des Autors in Zitaten
[Anmerkungen]	Anmerkungen des Autors in Zitaten
[XX]	Anonymisierung einer personenbezogenen Angabe
{}	Überlappungen, simultanes Sprechen
(.), (..), (...)	geschätzte Pausen von 1 bis 3 Sekunden
(4)	geschätzte Pausen ab 4 Sekunden
Wort/	Wort wird abgebrochen
/äh/,/ähm/,/mhm, /hm/	sprachliche Unterbrechung
(atmet aus), (atmet lang aus)	lautes/hörbares Ausatmen
(atmet ein), (atmet tief ein)	lautes/hörbares Einatmen
(hustet), (rückt Stuhl), (lachend)	nonverbale Merkmale und Handlungen
aufpassen	Sprechen mit verstellter Stimme
Wo'rt	kurzes Stocken im Wort

- Interviewerin = I; Informantin = B (alles in Normalschrift)
- Es wird wörtlich transkribiert.
- Die Umgangssprache (Dialekt) wird an das Schriftdeutsche möglichst angepasst, der gesprochene Satzbau wird beibehalten. Dialekt wird lautgetreu verschriftlicht, wenn damit eine besondere Aussagekraft verbunden oder keine Übersetzung möglich ist.
- Auf orthografisch korrekte Zeichensetzung wird verzichtet. Satzzeichen zeigen rhetorische Pausen oder Sinneinheiten an.
- Betonungen, Veränderung der Sprechgeschwindigkeit und der Lautstärke, verstellte Stimme, Stocken, Verschleifungen und Wortdehnungen werden mit Ausnahme sehr deutlicher Fälle bewusst vernachlässigt (einfache Transkription).

100 Die verwendeten Zitate wurden für die Veröffentlichung in der Publikation überarbeitet und sprachlich geglättet; Dialekt wurde in korrekte Rechtschreibung überführt und die Transkription entsprechend angepasst. Dies geschah aus Gründen der besseren Anonymisierung und des Schutzes der interviewten Jugendlichen. Die hier angeführten Transkriptionsregeln entsprechen der Überarbeitung in den Zitaten.

- Personen und Ortsangaben werden anonymisiert und durch entsprechende Begriffe in eckigen Klammern ersetzt ([Stadt A], [Träger B], [Person C] etc.
- Unverständliche Passagen werden mit Angabe der geschätzten Wortzahl dargestellt (z. B.: 3 Worte unv.).
- Zahlen von Null bis Zwölf werden ausgeschrieben, größere in Ziffern (z. B. 15) angegeben.
- Angaben wie Meter und Prozent werden ausgeschrieben.

A7 Übersicht der Interviewtranskripte[101]

Interview Mika	Dauer: 00:34:49
Interview Dominique	Dauer: 00:42:41
Interview Chris	Dauer: 00:59:56
Interview Jona	Dauer: 01:15:26
Interview Conny	Dauer 01:01:58
Interview Helge	Dauer: 01:14:55
Interview Luca	Dauer: 01:34:23
Interview Tomke	Dauer: 00:59:07

A8 Beschreibung der sexualpädagogischen Methoden

Die beiden hier beschriebenen sexualpädagogischen Methoden können adressat_innen- und themenorientiert angepasst und eingesetzt werden. Dadurch ergibt sich eine vielfältige Anwendung der Methoden für Themenbereiche, die über den sexualpädagogischen Kontext hinausgehen. Für die Anwender_innen der Methode ergibt sich die Notwendigkeit einer gründlichen Reflexion bezüglich der zu besprechenden Inhalte und zu

101 Die vollständig transkribierten Interviews werden aus Gründen des Schutzes der Interviewpersonen nicht öffentlich publiziert, da die Anonymität durch den Kontext der berichteten Erfahrungen gefährdet werden könnte. Den Gutachter_innen sind die Transkripte zugänglich. Die Dauer der Interviews wird im Format »Stunden:Minuten:Sekunden« angegeben.

verwendenden Materialien in der Arbeit mit den Adressat_innen, um eine mögliche Überforderung mit Blick auf nicht altersangemessene Themen zu vermeiden. In diesem Kontext steht auch, dass es weder einen Teilnahmezwang noch einen Zwang zum Sprechen geben sollte. In diesem Sinne stellen die folgenden Ausführungen Vorschläge dar, die den jeweiligen Situationen entsprechend angemessen angepasst werden müssen.

1 Normen- und Wertekreis

- Methode für die Gruppenarbeit im Stuhl- oder Sitzkreis
- Altersgruppe: themenabhängig, bei der Wahl der Themen und Begriffe ist unbedingt auf eine altersangemessene Auswahl zu achten
- mögliche Inhalte: Normen und Werte in einer Gesellschaft thematisieren, Begriffe klären, Tabuthemen ansprechen, einen eigenen Standpunkt/eine eigene Meinung äußern und vertreten, verschiedene Sichtweisen deutlich machen, Diskussionen anregen
- Dauer: 45–60 Minuten je nach Gruppengröße und Themenwahl
- Material: Auf ein großes Blatt, mit Kreide auf den Boden oder auf ein Tuch werden vier Kreise wie bei einer Zielscheibe gemalt. Von innen nach außen werden sie wie folgt benannt: »find ich toll«, »ist ok«, »find ich doof«, »sollte bestraft werden«. Je nach Teilnehmerzahl und Thema werden vorher Karten mit Begriffen beschrieben.
- Ablauf: Die Karten werden verdeckt um den Kreis angeordnet. Nacheinander ziehen die Teilnehmenden eine Karte und ordnen sie, ohne ihre Meinung zu äußern, einem Kreis zu (wichtig: die Personen müssen sich ihre Karte merken). Es folgt eine weitere Runde, in der jede Person eine Kartenposition verändern darf. Im Anschluss folgt die Auswertung. Die Teilnehmenden erklären, wo und warum sie ihre Karte eingeordnet haben, anschließend äußert sich die Person, die die Position verändert hat. Anschließend können sich die anderen Personen in der Gruppe äußern und versuchen einen Kompromiss zu finden. Abschließend kann eine Diskussion stattfinden: Wo gibt es die größten Übereinstimmungen oder die unterschiedlichsten Meinungen? Was könntet Ihr bei den anderen akzeptieren oder tolerieren, obwohl ihr es für euch persönlich ablehnt, was auf keinen Fall? Die Leitung moderiert, erklärt Begriffe und unterstützt mit Fachwissen die Diskussion.

Mit der Methode des Normen- und Wertekreises können vielfältige Themen bearbeitet werden. Die Methode eignet sich, um Themen, die gesellschaftlich und politisch umstritten sind oder tabuisiert werden, anzusprechen. Damit beeinflusst die Themenwahl die Intensität der Diskussion. Es bietet sich an, einen Termin zur Nachbesprechung der Diskussion einzuplanen.

2 Grabbelsack

- Methode für die Gruppenarbeit ab zehn Personen im Stuhlkreis
- Altersgruppe: themenabhängig, empfohlen ab zwölf Jahren bei der Thematisierung von Geschlechtsverkehr und Verhütung
- mögliche Inhalte: Sexualität, Geschlechtsverkehr, Verhütung, Schwangerschaft, Liebe, Partnerschaft, sexuelle Orientierung, sexuell übertragbare Krankheiten
- Dauer: 30 bis 45 Minuten je nach Gruppengröße
- Material: Als Grabbelsack wird ein kleiner Stoffsack oder Stoffbeutel verwendet, der mit verschiedenen Gegenständen gefüllt wird. Der Inhalt ist dem zu besprechenden Thema, dem Alter der Adressat_innen und deren Entwicklungsstand anzupassen. Der Grabbelsack kann zum Beispiel mit verschiedenen Verhütungsmitteln bestückt werden oder mit Gegenständen, die im Zusammenhang mit Sexualität stehen bzw. dazu in einen Kontext gesetzt werden können. Das können neben Verhütungsmitteln wie dem Kondom, der Pille oder der Spirale zum Beispiel weniger bekannte Verhütungsmittel wie das Diaphragma oder das Femidom sein oder Dinge, die im direkten Kontext mit Sexualität stehen, wie ein Schwangerschaftstest oder Gleitgel, oder mit einer Kerze oder Parfum, um die romantische Seite von Sexualität zu thematisieren. Eine alternative Variante ist, den Grabbelsack anstelle von Gegenständen mit beschrifteten Kärtchen zu füllen, auf denen Begriffe oder Fragen stehen. Dann können ähnlich wie beim Normen- und Wertekreis ein Austausch und eine Diskussion zu bestimmten Inhalten erfolgen.
- Ablauf: Der Grabbelsack wird im Kreis herumgegeben. Jede_r Teilnehmer_in greift *blind* in den Grabbelsack und nimmt sich einen Gegenstand heraus. Die Gegenstände können noch einmal in kleinere Säckchen verpackt werden, sodass die anderen Teilnehmenden

diese noch nicht sehen können. Wenn alle Teilnehmenden einen Gegenstand haben, sagt in einer zweiten Runde jede Person etwas zu ihrem gezogenen Gegenstand: Was fällt mir dazu ein, was weiß ich darüber, was kann ich zur Verwendung oder Anwendung sagen? Der Gegenstand wird im Kreis herumgereicht bzw. gezeigt und die anderen Teilnehmenden können ebenfalls versuchen den Gegenstand zu benennen und zu erklären. Danach erklärt die Workshop- bzw. Teamleitung, um was es sich handelt, oder ergänzt die gemachten Erklärungen. Möchte eine Person nichts sagen oder kennt den Gegenstand nicht, werden die anderen Personen um eine Erklärung gebeten (es darf keinen Erklärungszwang geben). Alternativ kann auch gleich in der ersten Runde direkt nach dem Ziehen des Gegenstandes eine Besprechung und Erklärung erfolgen.

Eine Steigerung ist, dass die Teilnehmenden den Gegenstand nicht aus dem Sack herausnehmen. Die jeweilige Teilnehmer_in muss die Form ertasten und diese den anderen Teilnehmer_innen beschreiben. Anhand dieser Beschreibung sind alle Teilnehmer_innen aufgefordert zu erraten, um welchen Gegenstand (z. B. Verhütungsmittel) es sich handelt. Die Workshopleitung kann dies mit Tipps unterstützen. Anschließend wird der Gegenstand allen gezeigt und beschrieben.

Die Grabbelsack-Methode eignet sich als Einstieg in ein Themenfeld oder als Wiederholung bzw. zur Auffrischung von Wissen (vgl. Arbeiterwohlfahrt Bezirksverband Niederrhein e. V., 2017; Trapp & Tüffers, o. J., S. 50; Weller & Trapp, o. J.).

ISBN 978-3-8379-2860-0